2018
中国 500 强企业发展报告

中国企业联合会
中国企业家协会 编

企业管理出版社

图书在版编目（CIP）数据

2018中国500强企业发展报告/中国企业联合会，中国企业家协会编.
——北京：企业管理出版社，2018.8

ISBN 978-7-5164-1762-1

Ⅰ.①2… Ⅱ.①中…②中… Ⅲ.①企业发展–研究报告–中国–2018
Ⅳ.①F279.2

中国版本图书馆CIP数据核字（2018）第190367号

书　　名：	2018中国500强企业发展报告
作　　者：	中国企业联合会　中国企业家协会
责任编辑：	韩天放　田　天
书　　号：	ISBN 978-7-5164-1762-1
出版发行：	企业管理出版社
地　　址：	北京市海淀区紫竹院南路17号　　邮编：100048
网　　址：	http://www.emph.cn
电　　话：	编辑部（010）68701638　发行部（010）68701816
电子信箱：	qyglcbs@emph.cn
印　　刷：	北京联兴盛业印刷股份有限公司
经　　销：	新华书店
规　　格：	210毫米×285毫米　大16开　33.5印张　807千字
版　　次：	2018年8月第1版　2018年8月第1次印刷
定　　价：	300.00元

版权所有　翻印必究·印装有误　负责调换

2018中国500强企业发展报告

主　编：王忠禹

副主编：朱宏任　王基铭　李建明

全面提升管理水平　推动企业高质量发展

中国企业联合会、中国企业家协会会长　王忠禹

2018年是贯彻党的十九大精神的开局之年，是实施"十三五"规划承上启下的关键一年。党的十八大以来，中国企业联合会先后组织召开了五次全国企业管理创新大会。借此机会，我对党的十八大以来企业管理创新做一简要回顾，并就新时代如何贯彻落实新发展理念，全面提升管理水平，促进企业高质量发展谈几点意见。

一、我国企业管理创新取得的主要进展和成就

党的十八大以来，在以习近平同志为核心的党中央坚强领导下，广大企业主动适应经济发展新常态，全面贯彻落实新发展理念，以推进供给侧结构性改革为主线，以提高发展质量效益为中心，全方位推进企业管理创新，企业发展取得了显著成效。

（一）践行新发展理念，企业发展呈现新气象。发展理念是发展行动的先导，决定着企业的使命、战略和行为。2015年10月，党的十八届五中全会提出，必须牢固树立创新、协调、绿色、开放、共享的发展理念。习近平总书记系统论述了"五大发展理念"深刻内涵，指出牢固树立并切实贯彻"五大发展理念"，是关系我国发展全局的一场深刻变革，攸关"十三五"乃至更长时期我国发展思路、发展方式和发展着力点。广大企业认真践行新发展理念，以理念转变引领发展方式转变，以发展方式转变推动发展质量效益提升，企业发展呈现新面貌、新气象。从企业规模来看，2017年中国企业500强入围门槛为283.11亿元，较上年大幅提升了39.65亿元，提升幅度是2002年首次发布以来最大的。2017年中国企业500强的资产总额达到了256.13万亿元，是2013年的1.7倍；营业收入总额达到了64万亿元，是2013年的1.28倍。2007—2017年的十年间，中国企业进入世界500强的数量由30家上升到115家，增长了3.8倍，远超日本，与美、欧的差距日益缩小。

（二）扎实推进供给侧结构性改革，企业效益明显改善。供给侧结构性改革，改的是体制、调的是结构、变的是企业。近年来，广大企业以壮士断腕的决心和勇气，树立"以减为增，增减都是提效；以退为进，进退都是发展"的理念，承受关停并转和结构调整的短期阵痛，换取"浴火重生"的长远发展，扎实推进化解过剩产能、处置"僵尸企业"、兼并重组等各项重点工作，取得了很好的效果。五年来，累计退出钢铁产能1.7亿吨以上、煤炭产能8亿吨，安置分流职工110多万人。仅中央企业就完成了1200多户"僵尸企业"处置和特困企业治理。企业各项经济指标全面优化。2016年年末，规模以上工业企业资产负债率为55.8%，比上年下降0.4个百分点，2017年进一步下降为

55.5%；2016年利润增幅实现由负转正，比上年增长8.5%；2017年增速进一步加快，比2016年增长21%，是2012年以来增速最高的一年。

（三）深入开展新一轮国企改革，企业经营活力增强。党的十八大以来，我国国企改革加速推进，取得积极进展。一是国有资本布局更加优化。五年来，持续推进国有企业结构调整，仅中央企业就累计压减各级企业法人8390户，完成18组34家企业重组，国务院国资委管理的中央企业数量由117家调整为98家。二是现代企业制度进一步健全。中央企业集团层面公司制改制基本完成，全国国有企业改制面达到90%以上。省级国有企业超过80%建立了董事会，绝大部分中央企业建立起规范的董事会。三是混合所有制改革积极推进。中央企业及其下属企业中混合所有制企业占比超过70%，省级国有企业及其下属企业中混合所有制企业占比接近50%。四是市场化经营管理机制更加完善。随着国有企业功能界定、分类改革全面展开，企业的发展决策权、经理层成员选聘权、业绩考核权和薪酬、职工工资分配及重大财务事项等经营管理权限逐渐落实，企业经营活力明显增强。2017年国资监管企业累计实现营业收入50万亿元，同比增长14.7%；实现利润总额2.9万亿元，同比增长23.5%；上缴税费总额3.7万亿元，同比增长11.5%。国有企业资产总额、收入、利润等主要经济指标创历史最好水平。

（四）加快实施创新驱动发展战略，企业竞争力提升。习近平总书记多次指出，实施创新驱动发展战略就是推动科技创新为核心的全面创新，坚持需求导向和产业化发展方向，建立企业在科技创新中的主体地位。广大企业抓住世界科技革命和产业变革的战略机遇，大力实施创新驱动发展战略，取得了突出成绩。一是科技创新硕果累累。2016年，企业投入的研发经费已占到全社会的77.5%。企业申请发明专利28.7万件，占企业专利申请总量的40.1%。发明专利拥有量为77.0万件，比上年增长34.2%，一批中国企业由跟跑转向并跑、领跑，成为具有国际竞争力的创新型企业。二是新业态、新模式层出不穷。越来越多的中国企业适应数字化、网络化、智能化的发展趋势，大力推进业态创新、商业模式创新和管理创新，焕发出生机与活力。比如海尔，30多年来持续推进管理创新，创造的管理经验多次被审定为国家级企业管理创新成果，张瑞敏同志先后三次登上哈佛大学讲堂，在国际舞台上展现中国企业管理的风采。同时，新业态、新模式的出现也催生了一大批快速成长的新兴企业。根据科技部火炬中心等单位发布的报告，2017年中国独角兽企业已经达到了164家，2016年新增62家，总估值达到6284亿美元。这些企业都是在中国境内注册、成立时间不超过10年且尚未上市、企业估值超过（含）10亿美元的企业。

（五）积极参与"一带一路"建设，企业海外经营实现新拓展。"一带一路"倡议提出以来，广大企业积极响应，既包括中央企业、地方国有企业，还包括大量的民营企业、中小企业。2017年，我国企业对沿线国家直接投资144亿美元，在沿线国家新签承包工程合同额1443亿美元，同比增长14.5%。其中，中央企业参与投资合作项目就达到1700多个。肯尼亚蒙内铁路、中老铁路首条隧道等一批重大基础设施项目建成竣工。越来越多的中国企业将"中国制造""中国建造""中国服务"的品牌树立在沿线国家，促进了当地经济社会发展和民生改善。

二、全面提升管理水平，推动企业高质量发展

党的十九大确立了习近平新时代中国特色社会主义思想，标志着中国特色社会主义进入了新时代，这是我国发展新的历史方位。我们要深入学习贯彻习近平新时代中国特色社会主义思想，增强政治意识、大局意识、核心意识、看齐意识，坚定维护以习近平同志为核心的党中央权威和集中统一领导，在思想上、政治上、行动上同以习近平同志为核心的党中央保持高度一致，贯彻落实新发展理念，着力推进企业改革创新，全面提升经营管理水平，促进企业高质量发展。

（一）以新时代、新思想为指导，推进企业战略转型。一是准确把握我国经济发展阶段的新变化。当前，中国经济发展进入新阶段，基本特征就是由高速增长阶段转向高质量发展阶段。高质量发展就是体现新发展理念的发展，是能够很好满足人民日益增长的美好生活需要的发展，是创新成为第一动力、协调成为内生特点、绿色成为普遍形态、开放成为必由之路、共享成为根本目的的发展。对于企业来说，要实现高质量发展，不仅要提高产品和服务的质量，更重要的是通过理念、目标、制度、业务、产品到具体工作的全方位变革和创新，全面增强企业综合素质和发展能力。二是准确把握我国社会主要矛盾的新变化。我国社会主要矛盾已经转化为人民日益增长的美好生活需要和不平衡、不充分发展之间的矛盾，这是关系我国发展全局的历史性变化。为此，党的十九大做了全面部署，提出了许多重大战略。这些部署和战略蕴含了巨大的发展机会和潜力。作为企业，要认真研究，主动将企业战略和国家的大战略相契合，在积极落实国家战略部署的过程中，实现企业新的更高质量的发展。

（二）扎实推进企业创新，实现创新驱动发展。习近平总书记指出，企业持续发展之基、市场制胜之道在于创新。大量实践证明，企业的创新既包括创造新企业、新产品、新技术和新模式，还包括对现有企业、产品、设备、工艺、生产线等的深刻改造。一是要切实增强原始创新能力。当前，我国技术整体上已经迈入到了自主创新为主的新阶段，再期望大规模引进国外正在使用或储备的先进技术已经不现实，必须靠自力更生、自主创新。我们要主动面向世界科技前沿、面向国民经济主战场、面向国家重大需求布局创新，具有立足世界科技创新潮头的魄力和勇气，主动融入全球创新网络，努力攻克更多前瞻性、原创性、颠覆性的技术和产品，切实增强原始创新能力。载人航天、深海探测、高速铁路、特高压输变电、新一代移动通信、华龙一号等就是这方面的典型代表。二是要瞄准传统产业和存量企业，大力开展技术改造升级。存量改造相对于新建投资少、见效快。要顺应未来发展方向，大力实施技术改造升级，全面提高产品、技术、工艺装备、能效环保、质量效益和本质安全水平，通过引入新技术、新管理、新模式使老企业、老设备、老产线焕发新生机。三是要积极开展模式创新。主动抓住科技与产业变革的新机遇，大力发展共享经济、数字经济、智能制造、3D打印、工业互联网、大数据挖掘、物联网应用、移动支付、互联网金融、信息服务等新业态、新产品和新模式，塑造新优势，培育新增长点。

（三）全面提升经营管理效率，实现高效益发展。在市场经济条件下，效率就是竞争力，是实现高质量发展的必由之路。企业的效率涉及方方面面，需要系统推进。一是提高资本配置效率。以市场为导向，以企业战略规划为引领，围绕优质业务、核心业务和战略性业务，积极推进横向联合、

纵向整合和专业化重组，优化供给质量，提升资本配置效率。二是提高管理效率。加快推进管理信息化，以信息化推动企业组织变革和流程再造，打造信息系统集成、数据共享、协同高效的线上经营管理平台，实现管理的精准化和高效化。三是提高生产效率。适应生产方式柔性化、智能化和服务化的发展方向，积极探索各种新型生产制造方式，大幅提高生产效率和产品品质。四是提高资源能源利用效率。绿色发展是高质量发展的重要特征。要将绿色发展理念融入企业生产经营的各个层面，积极开展产品、生产线、工艺装备、环境设施、资源能源利用等方面的低碳化、集约化、高效化改造，实现能源资源的高效循环利用。

（四）大力提升质量和品牌，实现优质发展。质量是企业的生命线和生存基础，是高质量发展的本质要求。一是要树立质量第一的理念。把质量作为企业发展的核心价值导向和经营底线，贯穿于产品全生命周期、经营管理全过程和企业全体员工，当质量与发展速度、质量与订单、质量与交货期、质量与效益等经营指标发生冲突的时候，能够坚守质量底线，真正做到以质取胜。二是要提高产品和服务质量。主动对标达标国际先进水平，优化调整产品结构，使资源向优质产品集中，切实提高产品和服务的质量层次。三是要加强品牌培育。改变重视产品、轻视品牌的现象，加大品牌培育力度，不断提高产品和服务的附加价值，实现品质与品牌同步提升，培育企业独特竞争优势，推动中国制造、中国产品向中国质量、中国品牌转变。

（五）把握全面开放新机遇，实现全球发展。党的十九大报告提出，推动形成全面开放新格局。从开放到全面开放，标志着我国对外开放进入了一个崭新阶段。这对广大企业来说，既是机遇，又是挑战。一是要树立全球化经营的新思维。我国已经成为世界第二大经济体，与此相适应，企业发展的参照系也应该从单纯的国内市场拓展为国际市场。要将高水平"引进来"与主动"走出去"有效结合，在全球范围内配置和重组资源，努力形成面向全球的贸易、投融资、生产、服务网络，加快培育国际竞争新优势。二是切实提高国际化经营管理能力。随着全面开放的持续推进，越来越多的中国企业将直接参与国际竞争，即使不走出去，在国内市场也将与越来越多的外资企业展开面对面的竞争。从总体来看，我国企业的国际化水平还处于初级阶段，尤其是还没有对外开放的区域和行业，企业利用两个市场、两种资源的能力还不强，在国际竞争中处于劣势。为此，广大企业要增强危机感，按照培育具有全球竞争力的世界一流企业目标，未雨绸缪，主动变革，提升能力。三是积极参与"一带一路"建设。"一带一路"建设是推动形成全面开放新格局的工作重点。企业要按照国家总体部署，结合自身特点，在国际贸易、技术合作、人才交流、资金融通、基础设施建设、装备制造、资本投资、创新合作、园区建设、文化交流等众多领域中寻求与沿线国家和企业的合作，拓展新的发展空间。

党的十九大描绘了我国全面建成社会主义现代化强国的宏伟蓝图。新思想引领新时代，新时代展现新作为。让我们紧密团结在以习近平同志为核心的党中央周围，以习近平新时代中国特色社会主义思想为指导，勇立时代潮头，创新拼搏，锐意进取，努力开创企业高质量发展的新局面，为决胜全面建成小康社会、实现"两个一百年"奋斗目标做出新的更大贡献。

（本文摘自作者2018年3月29日在全国企业管理创新大会上的讲话）

目 录

第一章　2018中国企业500强分析报告 ········· 1

一、2018中国企业500强的规模特征 ········· 1
二、2018中国企业500强的效益特征 ········· 5
三、2018中国企业500强的所有制格局和发展特征 ········· 9
四、2018中国企业500强的行业特征 ········· 13
五、2018中国企业500强的总部分布特征 ········· 21
六、2018中国企业500强的创新特征 ········· 25
七、2018中国企业500强的国际化特征 ········· 29
八、2018中国企业500强的兼并重组活动 ········· 33
九、2018中国企业500强的其他相关分析 ········· 36
十、新形势下中国大企业持续发展面临的问题与挑战 ········· 42
十一、进一步促进中国大企业高质量发展的建议 ········· 44

第二章　2018中国制造业企业500强分析报告 ········· 49

一、2018中国制造业企业500强整体规模特征分析 ········· 49
二、2018中国制造业企业500强利税状况分析 ········· 53
三、2018中国制造业企业500强创新投入与产出分析 ········· 56
四、2018中国制造业企业500强所有制比较分析 ········· 59
五、2018中国制造业企业500强行业比较分析 ········· 61
六、2018中国制造业企业500强区域分布特征分析 ········· 63
七、2018中国制造业企业500强国际化经营分析 ········· 66
八、新形势下制造业大企业面临的机遇与挑战 ········· 67
九、促进制造业大企业更高质量发展的建议 ········· 68

第三章　2018 中国服务业企业 500 强分析报告 ··· 71

一、2018 中国服务业企业 500 强的规模特征分析 ··· 72
二、2018 中国服务业企业 500 强的经济效益情况分析 ··· 75
三、2018 中国服务业企业 500 强的行业情况分析 ··· 79
四、2018 中国服务业企业 500 强的地域分布特征 ··· 84
五、2018 中国服务业企业 500 强的所有制分布特征 ··· 87
六、服务业大企业成长特点与存在的问题 ··· 88
七、促进服务大企业健康成长的建议 ··· 95

第四章　2018 中国跨国公司 100 大及跨国指数分析报告 ··· 101

一、中国对外投资和企业国际化取得积极进展 ··· 101
二、2018 中国跨国公司 100 大及跨国指数 ··· 103
三、2018 世界跨国公司 100 大及跨国指数 ··· 117
四、中国跨国公司的主要差距 ··· 120
五、提升企业国际化经营水平的几点建议 ··· 122

第五章　2018 中国企业效益 200 佳分析报告 ··· 127

一、2018 中国企业效益 200 佳盈利增长分析 ··· 133
二、2018 中国企业效益 200 佳规模增长分析 ··· 134
三、2018 中国企业效益 200 佳的结构分析 ··· 134

第六章　2018 中外 500 强企业对比分析报告 ··· 139

一、2018 世界 500 强格局及中国上榜企业发展特征 ··· 139
二、2018 世界 500 强、美国 500 强基本情况分析 ··· 147
三、2018 中国企业 500 强、世界 500 强、美国 500 强比较分析 ··· 155

第七章　2018 中国 500 强与世界 500 强行业领先企业主要经济指标对比 ··· 166

表 7-1　2018 中国 500 强与世界 500 强车辆与零部件业领先企业对比 ··· 167
表 7-2　2018 中国 500 强与世界 500 强船务业领先企业对比 ··· 167

表7-3	2018中国500强与世界500强电信业领先企业对比	167
表7-4	2018中国500强与世界500强电子、电气设备业领先企业对比	168
表7-5	2018中国500强与世界500强多元化金融业领先企业对比	168
表7-6	2018中国500强与世界500强工程与建筑业领先企业对比	168
表7-7	2018中国500强与世界500强工业机械业领先企业对比	169
表7-8	2018中国500强与世界500强公用设施业领先企业对比	169
表7-9	2018中国500强与世界500强航空航天业领先企业对比	169
表7-10	2018中国500强与世界500强防务业领先企业对比	170
表7-11	2018中国500强与世界500强互联网服务和零售业领先企业对比	170
表7-12	2018中国500强与世界500强化学品业领先企业对比	170
表7-13	2018中国500强与世界500强计算机、办公设备业领先企业对比	171
表7-14	2018中国500强与世界500强建材、玻璃业领先企业对比	171
表7-15	2018中国500强与世界500强金属产品业领先企业对比	171
表7-16	2018中国500强与世界500强炼油业领先企业对比	172
表7-17	2018中国500强与世界500强贸易业领先企业对比	172
表7-18	2018中国500强与世界500强能源业领先企业对比	172
表7-19	2018中国500强与世界500强人寿与健康保险（股份）业领先企业对比	173
表7-20	2018中国500强与世界500强人寿与健康保险（互助）业领先企业对比	173
表7-21	2018中国500强与世界500强财产与意外保险（股份）业领先企业对比	173
表7-22	2018中国500强与世界500强网络、通信设备业领先企业对比	174
表7-23	2018中国500强与世界500强银行业领先企业对比	174
表7-24	2018中国500强与世界500强邮件、包裹及货物包装运输业领先企业对比	174
表7-25	2018中国500强与世界500强制药业领先企业对比	175
表7-26	2018中国500强与世界500强专业零售业领先企业对比	175

第八章 2018中国企业500强数据 ... 176

表8-1	2018中国企业500强	177
表8-2	2018中国企业500强新上榜企业名单	192
表8-3	2018中国企业500强各行业企业分布	194
表8-4	2018中国企业500强各地区分布	205
表8-5	2018中国企业500强净利润排序前100名企业	214
表8-6	2018中国企业500强资产排序前100名企业	215
表8-7	2018中国企业500强从业人数排序前100名企业	216

表 8-8	2018中国企业500强研发费用排序前100名企业	217
表 8-9	2018中国企业500强研发费用所占比例排序前100名企业	218
表 8-10	2018中国企业500强净资产利润率排序前100名企业	219
表 8-11	2018中国企业500强资产利润率排序前100名企业	220
表 8-12	2018中国企业500强收入利润率排序前100名企业	221
表 8-13	2018中国企业500强人均营业收入排序前100名企业	222
表 8-14	2018中国企业500强人均净利润排序前100名企业	223
表 8-15	2018中国企业500强人均资产排序前100名企业	224
表 8-16	2018中国企业500强收入增长率排序前100名企业	225
表 8-17	2018中国企业500强净利润增长率排序前100名企业	226
表 8-18	2018中国企业500强资产增长率排序前100名企业	227
表 8-19	2018中国企业500强研发费用增长率排序前100名企业	228

第九章 2018中国制造业企业500强 ········ 229

表 9-1	2018中国制造业企业500强	230
表 9-2	2018中国制造业企业500强各行业企业分布	246
表 9-3	2018中国制造业企业500强各地区企业分布	255
表 9-4	2018中国制造业企业500强净利润排序前100名企业	264
表 9-5	2018中国制造业企业500强资产排序前100名企业	265
表 9-6	2018中国制造业企业500强从业人数排序前100名企业	266
表 9-7	2018中国制造业企业500强研发费用排序前100名企业	267
表 9-8	2018中国制造业企业500强研发费用所占比例前100名企业	268
表 9-9	2018中国制造业企业500强净资产利润率排序前100名企业	269
表 9-10	2018中国制造业企业500强资产利润率排序前100名企业	270
表 9-11	2018中国制造业企业500强收入利润率排序前100名企业	271
表 9-12	2018中国制造业企业500强人均营业收入排序前100名企业	272
表 9-13	2018中国制造业企业500强人均净利润排序前100名企业	273
表 9-14	2018中国制造业企业500强人均资产排序前100名企业	274
表 9-15	2018中国制造业企业500强收入增长率排序前100名企业	275
表 9-16	2018中国制造业企业500强净利润增长率排序前100名企业	276
表 9-17	2018中国制造业企业500强资产增长率排序前100名企业	277
表 9-18	2018中国制造业企业500强研发费用增长率排序前100名企业	278
表 9-19	2018中国制造业企业500强行业平均净利润	279

表9-20	2018中国制造业企业500强行业平均营业收入	280
表9-21	2018中国制造业企业500强行业平均资产	281
表9-22	2018中国制造业企业500强行业平均纳税总额	282
表9-23	2018中国制造业企业500强行业平均研发费用	283
表9-24	2018中国制造业企业500强行业人均净利润	284
表9-25	2018中国制造业企业500强行业人均营业收入	285
表9-26	2018中国制造业企业500强行业人均资产	286
表9-27	2018中国制造业企业500强行业人均纳税额	287
表9-28	2018中国制造业企业500强行业人均研发费用	288
表9-29	2018中国制造业企业500强行业平均资产利润率	289

第十章 2018中国服务业企业500强　　290

表10-1	2018中国服务业企业500强	291
表10-2	2018中国服务业企业500强各行业企业分布	307
表10-3	2018中国服务业企业500强各地区企业分布	317
表10-4	2018中国服务业企业500强净利润排序前100名企业	326
表10-5	2018中国服务业企业500强资产排序前100名企业	327
表10-6	2018中国服务业企业500强从业人数排序前100名企业	328
表10-7	2018中国服务业企业500强研发费用排序前100名企业	329
表10-8	2018中国服务业企业500强研发费用所占比例排序前100名企业	330
表10-9	2018中国服务业企业500强净资产利润率排序前100名企业	331
表10-10	2018中国服务业企业500强资产利润率排序前100名企业	332
表10-11	2018中国服务业企业500强收入利润率排序前100名企业	333
表10-12	2018中国服务业企业500强人均净利润排序前100名企业	334
表10-13	2018中国服务业企业500强人均营业收入排序前100名企业	335
表10-14	2018中国服务业企业500强人均资产排序前100名企业	336
表10-15	2018中国服务业企业500强收入增长率排序前100名企业	337
表10-16	2018中国服务业企业500强净利润增长率排序前100名企业	338
表10-17	2018中国服务业企业500强资产增长率排序前100名企业	339
表10-18	2018中国服务业企业500强研发费用增长率排序前100名企业	340
表10-19	2018中国服务业企业500强行业平均净利润	341
表10-20	2018中国服务业企业500强行业平均营业收入	342
表10-21	2018中国服务业企业500强行业平均资产	343

表10-22	2018中国服务业企业500强行业平均纳税总额	344
表10-23	2018中国服务业企业500强行业平均研发费用	345
表10-24	2018中国服务业企业500强行业平均人均净利润	346
表10-25	2018中国服务业企业500强行业平均人均营业收入	347
表10-26	2018中国服务业企业500强行业平均人均资产	348
表10-27	2018中国服务业企业500强行业平均人均纳税总额	349
表10-28	2018中国服务业企业500强行业平均人均研发费用	350
表10-29	2018中国服务业企业500强行业平均资产利润率	351

第十一章 2018中国企业1000家 352

表11-1	2018中国企业1000家第501名至1000名名单	353

第十二章 中国部分地区企业100强数据 368

表12-1	2018天津市企业100强	369
表12-2	2018上海市企业100强	370
表12-3	2018重庆市企业100强	371
表12-4	2018山东省企业100强	372
表12-5	2018湖北省企业100强	373
表12-6	2018浙江省企业100强	374
表12-7	2018广东省企业100强	375
表12-8	2018广西壮族自治区企业100强	376
表12-9	2018武汉市企业100强	377

第十三章 2018世界企业500强 378

表13-1	2018世界企业500强	379

第十四章 中国500强企业按照行业分类名单 396

表14-1	中国500强企业按照行业分类	397

后 记 431

The Development Report on 2018 China Top 500 Enterprises Contents

Chapter I : Analysis of Top 500 Enterprises of China in 2018

    Scale Features on Top 500 Enterprises of China in 2018

    Performance Features on Top 500 Enterprises of China in 2018

    Ownership Distribution Features on Top 500 Enterprises of China in 2018

    Industry Distribution Features on Top 500 Enterprises of China in 2018

    Head Quarters Features on Top 500 Enterprises of China in 2018

    Innovative Features on Top 500 Enterprises of China in 2018

    International Features on Top 500 Enterprises of China in 2018

    Merger and reorganization situation on Top 500 Enterprises of China in 2018

    Other Relevant Analysis on Top 500 Enterprises of China in 2018

    Problems and Challenges in the Sustainable Development of Chinese large enterprises under new conditions

    Suggestions for further promoting the high – quality development of Chinese large enterprises

Chapter II : Analysis of Top 500 Manufacturers of China in 2018

    Scale Features on Top 500 Manufacturers of China in 2018

    Analyses of Profit and tax on Top 500 Manufacturers of China in 2018

    Analyses of Innovation input and output on Top 500 Manufacturers of China in 2018

    Ownership Distribution Features on Top 500 Manufacturers of China in 2018

    Industry Distribution Features on Top 500 Manufacturers of China in 2018

    Region Distribution Features on Top 500 Manufacturers of China in 2018

    International Operation on Top 500 Manufacturers of China in 2018

    Challenges and opportunities in the progress of Chinese large Manufacturers under new conditions

    Some suggestions to promote the high – quality development of Chinese large Manufacturers

Chapter Ⅲ: Analysis of Top 500 Service Enterprises of China in 2018
  Scale Features on Top 500 Service Enterprises of China in 2018
  Performance Features on Top 500 Service Enterprises of China in 2018
  Industry Distribution Features on Top 500 Service Enterprises of China in 2018
  Region Distribution Features on Top 500 Service Enterprises of China in 2018
  Ownership Distribution Features on Top 500 Service Enterprises of China in 2018
  The growth characteristics and problems of large enterprises in the Service sector
  Some suggestions to promote the sustainable and healthy development of Service Enterprises

Chapter Ⅳ: Analysis report on 2018 China Top 100 Multinational Enterprises and Multinational Index
  Positive progress in Chinese foreign investment and enterprises internationalization
  Multinational enterprises on Chinese top 100 and Multinational index
  Multinational enterprises on world top 100 and Multinational index
  The main gap of Chinese multinational enterprises
  Some suggestions for improving the level of international management of enterprises

ChapterⅤ: Analysis report on 2018 China Top 200 performance Enterprises

Chapter Ⅵ: Comparison Analysis on 2018 China Top 500 Enterprises with 2018 Fortune Global Top 500 and China Top 500 Enterprises

Chapter Ⅶ: Comparison on Major Indicators of Leading Enterprises in Industries between Global Top 500 and China Top 500

Chapter Ⅷ: Data of 2018 China Top 500 Enterprises

Chapter Ⅸ: Data of 2018 China Top 500 Manufacturers

Chapter Ⅹ: Data of 2018 China Top 500 Service Enterprises

Chapter Ⅺ: Data of 1000 Chinese Enterprises in 2018

Chapter Ⅻ: Data of 2018 China's Local Top 100 Enterprises

Chapter ⅩⅢ: Data of 2018 Fortune Global 500 Enterprises

Chapter ⅩⅣ: Industrial Lists of 2018 China Top 500 Enterprises, 2018 China Top 500 Manufacturers and 2018 China Top 500 Service Industry Enterprises

Postscript

第一章
2018中国企业500强分析报告

2018中国企业500强是由中国企业联合会、中国企业家协会连续第17次向社会公开发布的"中国企业500强"排行榜。2017年，我国继续实施积极的财政政策和稳健中性的货币政策，协调经济增长与风险防范，同时为供给侧结构性改革创造适宜的货币金融环境。受益于世界主要经济体的经济持续复苏，以及供给侧结构性改革成效逐步显现，2017年我国经济运行总体稳中向好、好于预期；全年实现国内生产总值82.8万亿元，同比增长6.9%，经济增速自2011年以来首次回升。经济增长质量明显改善，结构有所优化，脱虚返实取得成效。随着宏观经济的企稳回升，我国大企业营业收入增速与盈利水平均不同程度提高，大企业发展质量有相当改善，在一定程度上体现了供给侧结构性改革红利的释放，反映了新时代企业发展动力变革、效率变革与质量变革的根本要求。当然，在看到成绩的同时，更要看到我国大企业发展面临的问题，积极应对国际、国内经济环境变化的挑战，必须继续坚定不移地走创新驱动发展道路，坚持不懈地推进转型升级，推动我国大企业实现更高水平发展，为全面决胜第一个百年目标和全面建成小康社会，做出更大贡献。

一、2018中国企业500强的规模特征

中国企业500强入围门槛首次突破300亿元大关，实现了16连升。中国企业500强营业收入首次突破70万亿元大关，营业收入增长了11.20%，略快于GDP名义增速，与名义GDP的相对比例趋于稳定。中国企业500强资产总额持续增长，但增速延续了金融危机以来波动下降趋势。千亿俱乐部持续扩容，千亿营业收入企业达到172家，万亿营业收入企业增至5家。

1. 入围门槛持续提升，门槛增幅有所回落

2018中国企业500强的入围门槛为306.89亿元，较2017中国企业500强入围门槛大幅提高了23.78亿元，但入围门槛增幅与2017中国企业500强的近40亿元相比，有所回落。自2002中国企业500强以来，入围门槛实现了16连升（见图1-1）。这也是中国企业500强入围门槛首次突破300亿元大关。与2002中国企业500强相比，入围门槛已经提高了286.89亿元，年平均提高17.93亿元。与2013中国企业500强相比，入围门槛提高了108.19亿元，年均提高21.64亿元。

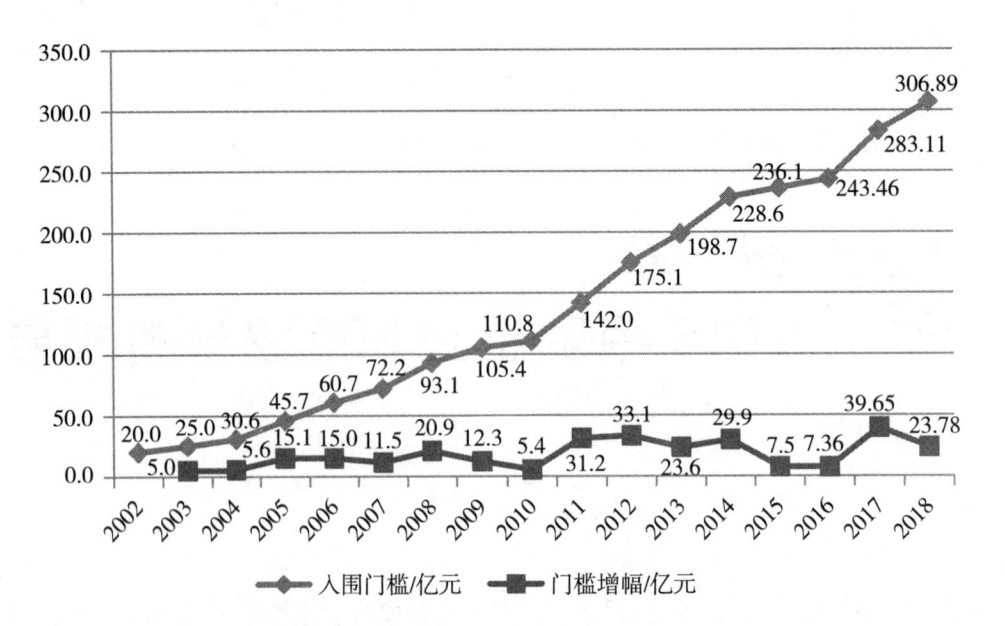

图 1-1　2018 中国企业 500 强入围门槛及其变动趋势

2. 营业收入总额首次跃上 70 万亿元，营业收入与 GDP 相对比趋于稳定

2018 中国企业 500 强共实现营业收入 71.17 万亿元，首次跃上 70 万亿元大关。与 2017 中国企业 500 强 64 万亿元的营业收入总额相比，增长了 11.20%，显著高于 2018 美国 500 强 6.29% 的增速。这一增速与上年相比提高了 3.56 个百分点，实现了营业收入的两连增，并且增速连续两年提高，重回两位数增速区间。但从趋势线看，总体上营业收入增速仍处于下降通道（见图 1-2）。此外，与 2018 年上榜企业同口径相比，营业收入同比增长了 15.15%。

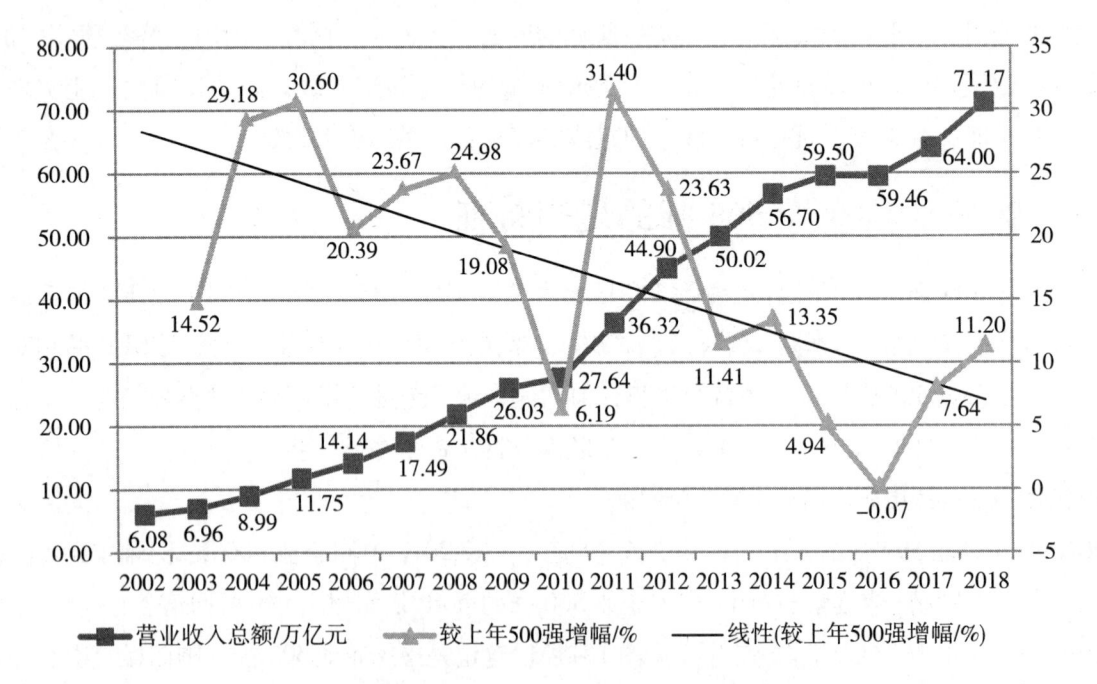

图 1-2　中国企业 500 强营业收入总额与增速变化趋势

2018 中国企业 500 强营业收入与 2013 中国企业 500 强相比，增长了 42.28%，但慢于这一区间我国名义GDP59.22%的增长幅度；中国企业500强营业收入区间年均增长7.31%，年均增速略高于这一期间GDP年均实际增速，但慢于名义GDP增长（2013—2016年，GDP年均实际增长7.2%；2017年GDP同比实际增长6.9%）。与名义GDP值相比，2018中国企业500强的营业收入大致相当于2017年中国GDP总额的86.05%，这一相对比值基本与2017中国企业500强持平，中国企业500强营业收入与名义GDP相对比连续3年下降后，趋于稳定（见图1-3）。

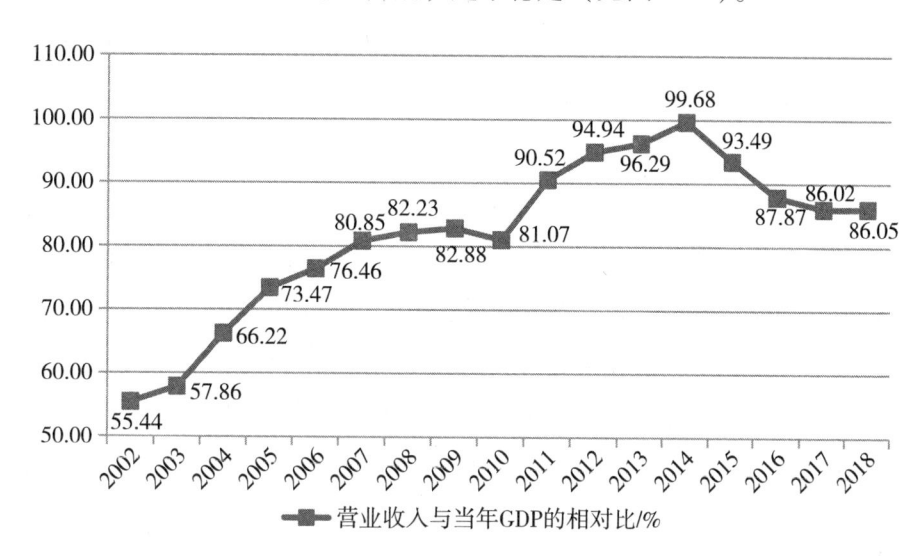

图1-3 中国企业500强营业收入与当年GDP的相对比

3. 资产总额持续增长，净资产增速快于资产增速

2018中国企业500强的资产总额为274.26万亿元，与上年的256.13万亿元相比增加了18.13亿元，增长了7.08%，增速比上年低7.64个百分点。前两年中国企业500强资产增速有所回升，但2018中国企业500强的资产增速却大幅下降，创下了2005中国企业500强以来资产总额增速的新低。时隔14年，中国企业500强资产增速再次回落至个位数区间，延续了2008年国际金融危机以来资产总额增速波动下降的态势（见图1-4）。同口径相比，2018中国企业500强的资产总额与上一年相比增长了9.02%。

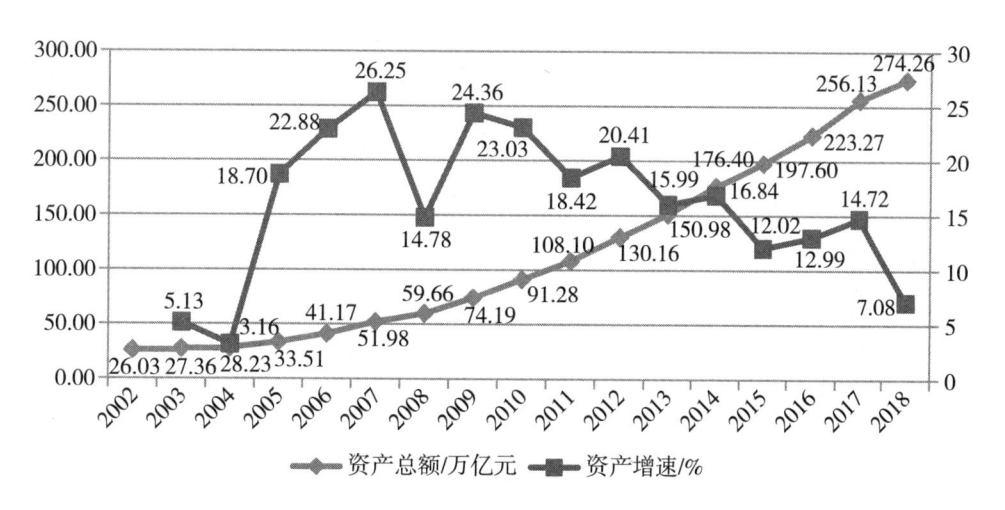

图1-4 中国企业500强资产总额及其增速变化趋势

净资产（本处所指净资产为归属母公司所有者权益）增速快于资产增速。2018中国企业500强的净资产为33.56万亿元，比2017中国企业500强净资产增加了2.84万亿元，增幅为9.24%；净资产增速快于资产增速，但慢于营业收入增速。与2018中国企业500强同口径相比，净资产比上一年增长了10.64%。

4. 千亿俱乐部再次扩容，营业收入平均增速慢于总体水平

千亿俱乐部企业数量快速扩容。2018中国企业500强中营业收入规模在1000亿元以上的企业数量为172家，比上年的157家大幅增加了15家，增加企业数量为近几年来的新高。在2017中国企业500强的千亿企业中，有14家企业由于合并重组或其他原因退出了千亿俱乐部；同时，有29家企业因为首次参与申报、并购重组或是基于上年营业收入的快速增长，而新晋千亿俱乐部，其中绝大多数企业都是基于营业收入的持续增长而迈过了千亿门槛，为千亿俱乐部注入新鲜血液。在千亿俱乐部中，还有5家营业收入超过万亿元的超大型企业集团；国家电网、中国石化和中国石油的营业收入都在两万亿元以上，工商银行和中国建筑的营业收入在万亿元以上，其中，中国建筑成为2018年千亿俱乐部万亿级的新成员，也是近三年来首次有新增企业迈过万亿元门槛。

千亿俱乐部企业的营业收入平均增速慢于总体增速。2018中国企业500强中千亿俱乐部的172家企业共实现营业收入53.85万亿元，占全部500强营业收入总额的75.67%，千亿俱乐部收入占比比上年提高了2.37个百分点。但从企业平均营业收入看，千亿俱乐部企业平均营业收入为3149.13亿元，仅比上年千亿俱乐部企业平均收入增加了5.39%，这一增速远低于是中国企业500强营业收入总额增速。

5. 员工总数与上年500强相比有一定下降，处于近年来的平均水平

2018中国企业500强员工总数为3191.34万人，比上年的3341.65人减少了4.50%，减幅较为明显。这也是2010年以来中国企业500强员工总数第二次出现减少现象，上一次是在2015中国企业500强，但只是比2014中国企业500强减少了28.60万人，减幅明显小于2018中国企业500强（见图1-5）。

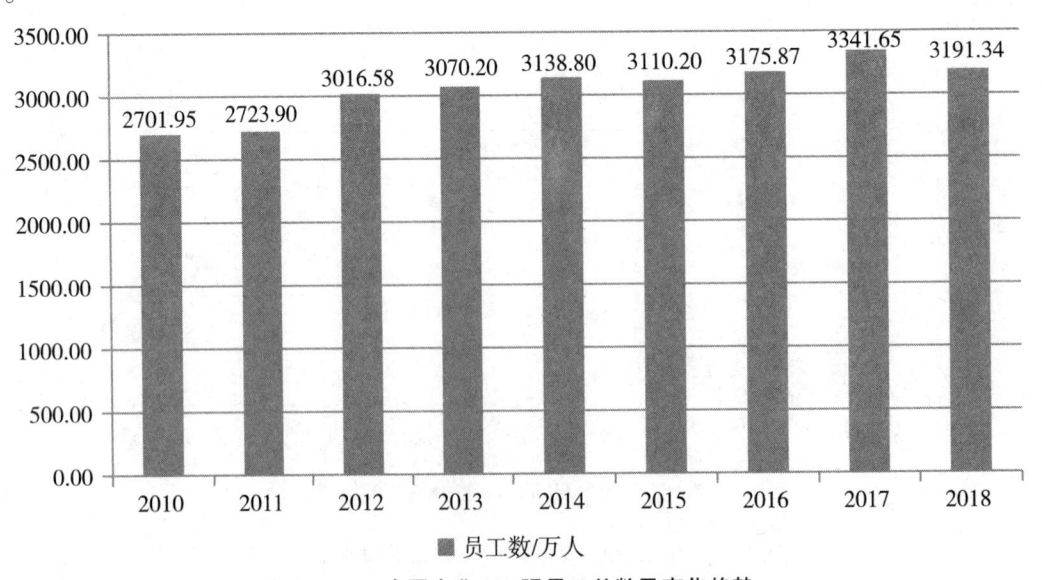

图1-5 中国企业500强员工总数及变化趋势

但从同口径比较看，2018 中国企业 500 强员工数量并未发生减少，反而有较一定幅度增加。2018 中国企业 500 强入围企业 2017 年员工总数实际上比 2016 年员工总数 3083.01 万人，增加了 108.33 万人，增幅为 3.51%，对 2017 年全社会稳就业依旧做出了积极贡献。

二、2018 中国企业 500 强的效益特征

2018 中国企业 500 强实现净利润（以下所称净利润，均为归属母公司所有者的净利润）持续增长，增速止跌回升；但在利润率指标上，有升有降，人均净利润显著增长，盈利水平有回暖态势，不过总体盈利能力尚难言根本好转。亏损面持续收窄，亏损额下降，部分企业扭亏为盈。企业纳税总额有所增长，综合税负率有所下降，降税取得一定成效，对全国税收贡献持续降低。

1. 净利润持续增长，净利润增速快速回升

2018 中国企业 500 强共实现净利润总额为 32028.56 亿元，比上年 500 强增加了 3755.16 亿元，保持了 2013 中国企业 500 强以来的净利润连续增长态势；2018 中国企业 500 强净利润与 2017 中国企业 500 强相比增幅为 13.28%，快于同期美国 500 强净利润增速的 12.90%；2018 中国企业 500 强净利润增速一举扭转了 2014 中国企业 500 强以来的连续三年下降的态势，创下了近 6 年来的新高。与 2018 中国企业 500 强入围企业同口径相比，2017 年净利润总额比 2016 年同比增长了 13.31%（见图 1-6）。

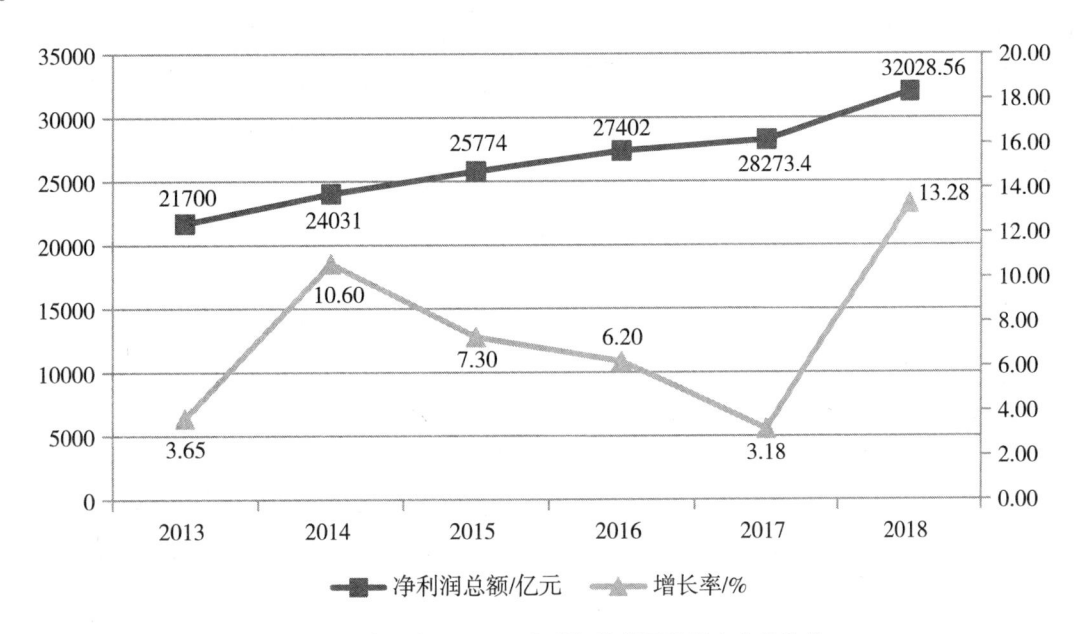

图 1-6 中国企业 500 强净利润总额及增长率变化趋势

2. 三项利润率全面回升，净资产利润率扭转连续 5 年下降态势

利润率指标全面好转，企业盈利能力总体好转。2018 中国企业 500 强净资产利润率（本文若无特别说明，所指净资产利润率为归属母公司所有者股东的净利润与归属母公司权益的比值）为 9.54%，比 2017 中国企业 500 强回升了 0.34 个百分点。这是净资产利润率自 2012 中国企业 500 强以来的第 1 次回升，扭转了中国企业 500 强净资产利润率连续 5 年下降的不利态势。2018 中国企业 500

强资产利润率为 1.17%，比上年中国企业 500 强提高了 0.07 个百分点，但仍低于 2006 中国企业 500 强以来的其他年度资产利润率。2018 中国企业 500 强营业收入利润率为 4.50%，比上年中国企业 500 强提高了 0.08 个百分点，但总体上依旧处于自 2006 中国企业 500 强以来的较低水平（见图 1-7）。

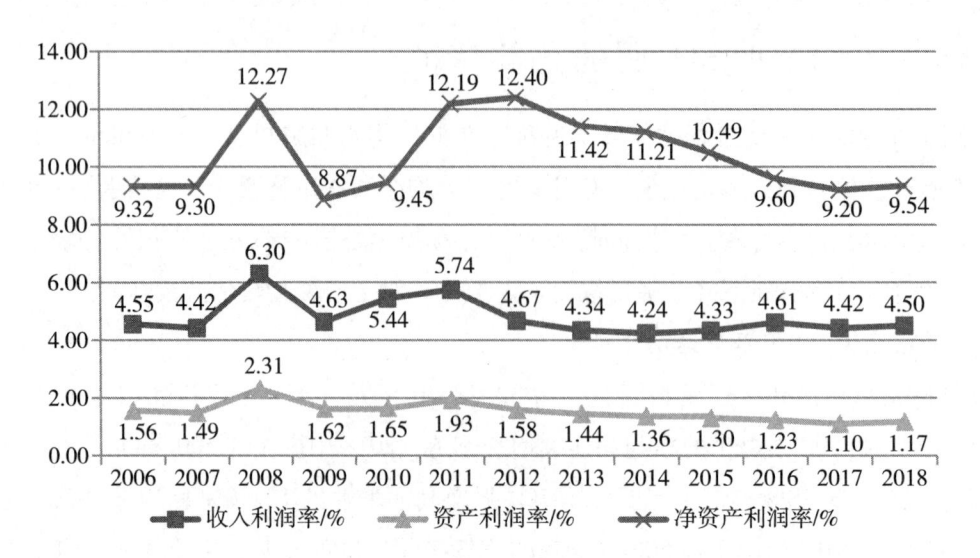

图 1-7 中国企业 500 强收入利润率、资产利润率与净资产利润率变化趋势

3. 企业亏损面收窄，亏损企业亏损额明显增加

2018 中国企业 500 强中共有 32 家企业发生亏损，亏损企业数量比 2017 中国企业 500 强减少 11 家；企业亏损面为 6.40%，收窄了 2.20 个百分点，亏损面连续第二年收窄。32 家亏损企业合计发生亏损额 726.83 亿元，比上年增亏 150.60 亿元，亏损金额大幅增加（见图 1-8）。企业平均亏损额 22.71 亿元，显著高于 2017 中国企业 500 强亏损企业的 13.40 亿元。企业亏损总额占全部 500 强净利润总额的 2.27%，稍高于 2017 中国企业 500 强的 2.04%。

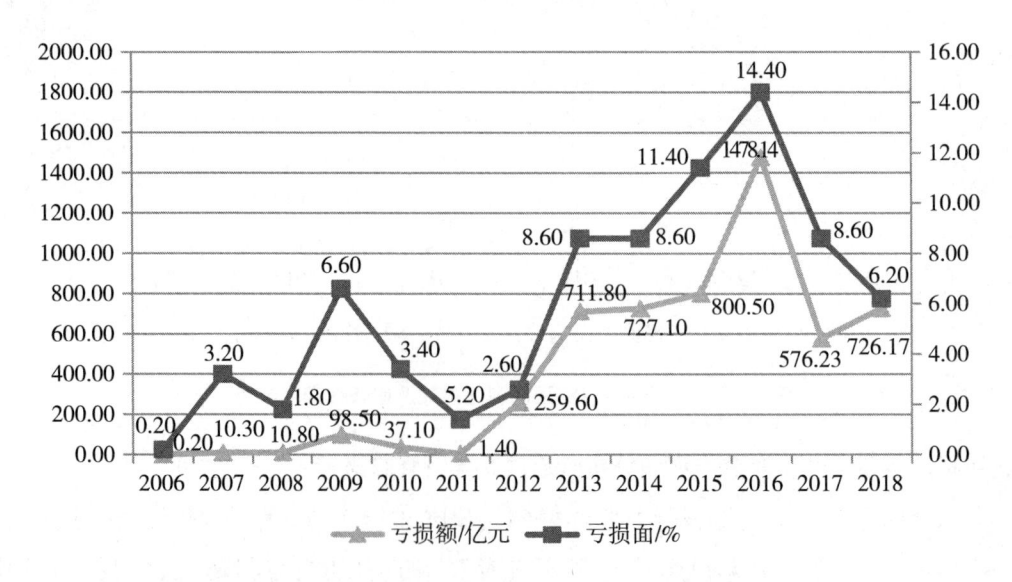

图 1-8 中国企业 500 强亏损面与亏损额变化趋势

从亏损企业具体情况看，32 家亏损企业来自 18 个行业，分布较集中的是一般有色金属行业和煤炭采掘及采选业，均有 6 家企业发生亏损，合计亏损 96.77 亿元，占全部 32 家企业亏损总额的

13.31%。从所有制性质看，32家亏损企业中有26家为国有企业，另外6家为民营企业，国有企业是2018年500强亏损主阵营。从行政区域看，京津冀地区占13家，其中北京为11家，区域企业亏损面为11.00%，高于总体亏损面。32家亏损企业中，有13家企业的亏损额比上一年度减少，企业减亏取得一定成效；另有6家企业亏损进一步扩大，其他有12家企业由盈转亏。

4. 净利润负增长企业减少1家，部分企业实现扭亏为盈

尽管2018中国企业500强净利润总额同比大增13.31%，但仍有不少企业净利润不增反降。2018中国企业500强中，有114家企业的净利润发生不同程度下降，净利润负增长的企业数比2017中国企业500强减少了1家，净利润负增长企业连续第2年减少（见图1-9）。其中有96家企业净利润为正，但净利润额比上年减少，12家由盈转亏，另外6家企业为亏损持续增加。

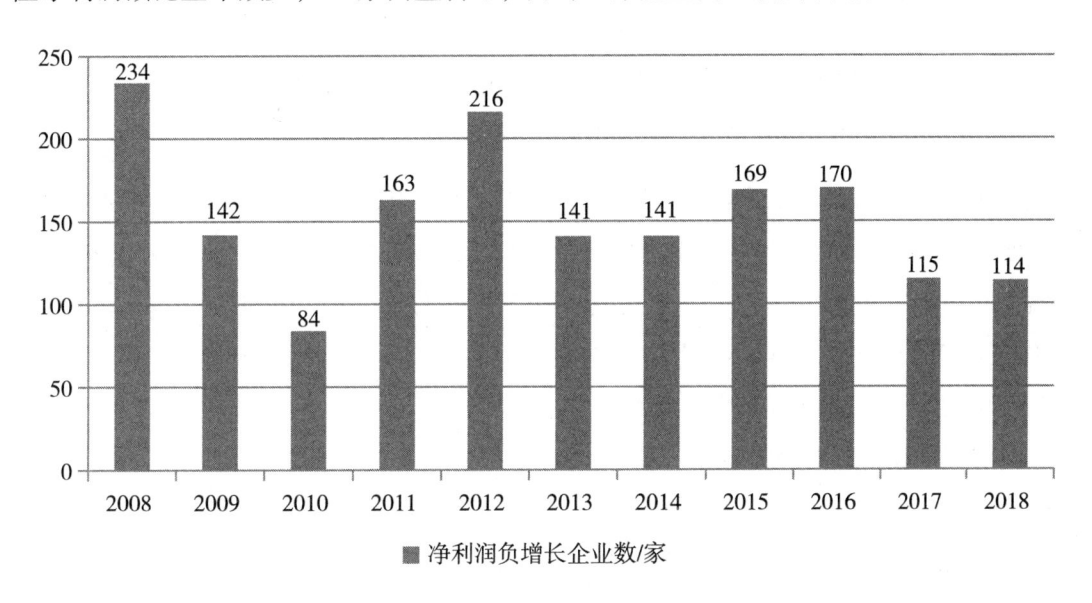

图1-9 中国企业500强净利润负增长企业数波动态势

此外，有21家企业2017年实现扭亏为盈。这21家企业2016年合计亏损260.38亿元，2017年合计盈利98.35亿元，整体盈利改善明显，为500强企业盈利总水平的提升做出了重要贡献。这些扭亏为盈的企业，有11家来自煤炭与钢铁等去产能行业，19家为国有企业。鞍钢集团的扭亏为盈效果最为突出，2016年公司亏损额为67.81亿元，2017年的盈利为4.13亿元；扭亏为盈企业2017年盈利最多的是中国华能，2017年实现净利润14.57亿元。

5. 纳税总额增加，税收贡献比连续5年下跌

中国企业500强纳税总额增加。2018中国企业500强共缴纳税收4.02万亿元，比2017中国企业500强增加0.14万亿元，增加了3.61%。与2018中国企业500强入围企业同口径相比，企业2017年纳税总额比2016年纳税总额增加0.26万亿元，增幅为6.81%（见图1-10）。

图1-10 中国企业500强企业纳税总额与年度税收贡献比

中国企业500强的年度税收贡献比连续5年下跌。2017年全国税收收入为14.44万亿元，比2016年同比增长10.07%，增速明显快于中国企业500强纳税总额增速。受此影响，2018中国企业500强纳税总额占2017年全国税收收入的比重为27.77%，中国企业500强年度税收贡献比自2013中国企业500强以来已经连续5年出现下滑（见图1-10）。

6. 综合税负有所下降，人均净利润波动上升

中国企业500强综合税负整体持续下降。2018中国企业500强的综合税负率（纳税额/营业收入）为5.64%，比上年500强下降了0.42个百分点，连续第二年下降。自2013中国企业500强以来，除2016中国企业500强综合税负率略有回升外，其他年份500强企业的综合税负总体上呈持续下降态势（见图1-11）。从2018中国企业500强同口径比较看，入围企业在2016年的实际综合税负率为6.08%，2017年综合税负率同比下降了0.44个百分点。这反映国务院减税政策在企业层面取得了一定实效，减轻了企业税费负担。

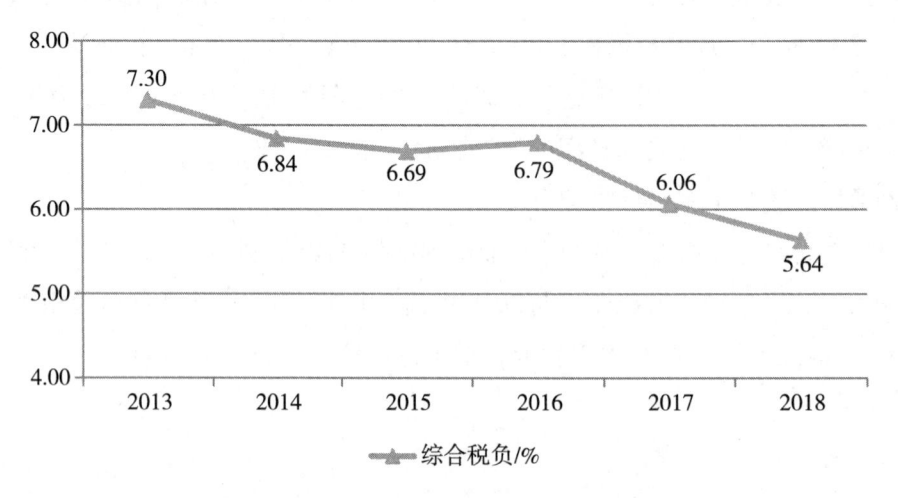

图1-11 中国企业500强综合税负率变化趋势

中国企业500强人均净利润波动上升。2018中国企业500强人均净利润为10.04万元，比2017

中国企业500强大幅增加了1.58万元，增幅为18.68%。从长期变动趋势看，自2010中国企业500强以来，企业人均净利润总体上保持着波动上升态势。2018中国企业500强人均净利润是9年来的最高值，比2010中国企业500强人均净利润大幅增长了80.50%。这一积极变化，一方面是受到了来自净利润总额较快增长的积极影响，另一方面也受到企业员工总数减少的有力支撑，二者共同推动了中国企业500强人均净利润的较大提升（见图1-12）。

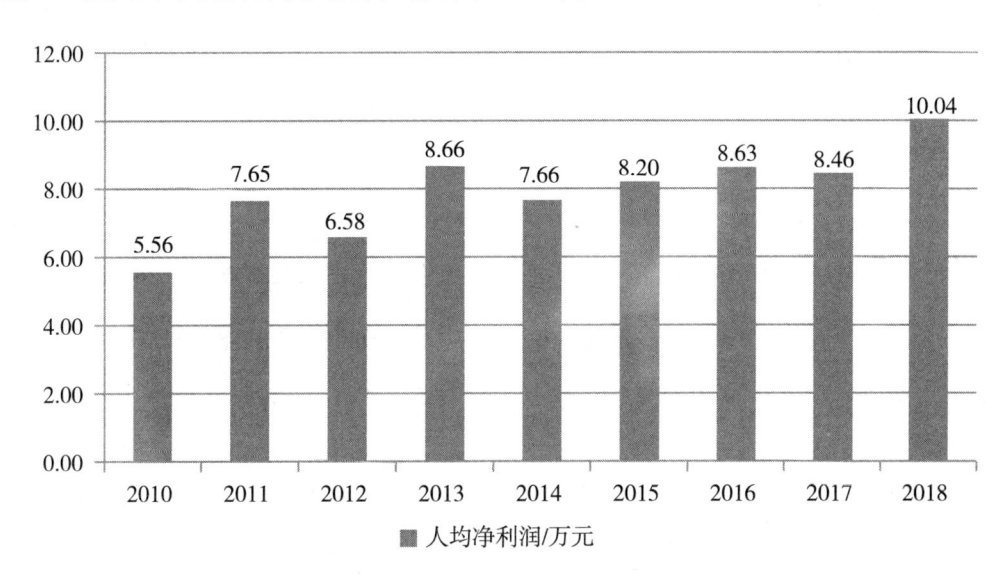

图 1-12 中国企业500强人均净利润变化趋势

三、2018中国企业500强的所有制格局和发展特征

中国企业500强中的民营企业数量持续增加，2018中国企业500强中民营企业增至237家，与国有企业各占半壁江山的格局趋于成型。国有企业依然承担更重税负压力，但与民营企业之间的税负差距有所缩小。国有企业效率效益指标有升有降，民营企业效率效益指标显著改善，民营企业在效率效益方面整体好于国有企业。在国有企业内部，金融央企在效率效益上显著占据优势，地方国企在人均营业收入、资产利润率上领先，非金融央企在资产周转率上占优。

1. 民营企业入围数量持续增长，其他指标占比有升有降

中国企业500强所有制结构持续变化，国有与民营企业数量差距不断缩小。2018中国企业500强中有237家民营企业，比上年增加了11家，总体保持持续增加态势；另外，有263家入围企业为国有企业，国有与民营企业入围数量差距进一步缩小（见图1-13）。2010中国企业500强中，国有企业、民营企业分别为325家和175家，国有企业比民营企业多150家，截至2018中国企业500强中，国有企业已经仅比民营企业多26家。这一变化趋势的发生，一方面是由于国有企业不断并购重组导致入围企业数量减少，另一方面也是由于大量优秀民营企业在改革开放中的快速崛起与不断做强、做大。

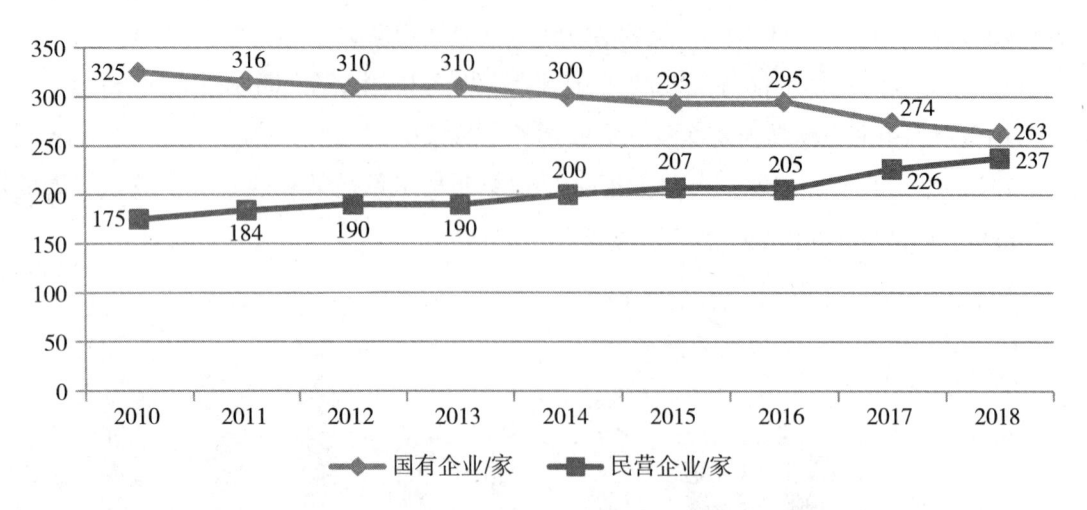

图 1-13 中国企业 500 强入围企业所有制结构变化趋势

民营企业在其他指标上的占比变化分化，有升有降。2018 中国企业 500 强中民营企业占比为 47.40%，比上年提高了 2.20 个百分点，但其他指标并没有跟随入围企业数量占比的提高而一致同步提高。在资产总额占比上，民营企业不升反降；在员工人数上，民营企业的比重也下降了 2.33 个百分点；在净资产占比上，民营企业提高了 1.16 个百分点；在营业收入指标上，民营企业的占比上升了 0.30 个百分点；在净利润指标上民营企业占比提高了 1.53 个百分点；在纳税额指标上，民营企业占比增长了 4.96%，快于数量占比的提升（见表 1-1）。

表 1-1　2018 中国企业 500 强主要指标的所有制占比差异及其变化

年份	企业性质	营业收入	净利润	资产	净资产	纳税额	员工数	入围数量
2018 实际占比	国有占比	71.52%	70.23%	87.39%	80.52%	80.91%	77.05%	52.60%
	民营占比	28.48%	29.77%	12.61%	19.48%	19.09%	22.95%	47.40%
2018—2017	国有占比变化	-1.13%	-2.57%	1.09%	-1.67%	-4.58%	2.49%	-2.20%
	民营占比变化	0.30%	1.53%	-1.20%	1.16%	4.96%	-2.33%	2.20%

2. 国有企业承担更重税负压力，不同所有制税负差距有所缩小

国有企业税负压力显著高于民营企业。2018 中国企业 500 强中 263 家国有企业共缴纳税收 3.25 万亿元，占 500 强纳税总额的 80.91%；263 家入围国有企业的平均综合税负率为 6.38%，这一综合税负率水平远高于 237 家入围民营企业的 3.78%（见图 1-14）。明显高于民营企业的综合税负率，显然拖累了国有企业的效益提升与效率改善。如果将超出部分折算成税后利润转回国有企业，国有企业盈利数据应能得到显著改善。

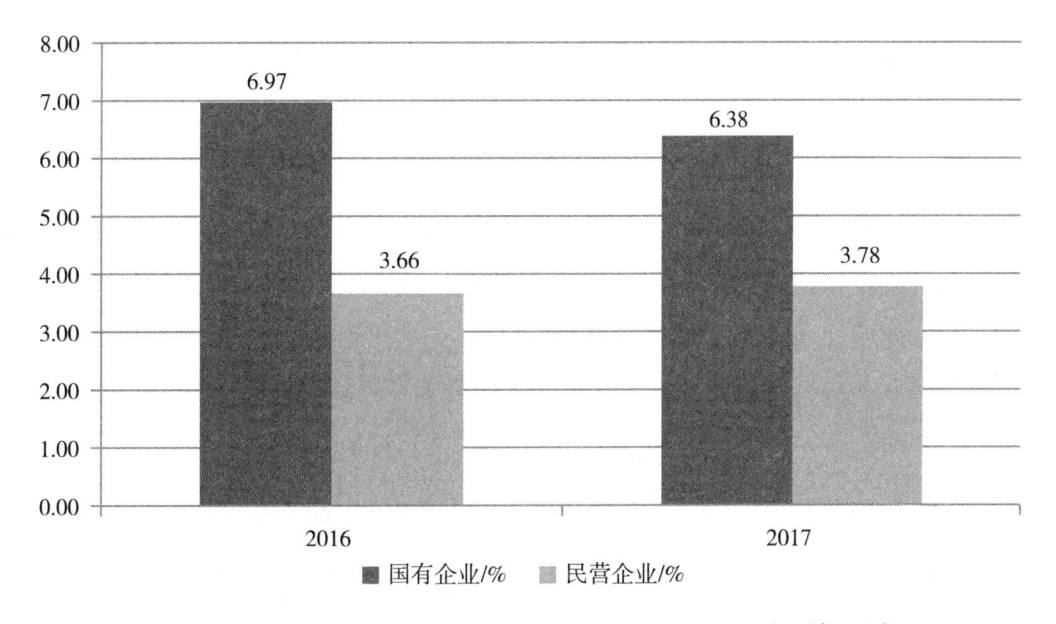

图 1-14　2018 中国企业 500 强综合税负率所有制差异及其变化情况比较

中国企业 500 强中国有企业与民营企业综合税负率的差距有所缩小。2018 中国企业 500 强中国有企业的综合税负率比上年降低了 0.59 个百分点，与此同时，民营企业的综合税负率比上年上升了 0.12 个百分点；二者一升一降，国有企业与民营企业之间综合税负率的差距从 2016 年的 3.31 个百分点缩小至 2017 年的 2.60 个百分点（见图 1-14）。如从中国企业 500 强纵向比较，2018 中国企业 500 强中国有企业综合税负率比 2017 中国企业 500 强下降了 0.74 个百分点，民营企业比 2017 中国企业 500 强提高了 0.74 个百分点，差距缩小更为显著，如图 1-15 所示。总体上看，可以认为，不同所有制企业正在向税负公平迈进。

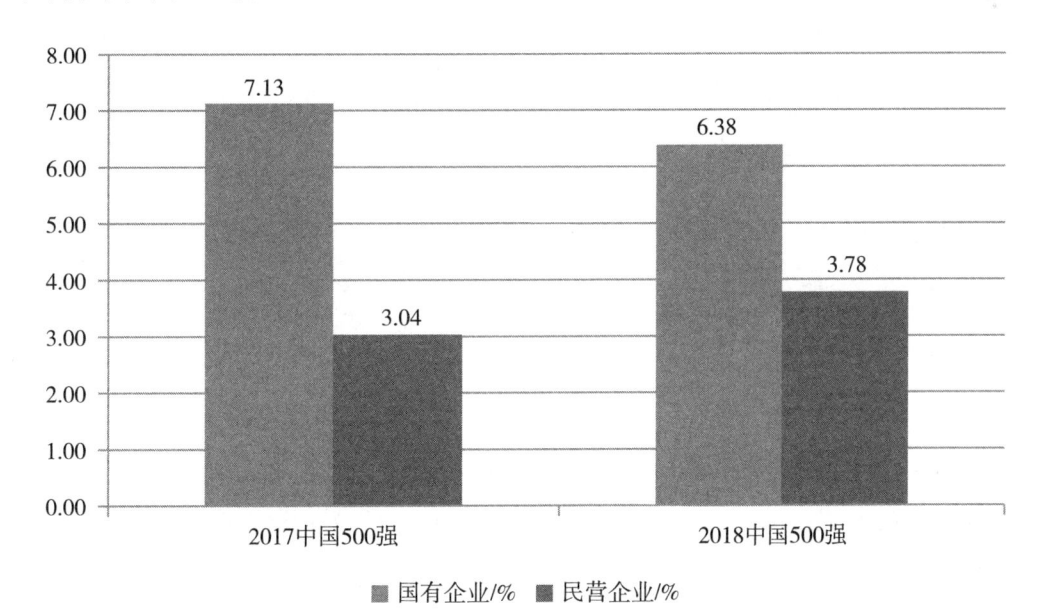

图 1-15　2017 中国企业 500 强与 2018 中国企业 500 强所有制税负水平变化

3. 民营企业效率效益占优，两类企业效率效益有升有降

民营企业在主要效率效益指标比较中全面领先。人均指标方面，民营企业人均营业收入、人均净利润分别为276.70万元、13.02万元，远高于国有企业的207.01万元、9.15万元。主要利润率指标方面，民营企业营收利润率、资产利润率、净资产利润率分别为4.71%、2.76%、14.60%，同样远高于国有企业的4.42%、0.94%、8.33%；尤其是在资产利润率和净资产利润率方面，国有企业仅相当于民营企业的一半多一点。资产周转率上，民营企业资产年度周转速度为0.59次，两年不到可以周转一次；而国有企业周转率仅为0.21次/年，需要五年才能完成一次总资产的周转，如表1-2所示。显然，相对而言，国有企业呈现出显著的重资产经营特征，而且在资产运营能力上明显不如民营企业。

表1-2 2018中国企业500强国企与民企主要效率效益指标比较

	人均营业收入/万元	人均净利润/万元	营收利润率/%	资产利润率/%	净资产利润率/%	资产周转率/次/年
国有企业	207.01	9.15	4.42	0.94	8.33	0.21
民营企业	276.70	13.02	4.71	2.76	14.60	0.59

同口径比较，国有企业、民营企业效率效益指标均有升有降，相对而言，民营企业效率效益指标改善更明显。同口径相比，2018中国企业500强中，民营企业2017年的人均营业收入、人均净利润分别提高了25.37万元、1.15万元，资产利润率、净资产利润率分别提高了0.11个百分点、0.22个百分点，资产周转次数提高了0.02次/年，仅有营收利润率指标微降了0.02个百分点，大多数主要指标得到提升。但国有企业改善情况不如民营企业，虽然国有企业2017年人均营业收入、人均净利润分别提高了20.43万元、0.72万元，资产周转率提高了0.01次/年，但三个利润率指标中，净资产利润率提高了0.11个百分点，净资产利润率微幅提高了0.02个百分点，营收利润率下降了0.10个百分点。在改善程度方面，民营企业在所有指标层面都优于国有企业，如表1-3所示。

表1-3 2018中国企业500强国企与民企主要效率效益指标变化

2017-2016	人均营业收入/万元	人均净利润/万元	营收利润率/%	资产利润率/%	净资产利润率/%	资产周转率/次/年
国有企业	20.43	0.72	-0.10	0.02	0.11	0.01
民营企业	25.37	1.15	-0.02	0.11	0.22	0.02

中国企业500强纵向比较，国有企业与民营企业主要效率效益指标均有升有降，在全部指标上改善程度同样都不如民营企业。人均指标上，国有企业与民营企业均有不同程度改善，但民营企业在人均营业收入与人均净利润上的改善均领先于国有企业。资产周转率上，国有企业与上年500强持平，而民营企业比上年加快了0.08次/年。利润率指标上，国有企业与民营企业净资产利润率均低于2017中国企业500强，如表1-4所示。

表 1-4 2017 中国企业 500 强、2018 中国企业 500 强国企与民企主要效率效益指标改善程度比较

2018 中国企业 500 强 - 2017 中国企业 500 强	人均营业收入/万元	人均净利润/万元	营收利润率/%	资产利润率/%	净资产利润率/%	资产周转率/次/年
国有企业	20.38	0.89	0.00	0.01	0.18	0.00
民营企业	63.22	3.57	0.28	0.50	0.41	0.08

4. 金融央企在多个指标上占优，地方国企总体稍好于非金融央企

国有企业内，金融央企在多个指标上占据优势。尽管从综合税负率看，2018 中国企业 500 强中金融央企的综合税负率远高于非金融央企和地方国企，但在人均净利润、营收利润率、净资产利润率上显著优于非金融央企和地方国企；尤其是在人均净利润和营收利润率上，更是大幅领先于非金融央企和地方国企；上述三项指标，金融央企也都高于民营企业。这一优势的建立，应是来自金融资产这一特殊行业属性，可能和企业经营能力并无显著关联。同样，基于金融央企的特殊行业属性，作为重资产行业，金融央企的资产周转率低至 0.05 次/年，远远落后于非金融央企和地方国企，更落后于民营企业，如表 1-5 所示。

表 1-5 2018 中国企业 500 强国有企业内部比较分析

	综合税负率/%	人均营业收入/万元	人均净利润/万元	营收利润率/%	资产利润率/%	净资产利润率/%	资产周转率/（次/年）
非金融央企	6.72	193.67	4.12	2.13	0.92	4.63	0.43
金融央企	7.42	219.03	37.29	17.03	0.92	12.95	0.05
地方国企	5.45	224.48	5.95	2.65	1.02	8.39	0.38
民营企业	3.78	276.70	13.02	4.71	2.76	12.48	0.59
总计	5.64	223.00	10.04	4.50	1.17	9.54	0.26

国有企业内部，地方国企在人均营业收入、资产利润率上领先，非金融央企在资产周转率上占优。2018 中国企业 500 强中，地方国企的人均营业收入为 224.48 万元，虽然低于民营企业，但稍高于金融央企，明显高于非金融央企；地方国企的资产利润率为 1.02%，虽然显著低于民营企业，但稍高于金融央企和非金融央企；在人均净利润、营收利润率和净资产利润率上，地方国企虽然低于金融央企，但均高于非金融央企；地方国企在指标上的相对优势，可能在很大程度上受益于其明显低于非金融央企的综合税负率。三类国有企业中，非金融央企几乎在所有指标上均处于不利地位，仅在资产周转率上好于金融央企和地方国企。

四、2018 中国企业 500 强的行业特征

2018 中国企业 500 强中制造业入围企业数量增加了 5 家，但服务业在 500 强中的主体地位反而进一步巩固，服务业在营业收入中的占比进一步提高。在二级细分行业中，金融业的地位十分突出，

在多个指标上占据绝对优势，贡献了全部中国企业500强净利润的将近一半。煤炭行业去产能取得突出成效，行业盈利全面好转；汽车行业入围企业数量总体稳定，但利润率指标有所下滑；房地产行业地位进一步提升，对全部500强营业收入与净利润的贡献同步提高。

1. 制造业企业数量小幅增加，主要指标占比有增有减

中国企业500强中制造业企业数量连续两年下降后再次增加。2018中国企业500强中，有253家制造业企业入围，占全部企业的50.60%。这也是制造业企业在中国企业500强中入围数量自2015中国企业500强来，连续两年下降后再次增加。不过总体来看，这并不会改变中国企业500强中制造业企业长期减少的发展趋势。自2010中国企业500强以来，制造业企业数量已经减少了26家。与此同时，服务业企业数量长期波动增长，已经从2010中国企业500强中的143家，增至2018中国企业500强的170家，净增了27家，如图1-16所示。

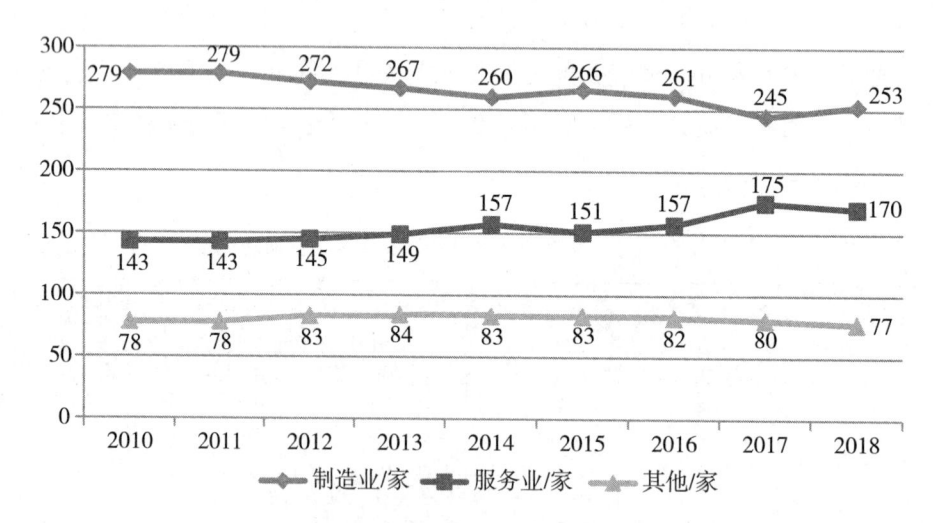

图1-16　中国企业500强三大类行业数量结构变动情况

中国企业500强中制造业企业在主要指标上的占比有增有减。尽管制造业企业入围数量比上年增加了8家，但主要指标的占比并没有随着入围数量的增加而同步增加，相反，有部分指标的占比反而出现较大比例的下降。2018中国企业500强中，制造业企业占比上升的指标有营业收入、净利润、资产、净资产、纳税额、员工数6个指标，其中纳税额的增幅超过了入围数量增幅。但与此同时，制造业企业在海外收入、海外资产、研发费用3个指标上不升反降。研发费用占比的下降，反映了入围制造业企业在研发投入增长上慢于服务业企业，如表1-6所示。

表1-6　中国企业500强中三大类行业主要指标占比变动情况（单位：%）

2018中国企业500强-2017中国企业500强	营业收入	海外收入	净利润	资产	海外资产	净资产	纳税额	研发费用	员工数
制造业	0.69	-0.72	0.63	0.27	-3.96	0.26	1.84	-2.60	0.09
服务业	-0.88	-1.66	-0.72	-0.29	9.24	0.44	-2.38	4.27	-0.77
其他行业	0.19	2.38	0.10	0.02	-5.28	-0.70	0.54	-1.67	0.68

2. 服务业地位进一步巩固，在多个指标上占显著优势

服务业收入贡献稳居第一。2018中国企业500强中，170家服务业企业共实现营业收入29.74万亿元，占全部500强营业收入总额的41.79%，与2017中国企业500强相比，占比下降了0.88个百分点。自2010中国企业500强以来，服务业在500强营业收入中的占比总体上呈先降后升走势，并自2012中国企业500强以来一直维持上升态势。2016中国企业500强中，服务业营业收入占比为40.53%，占比首次超过40%，并且首次超过制造业，在中国企业500强三大类行业中位居首位。2017中国企业500强中，服务业营业收入占比稳步提高，制造业营业收入占比持续下降，服务业在中国企业500强中的地位持续稳固。2018中国企业500强中服务业营业收入占比虽然比2017中国企业500强有所下降，但仍超过了制造业占比，如图1-17所示。

图1-17 中国企业500强三大类行业营业收入占比变化

服务业不仅资产比重高，而且也是利润与收入的主要贡献者，在纳税与就业方面的贡献也更为突出。170家服务业企业虽然只占2018中国企业500强数量的34.00%，但却占全部中国企业500强资产总额的80.53%，占全部500强企业中海外资产总额的68.52%；服务业企业净利润在中国企业500强净利润总额中占到了74.08%，纳税额占39.48%，员工数占40.92%，占比虽不及资产与净利润，但也高于制造业与其他行业，同样也高于服务业企业的数量占比；服务业企业的并购重组占全部500强企业的49.51%，并购重组活跃度显著高于制造业与其他行业。服务业企业尽管在技术创新上不如制造业积极，参与标准制定的活跃度也不如制造业，但在国际标准制定的参与上，却显著强于制造业企业，贡献了2018中国企业500强国际标准制定参与量的59.94%，如表1-7所示。

表1-7 2018中国企业500强中服务业占比占较优势的指标（单位:%）

	营业收入	净利润	资产	海外资产	纳税额	员工数	并购重组	国际标准
制造业占比	38.99	20.05	10.76	19.02	35.50	32.12	35.40	36.53
服务业占比	41.79	74.08	80.53	68.52	39.48	40.92	49.51	59.94
其他行业占比	19.22	5.86	8.71	12.46	25.01	26.96	15.09	3.54

3. 二级细分行业各具优势，金融业优势最为突出

金融业在二级细分行业中占据突出地位，在7个主要指标中排名位居二级行业之首。按照行业划分目录，2018中国企业500强共涉及27个二级细分行业。在入围数量上，金属产品、化学品制造、房屋建筑位居前三，分别有77家、42家、40家企业入围。金融业入围数量虽然只有33家，只占全部500强的6.60%，但却在营业收入、净利润、资产等7个指标上高居27个二级细分行业之首，与其他行业相比，优势非常突出。尤其是在资产与海外资产上，金融企业的占比更是超过了全部500强企业的60%；在净利润上，金融企业占全部500强净利润的50.70%，占比超过了一半，其中17家银行占全部净利润的43.40%，如表1-8所示。

表1-8 2018中国企业500强主要指标二级细分行业排名前三及其占比（单位:%）

营业收入前三		海外收入前三		净利润前三		资产前三	
金融业	15.01	采矿业	21.22	金融业	50.70	金融业	64.85
金属产品	10.10	化学品制造	14.89	电信及互联网信息服务	8.43	采矿业	4.10
采矿业	8.59	金属产品	11.14	房地产	6.17	邮政和物流	3.51
海外资产前三		净资产前三		纳税额前三		研发费用前三	
金融业	60.72	金融业	37.62	金融业	18.74	电信及互联网信息服务	13.36
采矿业	7.75	采矿业	10.36	采矿业	16.93	计算机、通信设备及其他电子设备制造	13.11
化学品制造	7.17	电信及互联网信息服务	7.24	交通运输设备及零部件制造	10.58	交通运输设备及零部件制造	12.30
员工数前三		海外员工前三		并购重组前三		专利数前三	
金融业	14.43	土木工程建筑	11.74	零售业	13.63	消费品生产	13.00
采矿业	12.43	化学品制造	11.56	金属产品	11.19	交通运输设备及零部件制造	12.79
发明专利前三		总标准数前三		国内标准前三		国际标准前三	
房屋建筑	8.17	采矿业	10.76	批发贸易	9.25	计算机、通信设备及其他电子设备制造	10.33
计算机、通信设备及其他电子设备制造	23.25	综合服务业	17.80	综合服务业	18.66	电信及互联网信息服务	53.18
化学品制造	11.70	防务	12.71	防务	13.18	金属产品	8.81
防务	11.19	金属产品	9.91	金属产品	10.19	交通运输设备及零部件制造	6.88

其他二级细分行业在指标排名上各有优势。除前述金融业之外，采矿业在主要指标排名中也多

次进入前三；尤其是在海外收入指标上，采矿业高居首位，反映我国大型采矿企业积极在海外进行业务布局，寻求掌握国际资源开采权，以保障国内资源安全，助力我国企业持续稳健发展；此外，采矿业在资产、海外资产、净资产、纳税额、员工数5个指标上都排名第二，在营业收入、海外员工上排名第三。计算机与通信设备及其他电子设备制造在研发费用指标上排名首位，电信及互联网信息服务、交通运输设备及零部件制造分居二三位。消费品生产专利数量位居首位，化学品制造则在发明专利数上位居榜首。综合服务业、防务、金属产品分居参与标准制定数与参与国内标准制定数的前三位，电信及互联网信息服务则成为参与国际标准制定最多的二级细分行业。在海外员工上，土木工程建筑行业稍稍领先。零售业则在并购重组拔得头筹，如表1-8所示。

4. 煤炭钢铁去产能成效显著，利润指标全面好转

钢铁煤炭去产能行业目标超额完成，行业市场全面转暖。2017年是钢铁去产能的攻坚之年，全年共化解粗钢产能5000万吨以上，超额完成年度目标任务。1.4亿吨"地条钢"产能基本出清，从根本上扭转了"劣币驱逐良币"现象，有效改善了市场环境，钢材质量明显提升，行业效益大幅增长。受钢铁去产能工作深入推进、"地条钢"全面取缔、采暖季错峰生产和市场需求回升等因素影响，2017年钢材价格大幅上涨。12月底，中国钢材价格指数为121.8点，比年初上升22.3点，涨幅22.4%。2017年，我国黑色金属冶炼和压延加工业主营业务收入6.74万亿元，同比增长22.4%，实现利润3419亿元，较上年同期增加2189亿元，同比增长177.8%。2017年，我国煤炭去产能成效明显，全年煤炭行业超额完成年初提出的1.5亿吨目标任务；煤炭产能利用率达到68.2%，同比提高8.7个百分点；煤炭企业兼并重组有序推进，神华集团与国电集团合并重组，中煤能源兼并重组国投、保利和中铁等企业的煤矿板块，中煤平朔、山西大同煤矿、晋能集团3家煤炭企业与大唐、中电国际、江苏国信等发电企业合作共同组建苏晋能源公司，甘肃省企业重组组建了能源化工投资集团。受去产能刺激，煤炭价格在2016年7月快速上涨后，2017年全年基本在一平台波动；环渤海动力煤价格指数全年波动趋稳，12月27日价格指数为577元/吨。2017年，全国规模以上煤炭企业主营业务收入2.54万亿元，同比增长25.9%，利润总额2959.3亿元，同比增长290.5%。

中国企业500强钢铁煤炭行业利润指标全面好转，盈利能力显著提升。2018中国企业500强中黑色冶金行业营收利润率、资产利润率、净资产利润率分别为2.36%、2.22%、6.44%，煤炭采掘及采选业营收利润率、资产利润率、净资产利润率分别为0.75%、0.41%、1.44%，虽仍低于中国企业500强整体水平，但与上年500强同行业企业相比，均已经有所提升。黑色冶金行业人均营业收入、人均净利润分别为297.00万元、7.00万元，比上年分别提高了66.26万元、5.79万元。煤炭采掘及采选业人均营业收入、人均净利润分别为137.57万元、1.04万元，分别比上年提高了25.24万元、0.95万元，如表1-9所示。主要指标的增速更加直观地反映了钢铁煤炭行业的恢复性增长。与入围企业2016年数据同口径比，2018中国企业500强中的煤炭采掘及采选业营业收入、净利润、纳税额、资产分别增长了13.99%、1405.23%、50.54%、5.57%，黑色冶金行业营业收入、净利润、纳税额、资产分别增长了24.18%、313.87%、58.55%、4.47%；尤其是净利润，由于前年全行业微利甚至亏损，基数较低，两行业都是实现了数倍以上增长。与2017中国企业500强同行业相比，煤炭采掘及采选业、黑色冶金行营业收入、净利润、纳税额同样均实现了快速增长，但资产却均出现小幅减少，如表1-10所示。

表1-9 2018中国企业500强钢铁煤炭行业与上年500强相比主要指标增量

	营收利润率/%	资产利润率/%	净资产利润率/%	人均营收/万元	人均净利润/万元
煤炭采掘及采选业增加量	0.68	0.37	1.30	25.24	0.95
黑色冶金增加量	1.83	1.81	5.13	66.26	5.79

表1-10 2018中国企业500强钢铁煤炭行业同口径增速及与上年500强比增速

		营收增长/%	净利润增长/%	纳税增长/%	资产增长/%
同口径比增速	煤炭采掘及采选业	13.99	1405.23	50.54	5.57
	黑色冶金	24.18	313.87	58.55	4.47
		营收增长/%	净利润增长/%	纳税增长/%	资产增长/%
与上年500强比增速	煤炭采掘及采选业	18.36	1096.62	74.15	-3.36
	黑色冶金	24.70	461.00	61.53	-3.13

5. 汽车行业入围企业数量总体稳定，利润率指标波动下降

中国企业500强中汽车企业入围数量总体稳定在18家左右，但汽车行业营业收入与利润贡献发生较大变动。2018中国企业500强中有18家汽车企业入围，自党的十八大以来保持着增长态势，但从2010中国企业500强以来看，基本上是保持着上下波动态势，总体上稳定在18家左右，如图1-18所示。虽然2018中国企业500强和2010中国企业500强中入围的汽车企业都是18家，但汽车行业收入与利润在500强企业中的占比却已经发生了较大变化，2018中国企业500强汽车企业营业收入占全部500强企业的5.76%，比2010中国企业500强汽车企业营业收入占比高0.72个百分点；2018中国企业500强汽车企业净利润占全部500强企业的3.48%，比2010中国企业500强汽车企业净利润占比低1.12个百分点，如图1-19所示。

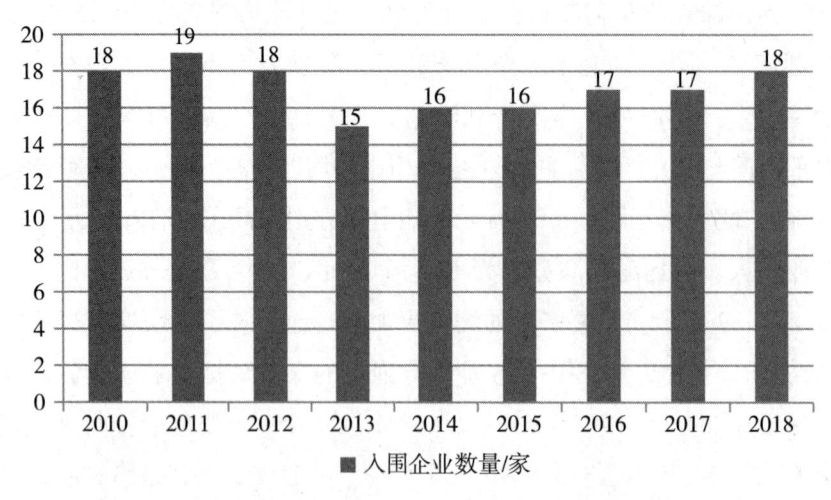

图1-18 中国企业500强中汽车行业企业入围数量变化趋势

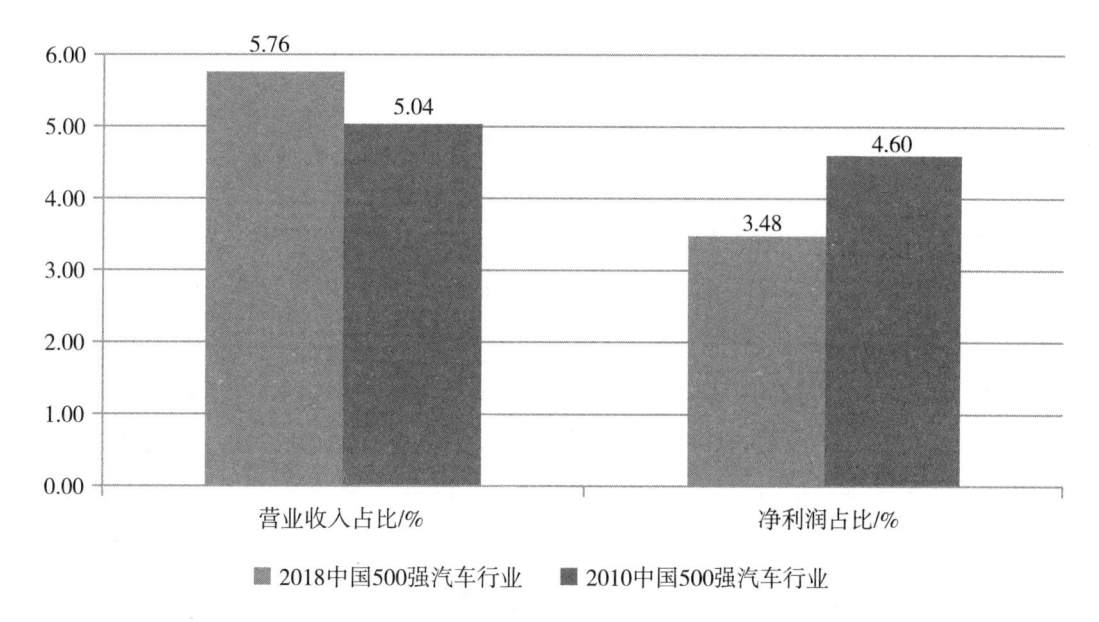

图 1-19　2010—2018 中国企业 500 强中汽车行业营业收入与净利润占比变化

中国企业 500 强中汽车行业主要利润率指标总体持续下降。2018 中国企业 500 强中汽车行业的营收利润率、资产利润率、净资产利润率分别为 2.78%、3.03%、8.77%，分别比 2017 中国企业 500 强中汽车行业降低 0.16 个百分点、0.28 个百分点、0.06 个百分点，三大指标均呈下降态势。与 2010 中国企业 500 强中汽车行业相比，更是分别大幅下降了 2.19 个百分点、3.57 个百分点、9.86 个百分点。自 2010 中国企业 500 强以来，虽然中间偶有上升走势，但总体上看，汽车行业的三大利润率指标呈持续下降态势。在人均营业收入与人均净利润上，自党的十八大以来历年中国企业 500 强中汽车行业总体上呈波动提升态势。从综合税负率看，尽管汽车行业综合税负率自党的十八大以来在持续下降，但历年均在 9% 以上，远高于中国企业 500 强总体平均水平，如表 1-11 所示。

表 1-11　中国企业 500 强中汽车行业主要利润率指标及其他指标变化趋势

	营收利润率/%	资产利润率/%	净资产利润率/%	人均营收/万元	人均净利润/万元	综合税负率/%	营收增长率/%	净利润增长率/%
2010	4.97	6.60	18.63	190.74	9.48	9.38		
2011	5.40	7.31	21.48	240.10	12.96	9.97		
2012	2.95	4.33	11.00	272.40	8.05	10.28	19.87	-9.51
2013	2.81	4.02	9.88	281.80	7.92	11.26	5.63	1.54
2014	2.75	3.74	9.57	303.12	8.34	10.83	17.01	16.51
2015	2.92	3.79	9.82	299.23	8.72	10.70	9.14	15.21
2016	3.11	3.51	9.10	296.79	9.24	10.03	1.24	8.08
2017	2.94	3.31	8.83	288.02	8.48	10.04	14.01	18.29
2018	2.78	3.03	8.77	359.26	9.99	9.92	13.51	9.96

6. 房屋建筑与地产业地位持续提升，利润率指标在波动中有升有降

中国企业 500 强中房屋建筑与地产行业入围企业数量波动增加，房屋建筑与地产行业对中国企业

500强营业收入与净利润贡献均大幅增加。2018中国企业500强中有66家房屋建筑与地产相关行业企业入围，分别来自房屋建筑、住宅地产、商业地产3个三级细分行业。与2017中国企业500强相比，入围企业数量增加了5家，创下中国企业500强中房屋建筑与地产企业上榜数量新高。从长期趋势看，自2010中国企业500强以来，房屋建筑与地产行业入围企业数量总体呈波动上升态势，如图1-20所示。随着入围企业数量的波动增加，房屋建筑与地产行业在中国企业500强中的地位更加突出，对中国企业500强营业收入与净利润的贡献进一步提升，在2010中国企业500强中，房屋建筑与地产行业47家入围企业营业收入、净利润分别占当年中国企业500强的8.58%和4.97%；而在2018中国企业500强中，房屋建筑与地产行业66家入围企业营业收入、净利润分别占当年中国企业500强的9.31%和9.43%，分别提高了0.73个百分点和4.46个百分点，房屋建筑与地产行业对中国企业500强营业收入与净利润的贡献均有不同程度提高，如图1-21所示。

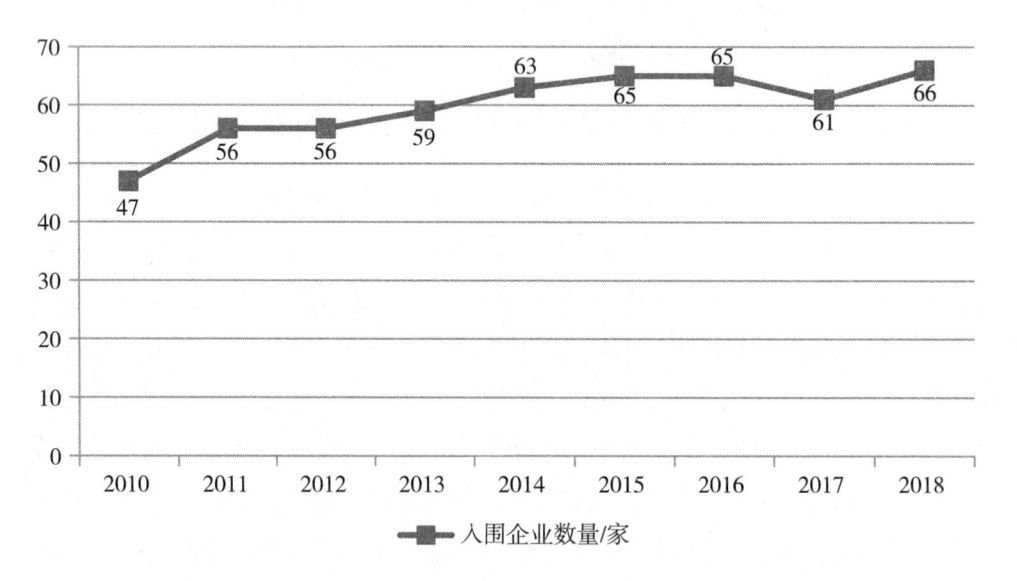

图1-20 中国企业500强中房屋建筑与地产行业入围企业数量变化趋势

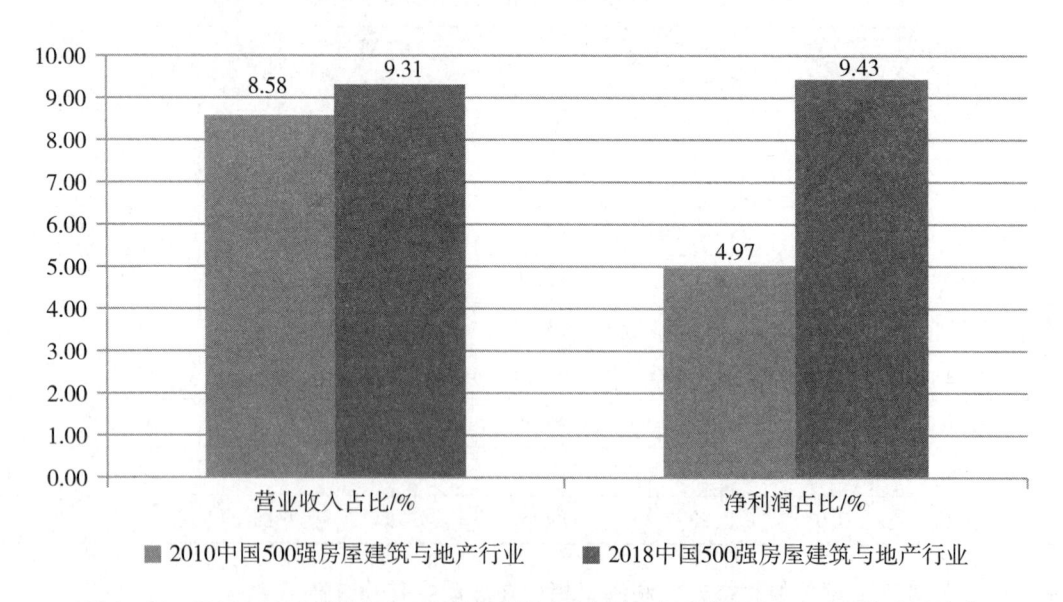

图1-21 2010—2018中国企业500强中房屋建筑与地产行业营业收入与净利润占比变化

中国企业500强中房屋建筑与地产行业三大利润率指标在波动中有升有降，人均营业收入、人均净利润在波动中提升。2018中国企业500强中，65家入围房屋建筑与地产企业营收利润率、资产利润率、净资产利润率分别为4.42%、2.18%、11.17%，与上年500强相比，分别提高了0.44个百分点、2.63个百分点、2.57个百分点，三大指标均同步提升；但与2010中国企业500强相比，仅有营收利润率提高了1.27个百分点，资产利润率、净资产利润率则分别下降了0.80个百分点、1.82个百分点。总体上看，自2010中国企业500强以来，房屋建筑与地产行业三大利润率指标都呈现出不一致的波动变化态势；但自党的十八大以来，总体上三大利润率指标均呈波动上升态势。在人均营业收入与人均净利润方面，自2010中国企业500强以来都呈波动上升态势；2018中国企业500强中房屋建筑与地产行业的人均营业收入、人均净利润分别为201.71万元、9.20万元，分别比2017中国企业500强提高了30.71万元、2.16万元，比2010中国企业500强分别提高了109.62万元、6.30万元，两项人均指标均大幅度提升。在综合税负率上，2018中国企业500强中房屋建筑与地产行业的综合税负率为6.11%，比上年500强大幅降低了1个百分点；2010—2016中国企业500强中房屋建筑与地产入围企业的综合税负率均低于6%，低于当年500强的平均综合税负率；但近年来综合税负率呈波动上升态势（见表1-12）。

表1-12　中国企业500强中房屋建筑与地产行业主要利润率指标及其他指标变化趋势

	营收利润率/%	资产利润率/%	净资产利润率/%	人均营收/万元	人均净利润/万元	综合税负率/%	营收增长率/%	净利润增长率/%
2010	3.15	2.98	12.99	92.09	2.90	4.71		
2011	3.73	3.37	16.29	119.23	4.44	4.92		
2012	2.65	2.30	11.83	74.63	1.98	5.42	14.99	15.44
2013	2.35	1.95	9.80	131.65	3.10	5.31	12.99	9.25
2014	2.65	2.24	11.41	158.52	4.20	4.77	18.53	15.49
2015	2.48	1.86	8.41	162.51	4.04	5.18	11.11	11.99
2016	3.29	1.96	8.01	169.12	5.56	5.79	8.03	15.09
2017	4.11	1.96	8.60	171.00	7.04	7.11	13.85	2.44
2018	4.56	2.18	11.23	201.71	9.20	6.11	15.54	37.17

五、2018中国企业500强的总部分布特征

中国企业500强第一梯队、第二梯队入围企业差距进一步缩小；但四大板块与七大区域的不均衡程度进一步上升，东部地区企业连续增加，长三角地区成为中国企业500强的重要成长摇篮。"一带一路"沿线地区企业受惠于政策扶持，营业收入与净利润增速快于非"一带一路"沿线地区企业，效益与效率改善且均高于非"一带一路"沿线地区企业。

1. 第一、第二梯队入围企业差距有所缩小，苏鲁浙净增加企业最多

第一、第二梯队企业数量差距进一步缩小。区域入围企业数量高居首位的北京属于第一梯队，

区域入围企业数量少于北京且在40家以上的江苏、山东、广东、浙江四省属于第二梯队，区域入围企业数量为10~39家的上海等8省市属于第三梯队，其他入围企业少于10家的区域属于第四梯队。2018中国企业500强中，北京入围企业数量为100家，比上年减少了4家；与此同时，第二梯队4省中，江苏、山东、浙江入围企业数量均增加了5家，广东入围企业数量与上年持平，第一梯队与第二梯队之间的数量差距进一步缩小；但与此同时第三梯队入围企业数量减少，天津更是由于大幅减少7家退出了第三梯队，第二、第三梯队之间差距扩大。全国31个省（区市）中，西藏依旧没有大企业入围中国企业500强，海南也没有企业进入中国企业500强，其他29省（区市）都有企业入围。

多个省（区市）入围企业数量均有不同程度变化，江苏、山东、浙江入围企业数量增加最多，天津减少最多。2018中国企业500强中，有18个区域入围企业数量发生了变化，12个区域入围企业数量保持不变。入围企业数量增加的区域有9个，其中江苏、山东、浙江均比2017中国企业500强增加了5家，同居入围企业数量增幅榜首；其次是新疆，增加了2家，福建等5省市分别增加了1家。入围企业数量减少的区域有11个，区域入围企业减少最多的是天津，共减少了7家；其次是北京，入围企业减少了4家，如表1-13所示。

表1-13 2018中国企业500强区域入围企业数量增减情况

地区	区域入围数量	增减变化	地区	区域入围数量	增减变化	地区	区域入围数量	增减变化
江苏	52	+5	广东	51	0	海南	0	-1
山东	51	+5	广西	6	0	湖北	10	-1
浙江	48	+5	贵州	1	0	湖南	7	-1
新疆	4	+2	黑龙江	2	0	吉林	2	-1
福建	10	+1	宁夏	2	0	内蒙古	3	-1
河北	24	+1	青海	1	0	安徽	12	-2
河南	10	+1	山西	9	0	辽宁	7	-2
江西	7	+1	陕西	7	0	四川	13	-2
重庆	13	+1	上海	29	0	北京	100	-4
甘肃	5	0	云南	7	0	天津	7	-7

2. 东部地区入围企业继续增加，长三角大企业快速成长

东部地区入围企业数量连续增加，中西部与东北地区入围企业不同程度减少。2018中国企业500强中，东部地区10省市共有372家企业入围，比2017中国企业500强增加了5家，继续保持增长态势；中部地区、东北地区入围企业分别为55家、11家，分别比2017中国企业500强减少了2家、3家；西部地区入围企业为62家，与2017中国企业500强持平。中国企业500强榜单中，东中西部与东北地区继续呈现出分化走势，东部地区企业在中国企业500强榜单中的地位持续加强；中西部与东北地区大企业越来越难迈过中国企业500强的入围门槛，尤其是东北地区，中国企业500强上榜企业数量连续减少，如表1-14所示。

表1-14　2018中国企业500强四大板块七大区域入围企业情况

四大板块	七大区域	所包括的省（区市）
东部（372）	环渤海（182）	北京（100）、天津（7）、河北（24）、山东（51）
	泛珠三角（51）	广东（51）
	长三角（129）	上海（29）、江苏（52）、浙江（48）
	海西经济区（10）	福建（10）
东北（11）	东北（11）	辽宁（7）、吉林（2）、黑龙江（2）
中部（55）	中部（55）	山西（9）、安徽（12）、江西（7）、河南（10）、湖北（10）、湖南（7）
西部（62）	西南（40）	重庆（13）、广西（6）、四川（13）、贵州（1）、云南（7）
	西北（22）	陕西（7）、甘肃（5）、青海（1）、宁夏（2）、新疆（4）、内蒙古（3）

长三角区域成为中国企业500强重要来源。长三角区域包括苏浙沪3省市，2018中国企业500强中，长三角地区共有129家企业入围，比上年增加了10家，在2017中国企业500强增加了2家的基础上进一步增加。相比其他地区500强入围数量的下降，长三角已经成为近年来中国企业500强的重要来源。尤其是江苏，在2017中国企业500强和2018中国企业500强中入围企业数量分别增加了3家和5家，如图1-22所示。

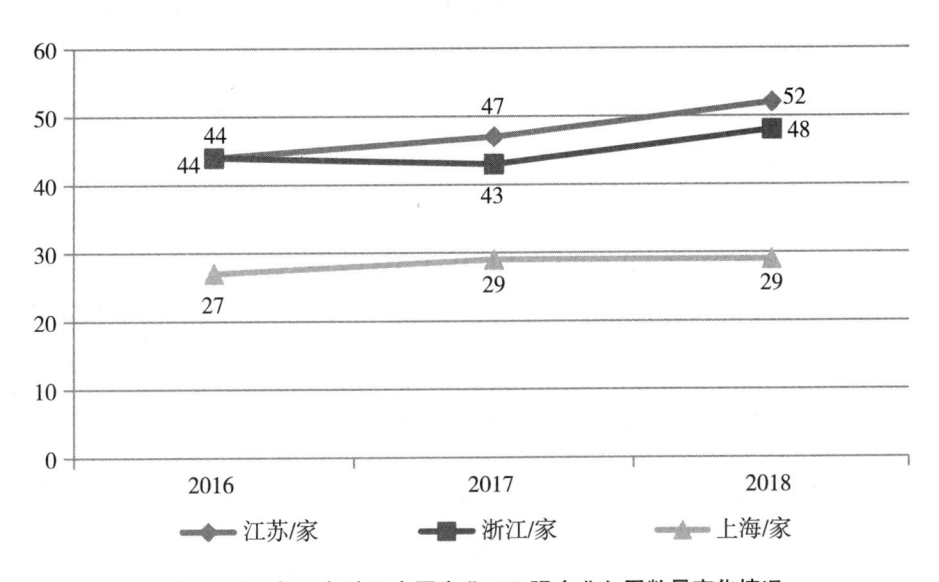

图1-22　长三角地区中国企业500强企业入围数量变化情况

3. "一带一路"沿线地区企业发展质量显著改善，效率效益更具优势

"一带一路"沿线地区企业的平均营业收入与平均净利润的增速都快于非"一带一路"沿线地区企业。"一带一路"涉及的18个省（区市）：西北部的新疆、陕西、甘肃、宁夏、青海、内蒙古，西南部的广西、云南、西藏、重庆，东北地区的黑龙江省、吉林省、辽宁省，东部沿海地区的上海、福建、广东、浙江、海南，合计18个省（区市）。2018中国企业500强中企业有197家来自17个"一

带一路"沿线省（区市），海南没有企业上榜。总体上看，"一带一路"沿线地区的企业平均规模小于非"一带一路"沿线地区；2018中国企业500强中"一带一路"沿线17省（区市）（海南没有企业上榜）企业的平均营业收入与净利润分别为1142.76亿元和59.46亿元，分别只相当于非"一带一路"沿线企业均值的71.17%和88.69%。但从平均营业收入增速看，2018中国企业500强中"一带一路"沿线地区企业平均营业收入比2017中国企业500强平均营业收入增长了12.74%，明显高于非"一带一路"沿线企业企均营业收入增速的10.97%；从平均净利润增速看，2018中国企业500强中"一带一路"沿线地区企业平均净利润比2017中国企业500强平均净利润增长了32.79%，增速遥遥领先于非"一带一路"沿线企业平均净利润增速的4.76%，"一带一路"沿线企业发展质量改善非常显著，如表1-15所示。

表1-15 2017与2018中国企业500强"一带一路"沿线地区企业平均增速比较

		2017中国企业500强/亿元	2018中国企业500强/亿元	增速/%
平均营业收入/亿元	"一带一路"	1013.65	1142.76	12.74
	其他地区	1447.07	1605.78	10.97
平均净利润/亿元	"一带一路"	44.78	59.46	32.79
	其他地区	64.00	67.05	4.76

中国企业500强中"一带一路"沿线地区企业的效益效率指标好于非"一带一路"沿线地区企业。2018中国企业500强中，"一带一路"沿线地区企业的营收利润率、净资产利润率分别为5.20%、12.87%，分别比2017中国企业500强提高了0.79个百分点、1.48个百分点，而且分别高于非"一带一路"沿线地区企业1.03个百分点、4.56个百分点。"一带一路"沿线地区企业的人均营业收入、人均净利润分别为263.90万元、13.73万元，分别比2017中国企业500强提高了34.57万元、3.60万元，而且分别高于非"一带一路"沿线地区企业55.81万元、5.04万元。"一带一路"沿线地区企业的效益与效率指标在自我提升的同时，也明显高于非"一带一路"沿线地区企业。此外，从综合税负率看，"一带一路"沿线地区企业与非"一带一路"沿线地区企业的综合税负率都比2017中国企业500强有一定程度下降，但两年500强中，"一带一路"沿线地区企业的综合税负率均明显低于非"一带一路"沿线地区企业，如表1-16所示。

表1-16 中国企业500强中"一带一路"沿线企业与其他地区企业利润率与人均指标比较

		营收利润率/%	净资产利润率/%	人均营业收入/万元	人均净利润/万元	综合税负率/%
2017中国企业500强	"一带一路"	4.42	11.39	229.33	10.13	6.12
	其他地区	4.42	8.49	189.60	8.39	6.26
2018中国企业500强	"一带一路"	5.20	12.87	263.90	13.73	5.31
	其他地区	4.18	8.31	208.08	8.69	5.79

六、2018 中国企业 500 强的创新特征

2018 中国企业 500 强研发投入继续快速增加，企业平均研发强度明显提升。但也有近半数企业在研发投入上动力不足，研发强度不升反降。从行业角度看，高端装备制造业企业的研发投入最为积极；从区域看，广东省企业平均研发强度明显领先。企业专利数量持续快速增长，专利质量自党的十八大以来持续改善，华为、联通、北大方正发明专利占比都在 90% 以上；企业参与标准制定数量创下历史新高。

1. 研发投入持续增加，研发强度波动回升

中国企业 500 强研发投入保持持续增加态势。2018 中国企业 500 强中共有 426 家企业提供了研发数据，提供研发数据的企业比上年增加了 12 家，数据覆盖面进一步拓宽。426 家企业合计投入研发费用 8950.89 亿元，比上年增加 1591.59 亿元，增幅为 21.63%；中国企业 500 强研发投入自 2010 中国企业 500 强以来一直都维持持续增加态势，2018 中国企业 500 强的研发投入已经较 2010 中国企业 500 强增长了 1.66 倍。426 家企业平均研发投入为 21.01 亿元，比 2017 中国企业 500 强平均研发投入 17.78 亿元增长了 18.20%，如图 1-23 所示。

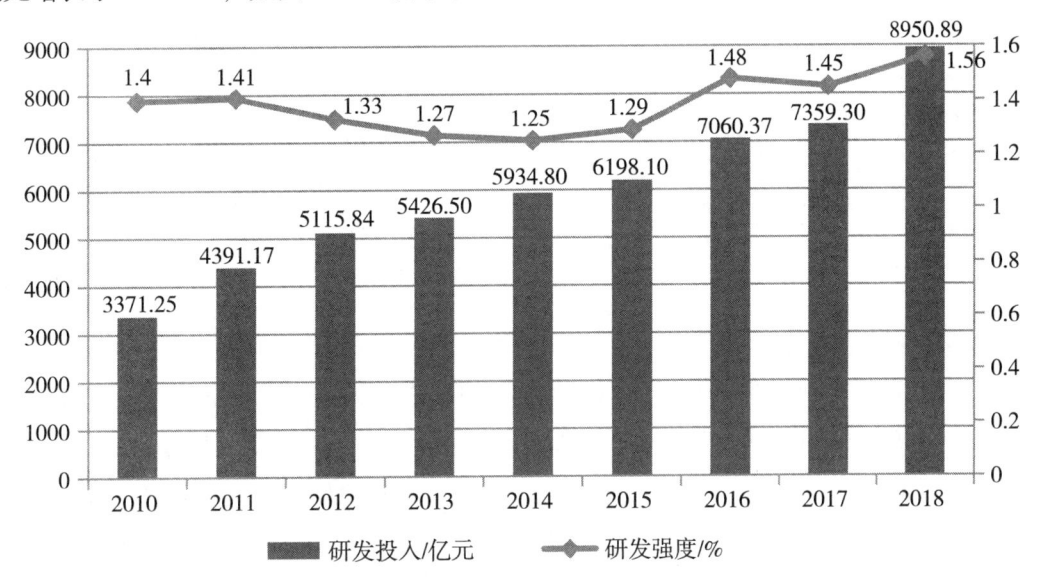

图 1-23 **中国企业 500 强研发投入与研发强度变化趋势**

中国企业 500 强平均研发强度呈波动回升态势。2018 中国企业 500 强中，426 家有研发数据企业的营业收入总额为 57.33 万亿元，占 2018 中国企业 500 强营收总额的 80.55%。426 家企业合计投入研发经费 8950.89 亿元，占 426 家企业营业收入 57.33 万亿元的 1.56%。与 2017 中国企业 500 强相比，平均研发强度快速提升了 0.11 个百分点，上升态势明显。从长期趋势看，自 2010 中国企业 500 强以来，企业平均研发强度呈现出先降后升态势，在 2014 中国企业 500 强达到 1.25% 的低点后，呈现出逐年波动回升态势。1.56% 的研发强度，是中国企业 500 强自有研发强度统计数据以来的第二高值，仅次于 2007 中国企业 500 强的 1.61%。

2. 高端装备行业研发投入领先，广东企业最具研发意识

高端装备制造业在行业研发投入上明显领先。2018 中国企业 500 强涉及 77 个三级细分行业，除水上运输，汽车、摩托车零售，商业地产，文化娱乐 4 个服务业行业之外，其他 73 个行业均有研发投入。表 1-17 列出了行业研发强度排名前十的行业，包括其一级行业大类、二级细分及三级细分行业分类。研发强度最高的三级细分行业是通信设备制造，行业平均研发强度为 11.92%，遥遥领先于其他行业。排名前十的行业，除两个电信及互联网信息服务二级细分行业下的三级行业外，其他八个行业均属于制造业，其中七个属于高端装备制造业。与其他行业相比，高端装备制造业更倾向于加大研发投入力度，更加注重技术创新。

表 1-17 2018 中国企业 500 强行业研发强度前十

排序	行业研发强度/%	一级行业	二级行业	三级行业
1	11.92	制造业	计算机、通信设备及其他电子设备制造	通信设备制造
2	6.94	制造业	计算机、通信设备及其他电子设备制造	半导体、集成电路及面板制造
3	5.21	制造业	机械设备	工程机械及零部件
4	5.15	制造业	防务	航空航天
5	4.74	服务业	电信及互联网信息服务	互联网服务
6	4.67	制造业	交通运输设备及零部件制造	轨道交通设备及零部件制造
7	3.80	制造业	机械设备	电线电缆制造
8	3.74	服务业	电信及互联网信息服务	软件和信息技术（IT）
9	3.31	制造业	消费品生产	家用电器制造
10	3.01	制造业	计算机、通信设备及其他电子设备制造	计算机及办公设备

广东省企业在区域研发强度排名中位居榜首，明显领先于其他地区。2018 中国企业 500 强区域研发强度排名中，广东省 40 家企业共完成研发投入 1603.15 亿元；其中华为投资控股有限公司投入 896.90 亿元，占全部 40 家企业的 55.95%。广东省 40 家企业的平均研发强度为 3.30%，显著领先于其他地区企业。排名第二位的是吉林省，该省 2 家企业的平均研发强度为 2.76%，不过基于数量过少，并不具有代表性。湖南省居区域研发强度排名第三，7 家企业的平均研发强度为 1.96%。上海市 21 家企业的平均研发强度仅有 1.00%，仅位居区域研发强度排名榜单的第 19 位，有些令人意外，如表 1-18 所示。

表 1-18 2018 中国企业 500 强区域企业平均研发强度排名

排序	地区	企业数量	地区研发强度/%	排序	地区	企业数量	地区研发强度/%
1	广东	40	3.30	16	黑龙江	2	1.11
2	吉林	2	2.76	17	江苏	46	1.06
3	湖南	7	1.96	18	重庆	10	1.06
4	四川	12	1.93	19	上海	21	1.00
5	山东	49	1.92	20	新疆	4	0.88
6	浙江	43	1.85	21	宁夏	2	0.81
7	河南	10	1.82	22	贵州	1	0.71
8	陕西	6	1.61	23	甘肃	4	0.71

续表

排序	地区	企业数量	地区研发强度/%	排序	地区	企业数量	地区研发强度/%
9	辽宁	3	1.60	24	广西	6	0.63
10	湖北	9	1.58	25	内蒙古	3	0.51
11	山西	9	1.45	26	天津	5	0.43
12	北京	79	1.41	27	云南	7	0.42
13	安徽	11	1.40	28	福建	6	0.19
14	江西	7	1.27	29	青海	1	0.06
15	河北	21	1.16				

3. 专利数量持续快速增长，参与标准制定数波动提高

专利与发明专利数量持续快速增长，专利质量在党的十八大以来持续改善。2018中国企业500强中有382家企业提供了专利数据，比2017中国企业500强多了9家；共申报专利95.55万件，比2017中国企业500强增长了29.60%，增速较上年大幅回升15.14个百分点；共申报发明专利34.55万件，比上年500强大幅增长51.72%，增速较上年提高了31.79个百分点。自有统计数据以来，中国企业500强企业的专利与发明专利总体呈现持续增长态势（见图1-24）。2018中国企业500强专利总量中，发明专利占比为36.16%，比上年提高了5.27个百分点，专利质量显著改善。总体上看，党的十八大以来，中国企业500强专利质量持续改善，2018中国企业500强发明专利占比比2013中国企业500强提高了10.65个百分点。从具体企业数据看，华为投资控股有限公司和国家电网有限公司的专利数量均超过了7万件，其中华为投资控股有限公司为7.43万件，居首位。发明专利方面，华为投资控股有限公司以6.69万件（取华为年报所称发明专利在90%以上估计的低值）高居首位。从国家知识产权局公布数据看，近年来，华为技术有限公司已经连续多年高居全国年度发明专利授权量前列，2017年继续以3293件发明专利授权量位居第二。其次是中国石油化工集团公司，共有发明专利23758件，发明专利占比为71.05%。327家有专利数据企业中，专利数量在1000以上，发明专利占比在90%以上的企业有3家，分别是华为投资控股有限公司（74304，90%），中国联合网络通信集团有限公司（1370，92.63%），北大方正集团有限公司（4018，91.84%）。

图1-24 中国企业500强专利与发明专利、发明专利占比变动态势

中国企业500强参与标准制定数波动提高,创下历史新高。2018中国企业500强共有325家企业申报了企业参与标准制定情况,共参与49483项标准制定,参与数量比2017中国企业500强增加了10090项,增幅为25.61%,扭转了上年中国企业500强参与标准制定数下降的不利态势。其中参与国内标准制定47080项,比2017中国企业500强增加了9593项;参与国际标准制定1555项,比2017中国企业500强增加了152项。从发展趋势看,无论是参与总标准数,还是参与国内标准数与国际标准数,都扭转了2017中国企业500强的下降态势;在标准总数与国内标准数方面,中国企业500强参与数量均创下了历史新高,但参与国际标准数尚低于2016中国企业500强的1621项(见图1-25)。

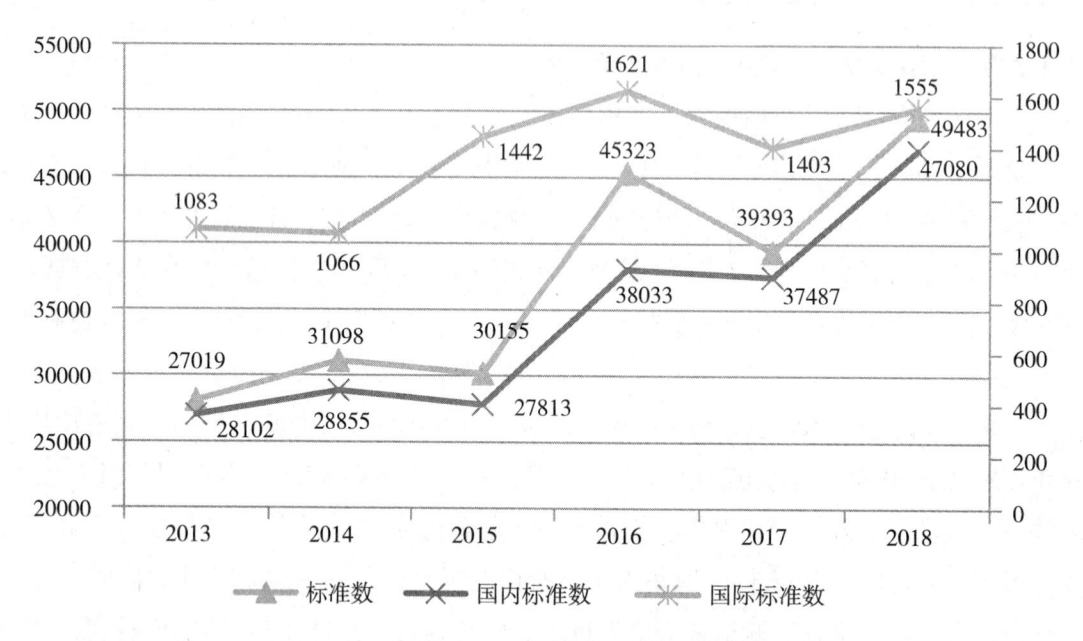

图1-25 中国企业500强参与标准制定情况变动趋势

央企是标准制定的积极参与者,电信服务业的国际话语权最为突出。2018中国企业500强中50家中央企业共参与了37569项标准制定,其中参与国际标准制定1227项,分别占全部标准总数和国际标准数的75.92%和78.91%,是大企业参与标准制定的绝对主体。其次是地方国企,民营企业只占标准与国际标准制定数的9.10%和9.65%(见图1-26)。从具体企业参与标准制定情况看,企业参与标准制定数排名前23家企业全部都是中央企业,第24家为地方国企,直到第25家才是民营企业海尔集团。中国机械工业集团有限公司、国家电网有限公司等10家参与标准指定数量超过了1000项,比上年中国企业500强多了4家;中国机械工业集团有限公司参与了8778项标准制定,与上年相比新增加了383项,高居榜首。中国移动通信集团有限公司、中国电信集团有限公司、中国联合网络通信集团有限公司、中国中车集团有限公司参与国际标准制定的数量都超过了100项,中国移动通信集团有限公司为376项,高居首位。从行业看,电信服务、黑色冶金、轨道交通设备及零部件制造、家用电器制造居前四位,分别参与了806项、103项、102项、92项国际标准制定,具有较强的国际话语权;尤其是电信服务业,参与国际标准制定数量高达806项,占全部323家参与国际标准制定数1586项的50.82%,行业国际话语权最为突出。

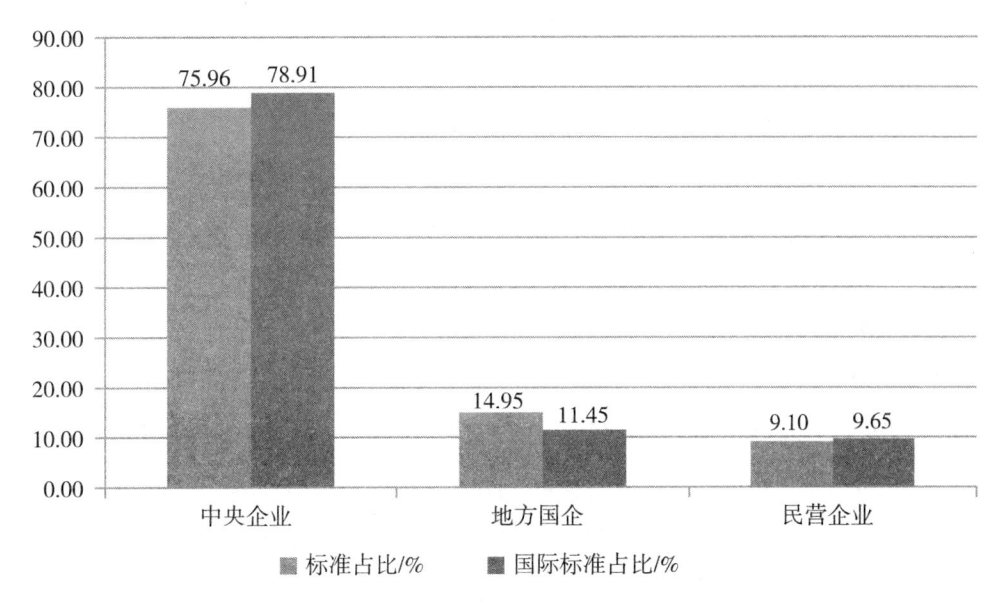

图 1-26 2018 中国企业 500 强不同所有制企业参与标准与国际标准制定的占比

七、2018 中国企业 500 强的国际化特征

中国企业 500 强上榜企业的国际化经营稳步推进，跨国指数从 2017 中国企业 500 强的 9.28% 提高到了 2018 中国企业 500 强的 10.93%，海外资产、海外收入与海外人员占比都有不同程度提高，海外资产占比提高最为显著。整体上看，国际化经营企业的效率效益不如非国际化经营企业，但国际化企业在主要平均指标方面更具优势；国有国际化企业整体上落后于民营国际化企业，但在营收利润率与人均净利润方面国有国际化企业占据优势。企业国际化经营倾向在地区与行业上存在明显差异，部分行业和少数地区企业参与国际化经营的积极性不高。

1. 跨国指数明显提高，分项指标均有改善

2018 中国企业 500 强中从事跨国经营企业的跨国指数明显提高。2018 中国企业 500 强中有 241 家企业提供了海外收入、海外资产和海外人员数据，比 2017 中国企业 500 强少了 7 家。241 家从事国际化经营企业的跨国指数为 10.86%，比 2017 中国企业 500 强 248 家企业平均跨国指数提高了 1.58 个百分点（见表 1-19）。从同口径比较看，2018 中国企业 500 强中 244 家企业 2017 年的跨国指数为 10.86%，比 2016 年的跨国指数 10.06% 提高了 0.80 个百分点，同样呈较明显改善态势。

表 1-19 2017 与 2018 中国企业 500 强企业跨国指数比较

	2017 中国企业 500 强	2018 中国企业 500 强
跨国企业数量	248	241
跨国指数/%	9.28	10.86
其中：海外资产占比/%	9.23	12.16
海外收入占比/%	14.12	15.12
海外人员占比/%	4.47	5.31

跨国经营企业三项指标均有不同程度提高。2018 中国企业 500 强中 241 家企业跨国经营企业在

2017年的海外资产、海外收入、海外人员分别为18.89万亿、6.69万亿元、10.98万人，海外资产占比、海外收入占比、海外人员占比分别为12.16%、15.12%、5.31%，均比2017中国企业500强的数据有所提高，尤其是海外资产占比，提升最为明显（见表1-19）。总体上看，中国大企业的国际化经营在稳步推进，持续深化。尤其是海外资产占比的明显提高，表明中国大企业在海外进行生产布局取得突出成效。从同比角度看，2018中国企业500强中241家从事海外经营的企业，其上年的海外资产占比、海外收入占比、海外人员占比分别比前年提高了0.34个百分点、1.61个百分点、0.45个百分点，同比提高最多的是海外收入占比。

2. **国际化经营企业效率效益指标欠佳，但主要平均指标却全面占优**

参与国际化经营的企业在效率效益关键指标上，整体上都表现不佳。2018中国企业500强中241家参与国际化经营的企业，其营收增速、净利润同比增速分别为14.88%、11.70%，明显落后于非国际化企业（除241家之外的其他259家企业）；国际化经营企业的营收利润率、资产利润率和净资产利润率分别为3.54%、1.01%和7.68%，同样远落后于非国际化企业；国际化企业的人均营业收入、人均净利润分别为214.04万元、7.57万元，也显著低于非国际化企业。此外在创新投入方面，国际化企业的研发强度为1.23%，比非国际化企业低0.07个百分点（见表1-20）。这在很大程度上反映了我国大企业国际化经营面临着很大财务压力，在国际市场拓展上需要发生巨额营销开支，显著拖累了企业的效率效益；这也反映了我国企业处于国际化经营起步阶段的客观事实。

表1-20 2018中国企业500强国际化企业与非国际化企业主要效率效益指标比较

	营收增速/%	净利润增速/%	营收利润率/%	资产利润率/%	净资产利润率/%	研发强度/%	人均营收/万元	人均净利润/万元
国际化企业	14.88	11.70	3.54	1.01	7.68	1.23	214.04	7.57
非国际化企业	15.59	14.90	6.09	1.38	12.43	1.30	239.50	14.58

国际化企业在主要平均指标上全面占优。2018中国企业500强241家国际化企业的平均并购重组数为2.14次，比非国际化企业高0.95次；企均专利与发明专利分别为2982.40件、937.73件，分别比非国际化企业多2068.51件、476.36件，显著高于非国际化企业；平均总标准数、平均国内标准数和平均国际标准数分别为185.53项、176.79项和5.84项，分别比非国际化企业多167.10项、159.52项和5.27项，同样远远高于非国际化企业；平均营业收入为1836.27亿元，也比非国际化企业高797.14亿元；国际化企业的平均净利润为64.92亿元，也比非国际化企业高1.67亿元（见表1-21）。这在一定程度上反映了国际化企业与非国际化企业在企业体量规模上的差异。

表 1-21 2018 中国企业 500 强国际化企业与非国际化企业主要平均指标比较

	平均并购重组/次	平均专利项数/件	平均发明专利项数/件	平均总标准数/项	平均国内标准数/项	平均国际标准数/项	平均营业收入/亿元	平均净利润/亿元
国际化企业	2.14	2982.40	937.73	185.53	176.79	5.84	1836.27	64.92
非国际化企业	1.19	913.89	461.37	18.43	17.27	0.57	1039.13	63.25

3. 资产收益率民营国际化企业较高，营收利润率与人均净利润国有企业占优

2018 中国企业 500 强中的国有国际化企业的经营能力整体上落后于民营国际化企业，但在营收利润率与人均净利润指标上占优。2018 中国企业 500 强 241 家国际化企业中，有 163 家国有企业和 78 家民营企业。163 家国有国际化企业的营收增速、净利润同比增速分别为 13.88%、10.41%，远落后于 78 家民营国际化企业的 21.60%、23.81%。国有国际化企业的资产利润率、净资产利润率分别为 0.93%、7.32%，同样显著低于民营国际化企业的 3.09%、13.03%。国有国际化企业的人均营业收入为 212.18 万元，也比民营国际化企业少 14.34 万元。但在营收利润率和人均净利润上，国有国际化企业占有优势：国有国际化企业的营收利润率为 3.66%，高于民营国际化企业的 2.74%；国有国际化企业的人均净利润为 7.77 万元，高于民营国际化企业的 6.20 万元，如表 1-22 所示。

表 1-22 2018 中国企业 500 强国有与民营国际化企业、非国际化企业比较

		营收增速/%	净利润增速/%	营收利润率/%	资产利润率/%	净资产利润率/%	研发强度/%	人均营业收入/万元	人均净利润/万元
国有企业	国际化企业	13.88	10.41	3.66	0.93	7.32	1.16	212.18	7.77
	非国际化企业	9.19	9.81	6.69	0.95	10.73	0.75	192.90	12.90
民营企业	国际化企业	21.60	23.81	2.74	3.09	13.03	1.70	226.52	6.20
	非国际化企业	21.99	20.97	5.55	2.70	15.00	1.79	305.63	16.95

在不同所有制企业内部，国际化企业与非国际化企业的优劣各有差异。在不区分所有制差异的情况下，非国际化企业的效率效益指标全面好于国际化企业，但在不同所有制企业内部，国际化企业与非国际化企业各有优劣，而且这种优劣关系在不同所有制中各有差异。在 263 家国有企业中，163 家国有国际化企业在营收增速、净利润增速、研发强度、人均营业收入 4 个指标上好于非国际化企业，在其他 4 个指标上劣于非国际化企业。在 237 家民营企业中，78 家国际化企业仅在净利润增速、资产利润率 2 个指标上优于非国际化企业，在其他 6 个指标上均劣于非国际化企业。

4. 部分"一带一路"沿线及经济发达区域国际化比率较高，少数中西部地区国际化意愿不足

部分"一带一路"沿线省（区市）及东部沿海发达省（区市）的地区国际化程度较高。2018 中

国企业500强上榜企业来自29个省（区市），其中新疆的整体国际化程度最高，4家上榜企业全部都参与了国际化经营，地区国际化比率为100%。云南与陕西的地区国际化比率都超过了80%。新疆、云南与陕西，都属于典型的"一带一路"沿线省（区市）。这些地区企业的国际化经营，既有企业自身的客观需要，也有政府政策的积极推动。不过从总体上看，"一带一路"沿线省（区市）上榜企业并没有表现出更高的国际化经营倾向；沿线17个省（区市）共有197家企业上榜，但只有92家企业参与了国际化经营，国际化经营比率为46.70%，稍低于非"一带一路"沿线地区上榜企业的57.53%。与此同时，一些经济发达的东部沿海地区，上榜企业的总体国际化比率也较高。如北京的100家企业中，有65家参与了国际化经营，地区国际化比率为65.00%；上海29家企业中有15家参与了国际化经营，浙江48家企业中有24家参与了国际化经营，如表1-23所示。

表1-23 2018中国企业500强上榜企业的地区国际化比率比较

地区	上榜企业数量/家	国际化企业数量/家	地区国际化比率/%	地区	上榜企业数量/家	国际化企业数量/家	地区国际化比率/%
新疆维吾尔自治区	4	4	100.00	天津	7	3	42.86
陕西	7	6	85.71	福建	10	4	40.00
云南	7	6	85.71	河北	24	8	33.33
安徽	12	9	75.00	广东	51	16	31.37
广西壮族自治区	6	4	66.67	重庆	13	4	30.77
北京	100	65	65.00	河南	10	3	30.00
甘肃	5	3	60.00	湖南	7	2	28.57
江西	7	4	57.14	辽宁	7	2	28.57
上海	29	15	51.72	山西	9	2	22.22
黑龙江	2	1	50.00	湖北	10	2	20.00
吉林	2	1	50.00	贵州	1	0	0.00
浙江	48	24	50.00	内蒙古自治区	3	0	0.00
江苏	52	24	46.15	宁夏回族自治区	2	0	0.00
四川	13	6	46.15	青海	1	0	0.00
山东	51	23	45.10				

少数中西部地区的国际化经营意愿不足，一些省（区市）上榜企业甚至整体都没有涉足国际化经营。在2018中国企业500强上榜企业所涉及的29个省（区市）中，有青海、宁夏、内蒙古与贵州4个省（区）企业整体上都没有参与国际化经营，地区国际化比率为0。尤其是内蒙古，有3家企业上榜2018中国企业500强，但却没有1家企业有完整的国际化经营数据。此外，湖南、辽宁、山西

与湖北的地区国际化比率也严重偏低,都不足30%。尤其是湖北,该省共有10家企业上榜2018中国企业500强,却仅有2家企业有完整的国际化经营数据。上述地区企业的国际化经营,仍需当地政府与企业共同努力,加快推进。

八、2018中国企业500强的兼并重组活动

中国企业500强参与并购重组的强度大幅度回落,大企业群体的瘦身取得了一定成效,但央企瘦身健体效果并不突出。并购重组不存在所有制的显著差异,国有企业与民营企业的并购重组活跃度大体相近。并购重组增收但不一定增利,并购重组企业与非并购重组企业在效率效益指标上各有优劣。服务业是大企业参与并购重组的关键主体,北京与广东两地企业在2018中国企业500强中并购重组活跃度位居前列。

1. 并购重组强度大幅回落,央企瘦身效果不显著

并购重组强度显著回落。从全国并购市场和上市并购重组数据看,2017年并购数量远超2016年,越来越多的企业开始采取并购方式进行产业整合和升级,提升企业竞争力以满足市场需要或拓展业务边界。但2018中国企业500强的并购重组活跃度却逆势下降:2018中国企业500强中共有159家企业报告了2017年并购重组数据,报告企业数比2017中国企业500强增加了15家;合计报告并购重组次数822次,比2017中国企业500强大幅减少了675次。有并购重组活动企业的平均并购重组次数从2017中国企业500强的10.40次快速回落至2018中国企业500强的5.17次(见图1-27)。与2014、2015、2016中国企业500强相比,2018中国企业500强并购重组次数的大幅度回落,可能只是恢复到了既往的常规水平,具有趋势修复的性质。

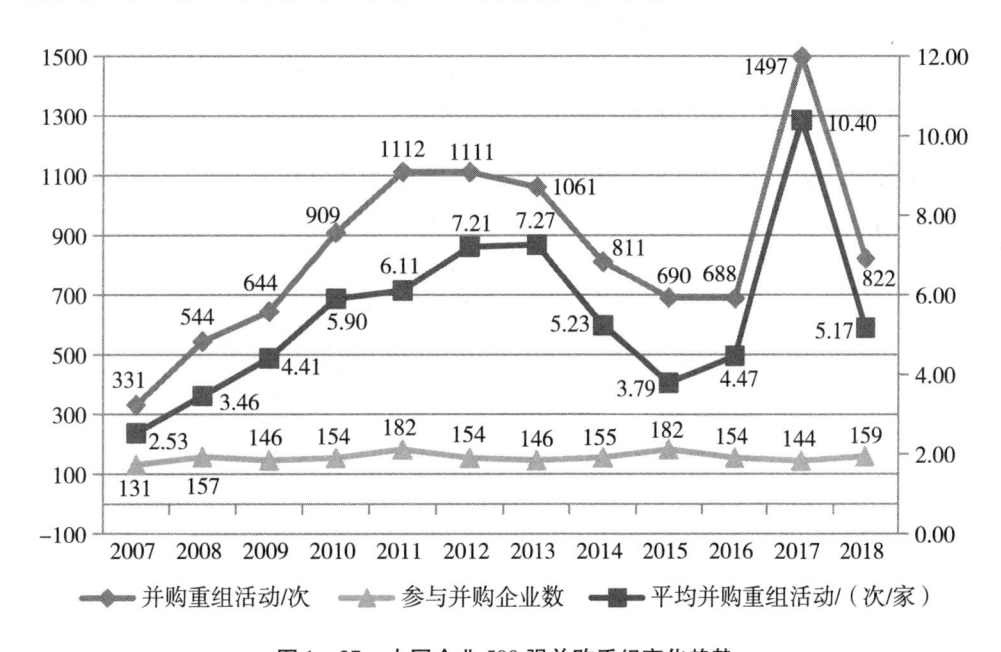

图1-27 中国企业500强并购重组变化趋势

企业瘦身取得一定进展,但央企瘦身效果并不显著。从总数据看,2018中国企业500强是一个包含有52189家全资和控股子公司、11518家参股子公司和14202家分公司的大企业群体;这一数据

与 2017 中国企业 500 强相比，全资和控股子公司减少了 4381 家，参股子公司减少了 1433 家，分公司减少了 195 家；中国企业 500 强瘦身取得了一定进展（见表 1-24）。不过如果考虑到企业进出情况，以及企业两个年度数据申报差异，大企业实际瘦身效果并不突出。在 2018 中国企业 500 强中 66 家非金融央企中，有 50 家非金融央企连续两年上榜并且均申报了子分公司数据；这 50 家央企的情况表明，央企瘦身情况并不理想。这 50 家央企在 2018 中国企业 500 强中申报的全资和控股子公司、参股子公司、分公司分别为 14470 家、2526 家和 3737 家，只有全资和控股子公司比在 2017 中国企业 500 强中申报的数据少了 637 家，参股子公司、分公司反而分别增加了 945 家和 125 家，这 50 家非金融央企的子分公司数总体上反而是呈现出增加趋势。

表 1-24 2018 中国企业 500 强瘦身情况

瘦身健体	全资和控股子公司数/家	参股子公司数/家	分公司数/家
2018 中国企业 500 强	52189	11518	14202
2017 中国企业 500 强	56570	12951	14397
增减	-4381	-1433	-195

2. 不同所有制并购重组强度差异不显著，并购与非并购企业效率效益各有优劣

所有制差异在并购重组方面不存在显著影响，国有企业与民营企业的并购重组强度大体相近。2018 中国企业 500 强中，85 家国有企业发起了 428 次并购重组，并购参与率为 32.32%；74 家民营企业发起了 394 次并购重组，并购参与率为 31.22%，二者仅相差 0.90%，差距几乎可以忽略不计。在平均并购次数上，85 家国有企业为 5.04 次，74 家民营企业为 5.32 次，民营企业的平均并购次数略高于国有企业。在国有企业内部，22 家非金融央企发起了 167 次并购重组，并购参与率为 33.33%；63 家地方国企发起了 261 次并购重组，并购参与率为 34.62%；非金融央企与地方国企的并购参与率同样十分接近，但在平均并购重组次数上，非金融央企为 7.59 次，显著高于地方国企的 4.14 次，如表 1-25 所示。

表 1-25 2018 中国企业 500 强不同所有制企业并购重组情况比较

所有制类别	并购参与企业数/家	并购次数/次	平均并购次数/次	并购参与率/%
国有企业	85	428	5.04	32.32
其中：非金融央企	22	167	7.59	33.33
地方国企	63	261	4.14	34.62
民营企业	74	394	5.32	31.22

并购重组增收但不一定增利；企业参与并购重组与否，对企业的效率效益并没有一致性影响，并购重组企业与非并购重组企业在效率效益指标上各有优劣。2018 中国企业 500 强 159 家参与并购重组企业的营收增速为 18.88%，高于非并购重组企业，说明并购重组确实带来了收入的更快增长；

但净利润增速为 6.19%，显著低于非并购重组企业，说明并购重组在一定程度上影响了企业利润的增长。在三项利润率指标上，并购重组企业的资产利润率略高于非并购重组企业，但在营收利润率与净资产利润率上显著低于非并购重组企业。在人均指标上，并购重组企业无论是人均营收还是人均净利润，都明显低于非并购重组企业。在综合税负率方面，并购重组企业显著低于非并购重组企业，说明企业在并购重组活动中，确实享受了政府提供的税收优惠，整体降低了并购企业的综合税负水平，如表 1-26 所示。

表 1-26 2018 中国企业 500 强并购企业与非并购企业效率效益比较

效率效益比较	营收增速/%	净利润增速/%	营收利润率/%	资产利润率/%	净资产利润率/%	人均营收/万元	人均净利润/万元	综合税负率/%
并购企业	18.88	6.19	2.60	1.34	8.41	205.77	5.34	4.93
非并购企业	13.77	14.79	5.24	1.14	9.80	230.47	12.07	5.92

3. 服务业是并购重组主体，京粤企业并购重组最为活跃

服务业大企业是参与并购重组的关键主体。2018 中国企业 500 强中，159 家参与并购重组的企业，制造业数量最多，占 79 家，服务业占 53 家，其他行业占 27 家；但在并购重组次数上，79 家制造业企业只完成了 291 次并购重组，占全部并购重组数的 35.40%；53 家服务业企业则完成了 407 次并购重组，只占全部并购重组数的 49.51%（见图 1-28）。在具体三级细分行业上，医药及医疗器材零售、住宅地产、房屋建筑、金属制品加工、生活消费品商贸分居行业并购重组活跃度前五，共完成了 338 次并购重组，占全部并购重组数的 41.12%。在全部 77 个行业中，有 56 个行业有企业参与了并购重组，企业行业来源比较分散化，行业并购重组参与率到达了 72.73%。

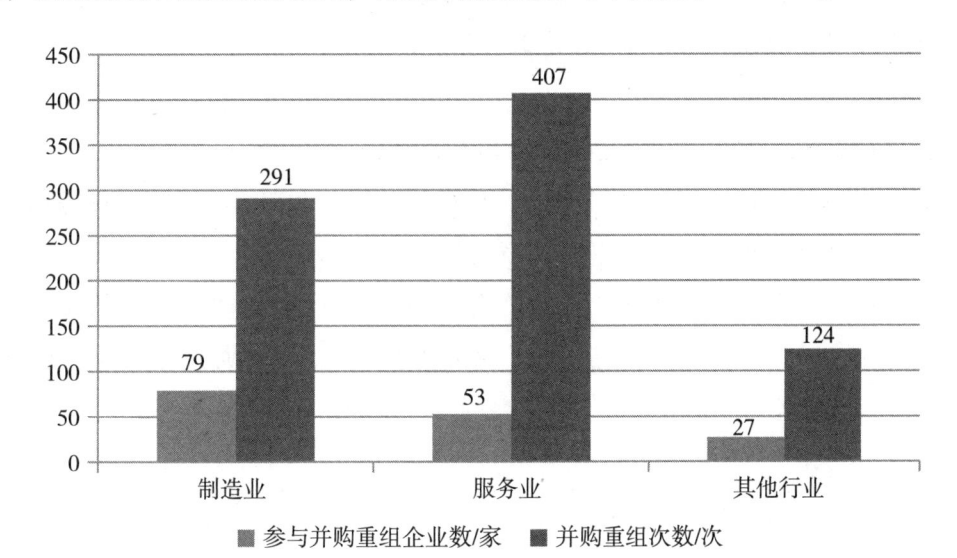

图 1-28 2018 中国企业 500 强制造业、服务业并购重组比较

北京与广东两地企业在 2018 中国企业 500 强中并购重组活跃度位居前列。2018 中国企业 500 强

中参与并购企业数量最多的是北京，共有27家企业发起参与了并购重组，完成了113次并购重组；完成并购重组次数最多的是广东企业，22家广东企业共完成了193次并购重组（见表1-27）。从完成并购重组次数排名看，广东、北京、湖北、浙江、江苏位居前五，这与2017年上市公司并购重组的地区分布类似。2017年上市公司进行并购重组最多的：是江苏企业，以25家名列第一；其次是广东企业24家；北京、浙江并列第三，各有20家；山东、上海并列第四，各9家；湖北6家位居第五。

表1-27　2018中国企业500强并购重组活跃地区

并购重组次数	地区	参与并购重组次数/次
广东	22	193
北京	27	113
湖北	2	96
浙江	19	91
江苏	17	67

九、2018中国企业500强的其他相关分析

中国企业500强的总体资产负债率高位趋稳，其中，非银企业的资产负债率波动上升。国有企业资产负债率高于民营企业，且在高位趋稳，民营企业资产负债率波动下降。非银企业资产周转率快于总体水平，民营企业资产周转率快于国有企业，国有企业资产周转率近7年来呈下降态势。人均营业收入、人均净利润总体上波动增长。在人均研发投入方面，民营企业高于国有企业。企业换榜率稳中有降，企业进退榜单原因多样化，新进榜单企业的整体绩效水平与发展潜力好于退榜企业；进退榜单企业的行业与地区来源都很分散，中国企业500强大企业群体的新动能持续增强，国减民增的变化趋势继续得以维持。（本节所分析的资产负债率，使用的是总资产和股东权益指标，即以总资产减去股东权益作为公司负债）

1. 总体资产负债率高位趋稳，非银企业资产负债率波动上升

中国企业500强总体资产负债率波动上升，且高位趋稳。2018中国企业500强的资产总额为274.26万亿元，负债为232.61万亿元，总体资产负债率为84.81%，与2017中国企业500强总体资产负债率84.90%基本持平。从长期变动趋势看，自2004中国企业500强以来，历年中国企业500强的总体资产负债率都在80%以上，而且总体上呈现出波动上升态势；尤其是最近几年来，中国企业500强的总体资产负债率基本上都在84%~85%区间上下波动，如图1-29所示。

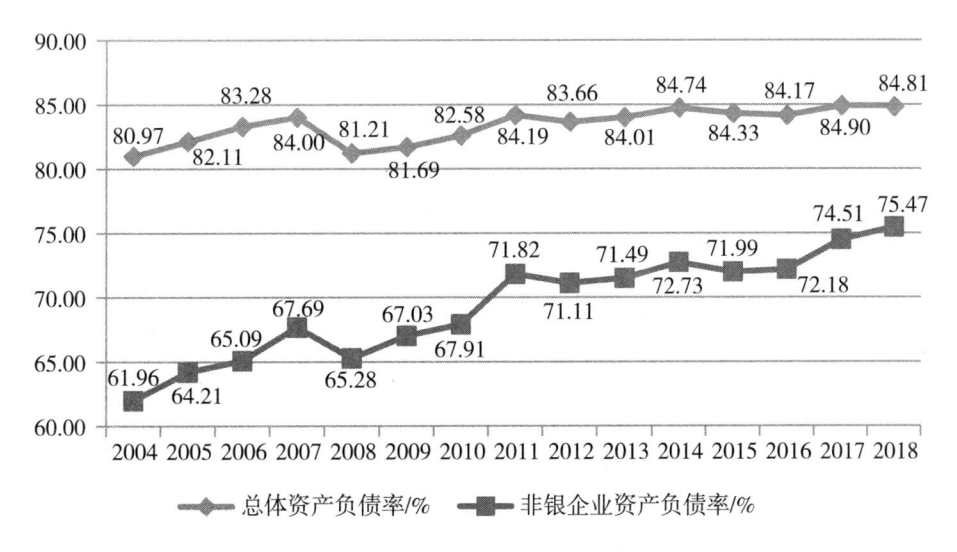

图 1 – 29 中国企业 500 强总体与非银企业资产负债率变动趋势

中国企业 500 强中的非银企业资产负债率呈明显波动上升态势。2018 中国企业 500 强中，有 483 家非银行类企业，这 483 家非银行类企业的资产总额为 125.68 万亿元，负债总额为 94.85 万亿元，非银行类企业的资产负债率为 75.47%，比 2017 中国企业 500 强中 483 家非银行类企业的资产负债率提高了 0.95 个百分点。这已经是中国企业 500 强非银行类企业资产负债率的连续第三年提升。从长期趋势看，自 2004 中国企业 500 强以来，非银行类企业资产负债率总体上呈现出明显的波动上升态势，2018 中国企业 500 强非银行类企业资产负债率已经比 2004 中国企业 500 强非银行类企业资产负债率提高了 13.51 个百分点，如图 1 – 29 所示。

2. 国有企业资产负债率高位趋稳，民营企业资产负债率波动下降

国有企业资产负债率各年度基本上都高于民营企业，且在高位趋稳。中国企业 500 强中国有企业与民营企业资产负债率水平存在明显差距，2004 中国企业 500 强以来的 15 年中，除 2005 中国企业 500 强和 2010 中国企业 500 强之外，其他 13 年中国企业 500 强中，国有企业的资产负债率都高于民营企业；而且自 2010 中国企业 500 强以来，国有企业与民营企业资产负债率差距有扩大趋势。2018 中国企业 500 强中，263 家国有企业的资产负债率为 85.81%，与 2017 中国企业 500 强中国有企业资产负债率的 85.79% 基本持平。从长期趋势看，国有企业资产负债率在波动中有所上升；尤其是在 2014 中国企业 500 强以来，国有企业资产负债率基本上在 85% 以上趋稳，如图 1 – 30 所示。

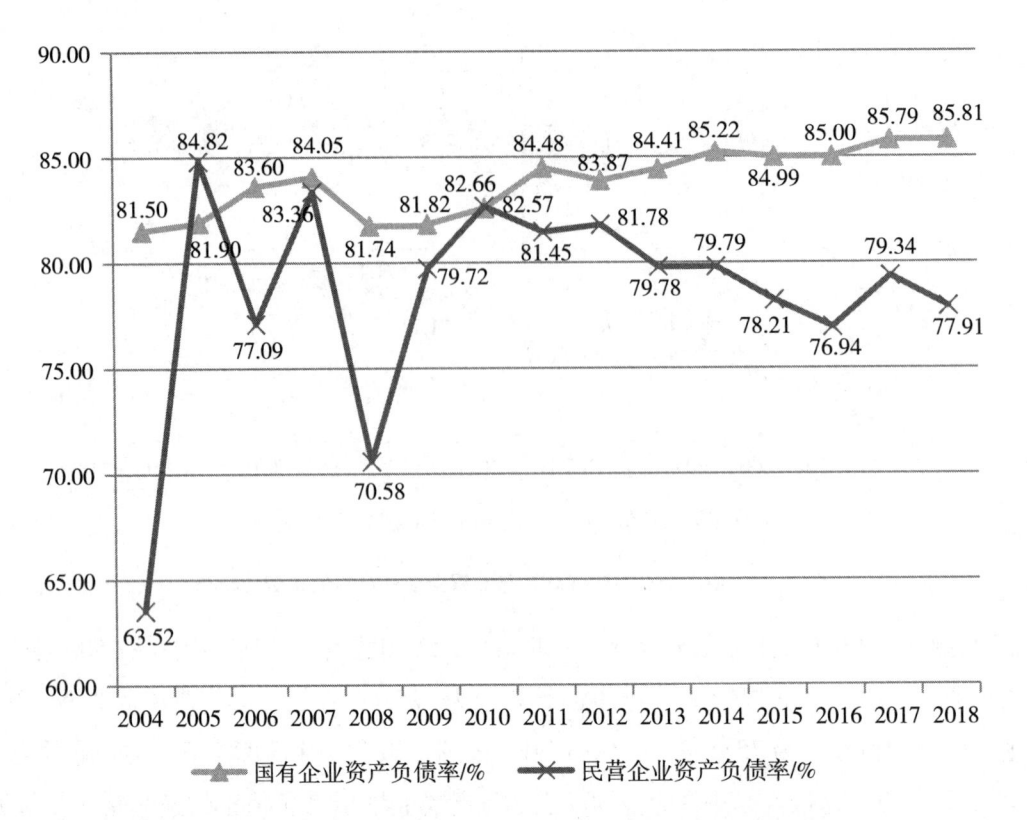

图 1-30　中国企业 500 强国有企业、民营企业资产负债率变动趋势

民营企业资产负债率波动较大，但近年来总体呈波动下降态势。与国有企业的波动上升不同的是，2004 中国企业 500 强以来民营企业资产负债率呈现出在波动中先升后降的态势。2004 中国企业 500 强中民营企业资产负债率仅有 63.52%，远低于国有企业，而后波动提升，并在 2005 中国企业 500 强中超过国有企业；但自 2010 中国企业 500 强以来，民营企业资产负债率明显在波动中下降。2018 中国企业 500 强中民营企业资产负债率为 77.91%，比 2017 中国企业 500 强中民营企业资产负债率 79.34% 降低了 1.43%，比 2010 中国企业 500 强中民营企业资产负债率降低了 3.89%，如图 1-30 所示。

3. 非银企业资产周转率快于总体水平，民营企业资产周转率快于国有企业

中国企业 500 强总体资产周转率与非银企业资产周转率波动下降，非银企业资产周转率快于总体水平。2018 中国企业 500 强总体企业的资产周转率为 0.26 次/年，明显慢于非银企业的 0.52 次/年。2018 中国企业 500 强总体企业资产周转率比 2017 中国企业 500 强提高了 0.01 次，2018 中国企业 500 强非银企业资产周转率比 2017 中国企业 500 强提高了 0.03 次/年，但这并不影响总体企业资产周转率与非银企业资产周转率近年来的波动下降趋势。自 2011 中国企业 500 强以来，除 2018 中国企业 500 强外，总体企业资产周转率与非银企业资产周转率基本上呈持续下降态势；2018 中国企业 500 强总体企业资产周转率比 2011 中国企业 500 强下降了 0.08 次/年，2018 中国企业 500 强非银企业资产周转率比 2011 中国企业 500 强下降了 0.19 次/年，如表 1-28 所示。

表1-28 中国企业500强资产周转率比较及其变动趋势（单位：次/年）

年份	总体	非银企业	国有企业	民营企业
2004	0.32	0.68	0.29	1.31
2005	0.35	0.75	0.33	0.64
2006	0.34	0.79	0.31	1.05
2007	0.34	0.78	0.31	0.78
2008	0.37	0.75	0.32	1.29
2009	0.35	0.70	0.32	0.85
2010	0.30	0.62	0.28	0.59
2011	0.34	0.71	0.31	0.60
2012	0.34	0.71	0.31	0.61
2013	0.33	0.69	0.30	0.69
2014	0.32	0.69	0.28	0.73
2015	0.30	0.64	0.26	0.66
2016	0.27	0.54	0.23	0.62
2017	0.25	0.49	0.21	0.51
2018	0.26	0.52	0.21	0.59

民营企业资产周转率历年均快于国有企业。2018中国企业500强中国有企业资产周转率为0.21次/年，与2017中国企业500强国有企业资产周转率持平；2018中国企业500强民营企业资产周转率为0.59次/年，比2017中国企业500强民营企业资产周转率提高了0.08次/年。国有企业资产周转率显著低于民营企业；15年来中国企业500强中国有企业资产周转率都在0.33次/年以下，至少需要3年才能周转一次；而民营企业的资产周转率都在0.50次/年以上，最长两年就可以周转一次。从长期变动趋势看，2011中国企业500强以来国有企业资产周转率持续下降，而民营企业资产周转率则有在0.60次/年波动趋稳的态势。

4. 人均营业收入与人均净利润持续波动增长，民企人均研发投入高于国企

中国企业500强人均营业收入与人均净利润都呈波动增长态势。2018中国企业500强的人均营业收入为223.00万元，比2017中国企业500强人均营业收入提高了31.46万元，人均营业收入连续第二年增长。2018中国企业500强人均净利润为10.04万元，比2017中国企业500强人均净利润增加了1.58万元。从长期增长趋势看，除2016中国企业500强外，其他14年中国企业500强的人均营业收入都呈持续增长态势，2018中国企业500强人均营业收入已增长至2004中国企业500强人均营业收入的5.12倍。而中国企业500强的人均净利润则在15年来经历过3次下降，但总体上保持着波动提高的态势，2018中国企业500强人均净利润已经增长至2004中国企业500强人均净利润的6.56倍，增速快于人均营业收入，如图1-31所示。

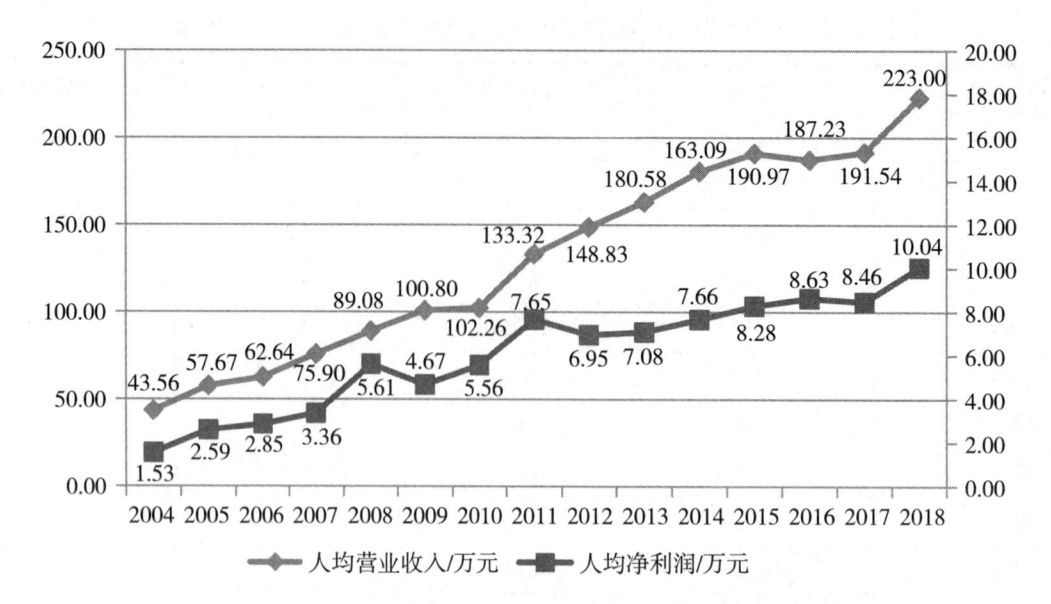

图 1-31 中国企业 500 强人均营业收入、人均净利润变动趋势

中国企业 500 强人均研发投入增长，民营企业人均研发投入高于国有企业。2018 中国企业 500 强的总体人均研发投入为 3.41 万元，比 2017 中国企业 500 强总体人均研发投入提高了 0.74 万元，增幅为 27.72%，增长较为显著。2018 中国企业 500 强中国有企业的人均研发投入为 2.64 万元，比 2017 中国企业 500 强国有企业人均研发投入增加了 0.36 万元，增幅小于总体增幅，增速为 15.79%；2018 中国企业 500 强中民营企业人均研发投入为 6.11 万元，显著高于国有企业，比 2017 中国企业 500 强民营企业人均研发投入增加了 2.15 万元，增幅大于总体，高速增长了 54.13%。国有企业不仅人均研发投入总额显著低于民营企业，而且人均研发投入增速也明显慢于民营企业，二者之间差距进一步被拉大，如表 1-29 所示。

表 1-29　2017—2018 中国企业 500 强人均研发投入比较

		研发投入/万元	员工数/人	人均研发投入/万元
2017 中国企业 500 强	总体	73592958	27593675	2.67
	国有企业	48220093	21189639	2.28
	民营企业	25372865	6404036	3.96
2018 中国企业 500 强	总体	89508973	26238090	3.41
	国有企业	53867166	20401637	2.64
	民营企业	35641807	5836453	6.11

5. 进退榜单企业原因各异，进榜企业绩效好于退榜企业

进退榜单企业的原因多样化，经营业绩表现只是进退榜单原因之一。2018 中国企业 500 强中有 51 家企业进入或退出榜单，进退榜单企业数量比 2017 中国企业 500 强减少了 4 家，榜单呈现出较好的稳定性，换榜率 10.20%，基本正常。从进入榜单企业看，有一些企业是并购重组更名的结果，如国家能源投资集团有限责任公司是来自原有的两家中国企业 500 强的央企中国神华和中国国电的合并新设；有一些企业是改由母公司申报，如湖南建工集团是原中国企业500强湖南省建筑工程集团总公司的母公司，北京电子控股有限责任公司是原中国企业500强京东方的母公司；但更多其他企业都是由于营业收入的快速增长而迈过2018中国企业500强门槛。退榜企业中，同样有一些企业是由于合并重组或改由母公司申报而退出榜单的，如央企中国神华和中国国电；也有一些企业是由于遭遇突发性经营危机事件，导致企业主动放弃申报或被排除在申报主体之外；但也有一些企业是由于经营业绩的大幅下滑而退出了榜单。

进榜企业的绩效水平好于退榜企业。2018中国企业500强51家新进榜单企业2017年实现营业收入3.08万亿元，同比增长了32.50%，远高于2018中国企业500强15.15%的整体同比增速，也高于51家退榜企业在2016年实现的营业收入同比增速16.73%。51家新进榜单企业2017年的营收利润率与净资产利润率分别为3.38%、5.54%，2016年的营收利润率与净资产利润率分别为4.99%、7.09%，均明显高于退榜企业在2016年的2.70%、4.15%（见表1-30）。也就是说，从经营角度看，新晋榜单的51家企业，比退出榜单的51家企业更具发展活力与潜力。不过从新进榜单企业自身比较看，尽管营业收入高速增长，但净利润却同比下降了10.13%，这表明企业为了加快发展，可能投入了更多市场开拓费用，降低了企业盈利水平，也直接导致企业营收利润率与净资产利润率的降低。

表1-30 2018中国企业500强进退榜单企业利润率比较

		营收利润率/%	净资产利润率/%
进榜企业	2017	3.38	5.54
	2016	4.99	7.09
退榜企业	2016	2.70	4.15

6. 新动能进一步加强，国减民增趋势继续维持

进退榜单企业的行业分布高度分散化，新产业进榜企业进一步增加，新动能持续增强。2018中国企业500强共涉及77个三级细分行业，其中有35个行业都有企业退出榜单，有30个行业有企业新进榜单，进退榜单企业的行业来源高度分散化。具体来看，连锁超市及百货业退出企业最多，有6家企业退出；其次是化学原料及化学品制造，有3家企业退出。新进榜单的企业主要来自黑色冶金、石化及炼焦、房屋建筑、互联网服务、住宅地产、化学原料及化学品制造、一般有色7个行业，共有27家新进企业，占全部新进企业的51.92%；其中黑色冶金业有5家新进企业，石化及炼焦业、房屋建筑业、互联网服务业、住宅地产业都有4家企业新进，化学原料及化学品制造业、一般有色业都有3家企业新进。随着传统领域企业的减少与互联网等新产业领域进榜企业数量的持续增加，中国500大企业群体的新动能进一步增强。

进退榜单企业的地区分布同样比较分散，但个别地区进退榜企业数量较多。2018中国企业500强企业来自29个省（区市），其中17个省（区市）有企业退出榜单，16个省（区市）有企业新进榜单，进退榜单企业的地区来源同样比较分散。但在个别地区，进退榜单企业数量较多；其中北京

11家企业退出了榜单，天津有7家企业退出了榜单，广东和山东均有6家企业退出了榜单；尤其是天津，退出榜单数量占了2017中国企业500强天津上榜企业数量的一半，而且没有企业新进榜单。在新进榜单企业地区来源方面，山东居首，有11家企业新进，北京有8家新进企业，广东、江苏、浙江分别有6家新进企业。

国有企业退多进少，民营企业进多退少，国减民增趋势继续维持。多年来，中国企业500强榜单中一直都延续着国减民增的变化趋势，这一趋势在2018中国企业500强中得以继续。2018中国企业500强中，有18家新进榜单国有企业，但在原2017中国企业500强的31家国有企业却退出了中国企业500强榜单，在中国企业500强榜单中，国有企业总体上是退多进少。与此同时，民营企业却是进多退少，2018中国企业500强中，新进民营企业有33家，而原2017中国企业500强中的民营企业则只有21家退出了榜单（见图1-32）。

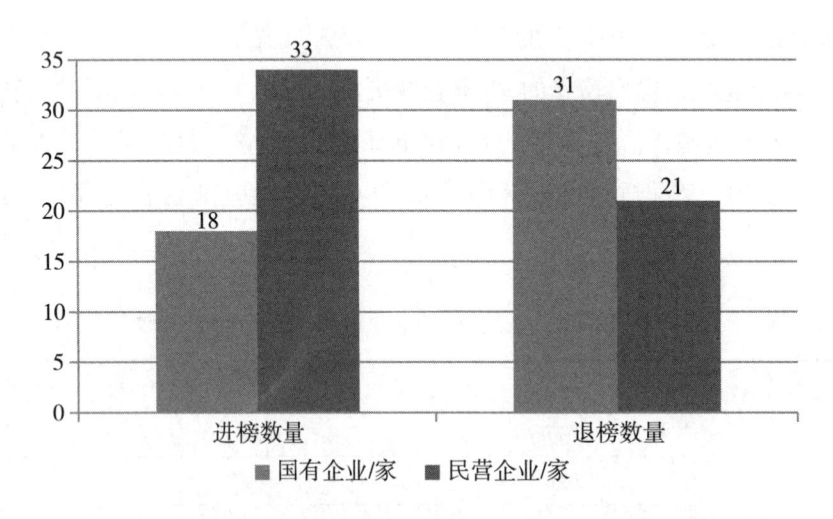

图1-32 2018中国企业500强国有企业、民营企业进退榜单情况比较

十、新形势下中国大企业持续发展面临的问题与挑战

1. 国际自由贸易转向对出口增长的抑制

自由贸易政策是西方国家自由竞争时期的产物，也是推动战后全球经济复苏发展的重要力量，尤其是加入世界贸易组织以来的中国，更是受惠于国际自由贸易，实现了近十多年来经济的快速增长。西方学术界及舆论普遍认为，中国是自由主义全球化的最大受益者，"中国奇迹"是由世界已有的成熟现代工业技术和自由贸易体系所驱动的。从2001年到2017年，中国的国内生产总值从世界第七跃升至世界第二位。2001年，中国的GDP仅为1.3万亿美元，而目前已增至超过12.7万亿美元，相当于美国的2/3左右，占世界经济比重从4.2%提高到15%。在对外贸易方面，2001年中国进出口贸易额为5098亿美元，只占全球进出口额的4.0%，位列全球第六；其中出口贸易额2660亿美元，占全球的4.3%。2017年，中国进出口贸易额41045.0亿美元，占世界贸易总额的12.8%，已升至全球第一位；其中出口额为22635.2亿美元，占全球份额将近14%，连续九年全球第一。为稳定我国经济发展的外部环境，支持多边主义和多边贸易体制，推动全球经济和贸易稳定发展，是我国政府长

期以来的基本立场。

2. 欧美国家对华技术打压对我国大企业技术追赶的阻碍

21世纪以来，鼓励与扶持自主创新成为我国一项重要国策，推动技术创新与技术追赶取得重大突破。我国技术全面大幅落后的态势显著改变，甚至在部分领域实现了由技术追赶向并跑或领跑的可喜转变。高铁与核电，成为中国的新名片；高铁、扫码支付、共享单车和网购成为我国享誉全球的新四大发明；国产航母、C919大飞机、华龙一号、深海潜水器、量子卫星与计算机，都是我国企业在关键技术、核心技术取得重大突破的典型代表。具有自主知识产权先进装备的国产化比率已经超过15%。

随着我国与欧美发达国家之间技术差距的不断缩小，欧美国家的技术优越感逐步丧失，对继续维持技术领先的担忧持续增长，在某些国家甚至出现了一定程度的技术焦虑。为继续长期保持技术优势，实现对我国长期的技术控制，少数欧美学者与政府幕僚开始鼓动本国政府加强对本国企业、科研机构与个人向中国转移技术的管制，以严格遏制中国企业从境外获得升级所需要的先进技术。

3. 稳就业与劳动生产率提升的悖论

劳动生产率的提高，是推动经济增长的强大动力。改革开放以来的中国奇迹，也是人口红利持续释放的结果，其中就包含有因为教育发展而带来的劳动生产率增长。党的十八大以来党中央做出了我国经济进入新常态的重大判断，而我国经济进入新常态的一个重要标志，就是经济增速的下滑，其深层次原因，则在于全要素生产率潜在增长率的下降。基于全要素生产率潜在增长率的下降，我国GDP的潜在增长率已经降低到8%左右。这一相对较低的经济增速，虽然足以创造实现社会就业目标所需要的新工作岗位，但对提高劳动生产率来说，已经是日渐力不从心。事实上，根据国际劳工组织数据，我国劳动生产率的增长率已经在2007年达到峰值13.1%，其后逐渐下降，2015年已经下降至6.6%。2015年，劳动生产率的全球均值为18487美元/人，而我国则仅为7318美元/人，只相当于全球均值的39.6%，更是只相当于美国（98990美元/人）、日本（76068美元/人）、欧元区国家（68631美元/人）的7.4%、9.6%、10.7%，进一步增长的空间还很大。

从企业角度说，基于对自身与世界优秀企业之间劳动力单位产出之间巨大差距的认知，以及技术进步的推动，借助减少冗余人员来提高企业劳动生产率，是企业作为经济理性主体的必然选择。但出于我国政府对稳定就业的高度重视，以及对大企业裁员的严格指导，导致大企业往往难以根据生产需要来完全自主地决定人员的聘用与解聘，尤其是在国有企业，这一问题表现得更为突出。党的十八大以来，我国大企业的劳动生产率增长率呈现出下降趋势，其中能够间接反映企业劳动生产率的人均收入、人均利润指标更是分别在2015年、2016年出现了负增长。随着大学毕业生的持续增加，和农村剩余劳动力向城市的持续转移，稳就业压力有增无减。如何有效打破稳增长和劳动生产率提升之间的悖论，已经成为困扰我国大企业提高增长质量的关键所在。

4. 对规模扩张的追求影响了企业做精、做优、做强

现代互联网经济与平台经济的发展，为企业提供了更多的发展选择。在互联网经济新时代背景下，做大企业规模的吸引力在逐步下降，而在合适规模条件下进一步做精、做优、做强企业的动机明显上升。已经有一大批具有战略远见的优秀企业家，在率领企业做精、做优、做强上取得了显著成就。工业和信息化部等政府有关部门也在积极行动,以鼓励和引导企业不再执着于单纯做大规模,而是努力发展成为本行业的隐形冠军。借助并购重组等手段做大规模,有可能意味着企业综合实力与竞争力的增强,但也可能只是单纯的产量增加,并不会带来竞争实力的增长或收入与利润的增加;而做精、做优、做强,需要以创新为基石,则必然带来企业竞争实力的提升,助力企业实现长期可持续的发展。

从中国企业500强企业与世界企业500强、美国企业500强收入与资产增长角度看,我国大企业对规模扩张的偏好十分明显,绝大多数中国大企业都倾向于继续优先快速做大企业规模。虽然说考虑到中国经济发展的具体阶段,中国大企业倾向于快速做大规模有一定的合理性,但过于追求规模的扩张,难以避免地可能会给企业持续发展埋下风险隐患。总体而言,片面追求规模的扩张,可能带来的不利影响有以下几个方面:一是导致企业陷入战略迷失,对企业来说,其终极战略目标应该是实现企业的持续发展,而不是追求企业规模的扩张,因为扩张并不必然带来企业的持续发展;二是分散企业有限资源,导致企业无法投入更多资源进行技术创新与人力资本积累,从而弱化企业在相关方面的竞争实力;三是在规模扩张过程中,不可避免地需要投入大量资金,这可能迫使企业提高资产负债率,从而增加财务成本,推升企业财务风险;四是出于快速扩张而进行的大量并购重组,可能会带来后期的整合风险,给企业持续稳健增长埋下重大隐患。

因此,从稳健发展的角度看,当前一个十分紧迫的任务,就是要引导我国大企业转变规模扩张偏好,适当放缓规模扩张速度,严格控制经营风险,将更多精力与资源投入到企业做精、做优、做强,以实现企业长期可持续的高质量增长。

十一、进一步促进中国大企业高质量发展的建议

高质量发展,是新时代党中央、国务院对我国大企业发展的根本要求,也是我国大企业应有的根本追求。一方面,我国大企业应自觉按照党中央、国务院的重大决策部署,深入推动落实质量变革、效率变革、动力变革,夯实企业高质量发展基石;另一方面,政府部门也要按照企业高质量发展的要求,加快完善企业发展环境,做好企业发展服务,激发和弘扬优秀企业家精神,更好发挥企业家作用,从而推动我国大企业实现高质量发展。

1. 全面提升综合实力,争创世界一流企业

党的十九大报告提出,要培育具有全球竞争力的世界一流企业,正式将世界一流企业确定为我国企业发展的最高目标。其实,在中央企业中,国务院国资委早就已经着手推进世界一流企业建设工作。2011年年末,国务院国资委下发《推进中央企业做强做优、培育具有国际竞争力的世界一流企业总体工作思路的意见》,提出要在"十二五"末建设一批具有国际竞争力的世界一流企业。为此,国务院国资委还在2013年1月31日印发《中央企业做强做优、培育具有国际竞争力的世界一流企业对标指引》和《中央企业做强做优、培育具有国际竞争力的世界一流企业要素指引》,要求中央企业按照两个文件要求,全面开展对标工作,加快推进世界一流企业建设。多年来,中央企业一直都在朝着这一目标努力,部分中央企业已经在世界一流企业建设方面取得了可喜的成绩。

培育具有全球竞争力的世界一流企业是适应经济全球化、增强我国国际竞争力的迫切需求,是

我国企业跻身国际先进水平的现实需要，也是我国经济高质量发展的必然要求。所谓具有全球竞争力的世界一流企业，一是要在国际资源配置当中占有主导地位，二是要在全球行业发展中具有引领作用，三是要在全球产业发展中具有话语权和影响力。拥有一流技术无疑是培育世界一流企业的关键基石，但并不是全部。除了技术之外，企业还需要在人力资本素质、商标与品牌影响力、全球市场渗透力、公司治理水平、财务绩效水平、社会责任担当等多个方面成为全球具有竞争力的企业。世界一流企业，应当是企业综合实力的体现。

与中小企业相比，中国企业500强大企业更具打造具有国际竞争力世界一流企业的能力与优势，尤其是那些已经在行业内具有一定国际影响力的500强大企业，更应成为实现这一目标的先行者和主力军。那些发展基础较好、占有资源较多、在国务院国资委推动下起步较早的中央企业，应在打造世界一流企业方面发挥突出作用，担当主要责任。目前，已经有一些大企业正在为建设世界一流企业而努力，如航天科工为建成世界一流航天防务公司，加快完善创新创业体系；中国石油为支持世界一流综合性能源公司建设，正在加快推进标准化智慧化油气田建设；蒙牛乳业正在以打造世界一流乳制品企业为目标，加快国际优质资源整合。

全面提升综合实力，打造具有国际竞争力的世界一流企业，中国大企业任重道远，需要多层面多角度全力施为。除上述创新方面的工作之外，还需在如下方面采取措施：一是要在战略与策略上明确如何打造世界一流企业。中国大企业应坚持以对标管理作为创建世界一流企业的实施手段，以能力建设作为创建世界一流企业的落地载体，以全员参与作为创建世界一流企业的实现路径，着力推进世界一流企业建设。二是加强产品品质管理，在企业内部弘扬工匠精神，确保产出优质产品。同时加快产品创新，更好满足用户消费升级需求。三是积极开展国际化经营，并加大国际知名品牌建设力度，多角度加强全球市场品牌宣传，全方位提升品牌国内、国际形象，提高品牌价值与地位。四是不断完善公司治理与管理，做实与规范企业董事会运作，提高公司治理与管理水平。五是完善企业风控体系，加强合规管理，严控企业全球运营风险。六是积极履行社会责任，关注民生福祉，打造公民企业。七是树立全球思维，加强国际化人才培养，真正打造全球化企业。八是利用信息化技术加强成本管理，以降本增效和技术创新、品牌溢价等多渠道推进财务绩效水平提升，实现企业高质量发展。

2. 全力聚焦核心技术与关键技术突破，实现技术自主可控

创新是构建竞争优势的关键因素，是企业持续发展的根本动力所在。当前我国企业对创新的重视程度也在持续上升，创新投入的力度也有较大提高。但与世界一流企业相比，我国大企业在创新方面，依然有较大差距。在创新投入力度上，我国大企业尽管有较大提高，但目前中国企业500强的平均研发强度也只有1.56%，即使是中国制造业企业500强的平均研发强度也只有2.08%。这一研发强度，虽然能够在一定程度上推动企业实现创新并初步构建竞争优势，但不足以帮助企业在国际竞争中取得领先地位。从创新产出看，我国大企业的专利拥有情况也不甚理想，专利质量也有待进一步提高；在专利价值层面，在总共35个技术领域中，截至上年年底国内企业在29个技术领域维持10年以上的发明专利的拥有量都少于国外企业。尤其是，在核心技术与关键技术领域，我国企业的对外依赖度还较高。据估计，目前我国企业开发工业产品所需的技术中，约有70%是来自外源性技术。由此，我国在国际分工中尚处于"制造—加工—组装"环节，在附加值较高的研发、设计等环节缺乏竞争力。

核心技术与关键技术的突破，虽然离不开政府的推动与支持，也需要高校与科研院所的共同参与，但关键还是要靠企业，尤其是具有较好技术积累的大企业。近年来，一些中国大企业在重大关键技术突破上做出了突出贡献：中船重工首艘国产航母顺利下水，中国商飞C919成功首飞，中国中车研制的"复兴号"动车组成功运营，中核集团与中广核联合研发的"华龙一号"第三代核电示范项目正式封顶，华为等中国通信企业在5G通信领域部分关键技术上也实现了领先。

为加快在核心技术与关键技术领域的突破，我国企业应在以下方面积极采取措施：一是要充分发挥大企业的技术创新引领示范作用，加快形成大企业更多聚焦于基础技术研发与原创新研发、中小企业致力于应用型技术与改良型技术研发的技术创新格局；大企业要主动组织并牵头推进核心技术与关键技术研发，制定相关技术研发的长期战略，公布技术发展的路线图，明确技术突破的方向。二是调整创新战略。一方面大企业在推进创新与"互联网+"深度结合打造开放式创新平台的同时，要更多致力于最大限度地集聚"源创造力"，坚持走"聚合式创新"道路，自主掌握核心创新资源与能力，并完全占有创新成果知识产权，真正实现自主创新；另一方面大企业要更加注重长远发展，确立长远技术发展战略，调整优化企业研发布局，加大对基础性技术、核心技术与关键技术的研发投入。三是要继续加大技术研发投入的力度，建立确保研发费用稳定增长的长效机制；创新型企业要尽快将研发投入强度提高到不低于国际同行业领先企业水平，尤其是要在国家减税政策下，主动将减税收入投入研发，加快创新步伐。四是要进一步完善工业基础设施，提高工艺装备水平，同时加快关键原材料研发。五是加强创新人才开发，积极培育与储备创新人才，完善创新人才激励约束机制，充分释放创新人才潜能。六是有效整合与利用全球创新资源，积极主动面向全球布局创新网络，加强国际技术交流，同时深化产学研合作，建立完善联合研发机制。七是切实做好创新成果的商业化应用，优化创新成果商业化价值分享机制，形成创新的正向激励与循环。

3. 大力发挥平台作用，促进大、中、小企业协同发展

互联网孕育了代表着经济发展方向和未来的平台经济。随着亚马逊、苹果、阿里巴巴等互联网和高科技巨头的快速崛起，平台模式日益备受瞩目。一些传统企业已经开始试水平台模式，超过82%的企业认同平台模式将对自身产业带来较大的甚至是颠覆性的影响。越来越多的大企业，尤其是互联网大企业，都在朝着平台化方向发展，致力于将企业打造成功能各异的平台。诚然，平台化的企业，既可能是一个独立的平台，也可能是多个功能不同却又彼此交互的平台综合体，如淘宝除了是商品交易平台之外，还是广告交易平台、物流交易平台、工具交易平台，这些平台相互连接，形成一个复杂的平台经济系统。相应地，平台所连接的，除了企业之外，也包括其他各方市场参与主体。在京东、淘宝上活跃的用户群体，除了网商和消费者，还有运营服务商、物流服务商、推广服务商、应用开发商等。

借助于平台，企业可以在经济发展进程中发挥更大作用，可以在市场体系更广泛的范围内发生影响。一方面，企业可以利用平台所体现出来的资源聚合功能和快速渗透能力，加快企业自身发展步伐；另一方面，企业也可以透过平台作用，服务和推动平台关联企业发展。一个大企业的产生与发展，不可能是一个经济孤立事件，在任何一个成功大企业的背后，都活跃着成千上万中小企业的身影。换句话说，正是大量中小企业的持续成长，培育与支持了大企业的发展。因此，当代大企业除了谋划自身发展之外，还应关注与引领产业与产业链各环节中小企业的发展，谋求实现大、中、小企业的协同发展，并以大、中、小企业的协同发展促进民族产业发展。这一目标的实现，显然离不开平台的有力支持。

优化产业组织体系，形成大、中、小企业分工合作的产业组织结构，促进大、中、小企业协同发展，大企业应做好如下主要工作。一是积极担当大、中、小企业协同发展的发展平台；大企业应致力于打造与完善产业发展生态圈，规范产业发展秩序，优化产业发展环境，为广大中小企业围绕大企业进行分工合作夯实基础；要积极主动承担产业发展责任，不断为中小企业创造发展机会，并为中小企业发展提供力所能及的服务与支持。二是积极担当大、中、小企业协同发展的公共创新平台。大企业不仅要围绕关键技术、核心技术打造开放式创新平台，还要主动为广大中小企业技术进步提供服务与支持，成为推动中小企业技术进步的动力源泉；要积极布局行业共性技术的联合研发，与中小企业合理分担研发成本并共享共性技术进步成果，推动产业整体技术水平的提升；要加强对产业和产业链各环节中小企业技术进步的指引，并为中小企业提供技术交流与学习机会。三是担当大、中、小企业协同发展的改革平台。大企业应在供给侧结构性改革领域积极探索，加快总结可复制、可推广的改革经验，带动中小企业稳健推进供给侧结构性改革，提升供给端质量；大企业要率先垂范，加快推进"处僵治困"，盘活闲置资产，清退无效产能，推动优化行业资源配置；大企业应在产融结合与融资方式上积极探索，有效增加中小企业融资供应，引导中国小企业拓宽融资渠道，降低融资成本。四是积极担当大、中、小企业协同"走出去"平台。大企业在"走出去"中具有天然优势，相反，中小企业则在"走出去"中面临更多阻力与压力，需要大企业在"走出去"过程中给予支持；大企业应在中小企业"走出去"过程中为其提供"借船出海"或"搭船出海"的商业机会，积极主动带领中小企业进行国际化经营；大企业应主动做好"走出去"公共支持体系与支撑平台建设，更好推动中小企业"走出去"，培育更多国际化经营的中小企业。

4. 主动弘扬优秀企业家精神，带领企业更快、更好发展

企业家是经济活动的重要主体，是企业的统帅与灵魂。改革开放以来，一大批优秀企业家在市场竞争中迅速成长，一大批具有核心竞争力的企业不断涌现，为积累社会财富、创造就业岗位、促进经济社会发展、增强综合国力做出了重要贡献。营造企业家健康成长环境，弘扬优秀企业家精神，更好发挥企业家作用，对深化供给侧结构性改革、激发市场活力、实现经济社会持续健康发展具有重要意义。为此，在上年9月，党中央、国务院发布了《关于营造企业家健康成长环境　弘扬优秀企业家精神　更好发挥企业家作用的意见》，首次以中央文件的形式，明确和肯定了企业家与企业家精神的地位与作用；指出要引导企业家爱国敬业、遵纪守法、创业创新、服务社会，调动广大企业家的积极性、主动性、创造性，发挥企业家作用，为促进经济持续健康发展和社会和谐稳定、实现全面建成小康社会奋斗目标和中华民族伟大复兴的中国梦做出更大贡献。此后，各级政府部门、企联系统与行业协会组织等纷纷掀起了学习贯彻落实中央文件的热潮，制定了更为具体的实施意见，明确了不同部门的具体分工与责任。中央文件精神的贯彻落实与相关具体举措的实施，无疑将推动我国企业家精神的极大提升，扭转民间投资与企业发展不足的局面。

政府作为宏观经济管理部门，虽然可以对企业发展提要求、提目标、提方向，但终归在市场经济制度下不能直接干预企业的生产经营活动，要确保高质量发展目标的实现，政府部门只能借助于激发与弘扬优秀企业家精神，发挥企业家作用，由企业家通过政治自觉、担当自觉、行为自觉与服务自觉来带领企业实现政府所期望的发展目标。广大企业家，尤其是中国企业500强大企业的企业家，应当自觉按照中央要求，不断提升自身水平，并在企业经营中充分发扬企业家精神，带领企业实现更快、更好发展。一是自觉加强中央方针政策学习，强化"四个意识"，坚持与中央保持一致，坚定不移地落实中央经济发展战略与重大决策部署，全力推进国家经济建设目标的实现。二是广大企业家要有政治自觉、担当自觉、行为自觉与服务自觉，尤其是国有企业管理者，要胸怀党和国家事业，勇于改革与主动作为，全力克服企业体制机制弊端，推动企业治理水平与管理能力提升，带领企业在改革中稳健发展。三是坚定企业发展信心，正确看待当前宏观经济面临的主要矛盾、问题与挑战，做好企业发展预期管理，全方位鼓舞企业士气，科学制定应对方案，合理采取应对举措，带领企业迎难而进。四是秉承开放精神，积极主动学习借鉴先进技术、经验与方法。五是敢于承担发展风险，及时把握市场发展机会。六是确立卓越理念，坚持高质量发展要求，加快转型升级步伐，持续提升产品与服务品质，加强企业品牌与形象建设。

第二章
2018中国制造业企业500强分析报告

2018中国制造业企业500强是中国企业联合会、中国企业家协会连续第14次向社会发布的中国制造业500强企业年度排行榜。与2017中国制造业企业500强相比，2018年中国制造业企业500强整体情况转好，营业收入与入围门槛均有所回升。

2018中国制造业企业500强中，有253家企业入围2018中国企业500强，比上年增加8家。14年来，入围中国企业500强的制造业企业数量由最初的280家，发展到最多时2008中国企业500强的294家，此后总体上呈现连年减少态势。在2018中国企业500强中这一态势得到扭转，入围的制造业企业数量有所回升。这253家企业的营业收入总额为27.75万亿元，占2018中国企业500强总营业收入的38.99%，比上年（38.30%）提升了0.69个百分点；归属母公司净利润总额为6422.87亿元，占2018中国企业500强归属母公司净利润总额的20.05%，比上年（19.43%）提升了0.62个百分点。

一、2018中国制造业企业500强整体规模特征分析

1. 营业收入总量、增速及入围门槛均取得显著提升

2018中国制造业企业500强在2017年内共实现营业收入31.84万亿元，同2017中国制造业企业500强营业收入相比较，取得了12.71%的显著涨幅，在2017中国制造业企业500强营业收入增速由负转正的基础上，进一步扩大了增速，呈现出进一步向好态势。2009年以来中国制造业企业500强营业收入总额及增速变化，如图2-1所示。

除营业收入及增速方面的显著突破之外，2018中国制造业企业500强的入围门槛也较上一年榜单有了大幅提高，排名第500位的企业在2017年营业收入为86.4亿元，较上年入围门槛的69.1亿元而言，涨幅高达24.98%。且值得注意的是，86.4亿元的这一数据是中国制造业企业500强入围门槛在经历了4年低迷期后，重新超过了2013中国制造业企业500强入围门槛曾达到过的70.6亿元的暂时性高点，尽管2014—2017年的入围门槛呈现出一定上下波动态势，但均低于2013中国制造业企业500强的暂时性高点。2005年以来中国制造业企业500强入围门槛的具体变化态势如图2-2所示。

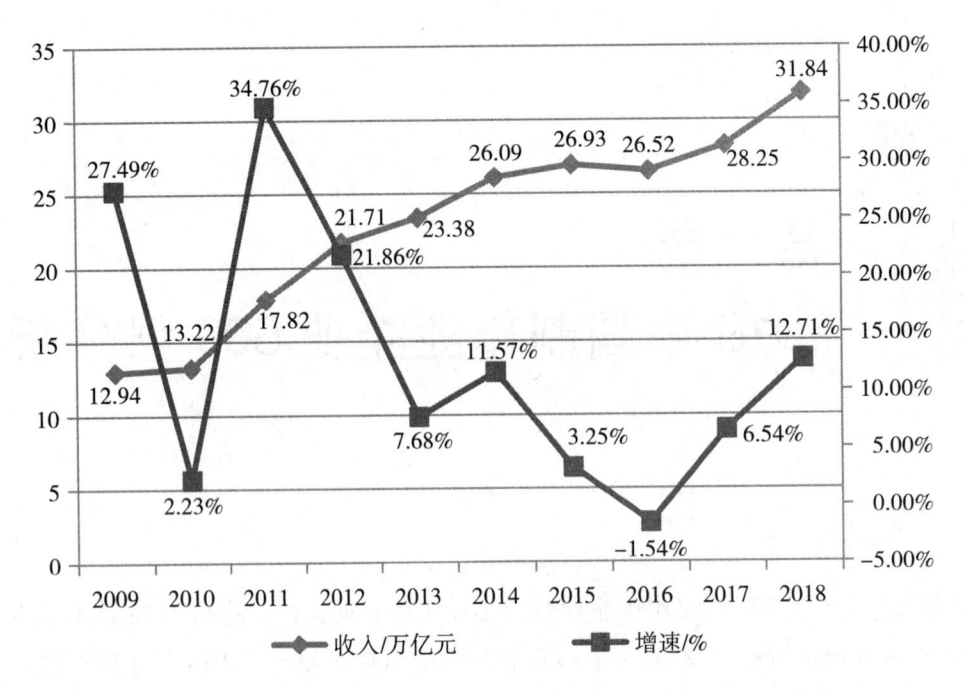

图 2-1 2009 年以来中国制造业企业 500 强营业收入总额及增速变化情况

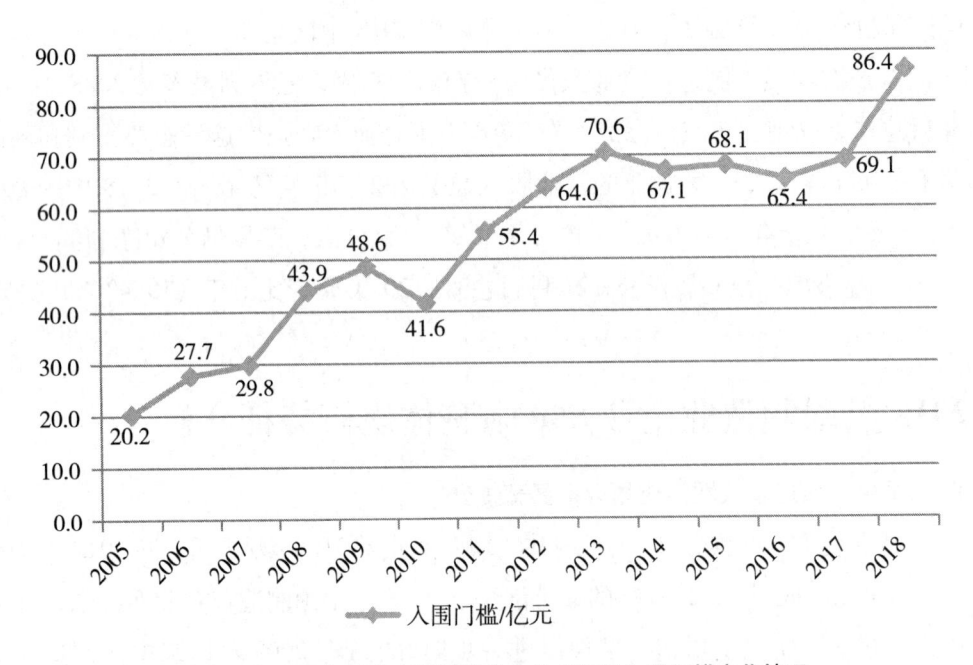

图 2-2 2005 年以来中国制造业企业 500 强入围门槛变化情况

2. 资产规模增速波动放缓，资产负债情况有所好转

2018 中国制造业企业 500 强总资产规模达到 34.12 万亿元，资产绝对数量方面自 2009 年以来呈现出稳健增长的态势。但在资产总量增速方面，尽管 34.12 万亿元的资产总量相较于 2017 中国制造业企业 500 强资产总量而言增长了 8.91%，且该增速高于 2017 年 7.75% 的增速，但并没有改变自 2009 年以来中国制造业企业 500 强资产总量增速放缓的整体性态势，相较于 2009 年 31.21% 的增速高点，已经下滑了 22.30 个百分点。2009 年以来中国制造业企业 500 强资产总量及资产增速变化如图 2-3 所示。

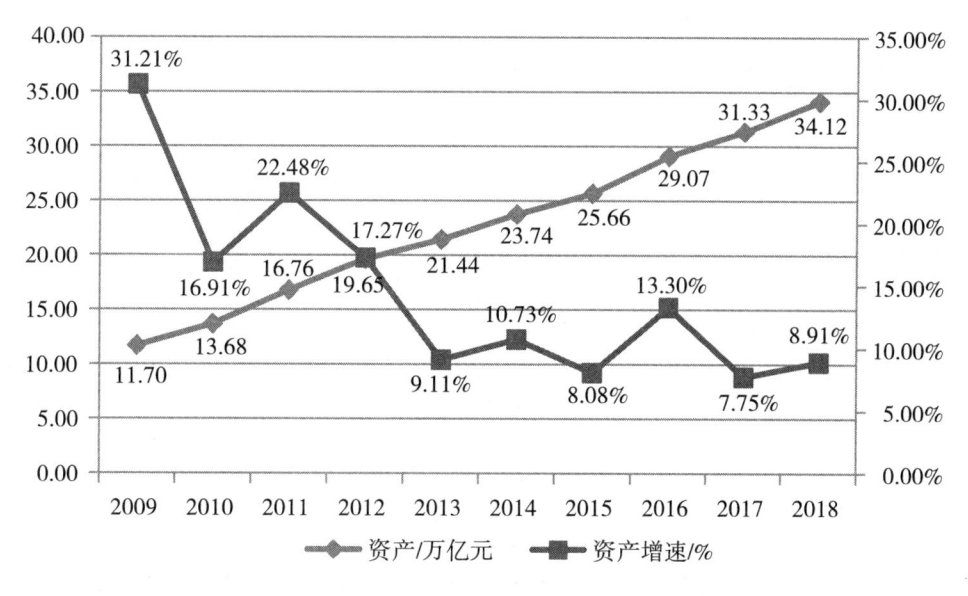

图 2-3　2009 年以来中国制造业企业 500 强资产总量及资产增速变化情况

资产负债情况方面，2018 中国制造业企业 500 强资产负债率为 63.20%，较 2017 中国制造业 500 强资产负债情况稍有好转，下降 0.32 个百分点。从长期趋势来看，相较于 2011 中国制造业企业 500 强 65.56% 的资产负债率这一阶段性高点而言，制造业企业资产负债情况波动好转的态势已较为清晰，这也反映出国家对制造业领域相关企业所采取的"去杠杆"措施取得了初步的成效。2008 年以来中国制造业企业 500 强资产负债率变化情况如图 2-4 所示。

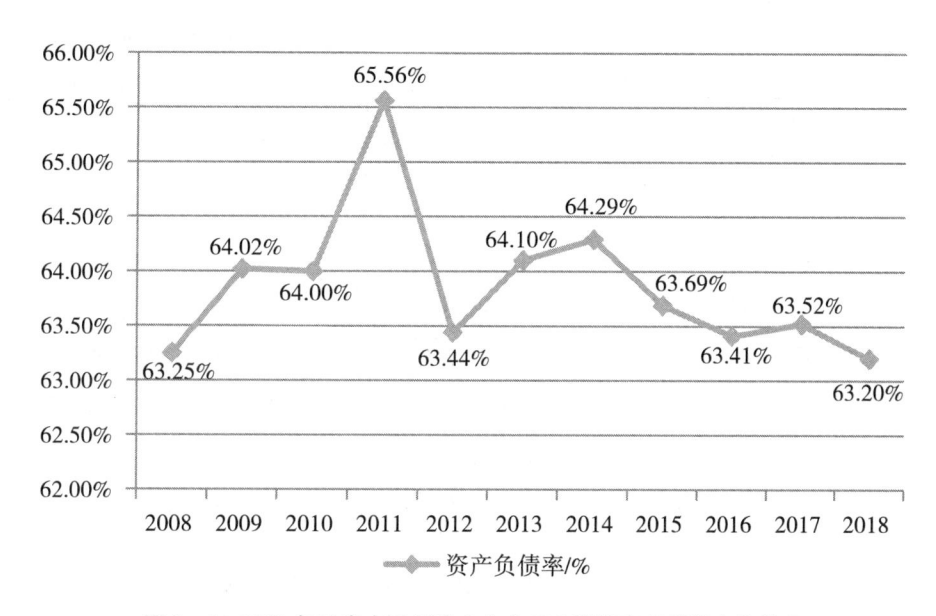

图 2-4　2008 年以来中国制造业企业 500 强资产负债率变化情况

3. 千亿级营业收入企业扩容，企业个体差距缩小

2018 中国制造业企业 500 强榜单中，共有 327 家企业在 2017 年的营业收入位于 100 亿元~500 亿元，为分布最为密集的区间，占到全部企业的 65.4%；分布最少的为 2017 年营业收入低于 100 亿元的区间，仅有 23 家上榜企业位于这一区间，占到全部企业的 4.60%，这一比例相较于前一年榜单

企业有13.6%营业收入低于100亿元而言，下降明显，足见绝大部分2018中国制造业500强企业已经踏过了年营业收入百亿级这一门槛。2018中国制造业企业500强营业收入分布情况如表2-1所示。

表2-1 2018中国制造业企业500强营业收入区间分布

企业营业收入区间	企业数量/家	百分比
1000亿元以上	72	14.40%
500亿元~1000亿元	78	15.60%
100亿元~500亿元	327	65.40%
100亿元以下	23	4.60%

除上述两个区间分布之外，2018年榜单中有72家企业在2017年的营业收入超过了1000亿元，与2017年榜单相比，千亿级制造业企业成员增加了10家，增长16.13%，增幅较大。千亿级制造业企业中，排名首位的依然是中国石油化工集团，其2017年的营业收入达到了2.21万亿元，为第二名上海汽车集团股份有限公司当年营业收入的2.54倍之多。整体72家千亿级制造业企业在2017年实现了18.50万亿元的营业收入，占到2018中国制造业企业500强企业总营业收入的58.09%，这一比例在上年55.06%的基础上，又增加了3.03个百分点。

进一步比较2018中国制造业企业500强榜单中的前10名企业和后10名企业的营业收入情况可以发现，前10名企业在2017年共实现营业收入70816.64亿元，约为后10名企业2017年营业收入885.54亿元的79.97倍。2016年榜单中前10名企业的营业收入为后10名企业的83.93倍，2017年这一倍数为90.55倍，相较于2016—2017年榜单企业这一倍数的连续扩大，2018年榜单企业该倍数的缩小，显示出中国制造业企业500强在营业收入规模方面的个体差距有所缩小，营业收入规模均衡程度有所改善。

4. 企业并购重组积极性下降明显

2018中国制造业企业500强中共有128家企业于2017年进行了并购重组，相较于2017年榜单企业中有119家进行了并购重组而言，企业数量上有所增加。但从并购重组次数来看，2018年榜单中进行了并购重组的128家企业仅仅完成并购重组407次，尚不足2017年榜单企业相对应数据（878次）的一半，甚至低于2016年榜单企业的439次并购重组，由此可见制造业企业500强的并购重组热度明显下滑。2016—2018年中国制造业企业500强并购重组次数情况如表2-2所示。

表2-2 2016—2018中国制造业企业500强并购重组次数情况

年份	参与并购重组企业数量	并购重组次数
2016	119	439
2017	119	878
2018	128	407

二、2018中国制造业企业500强利税状况分析

1. 企业盈利状况显著提升

2018中国制造业企业500强在2017年共实现利润8176.93亿元，较2017中国制造业500强增长了19.18%，涨幅显著。同时，2017年榜单企业中有多达40家在2016年出现亏损，而2018年榜单中企业在2017年出现亏损的数量下降到了22家，且2016年出现亏损的40家企业中有26家实现了由亏转赢。2018年榜单中出现亏损的22家企业，有7家为一般有色金属行业企业，4家为黑色冶金行业企业，占到总亏损企业的半数。一般有色金属和黑色冶金行业同为落后产能较为严重的领域，榜单中这两个行业亏损的企业数量最多，应得到重视。2018中国制造业企业500强中不同行业的亏损企业数量如图2-5所示。

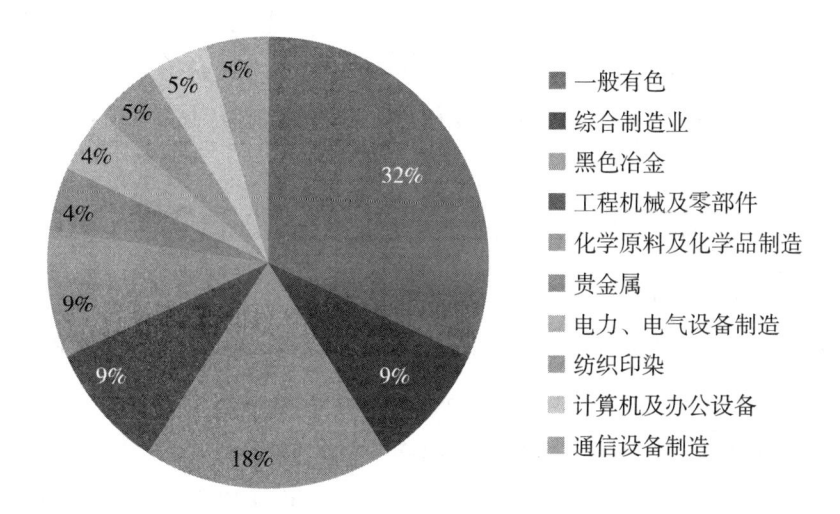

图2-5 2018中国制造业企业500强中不同行业的亏损企业数量

在人均营业收入方面，受益于企业整体营业收入的增长及盈利状况的改善，中国制造业企业500强人均营业收入的绝对量从2008年以来呈现出较为稳健上涨的态势，尽管2016年榜单企业人均营业收入曾出现短暂下滑，但总体趋势上则是从2008年的112.39万元上涨到了2018年的255.68万元，涨幅显著。人均营业收入增速方面则波动较为频繁，在长时间尺度上相对缺乏较为明显的趋势，但短期态势方面，在2017年榜单企业人均营业收入增速由负转正的基础上，2018年榜单企业进一步扩大了人均营业收入增速，短期内呈现出积极向好态势。2008年以来中国制造业企业500强人均营业收入及增速变化情况如图2-6所示。

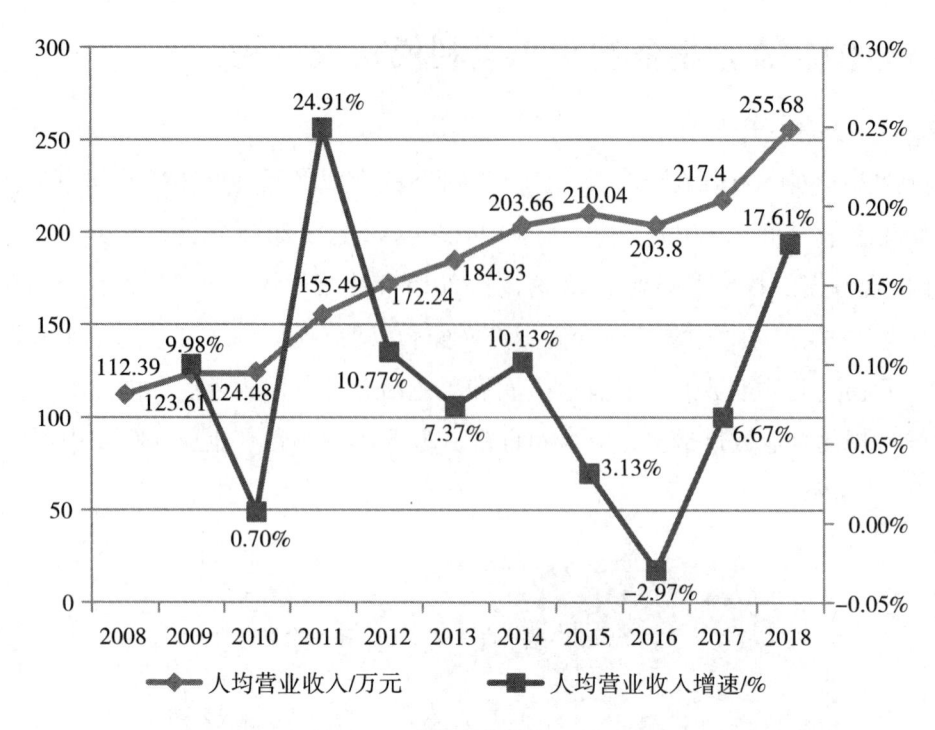

图 2-6　2008 年以来中国制造业企业 500 强人均营业收入及增速变化情况

2. 净资产利润率、营业收入利润率呈继续向好态势

2018 中国制造业企业 500 强的净资产利润率为 9.23%，较 2017 中国制造业企业 500 强增长了 0.65 个百分点。长期趋势来看，受到 2008 年国际金融危机的影响，中国制造业企业 500 强在 2008 年之后，净资产利润率呈现出了缓步下降的态势，但随着制造业转型升级不断推进，中国制造业企业 500 强的净资产利润率在 2016 年触底后有了明显回升，实现了 2017 年和 2018 年连续两年稳步回升，从 2016 年 7.59% 的阶段性低点上涨到了 2018 年的 9.23%，呈现出积极向好态势。

净资产利润率是反映企业经营绩效的核心指标，其变化取决于营业收入利润率的变化和资产周转率的变化。2018 中国制造业企业 500 强的营业收入利润率为 2.57%，相较于 2017 中国制造业企业 500 强增长 0.03 个百分点。同时应注意到的是，本次上涨为中国制造业企业 500 强营业收入利润率在 2015 年触底后的连续第三年上涨，从 2015 年的 2.13% 的阶段性低点上涨到了 2018 年的 2.57%，稳步上升态势明显。2011 年以来中国制造业企业 500 强净资产利润率和营业收入利润率的变化情况如图 2-7 所示。

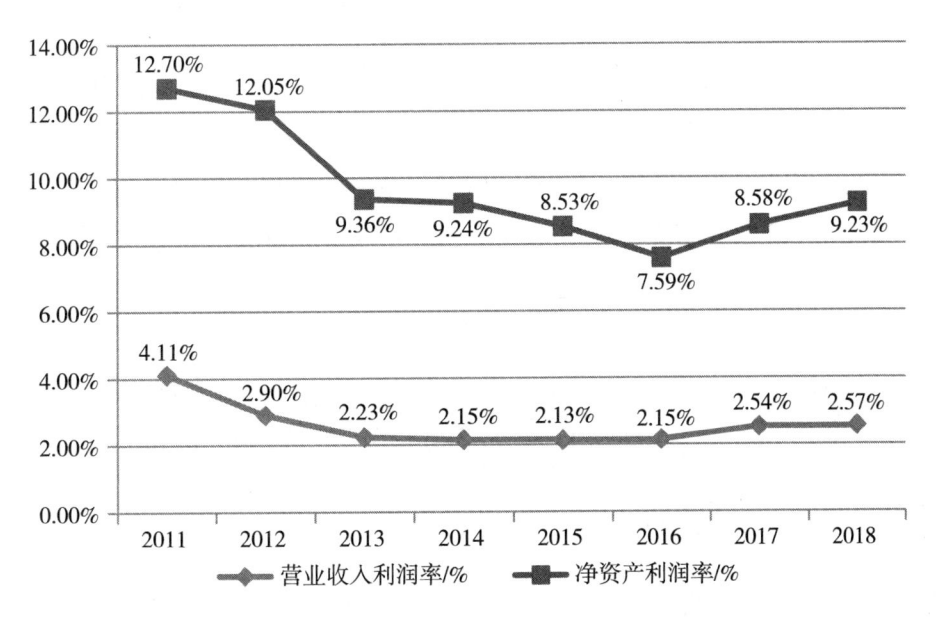

图 2-7　2011 年以来中国制造业企业 500 强净资产利润率和营业收入利润率变化情况

资产周转率方面，2018 中国制造业企业 500 强的资产周转率为 0.93 次/年，较 2017 中国制造业企业 500 强的平均周转率（0.90 次/年）而言略有上扬，但从长期趋势来看，尽管制造业企业 500 强在过去 10 年间资本总量在持续稳健提升，但资产周转率却呈现出明显的波动下滑态势，从 2008 制造业企业 500 强 1.14 次/年的高点，波动下滑至 2018 年的 0.93 次/年，资产周转速度下滑幅度达 18.10%。此变化显示出 2008 年国际金融危机后，我国制造业 500 强企业在将资产从投入变为产出的流转效率方面，所面临的形势并不容乐观。2008 年以来中国制造业企业 500 强的资产周转率具体变化情况如图 2-8 所示。

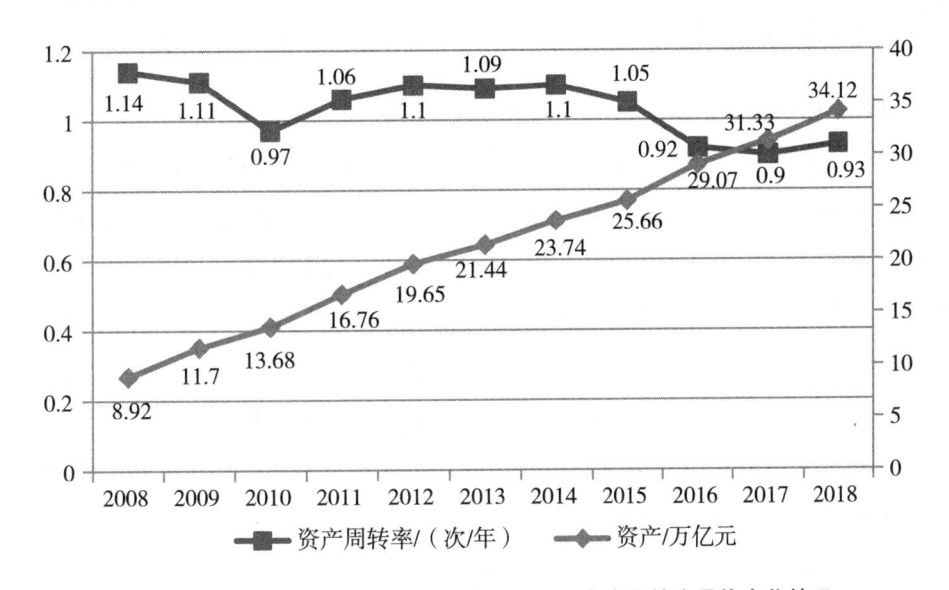

图 2-8　2008 年以来中国制造业企业 500 强资产周转率具体变化情况

3. 制造业企业综合税负持续下降

2018 中国制造业企业 500 强于 2017 年内共计纳税 16012.36 亿元，相较于 2017 年榜单企业

14631.15亿元的纳税额，增长9.44%。尽管纳税额在绝对数量上增加较为明显，但仍低于2016中国制造业企业500强17791.42亿元的纳税额。进一步结合企业营业收入来看，2018中国制造业企业500强纳税总额占企业营业收入总额的5.03%，为自2008年以来中国制造业企业500强综合税负的最低点，整体上呈现出波动下降的态势，这显示出国际金融危机后，我国制造业企业的综合税负呈持续减少的局面。2008年以来中国制造业企业500强纳税额及纳税所占营业收入比例情况如图2-9所示。

图2-9 2008年以来中国制造业企业500强纳税额及纳税所占营业收入比例变化情况

三、2018中国制造业企业500强创新投入与产出分析

1. 研发投入增速止跌回升，研发强度波动提升

研发投入方面，从长期趋势来看，2008年以来中国制造业企业500强的研发投入绝对数额方面呈现出稳定上涨的态势。2018中国制造业企业500强中提供了完整研发投入数据的484家企业在2017年共实现研发投入6545.91亿元，相较于2017年榜单企业研发投入而言取得了19.30%的较大涨幅。进一步来看，在2011年中国制造业企业500强研发投入实现了增速30.33%的阶段性高点后，制造业企业500强便陷入了连续6年的研发投入增长疲软期。尽管研发投入绝对数额稳定上涨，但增速不断下滑。虽然在2014—2015年间，榜单企业的科研投入增速有短暂的抬头，但在之后的2017年便又陷入了研发投入年增速3.02%的近10年最低点。2018年榜单企业19.30%的研发投入增速，使得持续6年增速疲软的制造业企业研发投入得到了较大程度提升。2008中国制造业企业500强以来研发费用及研发费用增速变化情况如图2-10所示。

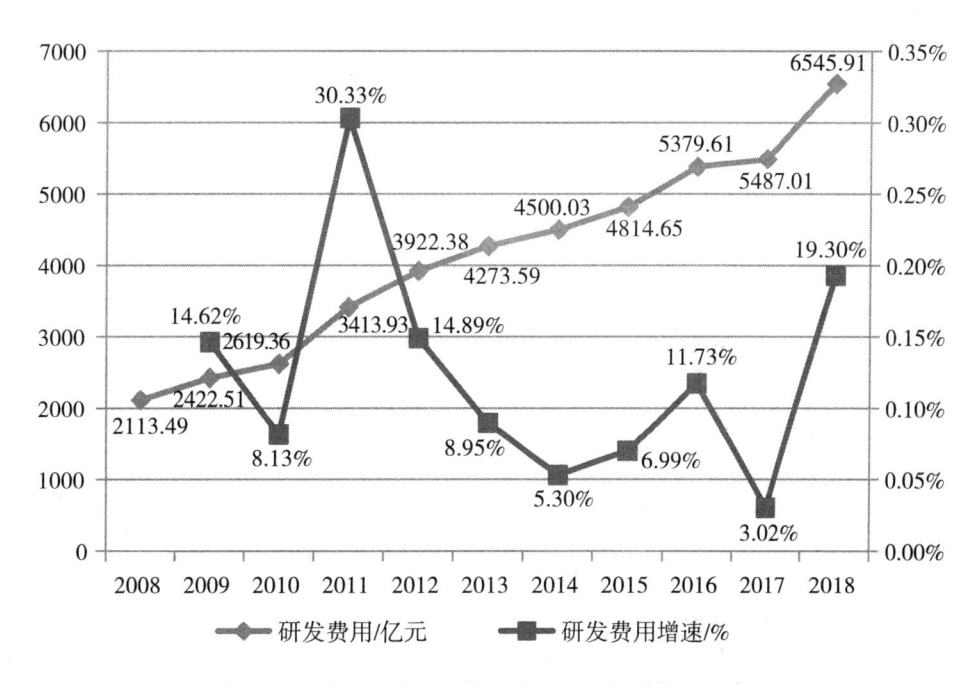

图 2-10　2008 中国制造业企业 500 强以来研发费用及研发费用增速变化情况

研发强度方面，2018 中国制造业企业 500 强的研发投入占营业收入的比例为 2.08%，相较于上年上涨了 0.01 个百分点，短期内略有提升。从长期来看，2008 年以来，中国制造业企业 500 强的研发强度较为稳定，除 2010 中国制造业企业 500 强研发强度较低之外，其余年份大体围绕在 2% 上下波动，趋势上较为稳定。2008 年以来中国制造业企业 500 强研发强度的具体变化情况如图 2-11 所示。

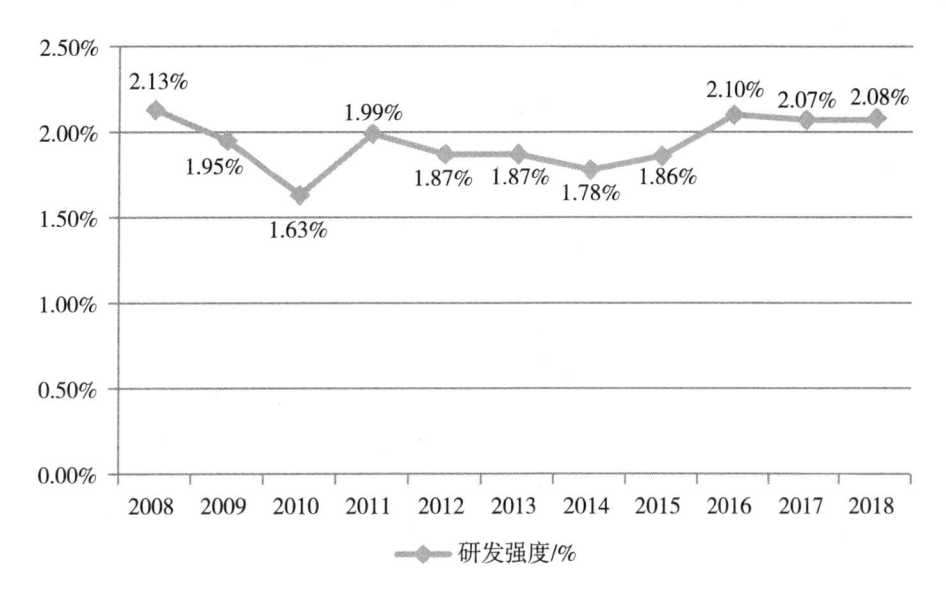

图 2-11　2008 年以来中国制造业企业 500 强研发强度变化情况

2. 专利数量稳健上升，专利质量有所改善

专利拥有数量和发明专利拥有数量方面，2018 中国制造业企业 500 强于 2017 年共拥有专利 777072 件，发明专利 302992 件，较 2017 年榜单企业的专利数量及发明专利数量而言，分别增长了 35.52% 和 68.47%，涨幅显著。从长期变化趋势来看，在专利拥有和发明专利拥有的绝对数量方面，

自2008年以来，除2010年上榜500强制造业企业在这两项的绝对数量上有短暂下滑之外，整体趋势是保持稳健上升的。2008年以来中国制造业企业500强专利拥有数量、发明专利拥有数量变化情况如图2-12所示。

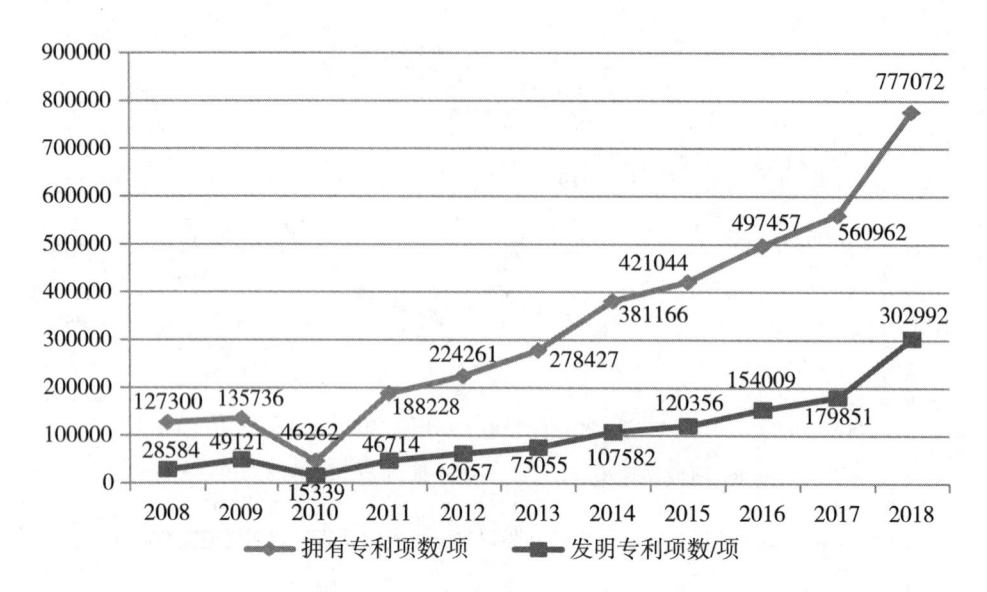

图2-12 2008年以来中国制造业企业500强专利拥有数量、发明专利拥有数量变化情况

专利质量方面，2018中国制造业企业500强的发明专利数量占全部专利数量的38.99%，较2017年榜单企业而言，提高了6.93个百分点。从长期趋势出发，中国制造业企业500强的发明专利占比从2011年开始呈现出波动上涨的态势，2018年榜单企业38.99%的发明专利占比为2008中国制造业企业500强以来的阶段性最高点。这体现出近年来我国制造业企业500强的专利质量得到了相对持续稳健的改善。2008年以来中国制造业企业500强发明专利占比变化情况如图2-13所示。

图2-13 2008年以来中国制造业企业500强发明专利占比变化情况

从专利分布情况来看，2018中国制造业企业500强中专利拥有数量排名前10位的企业共拥有专

利 297990 件，占到制造业 500 强企业专利拥有总量的 38.35%，即专利拥有数量前 10 的企业贡献了全部制造业 500 强超过 1/3 的专利数量。发明专利拥有数量方面，2018 中国制造业企业 500 强中发明专利拥有数量前 10 位的企业共有发明专利 173462 件，占到了制造业 500 强发明专利拥有数量的 57.25%，说明前 10 位的企业贡献了全部制造业 500 强中超过半数的发明专利。其中值得注意的是，民营企业华为投资控股有限公司在专利申报方面表现出强劲的实力，2017 年申报专利数 74307 件、发明专利数 66877 件，以绝对优势占据两项指标的榜首位置。其专利和发明专利拥有数量分别占到了 2018 年榜单企业相关指标总数的 9.56% 和 22.07%；在专利质量方面，华为投资控股有限公司超过 9 成的专利申报为发明专利，其科技研发实力可见一斑。2018 中国制造业企业 500 强专利拥有数量、发明专利拥有数量前 10 名企业如表 2-3 所示。

表 2-3 2018 中国制造业企业 500 强专利拥有数量、发明专利拥有数量前 10 名企业详情

排名	公司名称	专利拥有数量	排名	公司名称	发明专利拥有数量
1	华为投资控股有限公司	74307	1	华为投资控股有限公司	66877
2	美的集团股份有限公司	36172	2	中国石油化工集团公司	23758
3	中国石油化工集团公司	33439	3	海尔集团公司	14459
4	海尔集团公司	27425	4	中国化工集团有限公司	12725
5	中国航空工业集团有限公司	24473	5	中国航空工业集团有限公司	11994
6	中国五矿集团有限公司	22994	6	北京电子控股有限责任公司	11715
7	中国化工集团有限公司	20999	7	中国航天科工集团有限公司	11180
8	珠海格力电器股份有限公司	20278	8	中国船舶重工集团有限公司	7610
9	中国航天科工集团有限公司	19468	9	中国五矿集团有限公司	6580
10	中国中车集团有限公司	18435	10	中国兵器工业集团有限公司	6564

四、2018 中国制造业企业 500 强所有制比较分析

1. 国有企业数量占比下滑，但地位仍然举足轻重

2018 中国制造业企业 500 强榜单中，入围的国有企业数量为 164 家，占 500 强总数量的 32.80%，民营企业数量则为 336 家。同 2017 年榜单企业所有制构成情况相比较，国有企业数量减少 2 家。中国制造业企业 500 强民营企业、国有企业构成变化情况如图 2-14 所示。

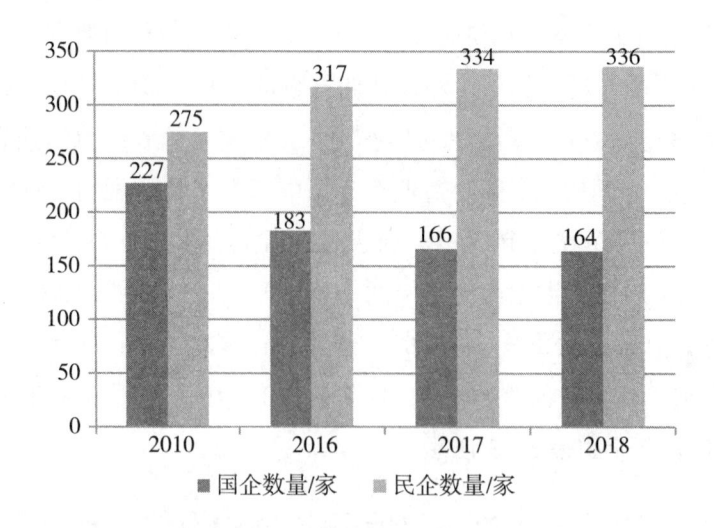

图 2-14 中国制造业企业 500 强民营企业、国有企业构成变化情况

2018 中国制造业企业 500 强前 10 名中共有两家民营企业，排名最靠前的同 2017 年榜单相同，仍然是华为投资控股有限公司，2017 年共实现营业收入 6036.21 亿元，位居 2018 榜单第 4 位。其后是正威国际集团有限公司，位于榜单第 6 位，2017 年实现营业收入 4917.99 亿元。2017 年曾进入过榜单前 10 位的山东魏桥创业集团有限公司在 2018 年的榜单中则从第 10 位下滑到了第 13 位，其营业收入从 2016 年的 3731.83 亿元下降到了 2017 年的 3595.78 亿元，降幅 3.65%。营业收入千亿级企业所有制构成方面，2018 年榜单中 72 家营业收入千亿级企业中，民营企业占到了 27 家，相较于 2017 年榜单中的民营千亿级企业数量增加了 10 家，占千亿级企业数量的比例也从 2017 年的 27.42% 大幅提升到了本年度的 37.50%，显示出民营经济部门向好、发展日趋高端化的态势。2018 年榜单中的千亿级企业除去 27 家民营企业外，剩余 45 家均为中央企业或者地方国有企业，数量上同 2017 年榜单中营业收入千亿级国有企业数量持平。

值得注意的是，尽管在 2018 中国制造业企业 500 强中，国有企业数量仅占到总数的 32.80%，但在营业收入总额、利润总额、资产总量方面，分别占到了 500 强总数的 55.65%、38.22%、65.13%，可见现有制造业企业 500 强中，国有企业仍发挥着举足轻重的作用，尤其是在营业收入和资产总量方面，数量上不足制造业 500 强 1/3 的国有企业创造了制造业 500 强中超过半数的营业收入，并拥有超过六成的资产量。但同时也应注意到，无论是营业收入、利润额，还是资产量，国有企业在制造业 500 强中的占比都呈现出下滑的态势，反过来也说明民营企业的力量在逐步壮大。国有企业在制造业 500 强中营业收入、利润和资产量方面的占比情况如表 2-4 所示。

表 2-4 中国制造业企业 500 强中国有企业的营业收入、利润及资产量占比情况

年份	国企数量占比	营业收入占比	利润占比	资产量占比
2010	45.40%	69.25%	60.55%	78.34%
2016	36.60%	60.21%	45.94%	69.40%
2017	33.20%	57.56%	43.60%	66.63%
2018	32.80%	55.65%	38.22%	65.13%

2. 国有企业盈亏表现整体弱于民营企业

将 2018 中国制造业企业 500 强中的国有企业和民营企业的利润指标进行对比，可以发现，无论是营收利润率还是资产利润率，上榜民营企业的表现均明显优于国有企业。2018 上榜国有企业的营收利润率为 1.76%，比民营企业低 1.82 个百分点；上榜国有企业资产利润率为 1.41%，更是比民营企业低 2.83 个百分点。这种现象在 2017 年的榜单企业中同样存在，2017 年上榜国有企业的营收利润率较民营企业而言，低 1.97 个百分点，资产利润率相较之下则低了 3.22 个百分点，由此可见这种盈利表现上的差距并不是某一年偶然出现的问题。相较于民营企业，国有企业在资产运作和销售运营方面效率较低，应当得到重视。国有企业和民营企业在利润率指标方面的对比如图 2-15 所示。

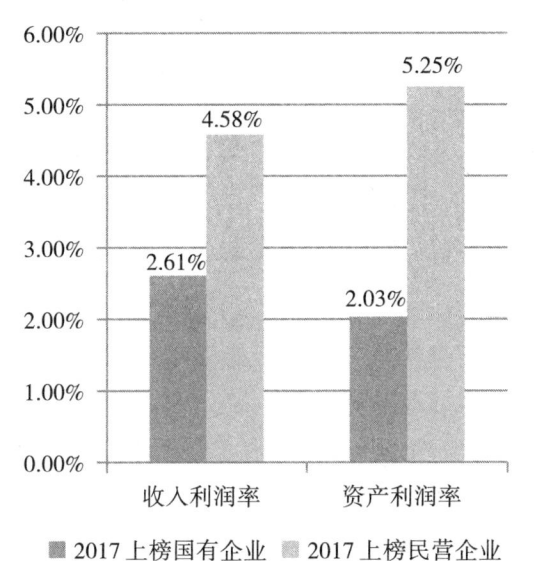

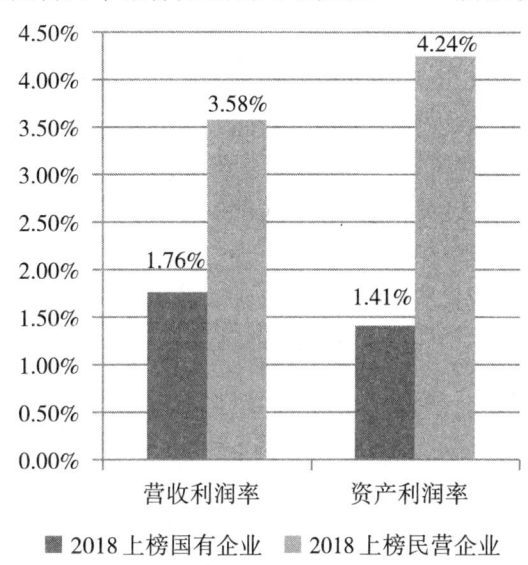

图 2-15 2017—2018 年中国制造业企业 500 强国有企业与民营企业利润指标对比情况

除利润率指标上的差距之外，在企业亏损方面，2018 中国制造业企业 500 强中，22 家出现亏损的企业中，国有企业占了 17 家，占到亏损企业总数的 77.27%，相应的民营企业出现亏损的只有 5 家。进一步看，164 家上榜国有企业中有 17 家出现亏损，亏损面达到了 10.37%；相较之下，336 家上榜民营企业仅有 5 家出现亏损，亏损面仅为 1.49%，可见上榜国有企业亏损面远远高于民营企业。

五、2018 中国制造业企业 500 强行业比较分析

1. 重化工行业依然在总营业收入和总利润贡献中扮演重要角色

行业总营业收入和利润总额方面，从 2018 中国制造业企业 500 强榜单情况看，重化工行业依然扮演了重要角色，榜单前 10 位企业除华为投资控股有限公司之外，其余均为重化工企业；制造业 500 强榜单中黑色冶金企业占据了 76 席。对营业收入贡献最大的前 2 个行业分别是黑色冶金和汽车及零配件制造，分别贡献了制造业 500 强整体 14.42% 和 13.56% 的营业收入；而对利润贡献最大的依然是这两个行业，只是二者位置互换，76 家黑色冶金企业创造了榜单企业 14.70% 的总利润，而 31 家汽车及零配件制造企业则是创造了榜单企业 14.14% 的总利润。营业收入贡献前 5 位的行业，共计实现了 2018 年榜单企业在 2017 年超过半数的（51.28%）的营业收入；利润方面，排名前 5 的行

业，也贡献了榜单企业在2017年近半数（46.20%）的总利润。2018中国制造业企业500强营业收入及利润贡献前5行业如表2-5所示。

表2-5 2018中国制造业企业500强营业收入及利润贡献前五行业

行业	营业收入/亿元	营收占比	行业	利润/亿元	利润占比
黑色冶金	45915.78	14.42%	汽车及零配件制造	1201.82	14.70%
汽车及零配件制造	43187.24	13.56%	黑色冶金	1156.13	14.14%
石化及炼焦	32051.22	10.06%	家用电器制造	657.19	8.04%
一般有色	28039.84	8.81%	石化及炼焦	398.06	4.87%
化学原料及化学品制造	14091.74	4.43%	电力、电气设备制造	364.19	4.45%
合计	163285.81	51.28%	合计	3777.38	46.20%

值得注意的是，尽管营业收入贡献前5的行业均为重化工行业，但在利润贡献产业排名方面，则存在一定亮点，体现为电力、电气设备制造这一先进制造行业以2017年364.19亿元的利润进入到2018中国制造业企业500强行业利润排名前5位，不过相较于2017年榜单行业第4的位置，下滑一名。

2. 部分"产能过剩"行业并购重组热度降温明显

从行业角度出发，2018年榜单中并购次数前5名的行业分别是金属制品加工、家用电器制造、药品制造、电力电气设备制造、农副产品，前5名的行业共计并购重组186次，占到总并购重组次数的45.7%。值得注意的是，2017年榜单中并购重组最为活跃的水泥及玻璃制造、石化及炼焦两大行业，在2018年榜单中的并购重组活跃度严重下滑，下滑至并列第10名的位置，在2017年里分别进行了17次并购重组，分别仅仅占到相应行业在2016年并购重组次数的3.4%和20%，鉴于这两大行业均为产能过剩较为严重的行业，其并购重组活跃度的下降对"去落后产能"方面可能造成的影响，应当引起重视。并购重组次数排名前10的行业如表2-6所示。

表2-6 2018年中国制造业企业500强并购重组次数前10行业

排名	行业名称	并购重组次数
1	金属制品加工	63
2	家用电器制造	38
3	药品制造	33
4	电力电气设备制造	27
5	农副产品	25
6	汽车及零配件制造	24
7	一般有色	20
8	化学原料及化学品制造	19
9	黑色冶金	18
10	石化及炼焦	17
10	水泥及玻璃制造	17

3. 高盈利能力行业略有减少，部分先进制造业行业平均指标排名出色

2018 中国制造业企业 500 强中，行业平均营收利润率超过 10% 的行业仅剩酒类和医疗设备制造两个行业，营收利润率分别为 13.40% 和 10.15%；相较于 2017 年榜单中有酒类、饮料和医疗设备制造三个行业平均营收利润了超过 10% 而言，减少一个行业。2018 年榜单中行业平均营收利润率超过 5% 的有 6 个行业，同 2017 年榜单情况持平。行业平均资产利润率方面，2018 年榜单仅存有饮料这一个行业资产利润率超过 10%，为 12.65%，其余行业均低于 10%；而在 2017 年榜单中，尚有饮料和医疗设备制造两个行业资产利润率维持在 10% 以上。行业平均资产利润率高于 5% 的行业从 2017 年榜单中的 9 个减少到了 2018 年榜单中的 6 个。同时，诸如黑色冶金、石化及炼焦、水泥及玻璃制造等重化工产业均未能进入到行业平均盈利指标较为靠前的位置。

尽管在 2018 中国制造业企业 500 强行业总营业收入和总利润排名中，通信制造业均没有进入前 5 位，但在行业平均指标表现中，通信制造业在行业平均营业收入、行业平均利润、行业平均研发投入费用三项指标排名中均位居前 5，在行业平均利润及行业平均研发投入方面更是分别以 101.38 亿元和 165.35 亿元分别位居行业指标排名的首位，显示出我国通信设备制造业蓬勃发展的态势（见表 2-7）。

除通信制造业的亮眼表现之外，从表 2-7 中还可以发现，在行业平均营业收入、行业平均利润及行业平均研发费用三项指标排名中，航空航天和轨道交通设备及零配件制造这两项先进制造行业也均排名前 5。通信设备制造、航空航天、轨道交通设备及零配件制造这三大行业的平均研发费用投入分列第 1、2、3 位，也凸显了我国在先进制造行业大力加强科研力度的决心。

表 2-7 2018 中国制造业企业 500 强三项行业平均指标排名前 5 行业

排名	行业名称	平均营业收入/亿元	排名	行业名称	平均利润/亿元	排名	行业名称	平均研发费用/亿元
1	兵器制造	3695.45	1	通信设备制造	101.38	1	通信设备制造	165.35
2	航空航天	2887.38	2	航空航天	94.50	2	航空航天	148.60
3	轨道交通设备及零配件制造	2169.34	3	兵器制造	53.99	3	轨道交通设备及零配件制造	101.37
4	船舶制造	1790.72	4	酒类	50.31	4	兵器制造	92.00
5	通信设备制造	1434.29	5	轨道交通设备及零配件制造	46.16	5	汽车及零配件制造	33.89

六、2018 中国制造业企业 500 强区域分布特征分析

1. 东部地区企业仍优势明显，东北地区企业持续滑落

2018 中国制造业企业 500 强上榜企业在东部、中部、西部及东北地区的分布情况为：东部地区占据 353 席，占到制造业 500 强总数的 70.60%，可见东部地区制造业企业仍然是制造业 500 强中的绝对主力军；中部地区 71 家入围，西部地区 62 家入围，东北地区 14 家入围。东部、中部、西部及东北地区制造业企业在榜单中的具体入围数量如图 2-16 所示。

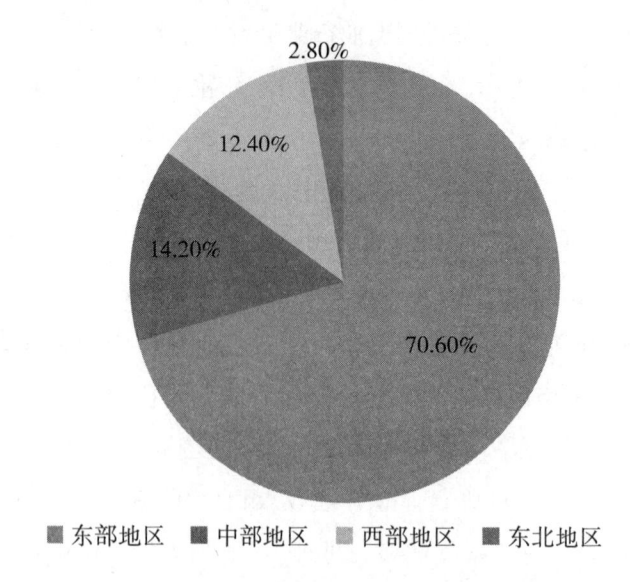

图 2-16 2018 中国制造业企业 500 强地区分布情况占比

此外，从增速角度来看，将东、中、西、东北四大区域 2018 年上榜制造业企业数量与 2017 年榜单企业分布情况对比，榜单入围企业数量增加最多的仍然是东部地区，相较于 2017 年榜单入围企业数量增加了 5 席，中部地区减少 1 席，西部地区减少 1 席，东北地区则在 2017 年榜单减少 5 席的基础上，2018 年榜单进一步减少了 3 席，已经是从 2016 中国制造业企业 500 强榜单算起，连续三年数量减少，共连续减少了 11 个席次。

从营业收入和利润创造方面的贡献来看，2018 中国制造业企业 500 强中，入围东部地区企业在 2017 年共实现营业收入 24.84 万亿元，贡献了 2018 年榜单企业总营业收入的 78.00%；创造利润 6450.66 亿元，贡献了 2018 年榜单企业总利润的 78.89%，相较于中西部及东北地区的企业而言，具备压倒性优势。2018 中国制造业企业 500 强东、中、西、东北地区企业营业收入及利润情况如表 2-8 所示。

表 2-8 2018 中国制造业企业 500 强东、中、西、东北地区企业营业收入及利润情况

地区	营业收入/万亿元	占整体 500 强营业收入比例	利润/亿元	占整体 500 强利润比例
东部地区	24.84	78.00%	6450.66	78.89%
中部地区	3.21	10.10%	749.40	9.16%
西部地区	2.66	8.35%	700.71	8.57%
东北地区	1.13	3.55%	276.16	3.38%

2. 山东企业数量及增量突出，天津及辽宁企业下滑明显

从上榜企业总量来看，山东省位列第一，共有 88 家企业入围；浙江省紧随其后，共有 87 家企业入围。扣除未有企业入围的海南省和西藏自治区，2018 年榜单入围企业数量最少的为贵州省和内蒙古自治区，分别只有 1 家企业入围。

从入围企业数量变化方面，相较于 2017 年，山东省增加了 11 家，为企业数量增加最多的省份。这

主要得益于山东近几年来为推动制造业发展所做出的巨大努力,如陆续出台《山东省推进工业转型升级行动计划(2015—2020年)》《<中国制造2025>山东省行动纲要》《山东省制造业劳动生产率提升计划(2016—2020)》等制造业推动计划,以及工业新旧动能转换示范区等政策,促进骨干企业发展活力不断迸发。入围企业数量减少最多的为天津市,相比于2017年榜单入围企业数量减少了5家,这在某种程度上可能是受到2017年天津市GDP"挤水分"措施影响所致。除天津市之外,辽宁省和湖北省分别减少了3家。需要注意的是,辽宁省是在2017年榜单相较于2016年榜单减少了5家入围企业的基础上,2018年榜单又进一步减少了3家入围企业,其制造业下滑的速度应当引起足够重视。2018中国制造业企业500强省份分布及数量变化情况如表2-9所示。

表2-9 2018中国制造业企业500强省份分布及数量变化情况

排名	省份	2018年榜单入围企业数量	2017年榜单入围企业数量	数量增减变化
1	山东	88	77	11
2	浙江	87	89	-2
3	江苏	50	47	3
4	河北	34	32	2
5	广东	32	34	-2
6	北京	31	32	-1
7	安徽	15	16	-1
8	重庆	15	14	1
9	上海	14	14	0
10	河南	14	13	1
11	天津	13	18	-5
12	四川	13	15	-2
13	湖北	12	15	-3
14	江西	12	12	0
15	湖南	11	13	-2
16	广西壮族自治区	10	9	1
17	辽宁	10	13	-3
18	山西	7	3	4
19	陕西	5	4	1
20	云南	5	5	0
21	福建	4	4	0
22	甘肃	4	4	0
23	新疆维吾尔自治区	4	4	0
24	青海	2	3	-1
25	宁夏回族自治区	2	2	0
26	黑龙江	2	2	0

排名	省份	2018年榜单入围企业数量	2017年榜单入围企业数量	数量增减变化
27	吉林	2	2	0
28	贵州	1	1	0
29	内蒙古自治区	1	2	−1
30	海南	0	1	−1
31	西藏自治区	0	0	0

七、2018中国制造业企业500强国际化经营分析

1. 企业海外营业收入及资产指标增速跑赢国内指标

得益于"一带一路"倡议，我国制造业企业"走出去"步伐不断加快，国际化经营的规模不断扩大。从数据来看，2018中国制造业企业500强中共有264家企业申报了海外收入数据，同2017年榜单中申报海外收入数据企业数量相比，减少了2家，参与海外经营的企业数量稍有减少。但在海外收入方面，该264家企业在2017年实现了3.77万亿元的海外收入，相较于2017年榜单企业3.10万亿元的海外收入，增长了21.53%，涨幅明显。同口径比较下，该264家企业2017年3.77万亿元的海外收入，相比其2016年海外收入增长了26.17%。海外收入占比方面，该264家企业2017年的海外收入占到其总营业收入的16.89%，而其2016年的海外收入则占到当年营业收入的15.39%，相较之下，2017年该264家企业的海外收入占比高出1.50个百分点。基于上述数据，从海外营业收入绝对额的角度出发，2018中国制造业企业500强中有海外收入的企业，其海外业务在2017年内扩张迅速，国际化经营发展较为稳健；进一步结合海外营业收入在总营业收入中占比的提高来看，有海外收入的企业，其国际市场销售状况好于国内市场销售状况，国际业务增速快于国内业务，因而带来了海外收入占比的提升。

海外资产量及变动方面，2018中国制造业企业500强中上报海外资产数据的共有231家企业，共有海外资产3.89万亿元，占其总资产的15.72%，相较于2017年榜单企业海外资产占比13.07%而言，提高了2.65个百分点。同口径比较下，进行了海外经营的企业其2017年的资产相较于其2016年的3.25万亿元海外资产而言，增长了19.85%，海外资产绝对量方面扩张迅速，足见我国制造业企业对海外业务扩张的重视程度。海外资产占比方面，同口径企业比较下，2018年榜单中上报了海外资产数据的企业，其在2017年海外资产15.72%的占比相较于2016年海外资产14.57%的占比，增长了1.15个百分点。由此看来，这部分制造业企业在海外的资产布局增速要快于其在国内的资产布局增速，因此造成了其海外资产占比的提升。

2. 参与海外经营企业利润指标有所提升，但整体仍偏弱

2018中国制造业企业500强中上报了海外营业收入及资产的企业，其2017年的营业收入利润率、资产利润率分别为2.12%和1.72%，同口径企业比较下，这部分企业在2016年的营业收入利润率和资产利润率分别为1.77%和1.58%，可见这部分企业2017年的营业收入利润率和资产利润率分

别增长了 0.35 和 0.14 个百分点，纵向比较上企业利润指标有所提升。但在横向比较上，相较于 2018 年全部榜单企业 2.57% 的营业收入利润率和 2.40% 的资产利润率而言，参与海外经营的企业分别低了 0.45 个百分点和 0.68 个百分点，由此可见参与了国际经营的制造业企业其盈利能力不如制造业企业 500 强的总体水平。这一数据背后可能代表了这部分企业为了参与国际化经营，在拓展海外市场渠道、海外营销等方面投入了巨大的成本，从而拉低了这部分企业的整体盈利水平。此外，我国现阶段制造业企业在同海外企业进行竞争的过程中，在技术方面往往处于弱势地位，由此导致制成品的国际附加值往往偏低，这也可能是造成我国制造业企业海外经营方面收益欠佳的原因之一。

八、新形势下制造业大企业面临的机遇与挑战

2018 年，国内、外经济发展环境更趋复杂，影响制造业发展的不确定性因素增多，对我国制造业发展而言机遇与挑战共存。

1. 国内经济政策全面转向增强了制造业企业发展信心，也对我国制造业企业转型提出了更高要求

中共中央政治局 7 月 31 日召开会议明确提出，"当前经济运行稳中有变，面临一些新问题、新挑战，外部环境发生明显变化。……下半年，要保持经济社会大局稳定，深入推进供给侧结构性改革，打好'三大攻坚战'，加快建设现代化经济体系，推动高质量发展"。当前，我国经济发展除了要面对中美贸易摩擦引起的外部环境变化外，国内资产价格泡沫等引发的内部失衡问题也引起了全社会的关注。此次会议提出了明确方案，即首先要"保持经济平稳健康发展"，"要做好稳就业、稳金融、稳外贸、稳外资、稳投资、稳预期工作"，避免国内经济发生大的波动，造成社会不安；其次，要"增强创新力、发展新动能，打通去产能的制度梗阻"，加快淘汰落后过剩产能，形成新的经济增长点；再次，"把防范化解金融风险和服务实体经济更好结合起来"，"提高金融服务实体经济的能力和意愿"，着力平衡虚拟经济和实体经济发展，避免资金"脱实向虚"，造成制造业供血不足；最后，"推进改革开放，……推动共建'一带一路'向纵深发展"。可以说，这次会议精神对国内经济发展奠定了良好的政策基调，对实体经济特别是制造业企业的发展形成了有利环境，有助于制造业企业保持生产稳定的同时，有序开展技术创新、产品研发、国际合作等各项活动，有序出清过剩产能、稳步推进转型升级，不断增强制造业企业对实体经济的支撑能力。此外，国家发展改革委于 2017 年 11 月印发《增强制造业核心竞争力三年行动计划（2018—2020 年）》（发改产业〔2017〕2000 号），提出重点发展"轨道交通装备、高端船舶和海洋工程装备、智能机器人、智能汽车、现代农业机械、高端医疗器械和药品、新材料、制造业智能化、重大技术装备等"，力争在"十三五"末，形成一批具有国际影响力的领军企业，打造一批中国制造的知名品牌，创建一批国际公认的中国标准，制造业创新能力明显提升、产品质量大幅提高、综合素质显著增强。这进一步明确了我国制造业发展的方向，对制造业企业来说无疑是一场及时雨。

2. 制造业本身亮点与问题并存，制造业高质量发展任重而道远

从制造业 500 强企业发展可以看出，我国制造业经过多年的持续快速发展，已经取得了显著的成就。特别是近年来随着信息网络技术在制造业各领域应用的深化和拓展，产业链、价值链、创新链随之出现分化、融合、重组，不断涌现出 3D 打印、云计算、物联网、大数据等新产业，众包、众

创、众筹、工业云平台、航天云网等新业态和新模式，成为制造业发展的新亮点和新动能。但同时，不可否认的是，长期的粗放式发展也积累了一些结构性矛盾和问题。例如，传统行业改造升级不足，缺乏新的、可持续的增长点；创新、基础和质量品牌等瓶颈短板长期存在；区域差异化、特色化和协同化发展水平不高；产品供给能力与日益升级的消费需求不匹配；企业组织结构不健全，未能充分释放生产力；资源、环境、土地、劳动力等要素约束趋紧；金融、财税、行政体制等制度环境亟待优化。根据英国品牌价值咨询公司 Brand Finance 发布的"2018年全球品牌500强"报告显示，美国占了215席，我国上榜66家企业，其中的制造业企业约有20家。世界银行数据显示，近年来美国总税率基本保持平稳，约为43.8%左右；我国总税率从2013年的68.8%降至2017年的67.3%，呈缓慢下降态势，但总体仍高于美国，约为美国的1.5倍左右。可以说，当前和今后一个时期，我国制造业发展进入了"爬坡过坎"的关键时期，对照上述问题，加快寻求解决方案，坚持以供给侧结构性改革为主线，破除阻碍制造业与科技、金融、人才等领域的制度性障碍，以产业升级为方向，优化制造业发展环境，加快构建有利于制造业创新发展的生态体系，促进制造业实现更高质量发展。

九、促进制造业大企业更高质量发展的建议

1. 积极开展企业技术创新、模式创新和产业链协同创新

创新是企业发展永恒的话题，在促进制造业企业发展过程中，要着力突出企业创新主体作用。可以说，没有一批世界领先的创新型企业，就不会有中国制造的强大。在创新方面，要着力突出三个方面。一是强化技术创新。这是企业核心竞争力的根本，"技术领先不一定赢，但没有技术一定输"。以华为为例，2017年，华为研发人员约8万名，占公司总人数的45%；研发费用支出为897亿元，约占总收入的14.9%；在全球范围内，华为的研发资金投入排名第三，仅次于亚马逊和谷歌母公司Alphabet。正是对创新的高度重视和巨额投入，促进华为不断进行产品升级、扩大市场份额，成为国际通信领域的龙头企业。二是要加强模式创新。企业如果只有好的技术，而没有一个好的商业模式，技术就难以转化为更高的价值。以小米为例，实行"硬件+新零售+互联网"的商业模式，即从应用软件到系统层面再到最后的硬件，试图在一个大的安卓生态系统中构建一个由小米手机、MIUI、小米盒子、商城、云服务和开发者组成的生态圈；小米并非围绕硬件盈利进行运营布局，而是由硬件延展向软件、服务盈利，不只依赖硬件利润，即采用"Free + Premium"的模式，先通过不赚钱或赚钱很少的硬件圈住大量用户，再通过提供收费软件、增值服务、配件等方式变现。三是要加强产业链协同创新。企业要联合上下游市场开展协同创新，构建产学研技术创新联盟，实现全产业链协同创新，增强产业链整体竞争力。

2. 不断加强以提升企业竞争力为核心的质量品牌建设

质量是企业的生命，品牌是企业竞争力的根基。一方面，随着企业竞争的日益激烈，谁质量高、品牌好，谁的竞争力就更强；另一方面，随着人民生活水平的提高，老百姓对消费品的需求也日益提高，近年来频频出现的海外抢购潮就是典型说明。从我国来看，部分企业对质量品牌的重视不够，没有对质量品牌核心价值和竞争力开展深入研究，缺乏对质量品牌的长远规划。"推动中国制造向中国创造转变、中国速度向中国质量转变、中国产品向中国品牌转变"是我国制造业发展的重要方向，

也是我们必须解决的核心问题。建议企业一方面要加强质量提升建设,完善质量管理体系,提高质量在线监测、在线控制和产品全生命周期质量追溯水平,建设一批高水平的工业产品质量控制和技术评价实验室,实施全产业链质量提升行动,鼓励大型骨干企业以供应链为纽带,带动配套企业质量提升;另一方面,要鼓励企业实施品牌战略,形成具有自主知识产权的名牌产品,着力培育一批具有国际影响力的品牌及一大批国内著名品牌,不断提高产品附加值和竞争力。

3. 借力"互联网+"开展企业智能化改造升级及探索发展新模式

当前,随着新一代信息技术与制造业融合的日益深入,制造业智能化发展成为大势所趋。我国"十三五"规划纲要明确提出,要实施智能制造工程,推动生产方式向柔性、智能、精细化转变。智能制造最突出的特点就是能够有效缩短产品研制周期,提高生产效率和产品质量,降低运营成本和资源能源消耗,并促进基于互联网的众创、众包、众筹等新业态、新模式的兴起。对我国制造业企业来说,开展智能制造包括两方面的内容。一是传统工艺流程的智能化改造。我国制造业企业工业化水平参差不齐,还处于2.0补课、3.0追赶、4.0展望阶段,地区发展不平衡、行业智能化进程差异也比较大。因此,实施智能化改造需要循序渐进,立足企业发展实际,鼓励企业开展流程型智能制造、离散型智能制造、网络协同制造、个性化定制、远程运维服务等多种形式的智能化改造。以九江石化为例,从2013年开始建设智能工厂,对管理层、生产层进行信息系统集成,实现了整个生产运营过程的数字化管控;通过数字化、自动化、智能化的运营管理模式,生产优化能力由局部优化提升为一体化优化,由月度优化转变为实时在线优化;通过智能工厂的建设,该企业劳动生产率提高10%以上,2014年累计增效2.2亿元。二是鼓励企业基于智能制造发展工业云、工业电子商务、工业大数据等新业态、新模式。例如,徐工集团、三一重工、陕鼓集团等企业通过互联网等技术开展远程监测、诊断和维护等产品全生命周期服务,三一重工已为全球超过10万台设备提供实时监测和远程运维服务,3年新增利润超过20亿元,降低服务成本60%。

4. 推进"链式布局""抱团出海"以提高企业"走出去"水平

近年来,我国企业参与国际竞争的规模、深度与广度不断提高,在扩大国际市场份额、增强国际影响力方面取得了显著的成绩。特别是在"一带一路"倡议的引领下,我国企业"走出去"呈快速增长之势,成为国际竞争的重要参与者。但不可否认,其中仍存在一些问题,特别是企业层面来看,部分企业海外投资缺乏明确规划,随机性较大;有时还存在海外同一标的被国内多家企业竞争的局面,如印尼的一家工业园区引来了我国民生投资股份有限公司、上海泛太平洋集团、天津聚龙嘉华集团、华夏幸福等多家国内企业的竞标,造成了国内企业的资源浪费。建议我国制造业企业在"走出去"过程中,一方面要注重"链式布局",围绕产业发展整体需求,着眼填补产业链空白,通过海外设立研发中心、境外设厂、共建境外产业园等多种方式开展国际经济活动,增强产业整体竞争力。另一方面,鼓励企业"抱团出海",联合上下游企业构建全产业链战略联盟,在"走出去"过程中共担风险、共享渠道。以浙江鞋制品生产企业为例,这些企业分工非常精细,从原材料生产、配件加工到整体设计等全链条的发展相当成熟,企业之间通过精益化分工和互补协作降低成本,从而为其进行国际化经营和海外开拓奠定了规模和成本优势。

5. 全社会共同营造制造业发展的有利环境

制造业的发展与整个经济、政策环境密切相关。近年来，我国制造业发展面临的许多困难，除了制造业本身的问题，还有许多外部环境的影响。例如，意识形态问题。当前随着中美贸易摩擦的不断升级，国内出现了许多言论，有部分人士认为我国经济发展将受到巨大冲击，制造业发展的环境将趋于恶化，制造业发展将进入寒冬，因此不免引发悲观情绪；还有资本"脱实向虚"问题。据统计，2001—2005年，中国金融业增加值占GDP的比重平均为4.4%，2016年这一比例达到8.3%，高于《金融业发展和改革"十二五"规划》中的目标值5%，已超过了美国等发达国家水平，美国和英国两个金融大国金融业占GDP的比重为7%左右；资金使用方面，资金过度流向房地产而没有流入制造业等实体经济，导致制造业等实体经济供血不足。为促进制造业企业更加健康、更高质量发展，需要不断改善相关环境。一方面，要增强我国经济发展的信心。我国是制造业大国，无论是产业规模、技术水平、企业实力等，都在国际上形成了较高的地位和影响力，我们完全有能力应对中美贸易摩擦带来的挑战，这也将倒逼我国制造业加快转型升级步伐，摆脱国外依赖。另一方面，要推动科技、金融、人才与产业协同发展。制造业发展离不开科技、金融和人才，要推动建设实体经济、科技创新、现代金融、人力资源协同发展的现代制造业体系，引导技术、人才、劳动力、资本等要素协同向先进制造业领域投入，形成四轮驱动、全面协同的发展新格局。

第三章
2018 中国服务业企业 500 强分析报告

2018 中国服务业企业 500 强是由中国企业联合会、中国企业家协会连续第十四次向社会发布的我国服务业大企业榜单。2018 中国服务业企业 500 强呈现以下特点。第一，服务业企业稳健增长，多个规模指标增速趋缓；营业收入增速 5 年来首次慢于制造业 500 强，但在营业收入总规模上仍具有优势；员工总人数 3 年来首次出现下降，在 2006—2018 服务业企业 500 强榜单中，相比于其他指标出现数量级的变化，员工人数仅由 1007 万人增长到 1514 万人，13 年间平均增长率只有 3.45%。第二，受益于互联网企业、房地产企业和非银行金融企业净利润高增长的贡献，服务业企业 500 强的经济效益迎来拐点上扬，但企业高盈利集中在少数企业和少数行业的局面依旧，获得净利润 100 亿元以上的 37 家企业所贡献的净利润占比高达 80.97%；资产利用状况结束 6 年多的持续下滑态势，迎来触底好转；同时，资产负债率出现下降，由 89.16% 下降至 86.77%。第三，10 多年来，伴随着传统贸易零售和交通运输等企业占比的持续走低，互联网、金融和供应链等现代服务业企业快速崛起，以及文化教育、房地产等企业的轻微波动增长，中国服务业企业 500 强的行业明显分化出下降型、上升型和趋稳型。在 42 个细分行业中，只有 9 个行业的收入利润率超出全行业平均水平。银行净利润占比自 2014 年以来持续下降，已经由 70.95% 下降 56.14%。第四，伴随着以民营服务业企业占主导持续发力，广东以 91 家入围企业遥遥领先，占据榜单前列，稳居地区榜首 3 年；中国服务业企业 500 强中民营企业入围数量持续增加，占比已经达到 47.8%。

过去 5 年中，我国的经济结构出现变革，服务业占 GDP 的比重从 45.3% 上升到 51.6%，连续 5 年居于 GDP 贡献的第一位。在服务业内部，在新一代信息技术的广泛应用下，新业态、新模式异军突起，并在消费服务业中表现突出。从总量到结构，服务业企业的发展都出现良好局面。当前，脱实向虚仍未实现扭转，实体经济振兴局面紧迫，作为经济发展的黏合剂和助推器的服务业，尤其是面向 B 端（即企业）的服务业发展提升仍有很大的空间。在互联网加持服务业快速发展的当下，服务业企业更应冷静、客观，正视长期以来服务业发展中存在的问题，回归服务本质，抓住消费升级、政策持续发力、数字经济涌现和乡村振兴过程中的机遇，以新一代信息技术投入为抓手，坚持服务创新，坚持管理创新和模式创新的协同推进，赋能相关产业，助力客户发展。

一、2018 中国服务业企业 500 强的规模特征分析

近年来,中国服务业企业 500 强依然增长强劲,2018 中国服务业企业 500 强营业收入总额接近 34 万亿元,连续 3 年超过制造业 500 强。但营业收入、入围门槛、资产、员工等规模类指标与上年相比增速放缓。

1. 营业收入稳健增长,多个规模指标增速趋缓

2018 中国服务业企业 500 强的规模增长依然显著,实现营业收入总额达 33.80 万亿元,资产总额达到 241.88 万亿元,与 2017 中国服务业企业 500 强(以下简称上年)相比较,分别增长 9.77% 和 8.24%,相比上年两位数的增长水平,速度明显放缓。员工人数有所减少,为 1514 万人,相比上年下降 5%,这也是三年来首次出现下降。2013—2018 年,营业收入总额由 20.48 万亿元增加到 33.80 万亿元,复合增长率高达 10.54%(见图 3-1)。

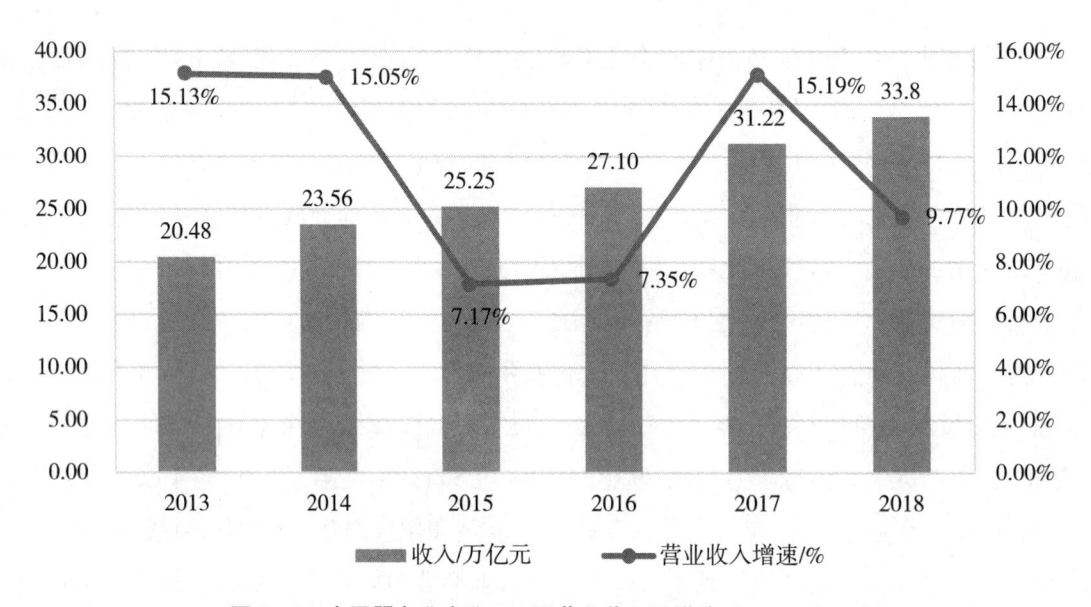

图 3-1 中国服务业企业 500 强营业收入及增速(2013—2018)

2018 中国服务业企业 500 强入围门槛为 44.26 亿元,较上年增长 12.01%,与上年 36.15% 的增长水平相比出现显著下降。10 年来,服务业 500 强的入围门槛由不足 9.85 亿元到如今已经超过 40 亿元,增长 3 倍,在此期间服务业企业经历金融危机的冲击,入围门槛也大起大落,2013 年以后逐渐趋稳,入围门槛增长率保持在 7% 左右,这两年步伐加快,实现了两位数的增长(见图 3-2)。

在 2006—2018 服务业企业 500 强中,相比营业收入、资产的年均增长率分别达到 15.30% 和 18.13%,员工人数的年均增长只有 3.45%。13 年间,相比于其他指标出现数量级的变化,500 家服务业企业的雇用人数仅由 1007 万人增长到 1514 万人。13 年间服务业企业做大、做强的过程中,雇用人数并未出现大幅度的变化,可能存在的原因有两个:一是服务业企业 500 强的行业结构出现调整。相比现代服务业而言,传统服务业是劳动密集型行业,但经过多年的转型发展,服务业中传统服务业的比例在降低,现代服务业的比例在增加,如交通运输企业由 74 家减少为 38 家,批发零售企业由 239 家减少为 170 家。二是随着技术水平的不断进步,服务业企业自身不断提高发展质量,人均

产出大幅提高,技术或者机器对人的替代比例不断增长。

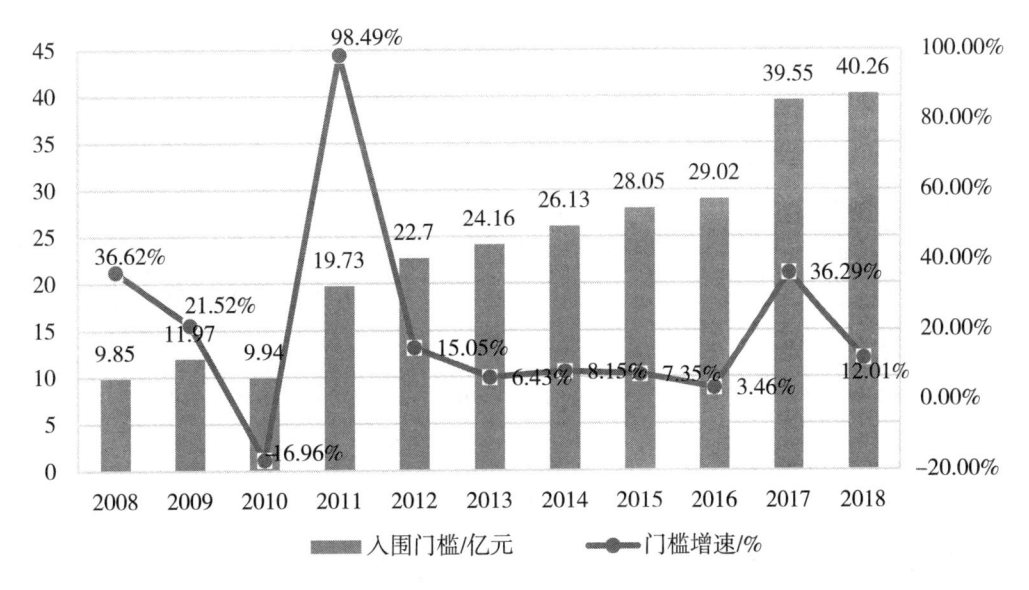

图 3-2 中国服务业企业 500 强入围门槛及增速(2008—2018)

2. 营业收入增速 5 年来首次低于制造业 500 强

2018 中国制造业企业 500 强的营业收入总额和入围门槛分别为 31.84 万亿元和 86.37 亿元,分别较上年增长 12.71% 和 24.98%,超过服务业 500 强个位数的增长水平。从增速上看,制造业大企业释放更加积极的信号,这也是服务业 500 强增速在连续 5 年快于制造业 500 强后,增速首次落后。在供给侧结构性改革的持续推动下,落后产能得到有效化解,"僵尸企业"正在得到妥善处理,制造业大企业或将轻装上阵,迎来更高质量的增长态势。

从规模上看,制造业 500 强的营业收入总额和入围门槛分别相当于服务业 500 强企业的 94.22% 和 195.15%,保持了以往的态势。换言之,在制造业 500 强的入围门槛大幅领先,即相当于服务业 500 强入围门槛近 2 倍的水平下,制造业 500 家企业实现的营业收入总量仍旧低于服务业。尽管如此,但 10 多年来,制造业和服务业各自领域的 500 家大企业的营业收入总额的差距并不十分明显。2015 年之前制造业 500 强营业收入总额略微高于服务业 500 强,最高时是后者的 1.22 倍。近 3 年来,制造业 500 强营业收入总额开始落后于服务业 500 强,差异最大时,前者相当于后者的 92%。分析这其中的原因,服务业企业的集体快跑非常显著,二者在入围门槛这一指标差距变化显而易见。曾经,在 2006 年的榜单中,制造业企业 500 强的入围门槛相当于服务业的 4.69 倍(468.68%),如今仅为 1.95 倍(195.15%)(见图 3-3)。

图 3-3 中国制造业/服务业企业 500 强营业收入总额和入围门槛比较（2006—2018）

本报告大部分的时间序列数据是从 2006 年前后开始观察服务业及相关企业的成长逻辑和特点。2006 年至今已经超出 10 年，这在经济学中已经包含着一个完整的朱格拉周期，即经历经济繁荣、衰退、萧条和复苏的中周期，时间足够长到来观察一个大产业中大企业群体的发展变化。2008 年金融危机的爆发，重创世界经济和中国经济，我国的贸易、房地产、金融等服务业企业因此受到巨大冲击，而"四万亿"刺激和互联网新技术带来了重大机遇，让企业在复苏中前行。这些外部"重大事件"，让我们能够去比较制造业企业和服务业企业的差异。服务业企业在商业模式、价值创造等"内功"修炼方面的不断进取，让服务业成为中国经济增长的重要支撑。2018 年的榜单中，服务业大企业出现的增速放缓，可能和不同行业、不同地区入围企业出现的结构性的变化相关，下文将做进一步的分析。

3. 橄榄型规模分布形成，100 亿元～1000 亿元区间不断集聚

过去，中国服务业企业 500 强的规模分布一直呈现金字塔的状态，营业收入规模在 100 亿元以下的企业占据了绝大多数，而 1000 亿元以上的则相对较少。例如，在 2010 服务业企业 500 强中，营业收入规模在 100 亿元以下的企业有 350 家，100 亿元～1000 亿元的企业有 123 家，超过 1000 亿元的有 27 家，占比分别为 70.00%、24.60% 和 5.40%。金字塔式分布状况显著，且一直持续多年。直到 2016 年的榜单发生了明显的变化，营业收入规模在 100 亿元以下的企业减少为 228 家，100 亿元～1000 亿元的企业有 213 家，超过 1000 亿元的有 59 家，占比分别为 45.6%、42.6% 和 11.8%，低规模区间的企业数量首次低于 50%。在 2018 年的榜单中，100 亿元～1000 亿元的入围企业数量为 284 家，占比为 56.8%，两头的占比分别为 13.6% 和 29.6%，橄榄型规模分布格局形成。

随着服务业企业的不断成长，企业营业收入规模扩大是必然趋势，低规模区间企业数量减少，并逐年向金字塔的高规模区间移动，以 100 亿元、1000 亿元这些固定的营业收入规模作为考量，500 家服务业大企业的规模分布格局正在发生变化。10 年前的营业收入 100 亿元是否能作为服务业 500 强大企业的低规模标准可能有待考量，本报告尝试从另一个角度，即用不同规模区间的企业数量变

化速度来分析规模分布的变化，2010—2016 年的榜单中，超过 1000 亿元的企业增加了 32 家，100 亿元~1000 亿元增加了 116 家，100 亿元以下的企业减少了 122 家。在 2016—2018 年的榜单中，超过 1000 亿元的企业增加了 9 家，100 亿元~1000 亿元增加了 35 家，100 亿元以下的企业减少了 80 家。这些变化显示，过去近 10 年中，200 家左右的企业从 100 亿元以下的营业收入向上涌动，并聚集在 100 亿元~1000 亿元这个区间中，而在继续向上增长到 1000 亿元以上的规模，则显得特别缓慢，尤其是 2016 年以后更加突出。本报告提出服务业 500 强的规模分布呈现橄榄型，不单单是营业收入规模的分布变化，而且是橄榄型中部的企业不断聚集增多所至（见表 3-1 和图 3-4）。

表 3-1 中国服务业企业 500 强营业收入规模分布（2010—2018）（单位：家）

年份	超过 1000 亿元	100 亿元~1000 亿元	100 亿元以下
2010	27	123	350
2011	30	151	319
2012	39	159	302
2013	46	174	280
2014	48	188	264
2015	53	190	257
2016	59	213	228
2017	66	248	186
2018	68	284	148

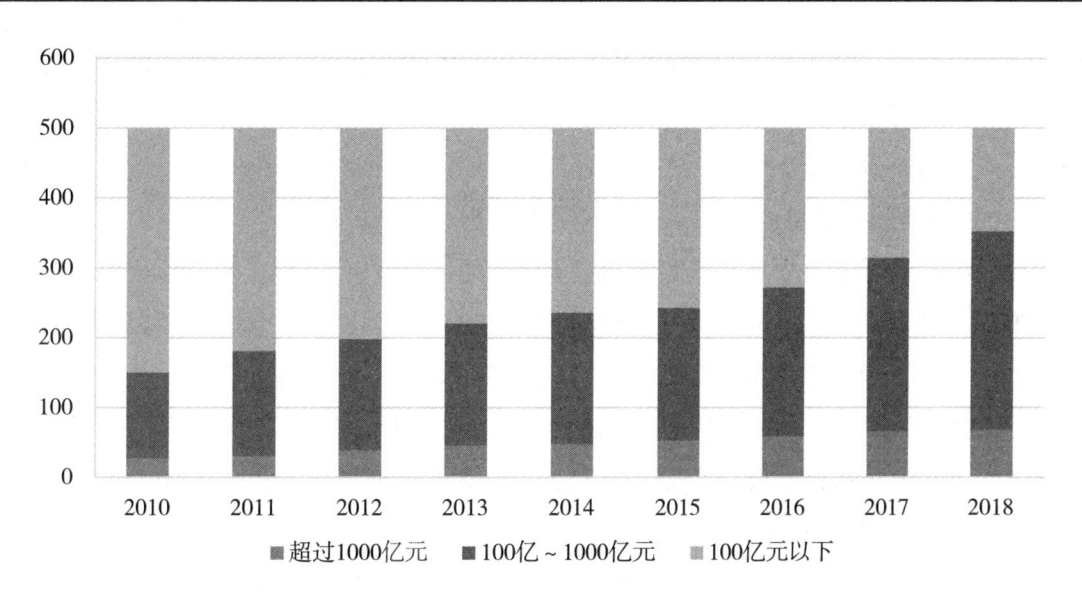

图 3-4 中国服务业企业 500 强营业收入分布变化（2010—2018）（单位：个）

二、2018 中国服务业企业 500 强的经济效益情况分析

2018 中国服务业企业 500 强实现的净利润继续保持增长，在上一年出现 5% 增速的低点后，本期增幅 2 位数的回归让服务业大企业的经济效益迎来拐点上扬。企业平均利润增长率、收入利润率、资

产利用水平也都出现了不同程度的触底回升。

1. 净利润总体保持增长，增速回升至 2 位数

2018 中国服务业企业 500 强实现净利润（指归属母公司所有者净利润，下同）总额为 25936 亿元，较上年增长 12.08%，在上一年增速出现 5% 增速低位后，又回归至多年来 2 位数的增长水平，2012—2016 年一直保持在 10% 或以上，具体分别为 11.94%、13.62%、15.20%、9.72% 和 12.62%（见图 3-5）。

图 3-5 中国服务业企业 500 强净利润总额变化（2006-2018）

这和另一个指标资产的增长走势形成一定差异。2018 中国服务业企业 500 强的资产增速由上年的 17.96% 回落到个位数 8.24%。可能恰恰是规模扩张放缓的同时，企业开始修炼内功，提升发展质量所致。结合下文中行业结构的分析来看，服务业企业 500 强的净利润增长水平主要由互联网企业、房地产企业和非银行金融企业贡献。

2. 企业盈利水平集中在少数企业和少数行业

2018 中国服务业企业 500 强实现净利润超过 100 亿元的企业有 37 家，较上年增加 5 家，实现净利润总额 20998.3 亿元，占比为 80.97%，相比上年获利 100 亿元以上的企业所实现的净利润总额占比高出 2 个百分点。其中，净利润超过 1000 亿元的有 5 家，分别为工商银行（2860.49 亿元）、建设银行（2422.64 亿元）、农业银行（1929.61 亿元）、中国银行（1724.07 亿元）和国家开发银行（1123.87 亿元），实现净利润总额为 10060.68 亿元，这 5 家企业同口径同比增长 4.01%，占全部服务业企业 500 强总额的 38.79%。

在这 37 家企业中，有 20 家金融机构，其中银行 14 家（净利润增幅平均在 5% 左右），非银行机构 7 家（中国人保、华融、中国平安、泰康集团、太平洋保险、光大集团和中信集团，净利润增长分别为 13.02%、12.13%、42.78%、35.25%、21.61%、17.81% 和 1.37%）；2 家电网公司（国家电网和南方电网，前者净利润增长为 1.33%，后者净利润下降 15.38%）；5 家房地产公司（恒大、万科、碧桂园、广州富力、龙湖地产，净利润增长分别为 110.3%、33.4%、126.31%、213.6% 和 37.65%）；2 家电信公司（中国移动和中国电信，净利润增长分别为 15.68% 和 4.92%）；4 家互联网公司（腾讯、阿里巴巴、百度和网易，前3家净利润增长分别为81.31%、46.75%和65.26%，网易净利润下降7.73%）；其他3家分别为华润、招商局和上海国际港务集团，净利润增长分别为23.27%、6.81%和66.25%。这些净利润超过100亿元的服务业企业，净利润增长水平大都超过整体的净利润增长水平，可谓是服务业企业500强的中坚力量。

净利润在10亿元~100亿元的企业有120家，在0~10亿元的企业数合计为300家，所实现的净利润占总额的比重分别为15.19%和4.21%。另有25家企业亏损，亏损企业数量较上年增加8家。

观察近几年的情况，服务业企业获利的绝对值在显著增加，尤其是在10亿元~100亿元这个区间，企业数量由2011年的86家增长到2018年的135家，获利100亿元以上的企业数由18家增加到37家，而0~10亿元这一区间的企业数量由2011年的380家减少到2018年的300家，低位利润水平的减少大于高位利润水增加的企业数，500家服务业企业的净利润水平在均衡化发展。但中国服务业企业净利润分布依然集中在少数企业和少数行业，而且在房地产、互联网和非银行金融等行业高利润增长水平的推动下，2018年的榜单这个特征更加显著（见表3-2）。

表3-2 中国服务业企业500强净利润分布企业数量变化（2011—2018）（单位：家）

利润	2011年	2012年	2013年	2014年	2015年	2016年	2017年	2018年
100亿元以上	18	19	22	23	29	34	32	37
10亿元~100亿元	86	83	83	93	92	93	140	135
0~10亿元	380	381	370	363	344	323	309	300
亏损	11	10	24	17	32	37	17	25

3. 人均利润有所回升，商业银行人均利润最高

2018中国服务业企业500强的人均利润为17.12万元，较上年提高2.52万元，恢复至过去几年的增长水平。这其中最直接的原因在于服务业企业500强中员工人数出现下降，而利润大幅提高所致（见图3-6）。

从行业来看，超出服务业500强总体人均利润的行业有9个，分别是商业银行（67万元）、证券业（53万元）、互联网服务（38万元）、商业地产（31万元）、铁路运输（30万元）、住宅地产（26万元）、金属品商贸（24万元）、多元化金融（22万元）、园区地产（20万元），和上年相比较，除了多元化金融这一行业的人均利润大幅增长，由平均线以下提高到第8位，其余变化不大。除此之外，还有33个行业的人均利润低于平均水平（见表3-3）。

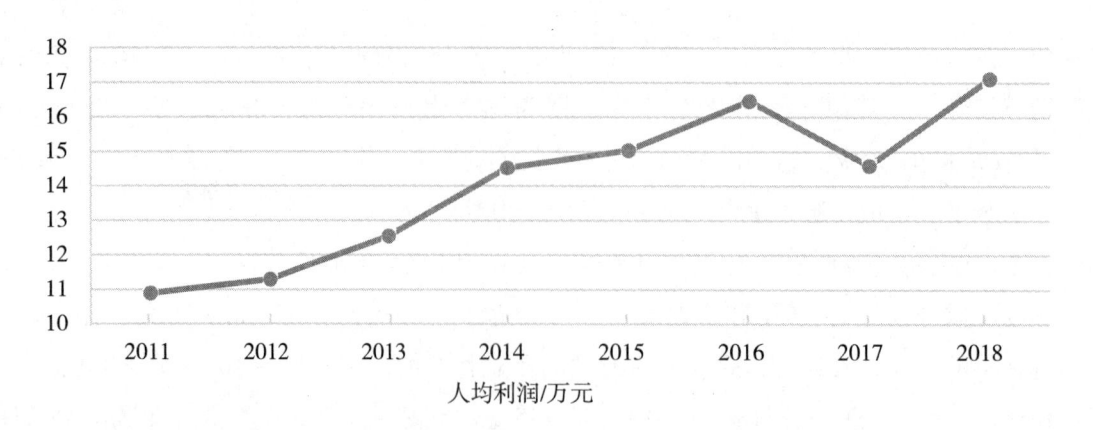

图 3-6 中国服务业企业 500 强人均利润变化（2011—2018）

表 3-3 2018 中国服务业企业 500 强各行业人均利润比较

行业	人均利润/万元	行业	人均利润/万元	行业	人均利润/万元
商业银行	67	多元化投资	8	教育服务	4
证券业	53	化工医药商贸	8	生活消费品商贸	4
互联网服务	38	汽车、摩托车零售	8	邮政	4
商业地产	31	电讯服务	7	保险业	3
铁路运输	30	生活资料商贸	7	农产品及食品批发	3
住宅地产	26	综合能源供用	7	国际经济合作	3
金属品商贸	24	电网	6	物流及供应链	3
多元化金融	22	航空港及相关服务业	6	连锁超市及百货	2
园区地产	20	公路运输	6	人力资源服务	2
全行业	17	水务	6	软件和信息技术	2
港口运输	13	航空运输	5	综合商贸	2
水上运输	9	综合服务业	5	旅游和餐饮	2
科技研发、规划设计	9	广播电视服务	5	家电及电子产品零售	1
文化娱乐	9	医药及医疗器材零售	4		
机电商贸	8	能源矿产商贸	4		

4. 资产利用状况好转

2018 中国服务业企业 500 强的平均资产利润率为 1.07%，平均净资产利润率为 10.20%，平均资产周转率为 0.140 次/年，三个指标都较上年略有提高。

近年来，中国服务业企业 500 强的平均资产利润率、平均净资产利润率和平均资产周转率呈现出持续下降的态势，2012—2017 年发布榜单这 6 年间，已经分别下降 0.25 个百分点、3.18 个百分点和 2.71 个百分点。但在 2018 年的榜单中，三个指标都出现好转。中国服务业企业 500 强的资产利用状况将迎来新的面貌（见表 3-4）。

表 3-4 中国服务业企业 500 强资产利用情况变化 (2012—2018)

年份	平均资产利润率/%	平均净资产利润率/%	资产周转率/（次/年）
2012	1.29	13.23	0.166
2013	1.25	12.95	0.165
2014	1.21	12.76	0.159
2015	1.19	12.06	1.153
2016	1.16	11.21	0.142
2017	1.04	10.08	0.138
2018	1.07	10.20	0.140

过去几年间，服务业大企业的资产快速增加。2012 中国服务业企业 500 强资产总额 105.56 万亿元，2017 年已经达到 223.47 万亿元，增长了 1.12 倍，年均增长 16.26%，而同一期间，净利润的年均增长率为 11.18%，明显低于资产的增速。而到 2018 年的榜单中，净利润的增长水平（12.08%）显著高于总资产的增长水平（8.24%），资产获利状况出现显著好转。

另外，从资产结构看，伴随着总资产的持续增加，资产负债率显著下降，自 2012 年至今，持续下降近 3 个百分点，服务业大企业的资产结构向好（见图 3-7）。

图 3-7 中国服务业企业 500 强资产增长情况变化 (2012—2018)

三、2018 中国服务业企业 500 强的行业情况分析

2018 中国服务业企业 500 强共分布在 42 个小类行业，11 个中类行业。排在前 3 位的中类行业为批发贸易（包含 104 家企业）、金融业（包含 68 家企业）、零售业（包含 66 家企业），和上年相比，批发贸易增加了 5 家，金融业增加了 2 家，零售业减少了 4 家。另外，随着北京学而思教育科技有限公司的首次入围，教育服务行业实现零突破，另外房地产行业入围企业数量增加了 7 家（见表 3-5）。

表 3-5 2017—2018 中国服务业企业 500 强行业情况（单位：个）

中类行业	企业数量（2017）	企业数量（2018）
公用事业服务	37	39
交通运输业	40	38
邮政和物流	26	27
电信及互联网信息服务	31	30
批发贸易	99	104
零售业	70	66
金融业	66	68
房地产	53	60
商务服务	44	37
旅游、餐饮及文化娱乐	17	15
教育及医疗卫生服务	0	1
综合服务业	17	15

1. 行业出现明显分化，新老产业更替

观察 2006—2018 期间 13 年的榜单，可以发现，伴随着传统贸易零售和交通运输等企业的持续走低，互联网、金融和供应链等现代服务业企业快速崛起，中国服务业企业所在行业表现出重大分化，产业结构持续优化。

在 2006 中国服务业企业的榜单中，批发贸易、零售、交通运输三大类行业涉及 313 家，占比 62.6%，而历经 13 年变迁，这三类企业日渐式微，减少到 208 家，占比也下降为 41.6%。与此相对应的，金融、供应链服务、互联网信息服务等行业的企业却日渐增加，由 2006 年榜单中的 59 家攀升至 120 家，占比也由 11.80% 增加至 24%。当然，也有研发规划、文化娱乐和房地产等领域的大企业占比在 13 年间的榜单中并未出现明显的变化。因此，2006—2018 年中国服务业企业 500 强的行业明显地分化出下降型、上升型和趋稳型（见图 3-8）。

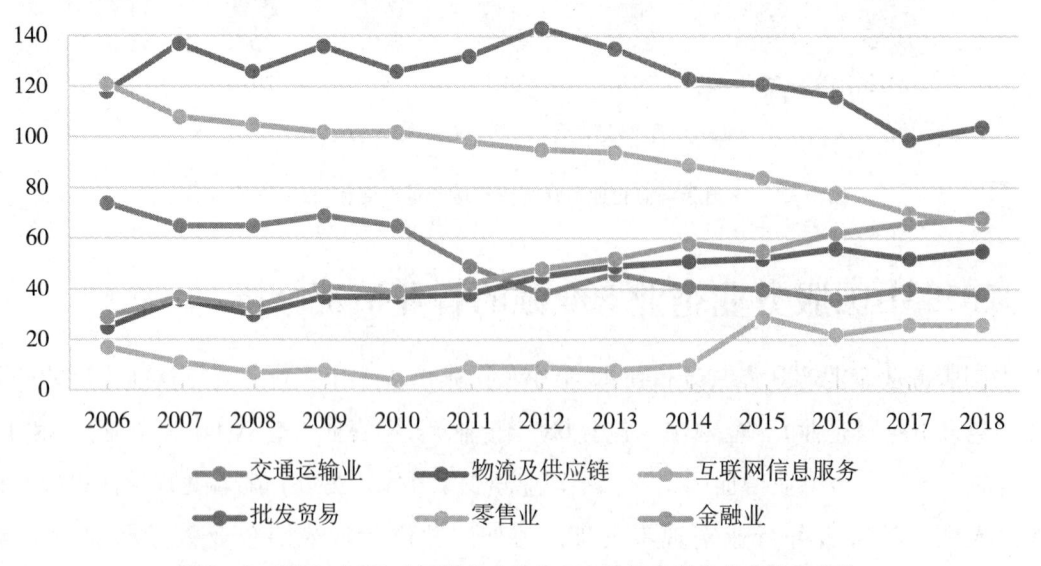

图 3-8 2006—2018 中国服务业企业 500 强行业所含企业数量变化

这两年,互联网信息服务和供应链服务企业成为服务业企业500强的新势力,2018年的榜单中均进一步扩张至26家(见表3-6)。

表3-6 2018中国服务业企业500强部分行业情况

物流及供应链	排名	互联网及信息技术服务	排名
厦门建发集团有限公司	43	北京京东世纪贸易有限公司	21
腾邦集团有限公司	73	阿里巴巴集团控股有限公司	34
深圳顺丰泰森控股(集团)有限公司	91	腾讯控股有限公司	38
深圳市怡亚通供应链股份有限公司	97	三胞集团有限公司	52
玖隆钢铁物流有限公司	105	清华控股有限公司	58
河北省物流产业集团有限公司	117	北大方正集团有限公司	64
深圳市富森供应链管理有限公司	184	浪潮集团有限公司	81
山西能源交通投资有限公司	190	百度网络科技有限公司	77
深圳市年富供应链有限公司	200	福中集团有限公司	78
广西交通投资集团有限公司	213	上海钢联电子商务股份有限公司	88
深圳市信利康供应链管理有限公司	220	唯品会(中国)有限公司	96
德邦物流股份有限公司	221	神州数码集团股份有限公司	103
深圳市思贝克集团有限公司	237	上海找钢网信息科技股份有限公司	113
深圳市旗丰供应链服务有限公司	267	网易公司	115
深圳市朗华供应链服务有限公司	272	通鼎集团有限公司	135
锦程国际物流集团股份有限公司	276	同程控股股份有限公司	140
福建省交通运输集团有限责任公司	316	深圳市中农网有限公司	168
深圳市东方嘉盛供应链股份有限公司	346	搜狐网络有限责任公司	303
深圳市英捷迅实业发展有限公司	359	广州无线电集团有限公司	313
浙江华瑞集团有限公司	371	上海景域文化传播股份有限公司	321
青海省物产集团有限公司	390	新浪公司	331
重庆长安民生物流股份有限公司	417	上海东方电视购物有限公司	400
承志供应链有限公司	449	东软集团股份有限公司	401
深圳市九立供应链股份有限公司	456	网宿科技股份有限公司	460
湖南正和通矿产资源供应链有限公司	458	湖南新长海发展集团有限公司	478
四川安吉物流集团有限公司	475	福建新大陆电脑股份有限公司	487

2. 获利能力差异很大,证券业获利最强

2018中国服务业企业500强的平均收入利润率为7.67%,和上年基本持平。综合近几年的情况看,这一指标维持在7%~8%,未出现较大波动。但在不同的行业间,却出现较大的差异性。

企业平均利润超过中国服务业企业500强平均水平(51.87亿元)的行业有8个,分别为邮政(335.28亿元)、商业银行(325.10亿元)、电讯服务(286.68亿元)、电网(197.41亿元)、多元化金融（196.55亿元）、互联网服务（97.89亿元）、商业地产（87.81亿元）、保险业（54.88亿元）。

收入利润率超过平均水平（7.67%）的行业有9个，分别是证券业（22.76%）、商业银行（22.31%）、商业地产（14.72%）、互联网服务（12.28%）、教育服务（11.50%）、园区地产（10.17%）、住宅地产（8.63%）、多元化金融（8.38%）和广播电视服务（8.07%）。其中，商业地产、多元化金融、互联网服务和商业地产这4个行业在获利能力和获利绝对值上是一致的。

其他低于平均水平的33个行业中，有8个行业的收入利润率水平低于1%，有21个行业的收入利润率水平在1%~5%，其他有4个行业的收入利润率水平在5%~7.67%（平均水平）（见表3-7）。

表3-7 2018中国服务业企业500强各行业收入利润率比较

行业	收入利润率	行业	收入利润率	行业	收入利润率
证券业	22.76%	科技研发、规划设计	4.49%	生活消费品商贸	1.98%
商业银行	22.31%	公路运输	4.27%	机电商贸	1.83%
商业地产	14.72%	航空运输	4.04%	医药及医疗器材零售	1.66%
互联网服务	12.28%	水务	4.02%	软件和信息技术	1.59%
教育服务	11.50%	水上运输	3.91%	物流及供应链	1.34%
园区地产	10.17%	铁路运输	3.55%	国际经济合作（工程承包）	1.29%
住宅地产	8.63%	综合能源供用	3.38%	能源矿产商贸	0.99%
多元化金融	8.38%	电网	2.70%	化工医药商贸	0.96%
广播电视服务	8.07%	保险业	2.52%	农产品及食品批发	0.87%
港口运输	7.41%	汽车、摩托车零售	2.46%	金属品商贸	0.67%
邮政	6.87%	综合服务业	2.40%	人力资源服务	0.58%
电讯服务	5.92%	多元化投资	2.37%	生活资料商贸	0.55%
文化娱乐	5.46%	连锁超市及百货	2.16%	综合商贸	0.38%
航空港及相关服务业	4.85%	旅游和餐饮	2.08%	家电及电子产品零售	0.37%

3. 银行占比持续下降，其他金融企业快速发展

2018服务业企业500强中，商业银行共有45家，实现的营业收入、净利润、资产、纳税分别为6.56万亿、1.46万亿元、158.63万亿元、5818.46万亿元，从业人数为219.68万人，其占比分别为9.00%、19.40%、56.41%、65.59%、30.76%和14.51%。虽然仍然由一成左右的企业数量和员工贡献了六成左右的利润和资产，但随着净利润和资产两个指标占比持续下降，态势已经有所缓和（见表3-8、图3-9）。

表3-8 中国服务业500强中银行业各项指标占比（2009—2018）

年份	企业个数占比	营业收入占比	净利润占比	资产占比	纳税总额占比	从业人数占比
2009	4.80%	17.51%	58.04%	68.59%	31.68%	14.76%
2010	4.80%	16.51%	54.12%	69.61%	26.51%	14.08%
2011	5.00%	15.86%	54.40%	70.77%	35.76%	16.07%

续表

年份	企业个数占比	营业收入占比	净利润占比	资产占比	纳税总额占比	从业人数占比
2012	6.80%	18.89%	63.97%	70.50%	36.65%	15.61%
2013	7.80%	21.61%	67.50%	71.27%	40.45%	16.65%
2014	8.60%	22.94%	70.95%	72.35%	39.45%	17.94%
2015	8.20%	24.36%	67.62%	71.24%	38.81%	17.50%
2016	9.00%	23.84%	61.50%	69.34%	38.15%	16.55%
2017	8.40%	19.47%	59.54%	64.04%	31.37%	13.42%
2018	9.00%	19.40%	56.41%	65.59%	30.76%	14.51%

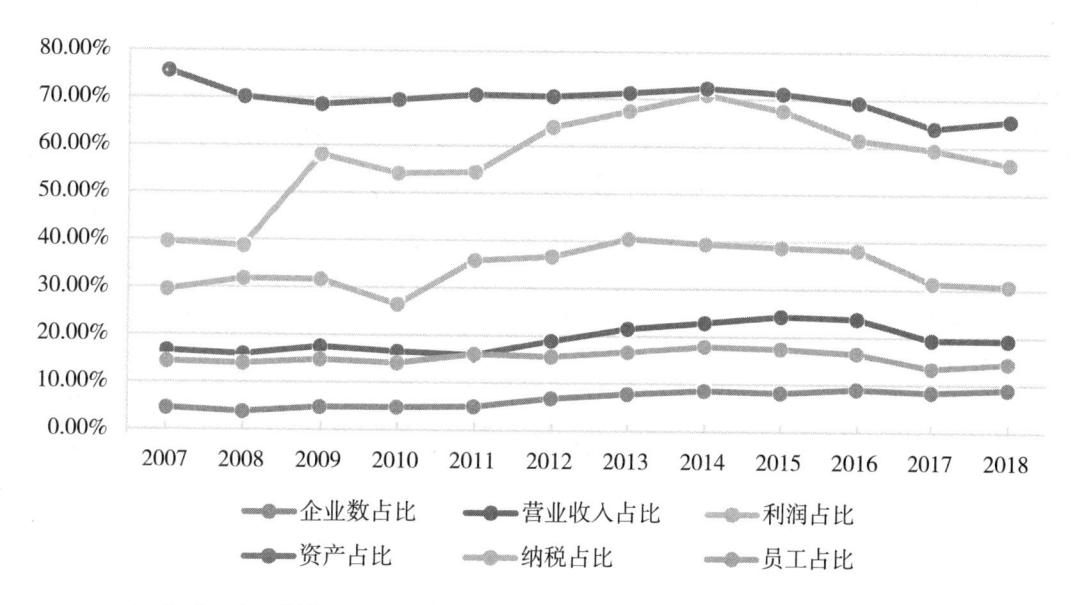

图 3-9 中国服务业 500 强中银行业各项指标占 500 强总额变化（2009—2018）

商业银行的利润占比在中国服务业 500 强榜单中一直居于高位，脱实向虚，银行侵蚀实体经济的利润等声音一直伴随着银行业的发展。银行业的营业收入和资产等统计方法和统计含义与一般企业相比有着很大的不同，所以这里仅以净利润的变化来观察银行业大企业近年来出现的变化。2014 年是银行获得利润的一个高峰，也是一个转折点。此前银行利润占比持续走高，从 2009 年的 58.04% 提高至 70.95%，此后开始出现持续回落，直到 2018 年的榜单中下降到 56.14%。2014 年发布榜单的同期，我国 GDP 增速也出现重大变化，由高速增长转向中高速增长，并开始维持在 6%～7% 一线。银行获得利润在整个服务业企业 500 强中的变化和 GDP 增长水平表现出一致性，其内在的逻辑在于，随着 2014 年前后 GDP 增速出现变化，我国经济发展动力由投资驱动转向投资和消费双轮驱动，以高储蓄率、高投资率和低消费率为特征的"投资驱动型经济"开始有所转变，而以利差为核心收益的银行获利模式迎来转变也是必然，进而导致获利水平的起落。

2018 服务业企业 500 强中，非银行金融企业有 23 家，包含保险公司 11 家，证券公司 4 家，多元化金融机构 8 家，和上年基本持平。但相比于 2015 年和 2016 年的榜单分别增加了 9 家和 6 家。非银行金融的崛起也打破了银行业一家独大的局面，多元化的金融发展，不但是金融业健康发展应有之局面，也是对中国经济发展的有力支撑（见表3-9）。

表3-9 2018中国服务业企业500强中非银行金融企业

	总排名	营业收入/万元	净利润/万元
保险业			
中国人寿保险（集团）公司	6	81254776	180132
中国人民保险集团股份有限公司	15	48377500	1609900
中国太平洋保险（集团）股份有限公司	24	31980900	1466200
中国太平保险控股有限公司	49	17009725	532253
泰康保险集团股份有限公司	50	16260053	1137607
新华人寿保险股份有限公司	53	14413185	538270
富德生命人寿保险股份有限公司	63	10665854	4045
阳光保险集团股份有限公司	72	9605931	286624
前海人寿保险股份有限公司	121	4962945	150550
中华联合保险控股股份有限公司	138	4018039	108800
渤海人寿保险股份有限公司	328	1081042	22105
证券业			
海通证券股份有限公司	176	2822167	861842
兴华财富集团有限公司	181	2654290	6173
广发证券股份有限公司	210	2157564	859539
方正证券股份有限公司	435	595299	145296
多元化金融			
中国平安保险（集团）股份有限公司	3	97457000	8908800
中国中信集团有限公司	19	41441221	2179425
招商局集团有限公司	33	27008604	2729494
中国光大集团股份有限公司	37	24217624	1280470
中国华融资产管理股份有限公司	56	12990999	2199259
武汉金融控股（集团）有限公司	132	4306560	34401
中国万向控股有限公司	215	2092178	54960
广州金融控股集团有限公司	332	1065264	237351

四、2018中国服务业企业500强的地域分布特征

1. 企业向少数区域不断集中，东北部地区入围企业数持续减少

2018中国服务业企业500强中，企业分布在27个地区，除贵州、宁夏、西藏、海南4个地区，其他省、自治区、直辖市均有企业入围。近5年来，服务业大企业向少数区域不断集中的趋势显著。2012中国服务业企业500强榜单中排名前三位的地区的企业数量为173家（浙江61家、北京60家、广东52家），而在2018年的榜单中，地区三甲拥有的企业数量为199家（广东91家、北京48家、上海60家），增加了26家。企业数量排名前10位的地区拥有企业的数量为392家，占比78.4%，较

上年增加6家。

和上年相比,2018中国服务业企业500强中,东部地区企业优势显著,东北地区入围企业数量持续减少。东部企业数量为368家,占比73.6%,较上年增加7家;中部地区61家,较上年减少2家;西部63家,较上年减少2家;东北地区10家,较上年减少3家。东北企业入围在2014年达到峰值21家,而后持续下降(见表3-10)。

表3-10 2018中国服务业企业500强地区分布

名称	企业数	营业收入/万元	利润/万元	资产/万元	纳税总额/万元	从业人数/人
全国	500	3379840483	259356118	24187659550	189131571	15137579
北京	60	1602433421	149089631	15959966947	93429409	8455382
上海	48	268104973	23294211	2281984030	25788213	825113
天津	20	77868981	1979006	395849566	2232453	155415
重庆	19	46447959	2973734	217463271	3218334	289392
黑龙江	1	1515668	8153	1568591	14109	605
吉林	2	3269484	324215	41414401	256994	20010
辽宁	7	19245564	1624292	129837949	1759979	75391
河北	14	35479382	1164380	69240442	1555923	143526
河南	5	5744164	753397	75441452	486980	35391
山东	21	43874086	2359160	318490814	2226599	179165
山西	6	21246055	-74766	48085737	1233835	189850
陕西	3	11952266	31051	14184154	377048	20902
安徽	11	22634272	695380	43655097	803501	75651
江苏	42	146566853	2219135	122966385	3154749	565863
湖南	14	17718648	1022532	75617709	824544	101379
湖北	19	38405132	1840072	172082782	1779740	172621
江西	6	7377095	615154	89490096	486965	52231
浙江	48	160236500	9343875	293012683	5552124	354265
广东	91	581317692	49926050	2676438913	33575301	2614217
四川	9	20466128	667816	70398753	969770	90785
福建	24	146736822	8099628	769322405	6275152	364640
广西壮族自治区	17	35034676	698749	154684612	1405945	120738
云南	3	27569583	313033	67245760	686785	70310
甘肃	1	7257895	103302	31978586	82714	18226
青海	2	2479303	7833	6848206	40896	16689
新疆维吾尔自治区	4	20869600	31173	26554762	592653	81623
内蒙古自治区	3	7988281	245922	33835447	320856	48199

2. 地区分化显著，广东遥遥领先

服务业的发展分离于工业和农业，又随着生产服务业的壮大，从而对工业和农业的升级产生推动作用，三大产业的壮大推动着经济的发展和人均收入的提高，从而刺激消费服务业的发展。这是三大产业互助发展的基本逻辑，也是从需求端考量服务业企业成长的基础。而在另一侧，人口素质的提高、技术水平的进步又对服务业企业的发展形成强大的供给支撑。当然，在一个时期内，政策的利好和良好的营商环境更会有效推动服务业企业壮大。这是服务业企业成长在外部的三个动力基础，也是地区间服务业发展差距的原因。

近年来，地区间服务业大企业发展差距扩大，有强者恒强之趋势。广东在服务业领域持续发力，入围中国服务业企业500强企业的数量稳居第一位，大幅超过北京和上海，2018年入围91家，较上年增加14家。这91家企业分布的行业较为广泛，尤其以科技研发（2家）、人力资源服务（2家）、供应链（13家）和电信及互联网服务（5家）更具优势，甚至于广东的入围企业覆盖了服务业企业500强所有相应行业。广东处于改革阵地的前沿，是我国开放型经济的典型代表，人力资源的供给、技术能力的供给、新业态发展的土壤等服务业企业成长的条件都相对更具有优势（见表3-11）。

表3-11 2018中国服务业企业500强广东入围企业情况

行业	入围企业数量
综合服务业	6
旅游餐饮	2
科技研发	2
人力资源服务	2
多元化投资	4
住宅地产	13
金融	9
零售	9
批发贸易	15
电信及互联网服务	5
供应链	13
交通运输	5
公用事业	6

2010—2018年，广东入围企业数量从28家增加到91家，8年的时间增长了2倍多。相比较而言，曾经排名第一的北京和浙江，入围企业数量近几年已走下坡路，从2010年榜单中鼎盛时期的75家和78家，降低至2018年榜单的60家和48家。浙江和北京两个地区的表现，在上文所述的服务业发展三大外部动力中必定有所不足。人才素质和技术供给都不缺乏的上海，服务业大企业入围并未看出明显的进步，近几年稳居排名第三位。另一个大的区域，东北地区所拥有的服务业企业数量从本不具有优势的24家进一步减少为10家，结合东北地区经济的发展考量来看，东北部服务业大企业

大发展状况或将是三大外部动力全面供给不足导致（见表3-12、图3-10）。

表3-12 中国服务业企业500强部分地区入围企业数量（2010—2018）（单位：个）

	2010年	2011年	2012年	2013年	2014年	2015年	2016年	2017年	2018年
浙江	78	75	61	59	59	65	63	50	48
广东	28	33	52	49	59	63	78	77	91
上海	33	54	46	49	46	41	47	55	48
北京	75	76	60	64	61	60	51	65	60
东北	24	19	20	19	21	18	15	13	10

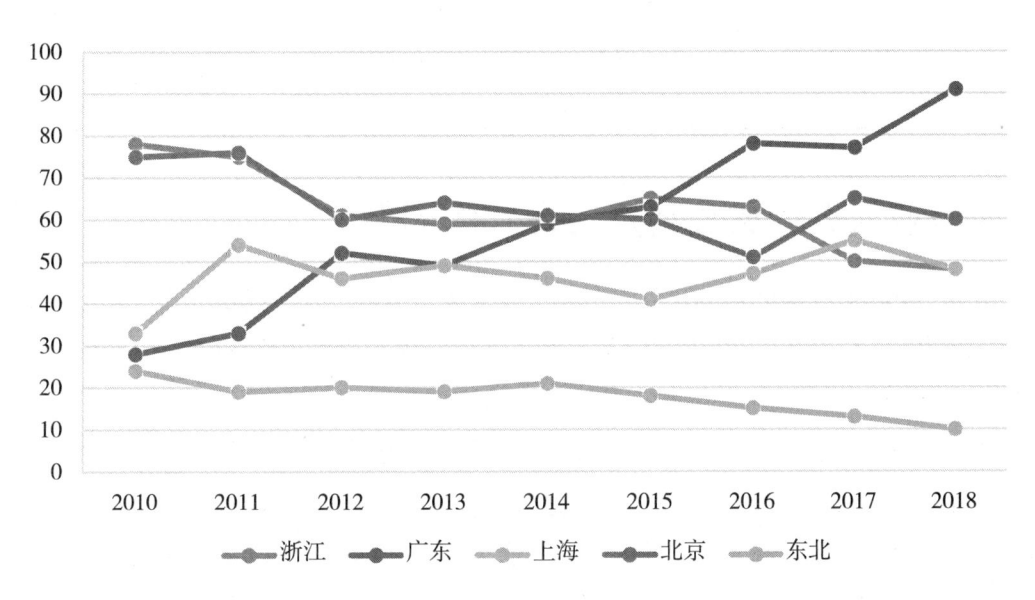

图3-10 中国服务业企业500强地区分布比较（2010—2018）（单位：个）

五、2018中国服务业企业500强的所有制分布特征

2018中国服务业企业500强中，国有及国有控股企业共计261家，占比52.2%，比上年减少7家。民营企业共计239家，比上年增加7家。近年来，服务业企业500强中，国有及国有控股企业数量持续减少，2012年以来持续减少28家，而同时民营企业的占比提升5.6个百分点，至2018年榜单已经达到47.8%。民营和国有服务业大企业数量占比不断接近。

同时，从规模指标看，国有服务业企业的营收、资产和人员分别为24.23万亿元、212.66万亿元和1149.64万人，占比分别为71.70%、87.92%和75.95%，和2012年的榜单的占比（81.34%、89.82%和83.65%）相比较，分别减少10个百分点、2个百分点和8个百分点。结合数量占比的变化，可以判断，民营企业和国有企业的平均营收规模和员工规模差距在缩小，但资产规模差距却在扩大。

从盈利指标看，国有及国有控股服务业大企业共获得利润1.95万亿元，占比75.18%，占有绝对优势。在2012年的榜单中，这一比例高达85.2%，占比减少10个百分点。从趋势来看，国有企业利润占比连续出现下降。相对应的，民营服务业大企业获利的绝对水平在提高。从获利能力看，2018年的榜单中，民营服务业大企业的资产周转率和资产利润率分别为32.74%和2.2%，相应的，国有服务业大企业分别为11.4%和0.92%，民营企业的获利能力更强。

总体来看，近几年来，民营服务业大企业的规模、盈利水平及在服务业企业500强中的比重，都有了显著的进步。但服务业大企业的资产还是更多集中在国有企业中。2018中国服务业企业500强所有制分布如表3-13所示。

表3-13 2018中国服务业企业500强所有制分布

	企业数	营业收入/万元	利润/万元	资产/万元	纳税总额/万元	从业人数/人
全国	500	3379840483	259356118	24187659550	189131571	15137579
国有	261	2423384721	194971024	21266390761	132121255	11496417
民营	239	956455762	64385094	2921268789	57010316	3641162

六、服务业大企业成长特点与存在的问题

过去5年中，我国的经济结构出现较大变化，服务业占GDP的比重从45.3%上升到51.6%，连续五年居于GDP贡献的第一位。经初步核算，2017年服务业增加值427032亿元，增长8.0%，远高于工业、农业6.1%和3.9%的增长水平。国民经济结构中三大产业的地位由"二、三、一"为序的结构特征，进入"三、二、一"为序列的阶段，服务业已然成为经济增长的主要动力，我国经济已经开始从"工业"时代逐渐向"服务业"时代过渡。在服务业产业内部，在新一代信息技术的广泛应用下，新业态新模式异军突起，我国乃至全球的服务业产业运行中都能找到和互联网相加的影子，伴随于此，"科技+""金融+""物流仓储+""大数据+"重塑了服务业企业的商业模式。我国消费服务业崛起，在世界范围内都实现了一定的领先地位，产业服务业也开始崭露头角，汇集资源、链接一切的平台化、数据化模式正推动着服务业的发展开启新的篇章，服务业大企业也由配角向产业整合者转变。

无论从总量、增速还是从内部结构看，服务业企业的发展都出现良好局面。然而服务业企业的发展态势不仅关乎服务业产业的竞争力，作为经济发展的黏合剂和助推器，服务业企业的健康还关乎着农业、工业乃至我国经济的持续、健康发展。当前，脱实向虚倾向还没有真正扭转，实体经济振兴紧迫，持续有效推进供给侧结构性改革，实现经济的高质量发展，服务业尤其是面向B端（即企业）的服务业发展提升仍有很大的空间。本节对服务业大企业成长特点和问题的关注正是以此为出发点，研究那些我们在过去几年在报告中反复提及和呼吁的服务业企业成长中存在的问题，如服务业内部结构性矛盾、服务业对相关产业的渗透性不足、服务能力不强、品牌价值不高等。在互联网加持服务业快速发展的当下，客观分析隐藏在服务业企业发展中的问题，为有效提高我国服务业企业的竞争能力，提升产业效率做出思考。

1. 供应链思维成为共识，企业多点开花

早在1992年，英国管理学者马丁·克里斯多夫就指出，21世纪的竞争不是企业和企业之间的竞

争,而是供应链和供应链之间的竞争,未来市场上只有供应链而没有企业。此后20多年的时间中,从开创直销模式的戴尔、以外包策略成功的鞋企Nike到堪称供应链企业典范企业的中国香港利丰和沃尔玛,这些国内、国际企业巨头都以强有力的供应链建设和管理为抓手,成为各自领域的佼佼者。供应链管理的内容在于把原料商、生产商、分销商、零售商和终端用户紧密联结在一起,并对其进行协调、优化和管理,使产品、信息的流通渠道最优,实现物流、信息流、资金流、商流(简称"四流")的高效流动和反馈。而供应链服务企业的存在和发展推动产业链条中的要素、产品和信息低成本、高速度地传递,并推动上下游企业形成高效、协同的组织形态。供应链服务企业的发展壮大对产业效率提升和经济高质量的重要意义不言而喻。受益于以淘宝系和京东为代表的电商平台的快速崛起,本报告认为我国的供应链服务企业可以分为两类,即分别以最终消费者为中心和以生产者为中心的供应链服务企业,并以此来探究各自的发展水平和状态。

(1)供应链体系构建成为共识。

供应链不仅是一种企业发展形态,也是一种商业思维模式,得益于供应链思维的重要性逐渐成为共识,我国供应链服务企业得以快速发展。基于对"四流"服务的各自侧重产生了不同的成长轨迹,主要包括:第一,侧重物流解决方案的物流/快递企业,如入围榜单的河北物流产业集团、德邦物流、顺丰快递。第二,提供商流解决方案的贸易商/分销商/零售商,即我们通常所说的流通企业。这类企业的优势在于掌握丰富的货源和渠道资源,诞生于我国贸易改革中的众多国有大型贸易企业正是属于此类。第三,提供资金流解决方案的供应链金融企业,目前尚没有大型企业出现。第四,信息流伴随着其他"三流"的存在而发生,以此为主的经营模式难以建立。但随着基于大数据的提取和分析为基础的新零售/智慧零售理念的提出和尝试,信息流将会受到更多的重视。近几年,将"四流"融为一体,提供全流程的服务逐渐成为趋势,也更加趋近于供应链服务企业的全貌,如以贸易起家的厦门建发集团、以物流起家的腾邦集团都在朝着"多流"服务转型,和一直深耕于深度供应链管理的怡亚通都成为目前我国供应链服务企业中的重要力量。

供应链管理重要性的最好的体现莫过于,2017年10月国务院办公厅印发《关于积极推进供应链创新与应用的指导意见》,这是国家层面首次就供应链创新发展出台纲领性指导文件,并提出到2020年,形成一批适合中国国情的供应链发展新技术和新模式,基本形成覆盖中国重点产业的智慧供应链体系,培育100家左右的全球供应链领先企业,中国成为全球供应链创新与应用的重要中心。也因此,2017年被称为中国供应链变革的元年。

(2)围绕消费端的供应链服务快速升级。

近五年来,随着电商平台的持续井喷,以电商和终端消费者为节点所构建的上下游链条中,对"四流"传输的供应链能力快速发展。未来如果新零售/智能零售理念能快速落地铺开,可以预见我国围绕消费者端的供应链能力将会更加智能和高效。主要基于以下逻辑。

以淘宝系和京东为代表的电商平台迅猛发展,传统品牌销售渠道的电商化为源头,网上购物日渐成熟,并成为零售终端的重要力量。统计数据显示,2017年,全国网上零售额超过7万亿元,占社会消费品零售总额的比重为15.0%,对增长的贡献率超过37%。网络购物形成了巨大的商流,获得了海量的数据信息,创造了大量物流、仓储、金融需求。几年来,顺丰、德邦等物流企业相继上市,既是需求激增、业绩增长的有力证明,也为这些物流企业进一步夯实渠道基础提供了资金支持,同时京东物流的重资产布局堪称浓墨重彩又具有核心竞争力的一笔,菜鸟物流体系正在试图实现国内24小时、国际72小时的送达服务,物流企业无不在"野心勃勃"朝向纵深化的智能物流系统集成商迈进,这是高效供应链的"筋骨"。在资金流这一层面,京东金融、蚂蚁金服、微信支付及银行系主导的消费金融纷纷走向正轨。同时,以京东和阿里为首的电商平台在"四流"和技术能力方面进行了重资金的投入和更加生态化的布局。可以说,对于大消费类的产品而言,围绕消费端供应链的能力在迅速升级。而更加值得期待的是,以阿里巴巴为代表的电商巨头正在积极推进以大数据和技术为基础的新零售的布局落地,线上线下真正实现融合和互动,以信息流的分析和反馈,实现商品流通更加高效和精准,甚至于以信息数据的挖掘来推动生产端和需求端的共振,最终实现供应链体系的升级。

(3) 围绕生产端的供应链服务各点开花,但仍面临更大的提升空间。

长久以来,我国企业的管理与运作模式大多是自成一体、较为封闭,不太注重开放式的供应链管理,制造商、原料商和经销商缺乏长期合作战略伙伴关系,相互之间缺乏信任和共同获利的价值链,难以形成灵敏、高效的商流、物流、资金流和信息流集聚和互动格局,即使后来物流商和贸易流通企业逐渐从生产端分离出来,成为相对专业独立的公司组织,并通过并购整合手段提升基础渠道和流通能力,借助新一代信息技术,以"供应链+互联网"为手段提升供应链服务的效能,但仍存在两大明显的问题。

第一,在企业规模上看,目前各细分行业的分销商高度分散,龙头企业稀缺,即使在电子元器件和IT产品分销上出现了科通芯城、神州数码等龙头企业,但离"巨头"还有很大的差距。相比较而言,美国在建材、医药、电子产品、汽车、农产品等几乎所有的行业都拥有"巨头"级的分销公司。如电子元器件分销巨头艾睿电子(Arrow)2017年营收268亿美元,科通集团的营收尚不足100亿元人民币。而在分销层级上,我国多为4~5级的分销体系,交易成本居高不下,甚至存在多渠道多价格、假货丛生等诸多问题,生产端品牌商广受困扰,流通企业也处于微利边缘,"小、散、乱"的格局成为一时常态。

第二,在模式上,大都处于"二传手"的定位,贸易商"差价赚取"、零售商"物业收租"成为主要的盈利模式,嵌入型服务、增值型服务少有涉及。当然,最近几年,随着供应链理念逐渐被各类企业所重视,供应链服务及流通4.0等概念不断被普及,以生产者为中心的供应链服务正处于积极探索中,普路通在打造"咨询公司+货代公司+第三方物流"的集合体;象屿股份以重资产布局物流环节,希望利用业务资源,深度介入仓储、加工、金融等增值环节,实现长链条服务。产业类分销商,如找钢网以互联网为手段,变革钢铁流通贸易模式,打造一站式交易、仓储加工、第四方物流、互联网金融、国际电商等全产业链业务。这些处于国内一线的供应链服务企业都正在模式上积极进取,以生产端为基础企业提供一体化的服务。但以这些模式的应用程度以及对行业的实际影响而言,还需要时间的积累。

2. 融合式发展内涵不断丰富

过去10年,融合式发展成为一种趋势。在产业链条上下游、新老业态之间、企业组织之间,甚至于企业内部的各业务板块都表现出更大程度的融合和协同。未来，以某一行业特征来对企业进行研究和界定将成为一种挑战。

（1）服务业和制造业的边界逐渐模糊。

在产业链条的延展上，制造业和服务业相互融合，进而出现制造业服务化和服务业制造化的现象，这其中的动力来自三个方面。

第一，随着一站式和一体化服务广受市场认可，以及受制于微笑曲线低端低利润的困境，制造业企业积极作为，在产业链上下游进行战略性的拓展，提高自身竞争能力。比如，以装备制造起家的陕鼓集团，逐步发展成为为用户提供分布式能源的系统解决方案商和系统服务商，工业服务已经成为陕鼓的重要一极。

第二，随着国家经济体制改革的不断向前推进，部分国有企业的垄断经营权利丧失，企业积极谋求转型。例如，过去20多年来，外贸权从中央到地方，对各品类商品，各所有制企业全面放开，贸易企业遍地开花，竞争激烈，在中国服务业中占较大的国有大型贸易类企业，以贸易优势为起点，努力向上下游拓展。例如，中粮从大健康需求出发，践行"从农田到餐桌"的全产业链发展。国机集团从贸易向制造延伸，如今机械装备制造、工程承包的份额早已超越贸易服务成为排在前两位的产业。

第三，互联网时代，商业模式和价值创造方式不断被重塑，互联网相关服务直面消费者，也赋能制造企业。依托于此，制造业和服务业企业也更加有条件向彼此延伸，相互融合助力，增强对消费终端的服务能力。马云说，未来的制造业一定是服务业，而未来的服务业一定是制造业。而小米到底是硬件制造企业还是具有众多功能的互联网企业一时成为小米IPO定价中的最大争议点。

传统制造和传统服务正在消失，在中国500强的榜单中，很难找到单一的制造或者服务业态，大都实现了一种相关多元化的融合式发展。如果非要再以制造和服务进行企业形态的区分，那么制造和服务本身内涵也需要重新界定了。

（2）传统与新兴业态走向融合共赢。

"云大智物移"等新技术的普及对企业的运营模式、组织结构、资源配置方式带来了革命性的影响，它们为服务业企业自身的成长植入新的基因，构筑新的模式，很多传统的、固化的商业模式被颠覆，受到越来越多地挑战。在一段时间内，传统企业与新兴模式进入了焦灼的对抗，尤其以电商对商超百货等实体店面的冲击，互联网金融和传统银行的博弈最为突出。

然而随着电商的流量红利渐失，O2O（Online To Offline）、OTT（Over The Top）、OTA（Online Travel Agent，在线旅游）等模式业务的开展也并非训练有素，甚至于很多没有经受住市场的考验就已经沦陷。新业态的成长也面临诸多瓶颈，既有模式本身的不可持续，也有管理、人才等要素沉淀的缺乏。同时传统业态努力"触网"，这一过程中我们发现传统业态也并非一无是处，而且其长久以来经验的积累和要素的储备愈发显得珍贵。比如，银行在消费金融领域积累的先发优势，包括客户积累、人才储备、业务开展、管理经验、风控模型和系统开发等。又如，三大电信运营商积累了海量用户且资金流充沛，和AT（阿里巴巴和腾讯）属于同一个数量级。而遍布全国的商超百货实体店面所能吸附和积累的大数据正是阿里提出的新零售的关键内核，并会成为品牌展示、数据收集、资源分发的集成和中转场所，促进生产和消费之间的反馈、迭代。因此，新兴与传统业态之间正从"降维式打击"到握手言和，一种积极的联合共融正在形成。

如果说2016年新零售/智能零售还仅仅处于理念甚至于有争议的阶段，那么这两年已见成效。一方面，阿里巴巴马不停蹄地与银泰、三江购物、苏宁、百联集团、高鑫零售等不同零售业态展开合作，以大数据为基础，以技术为手段对"人、货、场"进行重构，对商超、百货、3c数码等线下消费场景的数据进行抓取、识别和分析，对这些传统业态进行赋能和重构，促进线上线下融合互动，对于新零售模式的探索已经铺开。另一方面，京东和永辉、沃尔玛、屈臣氏等强强联手，整合药房、食品、餐饮、便利店等各类门店，共同打造京东到家服务，并衍生出超市到家、外卖到家、品质生活、上门服务和健康到家等各类服务。这些巨头的分销渠道和门店成为线上购物"最后一公里"的"前置仓"，京东线上下单，1小时送达，其提出的无界零售，实现着另外一种电商与实体店的融合。

（3）企业间更具有协作性。

我们认为，企业间的协作性有两个基本安排，第一是得益于市场的成熟和政策的推动，企业组织之间更具有协作性，以此各种能力得以聚合，这在这一轮的创业浪潮中尤为突出。第二是基于云计算技术的协作性，各类要素汇集在云端，在这样一个开放、共享的平台，企业按需调用和计算，实现着更广泛层面的协作分享。

随着"双创"战略的深入推进，大量创业型公司和创客个人得以孵化，而此次浪潮中的创业企业不再是单打独斗，创业所需要的支撑、服务资源更加丰富、便捷。此轮创业热潮更具有资源的协作性、创新和资本的连接性、思想和业务的赋能等特质。一方面，以中关村创业大街为代表的聚集着产业资源、高端人才、金融资本等高端创新创业要素的创业生态街区在全国铺开，杭州创业大街、西安创业大街等顺势而生。中关村创业大街机构共设立152家分支，向全国输出创新创业理念、服务与资源。目前，中关村创业大街汇集了3W咖啡、联想之星、36氪等45家各类创业服务机构，30多家大企业、50多所高校、2000多家风险投资机构等类合作方，累计孵化团队1900个，获得融资743个。这些生态街区作为平台的平台，促进着资源要素的汇聚和协作，推动着模式的创新和服务的升级，创业者正获得着前所未有的有利条件。另一方面，大企业也纷纷通过搭建平台、鼓励内部创业等方式积极介入。从流量开放到技术开放，腾讯已为全国600万个创业者提供平台。这些平台公司依托新的信息基础设施和新生产要素，以底层源代码的构建和输出，为其他企业和个人进行"赋能"，极大地推动了个体创业的创客化发展。

近几年，云计算作为新一代信息技术，同时也是一种新兴服务模式受到业界的追捧。云计算服务通过网络以便捷、低成本、按需的形式，让用户可以从可供支配的资源共享池中，获得软件、解决方案（如虚拟服务器和操作系统）和计算机基础设施等服务。用户大大节约了成本，并提高了协作开发的效率。2017年，有云计算服务"六朵云"之称的亚马逊AWS实现174.59亿美元的销售，年增速超过50%，阿里云国内的占有率也超过了40%。可以预见的是，未来市场将会进一步增长。云计算服务公司以"发电厂模式"提供了在互联网时代的标准化和协议式的"水、电、煤"等基础要素，同时又以"超市模式"提供多种企业IT管理所需的资源和能力。云服务的三种模式（SaaS、PaaS、IaaS）让资源的获取和交互都更加便捷，正是满足了企业间协作中分离和调用这一基础要求。

而同时,云服务会存储大量数据,大数据的分析和循环反馈能促进企业间的深化协作,并同时使这一协作更加智能。资源整合、物尽其用是云计算所遵从的价值理念,这也正是企业间协作的精神内核。

3. 并购整合持续升温

近年来,服务业的并购整合持续升温,在服务业500强中,参与并购的企业数量从2013年榜单的86家,增长到2018年榜单的136家;被并购主体也成倍增长,从357家到695家,最高为2017年的906家。我们认为推动服务业企业并购升温的主要有三种力量:一是以掌控更多服务资源为目的,大企业构建自己的生态版图;二是以医药、电子为代表的流通渠道的整合和集中,细分行业分销渠道龙头逐渐形成。三是资本推动的以共享经济为代表的新兴业态,大量涌现也快速迭代,并购整合成为其中的重要推手。中国服务业企业500强并购情况如表3-14所示。

表3-14 中国服务业企业500强并购情况(2013—2018)

年份	企业数量/个	重组并购数/个
2013	86	357
2014	117	587
2015	99	518
2016	151	634
2017	121	906
2018	136	695

(1)大企业构建生态版图。

目前,我国有相当一部分的服务业企业已经由创业之初的强调生存和利润,发展到了在领域、业务、区域等方面的战略扩张阶段。大企业以规模优势、核心资源为中心,并购、整合相关企业已经成为服务业大企业的发展趋势。几年来,阿里巴巴和腾讯在生态布局上的大手笔成为典型代表,仅在2014年上半年,阿里巴巴就陆续并购或入股了中信21世纪、1stdids、高德软件、文化中国、银泰百货、魅族科技、优酷土豆、新加坡邮政、恒大足球俱乐部、UC优视、21世纪经济报道等企业,如今电商(淘宝系)、金融(蚂蚁金服)、物流(菜鸟物流)、云计算(阿里云)、文娱(阿里影业传媒)五大生态板块已经清晰地显现出来。而腾讯以资本和流量作为两大核心能力,对相关企业资源的整合从"收购"转变为"入股",对投资企业从流量开放到能力开放再到生态开放,实现共享开放的发展,腾讯也建立了互联网生态帝国。腾讯的财报也耀眼夺目,2017年营业收入高达2377.6亿元,同比增长56%;净利润715.1亿元,同比猛增74%。

如果说阿里巴巴和腾讯的版图扩张是基于互联网属性的"赢者通吃",那么传统产业的并购更能看到服务业大企业由单一服务朝着多元化集成服务商的转型趋势。曾经以在住宅领域专业化而著称的万科,几年来开始朝向"城市配套服务商"甚至更具野心的万亿元级规模的生态系统"城乡建设与生活服务商"转型,并在核心业务(地产开发和物业管理)、优势业务(商业和物流)、拓展业务(长租公寓和冰雪度假)、摸索业务(养老和教育)、潜力业务(轨道物业和混合所有制改革)五大业务类型上全面发力,其大手笔的并购事件不一而足。万科先后以551亿元的总价,拿下了广信房产资产包;整合新加坡悦榕控股,拓展高端酒店养老业务;领衔国内财团发起了对物流巨头普洛斯的并购案,发力物流地产,2017年上半年,万科完成了千亿元级的土地和股权并购。

(2)渠道商的整合和集中化。

目前,我国很多的行业分销商正处于从高度分散到整合升级的加速期,随着分销龙头企业的出现,将在一定程度上改变过去流通行业"小、散、乱、差"的格局,提升服务企业对实体制造升级的支撑能力。放眼世界,国际分销巨头大多是通过不断并购重组来完善产品线、整合渠道资源,提升行业地位,并从价格差这一微薄的利润形成模式中,转型成为更具话语权、能提供专业咨询服务和供应链支持的分销服务商。本土分销企业,也正在遵循这一路径,利用资本市场的力量展开并购以扩大自身规模,复制分销巨头的成长道路。

中国服务业企业500强的并购情况清晰显示出,这两年流通企业的并购最为活跃,既包含德邦物流、怡亚通等供应链企业,也有九州通、中国医药等行业分销商。无一例外,这些企业都在夯实并扩建各自的流通渠道。2018中国服务业500强中,企业并购排在前两位的是医药流通企业九州通、商贸流通企业浙江国贸,分别并购了87家和42家企业,排名并购企业数量排名前10的企业中,有7家为贸易流通类企业。

近两年,在电子元器件分销中也出现了密集的并购。如深圳华强收购湘海电子、深圳捷扬;力源信息完成收购鼎芯无限和飞腾电子,鲸吞帕太集团;英唐智控收购深圳华商龙;中电港引入大联大资源。鉴于国内集成电路市场之大和电子分销商体量较小,本土分销巨头们利用资本市场的力量展开收购以扩大自身规模成为行业趋势。伴随未来10年中国电子和半导体产业的发展,中国本土分销整合者有望继续加速。

(3)新兴业态大量涌现并快速迭代。

过去10年,是互联网产业飞速发展的10年,其中也不乏很多明星企业迅速突围,又快速陨落。每隔一段时间,互联网相关行业就会发生集体的"合并同类项"。从团购外卖领域的"百团大战"到大众点评网和美团两家巨头合并为"新美大",饿了么收购百度外卖,市场呈现寡头之势,出行领域"快的、滴滴补贴大战"到滴滴与优步合并,滴滴垄断市场;从数以百计的视频网站,到优酷、爱奇艺和腾讯视频三分天下的格局,以及如火如荼的"共享单车彩虹家族"行业竞争、洗牌,最后摩拜和ofo分别进入到更大的企业生态体系。而更多的新兴企业成为很快会被市场遗忘的"分母",并走向企业成长的终点。

当一个行业发生大规模并购的时候,意味着"转折点"的到来。相比较传统产业,互联网产业的市场会以更快的速度趋于饱和,廉价流量消失,客户的获取越来越困难,合并是降低竞争成本的唯一出路。相比传统产业,互联网产业的竞争也更加粗暴,补贴大战轮番上演,出现非理性的虚假繁荣。而这些背后无一不是资本推动的结果。大的投资机会结束,焦急的资本在谋求退出并寻找下一个风口。甚至于"互联网创业本来就是一场资本游戏"的理念受到极大认可和实践。当一个趋势或新模式出现的时候,快速切入,并充分借助资本的力量把规模做大,然后待价而沽,这是一类创业和企业成长模式。风险投资极大地推进了我国新经济产业的萌芽与创新。VC、PE等风投概念自

1998年进入中国，到2016年，全国已有1.2万家风险投资公司，是继美国之后的全球第二大风险投资市场。

七、促进服务大企业健康成长的建议

如果工业、农业是经济发展中的砖头，代表实体部分，那么服务业就是黏合剂，决定了经济发展大厦的健康和可持续性，如果工业、农业为实，服务业为虚，在中国目前的经济格局下，服务业企业的成长也要虚得有根基，努力把握服务本质，赋能相关产业，不遗余力地满足产业需求，提升产业效率，支撑实体产业发展；要虚得有高度，继续抓住不断显现出来的发展机会，成为中国经济增长的重要动力；要虚得有抓手，摒弃传统、落后的服务方式，以新一代信息技术的投入和应用为基础，坚持服务创新，并坚持管理创新和商业模式创新协同推进。

1. 继续抓住不断显现出来的服务业发展大机遇

在2017年的报告中我们提出服务业企业的成长面临着四大难得的历史机遇，即"云大智物移"代表的外部的技术支撑、中产崛起带来的服务需求、政策红利密集释放和"一带一路"倡仪所拓展的物理空间。2018年来看，这些机会正在具象化和延展化，如乡村振兴战略带来巨大市场空间，而这些都会影响服务业企业的成长轨迹，并体现在业绩表现中。

（1）消费市场升级重构。

目前我国的消费市场发生较大变化，受益于消费升级、人口老龄化和技术进步三股力量，国内的消费结构将得以重构，众多服务业企业新晋进入市场。第一，在零售品消费总额持续增长的前提下，消费内容更多投向娱乐、健康、教育、奢侈品和金融产品等"非必需消费品"，功能性需求也将开始向高阶迈进，便捷性、舒适度、品质和多样化成为升级方向，从传统消费向新兴消费转变趋势显著。在互联网浪潮中，以满足"长尾市场"需求而诞生的淘宝系产品在"双11"的购物狂欢中依旧显示着强大内需的同时，以"网易严选"和"名创优品"的横空出世为代表，"新头部"的消费力量正在形成，他们联合中国制造业发源地珠三角和长三角的众多国际大牌代工厂，以ODM（Original Design Manufacturer）模式运营，倡导"更好的品质和更低的价格"理念，成为互联网+传统制造业的新案例。第二，人口老龄化将带来新的产业机遇，保健品、疾病诊疗、高级护理等在内的医疗健康产业及相关保险行业，将迎来风口期。目前众多大企业在养老产业已经着手布局，既有地产企业如万科探索养老地产相关产业，也有诸多重化工产业以养老为突破在谋求转型。第三，技术创新带来消费模式的转变，体现为共享经济兴起、零售业变革和个性化消费的流行，摩拜单车、阿里新零售和青岛红领是其中典型力量。

另外，在消费升级的背景下，房地产和汽车这两个消费重比例投入的"住""行"领域，具有明显的向后消费市场延伸的趋势。首先是房地产市场，万科物业一直为人称道并成为核心主业的同时，雅生活服务、绿城服务、中海物业、彩生活和碧桂园服务作为独立的物业企业先后上市，力求覆盖社区全生命周期的服务体系。这不仅体现了对美好生活向往的满足，也是房地产从增量进入到存量阶段，对存量房的管理运营和后端市场的开发成为新的增长标的。在电商纷纷布局线下，全面铺开社区店建设的布局中，房地产企业此时跟进具有天然的优势。国安城市提出要在2020年打造万家国安社区店、绿地的 G-Super 零售、保利"若比邻"社区超市、佳兆业的 CASA MIA 精品超市和生鲜便利店都是房地产在产业链拓展上的典型代表。其次是汽车消费市场，目前国内汽车后市场规模已进入万亿元时代，汽车制造商拓展贸易、租赁和金融等服务，朝汽车出行综合服务商转型；出行巨头滴滴持续布局汽车租赁与运营、金融、加油、维保等领域；优信、神州等二手车企从交易到金融、物流服务逐渐升级；老牌汽车经销商庞大集团以汽车销售和维修养护业务为基础，大力推广汽车金融、二手车、约车等业务，无一不在汽车后市场的综合服务上发力。随着汽车"零整比"受到广泛关注，在汽车回收这一潜力巨大的领域，在车辆拆解、零部件再制造等业务中，已经有一些区域性的公司，如起步于浙江宁波的天奇股份开始试水。

（2）政策供给持续发力。

近几年，以服务业企业做大、做强、做优为目标的政策密集出台。从"十三五"规划总纲要到健康、养老、体育、文化等产业政策相继落地，对服务业企业大发展的带动空间值得想象。同时，不容忽视的还有双创、混改等政策的持续推进，也给服务业企业的发展带来新的生机。首先，"大众创业、万众创新"在 2014 年提出以来，持续升级加码，在资本的推动下，独角兽企业横空出世。根据 CB Insight 数据统计显示，从 2013 年至 2018 年 3 月，全球共有 237 家独角兽企业，中国为 62 家，占 26.16%，这些成立时间少于 10 年，估值在 10 亿美元以上的企业，大都以互联网为载体展开，集中在文化娱乐、电子商务、汽车交通和科技金融等领域，而这些领域正是服务业新业态的集中所在。其次，就混改的推动情况来看，也将为服务业的发展开启新的篇章。三大电信巨头之一的中国联通大规模引入互联网公司巨头、在垂直市场行业领先的企业、金融企业和产业基金这四大类别战略投资者，并大幅出让股份，联通集团持股由 62.7% 下降为 36.7%。而新一届董事会成立，8 名为非独立董事中，其中有 5 人来自混改引入的战略投资者，社会资本在产业资源、运营和管理上的优势及在公司决策层面的话语权对联通发展产生的积极影响令人期待。另外，国家有关部门正在酝酿制定服务业高质量发展战略等顶层设计方案，包括建立服务业高质量发展标准体系，鼓励服务企业做大做强等多措并举，强化政策储备，推进服务业振兴发展。服务业的又好又快发展值得期待。

（3）数字经济开始涌现。

2016 年的 G20 杭州峰会发布的《二十国集团数字经济发展与合作倡议》认为，数字经济是以使用数字化的知识和信息作为关键生产要素、以现代信息网络作为重要载体、以信息通信技术的有效使用作为效率提升和经济结构优化的重要推动力的一系列经济活动。通俗来说，数字经济是随着信息技术革命发展而产生的一种新的经济形态，是"云大智物移"（即云计算、物联网、移动互联网、大数据、智能制造）等概念和技术在产业和企业层面的落地。未来随着人与人、人与物、物与物的互联互通，全球数据量大约每两年翻一番，数字经济将实现快速发展。未来数字经济将出现三大趋势：第一，大规模量身定制成为可能，这既是传统制造的转型路径，也可以是具有客户流量基础的服务平台的转型方向。第二，产业边界模式、价值链将被重构，供应链管理成为重要能力，企业将主动或被动地利用数字化手段以对应价值链重构，或重新抓住自己的客户，或重组优化自己的供应商队伍。第三，跨企业的合作成为必然选择，企业将通过信息平台而不是组织整合平台，形成了虚拟企业。这样的虚拟企业既具有大企业的资源优势，又具有小企业的灵活性，为合作的各方带来极大的竞争优势。

就目前的服务业态中，互联网和实体产业的融合成为数字经济的重要尝试。过去几年，以平台优势和互联网流量等轻资产为抓手去撬动某个庞大的实体产业的O2O未能达成目标，如今但随着京东的物流配送的基础设施建设、美团与饿了么的外卖骑手配送队伍、共享单车公司大量投放的自行车、直接参与商品生产的小米生态链及阿里巴巴对银泰百货等从战略合作到控制，采取的都是重资产路线，并深入介入产业链条对之进行大改造，线上线下的融合似乎找到了可行的路径，"你中有我，我中有你"的深度融合或许是传统业态与新兴业态的能够落地的合作方式，大数据的落地应用是其中的必然招式。

（4）乡村振兴释放服务潜能。

党的十九大报告中指出，实施乡村振兴战略，明确了产业兴旺、生态宜居、乡风文明、治理有效、生活富裕的总要求。对服务业企业而言，可能蕴含着三大机会：第一，产业发展，乡村振兴关键在于产业，不仅仅是农业产业化、现代化经营，还有让农民富裕起来的特色产业，以提升乡村的"造血"功能。比如，乡村旅游、休闲度假、文化娱乐和健康养生等一系列服务业的培育发展，这对相关服务业企业市场的拓展提供了更大的物理空间。第二，赋能型业务。乡村振兴，在项目实施、管理和运营中人才缺乏的问题已经成为一大症结，同时随着消费升级，农村旅游休闲等产业的发展也被以更高的标准和水平进行运作，构建一个能够有效支撑农村发展的服务体系是一个很好的思路，让各类人才和机构精准对接农村需求，具有业务、人才、资本和管理输出能力的服务业企业将可以大展拳脚。第三，消费需求和农产品进城的双重释放。随着农民收入水平的提高，对优质好货的需求会逐渐显现出来，流通型企业将会最先受益，四通一达和顺丰也已经在县、乡、村进行网店布局。电商也先行尝试，阿里巴巴发挥电子商务优势，通过搭建区县—乡镇—农村各级服务网络，突破物流、信息流的瓶颈，实现"网货下乡"和"农产品进城"的双向流通。农村淘宝自2014年落地以来，已经建立500个县，2.8万名"村小二"、5万个服务体系，在县城和大型乡镇开设天猫优品电器体验店，在小型乡镇和农村开设天猫优品服务站，形成县镇村三级网络，并探索了"前店后厂"和"网络+农户+公司"等农村淘宝模式。此外，苏宁、京东等都大举向农村进军，通过农村淘宝、京东服务帮等形式，带动农村电商的快速发展。

2. 把握服务本质，赋能相关产业

服务业发展的本质在于满足客户需求，而服务业企业成长的未来在于提供更具有价值的内容供给，为相关产业赋能，助力客户的发展和进步。如此，分享客户成长的价值并激发需求，实现良好、优质的互动和循环。

（1）不遗余力地满足客户需求。

以客户需求为企业发展导向，不遗余力地满足客户需求是怎么强调都不为过的发展信条。以目前我国服务业企业的发展现状，我们认为这涉及两个层面。一是在服务的内容方面，满足显性需求，激发潜在的隐性需求；二是在服务的对象方面，巩固C端服务，发力B端服务。

第一，对需求的识别是提供有效服务的前提。对现有需求满足的要义在提高服务质量、提升服务能力，是把握服务本质，把握需求特质，对服务的内容进行的不断持续改进的过程。对现有需求

痛点的满足是企业获得成长的基础，对服务业企业而言可能是更快速地成长，因为这往往意味着商业模式的改变。比如，快速风靡的共享单车，解决的正是最后一公里这个痛点。对于刚刚兴起的消费新贵，希望用相对低的价格获取大品牌级质量的商品，于是以电商为平台，与大品牌的代工厂合作的网易严选诞生了。电商平台"猜你喜欢"是在挖掘潜在需求方面走在前面的一个例子，随着大量真实的商业场景的构建，通过挖掘生生不息的数据，猜你喜欢的东西不是基于你浏览过和买过的东西，而是以大数据为基础创造需求，像iPhone重新定义手机那样，重新定义商业。这或许是激发潜在需求的极致了。

第二，不断朝企业级服务努力。服务业绝不仅仅是近年来广受人们关注的商超百货、餐饮娱乐、快递和电子商务等C端产业，对其他产业产生更重要支撑作用和在"调结构"中发挥重大作用的服务业是那些和生产相关的，面向B端的企业级服务。20多年来的中国信息技术商业化大潮中，C端服务异军突起、弯道超车，但并未能显著改变B端服务薄弱的现状，且与欧美相比差距更加显著。虽然我国B端服务业企业有些也已经崭露头角，但巨头不足。2018第一季度，SAP的营收是52.6亿欧元，而用友营收仅为10.74亿元人民币。在技术能力供给和B端市场需求持续明朗的推动下，企业级服务企业开始受资本追捧，2015年达到高峰，共出现973起，融资额达398亿人民币，2015年也被称为"中国企业服务元年"。然而，与面对C端大量"小白用户"不同，企业级服务所面对的是与自己同等量级或更大的组织，涉及的是从售前到售后各个环节的综合服务体系，因此我国服务业企业发展的关键不是迷恋各种模式，而在于价值创新，在于提升专业能力为整个产业链赋予新的价值，提高产业效率。

（2）注重服务的嵌入性和赋能性。

生产服务业的本质在于利用设备、工具、场所、信息或技术推动经济生活中的物流、信息流、资金流、商流快速有效流转。相比于传统服务商大都以"二传手"的定位获得发展，随着一体化思维和融合化发展所构筑的竞争力构建获得业界认可，现代服务的增值性和价值性在于深耕于服务对象内部、嵌入到生产环节，以专业知识和IT系统，进行核心能力的供给，在虚拟的互联网络和物理的物流网络中提升流转效率，为生产赋能。

在2018美国500强中，服务业大约占比为56%，这其中有很大比例是各个细分领域的分销商、分离于制造业的专业化外包商和服务平台，如全球领先的设备维护、修理和运作（MRO）的工业品分销商Grainger固安捷，全球领先的化学品分销商Univar，他们除了具有发达的分销网络，还提供专业化的顾问和咨询，为生产商提供一站式、一体化的解决方案，又如全球最大的独立医学实验和医药研发平台美国实验室控股公司（LabCorp），能为医药企业研发提供全流程的服务。这些企业无一例外是专业的，所提供的服务就客户而言是无缝衔接甚至是嵌入型的。

对我国服务企业而言，可以从以下三点发力：第一，以平台化建设，进行核心能力的输出和赋能。如腾讯以开放和共享为理念，对相关企业进行流量赋能（如开放微信、QQ接口）、投资赋能（以资本投资扶植企业成长）、管理赋能（腾讯长青腾创业营）和链接赋能（对相关企业进行链接、整合），构建了一个腾讯生态集团。第二，抓住信息技术的大机遇，落地SaaS（软件即服务）、PaaS（平台即服务）、IaaS（基础设施即服务）等云服务模式为企业增长赋能。美团以团购起家，在外卖中成为领军企业,在这一过程中不仅仅是让C端客户获得更加及时、便捷、低成本的餐饮体验,更重要的是美团提供的点餐平台和IT软件让一个个线下餐厅变成了具有良好的IT管理系统的企业,让餐饮企业更加专注于把菜做好这一"本职"内容。第三,嵌入客户内部,无限接近客户的客户,做好强链接。在供应链服务中建立的VMI信息系统,实施掌握客户的上下游企业原料、产品的供需情况,有效降低库存成本。又如,现代流通业的发展逐渐改变了中介渠道单一职能定位,整合从原材料供应、制造、批发、零售直至回收的整个价值增值链和业务流程,提高流通过程的反应速度、运行质量、可靠性,对产业链上下游进行系统的服务,从经济结构中的基础产业转变为先导产业。

3. 同步提高管理水平、技术投入与模式创新

抓创新就是抓发展,谋创新就是谋未来,创新于企业发展的重要性不言自明。但本报告要强调的是随着"商业模式决定企业成败"的理念流行及新技术催生的众多独角兽的崛起,管理水平的提高应该摆在相匹配的位置。管理水平、技术投入和模式创新应实现协同式、融合式推进,以实现企业竞争能力持续性、系统性的提高,实现企业更有效率、更高质量的发展。

(1)管理水平应跟上模式创新的步伐。

过去几年,新一代信息技术改写了我国经济的运行格局、联通格局,更改变着服务业的发展格局。"科技+""金融+""物流仓储+""大数据+",伴随着"互联网+"重塑了服务业企业的商业模式。商业模式创新不仅被众多初创企业膜拜,也成为传统服务业企业转型的利器,各种商业模式层出不穷,商业模式创新也一度被认为是中国企业实行弯道超车的有力抓手。以此为背景,估值10亿美元以上的独角兽企业在短短几年内大量涌现。这类企业在新技术、新模式和强资本的推动下,企业快速崛起,迅速做大。知本咨询发布的2017年中国企业成长报告指出,这类企业面临严峻的速生型企业管理难题,如2012年成立的滴滴,在6年的时间中已经成长为我国出行领域的巨头,变成一个全球公司。这类企业具有不同于以往企业的生命周期曲线,他们在资本加持下的快速扩张,人、财、物等要素伴随着组织机体的长大快速聚拢在一起,并以高昂的运营成本维护着企业估值的增加,初创期和成长期的时间被大大压缩,而本应该在这个阶段所构建完善的管理体系和打磨的管理能力有可能并不完备。随着资本逐渐退出,管理水平能否支撑企业可持续性发展这一问题应当引起重视。最近,滴滴"杀熟"广受诟病,这些由资本催生起来的新业态企业面临一系列成长难题,如何持续竞争,如何回应政府、社会、员工等利益相关者的关切等都成为越发棘手的难题。因此,这类企业在发展中更加应该注重管理能力与模式创新的协同发展。

(2)技术投入应成为现代服务的基础。

新技术对企业的影响从商业模式创新到企业管理创新,更是现代服务企业提升用户价值的基础。主要体现在四个方面。第一,用于潜在需求的挖掘。潜在需求的挖掘不仅要具有生生不息的海量数据,还在于具备抓取技术、识别技术、存储技术和分析技术。推动"新零售"落地的阿里巴巴2017财年技术投入为170亿元,超过百度同期的101.5亿元、腾讯118亿元和京东54亿元,居中国互联网公司之首。第二,用于提升服务效率。沃尔玛成立以来持续、大规模的投入物流设施和科技研发,不断完善供应链管理系统,自1974年以来,沃尔玛的毛利率、净利率在长达数十年的高速扩张期间一直保持稳定,存货周转天数从100天降至目前35天,沃尔玛还计划运用区块链技术追踪食品信息,

追溯时间将从6天减少到2秒，供应链效率得到极大提升。据IBM公司统计，美国流通企业是现代科学技术的大买家之一，并主要用于改善财务信息系统、快速库存补货系统、重要客户信息库、商品扫描和货币结算设备等。通过改善流通技术和设施条件，有效提升对市场需求的应变能力，提高服务效率。第三，用于打造新的增长极。亚马逊自1995年成立，23年来维持着惊人的收入增长和几乎可以忽略的利润。亚马逊不主动盈利，而将更多的精力放在了"送货更快"和开辟新的市场与业务当中。前者表现为亚马逊巨资投入仓储物流中心、配送体系、生鲜业务，2015年，亚马逊在物流上的投入高达39亿美元，同比增长了43%。后者表现为云计算正在成为亚马逊的王牌业务，2017年这块业务实现了174.59亿美元的销售，并以50%的速度在增长。同时，也依靠云计算业务增长，亚马逊实现大幅盈利增长。第四，用于不断优化商业模式。在人工智商尚未完全普及商用之前，目前诸多的"互联网+"模式的服务业企业创新，不可避免地要陷入劳动力密集依赖的掣肘与裹挟中。例如，曾经火爆的团购模式看上去简洁轻快，但实际上却需要数量庞大的地推团队来"落地"。现在盛行的外卖团队依赖的是遍布各个餐厅的外卖骑手及将派送速度置于人身安全之上的行径。这些问题的解决需要技术的不断投入，并进行劳动力的替代。

第四章
2018 中国跨国公司 100 大及跨国指数分析报告

为了贯彻党的十九大精神，发展我国大型跨国公司，提高国际化经营水平，培育具有全球竞争力的世界一流企业，同时为社会各界提供我国大企业跨国经营水平及其相关信息，中国企业联合会、中国企业家协会连续第八年推出中国跨国公司100大分析报告。

"中国100大跨国公司及跨国指数"是中国企业联合会在中国企业500强、中国制造业企业500强、中国服务业企业500强的基础上，依据企业自愿申报的数据，参照联合国贸易和发展组织的标准产生的。中国100大跨国公司是由拥有海外资产、海外营业收入、海外员工的非金融企业，依据企业海外资产总额的多少排序产生；跨国指数则按照（海外营业收入÷营业收入总额＋海外资产÷资产总额＋海外员工÷员工总数）÷3×100%计算得出。

一、中国对外投资和企业国际化取得积极进展

1. 中国对外直接投资回落

2003—2016年，中国对外投资复合增长率是35%，年度同比增长率最高达到123%（2005年），即使在金融危机期间对外投资也保持了正增速。中国对外直接投资多年快速增长的结果是，截至2017年年底，直接投资占中国海外总资产的比重为21%，和其他国家相比较，中国的这个比重并不低。从中国海外资产结构看，中国对外投资也已经超过外商直接投资，成为直接投资的净流出国。然而，2017年中国对外直接投资结束了多年以来的快速增长，首次出现了对外直接投资增长速度为负的情况。2017年全年，中国境内投资者共对全球174个国家和地区的6236家境外企业新增非金融类直接投资，累计实现投资1201亿美元，同比下降29.4%，非理性对外投资受到遏制。从对外投资构成看，股权和债务工具投资1020.8亿美元，同比下降32.9%，占85%；收益再投资180亿美元，与上年持平，占15%。对外投资主要流向租赁和商务服务业、批发和零售业、制造业及信息传输、软件和信息技术服务业，占比分别为29.1%、20.8%、15.9%和8.6%。受政府严控，房地产业、体

育和娱乐业对外投资没有新增项目。2017年中国海外投资呈现出行业结构持续优化，主要投向实体经济领域，投资形势趋稳，年底海外投资企稳回升等特征。

中国对外投资增速下降的原因是多方面的，一是外汇储备的下降限制了中国对外投资可用资金；二是发达东道国的投资准入环境严重恶化。2017年来，美国政府期待通过贸易战、限制中国投资等方式，延缓中国技术发展和产业升级，具体方式之一就是收紧投资审查政策。美国扩大了投资审查机构的权限，加强了对国有企业和关键技术的关注，限制投资的方式日益简单粗暴。对中国来说，对外投资被"泛政治化"的可能性加大，投资受阻概率上升。三是中国对外直接投资收益状况欠佳。一些企业的尽职调查、投资决策和规划不完善，经营出现困难，造成了较大损失。还有一些企业对东道国环保、能耗、安全标准重视程度不够，在投资过程中引发了纠纷，既造成了企业的经济损失，也影响了中国的整体形象。四是以对外直接投资为名的资本外逃影响中国整体金融安全。部分私营企业对外投资没有延续国内的主业，而是通过高杠杆和资本运作，以非自有资金投资国外非实体经济领域，实现国内资本向外转移。这类投资使得国内金融企业面临坏账的风险，带来了较大数量的资本外逃，对中国整体的金融安全造成了威胁。

2. 对外承包工程、对外劳务合作稳步增长

2017年，我国企业对外承包工程业务完成营业额11383亿元，按美元计价为1686亿美元，比上年增长5.8%。其中，对"一带一路"沿线国家完成营业额855亿美元，增长12.6%，占对外承包工程业务完成营业额的50.7%。对外劳务合作派出各类劳务人员52万人，增长5.7%。

3. "一带一路"沿线国投资成热点

2017年，我国企业共对"一带一路"沿线的59个国家非金融类直接投资143.6亿美元，占同期总额的12%，较上年提升了3.5个百分点，主要投向新加坡、马来西亚、老挝、印度尼西亚、巴基斯坦、越南、俄罗斯、阿联酋和柬埔寨等国家。对"一带一路"沿线国家实施并购62起，投资额88亿美元，同比增长32.5%，中石油集团和中国华信投资28亿美元联合收购阿联酋阿布扎比石油公司12%股权为其中最大项目。

4. 海外并购下降

2017年，我国企业共实施完成海外并购项目341起，分布在全球49个国家和地区，涉及国民经济18个行业大类，海外并购投资总额1448亿美元，同比下降32%。但在汽车与运输、电力和公用事业、石油和天然气、生命科学四个行业，并购金额依然逆势增长。2017年，我国企业对汽车与运输行业的海外并购达到451亿美元，同比骤增504%，创历史新高。

5. 国际化程度稳步提高

2018中国跨国公司100大的平均跨国指数为15.80%，比2017中国跨国公司100大的平均跨国指数提高0.95个百分点。2018中国跨国公司100大的海外资产占比、海外营业收入占比、海外员工占比分别为18.79%、20.86%、9.76%，与2017中国跨国公司100大相比分别提高了2.78、1.32、0.77个百分点，如表4-1所示。

表4-1 2011—2018中国跨国公司100大平均跨国指数及相关指标

年份	2011	2012	2013	2014	2015	2016	2017	2018
跨国指数/%	12.24	12.93	13.98	13.60	13.66	14.40	14.85	15.80
海外资产占比/%	14.73	13.73	14.61	14.65	14.32	15.55	16.01	18.79
海外营业收入占比/%	17.34	21.51	22.25	20.86	20.83	20.00	19.54	20.86
海外员工占比/%	4.67	3.55	5.07	5.29	5.84	7.64	8.99	9.76

二、2018中国跨国公司100大及跨国指数

依据2018中国企业500强、2018中国制造业企业500强、2018中国服务业企业500强的海外数据，中国企业联合会排出了2018中国跨国公司100大及其跨国指数，中国石油天然气集团有限公司、中国石油化工集团公司、中国化工集团有限公司、中国中信集团有限公司、中国远洋海运集团有限公司、中国海洋石油集团有限公司、腾讯控股有限公司、中国中化集团有限公司、国家电网有限公司、中国五矿集团有限公司位列2018中国跨国公司100大前10位，如表4-2所示。2018中国跨国公司100大及其跨国指数有以下主要特点。

1. 规模和入围门槛继续提高

2018中国跨国公司100大海外资产总额达到87331亿元，比上年增长8.11%；2018中国跨国公司100大海外营业收入达到59652亿元，比上年增长17.84%；2018中国跨国公司100大海外员工总数达到1297121人，比上年增长11.23%；2018中国跨国公司100大入围门槛为72.22亿元，比上年增长17.49%，如见表4-2所示。

表4-2 2018中国跨国公司100大及跨国指数

排名	公司名称	海外资产/万元	企业资产/万元	海外营业收入/万元	营业收入/万元	海外员工/人	企业员工/人	跨国指数/%
1	中国石油天然气集团有限公司	86059437	409872111	96936947	220335751	115428	1470193	24.28
2	中国石油化工集团公司	62952583	225669776	68573892	220974455	35505	667793	21.42
3	中国化工集团有限公司	62109938	79491169	27803643	39192750	85987	138185	70.43
4	中国中信集团有限公司	52228789	633456493	9008528	41441221	16562	258433	12.13
5	中国远洋海运集团有限公司	49571437	71251530	13217563	23425514	6584	100500	44.18
6	中国海洋石油集团有限公司	45400703	112923531	29925593	55070629	4767	97986	33.14
7	腾讯控股有限公司	34469319	55467200	799365	23776000	26809	44796	41.78
8	中国中化集团有限公司	33560636	41719521	43685309	51882319	8909	62006	59.67
9	国家电网有限公司	28933057	381132774	10381163	235809970	15620	983255	4.53
10	中国五矿集团有限公司	21972126	85527190	8555547	49336087	11804	203786	16.27
11	中国交通建设集团有限公司	20346013	119298229	14333476	53674740	28884	171581	20.20
12	中国铝业集团有限公司	19084538	53133675	2206843	31551516	1948	123293	14.83

续表

排名	公司名称	海外资产/万元	企业资产/万元	海外营业收入/万元	营业收入/万元	海外员工/人	企业员工/人	跨国指数/%
13	复星国际有限公司	18118192	46941889	4523688	7454878	20457	53000	45.96
14	浙江吉利控股集团有限公司	16429082	27640557	17348734	27826459	32932	80914	54.16
15	中国兵器工业集团有限公司	14881679	37798457	17860212	43691880	13607	226338	28.75
16	中国建筑股份有限公司	14767157	155098331	8500463	105410650	30093	277489	9.48
17	广州越秀集团有限公司	14456293	42956412	263308	3726759	2502	16828	18.53
18	联想集团有限公司	13013222	18206590	17512132	26422894	146643	444000	54.90
19	中国电力建设集团有限公司	11830001	68396329	8903112	36408712	94326	186234	30.80
20	中国航空工业集团有限公司	10738144	87112366	6605828	40481588	33674	488216	11.85
21	潍柴控股集团有限公司	10628765	20796038	6575184	22067298	34498	78536	41.61
22	中国广核集团有限公司	10121928	63295715	1666593	8535527	3195	41040	14.43
23	华为投资控股有限公司	8556501	42781167	28731281	52568541	36000	180000	31.55
24	绿地控股集团股份有限公司	7942854	84853281	462135	29017415	490	33473	4.14
25	兖矿集团有限公司	7930184	28776959	4480095	19919956	3982	104746	17.95
26	万洲国际有限公司	7652202	9969882	10090377	15121714	53000	110000	63.89
27	中粮集团有限公司	6961993	48265177	4103129	41027945	4350	145013	9.14
28	北京首都创业集团有限公司	6915265	28164665	255401	4309673	1754	29066	12.17
29	中国铁道建筑有限公司	6155157	82631715	3812063	68163814	10173	364964	5.28
30	河钢集团有限公司	6090890	37618377	8453701	30677432	12711	123178	18.02
31	中国有色矿业集团有限公司	5922519	12015703	5632845	12377899	10050	52814	37.94
32	中国华能集团有限公司	5905651	103960684	1174398	26074952	1625	138473	3.79
33	光明食品（集团）有限公司	5150599	24595893	4649817	16116091	17750	143140	20.73
34	中国铁路工程集团有限公司	5053745	84794200	4168058	69456232	7218	292507	4.81
35	中国能源建设集团有限公司	5041436	35578286	3509382	23687776	6773	135929	11.32
36	中国宝武钢铁集团有限公司	4961300	74560676	3984400	40048193	2634	157765	6.09
37	中国移动通信集团有限公司	4886525	172139902	1431456	74451800	7510	467532	2.12
38	国家能源投资集团有限责任公司	4549674	178715670	363047	50590077	501	301777	1.14
39	中国通用技术（集团）控股有限责任公司	4478455	15696003	1538674	15700579	882	36114	13.59
40	北京汽车集团有限公司	4476557	43650230	2490992	47034067	5862	133165	6.65
41	TCL集团股份有限公司	4369021	16029399	5418931	11157736	2831	75059	26.53
42	国家开发投资集团有限公司	3942223	49355205	2817241	8940334	15855	52508	23.23
43	海尔集团公司	3861375	6718899	4782185	12000666	42858	74570	51.60

续表

排名	公司名称	海外资产/万元	企业资产/万元	海外营业收入/万元	营业收入/万元	海外员工/人	企业员工/人	跨国指数/%
44	中国电子信息产业集团有限公司	3703589	26308258	8193570	21621041	9333	159039	19.28
45	金川集团股份有限公司	3613961	11803288	3164274	21704239	2306	29754	17.65
46	中国船舶工业集团有限公司	3530071	29092045	2523423	20138579	409	70009	8.42
47	首钢集团有限公司	3490188	50114269	2618787	18578512	4765	118722	8.36
48	上海汽车集团股份有限公司	3469571	72353313	3339429	87063943	26267	145480	8.90
49	中国中车集团有限公司	3031125	40528703	2439088	21693414	5391	183835	7.22
50	山东如意国际时尚产业投资控股有限公司	3028574	6102673	2762245	5613106	10152	41069	41.19
51	中国机械工业集团有限公司	3014132	38155968	2143810	28817424	10386	150967	7.41
52	万向集团公司	2805362	9472780	2133485	12662384	16424	28099	34.97
53	上海电气（集团）总公司	2730145	23024211	789786	9177583	3024	45500	9.04
54	海信集团有限公司	2674730	10017318	2844073	11106466	1925	59567	18.51
55	青山控股集团有限公司	2514206	5163106	1757290	16158784	20088	41691	35.92
56	中国联合网络通信集团有限公司	2485029	61882545	393030	27635310	801	273169	1.91
57	鞍钢集团有限公司	2483932	35583610	1665654	18783491	440	130580	5.40
58	宁波均胜电子股份有限公司	2439498	3535504	262914	2660560	22056	28349	52.23
59	中国华电集团有限公司	2325091	79677500	300582	20013470	496	105006	1.63
60	中国建材集团有限公司	2170114	59159493	2539068	30211799	5151	215550	4.82
61	海亮集团有限公司	2162938	6694444	2367215	16259643	1141	18276	17.70
62	紫金矿业集团股份有限公司	2123113	8931526	749742	9454862	8635	26407	21.47
63	三一集团有限公司	2100000	10341368	1145600	4448808	501	20109	16.18
64	银亿集团有限公司	1915477	7531942	2012600	7830148	2975	16635	23.01
65	雅戈尔集团股份有限公司	1897476	8312268	954703	6654041	23687	50492	28.03
66	新华联集团有限公司	1854430	13193809	3614823	8337797	1028	65076	19.66
67	广东粤海控股集团有限公司	1723225	8686094	583657	1588341	527	10996	20.46
68	铜陵有色金属集团控股有限公司	1693896	8951688	674254	15734470	1910	25415	10.24
69	陕西延长石油（集团）有限责任公司	1632439	32944372	637434	26289529	258	132225	2.52
70	云南省能源投资集团有限公司	1589603	11112354	212914	7497357	399	10590	6.97

续表

排名	公司名称	海外资产/万元	企业资产/万元	海外营业收入/万元	营业收入/万元	海外员工/人	企业员工/人	跨国指数/%
71	云南省建设投资控股集团有限公司	1537484	30404615	479855	11120486	587	41545	3.59
72	中国电信集团有限公司	1521173	82524321	934498	43237525	4886	412868	1.73
73	蓝思科技股份有限公司	1379889	6524583	2709233	5594430	1000	94598	23.54
74	北京控股集团有限公司	1362886	28263280	483688	8179398	1848	79700	4.35
75	东方国际（集团）有限公司	1325736	6540935	3797942	9610744	35000	72000	36.13
76	天合光能股份有限公司	1322681	3586054	1382247	2642538	2042	14666	34.37
77	青建集团股份公司	1312007	6488586	1406239	6008048	1360	14650	17.64
78	江苏新潮科技集团有限公司	1306840	3181787	1255220	2397733	6018	23312	39.75
79	北京建工集团有限责任公司	1287610	6664648	303894	4182184	318	20211	9.39
80	新疆金风科技股份有限公司	1185990	7278783	272928	2512945	223	8373	9.94
81	浙江龙盛控股有限公司	1182434	4875467	868815	2829564	2335	8713	27.25
82	新希望集团有限公司	1153994	11736881	80515	7299781	4680	69587	5.89
83	上海建工集团股份有限公司	1146939	19568520	576539	14208263	542	40022	3.76
84	新疆广汇实业投资（集团）有限责任公司	1089810	24568073	11036	17644044	363	79747	1.65
85	中国黄金集团有限公司	1062039	10786293	62628	10020376	1205	47135	4.34
86	白银有色集团股份有限公司	1058692	4698293	157237	5663428	2534	15487	13.89
87	中国大唐集团有限公司	1048450	72080620	296226	17098735	464	96735	1.22
88	晶科能源控股有限公司	1028051	2863641	1661809	2647294	4373	12696	44.37
89	正泰集团股份有限公司	978818	6500558	754105	6017696	1218	31082	10.50
90	珠海格力电器股份有限公司	973634	21496800	1849378	15001955	439	85222	5.79
91	中国航天科工集团有限公司	936478	28831029	1791643	23028623	4011	147710	4.58
92	中联重科股份有限公司	934015	8314906	236511	2327289	248	13461	7.75
93	徐州工程机械集团有限公司	894931	9531730	1151098	4483689	3685	25296	16.54
94	安徽中鼎控股（集团）股份有限公司	864840	1905688	770679	1360323	7075	15002	49.73
95	山东魏桥创业集团有限公司	863671	23078007	937489	35957819	6909	117718	4.07
96	安徽海螺集团有限责任公司	828655	12764767	243541	13252810	2408	48381	4.44
97	重庆对外经贸（集团）有限公司	804704	2382233	420047	2761052	4172	6728	37.00
98	江苏沙钢集团有限公司	787888	17471140	1166937	22006344	553	34634	3.80

续表

排名	公司名称	海外资产/万元	企业资产/万元	海外营业收入/万元	营业收入/万元	海外员工/人	企业员工/人	跨国指数/%
99	云南冶金集团股份有限公司	727616	8822830	3868	4717319	226	27842	3.05
100	天津泰达投资控股有限公司	722215	31994850	94949	6062983	381	11792	2.35
	合计	873309250	5202462223	596520975	2859009357	1297121	13285715	15.80

注：中国远洋海运集团有限公司、腾讯控股有限公司的海外资产、海外营业收入和海外员工数来自2018世界跨国公司100大；华为投资控股有限公司、联想集团有限公司、复星国际有限公司、中粮集团有限公司的海外资产、海外营业收入和海外员工数来自2017发展中国家跨国公司100大。汇率换算2016年为1美元＝6.6968元人民币，2017年为1美元＝6.7571元人民币。

表4-3 2011—2018中国跨国公司100大有关数据

年份	2011	2012	2013	2014	2015	2016	2017	2018
海外资产/亿元	32503	38187	44869	52473	56334	70862	80783	87331
海外营业收入/亿元	31015	43517	47796	50074	51771	47316	49012	59652
海外员工数/人	421000	485480	624209	72392	754731	1011817	1166176	1297121
入围门槛/亿元	7.52	8.82	14.91	21.00	26.67	41.48	61.47	72.22

2018中国跨国公司100大海外营业收入排前10位的企业分别是中国石油天然气集团有限公司、中国石油化工集团公司、中国中化集团有限公司、中国海洋石油集团有限公司、华为投资控股有限公司、中国化工集团有限公司、中国兵器工业集团有限公司、联想集团有限公司、浙江吉利控股集团有限公司、中国交通建设集团有限公司，如表4-4所示。

2018中国跨国公司100大海外员工数排前10位的企业分别是联想集团有限公司、中国石油天然气集团有限公司、中国电力建设集团有限公司、中国化工集团有限公司、万洲国际有限公司、海尔集团公司、华为投资控股有限公司、中国石油化工集团公司、东方国际（集团）有限公司、潍柴控股集团有限公司，如表4-5所示。

2. 49家公司跨国指数高于平均跨国指数

2018中国跨国公司100大按照跨国指数排序，前10名的企业分别是中国化工集团有限公司、万洲国际有限公司、中国中化集团有限公司、联想集团有限公司、浙江吉利控股集团有限公司、宁波均胜电子股份有限公司、海尔集团公司、安徽中鼎控股（集团）股份有限公司、复星国际有限公司、晶科能源控股有限公司。其中，中国化工集团有限公司居首位，达到70.43%。2018中国跨国公司100大的平均跨国指数为15.80%，其中高于平均跨国指数的公司达到49家，如表4-6所示。

表 4-4 2018 中国跨国公司 100 大海外营业收入排序

排名	公司名称	海外资产/万元	海外营业收入/万元	海外员工/人	跨国指数/%
1	中国石油天然气集团有限公司	86059437	96936947	115428	24.28
2	中国石油化工集团公司	62952583	68573892	35505	21.42
3	中国中化集团有限公司	33560636	43685309	8909	59.67
4	中国海洋石油集团有限公司	45400703	29925593	4767	33.14
5	华为投资控股有限公司	8556501	28731281	36000	31.55
6	中国化工集团有限公司	62109938	27803643	85987	70.43
7	中国兵器工业集团有限公司	14881679	17860212	13607	28.75
8	联想集团有限公司	13013222	17512132	146643	54.90
9	浙江吉利控股集团有限公司	16429082	17348734	32932	54.16
10	中国交通建设集团有限公司	20346013	14333476	28884	20.20
11	中国远洋海运集团有限公司	49571437	13217563	6584	44.18
12	国家电网有限公司	28933057	10381163	15620	4.53
13	万洲国际有限公司	7652202	10090377	53000	63.89
14	中国中信集团有限公司	52228789	9008528	16562	12.13
15	中国电力建设集团有限公司	11830001	8903112	94326	30.80
16	中国五矿集团有限公司	21972126	8555547	11804	16.27
17	中国建筑股份有限公司	14767157	8500463	30093	9.48
18	河钢集团有限公司	6090890	8453701	12711	18.02
19	中国电子信息产业集团有限公司	3703589	8193570	9333	19.28
20	中国航空工业集团有限公司	10738144	6605828	33674	11.85
21	潍柴控股集团有限公司	10628765	6575184	34498	41.61
22	中国有色矿业集团有限公司	5922519	5632845	10050	37.94
23	TCL 集团股份有限公司	4369021	5418931	2831	26.53
24	海尔集团公司	3861375	4782185	42858	51.60
25	光明食品（集团）有限公司	5150599	4649817	17750	20.73
26	复星国际有限公司	18118192	4523688	20457	45.96
27	兖矿集团有限公司	7930184	4480095	3982	17.95
28	中国铁路工程集团有限公司	5053745	4168058	7218	4.81
29	中粮集团有限公司	6961993	4103129	4350	9.14
30	中国宝武钢铁集团有限公司	4961300	3984400	2634	6.09
31	中国铁道建筑有限公司	6155157	3812063	10173	5.28
32	东方国际（集团）有限公司	1325736	3797942	35000	36.13
33	新华联集团有限公司	1854430	3614823	1028	19.66
34	中国能源建设集团有限公司	5041436	3509382	6773	11.32

排名	公司名称	海外资产/万元	海外营业收入/万元	海外员工/人	跨国指数/%
35	上海汽车集团股份有限公司	3469571	3339429	26267	8.90
36	金川集团股份有限公司	3613961	3164274	2306	17.65
37	海信集团有限公司	2674730	2844073	1925	18.51
38	国家开发投资集团有限公司	3942223	2817241	15855	23.23
39	山东如意国际时尚产业投资控股有限公司	3028574	2762245	10152	41.19
40	蓝思科技股份有限公司	1379889	2709233	1000	23.54
41	首钢集团有限公司	3490188	2618787	4765	8.36
42	中国建材集团有限公司	2170114	2539068	5151	4.82
43	中国船舶工业集团有限公司	3530071	2523423	409	8.42
44	北京汽车集团有限公司	4476557	2490992	5862	6.65
45	中国中车集团有限公司	3031125	2439088	5391	7.22
46	海亮集团有限公司	2162938	2367215	1141	17.70
47	中国铝业集团有限公司	19084538	2206843	1948	14.83
48	中国机械工业集团有限公司	3014132	2143810	10386	7.41
49	万向集团公司	2805362	2133485	16424	34.97
50	银亿集团有限公司	1915477	2012600	2975	23.01
51	珠海格力电器股份有限公司	973634	1849378	439	5.79
52	中国航天科工集团有限公司	936478	1791643	4011	4.58
53	青山控股集团有限公司	2514206	1757290	20088	35.92
54	中国广核集团有限公司	10121928	1666593	3195	14.43
55	鞍钢集团有限公司	2483932	1665654	440	5.40
56	晶科能源控股有限公司	1028051	1661809	4373	44.37
57	中国通用技术（集团）控股有限责任公司	4478455	1538674	882	13.59
58	中国移动通信集团有限公司	4886525	1431456	7510	2.12
59	青建集团股份有限公司	1312007	1406239	1360	17.64
60	天合光能股份有限公司	1322681	1382247	2042	34.37
61	江苏新潮科技集团有限公司	1306840	1255220	6018	39.75
62	中国华能集团有限公司	5905651	1174398	1625	3.79
63	江苏沙钢集团有限公司	787888	1166937	553	3.80
64	徐州工程机械集团有限公司	894931	1151098	3685	16.54
65	三一集团有限公司	2100000	1145600	501	16.18
66	雅戈尔集团股份有限公司	1897476	954703	23687	28.03
67	山东魏桥创业集团有限公司	863671	937489	6909	4.07

续表

排名	公司名称	海外资产/万元	海外营业收入/万元	海外员工/人	跨国指数/%
68	中国电信集团有限公司	1521173	934498	4886	1.73
69	浙江龙盛控股有限公司	1182434	868815	2335	27.25
70	腾讯控股有限公司	34469319	799365	26809	41.78
71	上海电气（集团）总公司	2730145	789786	3024	9.04
72	安徽中鼎控股（集团）股份有限公司	864840	770679	7075	49.73
73	正泰集团股份有限公司	978818	754105	1218	10.50
74	紫金矿业集团股份有限公司	2123113	749742	8635	21.47
75	铜陵有色金属集团控股有限公司	1693896	674254	1910	10.24
76	陕西延长石油（集团）有限责任公司	1632439	637434	258	2.52
77	广东粤海控股集团有限公司	1723225	583657	527	20.46
78	上海建工集团股份有限公司	1146939	576539	542	3.76
79	北京控股集团有限公司	1362886	483688	1848	4.35
80	云南省建设投资控股集团有限公司	1537484	479855	587	3.59
81	绿地控股集团股份有限公司	7942854	462135	490	4.14
82	重庆对外经贸（集团）有限公司	804704	420047	4172	37.00
83	中国联合网络通信集团有限公司	2485029	393030	801	1.91
84	国家能源投资集团有限责任公司	4549674	363047	501	1.14
85	北京建工集团有限责任公司	1287610	303894	318	9.39
86	中国华电集团有限公司	2325091	300582	496	1.63
87	中国大唐集团有限公司	1048450	296226	464	1.22
88	新疆金风科技股份有限公司	1185990	272928	223	9.94
89	广州越秀集团有限公司	14456293	263308	2502	18.53
90	宁波均胜电子股份有限公司	2439498	262914	22056	52.23
91	北京首都创业集团有限公司	6915265	255401	1754	12.17
92	安徽海螺集团有限责任公司	828655	243541	2408	4.44
93	中联重科股份有限公司	934015	236511	248	7.75
94	云南省能源投资集团有限公司	1589603	212914	399	6.97
95	白银有色集团股份有限公司	1058692	157237	2534	13.89
96	天津泰达投资控股有限公司	722215	94949	381	2.35
97	新希望集团有限公司	1153994	80515	4680	5.89
98	中国黄金集团有限公司	1062039	62628	1205	4.34
99	新疆广汇实业投资（集团）有限责任公司	1089810	11036	363	1.65
100	云南冶金集团股份有限公司	727616	3868	226	3.05

表 4-5　2018 中国跨国公司 100 大海外员工数排序

排名	公司名称	海外资产/万元	海外营业收入/万元	海外员工人	跨国指数/%
1	联想集团有限公司	13013222	17512132	146643	54.90
2	中国石油天然气集团有限公司	86059437	96936947	115428	24.28
3	中国电力建设集团有限公司	11830001	8903112	94326	30.80
4	中国化工集团有限公司	62109938	27803643	85987	70.43
5	万洲国际有限公司	7652202	10090377	53000	63.89
6	海尔集团公司	3861375	4782185	42858	51.60
7	华为投资控股有限公司	8556501	28731281	36000	31.55
8	中国石油化工集团公司	62952583	68573892	35505	21.42
9	东方国际（集团）有限公司	1325736	3797942	35000	36.13
10	潍柴控股集团有限公司	10628765	6575184	34498	41.61
11	中国航空工业集团有限公司	10738144	6605828	33674	11.85
12	浙江吉利控股集团有限公司	16429082	17348734	32932	54.16
13	中国建筑股份有限公司	14767157	8500463	30093	9.48
14	中国交通建设集团有限公司	20346013	14333476	28884	20.20
15	腾讯控股有限公司	34469319	799365	26809	41.78
16	上海汽车集团股份有限公司	3469571	3339429	26267	8.90
17	雅戈尔集团股份有限公司	1897476	954703	23687	28.03
18	宁波均胜电子股份有限公司	2439498	262914	22056	52.23
19	复星国际有限公司	18118192	4523688	20457	45.96
20	青山控股集团有限公司	2514206	1757290	20088	35.92
21	光明食品（集团）有限公司	5150599	4649817	17750	20.73
22	中国中信集团有限公司	52228789	9008528	16562	12.13
23	万向集团公司	2805362	2133485	16424	34.97
24	国家开发投资集团有限公司	3942223	2817241	15855	23.23
25	国家电网有限公司	28933057	10381163	15620	4.53
26	中国兵器工业集团有限公司	14881679	17860212	13607	28.75
27	河钢集团有限公司	6090890	8453701	12711	18.02
28	中国五矿集团有限公司	21972126	8555547	11804	16.27
29	中国机械工业集团有限公司	3014132	2143810	10386	7.41
30	中国铁道建筑有限公司	6155157	3812063	10173	5.28
31	山东如意国际时尚产业投资控股有限公司	3028574	2762245	10152	41.19
32	中国有色矿业集团有限公司	5922519	5632845	10050	37.94
33	中国电子信息产业集团有限公司	3703589	8193570	9333	19.28
34	中国中化集团有限公司	33560636	43685309	8909	59.67
35	紫金矿业集团股份有限公司	2123113	749742	8635	21.47

续表

排名	公司名称	海外资产/万元	海外营业收入/万元	海外员工/人	跨国指数/%
36	中国移动通信集团有限公司	4886525	1431456	7510	2.12
37	中国铁路工程集团有限公司	5053745	4168058	7218	4.81
38	安徽中鼎控股（集团）股份有限公司	864840	770679	7075	49.73
39	山东魏桥创业集团有限公司	863671	937489	6909	4.07
40	中国能源建设集团有限公司	5041436	3509382	6773	11.32
41	中国远洋海运集团有限公司	49571437	13217563	6584	44.18
42	江苏新潮科技集团有限公司	1306840	1255220	6018	39.75
43	北京汽车集团有限公司	4476557	2490992	5862	6.65
44	中国中车集团有限公司	3031125	2439088	5391	7.22
45	中国建材集团有限公司	2170114	2539068	5151	4.82
46	中国电信集团有限公司	1521173	934498	4886	1.73
47	中国海洋石油集团有限公司	45400703	29925593	4767	33.14
48	首钢集团有限公司	3490188	2618787	4765	8.36
49	新希望集团有限公司	1153994	80515	4680	5.89
50	晶科能源控股有限公司	1028051	1661809	4373	44.37
51	中粮集团有限公司	6961993	4103129	4350	9.14
52	重庆对外经贸（集团）有限公司	804704	420047	4172	37.00
53	中国航天科工集团有限公司	936478	1791643	4011	4.58
54	兖矿集团有限公司	7930184	4480095	3982	17.95
55	徐州工程机械集团有限公司	894931	1151098	3685	16.54
56	中国广核集团有限公司	10121928	1666593	3195	14.43
57	上海电气（集团）总公司	2730145	789786	3024	9.04
58	银亿集团有限公司	1915477	2012600	2975	23.01
59	TCL集团股份有限公司	4369021	5418931	2831	26.53
60	中国宝武钢铁集团有限公司	4961300	3984400	2634	6.09
61	白银有色集团股份有限公司	1058692	157237	2534	13.89
62	广州越秀集团有限公司	14456293	263308	2502	18.53
63	安徽海螺集团有限责任公司	828655	243541	2408	4.44
64	浙江龙盛控股有限公司	1182434	868815	2335	27.25
65	金川集团股份有限公司	3613961	3164274	2306	17.65
66	天合光能股份有限公司	1322681	1382247	2042	34.37
67	中国铝业集团有限公司	19084538	2206843	1948	14.83
68	海信集团有限公司	2674730	2844073	1925	18.51
69	铜陵有色金属集团控股有限公司	1693896	674254	1910	10.24
70	北京控股集团有限公司	1362886	483688	1848	4.35

续表

续表

排名	公司名称	海外资产/万元	海外营业收入/万元	海外员工/人	跨国指数/%
71	北京首都创业集团有限公司	6915265	255401	1754	12.17
72	中国华能集团有限公司	5905651	1174398	1625	3.79
73	青建集团股份公司	1312007	1406239	1360	17.64
74	正泰集团股份有限公司	978818	754105	1218	10.50
75	中国黄金集团有限公司	1062039	62628	1205	4.34
76	海亮集团有限公司	2162938	2367215	1141	17.70
77	新华联集团有限公司	1854430	3614823	1028	19.66
78	蓝思科技股份有限公司	1379889	2709233	1000	23.54
79	中国通用技术（集团）控股有限责任公司	4478455	1538674	882	13.59
80	中国联合网络通信集团有限公司	2485029	393030	801	1.91
81	云南省建设投资控股集团有限公司	1537484	479855	587	3.59
82	江苏沙钢集团有限公司	787888	1166937	553	3.80
83	上海建工集团股份有限公司	1146939	576539	542	3.76
84	广东粤海控股集团有限公司	1723225	583657	527	20.46
85	三一集团有限公司	2100000	1145600	501	16.18
86	国家能源投资集团有限责任公司	4549674	363047	501	1.14
87	中国华电集团有限公司	2325091	300582	496	1.63
88	绿地控股集团股份有限公司	7942854	462135	490	4.14
89	中国大唐集团有限公司	1048450	296226	464	1.22
90	鞍钢集团有限公司	2483932	1665654	440	5.40
91	珠海格力电器股份有限公司	973634	1849378	439	5.79
92	中国船舶工业集团有限公司	3530071	2523423	409	8.42
93	云南省能源投资集团有限公司	1589603	212914	399	6.97
94	天津泰达投资控股有限公司	722215	94949	381	2.35
95	新疆广汇实业投资（集团）有限责任公司	1089810	11036	363	1.65
96	北京建工集团有限责任公司	1287610	303894	318	9.39
97	陕西延长石油（集团）有限责任公司	1632439	637434	258	2.52
98	中联重科股份有限公司	934015	236511	248	7.75
99	云南冶金集团股份有限公司	727616	3868	226	3.05
100	新疆金风科技股份有限公司	1185990	272928	223	9.94

表 4-6 2018 中国跨国公司 100 大跨国指数排序

排名	公司名称	海外资产/万元	海外收入/万元	海外员工/人	跨国指数/%
1	中国化工集团有限公司	62109938	27803643	85987	70.43
2	万洲国际有限公司	7652202	10090377	53000	63.89
3	中国中化集团有限公司	33560636	43685309	8909	59.67
4	联想集团有限公司	13013222	17512132	146643	54.90
5	浙江吉利控股集团有限公司	16429082	17348734	32932	54.16
6	宁波均胜电子股份有限公司	2439498	262914	22056	52.23
7	海尔集团公司	3861375	4782185	42858	51.60
8	安徽中鼎控股（集团）股份有限公司	864840	770679	7075	49.73
9	复星国际有限公司	18118192	4523688	20457	45.96
10	晶科能源控股有限公司	1028051	1661809	4373	44.37
11	中国远洋海运集团有限公司	49571437	13217563	6584	44.18
12	腾讯控股有限公司	34469319	799365	26809	41.78
13	潍柴控股集团有限公司	10628765	6575184	34498	41.61
14	山东如意国际时尚产业投资控股有限公司	3028574	2762245	10152	41.19
15	江苏新潮科技集团有限公司	1306840	1255220	6018	39.75
16	中国有色矿业集团有限公司	5922519	5632845	10050	37.94
17	重庆对外经贸（集团）有限公司	804704	420047	4172	37.00
18	东方国际（集团）有限公司	1325736	3797942	35000	36.13
19	青山控股集团有限公司	2514206	1757290	20088	35.92
20	万向集团公司	2805362	2133485	16424	34.97
21	天合光能股份有限公司	1322681	1382247	2042	34.37
22	中国海洋石油集团有限公司	45400703	29925593	4767	33.14
23	华为投资控股有限公司	8556501	28731281	36000	31.55
24	中国电力建设集团有限公司	11830001	8903112	94326	30.80
25	中国兵器工业集团有限公司	14881679	17860212	13607	28.75
26	雅戈尔集团股份有限公司	1897476	954703	23687	28.03
27	浙江龙盛控股有限公司	1182434	868815	2335	27.25
28	TCL集团股份有限公司	4369021	5418931	2831	26.53
29	中国石油天然气集团有限公司	86059437	96936947	115428	24.28
30	蓝思科技股份有限公司	1379889	2709233	1000	23.54
31	国家开发投资集团有限公司	3942223	2817241	15855	23.23
32	银亿集团有限公司	1915477	2012600	2975	23.01
33	紫金矿业集团股份有限公司	2123113	749742	8635	21.47
34	中国石油化工集团公司	62952583	68573892	35505	21.42
35	光明食品（集团）有限公司	5150599	4649817	17750	20.73

续表

排名	公司名称	海外资产/万元	海外收入/万元	海外员工/人	跨国指数/%
36	广东粤海控股集团有限公司	1723225	583657	527	20.46
37	中国交通建设集团有限公司	20346013	14333476	28884	20.20
38	新华联集团有限公司	1854430	3614823	1028	19.66
39	中国电子信息产业集团有限公司	3703589	8193570	9333	19.28
40	广州越秀集团有限公司	14456293	263308	2502	18.53
41	海信集团有限公司	2674730	2844073	1925	18.51
42	河钢集团有限公司	6090890	8453701	12711	18.02
43	兖矿集团有限公司	7930184	4480095	3982	17.95
44	海亮集团有限公司	2162938	2367215	1141	17.70
45	金川集团股份有限公司	3613961	3164274	2306	17.65
46	青建集团股份公司	1312007	1406239	1360	17.64
47	徐州工程机械集团有限公司	894931	1151098	3685	16.54
48	中国五矿集团有限公司	21972126	8555547	11804	16.27
49	三一集团有限公司	2100000	1145600	501	16.18
50	中国铝业集团有限公司	19084538	2206843	1948	14.83
51	中国广核集团有限公司	10121928	1666593	3195	14.43
52	白银有色集团股份有限公司	1058692	157237	2534	13.89
53	中国通用技术（集团）控股有限责任公司	4478455	1538674	882	13.59
54	北京首都创业集团有限公司	6915265	255401	1754	12.17
55	中国中信集团有限公司	52228789	9008528	16562	12.13
56	中国航空工业集团有限公司	10738144	6605828	33674	11.85
57	中国能源建设集团有限公司	5041436	3509382	6773	11.32
58	正泰集团股份有限公司	978818	754105	1218	10.50
59	铜陵有色金属集团控股有限公司	1693896	674254	1910	10.24
60	新疆金风科技股份有限公司	1185990	272928	223	9.94
61	中国建筑股份有限公司	14767157	8500463	30093	9.48
62	北京建工集团有限责任公司	1287610	303894	318	9.39
63	中粮集团有限公司	6961993	4103129	4350	9.14
64	上海电气（集团）总公司	2730145	789786	3024	9.04
65	上海汽车集团股份有限公司	3469571	3339429	26267	8.90
66	中国船舶工业集团有限公司	3530071	2523423	409	8.42
67	首钢集团有限公司	3490188	2618787	4765	8.36
68	中联重科股份有限公司	934015	236511	248	7.75
69	中国机械工业集团有限公司	3014132	2143810	10386	7.41
70	中国中车集团有限公司	3031125	2439088	5391	7.22

续表

排名	公司名称	海外资产/万元	海外收入/万元	海外员工/人	跨国指数/%
71	云南省能源投资集团有限公司	1589603	212914	399	6.97
72	北京汽车集团有限公司	4476557	2490992	5862	6.65
73	中国宝武钢铁集团有限公司	4961300	3984400	2634	6.09
74	新希望集团有限公司	1153994	80515	4680	5.89
75	珠海格力电器股份有限公司	973634	1849378	439	5.79
76	鞍钢集团有限公司	2483932	1665654	440	5.40
77	中国铁道建筑有限公司	6155157	3812063	10173	5.28
78	中国建材集团有限公司	2170114	2539068	5151	4.82
79	中国铁路工程集团有限公司	5053745	4168058	7218	4.81
80	中国航天科工集团有限公司	936478	1791643	4011	4.58
81	国家电网有限公司	28933057	10381163	15620	4.53
82	安徽海螺集团有限责任公司	828655	243541	2408	4.44
83	北京控股集团有限公司	1362886	483688	1848	4.35
84	中国黄金集团有限公司	1062039	62628	1205	4.34
85	绿地控股集团股份有限公司	7942854	462135	490	4.14
86	山东魏桥创业集团有限公司	863671	937489	6909	4.07
87	江苏沙钢集团有限公司	787888	1166937	553	3.80
88	中国华能集团有限公司	5905651	1174398	1625	3.79
89	上海建工集团股份有限公司	1146939	576539	542	3.76
90	云南省建设投资控股集团有限公司	1537484	479855	587	3.59
91	云南冶金集团股份有限公司	727616	3868	226	3.05
92	陕西延长石油（集团）有限责任公司	1632439	637434	258	2.52
93	天津泰达投资控股有限公司	722215	94949	381	2.35
94	中国移动通信集团有限公司	4886525	1431456	7510	2.12
95	中国联合网络通信集团有限公司	2485029	393030	801	1.91
96	中国电信集团有限公司	1521173	934498	4886	1.73
97	新疆广汇实业投资（集团）有限责任公司	1089810	11036	363	1.65
98	中国华电集团有限公司	2325091	300582	496	1.63
99	中国大唐集团有限公司	1048450	296226	464	1.22
100	国家能源投资集团有限责任公司	4549674	363047	501	1.14

3. 经济发达地区占大多数，国有控股公司仍然占据主导地位

从公司总部所在地看，2018中国跨国公司100大覆盖20个省、自治区、直辖市，主要分布于经济发达地区，其中北京占42%，上海、浙江各占9%，广东、山东各占7%，江苏占4%，湖南、安徽、云南各占3%，新疆、甘肃各占2%。天津、河北、福建、江西、河南、重庆、四川、陕西、辽宁各占 1%。

从公司所有制性质看，2018 中国跨国公司 100 大中，民营企业 27 家，国有及国有控股公司 73 家，其中，中央企业 39 家，说明当前大企业国际化的主力军仍然是国有控股公司。

从公司所在行业看，2018 中国跨国公司 100 大中，包含金属制品业 15 家，工业和商业机械装备业 11 家，建筑业 9 家，交通运输设备及零部件制造业、消费品生产业各 7 家，批发贸易业、采矿业 5 家，房地产、电信及互联网信息服务业、公用事业服务业、军工各 4 家，化学品制造业、食品饮料生产、多元投资、综合制造业各 3 家，计算机、通信设备及其他电子设备制造业、建材生产、综合服务业各 2 家。

三、2018 世界跨国公司 100 大及跨国指数

联合国贸发会议出版的《2018 年世界投资报告》中公布了 2018 世界跨国公司 100 大及跨国指数，皇家壳牌石油公司、丰田汽车公司、英国石油公司、道达尔公司、大众汽车、软银公司、埃克森美孚公司、英美烟草公司、通用电气公司、雪佛龙公司荣列 2018 世界跨国公司 100 大前 10 名。2018 世界跨国公司 100 大海外资产总额达到 90079 亿美元，比上年增长 8.93%；2018 世界跨国公司 100 大海外营业收入总额达到 51711 亿美元，比上年增长 8.43%；2018 世界跨国公司 100 大海外员工总数达到 9763942 人，比上年增长 5.19%；2018 世界跨国公司 100 大入围门槛为 410.91 亿美元，比上年增长 10.58%。2018 世界跨国公司 100 大的平均跨国指数为 61.91%，比上年提高 0.6 个百分点，如表 4-7 所示。

从跨国公司总部所在国家看，2018 世界跨国公司 100 大主要分布地区在发达国家。美国有 20 家，英国 14 家，法国 12 家，德国、日本各 11 家，中国（内地 4 家、中国香港地区和中国台湾地区各 1 家）6 家，瑞士 5 家，爱尔兰 4 家，西班牙 3 家，意大利、加拿大各 2 家，瑞典、比利时、芬兰、挪威、荷兰、卢森堡、以色列、新加坡、韩国、澳大利亚各 1 家。

从跨国公司所在行业看，2018 世界跨国公司 100 大中，包含电信及互联网信息服务业 13 家，制药业 12 家，汽车及零部件业 11 家，公用事业 9 家，采掘业、批发零售贸易业、食品饮料业各 6 家，石油炼制及相关业 5 家，化学品制造业 4 家，电子零部件、运输仓储业各 3 家，工业和商业机械、电子设备、飞机制造、通信设备、建材、烟草各 2 家。

表 4-7 2018 世界跨国公司 100 大及跨国指数

排名	公司名称	海外资产/百万美元	企业资产/百万美元	海外营业收入/百万美元	营业收入/百万美元	海外员工/人	企业员工/人	跨国指数/%
1	皇家壳牌石油公司	1344210	407097	204570	305179	62000	86000	74.6
2	丰田汽车公司	302788	472625	181358	265008	236480	369124	65.5
3	英国石油公司	234993	242576	109164	140124	66730	98277	80.9
4	道达尔公司	220380	276620	152525	228794	43715	74700	68.3
5	大众汽车	219917	506348	210089	260070	357558	642292	60.0

续表

排名	公司名称	海外资产/百万美元	企业资产/百万美元	海外营业收入/百万美元	营业收入/百万美元	海外员工/人	企业员工/人	跨国指数/%
6	软银公司	214863	292928	42148	82614	50172	68402	65.9
7	埃克森美孚	203626	348691	155083	237162	40644	69600	60.7
8	英美烟草公司	189214	190643	25844	26116	78843	91402	94.8
9	通用电气公司	186586	377945	75796	122093	207000	313000	59.2
10	雪佛龙公司	183643	253806	77101	134779	26700	51900	60.3
11	安海斯－布希英博NV	165176	205173	38429	47052	156544	200000	80.2
12	沃达丰	160139	179412	45881	54450	98318	111556	87.2
13	戴姆勒股份公司	159163	306554	158276	185265	117232	289321	59.3
14	苹果计算机公司	146048	375319	144895	229234	47863	123000	47.0
15	本田汽车公司	141289	181777	121249	138560	147219	211915	78.2
16	西门子	133842	160698	69697	91625	259000	377000	76.0
17	宝马公司	130265	232050	95970	111249	39629	129932	57.6
18	意大利国家电力公司	127033	186665	38788	81921	31786	62900	55.3
19	杜邦公司	126935	192164	22363	62484	64734	98000	56.0
20	日产汽车公司	126346	176119	91193	107801	77809	137250	71.0
21	长江和记黄埔控股有限公司	125804	140795	25036	31890	279000	300000	87.1
22	强生公司	118747	157303	36587	76450	101156	134000	66.3
23	Glencore PLC	116708	135644	126697	195713	109196	145977	75.2
24	德国电信公司	112734	169506	56810	84495	115448	217349	62.3
25	Eni SpA	111723	137836	43427	75444	12626	33536	58.8
26	西班牙电信公司	110751	138002	44369	58634	95427	122718	77.9
27	西班牙伊维尔德	110592	132752	32242	35246	23959	34255	81.6
28	微软公司	108325	250312	44702	89950	51000	124000	44.7
29	雀巢公司	106790	133627	89905	91186	312867	323000	91.8
30	美敦力公司	95902	99816	22971	29710	87432	91000	89.8
31	鸿海精密工业	95809	114824	151752	154650	728431	873000	88.3
32	Rio Tinto PLC	95673	95762	37700	38128	46498	46807	99.4
33	菲亚特克莱斯勒汽车公司	89810	115494	115196	125067	149589	235915	77.8
34	三井公司	87942	106221	24428	44128	2676	42304	48.2
35	Allergan PLC	86713	118342	3324	15941	13043	17800	55.8
36	辉瑞公司	85421	171796	26520	52546	44849	90200	50.0
37	福特汽车公司	85411	257808	62932	156776	94000	202000	39.9
38	Altice NV	83710	86876	24273	26494	45454	47173	94.8
39	三星电子	83371	282814	183963	211859	215541	308745	62.0
40	日本电报电话	82194	203635	17142	106434	111000	282550	31.9
41	可口可乐公司	81191	87896	24773	35410	57085	61800	84.9
42	赛诺菲	79979	119724	38103	40816	58208	106566	71.6
43	三菱公司	78718	150661	27960	68259	15921	77164	37.9
44	空客集团公司	77047	136648	56139	75273	83253	129782	65.0

续表

排名	公司名称	海外资产/百万美元	企业资产/百万美元	海外营业收入/百万美元	营业收入/百万美元	海外员工/人	企业员工/人	跨国指数/%
45	EDF SA	75283	336714	24561	78503	22152	152033	22.7
46	法国天然气苏伊士集团	73807	180297	44315	73313	82539	155128	51.5
47	中国远洋运输总公司	73362	94762	19561	29743	6584	106478	49.8
48	诺华公司	70622	133079	49282	50135	64975	121597	68.3
49	IBM	70413	125356	41496	79139	205922	366600	54.9
50	安赛乐米塔尔	68678	71104	57159	57252	118465	197108	85.5
51	罗氏集团	66984	78586	53544	54127	52981	93734	80.2
52	Shire plc	66838	67783	14387	14440	14748	23044	87.4
53	巴斯夫公司	64928	94469	50284	72689	61470	115490	63.7
54	中国海洋石油集团公司	64686	166715	17261	65881	4864	106000	23.2
55	恩桥公司	63676	129261	20262	34187	4200	12700	47.2
56	拜耳公司	61349	90054	24382	39476	47440	99820	59.1
57	葛兰素史克公司	61166	76211	37640	38849	55460	98462	77.8
58	宝洁公司	60603	120406	37776	65058	47815	95000	52.9
59	Orange SA	59882	113593	22955	46331	58797	151556	47.0
60	挪威国家石油公司	59732	111100	13414	60971	2613	20245	29.6
61	雷诺公司	59526	131858	51973	66257	100473	124849	68.0
62	沃尔玛康菲石油公司	59388	204522	119763	500343	800000	2300000	29.3
63	联合利华公司	58025	64189	40828	53764	129566	160566	82.3
64	Christian Dior SA	56840	87266	44390	49229	115669	145247	78.3
65	罗伯特博世有限公司	56547	98189	70715	88011	264465	402166	67.9
66	必和必拓集团有限公司	55191	116985	35567	37565	10240	26146	60.3
67	英国国家电网	54652	82787	12339	20207	15867	22132	62.2
68	Mondelez International, Inc.	53040	63109	19621	25896	71000	83000	81.8
69	Broadcom Limited	52764	54418	17313	17636	13100	14000	96.2
70	英美资源集团	52709	54582	23625	24996	67000	69000	96.1
71	丸红株式会社	51650	64608	31654	68015	31941	39954	68.8
72	腾讯公司	51012	85236	1183	35178	26809	44796	41.0
73	特瓦制药工业有限公司	50641	70739	17445	21629	45546	51791	80.1
74	阿斯利康 PLC	50531	63378	16175	21398	54200	61100	81.3
75	英特尔公司	49918	123249	50218	62761	51350	102700	56.8
76	John Swire & Sons Limited	49835	49905	10324	10745	80707	80820	98.6
77	达能集团	49388	53092	25449	27821	79681	104843	86.8
78	费森尤斯 SE&Co KGaA	49275	63724	22682	38203	188542	273249	68.6
79	Alphabet Inc	48316	197295	58406	110855	19618	80110	33.9
80	海南航空集团公司	47520	144000	44064	86400	286341	413222	51.1
81	江森自控国际	47290	51884	27312	30172	77000	121000	81.8
82	液化空气公司	46397	49205	22144	22941	40424	65200	84.3
83	Lafargeholcim Ltd	46359	65344	18410	25204	60643	81960	72.7

续表

排名	公司名称	海外资产/百万美元	企业资产/百万美元	海外营业收入/百万美元	营业收入/百万美元	海外员工/人	企业员工/人	跨国指数/%
84	联合技术公司	46272	96920	25925	59837	97871	205000	46.3
85	住友商事	45346	73002	24954	43543	18143	73016	48.1
86	施耐德电气	44262	47792	26030	27895	134749	153124	91.3
87	SAP SE	44235	50968	22671	26450	85303	88543	89.6
88	利基特 Benckiser Plc	44127	50031	13894	14816	25900	40400	82.0
89	亚马逊	43920	131310	57380	177866	189311	566000	33.1
90	沃尔沃 AB	43756	50255	38123	39179	67139	87104	87.2
91	Transcanada Corp	43697	70216	6607	10361	4219	6779	62.7
92	诺基亚	42816	49201	24182	26096	95372	101731	91.1
93	Amgen 公司	42309	79954	5718	22849	11007	20800	43.6
94	日立公司	42154	94947	42625	84506	139189	307275	46.7
95	索尼公司	41996	179113	52814	77068	77000	128400	50.6
96	Compagnie de Saint – Gobain SA	41666	51472	34613	46009	136522	179149	77.5
97	RWE AG	41423	82824	18203	47840	24203	59547	42.9
98	帝国品牌	41338	41491	32925	38297	18300	33800	79.9
99	Repsol YPF SA	41159	71788	37254	46976	7873	24226	56.4
100	甲骨文公司	41091	134991	19958	37728	87000	138000	48.8
	合计	9007906	14494633	5171120	7964715	9763942	16648952	

来源：联合国贸发会议（UNCTAD），《2018年世界投资报告》。

四、中国跨国公司的主要差距

尽管中国发展跨国公司已取得较大进步，在2018中国跨国公司100大中，有9家公司达到2018世界跨国公司100大的入围门槛，比上年增加3家；有2家公司的跨国指数达到2018世界跨国公司100大的平均跨国指数，比上年增加1家；有43家公司达到2017发展中经济体跨国公司100大的入围门槛；有16家公司的跨国指数达到2016发展中经济体100大的平均跨国指数，比上年增加2家。但世界一流跨国公司是在世界范围内国际化程度高、拥有全球行业领导地位、全球资源配置高效的跨国公司。具体来说，世界一流跨国公司的一般标准包括：跨国化程度高（体现为跨国化指数不低于30%），在品牌营销、技术创新、商业模式、管理水平、服务能力等方面在全球行业拥有领先地位，有能力高效配置和重组全球资源，具有较强的企业软实力或影响力。按照上述标准衡量，我国跨国公司还存在较大差距。

1. 国际化程度远远落后于世界平均水平

2018中国100大跨国公司的平均跨国指数只有15.80%，不仅远远低于2018世界100大跨国公司的平均跨国指数61.91%，而且也低于2017发展中国家100大跨国公司的平均跨国指数37.32%。2018中国100大跨国公司中跨国指数在30%以上的只有24家，达到2018世界100大跨国公司平均跨国指数的企业只有2家，达到2016发展中经济体100大跨国公司平均跨国指数的企业也只有16家，还有 23 家企业的跨国指数没有超过 5%。

除此之外，中国跨国公司 100 大的海外资产、海外营业收入、海外员工的比例都亟待提高，海外经营业绩也亟待改善。2018 中国 100 大跨国公司的入围门槛只有 72.22 亿元，而 2018 世界 100 大跨国公司的入围门槛高达 2776.56 亿元、2017 发展中经济体 100 大跨国公司的入围门槛也达到 385.02 亿元；2018 中国跨国公司 100 大的平均海外资产比例只有 18.79%，而 2018 世界 100 大跨国公司的平均海外资产比例高达 62.15%，2017 发展中经济体 100 大跨国公司的平均海外资产比例为 29.48%；2018 中国跨国公司 100 大的平均海外营业收入比例只有 20.86%，而 2018 世界 100 大跨国公司的平均海外营业收入比例高达 64.93%，2017 发展中经济体 100 大跨国公司的平均海外营业收入比例为 44.23%；2018 中国跨国公司 100 大的平均海外员工比例只有 9.76%，而 2018 世界 100 大跨国公司的平均海外员工比例高达 58.65%，2017 发展中经济体 100 大跨国公司的平均海外营业收入比例为 38.24%，如表 4-8 所示。

表 4-8 中外跨国公司 100 大有关指标

	入围门槛/亿元	海外资产比例/%	海外营业收入比例/%	海外员工比例/%	跨国指数/%
2018 中国	72.22	18.79	20.86	9.76	15.80
2017 发展中经济体	385.02	29.48	44.23	38.24	37.32
2018 世界	2776.56	62.15	64.93	58.65	61.91

注：汇率按照 1 美元 = 6.7571 元换算。

2. 在技术、品牌方面差距仍然很大

当前公认的世界级跨国公司无一例外都拥有自己的核心竞争优势，这些核心竞争优势或者体现在产品和技术创新方面，或者体现在品牌方面，或者体现在经营管理方面。与世界级跨国公司相比，当前中国跨国公司仍然主要体现为"大而不强""大而不优"，规模庞大但缺少拿得出手的"杀手锏"，即企业的核心竞争优势。具体来看，中国跨国公司与世界级跨国公司在竞争优势方面主要差在技术、品牌和管理上。一是缺技术。相当一部分中国跨国公司的技术创新能力还不够强，尚未开发出突破性的原创技术，或者仍然处在追赶阶段。大多数中国跨国公司的成功与中国庞大的市场、迅速崛起的居民购买力是分不开的。而与欧美大公司相比，中国跨国公司在"核心技术"的掌握上差距还很大，如集成电路方面，我国没有芯片的核心技术，而且差了 1.5 到 2 代，中低端芯片对外依存度达到 80%，高端芯片对外依存度超过 90%。2017 年我国服务器销售了 255 万台，98% 都是英特尔的服务器，尽管曙光、华为、联想及浪潮等国产厂商占据了主要的整机份额，但 85% 以上的材料来自国外供应商，技术受制于人。中美贸易战，尤其是"中兴事件"不啻为一剂强烈的清醒剂，让我们意识到自己与美国之间存在的巨大技术差距。事实上，我们在许多核心技术领域与国外的差距十分巨大。二是缺品牌。当前越来越多的我国大企业已经意识到品牌的重要性，然而拥有世界一流品牌的中国跨国公司仍然不多，在 2018 年 BrandZ 全球榜前 20 名中，除了阿里巴巴、腾讯以及排名第 17 位的德国思爱普（SAP），其他 17 家都是美国品牌。三是缺管理。无论是生产管理、研发管理还是营销管理，中国跨国公司均存在不小差距。

3. 影响力和全球行业地位尚待提升

全球行业领导企业往往是整个行业的技术领先者、商业模式首创者、行业价值链的组织者和控制者。与世界级跨国公司相比，当前不少中国跨国公司的生产经营规模位居世界前列，但其全球影响力却远远不够，尤其缺少全球行业领导企业。

4. 人才国际化程度低

当前我国大企业国际化程度低的问题十分严重。我国满足跨国公司所需技能要求的综合型管理人才严重不足。预计到2020年，中国将需要7.5万名具备国际经验的经理人，而目前中国仅具备5000名此类人才。2018世界100大跨国公司国际化员工的比例达到58.65%，而2018中国100大跨国公司国际化员工的比例只有9.76%。

五、提升企业国际化经营水平的几点建议

党的十九大报告强调，要培养具有国际竞争力的世界一流企业。这为我国大企业国际化发展指明了方向。当前和今后一个时期，我国大企业要认真审视自身差距，扎实学习世界一流企业的先进经验，把握国内外经济形势的复杂变化，增强紧迫感和危机意识，抓住新的机遇、迎接新的挑战，不断修炼并增强国际化能力，努力提升国际化经营水平。

1. 关注并学会把握和驾驭国内外经济形势的复杂变化

当前全球经济仍处于不均衡复苏阶段，市场波动剧烈，发达国家仍未最终摆脱危机的束缚，美国经济虽然率先复苏，但也存在众多深层次的矛盾。国际形势复杂多变，经济全球化出现波折，国际金融市场波动起伏，地缘政治风险上升，不稳定不确定因素增多。特别是美国新政策的不确定性，投资环境更加复杂。我国大企业一定要全面了解投资目的国的政治、法律、经济状况，并对这些发展变化有一个准确的判断和把握，以避免大规模投资后政治经济形势恶化带来的不必要的经济损失。

2. 量力而行，稳扎稳打，坚持全球标准与本土特色并重

中国大企业在布局海外市场时，要量力而行，先着手区域布局，稳扎稳打。必须学会制订完整的投资计划，我国大企业一旦决定参与海外投资项目，就必须要统筹考虑。首先，要有明确的企业发展定位和思路，把握好自己的核心竞争力和经营主业。在进入市场前，应制定详尽的产品战略和市场战略，并要经过充分的论证。其次，在具体项目启动前一定要做好可行性研究，如有困难应委托专业的咨询机构完成。企业在这方面支出的费用同在项目上交学费比起来还是微乎其微的。特别是针对服务领域的投资，其关键是要把握好经营理念和商业模式。精准的目标市场定位，框定了企业努力的领域，也是所有竞争策略的源头。华为在"国际化"的初期，牢牢锁定那些与中国市场发育程度、特质相似的市场，如俄罗斯、印度、东欧国家等。再如TCL，国际化的重点放在越南等东南亚国家。从我们相对熟悉而对手实力相对较弱的市场切入，我国大企业的原有优势可以嫁接，成功的概率会大一些。

坚持全球标准与本土特色并重。一是价值全球化，在品牌、服务及流程方面形成始终如一的全球价值和标准，以便让各国消费者都有相同的品牌联想、认知及印象。二是策略区域化，考虑不同

区域客户的差异和相似性，针对目标市场设定适当策略。三是战术本土化。大企业要脱颖而出，须根据当地市场条件，制定具有本土特色、有别竞争对手的营销组合和销售技巧。

3. 加快构建自主全球价值链

我国大企业对外投资不能仅着眼于短期收益，而应有长远规划。大企业需要明确全球价值链的结构，促使研发设计、原料选配、加工组装、物流配送和品牌营销等环节广布于世界不同的国家或地区，各环节有序承接为完整链条，在此链条中每一个环节都体现价值创造，反映其不同的增值能力。我国大企业不仅要借助对外直接投资来获取单一链节优势，如通过逆向对外直接投资来获取研发资源或技术优势，或是借助海外并购来提升品牌价值、扩展营销渠道，而且应结合国家特定优势、企业自身优势和各区位要素禀赋优势，对全球价值链进行系统治理，以赢得竞争优势，提升市场竞争力。

为突破全球价值链中的"低端锁定"，我国大企业可以在价值链中进行横向和纵向的协同发展。可以通过沿着价值链条升级，即从价值链条的低端制造区段向高端研发区段、营销区段和营运区段横向升级；也可以在价值链之间进行选择升级，即从各区段价值网络的最低端，沿着模块供应商、系统集成商、规则设计商纵向升级。价值链条、价值网络上的节点企业，既可以选择横向价值链条升级的"一"字型成长模式，也可以选择纵向价值网络升级的"1"字型成长模式，还可以选择混合升级的"十"字型成长模式，纵横同步推进我国大企业全面成长。除了嵌入全球价值网络，我国大企业也可以通过构建全球价值网络，成为全球价值网络的网主企业。我国大企业只有通过建立自主发展型的价值网络，推进分工深化，才能摆脱价值链"被俘获"的处境，掌握价值链网络的主导权。

构建自主全球价值链。我国大企业首先需要以开放合作的心态在全球价值链中整合全球资源进行创新，而不是关起门来自己创新。为了突破技术瓶颈，吉利通过整合全球创新资源，迅速学习到别人在几十年，甚至上百年积累的经验和技术。通过在全球各地设置研发中心、设计中心，吉利可以利用这些平台与全球汽车产业链上最先进或前沿的合作伙伴们一起合作，又极大地促进了其竞争力的提升。其次，需要由从过去注重整合国内创新资源到现在注重整合国际创新资源，由过去的注重引进国外先进技术到现在主动走出去并购国际先进技术企业，获得知识产权和技术人才并能持续性发展。吉利在全球汽车产业格局的变化中，抓住机会通过跨国并购获得了像沃尔沃这样的国际知名汽车品牌，使得吉利获得了跨越式发展的机会。最后，需要紧跟全球行业发展潮流，与世界先进的企业和研发机构协同合作，锻炼、培养自己的技术研发、管理人才等，才有可能形成自身的创新能力，并与世界同行竞争。并购沃尔沃给了吉利突破的机会，吉利和沃尔沃在研发领域的协同布局，让吉利的触角真正伸入到了国际化研发体系循环之中。不同于传统的合资企业外方合作伙伴对核心技术的保留，吉利与沃尔沃作为吉利控股集团的两大品牌，双方可以共享资源、共同开发全新的中级车模块架构CMA，吉利在CMA架构上打造领克品牌，而沃尔沃则在CMA架构上打造40系列产品，这使得吉利和沃尔沃的协同效应和学习达到了一个更高的层次。

4. 构建科学的跨国管控体系

一个理想的公司管控体系通常需要具备管控战略导向明确、管控理念统一清晰、管控利益协调一致、管控定位科学合理、管控模式求同存异、管控组织健全严密、管控机制清晰系统、管控事项完善到位、管控途径规范可行、管控决策执行高效、管控制度柔性完备、管控能力胜任匹配等多项特征。根据"整－分"逻辑，每个模块设计和运行的内在机理都要具体体现管控体系运行的整体价值创造最大化和相互摩擦损耗最小化的要求。不应该仅是公司管理总部的单方面"己所欲施于人"，而应是引导公司所有成员企业都朝着整体价值最大化的方向努力。应该在兼顾相关方利益诉求基础上分进合击，群策群力。

随着经营地域的扩展和国际化进程的加速，我国集团公司要积极稳妥地推进全球化管控体系建设，合理设置海外业务管理的组织架构，明确集团总部与海外专业分支机构经营与管理职能定位，并在实践探索和经验总结中最终形成一套成熟的适合自身全球化管控需要的可复制管控体系。

按照责、权、利相统一的原则，要科学划分集团公司与国际分支机构的职责与权限，探索职能模块、业务条线、区域板块的矩阵式运作模式，实现跨地域、多层次经营的资源有效配置方式，促使集团母公司发挥宏观管理的作用。

要发挥集团在海外分支机构发展过程中的技术和资源支持、竞争优势附加值注入、品牌无形资产支撑、战略引领及推动国际联盟合作等关键作用，强化集团母体对海外分支机构的影响力和控制力。

5. 加强国际化人才的培养

我国大企业要成为世界一流跨国公司就必须有世界级人才。世界一流跨国公司不仅善于从世界范围内吸引中级和高级人才，并公平对待、充分尊重具有多元文化背景的员工，全面激发员工的创造力和主动性，在企业文化上体现海纳百川的气魄，而且在构建全球知识流动机制的基础上，使员工形成开放的学习与合作态度，树立灵活的全球职业发展理念，从而最大限度地发挥全球范围的智力优势。我国大企业要在以下五个方面下功夫。一是制订明确的人才计划。要根据企业国际化发展战略要求制订全球的人才计划和分配，如哪些部门和业务环节需要本地化员工，哪些地方需要全球的管理人员。二是加大国际化人才培训力度。要依据国际化人才培训需求，完善企业内部人才培养培训体系。通过与国外跨国公司、知名院校建立战略合作关系，选派优秀人才到境外研修，培养人才的国际化思维、全球视野和跨文化经营管理能力。要注重在跨国经营和海外投资项目中培养人才，通过实践锻炼，使得大批国际化人才在跨国经营中茁壮成长。要通过多种方式选派员工参加海外工作，体验海外文化和生活方式，培养一批能够融入海外市场，具有多元文化背景的专家，使得企业的触角多元化、丰富化。如中国建筑股份有限公司大胆使用年轻的管理人员，从企业内部培养国际化的人才。通过多年的全球化运作，已经培养了一大批年轻的全球化业务骨干。30岁出头的年轻人，在海外独当一面，管理几万人和数亿美元的工程。三是加大海外优秀人才引进力度。要根据企业发展需要，注重择优聘用外籍人士参与海外分支机构管理；可以逐步加大从国外知名院校接受优秀毕业生的工作力度，为国际化经营管理人才队伍建设做好人才储备。同时，要建立有效的激励机制吸引和挽留国际人才。四是加大境内外人才交流力度。要建立交换项目，为员工提供在不同工作环境中工作的机会，促进不同文化背景的员工相互沟通与交流，设计共同的信息和通信技术平台，鼓励知识共享和建设性讨论。要有计划地选派国内优秀的经营管理人才到境外合资合作企业、海外分支机构工作锻炼，使其进一步熟悉国外的经营环境和国际商业规则，提高涉外工作能力、多元化团队领导力和跨国经营管理水平。要注重把经过海外复杂环境考验、境外工作业绩突出的优秀人才优化配置到集团总部、国内重要分支机构的关键岗位上，使其在推动企业国际化经营中担当重任。五是实施人员本土化战略。招聘和雇用当地各类人才，有利于跨文化交流和沟通，降低东道国市场进入门槛。加快管理人才培养及人才本土化。

6. 强化风险防控

企业国际化必须把风险防范摆在重要位置，从这些年我国大企业的实践看，到海外进行投资尤其要做到6个充分考虑：一是要充分考虑可能面临的政治风险；二是要充分考虑可能发生的金融风险；三是要充分考虑当地的经济发展情况，包括经济发展水平、基础设施状况、科技创新能力、人均收入水平、市场规模容量等；四是要充分考虑员工情况，包括所在国的员工劳动技能、劳动习惯、管理能力、劳工政策等；五是要充分考虑投资的经济效益，特别是一些重大基础设施投资，投资额大，回收期长，要认真测算投资回报率；六是要充分考虑产业园区的平台作用，尽量规避一些国家基础设施落后、产业配套薄弱、安全形势严峻等不利条件。

7. 强化合规管理

未来，随着新一轮扩大开放的不断推进和"一带一路"建设的不断深入实施，走出去的我国大企业海外合规经营风险将日益突显。中兴通讯的案例，给我国大企业走出去的一个重要启示：企业必须合规先行，将企业生产经营建立在合规基础之上，企业高层要把企业合规经营列为战略管理内容之一，建立健全企业合规管理体系，强化合规意识，培育企业合规文化，否则，企业如同建立在沙丘之上，合规风险随时会让企业陷入绝境，甚至轰然倒塌。

国际标准化组织（ISO）2014年12月15日正式发布了《合规管理体系－指南》［ISO 19600：2014（E）］。中国国家标准研究院已等同采用。2017年12月29日，由中国标准化研究院标准化理论与战略研究所牵头制定的GB/T35770-2017/ISO 19600：2014《合规管理体系－指南》国家标准，经国家市场监督管理总局、国家标准化管理委员会正式批准、发布，并已经于2018年7月1日起实施。该标准以良好治理、比例原则、透明和可持续性原则为基础，给出了合规管理体系的各项要素以及各类组织建立、实施、评价和改进合规管理体系的指导和建议。企业应该一开始就高起点、高标准、国际视野地来建立健全企业合规管理体系。该《合规管理体系－指南》标准明确持续有效的合规管理体系包括以下八个方面：识别和维护（持续更新）的企业合规数据库；准确识别、分析和评价合规风险；建立企业合规管理职责体系；设定企业合规管理目标和制定合规风险管理措施并融入企业流程管理体系而建立企业合规管理体系；加强合规管理机制建设与能力建设；推进合规管理体系有效运行，控制合规风险，实现合规管理目标；合规效果持续监测和开展合规管理体系审计（审核）以及管理层评审；持续改进企业合规管理体系。

我国大企业应吸取中兴通讯的教训，合规先行，强化合规经营意识，形成企业合规文化，建立科学的合规管理体系，在全球市场经营中切实遵规守法，才能够切实防范合规风险，形成过硬的合规软实力，为我国大企业提高全球竞争力打下坚实的合规管理基础。

8. 着力树立起企业和国家的良好形象

一是树立可持续发展理念，坚持诚信为本。企业国际化经营不仅要考虑存在的经济风险，更要考虑东道国的心理认同和接纳程度。具体而言，企业在海外运营中，首先要树立和维护良好的企业形象，树立可持续发展的理念，兼顾项目的经济性、环保性和对当地社会民生的改善，以诚意和行动改变国际社会的认知。把维护和改善形象纳入公司海外战略的统筹考虑和规划。企业要通过实施具体的商业合作项目，用看得见、信得过的成功商业项目运作，打消当地疑虑，筑牢合作根基。二是熟悉并自觉遵守国际法律规范。商业运营的底线是遵纪守法，"走出去"的企业更要遵守三条"红线"，即本国法律法规、东道国法律法规以及国际规范和惯例。三是提升与媒体及公关机构的交往能力，提高透明度和规范信息披露。"酒香也怕巷子深"，要提升企业在国际上的整体形象，必须提高"走出去"企业的透明度，通过主动、真实、客观的信息披露，让世人了解我国大企业在东道国履行企业社会责任，开展负责任投资所做出的努力，以及为支持当地经济社会发展所带来的改变。企业家可以同当地的媒体、公关公司联系，同时重视海外公关人才的培养和公共关系工作的常态化与制度化，构建和谐、务实与互利共赢的合作平台。四是尊重当地文化。"走出去"的企业要有国际化视野和担当，尊重东道国民众的社会文化心理与习惯，了解东道国的文化特点及其差异性，找到与当地利益相关方的沟通交流渠道与最佳方式，提升当地居民对企业的认知度与满意度，构建我国大企业与当地居民的情感纽带和增进文化认同。

第五章
2018 中国企业效益 200 佳分析报告

2018 中国企业效益 200 佳是中国企业联合会、中国企业家协会在 2018 中国企业 500 强、制造业企业 500 强和服务业企业 500 强共计 1077 家企业的基础上，依据企业归属母公司所有者净利润产生的前 200 家企业（见表 5-1）。2018 中国企业效益 200 佳当中，包括 88 家中国制造业企业 500 强（其中 75 家同时是中国企业 500 强），96 家中国服务业企业 500 强（其中 77 家同时是中国企业 500 强），以及采掘、电力生产、建筑等行业的 16 家中国企业 500 强。与 2017 中国企业 200 佳相比，制造业企业增加了 9 家，服务业企业减少了 7 家，其他行业企业减少了 2 家。

2018 中国企业效益 200 佳合计实现净利润 31322 亿元，占全部 1077 家企业的 87.03%，较上年的 88.30% 下降 1.27 个百分点；实现纳税总额 27328 亿元、营业收入 415844 亿元，占全部 1077 家企业的 60.77% 和 52.42%，较 2017 年的 72.21% 和 55.24% 分别减少 11.44 和 2.82 个百分点。

表 5-1 2018 中国企业效益 200 佳

名次	企业名称	净利润/万元	营业收入/万元	纳税总额/万元	资产/万元	所有者权益/万元
1	中国工商银行股份有限公司	28604900	108505900	10794349	2608704300	212749100
2	中国建设银行股份有限公司	24226400	90525300	8978883	2212438300	177976000
3	中国农业银行股份有限公司	19296100	82702000	6087700	2105338200	142641500
4	中国银行股份有限公司	17240664	77961427	5346498	1946742420	149601540
5	国家开发银行股份有限公司	11238700	54767200	8254600	1595928800	121944700
6	中国平安保险（集团）股份有限公司	8908800	97457000	6523100	649307500	47335100
7	腾讯控股有限公司	7451000	23776000	1574400	55467200	25607400
8	中国移动通信集团有限公司	7388500	74451800	5480798	172139902	92493209
9	招商银行股份有限公司	7063800	32394000	2004200	629763800	—
10	交通银行股份有限公司	7022366	38967227	2654221	903825394	67114319
11	国家电网有限公司	6443259	235809970	13846039	381132774	156120441
12	阿里巴巴集团控股有限公司	6409300	25026600	1819900	71712400	36582200

续表

名次	企业名称	净利润/万元	营业收入/万元	纳税总额/万元	资产/万元	所有者权益/万元
13	兴业银行股份有限公司	5720000	30745600	2226600	641684200	41689500
14	上海浦东发展银行股份有限公司	5425800	30752500	1643600	641684200	42540400
15	中国民生银行股份有限公司	4981300	29496500	2207900	590208600	37897000
16	华为投资控股有限公司	4745100	60362100	867300	50522500	17558500
17	恒大集团有限公司	3704900	31102200	4200000	176175200	24220800
18	上海汽车集团股份有限公司	3441034	87063943	9978893	72353313	22533530
19	中国邮政集团公司	3352754	48795358	1860944	926367756	32692966
20	中国建筑股份有限公司	3294180	105410650	4651242	155098331	21475552
21	万科企业股份有限公司	2805181	24289711	3975975	116534692	13267532
22	招商局集团有限公司	2729494	27008604	—	120172989	28565351
23	贵州茅台酒股份有限公司	2707936	6106276	2306565	13461012	9145152
24	碧桂园控股有限公司	2606352	22689979	1777016	104966926	9367057
25	珠海格力电器股份有限公司	2240158	15001955	1229004	21496800	6559501
26	中国华融资产管理股份有限公司	2199259	12990999	1566547	187026028	12817460
27	中国中信集团有限公司	2179425	41441221	4003434	633456493	30490804
28	华润（集团）有限公司	2129838	55532551	—	122006582	18118683
29	太平洋建设集团有限公司	2124432	52168191	—	36968543	15993761
30	广州富力地产股份有限公司	2118645	5927786	419817	31411090	6358024
31	中国海洋石油集团有限公司	2040139	55070629	6994057	112923531	48968448
32	华夏银行股份有限公司	1981900	11929800	1208600	250892700	16805500
33	中国第一汽车集团有限公司	1930098	46988810	6547176	43678364	17442364
34	北京银行股份有限公司	1873170	10176176	972217	232980542	17484366
35	百度网络技术有限公司	1830100	8480900	299500	25172800	11534600
36	美的集团股份有限公司	1728368	24191889	1498000	24810685	7373744
37	国家能源投资集团有限责任公司	1686183	50590077	8647639	178715670	39911231
38	海尔集团公司	1655298	24190125	1191648	31718484	7964803
39	中国人民保险集团股份有限公司	1609900	48377500	3590315	98790600	13753300
40	上海银行股份有限公司	1532850	7461974	361749	180776694	14698514
41	中国航天科技集团有限公司	1503455	23111309	—	41203358	17309570
42	中国太平洋保险（集团）股份有限公司	1466200	31980900	1028500	117122400	13749800
43	复星国际有限公司	1316128	8802516	617496	53378805	10096075
44	中国南方电网有限责任公司	1309777	49194057	3187913	74162696	28585348
45	中国光大集团股份有限公司	1280470	24217624	—	448357855	11864147
46	龙湖集团控股有限公司	1259860	7207504	1220364	36276385	7056666

续表

名次	企业名称	净利润/万元	营业收入/万元	纳税总额/万元	资产/万元	所有者权益/万元
47	浙江吉利控股集团有限公司	1230237	27826459	3435445	27640557	5892674
48	中国电信集团有限公司	1230042	43237525	1245821	82524321	36089030
49	中国电子科技集团公司	1198710	20359818	—	30573522	12497311
50	上海国际港务（集团）股份有限公司	1153619	3742394	367907	14123490	6948438
51	泰康保险集团股份有限公司	1137607	16260053	664333	71285435	5089264
52	万华化学集团股份有限公司	1113479	5312317	519746	6582773	2727954
53	中国航天科工集团有限公司	1086174	23028623	575415	28831029	10860962
54	网易公司	1070794	5410202	216236	7103142	4573201
55	北京汽车集团有限公司	1050631	47034067	4245207	43650230	6726116
56	正威国际集团有限公司	1044767	49179850	—	14356734	7903622
57	中国交通建设集团有限公司	1043994	53674740	2450507	119298229	11806665
58	中国石油化工集团公司	1039313	220974455	32530287	225669776	74048167
59	中国远洋海运集团有限公司	948697	23425514	—	71251530	18698267
60	东风汽车集团有限公司	946202	63053613	5515133	46485423	8469397
61	绿地控股集团股份有限公司	903777	29017415	3057683	84853281	6252925
62	重庆农村商业银行股份有限公司	893597	4195316	442804	90577808	6368869
63	中国铁道建筑有限公司	884544	68163814	2401362	82631715	7808964
64	华夏幸福基业股份有限公司	878081	5963543	1101211	37586471	3709502
65	海通证券股份有限公司	861842	2822167	368451	53470633	11775548
66	广发证券股份有限公司	859539	2157564	365989	35690463	8485420
67	山东魏桥创业集团有限公司	858327	35957819	964084	23078007	6417326
68	中国铁路工程集团有限公司	790589	69456232	3175743	84794200	8314793
69	世茂房地产控股有限公司	784049	7042587	812106	30755867	5763468
70	中国保利集团公司	779094	25002621	—	90744356	6648549
71	万洲国际有限公司	765579	15121714	642600	9969882	4864712
72	恒丰银行股份有限公司	761980	2685805	500393	133418040	6990865
73	盛京银行股份有限公司	758006	1323269	341184	103061743	5168138
74	雪松控股集团有限公司	721860	22108396	310510	14304467	4293312
75	江苏沙钢集团有限公司	717649	22006344	685617	17471140	4302373
76	恒力集团有限公司	686687	30794113	717788	11956156	4190675
77	国家开发投资集团有限公司	685250	8940334	972707	49355205	7173897
78	金地（集团）股份有限公司	684268	3766218	945503	20794207	4076406
79	上海农村商业银行股份有限公司	676908	3338050	361760	80205760	5168213
80	渤海银行股份有限公司	675382	4926359	436060	100256705	4846530

续表

名次	企业名称	净利润/万元	营业收入/万元	纳税总额/万元	资产/万元	所有者权益/万元
81	广东温氏食品集团股份有限公司	675112	5565716	28364	4903959	3261651
82	广州汽车工业集团有限公司	668533	34011160	4231397	25508142	3818452
83	北京农村商业银行股份有限公司	642329	2911050	194861	81630258	4503457
84	中国电力建设集团有限公司	639841	36408712	1937648	68396329	7817466
85	冀南钢铁集团有限公司	621713	3971613	229156	1793254	1318142
86	天津华北集团有限公司	612274	1784642	−1000	893726	329688
87	雅居乐地产控股有限公司	602524	5160706	908854	—	3633524
88	内蒙古伊利实业集团股份有限公司	600088	6805817	462934	4930035	2510339
89	中国南方航空股份有限公司	591400	12748900	385400	21832900	4959400
90	华侨城集团有限公司	586538	8010784	1244084	32238228	5055168
91	中国兵器工业集团有限公司	579687	43691880	1159044	37798457	9780903
92	安徽海螺集团有限责任公司	573097	13252810	1089236	12764767	3287032
93	广州农村商业银行股份有限公司	570871	3125565	324029	73571366	4604451
94	中国重型汽车集团有限公司	565134	9053607	322767	15780183	3771163
95	日照钢铁控股集团有限公司	551674	7989090	364244	9157148	2195722
96	河北津西钢铁集团股份有限公司	546731	10090231	248914	3915416	1609614
97	海澜集团有限公司	544891	10885541	366012	10095169	7587565
98	北京江南投资集团有限公司	543286	3579996	60136	13431168	1659190
99	新华人寿保险股份有限公司	538270	14413185	459406	71027469	6371428
100	中国太平保险控股有限公司	532253	17009725	278865	58508870	5553756
101	宁夏天元锰业集团有限公司	520472	7400594	100284	18822330	10975499
102	中国中化集团有限公司	509126	51882319	1984966	41719521	4665831
103	长城汽车股份有限公司	502730	10116949	668042	11054707	4913453
104	中国兵器装备集团有限公司	500025	30217075	—	36724200	6002490
105	北京京东世纪贸易有限公司	496838	36233175	558486	18405497	5204081
106	武安市裕华钢铁有限公司	492580	3863513	183749	2072541	1597150
107	南山集团有限公司	486495	10073149	—	11787754	4876855
108	中国船舶重工集团有限公司	484146	30029204	608472	49621601	13234807
109	山东大海集团有限公司	477559	7787142	181165	3391120	1374078
110	深圳顺丰泰森控股（集团）有限公司	471842	7109429	319578	5361408	2139056
111	中国医药集团有限公司	466409	35039624	1149843	28197729	4721624
112	中国中车集团有限公司	461569	21693414	1676622	40528703	6728821
113	中国广核集团有限公司	458297	8535527	883615	63295715	9576438
114	杭州银行股份有限公司	455037	1412152	192270	83333873	5183096

续表

名次	企业名称	净利润/万元	营业收入/万元	纳税总额/万元	资产/万元	所有者权益/万元
115	扬子江药业集团	443918	7008812	397664	3103911	2694536
116	郑州银行股份有限公司	428002	2062500	187302	43582889	3220589
117	浙江省能源集团有限公司	426000	8134373	511548	19273814	7209821
118	浙江省交通投资集团有限公司	425717	11081387	489891	32726002	7830966
119	福晟集团有限公司	420845	8010873	330635	6567544	1942995
120	石横特钢集团有限公司	416384	3300133	121907	2236613	970696
121	山东胜通集团股份有限公司	411244	3854216	153202	3239704	1910180
122	康美药业股份有限公司	410093	2647697	180925	6872202	3203296
123	比亚迪股份有限公司	406647	10592470	359531	17809943	5500419
124	广西柳州钢铁集团有限公司	403354	6839830	211069	4333543	1363558
125	杭州娃哈哈集团有限公司	401373	4643785	420449	3135590	2213445
126	上海广微投资有限公司	393584	1010014	19334	1360287	591853
127	长沙银行股份有限公司	393071	2060937	264701	47054409	2328405
128	河北普阳钢铁有限公司	392417	5467220	285286	1901818	1149783
129	天津银行股份有限公司	391639	2975880	186905	70191359	4408345
130	江苏扬子江船业集团	384061	3553722	255179	11786140	3962877
131	威高集团有限公司	383848	3781624	197606	3917618	2561910
132	南通三建控股有限公司	380326	10478217	497780	4938763	1627216
133	山东晨鸣纸业集团股份有限公司	376933	8702236	159614	10562510	2777853
134	宁波申洲针织有限公司	376272	1808525	157251	2409321	1962118
135	福建省三钢（集团）有限责任公司	376174	5102003	312354	3144045	1018592
136	重庆银行股份有限公司	372588	1001481	208947	42276303	3095160
137	雅戈尔集团股份有限公司	372343	6654041	240755	8312268	2552052
138	济南圣泉集团股份有限公司	371516	1032307	42682	726628	371516
139	山东齐鲁制药集团有限公司	361318	1773008	207720	2351976	2009436
140	隆基绿能科技股份有限公司	356452	1636228	114202	3288370	1419535
141	上海医药集团股份有限公司	352065	13084718	373043	9434448	3403084
142	紫金矿业集团股份有限公司	350772	9454862	464180	8931526	3499972
143	申能（集团）有限公司	350221	3844343	311186	17559399	9966859
144	敬业集团有限公司	340185	6746750	113788	3132439	1312769
145	广东省交通集团有限公司	339779	4515921	419767	37255735	8253570
146	农夫山泉股份有限公司	336163	1779067	266239	1647953	1113337
147	石药控股集团有限公司	335456	2641790	213783	3376951	1574363
148	中升集团控股有限公司	335041	8629029	523450	4758079	1591299

续表

名次	企业名称	净利润/万元	营业收入/万元	纳税总额/万元	资产/万元	所有者权益/万元
149	山东能源集团有限公司	330686	30852723	1826258	28349953	6072878
150	河北新华联合冶金控股集团有限公司	323335	7362531	209351	5715430	2881145
151	三胞集团有限公司	321651	14600354	262806	13070351	3832371
152	南通四建集团有限公司	319411	5686289	220487	2315005	1246093
153	中国机械工业集团有限公司	318857	28817424	305907	38155968	6833177
154	人本集团有限公司	311428	1604002	62274	1045231	312452
155	杭州华东医药集团有限公司	307745	3653071	236931	2531965	1418125
156	阳光龙净集团有限公司	305850	17305500	—	29451700	1775090
157	新疆金风科技股份有限公司	305465	2512945	188887	7278783	2268669
158	天狮集团有限公司	304896	3387737	18868	1844713	1586931
159	舜宇集团有限公司	304655	2243958	72847	1591595	777023
160	厦门中骏集团有限公司	304300	1905027	259957	6845411	1435796
161	湖南华菱钢铁集团有限责任公司	302995	10253503	460566	11711286	3133957
162	上海城投（集团）有限公司	302688	2240276	343519	54758260	23024402
163	协鑫集团有限公司	300199	11890515	419343	18534215	3515740
164	新兴际华集团有限公司	297399	21004510	404802	13747114	3674553
165	武安市明芳钢铁有限公司	293740	4472500	77430	2337300	1095631
166	吉林银行股份有限公司	293697	1871342	186816	39237995	2231599
167	中国东方航空集团有限公司	293346	11157305	1390159	27129641	3676847
168	大华（集团）有限公司	293343	1348855	246639	6411356	1773842
169	上海机场（集团）有限公司	292985	1479972	188639	8067752	5402886
170	新希望集团有限公司	292340	7299781	235939	11736881	2206853
171	江西方大钢铁集团有限公司	289966	5602438	360367	3203525	678406
172	广西盛隆冶金有限公司	287447	3114547	149333	2154428	934881
173	阳光保险集团股份有限公司	286624	9605931	195333	28010096	4416685
174	江西银行股份有限公司	286522	946297	204325	37000529	2271374
175	北京金隅集团股份有限公司	283666	8753276	527438	23220748	5116286
176	唯品会（中国）有限公司	281983	6892996	282400	2856061	1098113
177	山东高速集团有限公司	281222	6663351	442620	55417622	6492964
178	内蒙古伊泰集团有限公司	280570	7881841	731203	11109764	1400005
179	新奥能源控股有限公司	280200	4826900	151700	5921500	1357500
180	厦门禹洲集团股份有限公司	279004	2170067	342048	7990481	350879
181	山东太阳控股集团有限公司	278413	4490230	167611	3383071	1055566

续表

名次	企业名称	净利润/万元	营业收入/万元	纳税总额/万元	资产/万元	所有者权益/万元
182	中国通用技术（集团）控股有限责任公司	277533	15700579	602829	15696003	3816272
183	盘锦北方沥青燃料有限公司	275605	4107120	229224	3544190	829544
184	新疆特变电工集团有限公司	274512	5273129	292689	10548494	3751259
185	东辰控股集团有限公司	273363	2801251	159662	2029323	1632727
186	洛阳银行股份有限公司	272286	1151078	163183	23178310	1645403
187	红狮控股集团有限公司	271778	3330775	134402	3510338	1290457
188	中国航空油料集团有限公司	271423	21588470	397215	5085872	2011748
189	世纪金源投资集团有限公司	269630	3291300	449910	9646443	3531246
190	太原钢铁（集团）有限公司	266748	8095685	352038	13271894	3518192
191	TCL集团股份有限公司	266440	11157736	678992	16029399	2974706
192	中粮集团有限公司	265918	47096311	—	54623952	8306275
193	荣盛控股股份有限公司	265881	4291398	720717	20037206	1494905
194	新华联集团有限公司	265880	8337797	263839	13193809	2902656
195	江苏南通二建集团有限公司	264137	5736659	275700	2913501	1302361
196	中融新大集团有限公司	260740	7533168	132566	15782987	6783213
197	青山控股集团有限公司	259394	16158784	254748	5163106	1213906
198	上海建工集团股份有限公司	258446	14208263	608667	19568520	2702292
199	唐山瑞丰钢铁（集团）有限公司	257764	1906273	102358	1119454	753368
200	奥克斯集团有限公司	256477	6493012	272474	5567231	1578591
	合计	313220502	4158442425	273279625	23999789316	2663828746

一、2018中国企业效益200佳盈利增长分析

2018中国企业效益200佳合计实现净利润约31322亿元，较2017中国企业效益200佳（以下简称上年）的净利润（27929亿元）增长12.15%，增幅由负转正，提高了13.19个百分点；与2017中国企业500强净利润13.28%的增长水平相比，低出1.13个百分点，反映出中国大企业效益的均衡性进一步增强。2018中国企业效益200佳最后一名的净利润约为25.65亿元，明显高于上年19.71亿元的水平，提高约30.13%，反映出200佳效益的均衡性也进一步增强。

2018中国企业效益200佳合计纳税约27328亿元，较上年（30492亿元）继续明显下降，减少了10.38%，降幅较上年（-9.85%）扩大0.53个百分点；占2017年全国税收总额（144360亿元）的18.93%，与上年（23.39%）相比下降4.46个百分点。这一比例连续多年稳中有降，连续两年出现较大降幅，从一个侧面反映出国家减轻企业税负的政策措施不断取得积极成效。

中国工商银行股份有限公司长期位列中国企业效益200佳的首位，前10位中有8家金融企业，

其中 7 家是银行企业；排在第 2 位至第 10 位的企业分别是中国建设银行股份有限公司、中国农业银行股份有限公司、中国银行股份有限公司、国家开发银行股份有限公司、中国平安保险（集团）股份有限公司、腾讯控股有限公司、中国移动通信集团有限公司、招商银行股份有限公司、交通银行股份有限公司。腾讯控股有限公司首次进入效益 200 佳前 10 位。

二、2018 中国企业效益 200 佳规模增长分析

中国企业效益 200 佳的营收增长速度继续提高，资产和所有者权益规模的增速有所下降，且同时低于收入和净利的增速，这是近年来首次出现的情况。2018 中国企业效益 200 佳的营业收入约为 41.58 万亿元，较上年（39.34 万亿元）增长了 5.69%，增速提高 1.75 个百分点；资产总额约为 240.00 万亿元，较上年（225.67 万亿元）增长了 6.35%，增速下降 4.71 个百分点；归属母公司所有者权益总额约为 26.64 万亿元，与上年（26.38 万亿元）基本持平，增速下降 4.08 个百分点；从业人员 2663.83 万人，高出上年（2095.79 万人）27.10%。

2018 中国企业效益 200 佳的发展质量明显改善。其收入利润率为 7.53%，高出上年（7.10%）0.43 个百分点；净资产收益率为 17.58%，高出上年（10.59%）6.99 个百分点。

三、2018 中国企业效益 200 佳的结构分析

1. 银行、黑色冶金、住宅地产 3 个行业企业最多

在全部 60 个行业中，银行业效益位居榜首，但占比下降。银行业企业数为 28 家，与上年相同，实现净利润 14408 亿元，较上年（13615 亿元）增长 5.82%，增幅提高 4.19 个百分点；在 200 家企业中的占比由上年的 48.75% 下降到 46.00%，近年来连续三年不足五成。

2018 中国企业效益 200 佳中共有 10 个行业入围企业数量超过 5 家，居前三位的是银行业、黑色冶金、住宅地产，分别有 28、19 和 17 家企业；黑色冶金由上年的 5 家增加到 19 家，增加较多。汽车及零配件制造、房屋建筑、互联网服务、保险业、医药制造、多元化金融也是入围企业相对较多的行业。2018 中国企业效益 200 佳分行业主要经济指标情况如表 5-2 所示。

表 5-2　2018 中国企业效益 200 佳分行业主要经济指标情况

行业	企业数	净利润/万元	营业收入/万元	纳税总额/万元	资产/万元
全国	200	313220502	4158442425	273279625	23999789316
商业银行	28	144079865	642372685	56936657	15561585297
住宅地产	17	18314226	163041809	20984328	753126201
互联网服务	6	17540015	105819873	4750922	180717100
多元化金融	5	17297448	203115448	12093081	2038320865
汽车及零配件制造	9	10741246	335741078	35303591	303960862
电讯服务	2	8618542	117689325	6726619	254664223
房屋建筑	8	7946321	269862956	8985873	311001922

续表

行业	企业数	净利润/万元	营业收入/万元	纳税总额/万元	资产/万元
电网	2	7753036	285004027	17033952	455295470
黑色冶金	19	7437649	153347498	5127077	107581494
家用电器制造	5	6146741	81034717	4870118	99622599
保险业	6	5570854	137647294	6216752	444744870
通信设备制造	1	4745100	60362100	867300	50522500
综合服务	4	3949649	131460992	616417	265211373
邮政	1	3352754	48795358	1860944	926367756
酒类	1	2707936	6106276	2306565	13461012
一般有色	4	2664008	68438235	99284	45860544
航空航天	2	2589629	46139932	575415	70034387
土木工程建筑	3	2474424	159539684	7563898	272488758
煤炭采掘及采选	3	2297439	89324641	11205100	218175387
药品制造	6	2210595	30809096	1610066	27671453
石油、天然气开采及生产	1	2040139	55070629	6994057	112923531
证券	2	1721381	4979731	734440	89161096
综合制造	2	1582008	17140313	881335	66572614
石化及炼焦	3	1575658	232614743	32892077	244996953
电力电气设备制造	2	1473222	25632947	292689	41122016
化学原料及化学品制造	2	1386842	8113568	679408	8612096
饮料	3	1337624	13228669	1149622	9713578
纺织印染	2	1335886	43744961	1145249	26469127
服装及其他纺织品	3	1293506	19348107	764018	20816758
港口运输	1	1153619	3742394	367907	14123490
水泥及玻璃制造	3	1128541	25336861	1751076	39495853
兵器制造	2	1079712	73908955	1159044	74522657
食品	2	1070475	18509451	661468	11814595
综合能源供用	3	1056421	16805616	974434	42754713
公路运输	3	1046718	22260659	1352278	125399359
多元化投资	2	991100	26245834	972707	78806905
农副产品	2	967452	12865497	264303	16640840
风能、太阳能设备制造	3	962116	16039688	722432	29101368
水上运输	1	948697	23425514	—	71251530
航空运输	2	884746	23906205	1775559	48962541
商业地产	1	878081	5963543	1101211	37586471
船舶制造	2	868207	33582926	863651	61407741

续表

行业	企业数	净利润/万元	营业收入/万元	纳税总额/万元	资产/万元
轮胎及橡胶制品	2	782760	4886523	195884	3966332
汽车摩托车零售	2	728625	9639043	542784	6118366
化学纤维制造	1	686687	30794113	717788	11956156
造纸及包装	2	655346	13192466	327225	13945581
化工医药商贸	1	509126	51882319	1984966	41719521
物流及供应链	1	471842	7109429	319578	5361408
医药及医疗器材零售	1	466409	35039624	1149843	28197729
轨道交通设备及零配件制造	1	461569	21693414	1676622	40528703
电力生产	1	458297	8535527	883615	63295715
医疗设备制造	1	383848	3781624	197606	3917618
贵金属	1	350772	9454862	464180	8931526
软件和信息技术	1	321651	14600354	262806	13070351
工程机械及设备制造	1	311428	1604002	62274	1045231
计算机及办公设备	1	304655	2243958	72847	1591595
航空港及相关服务	1	292985	1479972	188639	8067752
机电商贸	1	277533	15700579	602829	15696003
能源矿产商贸	1	271423	21588470	397215	5085872
农产品及食品批发	1	265918	47096311	—	54623952

2. 东部入围企业数量增加,其他地区企业效益占比均略升

从企业总部的地区分布看,2018 中国企业效益 200 佳分布在 25 个省、自治区、直辖市,与上年相比,云南企业退出,陕西、江西、山西、广西、宁夏企业进入。

入围企业主要集中在东部地区,增加的入围企业也主要在东部。200 家企业中,东部地区 172 家,较上年增加 3 家;中部地区 10 家,较上年减少 1 家;西部地区 13 家,比上年减少 3 家;东北地区 5 家,较上年增加 1 家。从省份来看,增加较多的是河北 8 家,福建 6 家,山东 3 家,浙江 3 家;减少较多的是北京 7 家,广东 6 家,四川 4 家,湖北 3 家;其他省份增减在 2 家以内或保持不变。2018 中国企业效益 200 佳企业总部所在地区分布情况如表 5-3 所示。

从企业效益的占比看,四个地区相对稳定,东部地区略降,其他地区均略升。东部地区企业净利润占 200 佳总额的 94.70%,较上年(95.00%)下降 0.30 个百分点;中部地区占比 1.44%,较上年(1.32%)上升 0.12 个百分点,西部地区占比 2.72%,较上年(2.69%)上升 0.03 个百分点;东北地区占比 1.14%,较上年(1.00%)上升 0.14 个百分点。

表 5-3 2018 中国企业效益 200 佳企业总部所在地区分布情况

省市	企业数	净利润/万元	营业收入/万元	纳税总额/万元	资产总额/万元	从业人数/人
全国	200	314323434	4158434063	273279625	24000282298	18212153
北京	55	168107919	2313040476	157585713	16676780910	11280394
广东	30	59181906	666214467	39125663	2569479589	2782773
上海	19	27121251	299365419	24733552	2348879300	760620
浙江	15	12143919	121849991	8567424	269601244	491226
山东	19	10215613	177833301	7655495	362911514	617664
福建	7	7756945	74693932	3935774	704614907	136768
江苏	11	6487362	174808757	4098376	133152894	993702
河北	12	4652732	65757668	3204274	62378016	230943
贵州	1	2707936	6106276	2306565	13461012	24029
重庆	3	2526045	12404301	1872115	169130496	39785
吉林	2	2223795	48860152	6733992	82916359	131067
天津	4	1984191	13074618	640833	173186503	22693
河南	3	1465867	18335292	993085	76731081	116570
辽宁	3	1368652	14059418	1093858	111364012	33574
湖北	1	946202	63053613	5515133	46485423	180433
内蒙古自治区	2	880658	14687658	1194137	16039799	60662
湖南	2	696066	12314440	725267	58765695	38594
广西壮族自治区	2	690801	9954377	360402	6487971	24984
新疆维吾尔自治区	2	579977	7786074	481576	17827277	29658
江西	2	576488	6548735	564692	40204054	26017
安徽	1	573097	13252810	1089236	12764767	48381
宁夏回族自治区	1	520472	7400594	100284	18822330	20062
陕西	1	356452	1636228	114202	3288370	17702
四川	1	292340	7299781	235939	11736881	69587
山西	1	266748	8095685	352038	13271894	34265

3. 民营企业数量过半，企业整体盈利能力回升

2018 中国企业效益 200 佳中民营企业数量继续增加，首次超过半数。其中国有企业有 99 家，较上年（108 家）减少 9 家；民营企业 101 家，相应较上年增加 9 家。99 家国有企业共实现净利润 22080 亿元，占全部 200 佳净利润的 70.49%，较上年（73.25%）下降 2.76 个百分点。2018 中国企

业效益 200 佳企业所有制结构分布情况如表 5-4 所示。

以资产利润率反映企业盈利能力,国有民营企业均有所回升。2018 中国企业效益 200 佳的平均资产利润率为 1.31%,较上年（1.24%）提高 0.07 个百分点。其中,国有企业为 1.05%,较上年（1.04%）提高 0.01 个百分点;民营企业为 3.06%,较上年（2.56%）提高 0.50 个百分点。

收入利润率的提升是资产整体效率改善的主要表现。2018 中国企业效益 200 佳的平均资产周转率为 0.173 次/年,较上年（0.174 次/年）基本持平。其中,国有企业为 0.144 次/年,较上年（0.152 次/年）减慢 5.26%;民营企业为 0.379 次/年,较上年（0.324 次/年）加快 16.97%。2018 中国企业效益 200 佳的平均收入利润率为 7.53%,较上年（7.10%）提高 0.43 个百分点。其中,国有企业为 7.32%,较上年（6.84%）提高 0.48 个百分点;民营企业为 8.08%,较上年（7.90%）提高 0.18 个百分点。

表 5-4 2018 中国企业效益 200 佳企业所有制结构分布情况

项目	企业数	营业收入/万元	净利润/万元	资产/万元
全国	200	4158442425	313220502	23999789316
国有	99	3014404104	220800871	20979917043
民营	101	1144038321	92419631	3019872273

第六章
2018 中外 500 强企业对比分析报告

2017 年，世界经济开始走出危机后的深度调整阶段，经济增长率明显回升。国际货币基金组织（IMF）的数据显示，2017 年全球经济增长高于 3%，出现近 10 年来最大范围的增长提速。发达经济体增长持续，新兴经济体增长趋稳回升，国际贸易增速明显回升，并带动全球制造业回暖。尤其是 2017 年中国国内生产总值增长 6.9%，对提升世界经济增长起到了重要作用。中国推动的"一带一路"和国际产能合作倡议，有力地开拓了国际合作的新空间和新领域，为世界经济增长注入了新动力。

受世界经济复苏的影响，2018 中国企业 500 强、世界 500 强和美国 500 强均实现了营业收入和利润的较高增长，而且利润增长高于收入增长（利润指归属母公司股东净利润）。2018 世界 500 强营业收入增速与利润增速分别达到了 8.26% 和 23.68%，2018 美国 500 强营业收入增速与利润增速分别是 6.29% 和 12.90%。2018 中国企业 500 强的营业收入依然以 11.19% 的增速领先，13.28% 的利润增长速度则位于世界 500 强与美国 500 强之间。总体来看，中国大企业在世界大企业中的地位进一步提升，在部分领域具备了一定的竞争力，但与世界一流企业相比，综合竞争力有着较大差距，技术和产业层次亟待提升。积极应对国内外环境变化带来的挑战，按照高质量发展的根本要求，持续深化改革创新，不断增强竞争优势，仍是一项紧迫而艰巨的任务。

一、2018 世界 500 强格局及中国上榜企业发展特征

1. 中国上榜企业数量接近美国

当地时间 2018 年 7 月 19 日，美国《财富》杂志向全球同步发布了 2018 世界 500 强排行榜。中国公司上榜数量从上年的 115 家增至 120 家。从 1995 年《财富》世界 500 强排行榜同时纳入工业企业和服务性企业以来，还没有任何一个国家的企业数量能够以如此迅猛的速度增长。

中国 120 家上榜企业中，内地企业为 107 家，比上年增加 2 家，非常接近排名第一位的美国，远超第三位的日本。其他 13 家企业包括中国台湾地区 9 家，中国香港地区 4 家（招商局集团、太平保险视为内地企业）。2018 榜单美国企业为 126 家，比上年减少 6 家。日本上榜企业数量比上年增加 1

家,与 2016 世界 500 强中上榜数量同样为 52 家。法国有 28 家企业上榜,比上年减少 1 家;德国有 32 家企业上榜,比上年增加了 3 家;英国有 20 家企业上榜,比上年减少 3 家,近三年来持续下降(见图 6-1)。

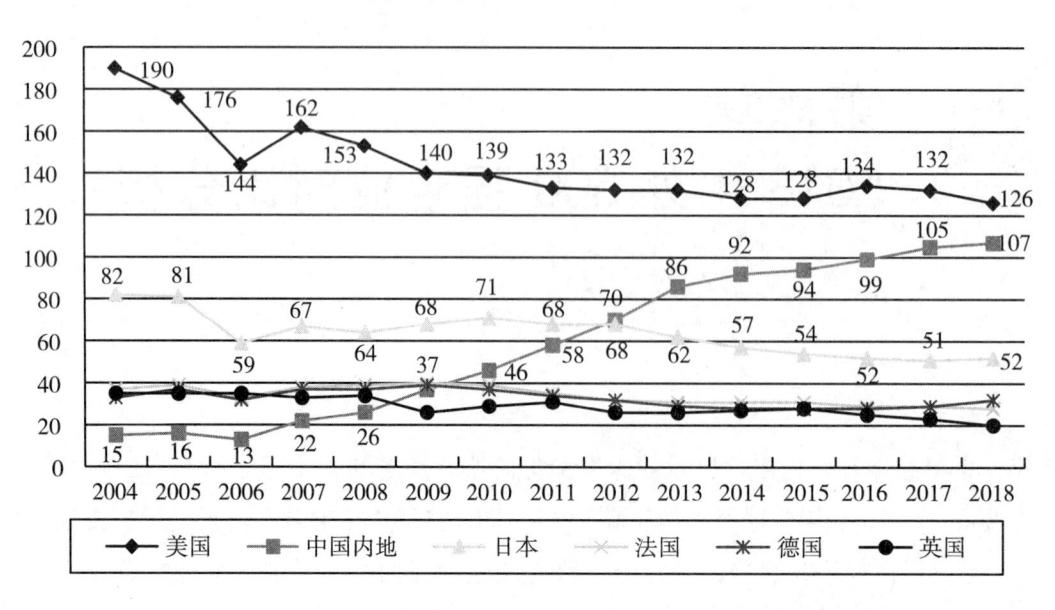

图 6-1 2004—2018 世界 500 强中主要经济体上榜企业数量变化趋势

2018 世界 500 强共有 33 家企业首次上榜或重新上榜,如表 6-1 所示。其中 13 家中国企业再次或首次上榜,10 家来自中国内地,3 家来自中国台湾。中国内地企业包括招商局集团、雪松控股、象屿集团、兖矿集团、鞍钢集团、首钢集团、中国太平保险集团、泰康保险集团、河南能源化工集团、青岛海尔。中国已经连续多年成为世界 500 强新进企业最重要的培育摇篮。

表 6-1 2018 世界 500 强新上榜企业名单

排名	公司名称	国家和地区	排名	公司名称	国家和地区
165	丰田通商公司	日本	453	英美烟草集团	英国
197	印度石油天然气公司	印度	454	CFE 公司	墨西哥
269	麦德龙	德国	465	中国太平保险集团有限责任公司	中国内地
280	招商局集团	中国内地	469	波兰国营石油公司	波兰
326	东芝	日本	471	KB 金融集团	韩国
361	雪松控股集团	中国内地	476	森科能源公司	加拿大
375	象屿集团	中国内地	477	巴登-符腾堡州能源公司	德国
399	兖矿集团	中国内地	479	富邦金融控股股份有限公司	中国台湾
400	国际资产控股公司	美国	480	阿迪达斯集团	德国
428	鞍钢集团公司	中国内地	484	DXC Technology 公司	美国
431	首钢集团	中国内地	487	Fomento Económico Mexicano 公司	墨西哥
432	纬创集团	中国台湾	489	泰康保险集团	中国内地
433	雅培公司	美国	491	德国勃林格殷格翰公司	德国

续表

排名	公司名称	国家和地区	排名	公司名称	国家和地区
436	台湾中油股份有限公司	中国台湾	493	CJ 集团	韩国
442	SK 海力士公司	韩国	496	河南能源化工集团	中国内地
449	英美资源集团	英国	499	青岛海尔	中国内地
452	Plains GP Holdings 公司	美国			

2. 中国企业整体排名升势明显，但行业分布仍有进一步优化空间

2018 世界 500 强上榜的中国企业中，前三名分别是国家电网、中国石化、中国石油，3 家企业分列榜单的第二位至第四位，名次与上年保持一致；第四位至第十位分别为中国建筑、鸿海精密、工商银行、平安保险、建设银行、上汽集团、农业银行，名次与上年略有不同。

榜单中的中国企业排名整体上升。120 家上榜中国企业中，除 13 家新进榜企业外，有 60 家中国企业排名上升，平均上升了 43.78 个名次；有 53 家中国内地企业排名上升，平均上升了 45.91 个名次；中国企业有 40 家排名下降，平均下降 25.7 个名次；其中中国内地企业有 37 家排名下降，平均下降 22.57 个名次。上榜中国内地企业中排名上升的企业明显多于排名下降的企业，且平均上升幅度远大于平均下降幅度。排名跃升最快的前 10 家企业中有 8 家都来自中国内地，其中国家能源投资集团凭借上升 175 位的好成绩占据榜首。除了国家能源投资集团外，其余 7 家分别为阿里巴巴（上升 162 位）、腾讯（上升 147 位）、山东能源集团（上升 138 位）、厦门国贸（上升 134 位）、美的（上升 127 位）、厦门建发（上升 126 位）和碧桂园（上升 114 位）。其中，阿里巴巴、腾讯、厦门国贸、厦门建发和碧桂园均为第二次上榜，如表 6-2 所示。排名下降方面，中国兵器装备集团公司、来宝集团下降了 100 多位，中国中车股份有限公司和大同煤矿集团有限责任公司排名均下降了 67 位，如表 6-3 所示。

表 6-2 2018 世界 500 强中国企业排名上升前 10 位

2018 排名	2017 排名	排名上升	公司名称
101	276	175	国家能源投资集团
300	462	162	阿里巴巴集团
331	478	147	腾讯控股有限公司
234	372	138	山东能源集团有限公司
360	494	134	厦门国贸控股集团有限公司
323	450	127	美的集团股份有限公司
362	488	126	厦门建发集团有限公司
353	467	114	碧桂园控股有限公司
230	338	108	中国恒大集团
181	261	80	京东集团（JD.COM）

表 6-3 2018 世界 500 强中国企业排名下降前 10 位

2018 排名	2017 排名	排名上升	公司名称
242	101	-141	中国兵器装备集团公司
339	205	-134	来宝集团
385	318	-67	中国中车股份有限公司
497	430	-67	大同煤矿集团有限责任公司
381	322	-59	新兴际华集团
374	319	-55	长江和记实业有限公司
494	445	-49	山西阳泉煤业（集团）有限责任公司
495	448	-47	潞安集团
359	320	-39	冀中能源集团
273	241	-32	中国联合网络通信股份有限公司

中国企业行业分布结构仍需优化。虽然中国在上榜企业数量上远远超越排在第三位的日本，但是除了金融业，日本上榜主体是 10 家电子和通信行业公司和 10 家汽车制造业公司，来自具备创新能力的优势行业；作为对比，中国除了金融业，最多的行业分布是 19 家能源、炼油、采矿公司和 14 家房地产、工程与建筑公司。

在互联网行业，随着阿里巴巴、腾讯上榜，加上上年首次上榜的京东集团，全球 6 家互联网服务大公司中国和美国各占一半。美国的 3 家为亚马逊、谷歌母公司 Alphabet，以及 2018 年新上榜的社交媒体巨头 Facebook。

2018 年在汽车制造业，中国有 7 家上榜公司，美国仅有通用汽车和福特两家。吉利是内地唯一一家上榜的民营车企。该公司过去一年跨越了百万辆销量门槛，在销量增幅和 500 强排名跃升幅度上位于国内行业首位。

行业分布企业数量前十位中，银行业中国企业有 10 家，占到了近 20%，美国企业有 8 家；汽车制造业中国企业有 7 家，美国企业有 2 家；炼油业中国企业有 3 家，美国企业有 6 家；人寿与健康保险业中国企业数量最多，为 6 家，美国企业有 2 家；采矿原油生产各国均是 1~2 家，中国企业有 13 家，占到了 61.90%；贸易行业中国企业有 11 家，日本企业有 6 家，没有美国企业；食品店和杂货店企业全部分布在发达国家，没有中国企业；公用设施行业中国有 3 家企业，美国有 1 家；电信行业中国有 3 家，美国有 4 家，但是美国企业的营业收入为中国企业的近两倍；财产与意外保险业美国企业有 7 家，中国企业只有 1 家。2018 世界 500 强行业分布企业数量前 20 名如表 6-4 所示。

表 6-4 2018 世界 500 强行业分布企业数量前 20 名

行业名称	上榜企业数	行业名称	上榜企业数
银行：商业储蓄	51	金属产品	15
车辆与零部件	34	电子、电气设备	15
炼油	31	航天与防务	14

续表

行业名称	上榜企业数	行业名称	上榜企业数
人寿与健康保险业	24	制药	13
采矿、原油生产	21	工程与建筑	11
食品店和杂货店	20	人寿与健康保险（互助）	10
贸易	20	计算机、办公设备	9
公用设施	18	多元化金融	9
电信	17	能源	9
财产与意外保险业	16	专业零售	9

3. 中国民营企业发展迅速，排名整体上升较快

中国民营企业在世界 500 强名单中逐渐崭露头角，上榜数量继续增长。2018 世界 500 强中，来自内地的民营企业已经有 23 家，如表 6-5 所示。有 3 家中国民营企业跻身 2018 世界 500 强前 100 名，其中，中国平安保险（集团）股份有限公司在前 50 强之列更进一步，达到了第 29 名的最好名次；华为名次持续上升，由 83 名上升到了 72 名；太平洋建设集团排名有所下降，但仍居于前 100，位列 96 名。另外，所有上榜的中国民营企业中，除新上榜 3 家企业外，仅有 5 家中国民营企业名次有所下降，分别是阳光龙净集团有限公司、万科企业股份有限公司、联想集团、山东魏桥创业集团有限公司、太平洋建设集团，下降名次分别为 5 名、25 名、14 名、26 名、7 名。其他 15 家企业的排名均实现了上升；升幅最大的是阿里巴巴集团，排名跃升了 162 位，其后分别是腾讯控股有限公司、美的集团股份有限公司、碧桂园控股有限公司，名次分别提升了 147 位、127 位和 114 位。

表 6-5　2018 世界 500 强中国民营企业上榜名单

排名	上年排名	公司名称	营业收入/百万美元	利润/百万美元
499	—	青岛海尔	23563.2	1024.7
489	—	泰康保险集团	24058.3	1683.2
464	459	阳光龙净集团有限公司	25605.1	452.5
456	495	新疆广汇实业投资（集团）有限责任公司	26106.0	32.5
427	485	苏宁易购集团	27805.7	623.3
364	365	江苏沙钢集团	32560.5	1061.8
361	—	雪松控股集团	32711.5	1068.1
353	467	碧桂园控股有限公司	33572.0	3856.3
332	307	万科企业股份有限公司	35117.4	4150.5
331	478	腾讯控股有限公司	35178.8	10580.6
323	450	美的集团股份有限公司	35794.2	2557.3
300	462	阿里巴巴集团	37770.8	9673.1
267	343	浙江吉利控股集团	41171.9	1820.3
252	277	绿地控股集团有限公司	42970.1	1337.2

续表

排名	上年排名	公司名称	营业收入/百万美元	利润/百万美元
240	226	联想集团	45349.9	-189.3
235	268	恒力集团	45562.8	1016.0
230	338	中国恒大集团	46018.6	3606.1
185	159	山东魏桥创业集团有限公司	53203.0	1270.0
181	261	京东集团	53964.5	-22.5
111	183	正威国际集团	72766.2	1545.8
96	89	太平洋建设集团	77204.5	3143.9
72	83	华为投资控股有限公司	89311.4	7020.8
29	39	中国平安保险（集团）股份有限公司	144196.8	13181.4

4. 上榜企业地域分布没有根本改变，多个省市实现零的突破

北京已经连续六年在入围世界500强企业数量城市排名中位居全球城市之首。107家进入2018世界500强的中国内地企业中，有53家企业的总部在北京，占世界500强的10.60%，占中国入围企业数量的44.2%。上海有7家企业进入世界500强。广东有12家企业进入世界500强，分别来自深圳（7家）、广州（3家）、佛山（2家）。位居中部的山西有4家企业进入世界500强，这4家企业全部为能源型企业。西北地区门户陕西，有延长石油、陕西煤业化工进入世界500强，也都是能源型企业。其他省份城市世界500强企业的数量基本上都在1~2家，除杭州外最多的不过两家。从省份看，东部沿海地区属于进入世界500强企业的集中驻地，远超过中西部。其中江苏省有3家，分别在南京、苏州、张家港；福建有5家，分别在厦门和福州；浙江省也是3家，均在杭州，如表6-6所示。

整体来看，同上年相比，北京、上海的世界500强中国企业各减少了3家、1家；其他多个内地城市实现了世界500强中国企业总部分布零的突破，分别是辽宁鞍山、山东青岛、河南郑州、山东邹城。虽然近年来随着一些地方国有企业和民营企业的不断上榜，中国世界500强企业的区域分布呈现一定程度的分散化，但内地世界500强企业集中分布在东部地区的格局并没有发生根本性转变。107家内地企业中，中部地区只有11家企业，西部企业只有2家，2家企业来自东北地区，其他企业多来自东部特别是东南沿海地区。

表6-6 2017-2018世界500强中国内地企业总部分布

总部城市	2018企业数量	2017企业数量	总部城市	2018企业数量	2017企业数量
北京	53	56	山东济南	1	1
上海	7	8	山西晋城	1	1
深圳	7	6	江苏南京	1	2
广东广州	3	3	山东青岛	1	0
浙江杭州	3	3	河北石家庄	1	1
福建厦门	3	2	江苏苏州	1	1

续表

总部城市	2018 企业数量	2017 企业数量	总部城市	2018 企业数量	2017 企业数量
广东佛山	2	2	天津	1	1
福建福州	2	2	湖北武汉	1	1
陕西西安	2	2	河北邢台	1	1
辽宁鞍山	1	0	山西阳泉	1	1
山东滨州	1	1	江苏张家港	1	1
山西大同	1	1	吉林长春	1	1
江西贵溪	1	1	山西长治	1	1
山东邹城	1	0	河南郑州	1	0

5. 中国企业盈利能力存在较大差距，产业结构亟待升级

2018 世界 500 强上榜企业的平均营业收入为 599.93 亿美元，平均利润 37.61 亿美元；上榜中国企业平均营业收入和利润分别为 596.86 亿美元和 30.72 亿美元，低于世界 500 强公司的平均水平，其中，中国内地 107 家企业平均营业收入和利润为 618.82 亿美元和 31.56 亿美元。尽管 2018 世界 500 强中国内地企业在一些指标上超过了国际平均水平，但是与先进国家相比还是存在较大的差距，尤其是在一些具体的行业对比上，中国企业竞争力仍需提升。在汽车行业，中国内地 6 家企业上榜，即上汽、一汽、东风、北汽、广汽和吉利，共计实现营业收入 4527.23 亿美元，美国仅有福特和通用两家企业上榜却实现了 3140.87 亿美元的营业收入。在利润方面，中国 6 家车企实现 137 亿美元的利润，日本 9 家企业累计实现 495.77 亿美元的利润。

中国内地企业的利润主要是集中于 10 家银行，总计实现 1788 亿美元的利润总额，占到了全部中国上榜企业利润总额的 48.51%。从营业收入利润率角度看，中国企业营业收入利润率为 5.15%，其中，内地企业营业收入利润率为 5.10%，均低于 2018 世界 500 强 6.27% 的整体水平，明显低于美国企业 7.39% 的水平。

从上榜企业行业结构看，中美两国行业结构存在显著差异。作为参照，上榜的美国大企业中没有房地产、工程建筑和金属冶炼企业，却在 IT、生命健康和食品相关等领域存在众多大公司；中国正好与此形成反差。尤其在卫生健康/食品批发、保险管理式医疗、食品生产加工、娱乐等与人的生活和健康密切的产业里，有美欧、日本、巴西等国公司，中国却没有任何企业上榜，说明中国的经济转型仍然需要进一步地推进，与美国相比企业在科技领域的发展还有比较大的差距，传统行业仍然占据了主要的地位。美国 126 家企业涉及行业主要集中在金融保险、医疗保健与制药、食品生产与销售、高端制造等领域；中国内地 107 家企业涉及行业主要集中在银行、采矿与原油、工程建筑、车辆与零部件、金属产品领域，如表 6 - 7 所示。

表6-7 中美两国企业在2018世界500强的行业分布差异

所属行业	美国企业数量	中国内地企业数量	中美差异
半导体、电子元件	1	0	-1
保健：保险和管理医保	6	0	-6
保健：药品和其他服务	2	0	-2
财产与意外保险（股份）	7	1	-6
财产与意外保险（互助）	2	0	-2
采矿、原油生产	1	13	12
车辆与零部件	2	7	5
船务	0	3	3
电信	4	3	-1
电子、电气设备	1	3	2
多元化金融	4	2	-2
服装	1	0	-1
房地产	0	5	5
纺织	0	2	2
工程与建筑	0	7	7
工业机械	1	2	1
管道运输	3	0	-3
航空	3	0	-3
航天与防务	6	6	0
互联网服务和零售	3	3	0
化学品	1	1	0
计算机、办公设备	4	1	-3
计算机软件	2	0	-2
家居、个人用品	1	0	-1
建筑和农业机械	2	0	-2
建材、玻璃	0	1	1
金属产品	0	9	9
炼油	6	2	-4
贸易	0	10	10
能源	1	3	-2
批发：保健	3	0	-3
批发：电子、办公设备	2	0	-2
批发：食品	2	0	-2
人寿与健康保险（股份）	2	4	2
人寿与健康保险（互助）	4	2	-2

续表

所属行业	美国企业数量	中国内地企业数量	中美差异
食品：消费产品	3	0	-3
食品店和杂货店	5	0	-5
食品生产	4	0	-4
网络、通信设备	1	1	0
信息技术服务	2	0	-2
烟草	1	0	-1
医疗器材和设备	1	0	-1
银行：商业储蓄	8	10	2
饮料	1	0	-1
邮件、包裹及货物包装运输	3	2	-1
油气设备与服务	1	0	-1
娱乐	3	0	-3
制药	5	2	-3
专业零售	4	1	-3
综合商业	4	0	-4

二、2018 世界 500 强、美国 500 强基本情况分析

1. 2018 世界 500 强简要分析

2018 世界 500 强实现营业收入 30.00 万亿美元，实现净利润 1.88 万亿美元，相比 2017 世界 500 强分别提高 8.26% 和 23.67%。此外，资产规模达到 132.63 万亿美元，所有者权益为 18.84 万亿美元，员工总数为 67682117 人。2018 世界 500 强入围门槛为 235.56 亿美元，比上年上升了 19.47 亿美元。总体来看，2018 世界 500 强企业规模扩张持续加速，整体盈利情况继续改善。

（1）营业收入增速明显反弹，整体规模未来几年有望恢复历史最高水平。

自 2013 年开始，世界 500 强的营业收入增长率一直呈现下降趋势，特别是 2016 世界 500 强的营业收入第一次出现了负增长，负增长高达 11.46% 之多。不过此后 2017 世界 500 强 0.27% 的增长率重新稳住了整体增长势头，而 2018 世界 500 强 8.26% 的增长率则是近 6 年来世界 500 强营业收入的最快增速。从营业收入的绝对水平来看，2018 世界 500 强将近 30 万亿美元的营业收入总额已经重新超越了 2016 世界 500 强 27.63 万亿美元的水平，与 2015 世界 500 强 31.21 万亿美元的营业收入总额相比也仅仅只有 1.21 万亿美元的差距，以目前的增长趋势来看，世界 500 强的营业收入总额很有可能在近几年恢复历史最高水平，如图 6-2 所示。

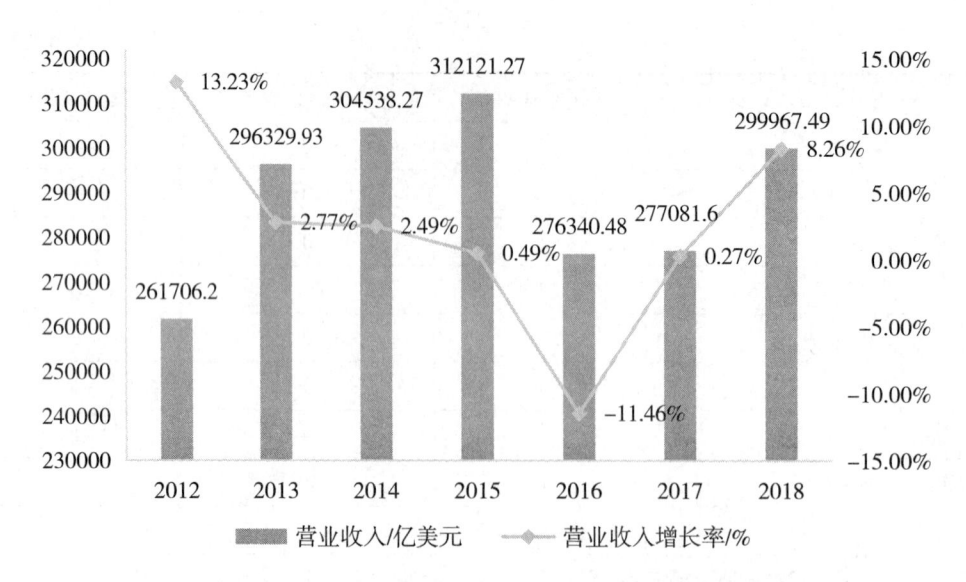

图 6-2 2012—2018 世界 500 强营业收入总额及增速

从具体企业来看，在 467 个提供可比数据的上榜企业中，有 394 家世界 500 强的营业收入同比增长。增幅最大的是国家能源投资集团，由于实施并购营业收入大幅增长 102.36%，实现营业收入翻倍；布鲁克菲尔德资产管理公司、阿里巴巴集团、山东能源集团有限公司、腾讯控股有限公司、厦门国贸控股集团有限公司 5 家企业的营业收入增幅也都在 50% 以上，中国公司增速抢眼，在其中独占四席。营业收入同比减少的企业只有 73 家，降幅超过 30% 的只有 4 家，这两项数据均远远低于上年水平。回顾 2017 年世界经济发展可以看到，劳动力市场持续改善，全球物价水平温和上升，大宗商品价格有所上涨，国际贸易增速提高，这些因素使得 2017 年世界经济增速明显提升，2018 世界 500 强的发展反映了这一趋势。

（2）企业减亏增利范围扩大，盈利能力有较大提升。

2018 世界 500 强的总利润为 1.88 万亿美元，比上年大幅上升了 23.68%，营业收入利润率为 6.27%，较上年提升了 0.77 个百分点，并且达到了 2015 年以来的最高水平。

从具体企业层面看，除了贺利氏控股集团没有提供利润数据，2018 世界 500 强中有 39 家企业发生不同程度亏损，比 2017 年减少了 3 家，亏损面仅为 7.82%；39 家企业合计亏损 713.63 亿美元，亏损额比上年减少了 245.09 亿美元，亏损企业平均亏损金额为 18.30 亿美元，比上年企均亏损减少了 4.53 亿美元。亏损最多的企业是墨西哥石油公司的 148.46 亿美元，时隔一年再次排在世界 500 强亏损榜第一位，它也是 2018 世界 500 强企业中唯一一家亏损超过 100 亿美元的企业。

相对于亏损面，2018 世界 500 强企业盈利面有所扩大，企业盈利能力明显上升。在 466 家提供了可比净利润增速数据的企业中，有 303 家企业的净利润有了不同程度提升。在净利润正增长的企业中，有多达 59 家企业的净利润比上年同比增长了 100% 以上，增长 500% 以上的企业更是有 12 家。其中从事食品及杂货店行业的来德爱公司的净利润从上年的 0.04 亿美元增长到了目前的 94.35 亿美元，增长了 200 多倍，在利润增长榜单上排在第一位。

从近三年的各项盈利数据对比来看，2018 世界 500 强营业收入利润率、资产利润率、净资产利润率分别为6.27%、1.42%和9.98%，对比2017世界500强分别提高了0.77个百分点、0.16个百分点和0.08个百分点，2018世界500强延续了2017的增长趋势，盈利能力整体上升非常明显。从人均净利润看，近三年来世界500强的总体人均净利润呈明显上升趋势，2018世界500强人均净利润为2.78万美元，比2017世界500强人均水平高出0.5万美元，比2016世界500强人均水平高出0.54万美元，整体增长非常显著，如表6-8所示。

表6-8 2016—2018世界500强主要利润率和人均指标

	营收利润率/%	资产利润率/%	净资产利润率/%	人均利润/万美元
2016	5.36	1.25	9.62	2.24
2017	5.50	1.25	9.90	2.28
2018	6.27	1.42	9.98	2.78

（3）上榜企业产业结构稳定，各行业企业数量变动不大。

2018世界500强共涉及55个行业大类，比2017世界500强行业大类少了两个，分别是旅游服务行业和多元化批发商和其他行业，雇佣帮助行业则更名为人力资源和雇佣服务行业。

总体上看，行业上榜企业数量变动不大，新增企业数量最多的是贸易行业，新增了5家；采矿及原油生产、金属产品和炼油行业分别新增了3家，船务、电子及电气设备行业分别增加了2家，多元化金融、服装、管道运输、计算机及办公设备、建材及玻璃、人寿与健康保险、烟草等行业各新增了1家。减少企业最多的行业是工业机械行业、能源行业以及综合商业行业，这些行业都减少了3家，财产与意外保险、工程与建筑、饮食服务业和制药业分别减少了2家，半导体及电子元件、电信、房地产、航空等行业减少了1家上榜企业。具体情况如表6-9所示。

表6-9 2017—2018世界500强企业行业分布变化

排序	上榜企业数量增加的行业	增加数/家	上榜企业数量减少的行业	减少数/家
1	贸易	5	工业机械	3
2	采矿、原油生产	3	能源	3
3	金属产品	3	综合商业	3
4	炼油	3	财产与意外保险（股份）	2
5	船务	2	工程与建筑	2
6	电子、电气设备	2	食品：饮食服务业	2
7	多元化金融	1	制药	2
8	服装	1	半导体、电子元件	1
9	管道运输	1	电信	1
10	计算机、办公设备	1	房地产	1
11	建材、玻璃	1	航空	1
12	人寿与健康保险（互助）	1	批发：保健	1

续表

排序	上榜企业数量增加的行业	增加数/家	上榜企业数量减少的行业	减少数/家
13	烟草	1	批发：电子、办公设备	1
14	医疗器材和设备	1	食品店和杂货店	1
15	饮料	1	专业零售	1
16	邮件、包裹及货物包装运输	1		

（4）各大洲利润率指标存在明显差异，欧洲国家企业盈利能力相对偏低。

从上榜企业所在的区域分布看，亚洲各国上榜企业数量最多，为204家；其次为美洲的149家，欧洲有139家，金砖四国一共有138家。整体上看，大洋洲国家（澳大利亚）上榜企业的平均盈利水平最高，收入利润率、资产利润率、净资产利润率分别为12.71%、1.09%、11.91%，人均利润为5.19万美元；美洲国家上榜企业不少，盈利水平也比较高，收入利润率、资产利润率、净资产利润率分别为7.22%、1.94%、10.23%，人均利润为3.71万美元；欧洲企业与亚洲企业各有所长，欧洲企业的收入利润率、资产利润率、净资产利润率分别为5.88%、1.18%、9.57%，人均利润为2.62万美元，亚洲国家的收入利润率、资产利润率、净资产利润率分别为5.57%、1.24%、9.87%，人均利润为2.21万美元，如表6-10所示。

表6-10　各区域国家主要利润指标比较

	数量	收入利润率/%	资产利润率/%	净资产利润率/%	人均利润/万美元
欧洲	139	5.88	1.18	9.57	2.62
亚洲	204	5.57	1.24	9.87	2.21
美洲	149	7.22	1.94	10.23	3.71
大洋洲	7	12.71	1.09	11.91	5.19

2. 2018美国500强简要分析

北京时间2018年6月6日，《财富》杂志公布了2018美国500强榜单。这是《财富》杂志自1955年以来连续64年发布美国500强榜单。2017年是美国经历了金融危机后的第9年，国内生产总值增长2.27%，进一步呈现复苏态势。

2018美国500强实现营业收入为12.81万亿美元，与上年相比增长了6.29%，全部500家上榜公司的总收入相当于2017年美国GDP的66.1%，相对于上年提高了1.62个百分点。2018美国500强的上榜门槛提高到了54.29亿美元，较上年上升了5.52%；有25家企业新上榜，相对于上年的30家换榜率有所降低。盈利能力方面，2018美国500强实现利润1万多亿美元，增长了12.91%，增幅高出上年6.91个百分点。虽然2018美国500强的整体表现远优于前两年的水平，并呈现出持续增长的趋势，但其中大宗商品价格上升是让很多企业收入和利润大幅增长的主要原因，加上多年的"制造业回流"战略并没有达到预期效果，未来美国500强的发展还需继续观察。

（1）企业营收加速增长，营业总额再创新高。

2018 美国 500 强总的营业收入为 12.81 万亿美元，比上年增长了 6.29%，这是 2011 美国 500 强营业收入增长率开始下降以来的第二快增长率，仅次于 2012 美国 500 强 8.96% 的数字。经过两年的调整，2018 美国 500 强的营业收入总额已经超过了 2015 美国 500 强的水平。这一增长势头显示美国 500 强营业收入增速可能正处于一个 5~6 年的正增长周期，未来有望进一步小幅提升。近五年的美国 500 强营业收入及增长率变化情况如图 6-3 所示。

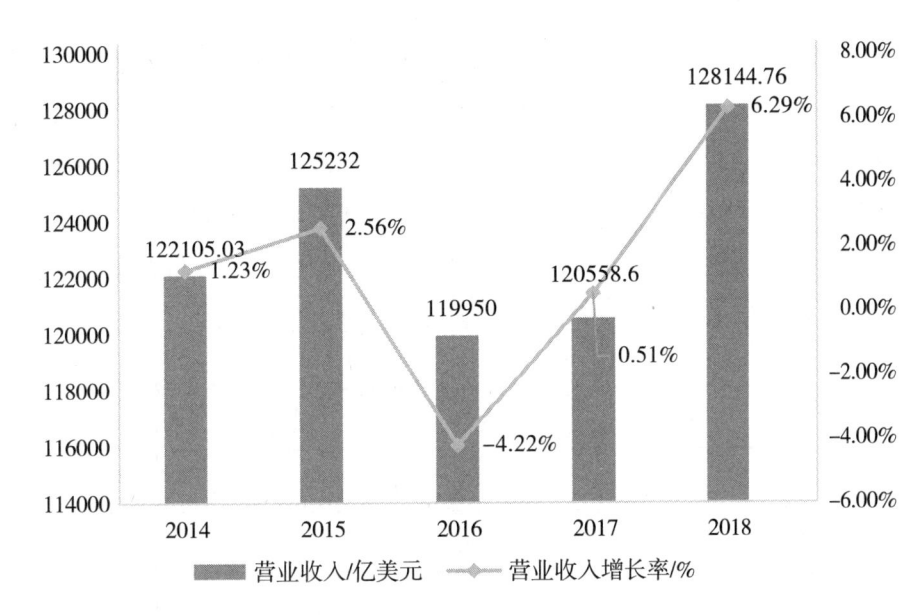

图 6-3　2014—2018 美国 500 强企业的营业收入总额及增长率变化

从具体企业情况来看，提供可比数据的 475 家美国 500 强企业中有 385 家企业的营业收入同比增长，仅有 90 家企业的营业收入出现不同程度的下降，如表 6-11 所示。增长最多的是国际资产控股公司，营业收入大幅增长 99.42%，几乎实现营业收入翻倍。此外特斯拉、美光科技两家公司的增长率也都在 60% 以上。营业收入减少最多的是计算机与办公设备行业的慧与公司，与上年相比营业收入减少了 42.40%，紧跟其后的施乐公司的营业收入也下降了 40.06%。此外欧迪办公、希尔顿全球控股、西尔斯控股和 Conagra Brands 公司的营业收入下降水平也在 20% 以上。

2017 年以来，虽然全球货币政策分化有所缓解，但流动性总体宽松的格局不变，大宗商品金融特性凸显，推动大宗商品价格温和上涨。虽然大宗商品市场价格分化走势加剧，但是原油和基本金属逐渐成为 2017 下半年大宗商品价格上涨的主导因素。美国企业 500 强的数据非常符合这一趋势，从近两年均上榜的采矿及原油生产企业来看，9 家企业中仅有一家出现了营业收入负增长，阿纳达科石油公司、EOG Resources 公司和康菲石油公司的营业收入增长率分别达到了 51.33%、46.50% 和 33.76%，在增长榜单上分别位列第 4、第 7 和第 22 名，整体增长非常明显。从 6 家上榜的金属产品企业来看，其营业收入增长率均位于 3%~25%，整体增长势头良好。

表6-11 2018美国500强企业营业收入增速区间分布

增长程度	100%~80%	80%~60%	60%~40%	40%~20%	20%~0%
企业数量	1	2	11	46	325
减少程度	0%~10%	10%~20%	20%~30%	30%~40%	40%~50%
企业数量	72	12	3	1	2

（2）企业盈利水平全面提升，大宗商品相关产业高速发展。

2018美国500强净利润增长了12.90%，与此对应，2018美国500强的主要收益率指标都出现了不同程度的上升。从图6-4可以看到，自2005年以来，除了少数例外年份，美国500强的营业收入利润率和利润增速基本上呈现同步变化的趋势。2018美国500强的营业收入利润率达到了7.84%，这已经是2005美国500强以来的第三高水平，而且当前的增长势头良好。从其他收益率指标来看，2018美国500强的资产收益率、净资产收益率分别为2.39%、13.89%，与上年的2.21%和13.07%相比均有一定上升，说明美国500强企业的整体盈利能力已经开始全面向好，如图6-4所示。

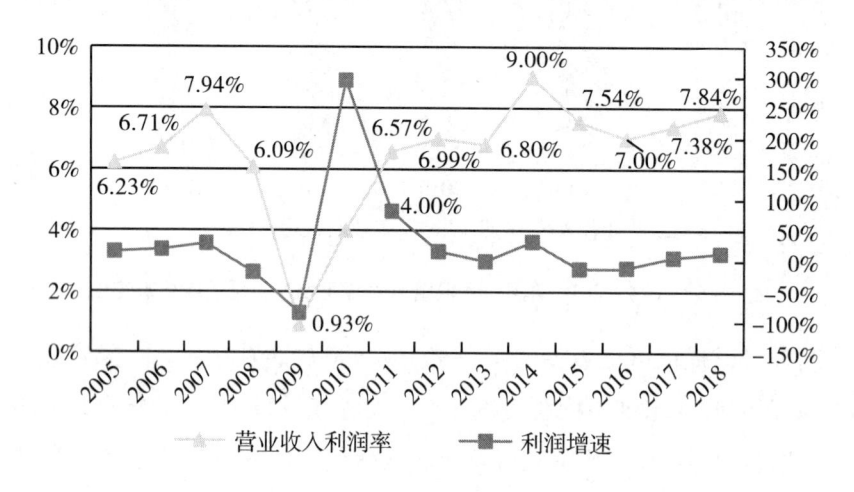

图6-4 2005-2018美国500强盈利水平变化趋势

分行业来看，在提供可比数据的69个行业中，有43个行业实现了平均利润的上涨，2017美国500强中采矿、原油生产行业平均利润为-24.72亿美元，2018美国500强相关企业的平均利润为8.29亿美元，不仅实现了扭亏为盈，而且3300亿美元的增长额已经高居净利润增长额的第四位，其他位于大宗商品产业的美国500强均有不俗表现，如表6-12所示。

表6-12 2018美国500强净利润增速与净利润增长额前五行业

序号	净利润增速前五行业	净利润增速/%	净利润增长额前五行业	净利润增长额/百万美元
1	金属产品	428.43	电信	7338.61
2	炼油	281.42	铁路运输	4657.33
3	建筑和农业机械	185.24	炼油	3651.87
4	铁路运输	183.48	采矿、原油生产	3300.30
5	电信	177.81	油气设备与服务	3287.67

从表 6-12 还可看出，金属产品、炼油、建筑和农业机械、铁路运输和电信分居企业平均利润增速前五位，增速都在 150% 以上，金属产品行业的增速高达 428.43%；从净利润增长额来看，电信、铁路运输、炼油、采矿、原油生产及油气设备与服务分居净利润增长额前五位，单一企业平均利润增长额都在 30 亿美元以上，其中增长数额最高的是电信行业，增加了 73.39 亿美元。

（3）收入和利润分布相对稳定，行业结构出现一定变化。

2018 美国 500 强排名前 50 的企业实现营业收入 6.02 万亿美元，占全部 500 强营业收入总额的 46.94%，与 2017 年的 46.87% 相比基本持平。2018 美国 500 强净利润排名前 50 企业实现利润 0.60 万亿美元，占全部 500 强企业利润总额的 60.02%，同样基本持平。

苹果公司以 483 亿美元的净利润位居榜首，这已经是苹果公司连续第四年位于最赚钱公司的榜首。上年净利润排名前 50 的企业中，有 33 家今年继续排在前 50 名，强生公司、花旗集团和吉利德科学公司等 17 家企业退出了榜单，卡夫亨氏公司、联合太平洋、特许通讯公司、雪佛龙等 17 家公司成为新晋最赚钱公司。

从新晋企业的行业分布来看，铁路运输行业一家独大，有三家企业进入净利润 50 强，其中联合太平洋公司以 107.12 亿美元的净利润排在第 16 位，CSX 科技公司（CSX）以 54.71 亿美元的净利润排在第 37 位，诺福克南方公司以 54.04 亿美元的净利润紧随其后，排在 38 位。从退出企业的行业分布来看，制药行业退出了 3 家，退出企业数量最多，其中强生公司的净利润仅为 13 亿美元，排名下滑到了 192 位，吉利德科学公司和安进公司的排名分别下滑到了第 51 位和第 128 位。此外商业银行、多元化金融和航天与防务行业也都退出了 2 家企业，其余行业的变化不大，具体情况如表 6-13 所示。

表 6-13 2018 美国 50 强行业结构变化情况

行业	退出企业数量	行业	进入企业数量
制药	3	铁路运输	3
商业银行	2	半导体、电子元件	1
多元化金融	2	食品：消费产品	1
航天与防务	2	车辆与零部件	1
车辆与零部件	1	娱乐	1
医疗器材和设备	1	电信	1
烟草	1	商业银行	1
半导体、电子元件	1	公用事业：天然气和电力	1
饮料	1	食品：饮食服务业	1
电子、电气设备	1	炼油	1
工业机械	1	邮件、包裹及货物包装运输	1
网络服务和零售	1	炼油	1
		证券	1
		批发：保健	1
		人寿与健康保险（股份）	1

从各行业具体变动来看，2017 美国 500 强的网络服务与零售行业在 2018 榜单上更名为互联网服务和零售行业，如果不考虑名称变化，则该行业中新增了 1 家企业上榜。此外，计算机、办公设备行业各新增 4 家企业上榜；采矿、原油生产行业、车辆与零部件行业、多元化外包服务行业和工业机械行业各新增 2 家企业上榜；半导体、电子元件行业、保险和管理医保行业、多元化金融等 16 个行业新增 1 家企业上榜；包装与容器行业、财产与意外保险行业、出版印刷等 33 个行业上榜企业数量没有变化；医疗设施行业、房屋建筑商行业、建筑和农业机械行业等 10 个行业各减少了 1 家上榜企业；电信、计算机软件、雇佣帮助等 5 个行业各减少了 2 家上榜企业；其他类的专业零售商行业减少了 3 家上榜企业。

2018 美国 500 强中共有 38 个行业上榜企业数量发生了变化，大约相当于总行业数量的一半。尽管换榜企业数量并不多，但上榜企业的行业结构发生了一定程度的变化。

（4）制造业空心化趋势得到一定遏制，但经济效益并未改善。

2018 美国 500 强中，共有制造业企业 164 家，比上年增加了 2 家；共实现营业收入 4.07 万亿美元，占全部 500 强营业收入的 31.79%，相比上年上升了 0.27 个百分点；实现利润 3086.72 亿美元，占全部 500 强净利润的 30.72%，相比上年下降了 6.71 个百分点。2018 美国 500 强中，共有服务业企业 272 家，比上年减少了 4 家；共实现营业收入 7.91 万亿美元，占全部 500 强营业收入总额的 61.72%，相对上年减少了 0.53 个百分点；共实现利润 6170.31 亿美元，占全部 500 强利润总额的 61.41%，比上年提升了 1.87 个百分点。

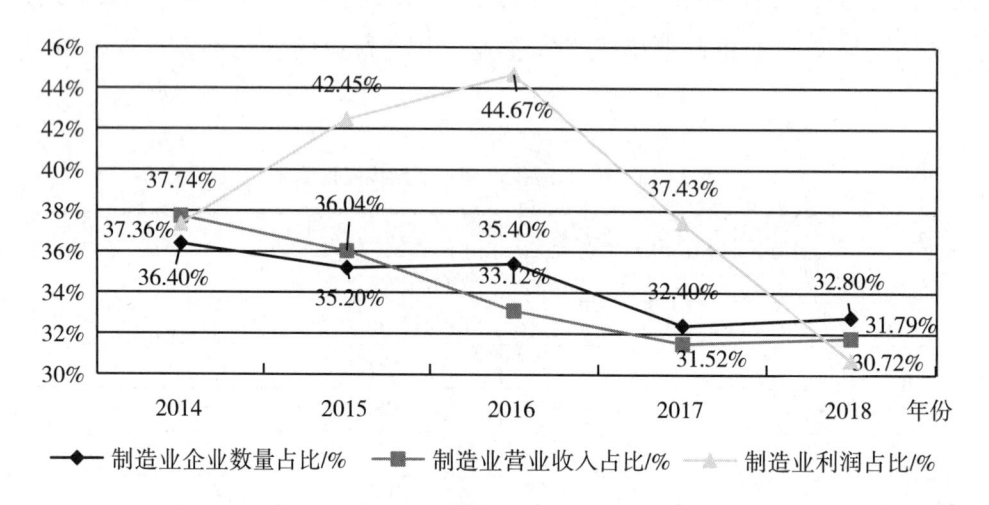

图 6-5 2014-2018 美国 500 强制造业各项指标占比

从 2014 到 2018 美国 500 强，制造业企业所占比例每年都在小幅波动，总体呈缓慢下降趋势，从 2014 美国 500 强中的 36.40% 下降到了 2018 美国 500 强中的 32.80%。同样，制造业营业收入比例也一直呈缓慢下降趋势，从 2014 美国 500 强中的 37.74% 下降到了 2017 美国 500 强中的 31.52%，2018 美国 500 强中则稍有上升，上升到了 31.79%。制造业利润所占比例则呈现"过山车"式变化，从 2014 美国 500 强中的 37.36% 猛增到了 2016 美国 500 强中的 44.67%，然后开始突然大幅下降，到了 2018 美国 500 强中已经下降到了 30.72% 的水平。可以看到，虽然这五年来各项数据的变化轨迹有很大差异，但从 2014 和 2018 美国 500 强比较来看，三项数据的变动幅度差异不大，综合来说，制造业在美国 500 强中的比例、份额和盈利能力是呈现缓慢下降趋势的，这与美国制造业在 GDP 中所占比重连年下降的趋势是一致的。

（5）金融企业数量增加但利润占比下降，细分行业发展呈现明显分化迹象。

2018 美国 500 强中，财产与意外保险、人寿与健康保险、商业银行、多元化金融、证券分别有 25 家、18 家、20 家、13 家和 7 家企业上榜，合计共有 83 家企业上榜，比 2017 年的 79 家企业多出了 4 家，其中人寿与健康保险增加了 1 家，商业银行增加了 1 家，多元化金融增加了 1 家，证券公司增加了 1 家。2018 美国 500 强中金融类企业共实现营业收入 2.19 万亿美元，较上年增长 7.88%；在全部收入中的占比为 17.10%，较上年上升 0.30 个百分点。实现利润 2239 亿美元，相比上年的 2248 亿美元略有下降，在全部利润中占 22.28%，较上年下降 2.97 个百分点。这是近 3 年来美国 500 强中金融业利润占比连续第二年下降，反映了美国经济中金融业新的发展特征。从更长时间周期来看，美国 500 强中金融业利润占比有所波动但相对稳定。

从金融业具体细分行业的表现来看，财产与意外保险行业的营业收入增长了 5.97%，净利润增长了 33.45%，行业盈利能力明显增强。多元化金融行业虽然营业收入增长率远超财产与意外保险行业，达到了 14.90%，但是净利润却大幅下降 41.22%。人寿与健康保险行业表现更为惊艳，在营业收入仅增长 2.59% 的情况下，净利润却增长了 76.62%，商业银行虽然也有 8.78% 的营业收入增长，但是净利润却降低了 16.55%，证券行业营业收入增长最多，达到了 23.44%，净利润的增长也非常不错，达到了 48.25%。综合来看，金融行业各细分行业企业数量变化并无明显差异，但是营业收入和净利润变化差异非常明显，其中无论是人寿与健康保险行业还是财产与意外保险行业的利润都实现了远超营业收入的增长率（见表 6-14）。

表 6-14 2018 美国 500 强金融行业企业变化情况

行业	营业收入增长率	净利润增长率	数量变化/家
财产与意外保险	5.97%	33.45%	0
多元化金融	14.90%	-41.22%	1
人寿与健康保险	2.59%	76.62%	1
商业银行	8.78%	-16.55%	1
证券	23.44%	48.25%	1

三、2018 中国企业 500 强、世界 500 强、美国 500 强比较分析

中国企业 500 强、世界 500 强、美国 500 强分别代表了中国大企业、世界大企业、美国大企业，三者发展状况之间的差异，也相应反映了中国大企业、世界大企业、美国大企业发展变化的不同之处。对比分析显示，尽管 2018 中国企业 500 强的营业收入增速高于世界和美国 500 强，增长质量有所改善，但与世界 500 强和美国 500 强相比仍有相当大的差距。

1. 中国企业 500 强营业收入增速持续领先于世界和美国 500 强

2018 中国企业 500 强共实现营业收入 71.17 万亿元，比上年增长了 11.20%，换算成美元则增长

了10.20%，而同期2018世界500强营业收入增长了8.26%，2018美国500强的营业收入仅增长了6.29%，中国企业500强的营业收入明显高于世界500强与美国500强。

2018中国企业500强的资产规模也继续实现了较快增长，资产总额为274.26万亿元，比上年增长了7.08%，换算成美元则增长了6.12%；而2018世界500强企业的资产总额增长了9.01%，2018美国企业500强的资产总额仅增长了4.76%，中国企业500强资产总额增速位于世界500强与美国500强之间。

2018中国企业500强的所有者权益总额为33.56万亿元，增长了9.24%，换算成美元则增长了8.24%；2018世界500强净资产增长了22.42%，2018美国500强净资产则增长了6.28%，中国企业500强净资产增长率虽然低于世界500强，但是高于美国500强，如图6-6所示。

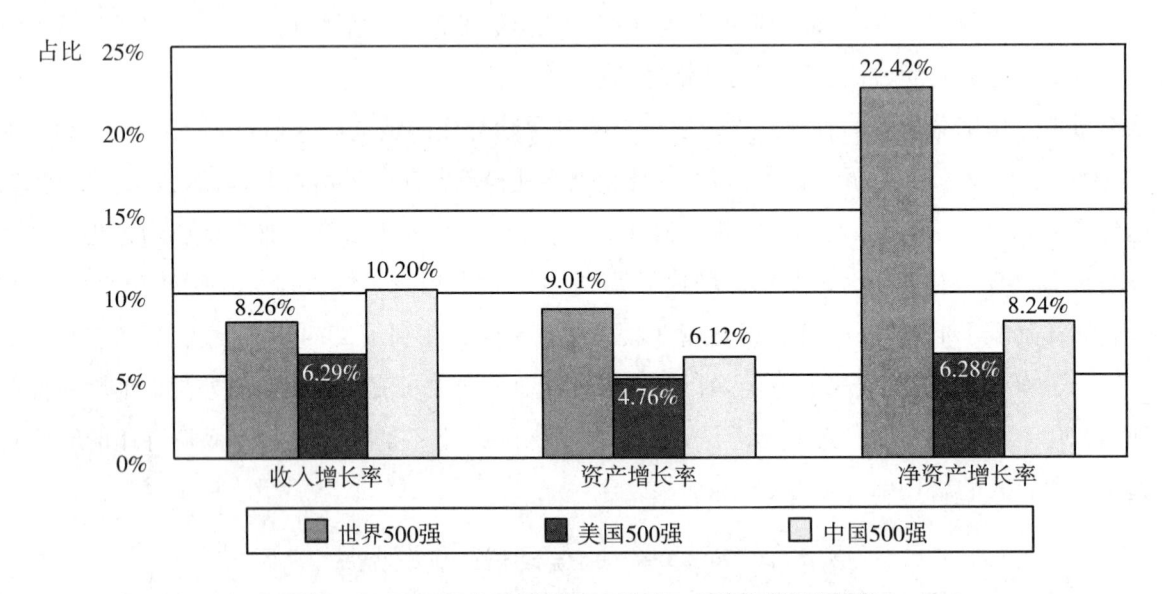

图6-6 2018三个500强收入、资产、净资产增长率比较

从近7年的情况看，三个500强的营业收入增速变化可分为两个区间（中国企业500强收入按相应汇率换算为美元），前4年三个500强的营业收入增速均呈下降趋势，全球大企业整体都处于了扩张放缓的阶段，而后3年这一趋势开始全面逆转。总体来看，最近7年中，中国企业500强、世界500强和美国500强的营业收入分别增长了124.54%、15.18%和18.82%，中国企业500强整体增长幅度明显更高，如图6-7所示。

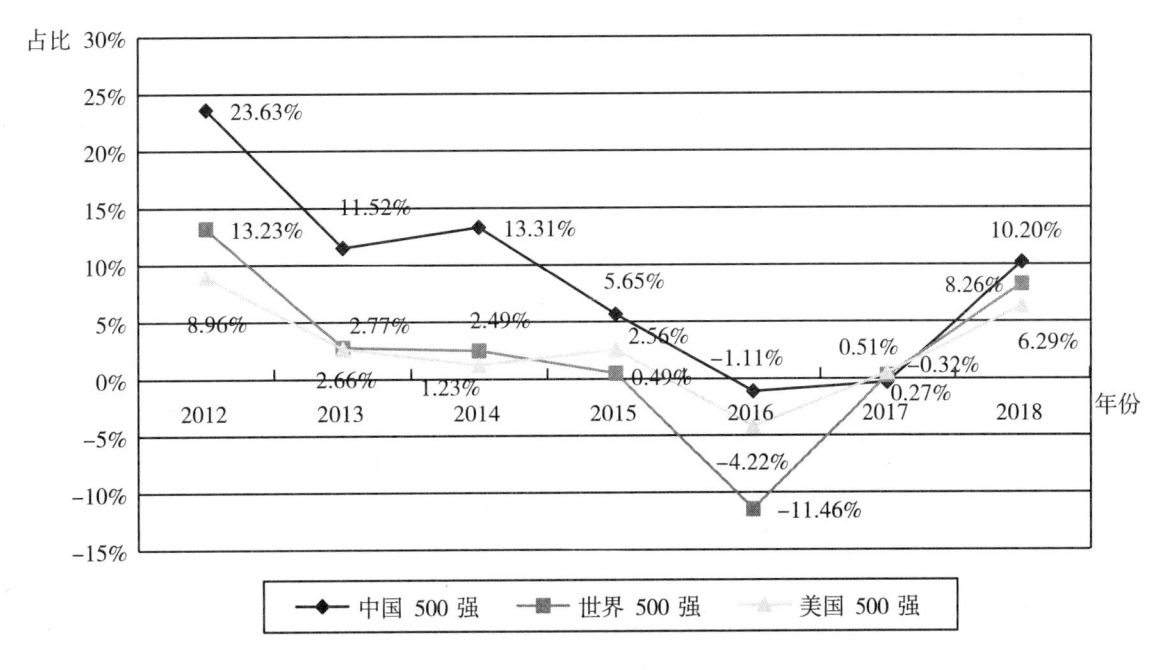

图 6-7 2012—2018 三个 500 强营业收入增速变化趋势

2013 中国企业 500 强营业收入只相当于当年世界 500 强营业收入的 26.19%，资产只相当于当年世界 500 强的 19.77%，净资产只相当于当年世界 500 强的 20.80%；到了 2018 中国企业 500 强，其营业收入相当于 2018 世界 500 强的 35.11%，资产相当于 2018 世界 500 强的 36.60%，净资产相当于 2018 世界 500 强的 26.36%。从中国企业 500 强与美国 500 强的对比情况看，2013 中国企业 500 强营业收入相当于 2013 美国 500 强的 65.81%，资产相当于 2013 美国 500 强的 66.61%，净资产相当于 2013 美国 500 强的 49.35%；2018 中国企业 500 强营业收入已经相当于 2018 美国 500 强的 82.19%，资产相当于 2018 美国 500 强的 96.37%，净资产相当于 2018 美国 500 强的 68.64%。2013—2018 年，中国企业 500 强的营收规模从相当于美国 500 强的六成多提高到八成多，如表 6-15 所示。

表 6-15 2012-2018 中国企业 500 强与世界 500 强、美国 500 强的相对占比

	年份	营业收入占比	资产占比	净资产占比	雇员占比
中国/世界	2012	23.55%	17.59%	19.55%	47.49%
	2013	26.19%	19.77%	20.80%	47.31%
	2014	29.44%	22.88%	22.26%	48.34%
	2015	31.06%	26.23%	26.28%	47.87%
	2016	34.70%	30.41%	29.90%	47.85%
	2017	34.49%	31.44%	29.81%	49.89%
	2018	35.11%	30.60%	26.36%	47.15%
中国/美国	2012	59.10%	59.64%	46.37%	118.25%
	2013	65.81%	66.61%	49.35%	116.76%
	2014	74.87%	76.22%	52.89%	118.99%

续表

	年份	营业收入占比	资产占比	净资产占比	雇员占比
中国/美国	2015	77.42%	84.67%	60.94%	117.30%
	2016	79.93%	93.43%	69.58%	113.43%
	2017	79.28%	95.14%	67.40%	118.59%
	2018	82.19%	96.37%	68.64%	113.04%

2. 中国企业500强与世界500强和美国500强之间盈利能力差距有所扩大

2018中国企业500强实现净利润3.20万亿元，比上年增长13.28%，换算成美元则增长了12.27%。相当于世界500强净利润的25.20%，比上年减少了2.49个百分点；相当于美国500强的47.17%，比上年减少了0.27个百分点。2018中国企业500强营业收入利润率为4.50%、人均利润为1.30万美元，资产利润率、净资产利润率分别为1.17%、9.54%；2018世界500强营业收入利润率为6.27%、人均利润为2.78万美元，资产利润率、净资产利润率分别为1.42%、9.98%；2018美国500强营业收入利润率为7.84%、人均利润为3.56万美元，资产利润率、净资产利润率分别为2.39%、13.89%，如表6-16所示。

2018美国500强和世界500强盈利能力的增长速度要快于中国企业500强。2017中国企业500强营收利润率、资产利润率、净资产利润率分别比世界500强低1.08个百分点、0.15个百分点、0.70个百分点；2018中国企业500强营收利润率、资产利润率、净资产利润率与世界500强的差距分别扩大至1.77个百分点、0.25个百分点、0.44个百分点。2017中国企业500强营收利润率、资产利润率、净资产利润率分别比美国500强低2.96个百分点、1.11个百分点、3.87个百分点；2018中国企业500强营收利润率、资产利润率、净资产利润率与美国500强的差距分别扩大至3.34个百分点、1.22个百分点、4.35个百分点。此外，2017中国企业500强的人均利润分别比世界500强和美国500强低1.02万美元、1.90万美元，2018中国企业500强的人均净利润与世界500强和美国500强的差距则扩大至1.48万美元、2.26万美元。由此可见，2018中国企业500强各方面的盈利能力普遍弱于世界500强和美国500强，而且相比于上年这一差距正在扩大。

表6-16 2018三个500强主要利润率指标比较

	营收利润率		资产利润率		净资产利润率		人均利润/万美元	
	2018年	2017年	2018年	2017年	2018年	2017年	2018年	2017年
中国企业500强	4.50%	4.42%	1.17%	1.10%	9.54%	9.20%	1.30	1.26
美国500强	7.84%	7.38%	2.39%	2.21%	13.89%	13.07%	3.56	3.16
世界500强	6.27%	5.50%	1.42%	1.25%	9.98%	9.90%	2.78	2.28

中国企业500强的亏损企业数量和亏损额明显低于世界和美国500强。2018中国企业500强中有32家企业出现亏损，亏损面为6.40%，比上年减少了11家；2018中国企业500强亏损企业数量比同期世界500强少7家，比同期美国500强少21家，亏损面分别比世界500强、美国500强小1.40个

百分点、4.20个百分点。32家中国企业合计亏损金额10756.54百万美元；比世界500强中39家企业亏损金额71363.00百万美元少亏60606.46百万美元，比美国500强中53家企业亏损金额60294.00百万美元少亏49537.46百万美元。中国企业500强中32家亏损企业平均亏损额为336百万美元，而世界500强中39家亏损企业平均亏损额为1830百万美元，美国500强中53家亏损企业平均亏损额为1138百万美元。从长期趋势看，中国企业500强、世界500强和美国500强企业亏损面近三年来都呈现出逐年缩小的趋势，反映出全球经济稳步增长的态势，如表6-17所示。

表6-17 2018三个500强亏损情况比较（单位：百万美元）

	2016亏损情况		2017亏损情况		2018亏损情况	
	亏损面	亏损额/百万美元	亏损面	亏损额/百万美元	亏损面	亏损额/百万美元
中国	14.40%	-23979.47	8.6%	-9209.17	6.40%	-10756.54
世界	13.00%	-184144.90	8.4%	-95871.60	7.80%	-71363.00
美国	11.00%	-131669.80	12.4%	-62648.70	10.60%	-60294.00

3. 中国企业500强以制造业为主，但相比服务业创收和盈利能力较差

2018中国企业500强中有服务业企业170家，制造业企业253家。2018世界500强中有服务业企业278家，制造业企业187家。2018美国500强中有服务业企业281家，制造业企业154家。美国500强中的服务化程度最高，已经达到56.2%；世界500强由于主要来自发达国家，因此总体服务化程度也比较高，为55.60%；中国企业500强总体上看仍然是一个以制造业为主的企业集群，服务业大企业数量虽然有所增加，但总体的服务化程度仍然不高，目前只有34.00%，服务业大企业还有待进一步加快发展。

2018中国企业500强中，服务业与制造业的企业数量比为0.67，服务业企业营业收入与制造业企业营业收入比是1.06，服务业企业净利润与制造业企业净利润比是3.69，服务业企业资产总额与制造业企业资产总额比是7.49，服务业企业所有者权益与制造业企业所有者权益比是2.87，服务业企业员工人数与制造业企业员工人数比是1.27。由此可见，中国企业500强虽然在数量上仍然是以制造业为主体，但其营业收入与赢利却更多来自服务业企业。从中国企业500强、世界500强以及美国500强的资产总额比例对比来看，中国企业500强中的服务业企业表现出重资产特征，而且中国企业500强中的服务业企业吸纳就业的能力明显不如世界500强企业和美国500强企业，如表6-18所示。

表6-18 三个500强服务业与制造业结构对比（单位：百万美元）

		企业数量/家	营业收入	净利润	资产总额	所有者权益	总人数/人
中国企业500强	制造业	253	4106283	95054	4365850	1089526	10249769
	服务业	170	4401411	351160	32686573	3130792	13059828
	服务业/制造业	0.67	1.06	3.69	7.49	2.87	1.27

续表

		企业数量/家	营业收入	净利润	资产总额	所有者权益	总人数/人
世界500强	制造业	187	12000567	721545	17707230	6146481	25976006
	服务业	278	16337624	1102846	111303577	11919939	37854695
	服务业/制造业	1.49	1.36	1.53	6.29	1.94	1.46
美国500强	制造业	154	3816112	307579	5979478	2044515	7302513
	服务业	281	8229560	636863	34041886	4622081	19814066
	服务业/制造业	1.82	2.16	2.07	5.69	2.26	2.71

在2018世界500强中，服务业与制造业企业数量的比为1.49，服务业企业营业收入与制造业企业营业收入比是1.36，服务业企业净利润与制造业企业净利润比是1.53，服务业企业资产总额与制造业企业资产总额比是6.29，服务业企业所有者权益与制造业企业所有者权益比是1.94，服务业企业员工人数与制造业企业员工人数比是1.46。

2018美国500强中，服务业与制造业企业数量的比为1.82，服务业企业营业收入与制造业企业营业收入比是2.16，服务业企业净利润与制造业企业净利润比是2.07，服务业企业资产总额与制造业企业资产总额比是5.69，服务业企业所有者权益与制造业企业所有者权益比是2.26，服务业企业员工人数与制造业企业员工人数比是2.71；与中国企业500强相比，美国企业500强中服务业的地位非常突出，服务业吸纳劳动力的能力也显著强于中国服务业企业。

在2018中国企业500强中，服务业企业仅占34.00%，却贡献了全部营业收入的37.24%、净利润的71.69%。在2018世界500强中，服务业企业仅占55.6%，贡献了全部营业收入的54.51%和净利润的58.64%。在2018美国500强中，服务业企业占56.2%，贡献了全部营业收入的64.32%和净利润的63.39%。相比中国企业500强而言，世界500强以及美国500强中服务业所占比例与所做贡献之间更加平衡，也说明了中国制造企业的创收和盈利能力有待提升。

4. 中国企业500强重化工特征明显，美国500强服务化程度高

从企业数量和营业收入分布来看，中国企业500强、世界500强和美国500强之间的行业结构差异均十分显著。

2018中国企业500强是一个以黑色冶金、房屋建筑、住宅地产和一般有色产业占据突出地位的大企业集群。从总量上看，这四个行业的企业数量高达134家，占500强的26.8%。世界500强中虽然仍有大量车辆与零部件及采矿与原油生产企业，但银行与保险等现代服务业的地位也十分突出；美国500强企业数量排行前10的产业结构则表现出典型的服务化特征，上榜企业数量排在前5位的行业中除了化学品属于制造业以外，其他的都是服务性行业。此外美国上榜企业数量排名靠前的行业分布比较分散，从天然气和电力行业的21家到人寿与健康保险的11家只有10家的差距，如表6-19所示。

表6-19 2018三个500强前10大行业企业分布情况

中国企业500强		世界500强		美国500强	
所属行业	企业数量	所属行业	企业数量	所属行业	企业数量
黑色冶金	46	银行：商业储蓄	51	公用事业：天然气和电力	22
房屋建筑	40	车辆与零部件	34	商业银行	20
住宅地产	25	炼油	31	财产与意外保险（股份）	20
一般有色	23	人寿与健康保险（股份）	24	专业零售商：其他	18
汽车及零配件制造	18	采矿、原油生产	21	化学品	14
石化及炼焦	17	贸易	20	多元化金融	13
商业银行	17	食品店和杂货店	20	食品：消费产品	13
煤炭采掘及采选业	17	公用设施	18	航天与防务	13
电力电气设备制造	16	电信	17	制药	11
互联网服务	12	财产与意外保险（股份）	16	人寿与健康保险（股份）	11

从营业收入产业结构特征看，与世界500强、美国500强相比，中国企业500强中银行业的地位更加突出；虽然中国企业500强中银行业在上榜企业数量方面明显落后于世界500强与美国500强，但其营业收入却占了2018中国企业500强的8.74%，排在第二梯队的行业则是房屋建筑、黑色冶金以及汽车及零配件行业，虽然这三个行业的企业数量众多，但是企业的平均创收能力远远比不上商业银行；而2018世界500强营业收入前10的行业中，排在前三的行业分别是炼油、商业储蓄银行以及车辆与零部件行业，加起来一共占了世界500强营业收入的29.13%；2018美国500强营业收入行业分布则呈现多元化和分散化的特征，综合商业在行业营业收入中高居首位，其后是炼油、商业银行等行业，如表6-20所示。

2018中国企业500强企业营业收入前10行业中，服务性的行业有商业银行、电网和保险业3个行业；2018世界500强营业收入前10行业中，服务性的行业则包括有商业储蓄银行、人寿与健康保险、电信、公用设施和贸易5个行业；2018美国500强营业收入前10行业中，服务性的行业则包括综合商业、商业银行、财产、保险、管理医保保健和保健品批发、食品店和杂货店6个行业；对比来看，美国大企业的服务化水平高于世界，并且远高于中国。

表6-20 2018三个500强前10大行业企业营业收入分布情况（单位：百万美元）

中国企业500强		世界500强		美国500强	
所属行业	营业收入	所属行业	营业收入	所属行业	营业收入
商业银行	920470	炼油	3094700	综合商业	796287.7
房屋建筑	656893	银行：商业储蓄	2928103	炼油	704072.4
黑色冶金	607137	车辆与零部件	2709100	商业银行	658495.4
汽车及零配件制造	606424	人寿与健康保险	1695788	财产与意外保险（股份）	568080.2
石油、天然气开采及生产业	458731	电信	1223358	保险和管理医疗保健	538417.2

续表

中国企业 500 强		世界 500 强		美国 500 强	
所属行业	营业收入	所属行业	营业收入	所属行业	营业收入
石化及炼焦	446487	食品店和杂货店	1153269	保健批发	509025.7
电网	444472	公用设施	1074185	电信	459715.3
一般有色	431873	贸易	1000137	计算机、办公设备	430214
煤炭采掘及采选业	382814	采矿、原油生产	997693.5	车辆与零部件	411867.7
保险业	353034	电子、电气设备	953892.7	食品店和杂货店	384245.1

5. 商业银行仍是中国最赚钱行业，先进制造业及服务业有待发展

表 6-21 为 2018 中国企业 500 强、2018 世界 500 强和 2018 美国 500 强企业的利润贡献前 10 行业分布情况。表中数据表明，三个榜单中，中国、世界和美国 500 强银行业的利润贡献均排在第一位。其中，中国企业 500 强中银行业贡献了 205746.1 百万美元的利润，美国 500 强中银行业贡献了 104038.3 百万美元利润，世界 500 强中银行业贡献了 420304.3 百万美元利润。2018 中国企业 500 强中，住宅地产和互联网服务居利润贡献第二位、第三位，分别实现利润 27950.0 百万美元和 26252.5 百万美元；2018 世界 500 强中，电信和车辆与零部件行业分列第二位与第三位，分别实现利润 143787.8 百万美元和 134911.3 百万亿美元；2018 美国 500 强中，电信行业和财产与意外保险行业分居利润贡献第二位和第三位，分别实现利润 91727.1 百万美元和 50739.3 百万美元。

表 6-21 2018 三个 500 强行业利润前 10 行业（单位：百万美元）

中国企业 500 强		世界 500 强		美国 500 强	
行业	行业利润	行业	行业利润	行业	行业利润
商业银行	205746.1	银行：商业储蓄	420304.3	商业银行	104038.3
住宅地产	27950.0	电信	143787.8	电信	91727.1
互联网服务	26252.5	车辆与零部件	134911.3	财产与意外保险（股份）	50739.3
多元化金融	25649.8	炼油	130788.3	计算机、办公设备	48826
汽车及零配件制造	16871.1	人寿与健康保险（股份）	77981.3	炼油	44545.7
房屋建筑	15473.6	制药	74745.3	制药	44398.5
黑色冶金	14301.0	电子、电气设备	72113.8	互联网服务和零售	36331.7
电讯服务	12727.8	财产与意外保险（股份）	64541.7	计算机软件	32360.5
电网	11676.4	烟草	54362.8	半导体、电子元件	30095.4
家用电器制造	9401.7	互联网服务和零售	51860.2	公用事业：天然气和电力	28587.9

2018 中国企业 500 强、世界企业 500 强和美国企业 500 强在营业收入利润率上也存在有显著差异。在 2018 中国企业 500 强中，营业收入利润率最高的行业依旧是商业银行，行业营业收入利润率为 22.35%，其次为酒类行业，行业营业收入利润率为 15.41%，再次为商业地产，行业营业收入利润率为 14.72%；2018 世界 500 强中，半导体、电子元件行业营业收入利润率高居首位，为 21.91%，其次是计

算机软件行业，为21.81%，再次是烟草行业，为20.99%；2018美国500强中，铁路运输行业营业收入利润率居于榜首，为49.87%，其次是烟草行业，行业营业收入利润率为36.71%，再次是证券行业，行业营业收入利润率为24.87%，如表6-22所示。中国企业500强中，营业收入利润率前10的行业主要是服务业和传统制造业，而美国和世界500强中先进制造业所占的比例则要高得多。

表6-22 2018三个500强企业行业营收利润率前10行业

中国企业500强		世界500强		美国500强	
行业	营收利润率	行业	营收利润率	行业	营收利润率
商业银行	22.35%	半导体、电子元件	21.91%	铁路运输	49.87%
酒类	15.41%	计算机软件	21.81%	烟草	36.71%
商业地产	14.72%	烟草	20.99%	证券	24.87%
港口运输	14.13%	互联网服务和零售	17.99%	商业银行	19.16%
互联网服务	12.82%	家居、个人用品	15.97%	计算机软件	18.18%
医疗设备制造	10.15%	食品：消费产品	15.76%	金融数据服务	17.20%
住宅地产	8.87%	娱乐	14.47%	半导体、电子元件	16.95%
多元化金融	8.36%	制药	12.61%	制药	14.64%
饮料	7.90%	银行：商业储蓄	12.24%	酒店、赌场、度假村	14.43%
邮政	6.87%	化学品	8.28%	食品：饮食服务业	14.15%

6. 世界500强收入分布更加均匀，利润集中度强于营业收入集中度

2018中国企业500强中，多达62.60%的营业收入由排名前100位的企业实现。2018中国企业500强中，国家电网有限公司、中国石油化工集团公司、中国石油天然气集团有限公司、中国工商银行股份有限公司以及中国建筑股份有限公司的营业收入都已经突破万亿元大关，其中，国家电网有限公司、中国石油化工集团公司、中国石油天然气集团有限公司营业收入已经超过2万亿元。与之相比，2018美国500强前100位的营业收入占全部美国500强的63.23%，占比稍高于中国企业500强；2018世界500强前100位的营业收入总和只占全部世界500强营业收入的44.75%，占比远低于美国500强和中国企业500强，其营业收入的分布均匀度明显好于美国500强和中国企业500强，如表6-23所示。2018中国企业500强首末位之间的比是77.54，2018美国500强的首末位比是92.16，2018世界500强的首末位比是21.24。无论是前端集中度，还是首末位比都呈现了相同的趋势，那就是美国500强的营业收入集中度最高，其次是中国企业500强，最后是世界500强。

表6-23 三个500强营业收入集中度比较

	中国企业500强	世界500强	美国500强
1亿元~100亿元	62.60%	44.75%	63.23%
101亿元~200亿元	16.59%	20.75%	15.99%
201亿元~300亿元	9.47%	14.52%	9.42%
301亿元~400亿元	6.37%	11.20%	6.49%
401亿元~500亿元	4.98%	8.78%	4.86%

与营业收入相比，2018 中国企业 500 强净利润的前端集中度更加显著。2018 中国企业 500 强中，有 86.54% 的净利润是由营业收入排名前 100 位的企业贡献的。2018 美国 500 强中营业收入排名前 100 位的企业贡献了净利润的 76.01%；在 2018 世界 500 强中，营业收入排名前 100 位的企业，贡献了净利润的 66.39%。无论是美国 500 强，还是世界 500 强，其净利润的前端集中程度都显著低于中国企业 500 强，如表 6-24 所示。

表 6-24 三个 500 强净利润集中度比较

	中国企业 500 强	世界 500 强	美国 500 强
1 亿元 ~ 100 亿元	86.54%	66.39%	76.01%
101 亿元 ~ 200 亿元	9.30%	20.25%	17.20%
201 亿元 ~ 300 亿元	4.07%	11.01%	8.60%
301 亿元 ~ 400 亿元	1.98%	5.42%	3.76%
401 亿元 ~ 500 亿元	-1.89%	-3.07%	-5.57%

从营业收入集中度和净利润集中度的对比来看，三个 500 强榜单上营业收入位于 1-100 名的企业显然实现了远大于其营业收入份额的利润份额，相对应的，营业收入排名靠后的企业则呈现出相反的状态，这证明中国企业 500 强、世界 500 强和美国 500 强中创收能力越强的企业其盈利能力也越强。

7. 中国企业 500 强金融与实体矛盾有所缓解

2018 中国企业 500 强中有金融企业 41 家，合计实现营业收入 11.50 万亿元人民币、净利润 1.64 万亿元人民币，分别占全部 500 强的 16.16% 和 51.19%，较上年有所下降。从横向比较来看，中国企业 500 强中金融业企业的数量、营业收入、资产总额、股东权益占比均低于世界 500 强和美国 500 强，但净利润的占比却明显高于世界 500 强和美国 500 强。2018 美国 500 强 16.60% 的金融类企业，仅仅贡献了全部营业收入的 17.10%，净利润的 22.28%，还不及中国企业 500 强中金融业的一半。世界 500 强中金融业企业数量、营业收入、资产总额、净资产和员工人数都是占比最高的，但是净利润占比也仅有 31.76%，远低于中国企业 500 强中金融业的水平，如表 6-25 所示。

表 6-25 三个 500 强中金融类企业主要指标占比分析

		数量	营业收入	净利润	资产总额	股东权益	员工人数
中国企业 500 强	金融类企业	8.20%	16.16%	51.19%	65.45%	38.21%	14.95%
	其中银行	3.40%	8.74%	43.41%	54.17%	31.71%	6.51%
世界 500 强	金融类企业	22.40%	21.78%	31.76%	73.32%	43.58%	15.99%
	其中银行	10.20%	9.76%	22.35%	51.44%	29.86%	9.57%
美国 500 强	金融类企业	16.60%	17.10%	22.28%	66.04%	38.86%	10.68%
	其中银行	4.00%	5.14%	10.35%	32.14%	20.17%	5.23%

表 6-26 列出了 2018 中国企业 500 强、世界企业 500 强和美国企业 500 强中金融类企业、银行和

其他非金融企业的营业收入利润率。数据表明，中国企业500强中金融企业的营业收入利润率要明显高于世界500强和美国500强，而金融业中的银行业表现得格外明显，中国企业500强中银行业的营业收入利润率比世界500强高出8.00个百分点，比美国500强高出6.55个百分点。

世界500强中金融业与非金融业企业的营业收入利润率差距为3.67个百分点，美国500强中金融与非金融企业的营业收入利润率差距为2.87个百分点，而中国企业500强中金融业与非金融业企业的营业收入利润率差距为11.62个百分点，相比之下差距十分显著。2018年是中国改革开放四十周年，随着金融改革的进一步深化，银行业监管将趋严，金融去杠杆将持续，金融业只有全面提升服务实体经济的效率和水平，努力消除行业中的不合理盈利因素，才能实现更有质量的发展。

表6-26 2018三个500强金融企业、非金融企业和总体的营业收入利润率对比

	中国企业500强	世界500强	美国500强
金融企业合计	14.26%	9.14%	10.22%
银行企业合计	22.35%	14.35%	15.80%
其他非金融企业	2.64%	5.47%	7.35%
500强总体	4.50%	6.27%	7.84%

第七章
2018 中国 500 强与世界 500 强行业领先企业主要经济指标对比

第七章 2018中国500强与世界500强行业领先企业主要经济指标对比

表7-1 2018中国500强与世界500强车辆与零部件业领先企业对比

对比指标	丰田汽车公司（1）（日本）	上海汽车集团股份有限公司（2）	[(2)/(1)]/%
营业收入/百万美元	265172	128819	48.58
净利润/百万美元	22510	5091	22.62
资产/百万美元	473133	111108	23.48
所有者权益/百万美元	176206	34603	19.64
员工人数/人	369124	148767	40.30
收入净利率/%	8.49	3.95	46.56
资产净利率/%	4.76	4.58	96.31
净资产收益率/%	12.77	14.71	115.17
劳动生产率/（万美元/人）	71.84	86.59	120.54
人均净利润/（万美元/人）	6.10	3.42	56.12

表7-2 2018中国500强与世界500强船务业领先企业对比

对比指标	马士基集团（1）（丹麦）	中国远洋海运集团有限公司（2）	[(2)/(1)]/%
营业收入/百万美元	37500	34668	92.45
净利润/百万美元	-1205	1404	—
资产/百万美元	63227	109044	172.46
所有者权益/百万美元	30609	28617	93.49
员工人数/人	85667	100550	117.37
收入净利率/%	-3.21	4.05	—
资产净利率/%	-1.91	1.29	—
净资产收益率/%	-3.94	4.91	—
劳动生产率/（万美元/人）	43.77	34.48	78.76
人均净利润/（万美元/人）	-1.41	1.40	—

表7-3 2018中国500强与世界500强电信业领先企业对比

对比指标	美国电话电报公司（1）（美国）	中国移动通信集团公司（2）	[(2)/(1)]/%
营业收入/百万美元	160546	110159	68.61
净利润/百万美元	29450	10932	37.12
资产/百万美元	444097	264343	59.52
所有者权益/百万美元	140861	142035	100.83
员工人数/人	254000	467532	184.07
收入净利率/%	18.34	9.92	54.10
资产净利率/%	6.63	4.14	62.36
净资产收益率/%	20.91	7.70	36.81
劳动生产率/（万美元/人）	63.21	23.56	37.28
人均净利润/（万美元/人）	11.59	2.34	20.17

表7-4　2018中国500强与世界500强电子、电气设备业领先企业对比

对比指标	三星电子公司（1）（韩国）	美的集团股份有限公司（2）	[（2）/（1）]/%
营业收入/百万美元	211940	35794	16.89
净利润/百万美元	36575	2557	6.99
资产/百万美元	281960	38100	13.51
所有者权益/百万美元	193585	11323	5.85
员工人数/人	320671	101826	31.75
收入净利率/%	17.26	7.14	41.40
资产净利率/%	12.97	6.71	51.73
净资产收益率/%	18.89	22.58	119.53
劳动生产率/（万美元/人）	66.09	35.15	53.19
人均净利润/（万美元/人）	11.41	2.51	22.02

表7-5　2018中国500强与世界500强多元化金融业领先企业对比

对比指标	EXOR集团（1）（荷兰）	中国中信集团有限公司（2）	[（2）/（1）]/%
营业收入/百万美元	161677	61316	37.92
净利润/百万美元	1569	3225	205.54
资产/百万美元	196656	972753	494.65
所有者权益/百万美元	12974	46823	360.90
员工人数/人	307637	258433	84.01
收入净利率/%	0.97	5.26	541.89
资产净利率/%	0.80	0.33	41.55
净资产收益率/%	12.09	6.89	56.95
劳动生产率/（万美元/人）	52.55	23.73	45.15
人均净利润/（万美元/人）	0.51	1.25	244.64

表7-6　2018中国500强与世界500强工程与建筑业领先企业对比

对比指标	万喜集团（1）（法国）	中国建筑工程总公司（2）	[（2）/（1）]/%
营业收入/百万美元	46302	156071	337.07
净利润/百万美元	3097	2675	86.37
资产/百万美元	83817	239681	285.96
所有者权益/百万美元	21388	18242	85.29
员工人数/人	194428	270467	139.11
收入净利率/%	6.69	1.71	25.63
资产净利率/%	3.69	1.12	30.21
净资产收益率/%	14.48	14.66	101.29
劳动生产率/（万美元/人）	23.81	57.70	242.31
人均净利润/（万美元/人）	1.59	0.99	62.11

表7-7 2018中国500强与世界500强工业机械业领先企业对比

对比指标	通用电气公司（1）（美国）	中国机械工业集团有限公司（2）	[(2)／(1)]／%
营业收入/百万美元	122274	42638	34.87
净利润/百万美元	-5786	472	—
资产/百万美元	377945	58593	15.50
所有者权益/百万美元	64263	10493	16.33
员工人数/人	313000	150967	48.23
收入净利率/%	-4.73	1.11	—
资产净利率/%	-1.53	0.81	—
净资产收益率/%	-9.00	4.50	—
劳动生产率/（万美元/人）	39.07	28.24	72.30
人均净利润/（万美元/人）	-1.85	0.31	—

表7-8 2018中国500强与世界500强公用设施业领先企业对比

对比指标	意大利国家电力公司（1）（意大利）	国家电网公司（2）	[(2)／(1)]／%
营业收入/百万美元	84134	348903	414.70
净利润/百万美元	4260	9533	223.78
资产/百万美元	186889	585278	313.17
所有者权益/百万美元	41781	239743	573.81
员工人数/人	62900	913546	1452.38
收入净利率/%	5.06	2.73	53.97
资产净利率/%	2.28	1.63	71.46
净资产收益率/%	10.20	3.98	39.00
劳动生产率/（万美元/人）	133.76	38.19	28.55
人均净利润/（万美元/人）	6.77	1.04	15.41

表7-9 2018中国500强与世界500强航空航天业领先企业对比

对比指标	波音公司（1）（美国）	中国航空工业集团公司（2）	[(2)／(1)]／%
营业收入/百万美元	93392	59263	63.46
净利润/百万美元	8197	363	4.43
资产/百万美元	92333	133772	144.88
所有者权益/百万美元	355	26429	7444.79
员工人数/人	140800	452178	321.15
收入净利率/%	8.78	0.61	6.98
资产净利率/%	8.88	0.27	3.06
净资产收益率/%	2309.01	1.37	0.06
劳动生产率/（万美元/人）	66.33	13.11	19.76
人均净利润/（万美元/人）	5.82	0.08	1.38

表7-10　2018中国500强与世界500强防务业领先企业对比

对比指标	联合技术公司（1）（美国）	中国兵器工业集团公司（2）	[(2)/(1)]/%
营业收入/百万美元	59837	64646	64.55
净利润/百万美元	4552	858	18.87
资产/百万美元	96920	58044	84.19
所有者权益/百万美元	29610	15020	62.45
员工人数/人	204700	226338	422.52
收入净利率/%	7.61	1.33	25.00
资产净利率/%	4.70	1.48	22.22
净资产收益率/%	15.37	5.71	30.22
劳动生产率/（万美元/人）	29.23	28.56	15.28
人均净利润/（万美元/人）	2.22	0.38	1.10

表7-11　2018中国500强与世界500强互联网服务和零售业领先企业对比

对比指标	亚马逊公司（1）（美国）	京东集团（2）	[(2)/(1)]/%
营业收入/百万美元	177866	53965	30.34
净利润/百万美元	3033	-23	—
资产/百万美元	131310	28264	21.52
所有者权益/百万美元	27709	7992	28.84
员工人数/人	566000	157831	27.89
收入净利率/%	1.71	-0.04	—
资产净利率/%	2.31	-0.08	—
净资产收益率/%	10.95	-0.28	—
劳动生产率/（万美元/人）	31.43	34.19	108.80
人均净利润/（万美元/人）	0.54	-0.01	—

表7-12　2018中国500强与世界500强化学品业领先企业对比

对比指标	巴斯夫公司（1）（美国）	中国化工集团公司（2）	[(2)/(1)]/%
营业收入/百万美元	72677	57989	79.79
净利润/百万美元	6851	-739	—
资产/百万美元	94582	122069	129.06
所有者权益/百万美元	40630	3185	7.84
员工人数/人	111112	142083	127.87
收入净利率/%	9.43	-1.27	—
资产净利率/%	7.24	-0.61	—
净资产收益率/%	16.86	-23.21	—
劳动生产率/（万美元/人）	65.41	40.81	62.40
人均净利润/（万美元/人）	6.17	-0.52	—

表 7-13 2018 中国 500 强与世界 500 强计算机、办公设备业领先企业对比

对比指标	苹果公司（1）（美国）	联想集团（2）	[(2)/(1)]/%
营业收入/百万美元	229234	45350	19.78
净利润/百万美元	48351	-189	—
资产/百万美元	375319	28494	7.59
所有者权益/百万美元	134047	3519	2.63
员工人数/人	123000	54000	43.90
收入净利率/%	21.09	-0.42	—
资产净利率/%	12.88	-0.66	—
净资产收益率/%	36.07	-5.38	—
劳动生产率/（万美元/人）	186.37	83.98	45.06
人均净利润/（万美元/人）	39.31	-0.35	—

表 7-14 2018 中国 500 强与世界 500 强建材、玻璃业领先企业对比

对比指标	圣戈班集团（1）（法国）	中国建材集团有限公司（2）	[(2)/(1)]/%
营业收入/百万美元	46002	44701	97.17
净利润/百万美元	1765	15	0.85
资产/百万美元	51533	90847	176.29
所有者权益/百万美元	22176	6290	28.36
员工人数/人	179149	214480	119.72
收入净利率/%	3.84	0.03	0.89
资产净利率/%	3.43	0.02	0.49
净资产收益率/%	7.96	0.24	3.04
劳动生产率/（万美元/人）	25.68	20.84	81.17
人均净利润/（万美元/人）	0.99	0.01	0.72

表 7-15 2018 中国 500 强与世界 500 强金属产品业领先企业对比

对比指标	安赛乐米塔尔公司（1）（卢森堡）	中国五矿集团公司（2）	[(2)/(1)]/%
营业收入/百万美元	68679	72997	106.29
净利润/百万美元	4568	-211	—
资产/百万美元	85297	131338	153.98
所有者权益/百万美元	38789	5714	14.73
员工人数/人	197108	203786	103.39
收入净利率/%	6.65	-0.29	—
资产净利率/%	5.36	-0.16	—
净资产收益率/%	11.78	-3.69	—
劳动生产率/（万美元/人）	34.84	35.82	102.80
人均净利润/（万美元/人）	2.32	-0.10	—

表 7-16 2018 中国 500 强与世界 500 强炼油业领先企业对比

对比指标	荷兰皇家壳牌石油公司（1）（荷兰）	中国石油化工集团公司（2）	[(2)/(1)]/%
营业收入/百万美元	311870	326953	104.84
净利润/百万美元	12977	1538	11.85
资产/百万美元	407097	346545	85.13
所有者权益/百万美元	194356	113710	58.51
员工人数/人	84000	667793	794.99
收入净利率/%	4.16	0.47	11.30
资产净利率/%	3.19	0.44	13.80
净资产收益率/%	6.68	1.35	20.25
劳动生产率/（万美元/人）	371.27	48.96	13.19
人均净利润/（万美元/人）	15.45	0.23	1.49

表 7-17 2018 中国 500 强与世界 500 强贸易业领先企业对比

对比指标	托克集团（1）（新加坡）	中国中化集团公司（2）	[(2)/(1)]/%
营业收入/百万美元	136421	76765	56.27
净利润/百万美元	848	753	88.80
资产/百万美元	48608	64066	131.80
所有者权益/百万美元	6045	7165	118.53
员工人数/人	3925	63799	1625.45
收入净利率/%	0.62	0.98	157.92
资产净利率/%	1.74	1.18	67.42
净资产收益率/%	14.02	10.51	74.98
劳动生产率/（万美元/人）	3466.85	120.32	3.47
人均净利润/（万美元/人）	21.54	1.18	5.48

表 7-18 2018 中国 500 强与世界 500 强能源业领先企业对比

对比指标	俄罗斯天然气工业股份公司（1）（俄罗斯）	中国石油天然气集团公司（2）	[(2)/(1)]/%
营业收入/百万美元	111983	326008	291.12
净利润/百万美元	12250	-691	—
资产/百万美元	316871	629411	198.63
所有者权益/百万美元	202038	313664	155.25
员工人数/人	469600	1470193	313.07
收入净利率/%	10.94	-0.21	—
资产净利率/%	3.87	-0.11	—
净资产收益率/%	6.06	-0.22	—
劳动生产率/（万美元/人）	23.85	22.17	92.99
人均净利润/（万美元/人）	2.61	-0.05	—

表 7-19　2018 中国 500 强与世界 500 强人寿与健康保险（股份）业领先企业对比

对比指标	安盛公司（1）（法国）	中国平安保险（集团）股份有限公司（2）	[(2)/(1)]/%
营业收入/百万美元	149461	144197	96.48
净利润/百万美元	6999	13181	188.33
资产/百万美元	1044822	997094	95.43
所有者权益/百万美元	83587	72689	86.96
员工人数/人	95728	342550	357.84
收入净利率/%	4.68	9.14	195.21
资产净利率/%	0.67	1.32	197.35
净资产收益率/%	8.37	18.13	216.57
劳动生产率/（万美元/人）	156.13	42.10	26.96
人均净利润/（万美元/人）	7.31	3.85	52.63

表 7-20　2018 中国 500 强与世界 500 强人寿与健康保险（互助）业领先企业对比

对比指标	日本生命保险公司（1）（日本）	中国太平保险集团有限责任公司（2）	[(2)/(1)]/%
营业收入/百万美元	68684	25598	37.27
净利润/百万美元	2202	449	20.39
资产/百万美元	699638	85774	12.26
所有者权益/百万美元	18582	4398	23.67
员工人数/人	86394	77472	89.67
收入净利率/%	3.21	1.75	54.75
资产净利率/%	0.31	0.52	166.43
净资产收益率/%	11.85	10.21	86.20
劳动生产率/（万美元/人）	79.50	33.04	41.56
人均净利润/（万美元/人）	2.55	0.58	22.75

表 7-21　2018 中国 500 强与世界 500 强财产与意外保险（股份）业领先企业对比

对比指标	伯克希尔-哈撒韦公司（1）（美国）	中国人民保险集团股份有限公司（2）	[(2)/(1)]/%
营业收入/百万美元	242137	71579	29.56
净利润/百万美元	44940	2382	5.30
资产/百万美元	702095	151706	21.61
所有者权益/百万美元	348296	21120	6.06
员工人数/人	377000	215362	57.13
收入净利率/%	18.56	3.33	17.93
资产净利率/%	6.40	1.57	24.53
净资产收益率/%	12.90	11.28	87.41
劳动生产率/（万美元/人）	64.23	33.24	51.75
人均净利润/（万美元/人）	11.92	1.11	9.28

表 7-22 2018 中国 500 强与世界 500 强网络、通信设备业领先企业对比

对比指标	思科公司（1）（美国）	华为投资控股有限公司（2）	[（2）/（1）]/%
营业收入/百万美元	48005	89311	186.05
净利润/百万美元	9609	7021	73.07
资产/百万美元	129818	77584	59.76
所有者权益/百万美元	66137	26963	40.77
员工人数/人	72900	180000	246.91
收入净利率/%	20.02	7.86	39.26
资产净利率/%	7.40	9.05	122.30
净资产收益率/%	14.53	26.04	179.22
劳动生产率/（万美元/人）	65.85	49.62	75.35
人均净利润/（万美元/人）	13.18	3.90	29.59

表 7-23 2018 中国 500 强与世界 500 强银行业领先企业对比

对比指标	法国巴黎银行（1）（法国）	中国工商银行（2）	[（2）/（1）]/%
营业收入/百万美元	117375	153021	130.37
净利润/百万美元	8746	42324	483.92
资产/百万美元	2353809	4005996	170.19
所有者权益/百万美元	122458	326703	266.79
员工人数/人	189509	453048	239.06
收入净利率/%	7.45	27.66	371.19
资产净利率/%	0.37	1.06	284.33
净资产收益率/%	7.14	12.95	181.39
劳动生产率/（万美元/人）	61.94	33.78	54.53
人均净利润/（万美元/人）	4.62	9.34	202.42

表 7-24 2018 中国 500 强与世界 500 强邮件、包裹及货物包装运输业领先企业对比

对比指标	德国邮政敦豪集团（1）（德国）	中国邮政集团公司（2）	[（2）/（1）]/%
营业收入/百万美元	70545	72197	102.34
净利润/百万美元	3058	4961	162.23
资产/百万美元	46436	1422555	3063.47
所有者权益/百万美元	15174	50204	330.86
员工人数/人	472208	948239	200.81
收入净利率/%	4.33	6.87	158.50
资产净利率/%	6.59	0.35	5.30
净资产收益率/%	20.15	9.88	49.03
劳动生产率/（万美元/人）	14.94	7.61	50.97
人均净利润/（万美元/人）	0.65	0.52	80.78

第七章 2018中国500强与世界500强行业领先企业主要经济指标对比

表7-25 2018中国500强与世界500强制药业领先企业对比

对比指标	强生公司(1)(美国)	中国华润有限公司(2)	[(2)/(1)]/%
营业收入/百万美元	76450	82184	107.50
净利润/百万美元	1300	3152	242.46
资产/百万美元	157303	186720	118.70
所有者权益/百万美元	60160	27729	46.09
员工人数/人	134000	423169	315.80
收入净利率/%	1.70	3.84	225.54
资产净利率/%	0.83	1.69	204.26
净资产收益率/%	2.16	11.37	526.02
劳动生产率/(万美元/人)	57.05	19.42	34.04
人均净利润/(万美元/人)	0.97	0.74	76.78

表7-26 2018中国500强与世界500强专业零售业领先企业对比

对比指标	家得宝公司(1)(美国)	苏宁易购集团(2)	[(2)/(1)]/%
营业收入/百万美元	100904	27806	27.56
净利润/百万美元	8630	623	7.22
资产/百万美元	44529	24152	54.24
所有者权益/百万美元	1454	12125	833.91
员工人数/人	413000	121102	29.32
收入净利率/%	8.55	2.24	26.21
资产净利率/%	19.38	2.58	13.32
净资产收益率/%	593.54	5.14	0.87
劳动生产率/(万美元/人)	24.43	22.96	93.98
人均净利润/(万美元/人)	2.09	0.51	24.63

第八章
2018 中国企业 500 强数据

表 8-1 2018 中国企业 500 强

上年名次	名次	企业名称	地区	营业收入/万元	净利润/万元	资产/万元	所有者权益/万元	从业人数/人
1	1	国家电网有限公司	北京	235809970	6443259	381132774	156120441	983255
2	2	中国石油化工集团公司	北京	220974455	1039313	225669776	74048167	667793
3	3	中国石油天然气集团有限公司	北京	220335751	-466702	409872111	204257871	1470193
4	4	中国工商银行股份有限公司	北京	108505900	28604900	2608704300	212749100	453048
5	5	中国建筑股份有限公司	北京	105410650	3294180	155098331	21475552	277489
8	6	中国平安保险（集团）股份有限公司	广东	97457000	8908800	649307500	47335100	342550
6	7	中国建设银行股份有限公司	北京	90525300	24226400	2212438300	177976000	370415
9	8	上海汽车集团股份有限公司	上海	87063943	3441034	72353313	22533530	145480
7	9	中国农业银行股份有限公司	北京	82702000	19296100	2105338200	142641500	491578
12	10	中国人寿保险（集团）公司	北京	81254776	180132	359957679	9649059	149592
10	11	中国银行股份有限公司	北京	77961427	17240664	1946742420	149601540	311133
11	12	中国移动通信集团有限公司	北京	74451800	7388500	172139902	92493209	467532
13	13	中国铁路工程集团有限公司	北京	69456232	790589	84794200	8314793	292507
14	14	中国铁道建筑有限公司	北京	68163814	884544	82631715	7808964	364964
16	15	东风汽车集团有限公司	湖北	63053613	946202	46485423	8469397	180433
17	16	华为投资控股有限公司	广东	60362100	4745100	50522500	17558500	180000
31	17	苏宁控股集团有限公司	江苏	55787511	201213	33068815	6770244	247120
18	18	华润（集团）有限公司	广东	55532551	2129838	122006582	18118683	423169
24	19	中国海洋石油集团有限公司	北京	55070629	2040139	112923531	48968448	97986
15	20	国家开发银行股份有限公司	北京	54767200	11238700	1595928800	121944700	9147
22	21	中国交通建设集团有限公司	北京	53674740	1043994	119298229	11806665	171581
19	22	太平洋建设集团有限公司	江苏	52168191	2124432	36968543	15993761	365425
35	23	中国中化集团有限公司	北京	51882319	509126	41719521	4665831	62006
N.A.	24	国家能源投资集团有限责任公司	北京	50590077	1686183	178715670	39911231	301777
26	25	中国五矿集团有限公司	北京	49336087	-142395	85527190	3720650	203786
20	26	中国南方电网有限责任公司	广东	49194057	1309777	74162696	28585348	295463
41	27	正威国际集团有限公司	广东	49179850	1044767	14356734	7903622	17886
25	28	中国邮政集团公司	北京	48795358	3352754	926367756	32692966	929996
23	29	中国人民保险集团股份有限公司	北京	48377500	1609900	98790600	13753300	998294
33	30	中粮集团有限公司	北京	47096311	265918	54623952	8306275	124266
34	31	北京汽车集团有限公司	北京	47034067	1050631	43650230	6726116	133165
27	32	中国第一汽车集团有限公司	吉林	46988810	1930098	43678364	17442364	120501
28	33	天津物产集团有限公司	天津	44997060	82378	24912938	2384887	17105
32	34	中国兵器工业集团有限公司	北京	43691880	579687	37798457	9780903	226338
29	35	中国电信集团有限公司	北京	43237525	1230042	82524321	36089030	412868

续表

上年名次	名次	企业名称	地区	营业收入/万元	净利润/万元	资产/万元	所有者权益/万元	从业人数/人
40	36	中国中信集团有限公司	北京	41441221	2179425	633456493	30490804	258433
37	37	中国航空工业集团有限公司	北京	40481588	245375	87112366	17210548	488216
44	38	中国宝武钢铁集团有限公司	上海	40048193	14768	74560676	24488605	157765
46	39	中国化工集团有限公司	北京	39192750	-499481	79491169	2073753	138185
39	40	交通银行股份有限公司	上海	38967227	7022366	903825394	67114319	91240
42	41	中国电力建设集团有限公司	北京	36408712	639841	68396329	7817466	186234
59	42	北京京东世纪贸易有限公司	北京	36233175	496838	18405497	5204081	157831
36	43	山东魏桥创业集团有限公司	山东	35957819	858327	23078007	6417326	117718
43	44	中国医药集团有限公司	北京	35039624	466409	28197729	4721624	118812
52	45	广州汽车工业集团有限公司	广东	34011160	668533	25508142	3818452	84290
47	46	招商银行股份有限公司	广东	32394000	7063800	629763800	—	72530
57	47	中国太平洋保险（集团）股份有限公司	上海	31980900	1466200	117122400	13749800	101887
56	48	中国铝业集团有限公司	北京	31551516	-289673	53133675	11278983	123293
75	49	恒大集团有限公司	广东	31102200	3704900	176175200	24220800	127000
87	50	山东能源集团有限公司	山东	30852723	330686	28349953	6072878	163693
60	51	恒力集团有限公司	江苏	30794113	686687	11956156	4190675	63420
54	52	上海浦东发展银行股份有限公司	上海	30752500	5425800	613724000	42540400	54263
50	53	兴业银行股份有限公司	福建	30745600	5720000	641684200	41689500	58997
49	54	河钢集团有限公司	河北	30677432	135741	37618377	5626976	123178
45	55	联想集团有限公司	北京	30325079	-126784	19768487	2440867	54000
21	56	中国兵器装备集团有限公司	北京	30217075	500025	36724200	6002490	211716
58	57	中国建材集团有限公司	北京	30211799	10277	59159493	4095944	215550
51	58	中国船舶重工集团有限公司	北京	30029204	484146	49621601	13234807	173201
55	59	中国民生银行股份有限公司	北京	29496500	4981300	590208600	37897000	57882
62	60	绿地控股集团股份有限公司	上海	29017415	903777	84853281	6252925	33473
72	61	中国机械工业集团有限公司	北京	28817424	318857	38155968	6833177	150967
78	62	浙江吉利控股集团有限公司	浙江	27826459	1230237	27640557	5892674	80914
53	63	中国联合网络通信集团有限公司	北京	27635310	-18256	61882545	17994860	273169
79	64	物产中大集团股份有限公司	浙江	27621748	223485	8594381	2194068	19071
N.A.	65	招商局集团有限公司	广东	27008604	2729494	120172989	28565351	108737
64	66	陕西延长石油（集团）有限责任公司	陕西	26289529	112732	32944372	10345869	132225
63	67	中国华能集团有限公司	北京	26074952	145694	103960684	7454009	138473
74	68	陕西煤业化工集团有限责任公司	陕西	26008890	49767	46406013	3682559	125673
103	69	阿里巴巴集团控股有限公司	浙江	25026600	6409300	71712400	36582200	66421
77	70	中国保利集团公司	北京	25002621	779094	90744356	6648549	88407

续表

上年名次	名次	企业名称	地区	营业收入/万元	净利润/万元	资产/万元	所有者权益/万元	从业人数/人
67	71	万科企业股份有限公司	广东	24289711	2805181	116534692	13267532	58280
71	72	中国光大集团股份有限公司	北京	24217624	1280470	448357855	11864147	66100
101	73	美的集团股份有限公司	广东	24191889	1728368	24810685	7373744	101826
81	74	海尔集团公司	山东	24190125	1655298	31718484	7964803	79243
109	75	腾讯控股有限公司	广东	23776000	7451000	55467200	25607400	44796
68	76	中国能源建设集团有限公司	北京	23687776	251235	35578286	3599897	135929
85	77	中国远洋海运集团有限公司	北京	23425514	948697	71251530	18698267	100500
73	78	中国航天科技集团有限公司	北京	23111309	1503455	41203358	17309570	173102
80	79	中国航天科工集团有限公司	北京	23028623	1086174	28831029	10860962	147710
107	80	碧桂园控股有限公司	广东	22689979	2606352	104966926	9367057	124837
69	81	冀中能源集团有限责任公司	河北	22430330	-95622	23039890	1653802	122734
115	82	厦门国贸控股有限公司	福建	22236907	71877	9951735	823348	21963
105	83	雪松控股集团有限公司	广东	22108396	721860	14304467	4293312	31065
155	84	潍柴控股集团有限公司	山东	22067298	123509	20796038	527299	78536
112	85	厦门建发集团有限公司	福建	22025250	206230	21020783	3720492	21133
84	86	江苏沙钢集团有限公司	江苏	22006344	717649	17471140	4302373	34634
88	87	金川集团股份有限公司	甘肃	21704239	83245	11803288	3170596	29754
66	88	中国中车集团有限公司	北京	21693414	461569	40528703	6728821	183835
82	89	中国电子信息产业集团有限公司	北京	21621041	112721	26308258	3589892	159039
76	90	江西铜业集团有限公司	江西	21603291	76720	12300384	2135742	24871
97	91	中国航空油料集团有限公司	北京	21588470	271423	5085872	2011748	14476
130	92	厦门象屿集团有限公司	福建	21408866	99454	9169853	1148211	9100
70	93	新兴际华集团有限公司	北京	21004510	297399	13747114	3674553	60306
92	94	中国电子科技集团公司	北京	20359818	1198710	30573522	12497311	168923
83	95	中国船舶工业集团有限公司	北京	20138579	250633	29092045	6876827	70009
86	96	国家电力投资集团公司	北京	20086831	134466	100860604	6231667	127182
90	97	中国华电集团公司	北京	20013470	225253	79677500	5784899	105006
119	98	兖矿集团有限公司	山东	19919956	-189327	28776959	1684346	104746
91	99	国美零售控股集团有限公司	北京	19256200	-44989	6322401	1991312	28221
120	100	鞍钢集团有限公司	辽宁	18783491	41292	35583610	7010193	130580
121	101	首钢集团有限公司	北京	18578512	588	50114269	11901826	118722
94	102	华晨汽车集团控股有限公司	辽宁	18511220	42040	16129321	671235	46912
116	103	新疆广汇实业投资（集团）有限责任公司	新疆维吾尔自治区	17644044	21953	24568073	2929321	79747
104	104	阳光龙净集团有限公司	福建	17305500	305850	29451700	1775090	20105

续表

上年名次	名次	企业名称	地区	营业收入/万元	净利润/万元	资产/万元	所有者权益/万元	从业人数/人
102	105	中国大唐集团有限公司	北京	17098735	230946	72080620	6168289	96735
126	106	中国太平保险控股有限公司	北京	17009725	532253	58508870	5553756	77472
108	107	山西晋城无烟煤矿业集团有限责任公司	山西	16665833	38742	24919492	2585862	128648
127	108	泰康保险集团股份有限公司	北京	16260053	1137607	71285435	5089264	52424
110	109	海亮集团有限公司	浙江	16259643	181500	6694444	1737880	18276
149	110	青山控股集团有限公司	浙江	16158784	259394	5163106	1213906	41691
106	111	光明食品（集团）有限公司	上海	16116091	121872	24595893	6217010	143140
99	112	阳泉煤业（集团）有限责任公司	山西	16080629	−79110	21538841	1633109	135723
100	113	山西潞安矿业（集团）有限责任公司	山西	16074995	349	24177915	2693276	95796
129	114	河南能源化工集团有限公司	河南	16017486	−46379	25955086	1314305	185279
95	115	大同煤矿集团有限责任公司	山西	16005877	45178	33253971	4559259	160836
111	116	铜陵有色金属集团控股有限公司	安徽	15734470	−41469	8951688	818319	25415
113	117	中国通用技术（集团）控股有限责任公司	北京	15700579	277533	15696003	3816272	36114
236	118	中南控股集团有限公司	江苏	15387043	92550	17905568	1041349	70000
96	119	山西焦煤集团有限责任公司	山西	15260208	80195	29567343	3320746	208832
117	120	万洲国际有限公司	河南	15121714	765579	9969882	4864712	110000
141	121	珠海格力电器股份有限公司	广东	15001955	2240158	21496800	6559501	85222
124	122	三胞集团有限公司	江苏	14600354	321651	13070351	3832371	120000
114	123	新华人寿保险股份有限公司	北京	14413185	538270	71027469	6371428	41044
122	124	上海建工集团股份有限公司	上海	14208263	258446	19568520	2702292	40022
125	125	东浩兰生（集团）有限公司	上海	14118438	101927	3904748	1107461	5840
150	126	山东钢铁集团有限公司	山东	13523275	−260834	29865495	1211517	81454
158	127	安徽海螺集团有限责任公司	安徽	13252810	573097	12764767	3287032	48381
135	128	广西投资集团有限公司	广西壮族自治区	13217082	−15306	32872598	2223540	23703
134	129	上海医药集团股份有限公司	上海	13084718	352065	9434448	3403084	42236
164	130	中国华融资产管理股份有限公司	北京	12990999	2199259	187026028	12817460	12520
137	131	中国南方航空股份有限公司	广东	12748900	591400	21832900	4959400	96234
131	132	中国平煤神马能源化工集团有限责任公司	河南	12734413	23465	16133549	1266629	140666
140	133	万向集团公司	浙江	12662384	168155	9472780	2523008	28099
128	134	陕西有色金属控股集团有限责任公司	陕西	12614881	44136	12633356	3420884	44421
118	135	中国有色矿业集团有限公司	北京	12377899	12590	12015703	2162325	52814
153	136	中天钢铁集团有限公司	江苏	12204388	186524	4683788	1669302	14805
163	137	清华控股有限公司	北京	12064481	80950	43187208	1433000	159000
147	138	华夏银行股份有限公司	北京	11929800	1981900	250892700	16805500	42644
144	139	协鑫集团有限公司	江苏	11890515	300199	18534215	3515740	29540

续表

上年名次	名次	企业名称	地区	营业收入/万元	净利润/万元	资产/万元	所有者权益/万元	从业人数/人
146	140	四川长虹电子控股集团有限公司	四川	11702131	284	7966978	130428	66032
195	141	中国中煤能源集团有限公司	北京	11681181	2556	35912519	6056813	123006
N.A.	142	小米集团	北京	11462474	-4382602	8986976	12727236	14513
167	143	天能电池集团有限公司	浙江	11277583	119401	1417337	453820	19207
145	144	TCL集团股份有限公司	广东	11157736	266440	16029399	2974706	75059
151	145	中国东方航空集团有限公司	上海	11157305	293346	27129641	3676847	86196
183	146	云南省建设投资控股集团有限公司	云南	11120486	173123	30404615	5050569	41545
156	147	海信集团有限公司	山东	11106466	71660	10017318	980802	59567
98	148	开滦（集团）有限责任公司	河北	11103437	-32037	7947086	1210238	50574
172	149	浙江省交通投资集团有限公司	浙江	11081387	425717	32726002	7830966	27915
166	150	海澜集团有限公司	江苏	10885541	544891	10095169	7587565	33000
133	151	黑龙江北大荒农垦集团总公司	黑龙江	10823186	-69982	19160012	3364270	645631
161	152	东岭集团股份有限公司	陕西	10812595	80924	3889969	884102	10261
123	153	富德生命人寿保险股份有限公司	广东	10665854	4045	43808931	3206004	—
176	154	浙江荣盛控股股份有限公司	浙江	10663705	128116	8257366	1449656	9189
148	155	比亚迪股份有限公司	广东	10592470	406647	17809943	5500419	3233
170	156	盛虹控股集团有限公司	江苏	10501949	181525	8001365	1325940	28132
194	157	南通三建控股有限公司	江苏	10478217	380326	4938763	1627216	118089
200	158	浙江恒逸集团有限公司	浙江	10470453	51138	5080693	819731	11452
N.A.	159	北京电子控股有限责任公司	北京	10440445	63960	29293404	1062584	85548
184	160	北大方正集团有限公司	北京	10418199	-54457	24612150	2133586	30086
207	161	杭州汽轮动力集团有限公司	浙江	10293092	16059	3876919	614864	5487
211	162	晋能集团有限公司	山西	10291762	-14708	26211133	4072926	95997
162	163	超威电源有限公司	浙江	10268301	62788	1452837	366107	18769
181	164	湖南华菱钢铁集团有限责任公司	湖南	10253503	302995	11711286	3133957	32572
171	165	广州医药集团有限公司	广东	10210515	89690	4848463	583568	36386
175	166	北京银行股份有限公司	北京	10176176	1873170	232980542	17484366	14680
199	167	远大物产集团有限公司	浙江	10152254	-23047	881863	234516	649
159	168	长城汽车股份有限公司	河北	10116949	502730	11054707	4913453	68505
205	169	河北津西钢铁集团股份有限公司	河北	10090231	546731	3915416	1609614	9473
165	170	南山集团有限公司	山东	10073149	486495	11787754	4876855	46349
180	171	浙江省兴合集团有限责任公司	浙江	10045944	20224	4391249	390844	15652
143	172	中国黄金集团有限公司	北京	10020376	-21856	10786293	1498508	47135
177	173	上海均和集团有限公司	上海	9997329	23298	1641959	668005	5000
190	174	西安迈科金属国际集团有限公司	陕西	9893701	19325	2071915	409883	320

续表

上年名次	名次	企业名称	地区	营业收入/万元	净利润/万元	资产/万元	所有者权益/万元	从业人数/人
276	175	东方国际（集团）有限公司	上海	9610744	105023	6540935	1611558	72000
182	176	阳光保险集团股份有限公司	北京	9605931	286624	28010096	4416685	266411
192	177	紫金矿业集团股份有限公司	福建	9454862	350772	8931526	3499972	26407
218	178	中国林业集团有限公司	北京	9380037	9907	8012221	1685997	5384
215	179	杭州钢铁集团有限公司	浙江	9361757	102146	6782324	2216841	14376
160	180	上海电气（集团）总公司	上海	9177583	128723	23024211	3133342	45500
169	181	山东东明石化集团有限公司	山东	9067237	170481	2623785	950669	6207
217	182	中国重型汽车集团有限公司	山东	9053607	565134	15780183	3771163	40803
191	183	广西建工集团有限责任公司	广西壮族自治区	9051117	98003	7195983	627530	27491
189	184	腾邦集团有限公司	广东	8988264	95434	2503348	432016	12084
219	185	云南省投资控股集团有限公司	云南	8951740	75540	25728791	3708094	18175
174	186	国家开发投资集团有限公司	北京	8940334	685250	49355205	7173897	52508
201	187	复星国际有限公司	上海	8802516	1316128	53378805	10096075	63000
204	188	北京金隅集团股份有限公司	北京	8753276	283666	23220748	5116286	52321
185	189	酒泉钢铁（集团）有限责任公司	甘肃	8743652	15967	11109241	2241240	36622
202	190	山东晨鸣纸业集团股份有限公司	山东	8702236	376933	10562510	2777853	13579
N. A.	191	湖南建工集团有限公司	湖南	8649902	75704	3412991	894994	25817
209	192	中升集团控股有限公司	辽宁	8629029	335041	4758079	1591299	25577
254	193	杭州锦江集团有限公司	浙江	8553673	150844	6860237	1200237	11600
226	194	中国广核集团有限公司	广东	8535527	458297	63295715	9576438	41040
213	195	百度网络技术有限公司	北京	8480900	1830100	25172800	11534600	39343
241	196	北京建龙重工集团有限公司	北京	8433340	237839	10066480	1863370	40388
197	197	陕西建工集团有限公司	陕西	8383343	82059	5278653	950762	31078
233	198	万达控股集团有限公司	山东	8361646	219528	6260882	1003908	15086
208	199	新华联集团有限公司	北京	8337797	265880	13193809	2902656	65076
142	200	江苏悦达集团有限公司	江苏	8319887	19746	8909508	885136	40437
N. A.	201	福中集团有限公司	江苏	8273165	47805	1305036	537774	30150
198	202	北京控股集团有限公司	北京	8179398	90891	28263280	2971566	79700
224	203	浙江省能源集团有限公司	浙江	8134373	426000	19273814	7209821	22487
212	204	太原钢铁（集团）有限公司	山西	8095685	266748	13271894	3518192	34265
227	205	江铃汽车集团公司	江西	8058150	131503	6321777	964154	42792
187	206	广厦控股集团有限公司	浙江	8048522	108734	4237041	1077671	112786
210	207	浪潮集团有限公司	山东	8033895	240213	5110827	1871465	30510
214	208	四川省宜宾五粮液集团有限公司	四川	8021809	233985	10763695	7366866	42915
303	209	南京钢铁集团有限公司	江苏	8020646	212643	4636172	1345345	11009

续表

上年名次	名次	企业名称	地区	营业收入/万元	净利润/万元	资产/万元	所有者权益/万元	从业人数/人
N.A.	210	福晟集团有限公司	福建	8010873	420845	6567544	1942995	6000
275	211	华侨城集团有限公司	广东	8010784	586538	32238228	5055168	61372
357	212	日照钢铁控股集团有限公司	山东	7989090	551674	9157148	2195722	14318
274	213	马钢（集团）控股有限公司	安徽	7958732	139471	9175555	1594747	38771
348	214	内蒙古伊泰集团有限公司	内蒙古自治区	7881841	280570	11109764	1400005	7131
229	215	银亿集团有限公司	浙江	7830148	191608	7531942	1658598	16635
260	216	亨通集团有限公司	江苏	7802628	34246	5179528	834772	19141
228	217	山东大海集团有限公司	山东	7787142	477559	3391120	1374078	6940
289	218	中国国际海运集装箱集团股份有限公司	广东	7629993	250924	13060438	3246093	50000
253	219	淮南矿业（集团）有限责任公司	安徽	7618381	111581	15618100	1989198	79102
222	220	中天控股集团有限公司	浙江	7612358	172905	6328436	1515043	7537
231	221	中国国际技术智力合作有限公司	北京	7605761	57109	1037934	368362	4925
230	222	中融新大集团有限公司	山东	7533168	260740	15782987	6783213	11000
243	223	利华益集团股份有限公司	山东	7501836	173762	3587452	1482581	4038
250	224	云南省能源投资集团有限公司	云南	7497357	64370	11112354	2992705	10590
203	225	山东黄金集团有限公司	山东	7488345	11155	10358853	1074057	23381
N.A.	226	上海银行股份有限公司	上海	7461974	1532850	180776694	14698514	10000
251	227	宁夏天元锰业集团有限公司	宁夏回族自治区	7400594	520472	18822330	10975499	20062
240	228	九州通医药集团股份有限公司	湖北	7394289	144551	5204835	1830044	25816
346	229	上海钢联电子商务股份有限公司	上海	7369705	4818	1021382	82426	1644
216	230	河北新华联合冶金控股集团有限公司	河北	7362531	323335	5715430	2881145	16700
223	231	华泰集团有限公司	山东	7301169	124421	3211330	820080	8560
221	232	新希望集团有限公司	四川	7299781	292340	11736881	2206853	69587
266	233	甘肃省公路航空旅游投资集团有限公司	甘肃	7257895	103302	31978586	10942331	18226
262	234	江阴澄星实业集团有限公司	江苏	7237863	95619	3375167	1177758	5820
273	235	龙湖集团控股有限公司	重庆	7207504	1259860	36276385	7056666	19827
232	236	无锡产业发展集团有限公司	江苏	7204545	35118	7075154	783275	26085
265	237	深圳顺丰泰森控股（集团）有限公司	广东	7109429	471842	5361408	2139056	136432
328	238	宁波金田投资控股有限公司	浙江	7059927	19473	924038	133089	4773
323	239	重庆市金科投资控股（集团）有限责任公司	重庆	7058643	107079	17465660	487349	20089
225	240	庞大汽贸集团股份有限公司	河北	7048514	21201	6353085	1328902	26359
256	241	世茂房地产控股有限公司	上海	7042587	784049	30755867	5763468	8394
N.A.	242	扬子江药业集团	江苏	7008812	443918	3103911	2694536	14890
249	243	北京城建集团有限责任公司	北京	7007405	168328	16715760	1237488	20684

续表

上年名次	名次	企业名称	地区	营业收入/万元	净利润/万元	资产/万元	所有者权益/万元	从业人数/人
294	244	卓尔控股有限公司	湖北	6986924	252039	6128693	3862349	5652
429	245	奇瑞控股集团有限公司	安徽	6908612	61385	14510100	686531	30907
279	246	唯品会（中国）有限公司	广东	6892996	281983	2856061	1098113	58000
261	247	深圳市怡亚通供应链股份有限公司	广东	6851511	59524	4726237	595416	20098
313	248	广西柳州钢铁集团有限公司	广西壮族自治区	6839830	403354	4333543	1363558	16984
252	249	内蒙古电力（集团）有限责任公司	内蒙古自治区	6816737	136840	10078453	4190661	35339
246	250	内蒙古伊利实业集团股份有限公司	内蒙古自治区	6805817	600088	4930035	2510339	53531
258	251	敬业集团有限公司	河北	6746750	340185	3132439	1312769	22500
257	252	山东高速集团有限公司	山东	6663351	281222	55417622	6492964	28466
269	253	雅戈尔集团股份有限公司	浙江	6654041	372343	8312268	2552052	50492
238	254	正邦集团有限公司	江西	6635299	101904	1547738	639466	40128
263	255	天津荣程祥泰投资控股集团有限公司	天津	6604932	156963	1448426	838767	8350
298	256	北京外企服务集团有限责任公司	北京	6500916	27224	719852	169505	34929
242	257	奥克斯集团有限公司	浙江	6493012	256477	5567231	1578591	25391
239	258	云天化集团有限责任公司	云南	6359792	30542	9825492	865205	21699
259	259	北京能源集团有限责任公司	北京	6325119	60344	26305882	7165362	34984
426	260	传化集团有限公司	浙江	6317160	71784	4815723	997981	13767
244	261	上海华谊（集团）公司	上海	6269963	76221	6918486	1530201	20018
270	262	通威集团	四川	6261031	136360	3605467	1296519	23755
310	263	上海永达控股（集团）有限公司	上海	6250001	154614	2918601	906426	13570
186	264	大冶有色金属集团控股有限公司	湖北	6245374	−1715	2686843	789056	12540
264	265	浙江省建设投资集团股份有限公司	浙江	6236450	66915	5177267	547452	251944
350	266	神州数码集团股份有限公司	北京	6221595	72292	2427319	335006	4486
387	267	陕西汽车控股集团有限公司	陕西	6170812	13421	3996363	358561	27102
N. A.	268	杭州滨江房产集团股份有限公司	浙江	6150000	171141	6024433	208179	425
334	269	贵州茅台酒股份有限公司	贵州	6106276	2707936	13461012	9145152	24029
332	270	玖隆钢铁物流有限公司	江苏	6067876	7769	529673	153272	292
291	271	天津泰达投资控股有限公司	天津	6062983	20762	31994850	4589776	11792
311	272	北京住总集团有限责任公司	北京	6057009	34885	11158422	568012	9804
179	273	百联集团有限公司	上海	6055733	39062	8116209	1993916	58001
284	274	红豆集团有限公司	江苏	6033816	118031	4341059	1360876	22019
290	275	正泰集团股份有限公司	浙江	6017696	128400	6500558	1310875	31082
288	276	淮北矿业（集团）有限责任公司	安徽	6016413	95808	9044964	1215020	57653
297	277	青建集团股份公司	山东	6008048	81370	6488586	904268	14650
277	278	华夏幸福基业股份有限公司	北京	5963543	878081	37586471	3709502	27956

续表

上年名次	名次	企业名称	地区	营业收入/万元	净利润/万元	资产/万元	所有者权益/万元	从业人数/人
278	279	广州富力地产股份有限公司	广东	5927786	2118645	31411090	6358024	30897
385	280	福建省能源集团有限责任公司	福建	5866723	149256	9104018	2247866	33435
306	281	永辉超市股份有限公司	福建	5859134	181679	3287046	1999477	84931
282	282	中国化学工程股份有限公司	北京	5857143	155724	8748133	2834367	41588
296	283	江苏南通二建集团有限公司	江苏	5736659	264137	2913501	1302361	98160
281	284	山东京博控股股份有限公司	山东	5700045	199731	3343925	729953	12257
315	285	南通四建集团有限公司	江苏	5686289	319411	2315005	1246093	95157
309	286	深圳市爱施德股份有限公司	广东	5673587	37897	1248100	538638	2882
271	287	白银有色集团股份有限公司	甘肃	5663428	23933	4698293	1036633	15487
287	288	山东如意国际时尚产业投资控股有限公司	山东	5613106	179111	6102673	915228	41069
N. A.	289	江西方大钢铁集团有限公司	江西	5602438	289966	3203525	678406	21369
388	290	蓝思科技股份有限公司	湖南	5594430	202959	6524583	2545701	94598
255	291	广东温氏食品集团股份有限公司	广东	5565716	675112	4903959	3261651	50574
300	292	甘肃省建设投资（控股）集团总公司	甘肃	5558630	17219	5449387	857287	52667
295	293	山东海科化工集团有限公司	山东	5500774	157227	1781815	348837	3692
308	294	昆明钢铁控股有限公司	云南	5498649	12544	5919256	1290303	17982
316	295	云南锡业集团（控股）有限责任公司	云南	5495338	-64421	5572523	62899	24312
457	296	上海找钢网信息科技股份有限公司	上海	5468164	17347	525425	103043	1323
401	297	河北普阳钢铁有限公司	河北	5467220	392417	1901818	1149783	6234
178	298	山西煤炭进出口集团有限公司	山西	5453982	-33559	8351422	401434	17152
N. A.	299	网易公司	北京	5410202	1070794	7103142	4573201	18129
330	300	广东省广物控股集团有限公司	广东	5408619	44677	3644760	846405	11117
N. A.	301	万华化学集团股份有限公司	山东	5312317	1113479	6582773	2727954	9165
286	302	河北省物流产业集团有限公司	河北	5285940	9538	1656860	259357	2088
304	303	新疆特变电工集团有限公司	新疆维吾尔自治区	5273129	274512	10548494	3751259	21285
322	304	德力西集团有限公司	浙江	5258941	137117	1815324	690491	20954
358	305	深圳光汇石油集团股份有限公司	广东	5252736	11672	3190900	1440499	1350
318	306	宝塔石化集团有限公司	宁夏回族自治区	5247847	120487	6370663	2178999	14873
188	307	本钢集团有限公司	辽宁	5233601	-44121	14496314	2974858	70089
307	308	江苏三房巷集团有限公司	江苏	5233236	50776	2348684	802301	7500
363	309	隆鑫控股有限公司	重庆	5229376	41865	7005670	1022551	30015
463	310	新余钢铁集团有限公司	江西	5223113	172557	3767128	745616	23581
N. A.	311	中国铁路物资股份有限公司	北京	5184400	161911	6158110	1218938	6323
321	312	雅居乐地产控股有限公司	广东	5160706	602524	—	3633524	17602

续表

上年名次	名次	企业名称	地区	营业收入/万元	净利润/万元	资产/万元	所有者权益/万元	从业人数/人
299	313	稻花香集团	湖北	5156194	30657	2277761	238213	14462
N.A.	314	新疆中泰（集团）有限责任公司	新疆维吾尔自治区	5121297	35413	7767951	406523	26454
305	315	山东招金集团有限公司	山东	5106370	10123	4893577	570831	14077
485	316	福建省三钢（集团）有限责任公司	福建	5102003	376174	3144045	1018592	16447
326	317	江苏国泰国际集团有限公司	江苏	5070385	39750	2327209	369795	10096
362	318	浙江桐昆控股集团有限公司	浙江	5058084	77582	3293906	423207	16334
317	319	江苏省苏中建设集团股份有限公司	江苏	5056959	99297	1982322	492715	110172
314	320	亚邦投资控股集团有限公司	江苏	5037379	172729	1409376	1409367	19272
301	321	四川华西集团有限公司	四川	5029492	61052	4929994	836392	19702
347	322	双胞胎（集团）股份有限公司	江西	5014839	133800	1122581	729142	7497
N.A.	323	新凤祥控股集团有限责任公司	山东	5006899	37893	2629414	817390	16166
345	324	广州市建筑集团有限公司	广东	5001726	38448	3743027	489864	16298
280	325	安徽江淮汽车集团控股有限公司	安徽	4996822	13068	4722901	412787	35735
335	326	前海人寿保险股份有限公司	广东	4962945	150550	23757907	2489525	3210
312	327	重庆商社（集团）有限公司	重庆	4952118	18894	2052358	345978	89950
331	328	渤海银行股份有限公司	天津	4926359	675382	100256705	4846530	11336
336	329	北京首都旅游集团有限责任公司	北京	4916940	-40302	7980805	1693893	86487
N.A.	330	重庆小康控股有限公司	重庆	4834099	3133	3090618	202608	12267
415	331	新奥能源控股有限公司	河北	4826900	280200	5921500	1357500	28735
325	332	山东科达集团有限公司	山东	4785635	207566	1372388	684028	8710
324	333	江苏华西集团有限公司	江苏	4750174	54389	5779321	1409376	20100
409	334	云南冶金集团股份有限公司	云南	4717319	-33510	8822830	621751	27842
419	335	四川德胜集团钒钛有限公司	四川	4651620	37155	3002047	704450	10761
327	336	杭州娃哈哈集团有限公司	浙江	4643785	401373	3135590	2213445	22441
392	337	广西北部湾国际港务集团有限公司	广西壮族自治区	4643424	31631	7671195	1600746	20768
N.A.	338	深圳海王集团股份有限公司	广东	4623669	32789	4934340	1154090	31500
383	339	东营鲁方金属材料有限公司	山东	4583917	111534	1239626	620185	2351
341	340	上海仪电（集团）有限公司	上海	4553965	95750	6886428	1090465	14078
337	341	重庆建工投资控股有限责任公司	重庆	4533229	25780	7247803	585354	16394
339	342	广东省交通集团有限公司	广东	4515921	339779	37255735	8253570	61120
382	343	山东金诚石化集团有限公司	山东	4513739	154185	892896	698024	2000
320	344	广州轻工工贸集团有限公司	广东	4511235	35802	1702163	596459	5949
340	345	四川省川威集团有限公司	四川	4511062	63419	4078516	159067	13389
468	346	天津友发钢管集团股份有限公司	天津	4494604	53550	709188	295109	8500

续表

上年名次	名次	企业名称	地区	营业收入/万元	净利润/万元	资产/万元	所有者权益/万元	从业人数/人
333	347	山东太阳控股集团有限公司	山东	4490230	278413	3383071	1055566	12947
196	348	徐州工程机械集团有限公司	江苏	4483689	-18988	9531730	1346556	25296
400	349	武安市明芳钢铁有限公司	河北	4472500	293740	2337300	1095631	9380
411	350	中天科技集团有限公司	江苏	4465308	61569	2920810	556546	14215
234	351	三一集团有限公司	湖南	4448808	73322	10341368	2779988	20109
446	352	珠海华发集团有限公司	广东	4415523	124980	22847941	2496530	14448
441	353	广东省建筑工程集团有限公司	广东	4410276	57221	6121440	1087088	31763
354	354	广东省粤电集团有限公司	广东	4375260	191253	13803083	4802072	14876
353	355	重庆化医控股（集团）公司	重庆	4375138	-8424	7833321	981672	28054
406	356	天瑞集团股份有限公司	河南	4361911	105197	7210978	3805677	16700
434	357	江苏新长江实业集团有限公司	江苏	4357390	120875	3037848	1017938	7238
416	358	西王集团有限公司	山东	4350599	30675	4672419	1143356	16000
436	359	唐山港陆钢铁有限公司	河北	4349142	133941	1703595	784750	7683
365	360	华勤橡胶工业集团有限公司	山东	4325182	58919	1648213	599057	8155
413	361	旭阳控股有限公司	北京	4320094	111400	2800900	847414	5980
373	362	北京首都创业集团有限公司	北京	4309673	108072	28164665	1628860	29066
356	363	武汉金融控股（集团）有限公司	湖北	4306560	34401	9622797	1303846	5584
N. A.	364	荣盛控股股份有限公司	河北	4291398	265881	20037206	1494905	22977
N. A.	365	广州智能装备产业集团有限公司	广东	4259323	103864	1998894	882522	29283
376	366	重庆力帆控股有限公司	重庆	4258898	78677	6091253	1389181	15580
476	367	重庆机电控股（集团）公司	重庆	4240387	83454	4865541	1128696	29507
377	368	太极集团有限公司	重庆	4236428	3348	1169347	219005	12168
471	369	河南森源集团有限公司	河南	4236265	94611	3639110	809599	10921
370	370	江苏南通六建设集团有限公司	江苏	4205069	104367	1071874	598461	45201
372	371	杉杉控股有限公司	浙江	4203413	144014	5408515	868128	7112
404	372	重庆农村商业银行股份有限公司	重庆	4195316	893597	90577808	6368869	15892
472	373	通鼎集团有限公司	江苏	4182581	134236	2034287	645784	13236
349	374	北京建工集团有限责任公司	北京	4182184	40358	6664648	995131	20211
428	375	山东渤海实业股份有限公司	山东	4170157	24378	1844286	277305	3449
366	376	河北建设集团股份有限公司	河北	4129596	105225	5075866	390269	6309
417	377	四川省能源投资集团有限责任公司	四川	4129332	99295	11786458	2421142	16603
461	378	江苏华宏实业集团有限公司	江苏	4117625	27403	1092488	450885	2958
N. A.	379	盘锦北方沥青燃料有限公司	辽宁	4107120	275605	3544190	829544	3021
352	380	四川科伦实业集团有限公司	四川	4106113	184936	3165386	1230498	20832
447	381	山河控股集团有限公司	湖北	4101786	103730	902686	507730	62435

续表

上年名次	名次	企业名称	地区	营业收入/万元	净利润/万元	资产/万元	所有者权益/万元	从业人数/人
355	382	浙江中成控股集团有限公司	浙江	4070972	77298	1662364	649961	52080
430	383	湖南博长控股集团有限公司	湖南	4058828	82862	1054652	245140	7328
N. A.	384	物美控股集团股份有限公司	北京	4055741	171497	5664150	2287945	97500
390	385	江西省建工集团有限责任公司	江西	4052354	58587	4035965	226508	3279
381	386	安阳钢铁集团有限责任公司	河南	4034777	108365	4445356	558473	23926
375	387	人民电器集团有限公司	浙江	4034049	147600	1062269	765290	22500
405	388	山西建设投资集团有限公司	山西	4025142	32944	5607131	125723	24949
466	389	金浦投资控股集团有限公司	江苏	4020150	56563	2276972	444343	9520
268	390	上海城建（集团）公司	上海	4019942	68597	10226915	839648	23174
368	391	中华联合保险控股股份有限公司	北京	4018039	108800	7314435	1480048	41669
369	392	安徽建工集团有限公司	安徽	4017496	40617	6677521	266030	15648
410	393	四川省交通投资集团有限责任公司	四川	4003945	28357	33559172	10966703	25000
462	394	武安市文安钢铁有限公司	河北	3982618	90237	931045	856672	4723
407	395	老凤祥股份有限公司	上海	3981035	113620	1342405	560741	2517
N. A.	396	同程控股股份有限公司	江苏	3975285	-13764	1391314	610146	14376
293	397	冀南钢铁集团有限公司	河北	3971613	621713	1793254	1318142	8519
395	398	山东玉皇化工有限公司	山东	3968785	114219	2616743	1031589	4690
422	399	安徽新华发行（集团）控股有限公司	安徽	3960249	70237	3035097	816136	6179
402	400	创维集团有限公司	广东	3955878	27594	4193122	846136	37600
367	401	四川蓝润实业集团有限公司	四川	3952830	246318	5747845	3309313	5180
424	402	河北新金钢铁有限公司	河北	3950773	242705	1607709	913698	5272
N. A.	403	山东恒源石油化工股份有限公司	山东	3931048	147834	1329050	493742	2065
N. A.	404	江苏中利能源控股有限公司	江苏	3920488	111735	3445746	1009524	8142
393	405	吉林亚泰（集团）股份有限公司	吉林	3917156	79046	5818954	1489273	23730
421	406	天音通信有限公司	广东	3915873	19723	1275585	165210	4500
374	407	福佳集团有限公司	辽宁	3902737	119905	6220610	3372736	3432
386	408	山东金岭集团有限公司	山东	3888736	117115	945554	739196	3896
442	409	北京首都开发控股（集团）有限公司	北京	3866932	152539	26681370	1545170	3373
396	410	三河汇福粮油集团有限公司	河北	3864917	57913	1555060	336657	3000
486	411	中运富通控股集团有限公司	上海	3864403	128579	1566670	385092	2964
469	412	武安市裕华钢铁有限公司	河北	3863513	492580	2072541	1597150	10925
470	413	金澳科技（湖北）化工有限公司	湖北	3861055	77097	671153	365517	3960
394	414	弘阳集团有限公司	江苏	3854291	174132	5066626	1524971	3948
389	415	山东胜通集团股份有限公司	山东	3854216	411244	3239704	1910180	7800
412	416	申能（集团）有限公司	上海	3844343	350221	17559399	9966859	10115

续表

上年名次	名次	企业名称	地区	营业收入/万元	净利润/万元	资产/万元	所有者权益/万元	从业人数/人
399	417	浙江省国际贸易集团有限公司	浙江	3844124	85928	7647026	1310320	15306
N. A.	418	环嘉集团有限公司	辽宁	3838626	156884	3161164	1483663	2300
N. A.	419	东旭集团有限公司	河北	3835433	119458	19848326	3201083	16789
N. A.	420	永锋集团有限公司	山东	3817616	204249	2577241	518905	8366
N. A.	421	杭州市实业投资集团有限公司	浙江	3817570	105266	5448970	1285153	28235
465	422	中基宁波集团股份有限公司	浙江	3798145	18204	750081	79509	1677
427	423	晶龙实业集团有限公司	河北	3788441	91463	3968474	2097606	21292
418	424	威高集团有限公司	山东	3781624	383848	3917618	2561910	26000
272	425	金地（集团）股份有限公司	广东	3766218	684268	20794207	4076406	24246
450	426	安徽国贸集团控股有限公司	安徽	3753952	5590	3375430	306763	7346
456	427	上海国际港务（集团）股份有限公司	上海	3742394	1153619	14123490	6948438	17648
391	428	江苏阳光集团有限公司	江苏	3738814	191160	2302815	936230	17524
173	429	武汉商联（集团）股份有限公司	湖北	3733155	43404	2994786	906933	46576
414	430	广州越秀集团有限公司	广东	3726759	116832	42956412	2340550	16828
445	431	步步高投资集团股份有限公司	湖南	3709413	15168	1601946	622636	18043
449	432	天元建设集团有限公司	山东	3706550	69930	2906620	617211	10356
439	433	东营方圆有色金属有限公司	山东	3699621	99856	1903003	1001412	500
451	434	大汉控股集团有限公司	湖南	3690237	78780	1797292	519847	3278
N. A.	435	金鼎重工股份有限公司	河北	3687235	74909	813072	452764	4500
448	436	江苏汇鸿国际集团股份有限公司	江苏	3679996	73679	3071638	735229	3663
475	437	中科电力装备集团有限公司	安徽	3660237	16714	1245360	201326	3429
N. A.	438	成都兴城投资集团有限公司	四川	3656108	91367	12452240	3396071	12810
432	439	杭州华东医药集团有限公司	浙江	3653071	307745	2531965	1418125	9697
490	440	河南豫光金铅集团有限责任公司	河南	3638914	20006	1884122	108687	5977
359	441	天津纺织集团（控股）有限公司	天津	3631543	9569	2350001	520650	5343
444	442	河南豫联能源集团有限责任公司	河南	3626436	-87832	2625924	-91896	12985
398	443	西部矿业集团有限公司	青海	3616136	5857	4978014	413619	9455
292	444	徐州矿务集团有限公司	江苏	3609896	8485	4744189	1458278	36416
403	445	北京江南投资集团有限公司	北京	3579996	543286	13431168	1659190	410
379	446	郑州宇通集团有限公司	河南	3563402	206295	5034870	1179725	19021
440	447	研祥高科技控股集团有限公司	广东	3560817	241943	3008604	1903173	5300
455	448	广西玉柴机器集团有限公司	广西壮族自治区	3560665	92147	3908598	1265914	17280
N. A.	449	江苏扬子江船业集团	江苏	3553722	384061	11786140	3962877	21387
481	450	宜昌兴发集团有限责任公司	湖北	3553187	64600	3038465	157808	9992
N. A.	451	滨化集团公司	山东	3544816	151363	1675128	908756	5247
384	452	中国东方电气集团有限公司	四川	3532946	35912	9441593	1326027	20640

续表

上年名次	名次	企业名称	地区	营业收入/万元	净利润/万元	资产/万元	所有者权益/万元	从业人数/人
477	453	双良集团有限公司	江苏	3518421	40161	2526960	754517	5026
478	454	华仪集团有限公司	浙江	3510126	97716	2382692	570144	14201
464	455	华芳集团有限公司	江苏	3503459	29489	940726	493603	11567
N.A.	456	新疆生产建设兵团建设工程（集团）有限责任公司	新疆维吾尔自治区	3491190	38802	4346693	830551	21667
480	457	卧龙控股集团有限公司	浙江	3475874	107568	2800984	747904	18578
437	458	维维集团股份有限公司	江苏	3471726	177730	2261550	1596959	20217
500	459	通州建总集团有限公司	江苏	3461257	118351	584207	198135	60000
N.A.	460	富通集团有限公司	浙江	3453862	132629	2267385	847108	6857
487	461	广州万宝集团有限公司	广东	3451914	66400	2293641	283805	17141
443	462	浙江宝业建设集团有限公司	浙江	3423621	38494	791650	305027	3985
N.A.	463	万基控股集团有限公司	河南	3421979	46337	2890832	220157	12770
482	464	河北建工集团有限责任公司	河北	3420810	5254	1498844	117034	6857
488	465	安徽省皖北煤电集团有限责任公司	安徽	3416493	-6653	4514371	318312	37794
380	466	浙江前程投资股份有限公司	浙江	3407529	2521	608993	96322	355
459	467	法尔胜泓昇集团有限公司	江苏	3403315	53840	2506683	531994	9238
N.A.	468	浙江富冶集团有限公司	浙江	3396477	26991	928885	266220	2234
433	469	远东控股集团有限公司	江苏	3389258	17434	2832115	382948	10947
420	470	天狮集团有限公司	天津	3387737	304896	1844713	1586931	4035
460	471	宁波富邦控股集团有限公司	浙江	3380633	39874	4371387	536451	8575
N.A.	472	欧菲科技股份有限公司	广东	3379103	100972	3083825	910582	41826
N.A.	473	北京粮食集团有限责任公司	北京	3358164	65608	2620691	509112	10560
425	474	哈尔滨电气集团有限公司	黑龙江	3351853	1084	6951751	1334707	19872
499	475	上海农村商业银行股份有限公司	上海	3338050	676908	80205760	5168213	6215
435	476	富海集团有限公司	山东	3337975	109522	1970195	750616	3976
N.A.	477	红狮控股集团有限公司	浙江	3330775	271778	3510338	1290457	11364
378	478	重庆市能源投资集团有限公司	重庆	3322053	14521	10325637	2023664	42534
467	479	北京市政路桥集团有限公司	北京	3318101	50825	5618580	775977	17400
438	480	浙江昆仑控股集团有限公司	浙江	3301926	87778	1578698	647143	34987
N.A.	481	山东博汇集团有限公司	山东	3300949	49295	2887266	745710	12377
N.A.	482	石横特钢集团有限公司	山东	3300133	416384	2236613	970696	9553
489	483	世纪金源投资集团有限公司	北京	3291300	269630	9646443	3531246	15769
496	484	龙信建设集团有限公司	江苏	3285745	100929	901615	331941	33808
N.A.	485	东华能源股份有限公司	江苏	3267828	106297	2239442	762352	1470
N.A.	486	深圳市中农网有限公司	广东	3260177	8615	1005271	77925	631
N.A.	487	山东清源集团有限公司	山东	3253538	98602	2075827	780677	4200

续表

上年名次	名次	企业名称	地区	营业收入/万元	净利润/万元	资产/万元	所有者权益/万元	从业人数/人
452	488	精功集团有限公司	浙江	3241386	69239	5383335	1040676	14450
474	489	波司登股份有限公司	江苏	3240801	250160	2956516	2108406	23850
N.A.	490	北京金融街投资（集团）有限公司	北京	3235534	89563	21345119	2969998	11212
N.A.	491	华峰集团有限公司	浙江	3226386	120621	3543284	712542	11779
N.A.	492	山东泰山钢铁集团有限公司	山东	3205069	66169	1396736	379560	7831
495	493	澳洋集团有限公司	江苏	3186041	50080	1842896	355693	10619
495	494	万通海欣控股集团股份有限公司	山东	3162744	146382	3131722	1273694	3500
493	495	重庆轻纺控股（集团）公司	重庆	3151559	28596	2982120	647348	25785
492	496	金东纸业（江苏）股份有限公司	江苏	3150433	182836	6343054	1922593	7826
N.A.	497	岚桥集团有限公司	山东	3132545	166721	3703920	1221163	2359
N.A.	498	广州农村商业银行股份有限公司	广东	3125565	570871	73571366	4604451	7778
498	499	广西盛隆冶金有限公司	广西壮族自治区	3114547	287447	2154428	934881	8000
N.A.	500	山东汇丰石化集团有限公司	山东	3068944	42188	1153539	328871	1903
		合计		7116765647	320285602	27425722667	3355669104	31913395

说 明

1. 2018 中国企业 500 强是中国企业联合会、中国企业家协会参照国际惯例，组织企业自愿申报，并经专家审定确认后产生的。申报企业包括在中国境内注册、2017 年实现营业收入达到 200 亿元的企业（不包括在华外资、港澳台独资、控股企业，也不包括行政性公司、政企合一的单位以及各类资产经营公司、烟草公司，但包括在境外注册、投资主体为中国自然人或法人、主要业务在境内的企业），都有资格申报参加排序。属于集团公司的控股子公司或相对控股子公司，由于其财务报表最后能被合并到集团母公司的财务会计报表中去，因此只允许其母公司申报。

2. 表中所列数据由企业自愿申报或属于上市公司公开数据，并经会计师事务所或审计师事务所等单位认可。

3. 营业收入是 2017 年不含增值税的收入，包括企业的所有收入，即主营业务和非主营业务、境内和境外的收入。商业银行的营业收入为 2017 年利息收入和非利息营业收入之和（不减掉对应的支出）。保险公司的营业收入是 2017 年保险费和年金收入扣除储蓄的资本收益或损失。净利润是 2017 年上交所得税的净利润扣除少数股东权益后的归属母公司所有者的净利润。资产是 2017 年度末的资产总额。归属母公司所有者权益是 2017 年年末所有者权益总额扣除少数股东权益后的母公司所有者权益。研究开发费用是 2017 年企业投入研究开发的所有费用。从业人数是 2017 年度的平均人数（含所有被合并报表企业的人数）。

4. 行业分类参照了国家统计局的分类方法，依据其主营业务收入所在行业来划分；地区分类按企业总部所在地划分。

表 8-2 2018 中国企业 500 强新上榜企业名单

名次	企业名称	地区	营业收入/万元	净利润/万元	资产/万元	所有者权益/万元	从业人数/人
24	国家能源投资集团有限责任公司	北京	50590077	1686183	178715670	39911231	301777
65	招商局集团有限公司	广东	27008604	2729494	120172989	28565351	108737
142	小米集团	北京	11462474	-4382602	8986976	12727236	14513
159	北京电子控股有限责任公司	北京	10440445	63960	29293404	1062584	85548
191	湖南建工集团有限公司	湖南	8649902	75704	3412991	894994	25817
201	福中集团有限公司	江苏	8273165	47805	1305036	537774	30150
210	福晟集团有限公司	福建	8010873	420845	6567544	1942995	6000
226	上海银行股份有限公司	上海	7461974	1532850	180776694	14698514	10000
242	扬子江药业集团	江苏	7008812	443918	3103911	2694536	14890
268	杭州滨江房产集团股份有限公司	浙江	6150000	171141	6024433	208179	425
289	江西方大钢铁集团有限公司	江西	5602438	289966	3203525	678406	21369
299	网易公司	北京	5410202	1070794	7103142	4573201	18129
301	万华化学集团股份有限公司	山东	5312317	1113479	6582773	2727954	9165
311	中国铁路物资股份有限公司	北京	5184400	161911	6158110	1218938	6323
314	新疆中泰（集团）有限责任公司	新疆维吾尔自治区	5121297	35413	7767951	406523	26454
323	新凤祥控股集团有限责任公司	山东	5006899	37893	2629414	817390	16166
330	重庆小康控股有限公司	重庆	4834099	3133	3090618	202608	12267
338	深圳海王集团股份有限公司	广东	4623669	32789	4934340	1154090	31500
364	荣盛控股股份有限公司	河北	4291398	265881	20037206	1494905	22977
365	广州智能装备产业集团有限公司	广东	4259323	103864	1998894	882522	29283
379	盘锦北方沥青燃料有限公司	辽宁	4107120	275605	3544190	829544	3021
384	物美控股集团股份有限公司	北京	4055741	171497	5664150	2287945	97500
396	同程控股股份有限公司	江苏	3975285	-13764	1391314	610146	14376
403	山东恒源石油化工股份有限公司	山东	3931048	147834	1329050	493742	2065
404	江苏中利能源控股有限公司	江苏	3920488	111735	3445746	1009524	8142
418	环嘉集团有限公司	辽宁	3838626	156884	3161164	1483663	2300
419	东旭集团有限公司	河北	3835433	119458	19848326	3201083	16789
420	永锋集团有限公司	山东	3817616	204249	2577241	518905	8366
421	杭州市实业投资集团有限公司	浙江	3817570	105266	5448970	1285153	28235
435	金鼎重工股份有限公司	河北	3687235	74909	813072	452764	4500
438	成都兴城投资集团有限公司	四川	3656108	91367	12452240	3396071	12810
449	江苏扬子江船业集团	江苏	3553722	384061	11786140	3962877	21387
451	滨化集团公司	山东	3544816	151363	1675128	908756	5247
456	新疆生产建设兵团建设工程（集团）有限责任公司	新疆维吾尔自治区	3491190	38802	4346693	830551	21667

续表

名次	企业名称	地区	营业收入/万元	净利润/万元	资产/万元	所有者权益/万元	从业人数
460	富通集团有限公司	浙江	3453862	132629	2267385	847108	6857
463	万基控股集团有限公司	河南	3421979	46337	2890832	220157	12770
468	浙江富冶集团有限公司	浙江	3396477	26991	928885	266220	2234
472	欧菲科技股份有限公司	广东	3379103	100972	3083825	910582	41826
473	北京粮食集团有限责任公司	北京	3358164	65608	2620691	509112	10560
477	红狮控股集团有限公司	浙江	3330775	271778	3510338	1290457	11364
481	山东博汇集团有限公司	山东	3300949	49295	2887266	745710	12377
482	石横特钢集团有限公司	山东	3300133	416384	2236613	970696	9553
485	东华能源股份有限公司	江苏	3267828	106297	2239442	762352	1470
486	深圳市中农网有限公司	广东	3260177	8615	1005271	77925	631
487	山东清源集团有限公司	山东	3253538	98602	2075827	780677	4200
490	北京金融街投资（集团）有限公司	北京	3235534	89563	21345119	2969998	11212
491	华峰集团有限公司	浙江	3226386	120621	3543284	712542	11779
492	山东泰山钢铁集团有限公司	山东	3205069	66169	1396736	379560	7831
497	岚桥集团有限公司	山东	3132545	166721	3703920	1221163	2359
498	广州农村商业银行股份有限公司	广东	3125565	570871	73571366	4604451	7778
500	山东汇丰石化集团有限公司	山东	3068944	42188	1153539	328871	1903

表 8-3 2018 中国企业 500 强各行业企业分布

排名	企业名称	总排名	营业收入/万元	排名	企业名称	总排名	营业收入/万元
农林牧渔业				2	国家电力投资集团公司	96	20086831
1	黑龙江北大荒农垦集团总公司	151	10823186	3	中国华电集团有限公司	97	20013470
2	中国林业集团有限公司	178	9380037	4	中国大唐集团有限公司	105	17098735
	合计		20203223	5	中国广核集团有限公司	194	8535527
				6	广东省粤电集团有限公司	354	4375260
煤炭采掘及采选业					合计		96184775
1	国家能源投资集团有限责任公司	24	50590077				
2	山东能源集团有限公司	50	30852723	农副产品			
3	陕西煤业化工集团有限责任公司	68	26008890	1	新希望集团有限公司	232	7299781
4	冀中能源集团有限责任公司	81	22430330	2	通威集团	262	6261031
5	兖矿集团有限公司	98	19919956	3	广东温氏食品集团股份有限公司	291	5565716
6	山西晋城无烟煤矿业集团有限责任公司	107	16665833	4	双胞胎（集团）股份有限公司	322	5014839
7	阳泉煤业（集团）有限责任公司	112	16080629	5	西王集团有限公司	358	4350599
8	山西潞安矿业（集团）有限责任公司	113	16074995	6	山东渤海实业股份有限公司	375	4170157
9	河南能源化工集团有限公司	114	16017486	7	三河汇福粮油集团有限公司	410	3864917
10	大同煤矿集团有限责任公司	115	16005877		合计		36527040
11	山西焦煤集团有限责任公司	119	15260208				
12	中国平煤神马能源化工集团有限责任公司	132	12734413	食品			
13	中国中煤能源集团有限公司	141	11681181	1	光明食品（集团）有限公司	111	16116091
14	开滦（集团）有限责任公司	148	11103437	2	万洲国际有限公司	120	15121714
15	内蒙古伊泰集团有限公司	214	7881841	3	天狮集团有限公司	470	3387737
16	淮南矿业（集团）有限责任公司	219	7618381		合计		34625542
17	淮北矿业（集团）有限责任公司	276	6016413				
18	徐州矿务集团有限公司	444	3609896	饮料			
19	安徽省皖北煤电集团有限责任公司	465	3416493	1	内蒙古伊利实业集团股份有限公司	250	6805817
	合计		309969059	2	杭州娃哈哈集团有限公司	336	4643785
				3	维维集团股份有限公司	458	3471726
石油、天然气开采及生产业					合计		14921328
1	中国石油天然气集团有限公司	3	220335751				
2	中国海洋石油集团有限公司	19	55070629	酒类			
3	陕西延长石油（集团）有限责任公司	66	26289529	1	四川省宜宾五粮液集团有限公司	208	8021809
	合计		301695909	2	贵州茅台酒股份有限公司	269	6106276
				3	稻花香集团	313	5156194
电力生产					合计		19284279
1	中国华能集团有限公司	67	26074952				

续表

排名	企业名称	总排名	营业收入/万元
轻工百货生产			
1	老凤祥股份有限公司	395	3981035
	合计		3981035
纺织印染			
1	山东魏桥创业集团有限公司	43	35957819
2	山东大海集团有限公司	217	7787142
3	山东如意国际时尚产业投资控股有限公司	288	5613106
4	江苏阳光集团有限公司	428	3738814
5	天津纺织集团(控股)有限公司	441	3631543
6	华芳集团有限公司	455	3503459
7	澳洋集团有限公司	493	3186041
	合计		63417924
服装及其他纺织品			
1	海澜集团有限公司	150	10885541
2	雅戈尔集团股份有限公司	253	6654041
3	红豆集团有限公司	274	6033816
4	杉杉控股有限公司	371	4203413
5	波司登股份有限公司	489	3240801
	合计		31017612
家用电器制造			
1	美的集团股份有限公司	73	24191889
2	海尔集团公司	74	24190125
3	珠海格力电器股份有限公司	121	15001955
4	四川长虹电子控股集团有限公司	140	11702131
5	TCL集团股份有限公司	144	11157736
6	海信集团有限公司	147	11106466
7	奥克斯集团有限公司	257	6493012
8	创维集团有限公司	400	3955878
9	双良集团有限公司	453	3518421
10	广州万宝集团有限公司	461	3451914
	合计		114769627

排名	企业名称	总排名	营业收入/万元
造纸及包装			
1	山东晨鸣纸业集团股份有限公司	190	8702236
2	华泰集团有限公司	231	7301169
3	山东太阳控股集团有限公司	347	4490230
4	山东博汇集团有限公司	481	3300949
5	金东纸业(江苏)股份有限公司	496	3150433
	合计		26945017
石化及炼焦			
1	中国石油化工集团公司	2	220974455
2	山东东明石化集团有限公司	181	9067237
3	中融新大集团有限公司	222	7533168
4	利华益集团股份有限公司	223	7501836
5	山东京博控股股份有限公司	284	5700045
6	山东海科化工集团有限公司	293	5500774
7	深圳光汇石油集团股份有限公司	305	5252736
8	宝塔石化集团有限公司	306	5247847
9	山东金诚石化集团有限公司	343	4513739
10	旭阳控股有限公司	361	4320094
11	盘锦北方沥青燃料有限公司	379	4107120
12	山东恒源石油化工股份有限公司	403	3931048
13	金澳科技(湖北)化工有限公司	413	3861055
14	富海集团有限公司	476	3337975
15	山东清源集团有限公司	487	3253538
16	万通海欣控股集团有限公司	494	3162744
17	山东汇丰石化集团有限公司	500	3068944
	合计		300334355
轮胎及橡胶制品			
1	华勤橡胶工业集团有限公司	360	4325182
2	山东玉皇化工有限公司	398	3968785
3	山东胜通集团股份有限公司	415	3854216
4	杭州市实业投资集团有限公司	421	3817570
5	重庆轻纺控股(集团)公司	495	3151559
	合计		19117312

续表

排名	企业名称	总排名	营业收入/万元	排名	企业名称	总排名	营业收入/万元
化学原料及化学品制造				医疗设备制造			
1	中国化工集团有限公司	39	39192750	1	威高集团有限公司	424	3781624
2	江阴澄星实业集团有限公司	234	7237863		合计		3781624
3	云天化集团有限责任公司	258	6359792	水泥及玻璃制造			
4	传化集团有限公司	260	6317160	1	中国建材集团有限公司	57	30211799
5	上海华谊（集团）公司	261	6269963	2	安徽海螺集团有限责任公司	127	13252810
6	万华化学集团股份有限公司	301	5312317	3	北京金隅集团股份有限公司	188	8753276
7	新疆中泰（集团）有限责任公司	314	5121297	4	天瑞集团股份有限公司	356	4361911
8	亚邦投资控股集团有限公司	320	5037379	5	吉林亚泰（集团）股份有限公司	405	3917156
9	金浦投资控股集团有限公司	389	4020150	6	东旭集团有限公司	419	3835433
10	山东金岭集团有限公司	408	3888736	7	红狮控股集团有限公司	477	3330775
11	宜昌兴发集团有限责任公司	450	3553187		合计		67663160
12	滨化集团公司	451	3544816	黑色冶金			
	合计		95855410	1	中国宝武钢铁集团有限公司	38	40048193
化学纤维制造				2	河钢集团有限公司	54	30677432
1	恒力集团有限公司	51	30794113	3	江苏沙钢集团有限公司	86	22006344
2	浙江荣盛控股股份有限公司	154	10663705	4	新兴际华集团有限公司	93	21004510
3	盛虹控股集团有限公司	156	10501949	5	鞍钢集团有限公司	100	18783491
4	浙江恒逸集团有限公司	158	10470453	6	首钢集团有限公司	101	18578512
5	江苏三房巷集团有限公司	308	5233236	7	青山控股集团有限公司	110	16158784
6	浙江桐昆控股集团有限公司	318	5058084	8	山东钢铁集团有限公司	126	13523275
7	江苏华宏实业集团有限公司	378	4117625	9	中天钢铁集团有限公司	136	12204388
8	华峰集团有限公司	491	3226386	10	东岭集团股份有限公司	152	10812595
	合计		80065551	11	湖南华菱钢铁集团有限责任公司	164	10253503
药品制造				12	河北津西钢铁集团股份有限公司	169	10090231
1	上海医药集团股份有限公司	129	13084718	13	杭州钢铁集团有限公司	179	9361757
2	广州医药集团有限公司	165	10210515	14	酒泉钢铁（集团）有限责任公司	189	8743652
3	扬子江药业集团	242	7008812	15	北京建龙重工集团有限公司	196	8433340
4	太极集团有限公司	368	4236428	16	太原钢铁（集团）有限公司	204	8095685
5	四川科伦实业集团有限公司	380	4106113	17	南京钢铁集团有限公司	209	8020646
6	杭州华东医药集团有限公司	439	3653071	18	日照钢铁控股集团有限公司	212	7989090
	合计		42299657	19	马钢（集团）控股有限公司	213	7958732

排名	企业名称	总排名	营业收入/万元	排名	企业名称	总排名	营业收入/万元
20	河北新华联合冶金控股集团有限公司	230	7362531	6	铜陵有色金属集团控股有限公司	116	15734470
21	广西柳州钢铁集团有限公司	248	6839830	7	陕西有色金属控股集团有限责任公司	134	12614881
22	敬业集团有限公司	251	6746750	8	中国有色矿业集团有限公司	135	12377899
23	天津荣程祥泰投资控股集团有限公司	255	6604932	9	南山集团有限公司	170	10073149
24	江西方大钢铁集团有限公司	289	5602438	10	宁夏天元锰业集团有限公司	227	7400594
25	昆明钢铁控股有限公司	294	5498649	11	宁波金田投资控股有限公司	238	7059927
26	河北普阳钢铁有限公司	297	5467220	12	大冶有色金属集团控股有限公司	264	6245374
27	本钢集团有限公司	307	5233601	13	白银有色集团股份有限公司	287	5663428
28	新余钢铁集团有限公司	310	5223113	14	云南锡业集团（控股）有限责任公司	295	5495338
29	福建省三钢（集团）有限责任公司	316	5102003	15	新凤祥控股集团有限责任公司	323	5006899
30	四川德胜集团钒钛有限公司	335	4651620	16	云南冶金集团股份有限公司	334	4717319
31	四川省川威集团有限公司	345	4511062	17	东营鲁方金属材料有限公司	339	4583917
32	天津友发钢管集团股份有限公司	346	4494604	18	东营方圆有色金属有限公司	433	3699621
33	武安市明芳钢铁有限公司	349	4472500	19	河南豫光金铅集团有限责任公司	440	3638914
34	江苏新长江实业集团有限公司	357	4357390	20	河南豫联能源集团有限责任公司	442	3626436
35	唐山港陆钢铁有限公司	359	4349142	21	西部矿业集团有限公司	443	3616136
36	湖南博长控股集团有限公司	383	4058828	22	万基控股集团有限公司	463	3421979
37	安阳钢铁集团有限责任公司	386	4034777	23	浙江富冶集团有限公司	468	3396477
38	武安市文安钢铁有限公司	394	3982618		合计		258671297
39	冀南钢铁集团有限公司	397	3971613				
40	河北新金钢铁有限公司	402	3950773	**贵金属**			
41	武安市裕华钢铁有限公司	412	3863513	1	中国黄金集团有限公司	172	10020376
42	永锋集团有限公司	420	3817616	2	紫金矿业集团股份有限公司	177	9454862
43	金鼎重工股份有限公司	435	3687235	3	山东黄金集团有限公司	225	7488345
44	石横特钢集团有限公司	482	3300133	4	山东招金集团有限公司	315	5106370
45	山东泰山钢铁集团有限公司	492	3205069		合计		32069953
46	广西盛隆冶金有限公司	499	3114547				
	合计		410248267	**金属制品加工**			
				1	中国国际海运集装箱集团股份有限公司	218	7629993
一般有色				2	环嘉集团有限公司	418	3838626
1	正威国际集团有限公司	27	49179850	3	法尔胜泓昇集团有限公司	467	3403315
2	中国铝业集团有限公司	48	31551516	4	精功集团有限公司	488	3241386
3	金川集团股份有限公司	87	21704239		合计		18113320
4	江西铜业集团有限公司	90	21603291				
5	海亮集团有限公司	109	16259643	**锅炉及动力装备制造**			

续表

排名	企业名称	总排名	营业收入/万元	排名	企业名称	总排名	营业收入/万元
1	潍柴控股集团有限公司	84	22067298		合计		4465308
2	杭州汽轮动力集团有限公司	161	10293092				
3	上海电气（集团）总公司	180	9177583	**风能太阳能设备制造**			
4	广西玉柴机器集团有限公司	448	3560665	1	协鑫集团有限公司	139	11890515
5	中国东方电气集团有限公司	452	3532946	2	晶龙实业集团有限公司	423	3788441
6	卧龙控股集团有限公司	457	3475874		合计		15678956
7	哈尔滨电气集团有限公司	474	3351853				
	合计		55459311	**计算机及办公设备**			
				1	联想集团有限公司	55	30325079
工程机械及零部件				2	研祥高科技控股集团有限公司	447	3560817
1	徐州工程机械集团有限公司	348	4483689	3	欧菲科技股份有限公司	472	3379103
2	三一集团有限公司	351	4448808		合计		37264999
	合计		8932497				
				通信设备制造			
电力电气设备制造				1	华为投资控股有限公司	16	60362100
1	中国电子信息产业集团有限公司	89	21621041	2	小米集团	142	11462474
2	中国电子科技集团公司	94	20359818	3	亨通集团有限公司	216	7802628
3	天能电池集团有限公司	143	11277583		合计		79627202
4	超威电源有限公司	163	10268301				
5	正泰集团股份有限公司	275	6017696	**半导体、集成电路及面板制造**			
6	新疆特变电工集团有限公司	303	5273129	1	北京电子控股有限责任公司	159	10440445
7	德力西集团有限公司	304	5258941	2	蓝思科技股份有限公司	290	5594430
8	上海仪电（集团）有限公司	340	4553965		合计		16034875
9	广州智能装备产业集团有限公司	365	4259323				
10	河南森源集团有限公司	369	4236265	**汽车及零配件制造**			
11	人民电器集团有限公司	387	4034049	1	上海汽车集团股份有限公司	8	87063943
12	中科电力装备集团有限公司	437	3660237	2	东风汽车集团有限公司	15	63053613
13	华仪集团有限公司	454	3510126	3	北京汽车集团有限公司	31	47034067
14	富通集团有限公司	460	3453862	4	中国第一汽车集团有限公司	32	46988810
15	远东控股集团有限公司	469	3389258	5	广州汽车工业集团有限公司	45	34011160
16	宁波富邦控股集团有限公司	471	3380633	6	浙江吉利控股集团有限公司	62	27826459
	合计		114554227	7	华晨汽车集团控股有限公司	102	18511220
				8	万向集团公司	133	12662384
电线电缆制造				9	比亚迪股份有限公司	155	10592470
1	中天科技集团有限公司	350	4465308	10	长城汽车股份有限公司	168	10116949

续表

排名	企业名称	总排名	营业收入/万元
11	中国重型汽车集团有限公司	182	9053607
12	江苏悦达集团有限公司	200	8319887
13	江铃汽车集团公司	205	8058150
14	奇瑞控股集团有限公司	245	6908612
15	陕西汽车控股集团有限公司	267	6170812
16	安徽江淮汽车集团控股有限公司	325	4996822
17	重庆小康控股有限公司	330	4834099
18	郑州宇通集团有限公司	446	3563402
	合计		409766466

摩托车及零配件制造

排名	企业名称	总排名	营业收入/万元
1	隆鑫控股有限公司	309	5229376
2	重庆力帆控股有限公司	366	4258898
	合计		9488274

轨道交通设备及零配件制造

排名	企业名称	总排名	营业收入/万元
1	中国中车集团有限公司	88	21693414
	合计		21693414

航空航天

排名	企业名称	总排名	营业收入/万元
1	中国航空工业集团有限公司	37	40481588
2	中国航天科技集团有限公司	78	23111309
3	中国航天科工集团有限公司	79	23028623
	合计		86621520

兵器制造

排名	企业名称	总排名	营业收入/万元
1	中国兵器工业集团有限公司	34	43691880
2	中国兵器装备集团有限公司	56	30217075
	合计		73908955

船舶制造

排名	企业名称	总排名	营业收入/万元
1	中国船舶重工集团有限公司	58	30029204
2	中国船舶工业集团有限公司	95	20138579
3	江苏扬子江船业集团	449	3553722
	合计		53721505

综合制造业

排名	企业名称	总排名	营业收入/万元
1	中国五矿集团有限公司	25	49336087
2	复星国际有限公司	187	8802516
3	杭州锦江集团有限公司	193	8553673
4	万达控股集团有限公司	198	8361646
5	新华联集团有限公司	199	8337797
6	无锡产业发展集团有限公司	236	7204545
7	江苏华西集团有限公司	333	4750174
8	重庆化医控股（集团）公司	355	4375138
9	重庆机电控股（集团）公司	367	4240387
10	岚桥集团有限公司	497	3132545
	合计		107094508

房屋建筑

排名	企业名称	总排名	营业收入/万元
1	中国建筑股份有限公司	5	105410650
2	中国铁道建筑有限公司	14	68163814
3	太平洋建设集团有限公司	22	52168191
4	中南控股集团有限公司	118	15387043
5	上海建工集团股份有限公司	124	14208263
6	南通三建控股有限公司	157	10478217
7	广西建工集团有限责任公司	183	9051117
8	湖南建工集团有限公司	191	8649902
9	陕西建工集团有限公司	197	8383343
10	广厦控股集团有限公司	206	8048522
11	福晟集团有限公司	210	8010873
12	中天控股集团有限公司	220	7612358
13	北京城建集团有限责任公司	243	7007405
14	浙江省建设投资集团股份有限公司	265	6236450
15	北京住总集团有限责任公司	272	6057009
16	青建集团股份公司	277	6008048
17	江苏南通二建集团有限公司	283	5736659
18	南通四建集团有限公司	285	5686289
19	甘肃省建设投资（控股）集团总公司	292	5558630
20	江苏省苏中建设集团股份有限公司	319	5056959

续表

排名	企业名称	总排名	营业收入/万元	排名	企业名称	总排名	营业收入/万元
21	四川华西集团有限公司	321	5029492	2	中国南方电网有限责任公司	26	49194057
22	广州市建筑集团有限公司	324	5001726	3	内蒙古电力（集团）有限责任公司	249	6816737
23	山东科达集团有限公司	332	4785635		合计		291820764
24	重庆建工投资控股有限责任公司	341	4533229				
25	广东省建筑工程集团有限公司	353	4410276	**水务**			
26	江苏南通六建建设集团有限公司	370	4205069	1	北京控股集团有限公司	202	8179398
27	北京建工集团有限责任公司	374	4182184	2	北京首都创业集团有限公司	362	4309673
28	河北建设集团股份有限公司	376	4129596		合计		12489071
29	山河控股集团有限公司	381	4101786				
30	浙江中成控股集团有限公司	382	4070972	**综合能源供用**			
31	江西省建工集团有限责任公司	385	4052354	1	浙江省能源集团有限公司	203	8134373
32	山西建设投资集团有限公司	388	4025142	2	云南省能源投资集团有限公司	224	7497357
33	上海城建（集团）公司	390	4019942	3	北京能源集团有限责任公司	259	6325119
34	安徽建工集团有限公司	392	4017496	4	福建省能源集团有限责任公司	280	5866723
35	新疆生产建设兵团建设工程（集团）有限责任公司	456	3491190	5	新奥能源控股有限公司	331	4826900
36	通州建总集团有限公司	459	3461257	6	四川省能源投资集团有限责任公司	377	4129332
37	浙江宝业建设集团有限公司	462	3423621	7	申能（集团）有限公司	416	3844343
38	河北建工集团有限责任公司	464	3420810	8	重庆市能源投资集团有限公司	478	3322053
39	浙江昆仑控股集团有限公司	480	3301926	9	东华能源股份有限公司	485	3267828
40	龙信建设集团有限公司	484	3285745		合计		47214028
	合计		443869190				
				铁路运输			
土木工程建筑				1	中国铁路物资股份有限公司	311	5184400
1	中国铁路工程集团有限公司	13	69456232		合计		5184400
2	中国交通建设集团有限公司	21	53674740				
3	中国电力建设集团有限公司	41	36408712	**公路运输**			
4	中国能源建设集团有限公司	76	23687776	1	浙江省交通投资集团有限公司	149	11081387
5	中国化学工程股份有限公司	282	5857143	2	甘肃省公路航空旅游投资集团有限公司	233	7257895
6	天元建设集团有限公司	432	3706550	3	山东高速集团有限公司	252	6663351
7	北京市政路桥集团有限公司	479	3318101	4	广东省交通集团有限公司	342	4515921
	合计		196109254	5	四川省交通投资集团有限责任公司	393	4003945
					合计		33522499
电网							
1	国家电网有限公司	1	235809970	**水上运输**			

续表

排名	企业名称	总排名	营业收入/万元	排名	企业名称	总排名	营业收入/万元
1	中国远洋海运集团有限公司	77	23425514				
	合计		23425514		软件和信息技术		
				1	三胞集团有限公司	122	14600354
	港口运输			2	清华控股有限公司	137	12064481
1	广西北部湾国际港务集团有限公司	337	4643424	3	北大方正集团有限公司	160	10418199
2	上海国际港务（集团）股份有限公司	427	3742394	4	浪潮集团有限公司	207	8033895
	合计		8385818	5	神州数码集团股份有限公司	266	6221595
					合计		51338524
	航空运输						
1	中国南方航空股份有限公司	131	12748900		互联网服务		
2	中国东方航空集团有限公司	145	11157305	1	北京京东世纪贸易有限公司	42	36233175
	合计		23906205	2	阿里巴巴集团控股有限公司	69	25026600
				3	腾讯控股有限公司	75	23776000
	航空港及相关服务业			4	百度网络技术有限公司	195	8480900
1	深圳海王集团股份有限公司	338	4623669	5	福中集团有限公司	201	8273165
	合计		4623669	6	上海钢联电子商务股份有限公司	229	7369705
				7	唯品会（中国）有限公司	246	6892996
	邮政			8	上海找钢网信息科技股份有限公司	296	5468164
1	中国邮政集团公司	28	48795358	9	网易公司	299	5410202
	合计		48795358	10	通鼎集团有限公司	373	4182581
				11	同程控股股份有限公司	396	3975285
	物流及供应链			12	深圳市中农网有限公司	486	3260177
1	厦门建发集团有限公司	85	22025250		合计		138348950
2	腾邦集团有限公司	184	8988264				
3	深圳顺丰泰森控股（集团）有限公司	237	7109429		能源矿产商贸		
4	深圳市怡亚通供应链股份有限公司	247	6851511	1	中国航空油料集团有限公司	91	21588470
5	玖隆钢铁物流有限公司	270	6067876	2	晋能集团有限公司	162	10291762
6	河北省物流产业集团有限公司	302	5285940	3	山西煤炭进出口集团有限公司	298	5453982
	合计		56328270	4	江苏中利能源控股有限公司	404	3920488
					合计		41254702
	电讯服务						
1	中国移动通信集团有限公司	12	74451800		化工医药商贸		
2	中国电信集团有限公司	35	43237525	1	中国中化集团有限公司	23	51882319
3	中国联合网络通信集团有限公司	63	27635310		合计		51882319
	合计		145324635				

续表

排名	企业名称	总排名	营业收入/万元	排名	企业名称	总排名	营业收入/万元
机电商贸				5	中基宁波集团股份有限公司	422	3798145
1	中国通用技术（集团）控股有限责任公司	117	15700579		合计		55843994
	合计		15700579				
				连锁超市及百货			
生活消费品商贸				1	百联集团有限公司	273	6055733
1	江苏国泰国际集团有限公司	317	5070385	2	永辉超市股份有限公司	281	5859134
2	广州轻工工贸集团有限公司	344	4511235	3	重庆商社（集团）有限公司	327	4952118
3	物美控股集团股份有限公司	384	4055741	4	武汉商联（集团）股份有限公司	429	3733155
4	浙江省国际贸易集团有限公司	417	3844124	5	步步高投资集团股份有限公司	431	3709413
5	安徽国贸集团控股有限公司	426	3753952		合计		24309553
6	江苏汇鸿国际集团股份有限公司	436	3679996				
	合计		24915433	汽车、摩托车零售			
				1	中升集团控股有限公司	192	8629029
农产品及食品批发				2	庞大汽贸集团股份有限公司	240	7048514
1	中粮集团有限公司	30	47096311	3	上海永达控股（集团）有限公司	263	6250001
2	北京粮食集团有限责任公司	473	3358164		合计		21927544
	合计		50454475				
				家电及电子产品零售			
生活资料商贸				1	苏宁控股集团有限公司	17	55787511
1	天津物产集团有限公司	33	44997060	2	国美零售控股有限公司	99	19256200
2	物产中大集团股份有限公司	64	27621748	3	深圳市爱施德股份有限公司	286	5673587
3	广东省广物控股集团有限公司	300	5408619	4	天音通信有限公司	406	3915873
	合计		78027427		合计		84633171
金属品商贸				医药及医疗器材零售			
1	上海均和集团有限公司	173	9997329	1	中国医药集团有限公司	44	35039624
2	西安迈科金属国际集团有限公司	174	9893701	2	九州通医药集团股份有限公司	228	7394289
3	大汉控股集团有限公司	434	3690237		合计		42433913
	合计		23581267				
				商业银行			
综合商贸				1	中国工商银行股份有限公司	4	108505900
1	厦门国贸控股有限公司	82	22236907	2	中国建设银行股份有限公司	7	90525300
2	远大物产集团有限公司	167	10152254	3	中国农业银行股份有限公司	9	82702000
3	浙江省兴合集团有限责任公司	171	10045944	4	中国银行股份有限公司	11	77961427
4	东方国际（集团）有限公司	175	9610744	5	国家开发银行股份有限公司	20	54767200

续表

排名	企业名称	总排名	营业收入/万元
6	交通银行股份有限公司	40	38967227
7	招商银行股份有限公司	46	32394000
8	上海浦东发展银行股份有限公司	52	30752500
9	兴业银行股份有限公司	53	30745600
10	中国民生银行股份有限公司	59	29496500
11	华夏银行股份有限公司	138	11929800
12	北京银行股份有限公司	166	10176176
13	上海银行股份有限公司	226	7461974
14	渤海银行股份有限公司	328	4926359
15	重庆农村商业银行股份有限公司	372	4195316
16	上海农村商业银行股份有限公司	475	3338050
17	广州农村商业银行股份有限公司	498	3125565
	合计		621970894

保险业

排名	企业名称	总排名	营业收入/万元
1	中国人寿保险（集团）公司	10	81254776
2	中国人民保险集团股份有限公司	29	48377500
3	中国太平洋保险（集团）股份有限公司	47	31980900
4	中国太平保险控股有限公司	106	17009725
5	泰康保险集团股份有限公司	108	16260053
6	新华人寿保险股份有限公司	123	14413185
7	富德生命人寿保险股份有限公司	153	10665854
8	阳光保险集团股份有限公司	176	9605931
9	前海人寿保险股份有限公司	326	4962945
10	中华联合保险控股股份有限公司	391	4018039
	合计		238548908

多元化金融

排名	企业名称	总排名	营业收入/万元
1	中国平安保险（集团）股份有限公司	6	97457000
2	中国中信集团有限公司	36	41441221
3	招商局集团有限公司	65	27008604
4	中国光大集团股份有限公司	72	24217624
5	中国华融资产管理股份有限公司	130	12990999
6	武汉金融控股（集团）有限公司	363	4306560
	合计		207422008

住宅地产

排名	企业名称	总排名	营业收入/万元
1	恒大集团有限公司	49	31102200
2	绿地控股集团股份有限公司	60	29017415
3	万科企业股份有限公司	71	24289711
4	碧桂园控股有限公司	80	22689979
5	华侨城集团有限公司	211	8010784
6	银亿集团有限公司	215	7830148
7	龙湖集团控股有限公司	235	7207504
8	世茂房地产控股有限公司	241	7042587
9	卓尔控股有限公司	244	6986924
10	杭州滨江房产集团股份有限公司	268	6150000
11	天津泰达投资控股有限公司	271	6062983
12	广州富力地产股份有限公司	279	5927786
13	雅居乐地产控股有限公司	312	5160706
14	珠海华发集团有限公司	352	4415523
15	荣盛控股股份有限公司	364	4291398
16	四川蓝润实业集团有限公司	401	3952830
17	福佳集团有限公司	407	3902737
18	北京首都开发控股（集团）有限公司	409	3866932
19	弘阳集团有限公司	414	3854291
20	金地（集团）股份有限公司	425	3766218
21	广州越秀集团有限公司	430	3726759
22	成都兴城投资集团有限公司	438	3656108
23	北京江南投资集团有限公司	445	3579996
24	世纪金源投资集团有限公司	483	3291300
25	北京金融街投资（集团）有限公司	490	3235534
	合计		213018353

商业地产

排名	企业名称	总排名	营业收入/万元
1	华夏幸福基业股份有限公司	278	5963543
	合计		5963543

多元化投资

排名	企业名称	总排名	营业收入/万元
1	厦门象屿集团有限公司	92	21408866

续表

排名	企业名称	总排名	营业收入/万元	排名	企业名称	总排名	营业收入/万元
2	阳光龙净集团有限公司	104	17305500		合计		4916940
3	云南省建设投资控股集团有限公司	146	11120486				
4	云南省投资控股集团有限公司	185	8951740	**文化娱乐**			
5	国家开发投资集团有限公司	186	8940334	1	安徽新华发行（集团）控股有限公司	399	3960249
6	重庆市金科投资控股（集团）有限责任公司	239	7058643		合计		3960249
7	中运富通控股集团有限公司	411	3864403				
8	浙江前程投资股份有限公司	466	3407529	**综合服务业**			
	合计		82057501	1	华润（集团）有限公司	18	55532551
				2	中国机械工业集团有限公司	61	28817424
人力资源服务				3	中国保利集团公司	70	25002621
1	中国国际技术智力合作有限公司	221	7605761	4	雪松控股集团有限公司	83	22108396
2	北京外企服务集团有限责任公司	256	6500916	5	新疆广汇实业投资（集团）有限公司	103	17644044
	合计		14106677	6	东浩兰生（集团）有限公司	125	14118438
				7	广西投资集团有限公司	128	13217082
旅游和餐饮					合计		176440556
1	北京首都旅游集团有限责任公司	329	4916940				

表 8-4 2018 中国企业 500 强各地区分布

排名	企业名称	总排名	营业收入/万元	排名	企业名称	总排名	营业收入/万元
北京				35	中国船舶重工集团有限公司	58	30029204
1	国家电网有限公司	1	235809970	36	中国民生银行股份有限公司	59	29496500
2	中国石油化工集团公司	2	220974455	37	中国机械工业集团有限公司	61	28817424
3	中国石油天然气集团有限公司	3	220335751	38	中国联合网络通信集团有限公司	63	27635310
4	中国工商银行股份有限公司	4	108505900	39	中国华能集团有限公司	67	26074952
5	中国建筑股份有限公司	5	105410650	40	中国保利集团公司	70	25002621
6	中国建设银行股份有限公司	7	90525300	41	中国光大集团股份有限公司	72	24217624
7	中国农业银行股份有限公司	9	82702000	42	中国能源建设集团有限公司	76	23687776
8	中国人寿保险（集团）公司	10	81254776	43	中国远洋海运集团有限公司	77	23425514
9	中国银行股份有限公司	11	77961427	44	中国航天科技集团有限公司	78	23111309
10	中国移动通信集团有限公司	12	74451800	45	中国航天科工集团有限公司	79	23028623
11	中国铁路工程集团有限公司	13	69456232	46	中国中车集团有限公司	88	21693414
12	中国铁道建筑有限公司	14	68163814	47	中国电子信息产业集团有限公司	89	21621041
13	中国海洋石油集团有限公司	19	55070629	48	中国航空油料集团有限公司	91	21588470
14	国家开发银行股份有限公司	20	54767200	49	新兴际华集团有限公司	93	21004510
15	中国交通建设集团有限公司	21	53674740	50	中国电子科技集团有限公司	94	20359818
16	中国中化集团有限公司	23	51882319	51	中国船舶工业集团有限公司	95	20138579
17	国家能源投资集团有限责任公司	24	50590077	52	国家电力投资集团有限公司	96	20086831
18	中国五矿集团有限公司	25	49336087	53	中国华电集团有限公司	97	20013470
19	中国邮政集团公司	28	48795358	54	国美零售控股有限公司	99	19256200
20	中国人民保险集团股份有限公司	29	48377500	55	首钢集团有限公司	101	18578512
21	中粮集团有限公司	30	47096311	56	中国大唐集团有限公司	105	17098735
22	北京汽车集团有限公司	31	47034067	57	中国太平保险控股有限公司	106	17009725
23	中国兵器工业集团有限公司	34	43691880	58	泰康保险集团股份有限公司	108	16260053
24	中国电信集团有限公司	35	43237525	59	中国通用技术（集团）控股有限责任公司	117	15700579
25	中国中信集团有限公司	36	41441221	60	新华人寿保险股份有限公司	123	14413185
26	中国航空工业集团有限公司	37	40481588	61	中国华融资产管理股份有限公司	130	12990999
27	中国化工集团有限公司	39	39192750	62	中国有色矿业集团有限公司	135	12377899
28	中国电力建设集团有限公司	41	36408712	63	清华控股有限公司	137	12064481
29	北京京东世纪贸易有限公司	42	36233175	64	华夏银行股份有限公司	138	11929800
30	中国医药集团有限公司	44	35039624	65	中国中煤能源集团有限公司	141	11681181
31	中国铝业集团有限公司	48	31551516	66	小米集团	142	11462474
32	联想集团有限公司	55	30325079	67	北京电子控股有限责任公司	159	10440445
33	中国兵器装备集团有限公司	56	30217075	68	北大方正集团有限公司	160	10418199
34	中国建材集团有限公司	57	30211799	69	北京银行股份有限公司	166	10176176

续表

排名	企业名称	总排名	营业收入/万元	排名	企业名称	总排名	营业收入/万元
70	中国黄金集团有限公司	172	10020376	2	中国宝武钢铁集团有限公司	38	40048193
71	阳光保险集团股份有限公司	176	9605931	3	交通银行股份有限公司	40	38967227
72	中国林业集团有限公司	178	9380037	4	中国太平洋保险（集团）股份有限公司	47	31980900
73	国家开发投资集团有限公司	186	8940334	5	上海浦东发展银行股份有限公司	52	30752500
74	北京金隅集团股份有限公司	188	8753276	6	绿地控股集团股份有限公司	60	29017415
75	百度网络技术有限公司	195	8480900	7	光明食品（集团）有限公司	111	16116091
76	北京建龙重工集团有限公司	196	8433340	8	上海建工集团股份有限公司	124	14208263
77	新华联集团有限公司	199	8337797	9	东浩兰生（集团）有限公司	125	14118438
78	北京控股集团有限公司	202	8179398	10	上海医药集团股份有限公司	129	13084718
79	中国国际技术智力合作有限公司	221	7605761	11	中国东方航空集团有限公司	145	11157305
80	北京城建集团有限责任公司	243	7007405	12	上海均和集团有限公司	173	9997329
81	北京外企服务集团有限责任公司	256	6500916	13	东方国际（集团）有限公司	175	9610744
82	北京能源集团有限责任公司	259	6325119	14	上海电气（集团）总公司	180	9177583
83	神州数码集团股份有限公司	266	6221595	15	复星国际有限公司	187	8802516
84	北京住总集团有限责任公司	272	6057009	16	上海银行股份有限公司	226	7461974
85	华夏幸福基业股份有限公司	278	5963543	17	上海钢联电子商务股份有限公司	229	7369705
86	中国化学工程股份有限公司	282	5857143	18	世茂房地产控股有限公司	241	7042587
87	网易公司	299	5410202	19	上海华谊（集团）公司	261	6269963
88	中国铁路物资股份有限公司	311	5184400	20	上海永达控股（集团）有限公司	263	6250001
89	北京首都旅游集团有限责任公司	329	4916940	21	百联集团有限公司	273	6055733
90	旭阳控股有限公司	361	4320094	22	上海找钢网信息科技股份有限公司	296	5468164
91	北京首都创业集团有限公司	362	4309673	23	上海仪电（集团）有限公司	340	4553965
92	北京建工集团有限责任公司	374	4182184	24	上海城建（集团）公司	390	4019942
93	物美控股集团股份有限公司	384	4055741	25	老凤祥股份有限公司	395	3981035
94	中华联合保险控股股份有限公司	391	4018039	26	中运富通控股集团有限公司	411	3864403
95	北京首都开发控股（集团）有限公司	409	3866932	27	申能（集团）有限公司	416	3844343
96	北京江南投资集团有限公司	445	3579996	28	上海国际港务（集团）股份有限公司	427	3742394
97	北京粮食集团有限责任公司	473	3358164	29	上海农村商业银行股份有限公司	475	3338050
98	北京市政路桥集团有限公司	479	3318101		合计		437365424
99	世纪金源投资集团有限公司	483	3291300				
100	北京金融街投资（集团）有限公司	490	3235534	天津			
	合计		3241817120	1	天津物产集团有限公司	33	44997060
				2	天津荣程祥泰投资控股集团有限公司	255	6604932
上海				3	天津泰达投资控股有限公司	271	6062983
1	上海汽车集团股份有限公司	8	87063943	4	渤海银行股份有限公司	328	4926359

续表

排名	企业名称	总排名	营业收入/万元	排名	企业名称	总排名	营业收入/万元
5	天津友发钢管集团股份有限公司	346	4494604	4	本钢集团有限公司	307	5233601
6	天津纺织集团（控股）有限公司	441	3631543	5	盘锦北方沥青燃料有限公司	379	4107120
7	天狮集团有限公司	470	3387737	6	福佳集团有限公司	407	3902737
	合计		74105218	7	环嘉集团有限公司	418	3838626
					合计		63005824
重庆							
1	龙湖集团控股有限公司	235	7207504	河北			
2	重庆市金科投资控股（集团）有限责任公司	239	7058643	1	河钢集团有限公司	54	30677432
3	隆鑫控股有限公司	309	5229376	2	冀中能源集团有限责任公司	81	22430330
4	重庆商社（集团）有限公司	327	4952118	3	开滦（集团）有限责任公司	148	11103437
5	重庆小康控股有限公司	330	4834099	4	长城汽车股份有限公司	168	10116949
6	重庆建工投资控股有限责任公司	341	4533229	5	河北津西钢铁集团股份有限公司	169	10090231
7	重庆化医控股（集团）公司	355	4375138	6	河北新华联合冶金控股集团有限公司	230	7362531
8	重庆力帆控股有限公司	366	4258898	7	庞大汽贸集团股份有限公司	240	7048514
9	重庆机电控股（集团）公司	367	4240387	8	敬业集团有限公司	251	6746750
10	太极集团有限公司	368	4236428	9	河北普阳钢铁有限公司	297	5467220
11	重庆农村商业银行股份有限公司	372	4195316	10	河北省物流产业集团有限公司	302	5285940
12	重庆市能源投资集团有限公司	478	3322053	11	新奥能源控股有限公司	331	4826900
13	重庆轻纺控股（集团）公司	495	3151559	12	武安市明芳钢铁有限公司	349	4472500
	合计		61594748	13	唐山港陆钢铁有限公司	359	4349142
				14	荣盛控股股份有限公司	364	4291398
黑龙江				15	河北建设集团股份有限公司	376	4129596
1	黑龙江北大荒农垦集团总公司	151	10823186	16	武安市文安钢铁有限公司	394	3982618
2	哈尔滨电气集团有限公司	474	3351853	17	冀南钢铁集团有限公司	397	3971613
	合计		14175039	18	河北新金钢铁有限公司	402	3950773
				19	三河汇福粮油集团有限公司	410	3864917
吉林				20	武安市裕华钢铁有限公司	412	3863513
1	中国第一汽车集团有限公司	32	46988810	21	东旭集团有限公司	419	3835433
2	吉林亚泰（集团）股份有限公司	405	3917156	22	晶龙实业集团有限公司	423	3788441
	合计		50905966	23	金鼎重工股份有限公司	435	3687235
				24	河北建工集团有限责任公司	464	3420810
辽宁					合计		172764223
1	鞍钢集团有限公司	100	18783491				
2	华晨汽车集团控股有限公司	102	18511220	河南			
3	中升集团控股有限公司	192	8629029	1	河南能源化工集团有限公司	114	16017486

排名	企业名称	总排名	营业收入/万元	排名	企业名称	总排名	营业收入/万元
2	万洲国际有限公司	120	15121714	24	山东海科化工集团有限公司	293	5500774
3	中国平煤神马能源化工集团有限责任公司	132	12734413	25	万华化学集团股份有限公司	301	5312317
4	天瑞集团股份有限公司	356	4361911	26	山东招金集团有限公司	315	5106370
5	河南森源集团有限公司	369	4236265	27	新凤祥控股集团有限责任公司	323	5006899
6	安阳钢铁集团有限责任公司	386	4034777	28	山东科达集团有限公司	332	4785635
7	河南豫光金铅集团有限责任公司	440	3638914	29	东营鲁方金属材料有限公司	339	4583917
8	河南豫联能源集团有限责任公司	442	3626436	30	山东金诚石化集团有限公司	343	4513739
9	郑州宇通集团有限公司	446	3563402	31	山东太阳控股集团有限公司	347	4490230
10	万基控股集团有限公司	463	3421979	32	西王集团有限公司	358	4350599
	合计		70757297	33	华勤橡胶工业集团有限公司	360	4325182
				34	山东渤海实业股份有限公司	375	4170157
山东				35	山东玉皇化工有限公司	398	3968785
1	山东魏桥创业集团有限公司	43	35957819	36	山东恒源石油化工股份有限公司	403	3931048
2	山东能源集团有限公司	50	30852723	37	山东金岭集团有限公司	408	3888736
3	海尔集团公司	74	24190125	38	山东胜通集团股份有限公司	415	3854216
4	潍柴控股集团有限公司	84	22067298	39	永锋集团有限公司	420	3817616
5	兖矿集团有限公司	98	19919956	40	威高集团有限公司	424	3781624
6	山东钢铁集团有限公司	126	13523275	41	天元建设集团有限公司	432	3706550
7	海信集团有限公司	147	11106466	42	东营方圆有色金属有限公司	433	3699621
8	南山集团有限公司	170	10073149	43	滨化集团公司	451	3544816
9	山东东明石化集团有限公司	181	9067237	44	富海集团有限公司	476	3337975
10	中国重型汽车集团有限公司	182	9053607	45	山东博汇集团有限公司	481	3300949
11	山东晨鸣纸业集团股份有限公司	190	8702236	46	石横特钢集团有限公司	482	3300133
12	万达控股集团有限公司	198	8361646	47	山东清源集团有限公司	487	3253538
13	浪潮集团有限公司	207	8033895	48	山东泰山钢铁集团有限公司	492	3205069
14	日照钢铁控股集团有限公司	212	7989090	49	万通海欣控股集团股份有限公司	494	3162744
15	山东大海集团有限公司	217	7787142	50	岚桥集团有限公司	497	3132545
16	中融新大集团有限公司	222	7533168	51	山东汇丰石化集团有限公司	500	3068944
17	利华益集团股份有限公司	223	7501836		合计		392595460
18	山东黄金集团有限公司	225	7488345				
19	华泰集团有限公司	231	7301169	山西			
20	山东高速集团有限公司	252	6663351	1	山西晋城无烟煤矿业集团有限责任公司	107	16665833
21	青建集团股份有限公司	277	6008048	2	阳泉煤业(集团)有限责任公司	112	16080629
22	山东京博控股股份有限公司	284	5700045	3	山西潞安矿业(集团)有限责任公司	113	16074995
23	山东如意国际时尚产业投资控股有限公司	288	5613106	4	大同煤矿集团有限责任公司	115	16005877

续表

续表

排名	企业名称	总排名	营业收入/万元	排名	企业名称	总排名	营业收入/万元
5	山西焦煤集团有限责任公司	119	15260208	3	恒力集团有限公司	51	30794113
6	晋能集团有限公司	162	10291762	4	江苏沙钢集团有限公司	86	22006344
7	太原钢铁（集团）有限公司	204	8095685	5	中南控股集团有限公司	118	15387043
8	山西煤炭进出口集团有限公司	298	5453982	6	三胞集团有限公司	122	14600354
9	山西建设投资集团有限公司	388	4025142	7	中天钢铁集团有限公司	136	12204388
	合计		107954113	8	协鑫集团有限公司	139	11890515
				9	海澜集团有限公司	150	10885541
陕西				10	盛虹控股集团有限公司	156	10501949
1	陕西延长石油（集团）有限责任公司	66	26289529	11	南通三建控股有限公司	157	10478217
2	陕西煤业化工集团有限责任公司	68	26008890	12	江苏悦达集团有限公司	200	8319887
3	陕西有色金属控股集团有限责任公司	134	12614881	13	福中集团有限公司	201	8273165
4	东岭集团股份有限公司	152	10812595	14	南京钢铁集团有限公司	209	8020646
5	西安迈科金属国际集团有限公司	174	9893701	15	亨通集团有限公司	216	7802628
6	陕西建工集团有限公司	197	8383343	16	江阴澄星实业集团有限公司	234	7237863
7	陕西汽车控股集团有限公司	267	6170812	17	无锡产业发展集团有限公司	236	7204545
	合计		100173751	18	扬子江药业集团	242	7008812
				19	玖隆钢铁物流有限公司	270	6067876
安徽				20	红豆集团有限公司	274	6033816
1	铜陵有色金属集团控股有限公司	116	15734470	21	江苏南通二建集团有限公司	283	5736659
2	安徽海螺集团有限责任公司	127	13252810	22	南通四建集团有限公司	285	5686289
3	马钢（集团）控股有限公司	213	7958732	23	江苏三房巷集团有限公司	308	5233236
4	淮南矿业（集团）有限责任公司	219	7618381	24	江苏国泰国际集团有限公司	317	5070385
5	奇瑞控股集团有限公司	245	6908612	25	江苏省苏中建设集团股份有限公司	319	5056959
6	淮北矿业（集团）有限责任公司	276	6016413	26	亚邦投资控股集团有限公司	320	5037379
7	安徽江淮汽车集团控股有限公司	325	4996822	27	江苏华西集团有限公司	333	4750174
8	安徽建工集团有限公司	392	4017496	28	徐州工程机械集团有限公司	348	4483689
9	安徽新华发行（集团）控股有限公司	399	3960249	29	中天科技集团有限公司	350	4465308
10	安徽国贸集团控股有限公司	426	3753952	30	江苏新长江实业集团有限公司	357	4357390
11	中科电力装备集团有限公司	437	3660237	31	江苏南通六建设集团有限公司	370	4205069
12	安徽省皖北煤电集团有限责任公司	465	3416493	32	通鼎集团有限公司	373	4182581
	合计		81294667	33	江苏华宏实业集团有限公司	378	4117625
				34	金浦投资控股集团有限公司	389	4020150
江苏				35	同程控股股份有限公司	396	3975285
1	苏宁控股集团有限公司	17	55787511	36	江苏中利能源控股有限公司	404	3920488
2	太平洋建设集团有限公司	22	52168191	37	弘阳集团有限公司	414	3854291

续表

排名	企业名称	总排名	营业收入/万元	排名	企业名称	总排名	营业收入/万元
38	江苏阳光集团有限公司	428	3738814	8	金澳科技（湖北）化工有限公司	413	3861055
39	江苏汇鸿国际集团股份有限公司	436	3679996	9	武汉商联（集团）股份有限公司	429	3733155
40	徐州矿务集团有限公司	444	3609896	10	宜昌兴发集团有限责任公司	450	3553187
41	江苏扬子江船业集团	449	3553722		合计		108392137
42	双良集团有限公司	453	3518421				
43	华芳集团有限公司	455	3503459	江西			
44	维维集团股份有限公司	458	3471726	1	江西铜业集团有限公司	90	21603291
45	通州建总集团有限公司	459	3461257	2	江铃汽车集团公司	205	8058150
46	法尔胜泓昇集团有限公司	467	3403315	3	正邦集团有限公司	254	6635299
47	远东控股集团有限公司	469	3389258	4	江西方大钢铁集团有限公司	289	5602438
48	龙信建设集团有限公司	484	3285745	5	新余钢铁集团有限公司	310	5223113
49	东华能源股份有限公司	485	3267828	6	双胞胎（集团）股份有限公司	322	5014839
50	波司登股份有限公司	489	3240801	7	江西省建工集团有限责任公司	385	4052354
51	澳洋集团有限公司	493	3186041		合计		56189484
52	金东纸业（江苏）股份有限公司	496	3150433				
	合计		442287073	浙江			
				1	浙江吉利控股集团有限公司	62	27826459
湖南				2	物产中大集团股份有限公司	64	27621748
1	湖南华菱钢铁集团有限责任公司	164	10253503	3	阿里巴巴集团控股有限公司	69	25026600
2	湖南建工集团有限公司	191	8649902	4	海亮集团有限公司	109	16259643
3	蓝思科技股份有限公司	290	5594430	5	青山控股集团有限公司	110	16158784
4	三一集团有限公司	351	4448808	6	万向集团公司	133	12662384
5	湖南博长控股集团有限公司	383	4058828	7	天能电池集团有限公司	143	11277583
6	步步高投资集团股份有限公司	431	3709413	8	浙江省交通投资集团有限公司	149	11081387
7	大汉控股集团有限公司	434	3690237	9	浙江荣盛控股股份有限公司	154	10663705
	合计		40405121	10	浙江恒逸集团有限公司	158	10470453
				11	杭州汽轮动力集团有限公司	161	10293092
湖北				12	超威电源有限公司	163	10268301
1	东风汽车集团有限公司	15	63053613	13	远大物产集团有限公司	167	10152254
2	九州通医药集团股份有限公司	228	7394289	14	浙江省兴合集团有限责任公司	171	10045944
3	卓尔控股有限公司	244	6986924	15	杭州钢铁集团有限公司	179	9361757
4	大冶有色金属集团控股有限公司	264	6245374	16	杭州锦江集团有限公司	193	8553673
5	稻花香集团	313	5156194	17	浙江省能源集团有限公司	203	8134373
6	武汉金融控股（集团）有限公司	363	4306560	18	广厦控股集团有限公司	206	8048522
7	山河控股集团有限公司	381	4101786	19	银亿集团有限公司	215	7830148

续表

排名	企业名称	总排名	营业收入/万元	排名	企业名称	总排名	营业收入/万元
20	中天控股集团有限公司	220	7612358	4	中国南方电网有限责任公司	26	49194057
21	宁波金田投资控股有限公司	238	7059927	5	正威国际集团有限公司	27	49179850
22	雅戈尔集团股份有限公司	253	6654041	6	广州汽车工业集团有限公司	45	34011160
23	奥克斯集团有限公司	257	6493012	7	招商银行股份有限公司	46	32394000
24	传化集团有限公司	260	6317160	8	恒大集团有限公司	49	31102200
25	浙江省建设投资集团股份有限公司	265	6236450	9	招商局集团有限公司	65	27008604
26	杭州滨江房产集团股份有限公司	268	6150000	10	万科企业股份有限公司	71	24289711
27	正泰集团股份有限公司	275	6017696	11	美的集团股份有限公司	73	24191889
28	德力西集团有限公司	304	5258941	12	腾讯控股有限公司	75	23776000
29	浙江桐昆控股集团有限公司	318	5058084	13	碧桂园控股有限公司	80	22689979
30	杭州娃哈哈集团有限公司	336	4643785	14	雪松控股集团有限公司	83	22108396
31	杉杉控股有限公司	371	4203413	15	珠海格力电器股份有限公司	121	15001955
32	浙江中成控股集团有限公司	382	4070972	16	中国南方航空股份有限公司	131	12748900
33	人民电器集团有限公司	387	4034049	17	TCL集团股份有限公司	144	11157736
34	浙江省国际贸易集团有限公司	417	3844124	18	富德生命人寿保险股份有限公司	153	10665854
35	杭州市实业投资集团有限公司	421	3817570	19	比亚迪股份有限公司	155	10592470
36	中基宁波集团股份有限公司	422	3798145	20	广州医药集团有限公司	165	10210515
37	杭州华东医药集团有限公司	439	3653071	21	腾邦集团有限公司	184	8988264
38	华仪集团有限公司	454	3510126	22	中国广核集团有限公司	194	8535527
39	卧龙控股集团有限公司	457	3475874	23	华侨城集团有限公司	211	8010784
40	富通集团有限公司	460	3453862	24	中国国际海运集装箱集团股份有限公司	218	7629993
41	浙江宝业建设集团有限公司	462	3423621	25	深圳顺丰泰森控股（集团）有限公司	237	7109429
42	浙江前程投资股份有限公司	466	3407529	26	唯品会（中国）有限公司	246	6892996
43	浙江富冶集团有限公司	468	3396477	27	深圳市怡亚通供应链股份有限公司	247	6851511
44	宁波富邦控股集团有限公司	471	3380633	28	广州富力地产股份有限公司	279	5927786
45	红狮控股集团有限公司	477	3330775	29	深圳市爱施德股份有限公司	286	5673587
46	浙江昆仑控股集团有限公司	480	3301926	30	广东温氏食品集团股份有限公司	291	5565716
47	精功集团有限公司	488	3241386	31	广东省广物控股集团有限公司	300	5408619
48	华峰集团有限公司	491	3226386	32	深圳光汇石油集团股份有限公司	305	5252736
	合计		383808203	33	雅居乐地产控股有限公司	312	5160706
				34	广州市建筑集团有限公司	324	5001726
广东				35	前海人寿保险股份有限公司	326	4962945
1	中国平安保险（集团）股份有限公司	6	97457000	36	深圳海王集团股份有限公司	338	4623669
2	华为投资控股有限公司	16	60362100	37	广东省交通集团有限公司	342	4515921
3	华润（集团）有限公司	18	55532551	38	广州轻工工贸集团有限公司	344	4511235

续表

排名	企业名称	总排名	营业收入/万元	排名	企业名称	总排名	营业收入/万元
39	珠海华发集团有限公司	352	4415523	4	厦门象屿集团有限公司	92	21408866
40	广东省建筑工程集团有限公司	353	4410276	5	阳光龙净集团有限公司	104	17305500
41	广东省粤电集团有限公司	354	4375260	6	紫金矿业集团股份有限公司	177	9454862
42	广州智能装备产业集团有限公司	365	4259323	7	福晟集团有限公司	210	8010873
43	创维集团有限公司	400	3955878	8	福建省能源集团有限责任公司	280	5866723
44	天音通信有限公司	406	3915873	9	永辉超市股份有限公司	281	5859134
45	金地（集团）股份有限公司	425	3766218	10	福建省三钢（集团）有限责任公司	316	5102003
46	广州越秀集团有限公司	430	3726759		合计		148015718
47	研祥高科技控股集团有限公司	447	3560817				
48	广州万宝集团有限公司	461	3451914	广西壮族自治区			
49	欧菲科技股份有限公司	472	3379103	1	广西投资集团有限公司	128	13217082
50	深圳市中农网有限公司	486	3260177	2	广西建工集团有限责任公司	183	9051117
51	广州农村商业银行股份有限公司	498	3125565	3	广西柳州钢铁集团有限公司	248	6839830
	合计		783900763	4	广西北部湾国际港务集团有限公司	337	4643424
				5	广西玉柴机器集团有限公司	448	3560665
四川				6	广西盛隆冶金有限公司	499	3114547
1	四川长虹电子控股集团有限公司	140	11702131		合计		40426665
2	四川省宜宾五粮液集团有限公司	208	8021809				
3	新希望集团有限公司	232	7299781	贵州			
4	通威集团	262	6261031	1	贵州茅台酒股份有限公司	269	6106276
5	四川华西集团有限公司	321	5029492		合计		6106276
6	四川德胜集团钒钛有限公司	335	4651620				
7	四川省川威集团有限公司	345	4511062	云南			
8	四川省能源投资集团有限责任公司	377	4129332	1	云南省建设投资控股集团有限公司	146	11120486
9	四川科伦实业集团有限公司	380	4106113	2	云南省投资控股集团有限公司	185	8951740
10	四川省交通投资集团有限责任公司	393	4003945	3	云南省能源投资集团有限公司	224	7497357
11	四川蓝润实业集团有限公司	401	3952830	4	云天化集团有限公司	258	6359792
12	成都兴城投资集团有限公司	438	3656108	5	昆明钢铁控股有限公司	294	5498649
13	中国东方电气集团有限公司	452	3532946	6	云南锡业集团（控股）有限责任公司	295	5495338
	合计		70858200	7	云南冶金集团股份有限公司	334	4717319
					合计		49640681
福建							
1	兴业银行股份有限公司	53	30745600	甘肃			
2	厦门国贸控股股份有限公司	82	22236907	1	金川集团股份有限公司	87	21704239
3	厦门建发集团有限公司	85	22025250	2	酒泉钢铁（集团）有限责任公司	189	8743652

续表

排名	企业名称	总排名	营业收入/万元	排名	企业名称	总排名	营业收入/万元
3	甘肃省公路航空旅游投资集团有限公司	233	7257895	新疆维吾尔自治区			
4	白银有色集团股份有限公司	287	5663428	1	新疆广汇实业投资（集团）有限责任公司	103	17644044
5	甘肃省建设投资（控股）集团总公司	292	5558630	2	新疆特变电工集团有限公司	303	5273129
	合计		48927844	3	新疆中泰（集团）有限责任公司	314	5121297
				4	新疆生产建设兵团建设工程（集团）有限责任公司	456	3491190
					合计		31529660
青海							
1	西部矿业集团有限公司	443	3616136				
	合计		3616136	内蒙古自治区			
宁夏回族自治区				1	内蒙古伊泰集团有限公司	214	7881841
1	宁夏天元锰业集团有限公司	227	7400594	2	内蒙古电力（集团）有限责任公司	249	6816737
2	宝塔石化集团有限公司	306	5247847	3	内蒙古伊利实业集团股份有限公司	250	6805817
	合计		12648441		合计		21504395

表 8-5 2018 中国企业 500 强净利润排序前 100 名企业

排名	企业名称	净利润/万元	排名	企业名称	净利润/万元
1	中国工商银行股份有限公司	28604900	51	泰康保险集团股份有限公司	1137607
2	中国建设银行股份有限公司	24226400	52	万华化学集团股份有限公司	1113479
3	中国农业银行股份有限公司	19296100	53	中国航天科工集团有限公司	1086174
4	中国银行股份有限公司	17240664	54	网易公司	1070794
5	国家开发银行股份有限公司	11238700	55	北京汽车集团有限公司	1050631
6	中国平安保险（集团）股份有限公司	8908800	56	正威国际集团有限公司	1044767
7	腾讯控股有限公司	7451000	57	中国交通建设集团有限公司	1043994
8	中国移动通信集团有限公司	7388500	58	中国石油化工集团公司	1039313
9	招商银行股份有限公司	7063800	59	中国远洋海运集团有限公司	948697
10	交通银行股份有限公司	7022366	60	东风汽车集团有限公司	946202
11	国家电网有限公司	6443259	61	绿地控股集团股份有限公司	903777
12	阿里巴巴集团控股有限公司	6409300	62	重庆农村商业银行股份有限公司	893597
13	兴业银行股份有限公司	5720000	63	中国铁道建筑有限公司	884544
14	上海浦东发展银行股份有限公司	5425800	64	华夏幸福基业股份有限公司	878081
15	中国民生银行股份有限公司	4981300	65	山东魏桥创业集团有限公司	858327
16	华为投资控股有限公司	4745100	66	中国铁路工程集团有限公司	790589
17	恒大集团有限公司	3704900	67	世茂房地产控股有限公司	784049
18	上海汽车集团股份有限公司	3441034	68	中国保利集团公司	779094
19	中国邮政集团公司	3352754	69	万洲国际有限公司	765579
20	中国建筑股份有限公司	3294180	70	雪松控股集团有限公司	721860
21	万科企业股份有限公司	2805181	71	江苏沙钢集团有限公司	717649
22	招商局集团有限公司	2729494	72	恒力集团有限公司	686687
23	贵州茅台酒股份有限公司	2707936	73	国家开发投资集团有限公司	685250
24	碧桂园控股有限公司	2606352	74	金地（集团）股份有限公司	684268
25	珠海格力电器股份有限公司	2240158	75	上海农村商业银行股份有限公司	676908
26	中国华融资产管理股份有限公司	2199259	76	渤海银行股份有限公司	675382
27	中国中信集团有限公司	2179425	77	广东温氏食品集团股份有限公司	675112
28	华润（集团）有限公司	2129838	78	广州汽车工业集团有限公司	668533
29	太平洋建设集团有限公司	2124432	79	中国电力建设集团有限公司	639841
30	广州富力地产股份有限公司	2118645	80	冀南钢铁集团有限公司	621713
31	中国海洋石油集团有限公司	2040139	81	雅居乐地产控股有限公司	602524
32	华夏银行股份有限公司	1981900	82	内蒙古伊利实业集团股份有限公司	600088
33	中国第一汽车集团有限公司	1930098	83	中国南方航空股份有限公司	591400
34	北京银行股份有限公司	1873170	84	华侨城集团有限公司	586538
35	百度网络技术有限公司	1830100	85	中国兵器工业集团有限公司	579687
36	美的集团股份有限公司	1728368	86	安徽海螺集团有限责任公司	573097
37	国家能源投资集团有限责任公司	1686183	87	广州农村商业银行股份有限公司	570871
38	海尔集团公司	1655298	88	中国重型汽车集团有限公司	565134
39	中国人民保险集团股份有限公司	1609900	89	日照钢铁控股集团有限公司	551674
40	上海银行股份有限公司	1532850	90	河北津西钢铁集团有限公司	546731
41	中国航天科技集团有限公司	1503455	91	海澜集团有限公司	544891
42	中国太平洋保险（集团）股份有限公司	1466200	92	北京江南投资集团有限公司	543286
43	复星国际有限公司	1316128	93	新华人寿保险股份有限公司	538270
44	中国南方电网有限责任公司	1309777	94	中国太平保险控股有限公司	532253
45	中国光大集团股份有限公司	1280470	95	宁夏天元锰业集团有限公司	520472
46	龙湖集团控股有限公司	1259860	96	中国中化集团有限公司	509126
47	浙江吉利控股集团有限公司	1230237	97	长城汽车股份有限公司	502730
48	中国电信集团有限公司	1230042	98	中国兵器装备集团有限公司	500025
49	中国电子科技集团有限公司	1198710	99	北京京东世纪贸易有限公司	496838
50	上海国际港务（集团）股份有限公司	1153619	100	武安市裕华钢铁有限公司	492580
				中国企业 500 强平均数	640571

表8-6 2018中国企业500强资产排序前100名企业

排名	企业名称	资产/万元	排名	企业名称	资产/万元
1	中国工商银行股份有限公司	2608704300	51	广州农村商业银行股份有限公司	73571366
2	中国建设银行股份有限公司	2212438300	52	上海汽车集团股份有限公司	72353313
3	中国农业银行股份有限公司	2105338200	53	中国大唐集团有限公司	72080620
4	中国银行股份有限公司	1946742420	54	阿里巴巴集团控股有限公司	71712400
5	国家开发银行股份有限公司	1595928800	55	泰康保险集团股份有限公司	71285435
6	中国邮政集团公司	926367756	56	中国远洋海运集团有限公司	71251530
7	交通银行股份有限公司	903825394	57	新华人寿保险股份有限公司	71027469
8	中国平安保险（集团）股份有限公司	649307500	58	中国电力建设集团有限公司	68396329
9	兴业银行股份有限公司	641684200	59	中国广核集团有限公司	63295715
10	中国中信集团有限公司	633456493	60	中国联合网络通信集团有限公司	61882545
11	招商银行股份有限公司	629763800	61	中国建材集团有限公司	59159493
12	上海浦东发展银行股份有限公司	613724000	62	中国太平保险控股有限公司	58508870
13	中国民生银行股份有限公司	590208600	63	腾讯控股有限公司	55467200
14	中国光大集团股份公司	448357855	64	山东高速集团有限公司	55417622
15	中国石油天然气集团有限公司	409872111	65	中粮集团有限公司	54623952
16	国家电网有限公司	381132774	66	复星国际有限公司	53378805
17	中国人寿保险（集团）公司	359957679	67	中国铝业集团有限公司	53133675
18	华夏银行股份有限公司	250892700	68	华为投资控股有限公司	50522500
19	北京银行股份有限公司	232980542	69	首钢集团有限公司	50114269
20	中国石油化工集团公司	225669776	70	中国船舶重工集团有限公司	49621601
21	中国华融资产管理股份有限公司	187026028	71	国家开发投资集团有限公司	49355205
22	上海银行股份有限公司	180776694	72	东风汽车集团有限公司	46485423
23	国家能源投资集团有限责任公司	178715670	73	陕西煤业化工集团有限责任公司	46406013
24	恒大集团有限公司	176175200	74	富德生命人寿保险股份有限公司	43808931
25	中国移动通信集团有限公司	172139902	75	中国第一汽车集团有限公司	43678364
26	中国建筑股份有限公司	155098331	76	北京汽车集团有限公司	43650230
27	华润（集团）有限公司	122006582	77	清华控股有限公司	43187208
28	招商局集团有限公司	120172989	78	广州越秀集团有限公司	42956412
29	中国交通建设集团有限公司	119298229	79	中国中化集团有限公司	41719521
30	中国太平洋保险（集团）股份有限公司	117122400	80	中国航天科技集团有限公司	41203358
31	万科企业股份有限公司	116534692	81	中国中车集团有限公司	40528703
32	中国海洋石油集团有限公司	112923531	82	中国机械工业集团有限公司	38155968
33	碧桂园控股有限公司	104966926	83	中国兵器工业集团有限公司	37798457
34	中国华能集团有限公司	103960684	84	河钢集团有限公司	37618377
35	国家电力投资集团公司	100860604	85	华夏幸福基业股份有限公司	37586471
36	渤海银行股份有限公司	100256705	86	广东省交通集团有限公司	37255735
37	中国人民保险集团股份有限公司	98790600	87	太平洋建设集团有限公司	36968543
38	中国保利集团公司	90744356	88	中国兵器装备集团有限公司	36724200
39	重庆农村商业银行股份有限公司	90577808	89	龙湖集团控股有限公司	36276385
40	中国航空工业集团有限公司	87112366	90	中国中煤能源集团有限公司	35912519
41	中国五矿集团有限公司	85527190	91	鞍钢集团有限公司	35583610
42	绿地控股集团股份有限公司	84853281	92	中国能源建设集团有限公司	35578286
43	中国铁路工程集团有限公司	84794200	93	四川省交通投资集团有限责任公司	33559172
44	中国铁道建筑有限公司	82631715	94	大同煤矿集团有限责任公司	33253971
45	中国电信集团有限公司	82524321	95	苏宁控股集团有限公司	33068815
46	上海农村商业银行股份有限公司	80205760	96	陕西延长石油（集团）有限公司	32944372
47	中国华电集团有限公司	79677500	97	广西投资集团有限公司	32872598
48	中国化工集团有限公司	79491169	98	浙江省交通投资集团有限公司	32726002
49	中国宝武钢铁集团有限公司	74560676	99	华侨城集团有限公司	32238228
50	中国南方电网有限责任公司	74162696	100	天津泰达投资控股有限公司	31994850
				中国企业500强平均数	54961368

表 8-7 2018 中国企业 500 强从业人数排序前 100 名企业

排名	企业名称	从业人数	排名	企业名称	从业人数
1	中国石油天然气集团有限公司	1470193	51	光明食品（集团）有限公司	143140
2	中国人民保险集团股份有限公司	998294	52	中国平煤神马能源化工集团有限责任公司	140666
3	国家电网有限公司	983255	53	中国华能集团有限公司	138473
4	中国邮政集团公司	929996	54	中国化工集团有限公司	138185
5	中国石油化工集团公司	667793	55	深圳顺丰泰森控股（集团）有限公司	136432
6	黑龙江北大荒农垦集团总公司	645631	56	中国能源建设集团有限公司	135929
7	中国农业银行股份有限公司	491578	57	阳泉煤业（集团）有限责任公司	135723
8	中国航空工业集团有限公司	488216	58	北京汽车集团有限公司	133165
9	中国移动通信集团有限公司	467532	59	陕西延长石油（集团）有限责任公司	132225
10	中国工商银行股份有限公司	453048	60	鞍钢集团有限公司	130580
11	华润（集团）有限公司	423169	61	山西晋城无烟煤矿业集团有限责任公司	128648
12	中国电信集团有限公司	412868	62	国家电力投资集团有限公司	127182
13	中国建设银行股份有限公司	370415	63	恒大集团有限公司	127000
14	太平洋建设集团有限公司	365425	64	陕西煤业化工集团有限责任公司	125673
15	中国铁道建筑有限公司	364964	65	碧桂园控股有限公司	124837
16	中国平安保险（集团）股份有限公司	342550	66	中粮集团有限公司	124266
17	中国银行股份有限公司	311133	67	中国铝业集团有限公司	123293
18	国家能源投资集团有限责任公司	301777	68	河钢集团有限公司	123178
19	中国南方电网有限责任公司	295463	69	中国中煤能源集团有限公司	123006
20	中国铁路工程集团有限公司	292507	70	冀中能源集团有限责任公司	122734
21	中国建筑股份有限公司	277489	71	中国第一汽车集团有限公司	120501
22	中国联合网络通信集团有限公司	273169	72	三胞集团有限公司	120000
23	阳光保险集团股份有限公司	266411	73	中国医药集团有限公司	118812
24	中国中信集团有限公司	258433	74	首钢集团有限公司	118722
25	浙江省建设投资集团股份有限公司	251944	75	南通三建控股有限公司	118089
26	苏宁控股集团有限公司	247120	76	山东魏桥创业集团有限公司	117718
27	中国兵器工业集团有限公司	226338	77	广厦控股集团有限公司	112786
28	中国建材集团有限公司	215550	78	江苏省苏中建设集团股份有限公司	110172
29	中国兵器装备集团有限公司	211716	79	万洲国际有限公司	110000
30	山西焦煤集团有限责任公司	208832	80	招商局集团有限公司	108737
31	中国五矿集团有限公司	203786	81	中国华电集团有限公司	105006
32	中国电力建设集团有限公司	186234	82	兖矿集团有限公司	104746
33	河南能源化工集团有限公司	185279	83	中国太平洋保险（集团）股份有限公司	101887
34	中国中车集团有限公司	183835	84	美的集团股份有限公司	101826
35	东风汽车集团有限公司	180433	85	中国远洋海运集团有限公司	100500
36	华为投资控股有限公司	180000	86	江苏南通二建集团有限公司	98160
37	中国船舶重工集团有限公司	173201	87	中国海洋石油集团有限公司	97986
38	中国航天科技集团有限公司	173102	88	物美控股集团有限公司	97500
39	中国交通建设集团有限公司	171581	89	中国大唐集团有限公司	96735
40	中国电子科技集团公司	168923	90	中国南方航空股份有限公司	96234
41	山东能源集团有限公司	163693	91	晋能集团有限公司	95997
42	大同煤矿集团有限公司	160836	92	山西潞安矿业（集团）有限责任公司	95796
43	中国电子信息产业集团有限公司	159039	93	南通四建集团有限公司	95157
44	清华控股有限公司	159000	94	蓝思科技股份有限公司	94598
45	北京京东世纪贸易有限公司	157831	95	交通银行股份有限公司	91240
46	中国宝武钢铁集团有限公司	157765	96	重庆商社（集团）有限公司	89950
47	中国机械工业集团有限公司	150967	97	中国保利集团公司	88407
48	中国人寿保险（集团）公司	149592	98	北京首都旅游集团有限责任公司	86487
49	中国航天科工集团有限公司	147710	99	中国东方航空集团有限公司	86196
50	上海汽车集团股份有限公司	145480	100	北京电子控股有限责任公司	85548
				中国企业 500 强平均数	63954

表 8-8　2018 中国企业 500 强研发费用排序前 100 名企业

排名	企业名称	研发费用/万元	排名	企业名称	研发费用/万元
1	华为投资控股有限公司	8969000	51	海信集团有限公司	444814
2	国家电网有限公司	2740105	52	网易公司	437143
3	中国石油天然气集团有限公司	2483939	53	鞍钢集团有限公司	432319
4	阿里巴巴集团控股有限公司	2275400	54	潍柴控股集团有限公司	413740
5	中国航空工业集团有限公司	2046950	55	山西晋城无烟煤矿业集团有限责任公司	398849
6	中国航天科工集团有限公司	1906331	56	中国机械工业集团有限公司	394662
7	中国移动通信集团有限公司	1858934	57	中国平煤神马能源化工集团有限责任公司	388416
8	浙江吉利控股集团有限公司	1826973	58	利华益集团股份有限公司	378756
9	腾讯控股有限公司	1745600	59	上海电气（集团）总公司	358718
10	东风汽车集团有限公司	1391503	60	中国能源建设集团有限公司	354095
11	中国第一汽车集团有限公司	1389166	61	河钢集团有限公司	353460
12	中国电信集团有限公司	1384147	62	中国华电集团有限公司	345900
13	山东魏桥创业集团有限公司	1326844	63	长城汽车股份有限公司	336457
14	百度网络技术有限公司	1292800	64	中国船舶工业集团有限公司	336219
15	清华控股有限公司	1276500	65	四川长虹电子控股集团有限公司	325816
16	中国兵器工业集团有限公司	1169887	66	中国铝业集团有限公司	320039
17	中国铁路工程集团有限公司	1110257	67	江铃汽车集团公司	319178
18	上海汽车集团股份有限公司	1106271	68	南山集团有限公司	318942
19	中国铁道建筑有限公司	1039772	69	小米集团	315340
20	中国中车集团有限公司	1013661	70	中国中信集团有限公司	290830
21	中国交通建设集团有限公司	969629	71	三一集团有限公司	287088
22	北京电子控股有限责任公司	954864	72	国家能源投资集团有限责任公司	281900
23	中国化工集团有限公司	950992	73	阳泉煤业（集团）有限公司	278236
24	中国电力建设集团有限公司	931456	74	中国海洋石油集团有限公司	277996
25	联想集团有限公司	852992	75	江西铜业集团有限公司	272714
26	美的集团股份有限公司	850000	76	江苏沙钢集团有限公司	264482
27	中国石油化工集团公司	829704	77	万向集团公司	260561
28	海尔集团公司	772160	78	新希望集团有限公司	256000
29	北京汽车集团有限公司	762650	79	四川科伦实业集团有限公司	254665
30	中国电子科技集团公司	723336	80	铜陵有色金属集团控股有限公司	253103
31	中国五矿集团有限公司	716462	81	山西潞安矿业（集团）有限责任公司	248119
32	中国电子信息产业集团有限公司	713009	82	湖南华菱钢铁集团有限责任公司	247894
33	中国兵器装备集团有限公司	670090	83	中国南方电网有限责任公司	240759
34	北京京东世纪贸易有限公司	665237	84	太原钢铁（集团）有限公司	228093
35	比亚迪股份有限公司	626631	85	华晨汽车集团控股有限公司	225520
36	中国工商银行股份有限公司	602575	86	中国建材集团有限公司	225416
37	中国宝武钢铁集团有限公司	583420	87	华泰集团有限公司	224316
38	浪潮集团有限公司	578136	88	酒泉钢铁（集团）有限责任公司	220032
39	珠海格力电器股份有限公司	576693	89	新疆特变电工集团有限公司	215500
40	苏宁控股集团有限公司	553000	90	扬子江药业集团	213067
41	陕西煤业化工集团有限责任公司	528197	91	亨通集团有限公司	205643
42	广州汽车工业集团有限公司	510270	92	安徽江淮汽车集团股份有限公司	200692
43	中国航天科技集团有限公司	504755	93	河南能源化工集团有限公司	199122
44	首钢集团有限公司	491983	94	敬业集团有限公司	193398
45	恒力集团有限公司	482982	95	中国重型汽车集团有限公司	193012
46	招商银行股份有限公司	474100	96	山东胜通集团股份有限公司	191427
47	中国船舶重工集团有限公司	472536	97	中国化学工程股份有限公司	180718
48	TCL集团股份有限公司	472120	98	郑州宇通集团有限公司	178607
49	上海建工集团股份有限公司	460210	99	徐州工程机械集团有限公司	178100
50	陕西延长石油（集团）有限责任公司	457662	100	陕西建工集团有限公司	177267
				中国企业 500 强平均数	210115

表 8-9 2018 中国企业 500 强研发费用所占比例排序前 100 名企业

排名	企业名称	研发费用所占比例/%	排名	企业名称	研发费用所占比例/%
1	百度网络技术有限公司	15.24	51	广西盛隆冶金有限公司	3.16
2	华为投资控股有限公司	14.86	52	山东如意国际时尚产业投资控股有限公司	3.10
3	清华控股有限公司	10.58	53	江苏三房巷集团有限公司	3.09
4	北京电子控股有限责任公司	9.15	54	中国化学工程股份有限公司	3.09
5	阿里巴巴集团控股有限公司	9.09	55	华泰集团有限公司	3.07
6	中国航天科工集团有限公司	8.28	56	中国平煤神马能源化工集团有限责任公司	3.05
7	网易公司	8.08	57	扬子江药业集团	3.04
8	腾讯控股有限公司	7.34	58	德力西集团有限公司	3.04
9	浪潮集团有限公司	7.20	59	山东渤海实业股份有限公司	3.02
10	浙江吉利控股集团有限公司	6.57	60	华勤橡胶工业集团有限公司	3.00
11	三一集团有限公司	6.45	61	东营方圆有色金属	2.99
12	四川科伦实业集团有限公司	6.20	62	山西建设投资集团有限公司	2.98
13	比亚迪股份有限公司	5.92	63	精功集团有限公司	2.97
14	欧菲科技股份有限公司	5.20	64	中国第一汽车集团有限公司	2.96
15	中国航空工业集团有限公司	5.06	65	波司登股份有限公司	2.89
16	利华益集团股份有限公司	5.05	66	敬业集团有限公司	2.87
17	郑州宇通集团有限公司	5.01	67	太原钢铁（集团）有限公司	2.82
18	山东胜通集团股份有限公司	4.97	68	蓝思科技股份有限公司	2.82
19	中国中车集团有限公司	4.67	69	联想集团有限公司	2.81
20	TCL 集团股份有限公司	4.23	70	山东科达集团有限公司	2.79
21	重庆力帆控股有限公司	4.09	71	四川长虹电子控股集团有限公司	2.78
22	新疆特变电工集团有限公司	4.09	72	小米集团	2.75
23	哈尔滨电气集团有限公司	4.03	73	中国兵器工业集团有限公司	2.68
24	安徽江淮汽车集团控股有限公司	4.02	74	首钢集团有限公司	2.65
25	海信集团有限公司	4.01	75	亨通集团有限公司	2.64
26	徐州工程机械集团有限公司	3.97	76	研祥高科技控股集团有限公司	2.57
27	江铃汽车集团公司	3.96	77	正泰集团股份有限公司	2.57
28	中国东方电气集团有限公司	3.93	78	广州智能装备产业集团有限公司	2.56
29	晶龙实业集团有限公司	3.92	79	中国电力建设集团有限公司	2.56
30	上海电气（集团）总公司	3.91	80	法尔胜泓昇集团有限公司	2.54
31	珠海格力电器股份有限公司	3.84	81	酒泉钢铁（集团）有限责任公司	2.52
32	中天科技集团有限公司	3.80	82	华峰集团有限公司	2.51
33	安阳钢铁集团有限责任公司	3.76	83	中国移动通信集团有限公司	2.50
34	河南森源集团有限公司	3.69	84	江苏中利能源控股有限公司	2.50
35	山东魏桥创业集团有限公司	3.69	85	双良集团有限公司	2.49
36	上海城建（集团）公司	3.56	86	山东金岭集团有限公司	2.45
37	中国电子科技集团公司	3.55	87	中国化工集团有限公司	2.43
38	新希望集团有限公司	3.51	88	湖南华菱钢铁集团有限责任公司	2.42
39	美的集团股份有限公司	3.51	89	山西晋城无烟煤矿业集团有限责任公司	2.39
40	中科电力装备集团有限公司	3.44	90	奇瑞控股集团有限公司	2.39
41	上海仪电（集团）有限公司	3.44	91	珠海华发集团有限公司	2.33
42	长城汽车股份有限公司	3.33	92	万华化学集团股份有限公司	2.33
43	中国电子信息产业集团有限公司	3.30	93	河北普阳钢铁有限公司	2.30
44	人民电器集团有限公司	3.28	94	鞍钢集团有限公司	2.30
45	上海建工集团股份有限公司	3.24	95	广西玉柴机器集团有限公司	2.28
46	创维集团有限公司	3.22	96	陕西汽车控股集团有限公司	2.25
47	卧龙控股集团有限公司	3.21	97	东营鲁方金属材料有限公司	2.25
48	中国电信集团有限公司	3.20	98	新凤祥控股集团有限责任公司	2.23
49	海尔集团公司	3.19	99	中国兵器装备集团公司	2.22
50	南山集团有限公司	3.17	100	东风汽车集团有限公司	2.21
				中国企业 500 强平均数	1.56

表 8-10 2018 中国企业 500 强净资产利润率排序前 100 名企业

排名	公司名称	净资产利润率/%	排名	公司名称	净资产利润率/%
1	杭州滨江房产集团股份有限公司	82.21	51	中基宁波集团股份有限公司	22.90
2	通州建总集团有限公司	59.73	52	泰康保险集团股份有限公司	22.35
3	冀南钢铁集团有限公司	47.17	53	腾邦集团有限公司	22.09
4	山东海科化工集团有限公司	45.07	54	山东金诚石化集团有限公司	22.09
5	石横特钢集团有限公司	42.90	55	深圳顺丰泰森控股（集团）有限公司	22.06
6	江西方大钢铁集团有限公司	42.74	56	重庆市金科投资控股（集团）有限责任公司	21.97
7	宜昌兴发集团有限责任公司	40.94	57	万达控股集团有限公司	21.87
8	万华化学集团股份有限公司	40.82	58	杭州华东医药集团有限公司	21.70
9	四川省川威集团有限公司	39.87	59	福晟集团有限公司	21.66
10	永锋集团有限公司	39.36	60	神州数码集团股份有限公司	21.58
11	福建省三钢（集团）有限责任公司	36.93	61	山东胜通集团股份有限公司	21.53
12	山东大海集团有限公司	34.75	62	青山控股集团有限公司	21.37
13	珠海格力电器股份有限公司	34.15	63	万科企业股份有限公司	21.14
14	河北普阳钢铁有限公司	34.13	64	金澳科技（湖北）化工有限公司	21.09
15	河北津西钢铁集团股份有限公司	33.97	65	红狮控股集团有限公司	21.06
16	湖南博长控股集团有限公司	33.80	66	中升集团控股有限公司	21.05
17	中运富通控股集团有限公司	33.39	67	万基控股集团有限公司	21.05
18	广州富力地产股份有限公司	33.32	68	浙江吉利控股集团有限公司	20.88
19	盘锦北方沥青燃料有限公司	33.22	69	通鼎集团有限公司	20.79
20	北京江南投资集团有限公司	32.74	70	海尔集团公司	20.78
21	武安市裕华钢铁有限公司	30.84	71	广东温氏食品集团股份有限公司	20.70
22	广西盛隆冶金有限公司	30.75	72	新奥能源控股有限公司	20.64
23	龙信建设集团有限公司	30.41	73	山河控股集团有限公司	20.43
24	山东科达集团有限公司	30.34	74	江苏阳光集团有限公司	20.42
25	山东恒源石油化工股份有限公司	29.94	75	江苏南通二建集团有限公司	20.28
26	贵州茅台酒股份有限公司	29.61	76	老凤祥股份有限公司	20.26
27	广西柳州钢铁集团有限公司	29.58	77	江苏省苏中建设集团股份有限公司	20.15
28	腾讯控股有限公司	29.10	78	内蒙古伊泰集团有限公司	20.04
29	碧桂园控股有限公司	27.82	79	德力西集团有限公司	19.86
30	山东京博控股股份有限公司	27.36	80	山东如意国际时尚产业投资控股有限公司	19.57
31	华为投资控股有限公司	27.02	81	安阳钢铁集团有限责任公司	19.40
32	河北建设集团股份有限公司	26.96	82	人民电器集团有限公司	19.29
33	武安市明芳钢铁有限公司	26.81	83	天狮集团有限公司	19.21
34	河北新金钢铁有限公司	26.56	84	中国平安保险（集团）股份有限公司	18.82
35	山东太阳控股集团有限公司	26.38	85	天津荣程祥泰投资控股集团有限公司	18.71
36	天能电池集团有限公司	26.31	86	河南豫光金铅集团有限责任公司	18.41
37	山西建设投资集团有限公司	26.20	87	双胞胎（集团）股份有限公司	18.35
38	敬业集团有限公司	25.91	88	浙江桐昆控股集团有限公司	18.33
39	江西省建工集团有限责任公司	25.87	89	天津友发钢管集团有限公司	18.15
40	唯品会（中国）有限公司	25.68	90	杭州娃哈哈集团有限公司	18.13
41	南通四建集团有限公司	25.63	91	东营鲁方金属材料有限公司	17.98
42	日照钢铁控股集团有限公司	25.12	92	山东东明石化集团有限公司	17.93
43	内蒙古伊利实业集团股份有限公司	23.90	93	龙湖集团控股有限公司	17.85
44	华夏幸福基业股份有限公司	23.67	94	荣盛控股股份有限公司	17.79
45	美的集团股份有限公司	23.44	95	阿里巴巴集团控股有限公司	17.52
46	潍柴控股集团有限公司	23.42	96	广州汽车工业集团有限公司	17.51
47	网易公司	23.41	97	郑州宇通集团有限公司	17.49
48	广州万宝集团有限公司	23.40	98	安徽海螺集团有限责任公司	17.44
49	南通三建控股有限公司	23.37	99	江苏南通六建设集团有限公司	17.44
50	新余钢铁集团有限公司	23.14	100	山东泰山钢铁集团有限公司	17.43
				中国企业 500 强平均数	9.34

表 8-11 2018 中国企业 500 强资产利润率排序前 100 名企业

排名	企业名称	资产利润率/%	排名	企业名称	资产利润率/%
1	冀南钢铁集团有限公司	34.67	51	波司登股份有限公司	8.46
2	武安市裕华钢铁有限公司	23.77	52	老凤祥股份有限公司	8.46
3	河北普阳钢铁有限公司	20.63	53	天能电池集团有限公司	8.42
4	通州建总集团有限公司	20.26	54	江苏阳光集团有限公司	8.30
5	贵州茅台酒股份有限公司	20.12	55	山东太阳控股集团有限公司	8.23
6	石横特钢集团有限公司	18.62	56	中运富通控股集团有限公司	8.21
7	山东金诚石化集团有限公司	17.27	57	上海国际港务（集团）股份有限公司	8.17
8	万华化学集团股份有限公司	16.92	58	研祥高科技控股集团有限公司	8.04
9	天狮集团有限公司	16.53	59	永锋集团有限公司	7.93
10	山东科达集团有限公司	15.12	60	湖南博长控股集团有限公司	7.86
11	河北新金钢铁有限公司	15.10	61	维维集团股份有限公司	7.86
12	网易公司	15.07	62	唐山港陆钢铁有限公司	7.86
13	扬子江药业集团	14.30	63	盘锦北方沥青燃料有限公司	7.78
14	山东大海集团有限公司	14.08	64	红狮控股集团有限公司	7.74
15	河北津西钢铁集团股份有限公司	13.96	65	南通三建控股有限公司	7.70
16	人民电器集团有限公司	13.89	66	万洲国际有限公司	7.68
17	南通四建集团有限公司	13.80	67	德力西集团有限公司	7.55
18	广东温氏食品集团股份有限公司	13.77	68	天津友发钢管集团有限公司	7.55
19	腾讯控股有限公司	13.43	69	正威国际集团有限公司	7.28
20	广西盛隆冶金有限公司	13.34	70	百度网络技术有限公司	7.27
21	杭州娃哈哈集团有限公司	12.80	71	中升集团控股有限公司	7.04
22	山东胜通集团股份有限公司	12.69	72	美的集团股份有限公司	6.97
23	武安市明芳钢铁有限公司	12.57	73	广州富力地产股份有限公司	6.74
24	山东金岭集团有限公司	12.39	74	通鼎集团有限公司	6.60
25	亚邦投资控股集团有限公司	12.26	75	正邦集团有限公司	6.58
26	内蒙古伊利实业集团股份有限公司	12.17	76	山东东明石化集团有限公司	6.50
27	杭州华东医药集团有限公司	12.15	77	福晟集团有限公司	6.41
28	福建省三钢（集团）有限责任公司	11.96	78	日照钢铁控股集团有限公司	6.02
29	双胞胎（集团）股份有限公司	11.92	79	山东京博控股股份有限公司	5.97
30	金澳科技（湖北）化工有限公司	11.49	80	富通集团有限公司	5.85
31	山河控股集团有限公司	11.49	81	四川科伦实业集团有限公司	5.84
32	龙信建设集团有限公司	11.19	82	太平洋建设集团有限公司	5.75
33	山东恒源石油化工股份有限公司	11.12	83	恒力集团有限公司	5.74
34	敬业集团有限公司	10.86	84	河北新华联合冶金控股集团有限公司	5.66
35	天津荣程祥泰投资控股集团有限公司	10.84	85	浙江昆仑控股集团有限公司	5.56
36	珠海格力电器股份有限公司	10.42	86	富海集团有限公司	5.56
37	唯品会（中国）有限公司	9.87	87	永辉超市股份有限公司	5.53
38	威高集团有限公司	9.80	88	中国国际技术智力合作有限公司	5.50
39	江苏南通六建设集团有限公司	9.74	89	海澜集团有限公司	5.40
40	武安市文安钢铁有限公司	9.69	90	中国航空油料集团有限公司	5.34
41	华为投资控股有限公司	9.39	91	上海永达控股（集团）有限公司	5.30
42	广西柳州钢铁集团有限公司	9.31	92	东营方圆有色金属有限公司	5.25
43	金鼎重工股份有限公司	9.21	93	海尔集团公司	5.22
44	江苏南通二建集团有限公司	9.07	94	广州智能装备产业集团有限公司	5.20
45	江西方大钢铁集团有限公司	9.05	95	雪松控股集团有限公司	5.05
46	滨化集团公司	9.04	96	青山控股集团有限公司	5.02
47	东营鲁方金属材料有限公司	9.00	97	江苏省苏中建设集团股份有限公司	5.01
48	阿里巴巴集团控股有限公司	8.94	98	环嘉集团有限公司	4.96
49	山东海科化工集团有限公司	8.82	99	浙江宝业建设集团有限公司	4.86
50	深圳顺丰泰森控股（集团）有限公司	8.80	100	利华益集团股份有限公司	4.84
				中国企业 500 强平均数	1.17

表 8-12 2018中国企业500强收入利润率排序前100名企业

排名	企业名称	收入利润率/%	排名	企业名称	收入利润率/%
1	贵州茅台酒股份有限公司	44.35	51	内蒙古伊利实业集团股份有限公司	8.82
2	广州富力地产股份有限公司	35.74	52	杭州娃哈哈集团有限公司	8.64
3	腾讯控股有限公司	31.34	53	杭州华东医药集团有限公司	8.42
4	上海国际港务(集团)股份有限公司	30.83	54	世纪金源投资集团有限公司	8.19
5	中国建设银行股份有限公司	26.76	55	红狮控股集团有限公司	8.16
6	中国工商银行股份有限公司	26.36	56	华为投资控股有限公司	7.86
7	阿里巴巴集团控股有限公司	25.61	57	波司登股份有限公司	7.72
8	中国农业银行股份有限公司	23.33	58	国家开发投资集团有限公司	7.66
9	中国银行股份有限公司	22.11	59	广东省交通集团有限公司	7.52
10	招商银行股份有限公司	21.81	60	福建省三钢(集团)有限责任公司	7.37
11	百度网络技术有限公司	21.58	61	华侨城集团有限公司	7.32
12	重庆农村商业银行股份有限公司	21.30	62	河北普阳钢铁有限公司	7.18
13	万华化学集团股份有限公司	20.96	63	美的集团股份有限公司	7.14
14	上海银行股份有限公司	20.54	64	宁夏天元锰业集团有限公司	7.03
15	国家开发银行股份有限公司	20.52	65	泰康保险集团股份有限公司	7.00
16	上海农村商业银行股份有限公司	20.28	66	日照钢铁控股集团有限公司	6.91
17	网易公司	19.79	67	中国邮政集团公司	6.87
18	兴业银行股份有限公司	18.60	68	海尔集团公司	6.84
19	北京银行股份有限公司	18.41	69	研祥高科技控股集团有限公司	6.79
20	广州农村商业银行股份有限公司	18.26	70	盘锦北方沥青燃料有限公司	6.71
21	金地(集团)股份有限公司	18.17	71	深圳顺丰泰森控股(集团)有限公司	6.64
22	交通银行股份有限公司	18.02	72	武安市明芳钢铁有限公司	6.57
23	上海浦东发展银行股份有限公司	17.64	73	中国航天科技集团有限公司	6.51
24	龙湖集团控股有限公司	17.48	74	扬子江药业集团	6.33
25	中国华融资产管理股份有限公司	16.93	75	中国重型汽车集团有限公司	6.24
26	中国民生银行股份有限公司	16.89	76	四川蓝润实业集团有限公司	6.23
27	华夏银行股份有限公司	16.61	77	荣盛控股股份有限公司	6.20
28	冀南钢铁集团有限公司	15.65	78	山东太阳控股集团有限公司	6.20
29	北京江南投资集团有限公司	15.18	79	河北新金钢铁有限公司	6.14
30	复星国际有限公司	14.95	80	山东大海集团有限公司	6.13
31	珠海格力电器股份有限公司	14.93	81	广西柳州钢铁集团有限公司	5.90
32	华夏幸福基业股份有限公司	14.72	82	中国电子科技集团有限公司	5.89
33	渤海银行股份有限公司	13.71	83	新奥能源控股有限公司	5.80
34	武安市裕华钢铁有限公司	12.75	84	金东纸业(江苏)股份有限公司	5.80
35	石横特钢集团有限公司	12.62	85	郑州宇通集团有限公司	5.79
36	广东温氏食品集团股份有限公司	12.13	86	南通四建集团有限公司	5.62
37	恒大集团有限公司	11.91	87	雅戈尔集团股份有限公司	5.60
38	雅居乐地产控股有限公司	11.68	88	河北津西钢铁集团有限公司	5.42
39	万科企业股份有限公司	11.55	89	中国广核集团有限公司	5.37
40	碧桂园控股有限公司	11.49	90	永锋集团有限公司	5.35
41	世茂房地产控股有限公司	11.13	91	岚桥集团有限公司	5.32
42	江苏扬子江船业集团	10.81	92	中国光大集团股份有限公司	5.29
43	山东胜通集团股份有限公司	10.67	93	中国中信集团有限公司	5.26
44	威高集团有限公司	10.15	94	福晟集团有限公司	5.25
45	招商局集团有限公司	10.11	95	浙江省能源集团有限公司	5.24
46	中国移动通信集团有限公司	9.92	96	新疆特变电工集团有限公司	5.21
47	广西盛隆冶金有限公司	9.23	97	江西方大钢铁集团有限公司	5.18
48	中国平安保险(集团)股份有限公司	9.14	98	维维集团股份有限公司	5.12
49	申能(集团)有限公司	9.11	99	江苏阳光集团有限公司	5.11
50	天狮集团有限公司	9.00	100	万洲国际有限公司	5.06
				中国企业500强平均数	4.50

表 8-13　2018 中国企业 500 强人均营业收入排序前 100 名企业

排名	公司名称	人均营业收入/万元	排名	公司名称	人均营业收入/万元
1	西安迈科金属国际集团有限公司	30917.82	51	浙江荣盛控股股份有限公司	1160.49
2	玖隆钢铁物流有限公司	20780.40	52	北京首都开发控股（集团）有限公司	1146.44
3	远大物产集团有限公司	15642.92	53	福佳集团有限公司	1137.16
4	杭州滨江房产集团股份有限公司	14470.59	54	大汉控股集团有限公司	1125.76
5	浙江前程投资股份有限公司	9598.67	55	山东大海集团有限公司	1122.07
6	北京江南投资集团有限公司	8731.70	56	内蒙古伊泰集团有限公司	1105.29
7	东营方圆有色金属有限公司	7399.24	57	中科电力装备集团有限公司	1067.44
8	国家开发银行股份有限公司	5987.45	58	河北津西钢铁集团股份有限公司	1065.16
9	深圳市中农网有限公司	5166.68	59	东岭集团股份有限公司	1053.76
10	上海钢联电子商务股份有限公司	4482.79	60	厦门建发集团有限公司	1042.22
11	上海找钢网信息科技股份有限公司	4133.15	61	中国华融资产管理股份有限公司	1037.62
12	深圳光汇石油集团股份有限公司	3890.92	62	厦门国贸控股有限公司	1012.47
13	比亚迪股份有限公司	3276.36	63	中天控股集团有限公司	1010.00
14	正威国际集团有限公司	2749.63	64	江苏汇鸿国际集团股份有限公司	1004.64
15	天津物产集团有限公司	2630.64	65	山东金岭集团有限公司	998.14
16	河北省物流产业集团有限公司	2531.58	66	弘阳集团有限公司	976.26
17	东浩兰生（集团）有限公司	2417.54	67	金澳科技（湖北）化工有限公司	975.01
18	厦门象屿集团有限公司	2352.62	68	浙江恒逸集团有限公司	914.29
19	中基宁波集团股份有限公司	2264.84	69	万通海欣控股集团有限公司	903.64
20	山东金诚石化集团有限公司	2256.87	70	海亮集团有限公司	889.67
21	东华能源股份有限公司	2223.01	71	河北普阳钢铁有限公司	877.00
22	上海均和集团有限公司	1999.47	72	天音通信有限公司	870.19
23	深圳市爱施德股份有限公司	1968.63	73	江西铜业集团有限公司	868.61
24	东营鲁方金属材料有限公司	1949.77	74	绿地控股集团股份有限公司	866.89
25	山东恒源石油化工股份有限公司	1903.66	75	阳光龙净集团有限公司	860.76
26	杭州汽轮动力集团有限公司	1875.91	76	浙江宝业建设集团有限公司	859.13
27	利华益集团股份有限公司	1857.81	77	华泰集团有限公司	852.94
28	中国林业集团有限公司	1742.21	78	山东玉皇化工有限公司	846.22
29	环嘉集团有限公司	1668.97	79	武安市文安钢铁有限公司	843.24
30	山东汇丰石化集团有限公司	1612.69	80	天狮集团有限公司	839.59
31	老凤祥股份有限公司	1581.66	81	富海集团有限公司	839.53
32	前海人寿保险股份有限公司	1546.09	82	世茂房地产控股有限公司	839.00
33	中国国际技术智力合作有限公司	1544.32	83	中国中化集团有限公司	836.73
34	浙江富冶集团有限公司	1520.36	84	中天钢铁集团有限公司	824.34
35	中国航空油料集团有限公司	1491.33	85	中国铁路物资股份有限公司	819.93
36	山东海科化工集团有限公司	1489.92	86	金鼎重工股份有限公司	819.39
37	宁波金田投资控股有限公司	1479.14	87	天津荣程祥泰投资控股集团有限公司	791.01
38	山东东明石化集团有限公司	1460.81	88	小米集团	789.81
39	物产中大集团股份有限公司	1448.36	89	山东清源集团有限公司	774.65
40	江苏华宏实业集团有限公司	1392.03	90	武汉金融控股（集团）有限公司	771.23
41	神州数码集团股份有限公司	1386.89	91	四川蓝润实业集团有限公司	763.09
42	盘锦北方沥青燃料有限公司	1359.52	92	广州轻工工贸集团有限公司	758.32
43	福晟集团有限公司	1335.15	93	河北新金钢铁有限公司	749.39
44	岚桥集团有限公司	1327.91	94	上海银行股份有限公司	746.20
45	中运富通控股集团有限公司	1303.78	95	腾邦集团有限公司	743.82
46	三河汇福粮油集团有限公司	1288.31	96	杭州锦江集团有限公司	737.39
47	江阴澄星实业集团有限公司	1243.62	97	金川集团股份有限公司	729.46
48	卓尔控股有限公司	1236.19	98	南京钢铁集团有限公司	728.55
49	江西省建工集团有限责任公司	1235.85	99	旭阳控股有限公司	722.42
50	山东渤海实业股份有限公司	1209.09	100	雪松控股集团有限公司	711.68
				中国企业 500 强平均数	222.67

表8-14 2018中国企业500强人均净利润排序前100名企业

排名	企业名称	人均净利润/万元	排名	企业名称	人均净利润/万元
1	北京江南投资集团有限公司	1325.09	51	河北新金钢铁有限公司	46.04
2	国家开发银行股份有限公司	1228.68	52	研祥高科技控股集团有限公司	45.65
3	杭州滨江房产集团股份有限公司	402.68	53	北京首都开发控股（集团）有限公司	45.22
4	东营方圆有色金属有限公司	199.71	54	老凤祥股份有限公司	45.14
5	中国华融资产管理股份有限公司	175.66	55	武安市裕华钢铁有限公司	45.09
6	腾讯控股有限公司	166.33	56	卓尔控股有限公司	44.59
7	上海银行股份有限公司	153.28	57	弘阳集团有限公司	44.11
8	北京银行股份有限公司	127.60	58	石横特钢集团有限公司	43.59
9	比亚迪股份有限公司	125.78	59	中运富通控股集团有限公司	43.38
10	万华化学集团股份有限公司	121.49	60	利华益集团股份有限公司	43.03
11	贵州茅台酒股份有限公司	112.69	61	山东海科化工集团有限公司	42.59
12	上海农村商业银行股份有限公司	108.92	62	万通海欣控股集团股份有限公司	41.82
13	上海浦东发展银行股份有限公司	99.99	63	内蒙古伊泰集团有限公司	39.35
14	招商银行股份有限公司	97.39	64	中国农业银行股份有限公司	39.25
15	兴业银行股份有限公司	96.95	65	日照钢铁控股集团有限公司	38.53
16	阿里巴巴集团控股有限公司	96.50	66	广西盛隆冶金有限公司	35.93
17	世茂房地产控股有限公司	93.41	67	福佳集团有限公司	34.94
18	盘锦北方沥青燃料有限公司	91.23	68	申能（集团）有限公司	34.62
19	中国民生银行股份有限公司	86.06	69	雅居乐地产控股有限公司	34.23
20	山东金诚石化集团有限公司	77.09	70	杭州华东医药集团有限公司	31.74
21	交通银行股份有限公司	76.97	71	华夏幸福基业股份有限公司	31.41
22	天狮集团有限公司	75.56	72	武安市明芳钢铁有限公司	31.32
23	广州农村商业银行股份有限公司	73.40	73	山东金岭集团有限公司	30.06
24	冀南钢铁集团有限公司	72.98	74	扬子江药业集团	29.81
25	东华能源股份有限公司	72.31	75	恒大集团有限公司	29.17
26	山东恒源石油化工股份有限公司	71.59	76	滨化集团公司	28.85
27	岚桥集团有限公司	70.67	77	金地（集团）股份有限公司	28.22
28	福晟集团有限公司	70.14	78	山东晨鸣纸业集团股份有限公司	27.76
29	山东大海集团有限公司	68.81	79	富海集团有限公司	27.55
30	广州富力地产股份有限公司	68.57	80	山东东明石化集团有限公司	27.47
31	环嘉集团有限公司	68.21	81	绿地控股集团股份有限公司	27.00
32	中国建设银行股份有限公司	65.40	82	玖隆钢铁物流有限公司	26.61
33	上海国际港务（集团）股份有限公司	65.37	83	华为投资控股有限公司	26.36
34	龙湖集团控股有限公司	63.54	84	珠海格力电器股份有限公司	26.29
35	中国工商银行股份有限公司	63.14	85	中国平安保险（集团）股份有限公司	26.01
36	河北普阳钢铁有限公司	62.95	86	宁夏天元锰业集团有限公司	25.94
37	西安迈科金属国际集团有限公司	60.39	87	中国铁路物资股份有限公司	25.61
38	渤海银行股份有限公司	59.58	88	招商局集团有限公司	25.10
39	网易公司	59.07	89	永锋集团有限公司	24.41
40	正威国际集团有限公司	58.41	90	山东玉皇化工有限公司	24.35
41	河北津西钢铁集团股份有限公司	57.71	91	大汉控股集团有限公司	24.03
42	重庆农村商业银行股份有限公司	56.23	92	红狮控股集团有限公司	23.92
43	中国银行股份有限公司	55.41	93	山东科达集团有限公司	23.83
44	山东胜通集团股份有限公司	52.72	94	广西柳州钢铁集团有限公司	23.75
45	万科企业股份有限公司	48.13	95	中融新大集团有限公司	23.70
46	四川蓝润实业集团有限公司	47.55	96	上海汽车集团股份有限公司	23.65
47	东营鲁方金属材料有限公司	47.44	97	山东清源集团有限公司	23.48
48	前海人寿保险股份有限公司	46.90	98	金东纸业（江苏）股份有限公司	23.36
49	百度网络技术有限公司	46.52	99	雪松控股集团有限公司	23.24
50	华夏银行股份有限公司	46.48	100	中天控股集团有限公司	22.94
				中国企业500强平均数	10.04

表8-15 2018中国企业500强人均资产排序前100名企业

排名	企业名称	人均资产/万元	排名	企业名称	人均资产/万元
1	国家开发银行股份有限公司	174475.65	51	东华能源股份有限公司	1523.43
2	北京江南投资集团有限公司	32758.95	52	中国林业集团有限公司	1488.15
3	上海银行股份有限公司	18077.67	53	阳光龙净集团有限公司	1464.89
4	北京银行股份有限公司	15870.61	54	天津物产集团有限公司	1456.47
5	中国华融资产管理股份有限公司	14938.18	55	中融新大集团有限公司	1434.82
6	杭州滨江房产集团股份有限公司	14175.14	56	云南省投资控股集团有限公司	1415.61
7	上海农村商业银行股份有限公司	12905.19	57	恒大集团有限公司	1387.21
8	上海浦东发展银行股份有限公司	11310.17	58	广西投资集团有限公司	1386.85
9	兴业银行股份有限公司	10876.56	59	环嘉集团有限公司	1374.42
10	中国民生银行股份有限公司	10196.76	60	泰康保险集团股份有限公司	1359.79
11	交通银行股份有限公司	9906.02	61	远大物产集团有限公司	1358.80
12	广州农村商业银行股份有限公司	9458.91	62	华夏幸福基业股份有限公司	1344.49
13	渤海银行股份有限公司	8844.10	63	四川省交通投资集团有限责任公司	1342.37
14	招商银行股份有限公司	8682.80	64	弘阳集团有限公司	1283.34
15	北京首都开发控股（集团）有限公司	7910.28	65	腾讯控股有限公司	1238.22
16	前海人寿保险股份有限公司	7401.22	66	江西省建工集团有限责任公司	1230.85
17	中国光大集团股份公司	6783.02	67	东旭集团有限公司	1182.22
18	西安迈科金属国际集团有限公司	6474.73	68	盘锦北方沥青燃料有限公司	1173.18
19	中国银行股份有限公司	6256.95	69	浙江省交通投资集团有限公司	1172.34
20	中国建设银行股份有限公司	5972.86	70	中国海洋石油集团有限公司	1152.45
21	华夏银行股份有限公司	5883.42	71	中国太平洋保险（集团）股份有限公司	1149.53
22	中国工商银行股份有限公司	5758.12	72	北京住总集团有限责任公司	1138.15
23	重庆农村商业银行股份有限公司	5699.59	73	四川蓝润实业集团有限公司	1109.62
24	比亚迪股份有限公司	5508.80	74	招商局集团有限公司	1105.17
25	中国农业银行股份有限公司	4282.82	75	福晟集团有限公司	1094.59
26	东营方圆有色金属有限公司	3806.01	76	卓尔控股有限公司	1084.34
27	世茂房地产控股有限公司	3664.03	77	阿里巴巴集团控股有限公司	1079.66
28	天津泰达投资控股有限公司	2713.27	78	云南省能源投资集团有限公司	1049.33
29	广州越秀集团有限公司	2552.67	79	中国保利集团公司	1026.44
30	绿地控股集团股份有限公司	2534.98	80	广州富力地产股份有限公司	1016.64
31	中国中信集团有限公司	2451.14	81	厦门象屿集团有限公司	1007.68
32	中国人寿保险（集团）公司	2406.26	82	中国邮政集团公司	996.10
33	深圳光汇石油集团股份有限公司	2363.63	83	厦门建发集团有限公司	994.69
34	万科企业股份有限公司	1999.57	84	中国铁路物资股份有限公司	973.92
35	山东高速集团有限公司	1946.80	85	成都兴城投资集团有限公司	972.07
36	北京金融街投资（集团）有限公司	1903.77	86	北京首都创业集团有限公司	968.99
37	中国平安保险（集团）股份有限公司	1895.51	87	国家开发投资集团有限公司	939.96
38	龙湖集团控股有限公司	1829.65	88	宁夏天元锰业集团有限公司	938.21
39	玖隆钢铁物流有限公司	1813.95	89	广东省粤电集团有限公司	927.88
40	福佳集团有限公司	1812.53	90	浙江荣盛控股集团有限公司	898.61
41	甘肃省公路航空旅游投资集团有限公司	1754.56	91	万通海欣控股集团有限公司	894.78
42	申能（集团）有限公司	1735.98	92	利华益集团股份有限公司	888.42
43	新华人寿保险股份有限公司	1730.52	93	荣盛控股股份有限公司	872.05
44	武汉金融控股（集团）有限公司	1723.28	94	重庆市金科投资控股（集团）有限责任公司	869.41
45	浙江前程投资股份有限公司	1715.47	95	金地（集团）股份有限公司	857.63
46	深圳市中农网有限公司	1593.14	96	浙江省能源集团有限公司	857.11
47	珠海华发集团有限公司	1581.39	97	复星国际有限公司	847.28
48	岚桥集团有限公司	1570.12	98	碧桂园控股有限公司	840.83
49	内蒙古伊泰集团有限公司	1557.95	99	中天控股集团有限公司	839.65
50	中国广核集团有限公司	1542.29	100	江苏汇鸿国际集团股份有限公司	838.56
				中国企业500强平均数	858.01

表 8-16 2018 中国企业 500 强收入增长率排序前 100 名企业

排名	企业名称	收入增长率/%	排名	企业名称	收入增长率/%
1	福晟集团有限公司	149.61	51	滨化集团公司	45.20
2	中南控股集团有限公司	143.27	52	天津友发钢管集团股份有限公司	44.94
3	潍柴控股集团有限公司	119.17	53	晋能集团有限公司	44.93
4	石横特钢集团有限公司	111.21	54	杭州锦江集团有限公司	44.03
5	同程控股股份有限公司	110.85	55	广西柳州钢铁集团有限公司	43.16
6	陕西汽车控股集团有限公司	93.85	56	杭州汽轮动力集团有限公司	43.16
7	内蒙古伊泰集团有限公司	91.53	57	兖矿集团有限公司	42.50
8	传化集团有限公司	91.17	58	网易公司	41.71
9	新疆中泰（集团）有限责任公司	86.93	59	新奥能源控股有限公司	41.54
10	东旭集团有限公司	81.86	60	山东恒源石油化工股份有限公司	41.03
11	上海钢联电子商务股份有限公司	78.53	61	雪松控股集团有限公司	40.80
12	万华化学集团股份有限公司	76.49	62	华峰集团有限公司	40.66
13	上海找钢网信息科技股份有限公司	74.40	63	中运富通控股集团有限公司	40.52
14	厦门象屿集团有限公司	72.74	64	北京京东世纪贸易有限公司	39.29
15	福建省三钢（集团）有限责任公司	70.94	65	浙江恒逸集团有限公司	39.23
16	江西方大钢铁集团有限公司	70.25	66	重庆机电控股（集团）公司	38.93
17	永锋集团有限公司	70.11	67	四川德胜集团钒钛有限公司	38.60
18	杭州滨江房产集团股份有限公司	67.67	68	河北津西钢铁集团股份有限公司	38.55
19	小米集团	67.50	69	首钢集团有限公司	37.75
20	新余钢铁集团有限公司	67.46	70	河南森源集团有限公司	37.60
21	日照钢铁控股集团有限公司	65.93	71	山东清源集团有限公司	37.52
22	东华能源股份有限公司	63.60	72	北京建龙重工集团有限公司	37.51
23	福中集团有限公司	63.35	73	珠海华发集团有限公司	37.40
24	三一集团有限公司	62.92	74	卓尔控股有限公司	37.36
25	南京钢铁集团有限公司	59.78	75	山东博汇集团有限公司	37.03
26	徐州工程机械集团有限公司	59.46	76	玖隆钢铁物流有限公司	37.00
27	福建省能源集团有限责任公司	58.64	77	广东省建筑工程集团有限公司	36.96
28	山东能源集团有限公司	58.51	78	中国华融资产管理股份有限公司	36.68
29	深圳市中农网有限公司	58.27	79	通鼎集团有限公司	36.53
30	阿里巴巴集团控股有限公司	58.12	80	珠海格力电器股份有限公司	36.24
31	青山控股集团有限公司	57.09	81	浙江富冶集团有限公司	36.24
32	宁波金田投资控股有限公司	56.78	82	云南省建设投资控股集团有限公司	35.46
33	腾讯控股有限公司	56.48	83	云南冶金集团股份有限公司	35.35
34	河北普阳钢铁有限公司	54.66	84	苏宁控股集团有限公司	35.09
35	神州数码集团股份有限公司	53.50	85	鞍钢集团有限公司	34.89
36	厦门国贸控股有限公司	52.64	86	中国机械工业集团有限公司	34.56
37	贵州茅台酒股份有限公司	52.07	87	南通三建控股有限公司	34.46
38	蓝思科技股份有限公司	51.54	88	安徽海螺集团有限责任公司	34.34
39	重庆市金科投资控股（集团）有限责任公司	51.51	89	中国林业集团有限公司	34.30
40	美的集团股份有限公司	51.35	90	远大物产集团有限公司	34.02
41	中国中煤能源集团有限公司	50.26	91	深圳光汇石油集团股份有限公司	33.90
42	厦门建发集团有限公司	49.71	92	唐山港陆钢铁有限公司	33.77
43	中国国际海运集装箱集团股份有限公司	49.28	93	隆鑫控股有限公司	33.65
44	正威国际集团有限公司	49.02	94	物产中大集团股份有限公司	33.50
45	碧桂园控股有限公司	48.22	95	北京电子控股有限责任公司	33.48
46	华侨城集团有限公司	47.65	96	杭州钢铁集团有限公司	33.38
47	恒大集团有限公司	47.09	97	浙江吉利控股集团有限公司	33.27
48	金鼎重工股份有限公司	46.82	98	江苏新长江实业集团有限公司	33.16
49	马钢（集团）控股有限公司	46.27	99	亨通集团有限公司	33.08
50	杭州市实业投资集团有限公司	45.58	100	江苏扬子江船业集团	32.24
				中国企业 500 强平均数	15.15

表 8-17　2018 中国企业 500 强净利润增长率排序前 100 名企业

排名	企业名称	净利润增长率/%	排名	企业名称	净利润增长率/%
1	福建省三钢（集团）有限责任公司	960.72	51	中国铁路物资股份有限公司	152.63
2	宜昌兴发集团有限责任公司	906.07	52	山东太阳控股集团有限公司	150.32
3	新余钢铁集团有限公司	883.40	53	北京粮食集团有限责任公司	149.83
4	马钢（集团）控股有限公司	736.41	54	盛虹控股集团有限公司	145.90
5	冀南钢铁集团有限公司	615.20	55	浙江省交通投资集团有限公司	145.88
6	北京建龙重工集团有限公司	613.78	56	中基宁波集团股份有限公司	143.56
7	日照钢铁控股集团有限公司	591.56	57	重庆市能源投资集团有限公司	142.26
8	广西柳州钢铁集团有限公司	575.30	58	西部矿业集团有限公司	139.06
9	江西铜业集团有限公司	466.91	59	内蒙古电力（集团）有限责任公司	136.80
10	广州万宝集团有限公司	458.55	60	中天钢铁集团有限公司	135.50
11	吉林亚泰（集团）股份有限公司	420.28	61	杭州锦江集团有限公司	133.56
12	江苏悦达集团有限公司	416.78	62	碧桂园控股有限公司	126.31
13	湖南华菱钢铁集团有限责任公司	399.51	63	东华能源股份有限公司	126.22
14	上海找钢网信息科技股份有限公司	392.39	64	奥克斯集团有限公司	122.96
15	江西方大钢铁集团有限公司	380.86	65	上海钢联电子商务股份有限公司	118.01
16	北京京东世纪贸易有限公司	372.27	66	宁夏天元锰业集团有限公司	111.47
17	中国国际海运集装箱集团股份有限公司	364.97	67	恒大集团有限公司	110.30
18	河北津西钢铁集团股份有限公司	327.49	68	海亮集团有限公司	108.34
19	广西盛隆冶金有限公司	309.39	69	河南森源集团有限公司	106.70
20	天津荣程祥泰投资控股集团有限公司	300.96	70	陕西有色金属控股集团有限责任公司	105.70
21	永锋集团有限公司	274.35	71	华峰集团有限公司	105.03
22	淮北矿业（集团）有限责任公司	273.19	72	唐山港陆钢铁有限公司	103.84
23	山东黄金集团有限公司	264.42	73	深圳市爱施德股份有限公司	101.85
24	江苏华西集团有限公司	257.94	74	杉杉控股有限公司	101.51
25	湖南博长控股集团有限公司	253.96	75	天津泰达投资控股有限公司	101.16
26	南京钢铁集团有限公司	248.19	76	武汉商联（集团）股份有限公司	100.44
27	石横特钢集团有限公司	239.57	77	山东海科化工集团有限公司	93.83
28	敬业集团有限公司	234.21	78	中粮集团有限公司	93.70
29	北京首都创业集团有限公司	231.78	79	四川科伦实业集团有限公司	93.10
30	山西建设投资集团有限公司	221.22	80	福晟集团有限公司	92.88
31	广州富力地产股份有限公司	213.60	81	武安市明芳钢铁有限公司	92.68
32	河北普阳钢铁有限公司	210.29	82	广西建工集团有限公司	92.25
33	江苏沙钢集团有限公司	206.81	83	万基控股集团有限公司	91.64
34	厦门国贸控股有限公司	203.59	84	紫金矿业集团有限公司	90.66
35	中国重型汽车集团有限公司	203.07	85	金浦投资控股集团有限公司	88.93
36	万华化学集团股份有限公司	202.62	86	山东晨鸣纸业集团股份有限公司	88.60
37	太原钢铁（集团）有限公司	201.86	87	安徽海螺集团有限责任公司	87.76
38	上海华谊（集团）公司	200.63	88	浙江恒逸集团有限公司	86.36
39	河北新金钢铁有限公司	200.49	89	甘肃省建设投资（控股）集团总公司	84.10
40	武安市裕华钢铁有限公司	199.31	90	广州汽车工业集团有限公司	82.32
41	江苏三房巷集团有限公司	194.10	91	腾讯控股有限公司	81.31
42	苏宁控股集团有限公司	192.35	92	中升集团控股有限公司	80.11
43	潍柴控股集团有限公司	191.40	93	神州数码集团股份有限公司	79.03
44	阳光龙净集团有限公司	189.10	94	中国海洋石油集团有限公司	75.24
45	盘锦北方沥青燃料有限公司	186.59	95	上海永达控股（集团）有限公司	75.05
46	江苏国泰国际集团有限公司	178.52	96	金鼎重工股份有限公司	74.94
47	雅居乐地产控股有限公司	163.84	97	河北建设集团股份有限公司	74.07
48	徐州矿务集团有限公司	161.88	98	北京建工集团有限责任公司	71.01
49	旭阳控股有限公司	161.85	99	滨化集团公司	69.92
50	福中集团有限公司	161.43	100	深圳市中农网有限公司	69.65
				中国企业 500 强平均数	13.31

表 8-18 2018 中国企业 500 强资产增长率排序前 100 名企业

排名	公司名称	资产增长率/%	排名	公司名称	资产增长率/%
1	宁夏天元锰业集团有限公司	247.71	51	九州通医药集团股份有限公司	34.39
2	河北建设集团股份有限公司	141.05	52	浙江恒逸集团有限公司	33.85
3	中国化工集团有限公司	110.49	53	浙江吉利控股集团有限公司	33.70
4	福晟集团有限公司	110.40	54	上海永达控股（集团）有限公司	33.66
5	广东省建筑工程集团有限公司	108.89	55	招商局集团有限公司	33.60
6	华侨城集团有限公司	85.20	56	河北新金钢铁有限公司	33.25
7	浪潮集团有限公司	77.69	57	双胞胎（集团）股份有限公司	33.03
8	上海钢联电子商务股份有限公司	77.19	58	中天科技集团有限公司	32.76
9	碧桂园控股有限公司	77.14	59	中国华融资产管理股份有限公司	32.46
10	小米集团	77.03	60	福建省能源集团有限责任公司	32.32
11	新奥能源控股有限公司	76.62	61	杉杉控股有限公司	32.22
12	阳光龙净集团有限公司	74.90	62	武安市明芳钢铁有限公司	32.17
13	腾邦集团有限公司	66.06	63	荣盛控股股份有限公司	32.08
14	湖南建工集团有限公司	63.05	64	云南省能源投资集团有限公司	31.66
15	龙湖集团控股有限公司	61.35	65	欧菲科技股份有限公司	31.60
16	中国林业集团有限公司	58.70	66	河南森源集团有限公司	31.09
17	青山控股集团有限公司	57.39	67	江苏南通二建集团有限公司	31.03
18	中南控股集团有限公司	54.70	68	正泰集团股份有限公司	30.70
19	中运富通控股集团有限公司	54.39	69	陕西汽车控股集团有限公司	30.64
20	华夏幸福基业股份有限公司	50.40	70	恒大集团有限公司	30.42
21	通鼎集团有限公司	50.18	71	云南省投资控股集团有限公司	30.12
22	盘锦北方沥青燃料有限公司	47.87	72	云南省建设投资控股集团有限公司	29.77
23	深圳海王集团股份有限公司	47.34	73	万华化学集团股份有限公司	29.67
24	浙江省国际贸易集团有限公司	46.33	74	法尔胜泓昇集团有限公司	29.46
25	蓝思科技股份有限公司	46.18	75	北京首都开发控股（集团）有限公司	29.10
26	重庆市金科投资控股（集团）有限责任公司	45.92	76	浙江荣盛控股集团有限公司	28.84
27	山东金诚石化集团有限公司	45.76	77	浙江宝业建设集团有限公司	28.67
28	美的集团股份有限公司	45.43	78	中国重型汽车集团有限公司	28.58
29	同程控股股份有限公司	45.31	79	山东晨鸣纸业集团股份有限公司	28.36
30	石横特钢集团有限公司	44.64	80	江苏国泰国际集团有限公司	28.21
31	新疆中泰（集团）有限责任公司	44.57	81	中科电力装备集团有限公司	28.18
32	东旭集团有限公司	44.48	82	深圳市爱施德股份有限公司	26.14
33	神州数码集团股份有限公司	42.47	83	江苏扬子江船业集团	25.98
34	新疆生产建设兵团建设工程（集团）有限责任公司	41.67	84	天元建设集团有限公司	25.83
35	阿里巴巴集团控股有限公司	41.50	85	北京城建集团有限公司	25.78
36	雪松控股集团有限公司	40.40	86	厦门象屿集团有限公司	25.68
37	安徽建工集团有限公司	40.33	87	内蒙古伊利实业集团股份有限公司	25.57
38	万科企业股份有限公司	40.29	88	超威电源有限公司	24.98
39	中国机械工业集团有限公司	40.27	89	远东控股集团有限公司	24.38
40	腾讯控股有限公司	40.10	90	兖矿集团有限公司	24.20
41	北京住总集团有限责任公司	39.70	91	北京电子控股有限责任公司	24.17
42	广州市建筑集团有限公司	39.42	92	山西建设投资集团有限公司	23.40
43	厦门建发集团有限公司	39.21	93	上海找钢网信息科技股份有限公司	22.92
44	浙江桐昆控股集团有限公司	38.84	94	山东胜通集团股份有限公司	22.89
45	广州富力地产股份有限公司	38.73	95	东方国际（集团）有限公司	22.80
46	百度网络技术有限公司	38.31	96	天音通信有限公司	22.78
47	河北普阳钢铁有限公司	36.67	97	比亚迪股份有限公司	22.77
48	中国保利集团公司	36.50	98	中国电子科技集团有限公司	22.77
49	金地（集团）股份有限公司	35.35	99	上海汽车集团股份有限公司	22.49
50	江西省建工集团有限责任公司	34.74	100	清华控股有限公司	22.41
				中国企业 500 强平均数	9.07

表 8-19 2018 中国企业 500 强研发费用增长率排序前 100 名企业

排名	企业名称	研发费增长率/%	排名	企业名称	研发费增长率/%
1	湖南建工集团有限公司	989.63	51	江苏新长江实业集团有限公司	73.31
2	内蒙古伊泰集团有限公司	934.08	52	甘肃省建设投资（控股）集团总公司	73.17
3	河北新金钢铁有限公司	902.42	53	浙江桐昆控股集团有限公司	72.41
4	山东清源集团有限公司	746.61	54	新疆中泰（集团）有限责任公司	70.84
5	广西建工集团有限责任公司	662.94	55	浙江省建设投资集团股份有限公司	70.80
6	吉林亚泰（集团）股份有限公司	609.59	56	万华化学集团股份有限公司	70.67
7	江苏华宏实业集团有限公司	580.46	57	天津友发钢管集团股份有限公司	69.55
8	陕西有色金属控股集团有限责任公司	571.75	58	神州数码集团股份有限公司	69.11
9	厦门象屿集团有限公司	487.32	59	重庆小康控股有限公司	68.40
10	苏宁控股集团有限公司	432.48	60	杭州华东医药集团有限公司	68.17
11	宁夏天元锰业集团有限公司	392.43	61	武汉金融控股（集团）有限公司	66.95
12	深圳市爱施德股份有限公司	379.19	62	福晟集团有限公司	66.67
13	山东高速集团有限公司	283.44	63	中国化工集团有限公司	65.77
14	新余钢铁集团有限公司	276.19	64	河南森源集团有限公司	63.68
15	北京市政路桥集团有限公司	197.30	65	华峰集团有限公司	63.45
16	福建省能源集团有限责任公司	196.83	66	中国第一汽车集团有限公司	63.24
17	中国华电集团有限公司	189.21	67	海亮集团有限公司	63.13
18	中国黄金集团有限公司	184.79	68	北京建工集团有限责任公司	63.05
19	中国铁路物资股份有限公司	183.18	69	物产中大集团股份有限公司	61.79
20	中国大唐集团有限公司	173.76	70	荣盛控股股份有限公司	60.95
21	西部矿业集团有限公司	161.65	71	三一集团有限公司	59.64
22	四川科伦实业集团有限公司	157.71	72	奥克斯集团有限公司	59.43
23	山西建设投资集团有限公司	151.49	73	山西焦煤集团有限公司	57.79
24	同程控股股份有限公司	144.14	74	酒泉钢铁（集团）有限责任公司	55.86
25	唯品会（中国）有限公司	135.05	75	华仪集团有限公司	55.84
26	广东省建筑工程集团有限公司	133.95	76	广东省广物控股集团有限公司	55.73
27	四川省川威集团有限公司	121.06	77	上海仪电（集团）有限公司	55.65
28	富海集团有限公司	117.47	78	安徽国贸集团控股有限公司	54.68
29	稻花香集团	110.88	79	北京电子控股有限责任公司	54.55
30	深圳顺丰泰森控股（集团）有限公司	108.17	80	山东能源集团有限公司	53.45
31	山东汇丰石化集团有限公司	106.90	81	紫金矿业集团股份有限公司	53.35
32	云南省能源投资集团有限公司	105.34	82	敬业集团有限公司	53.30
33	重庆市能源投资集团有限公司	103.00	83	江苏汇鸿国际集团股份有限公司	52.25
34	盛虹控股集团有限公司	101.03	84	福建省三钢（集团）有限责任公司	51.78
35	内蒙古电力（集团）有限责任公司	99.89	85	中国南方电网有限责任公司	51.23
36	石横特钢集团有限公司	99.30	86	南通四建集团有限公司	50.61
37	中国国际技术智力合作有限公司	97.57	87	太极集团有限公司	50.48
38	万基控股集团有限公司	97.54	88	小米集团	49.86
39	清华控股有限公司	92.01	89	湖南华菱钢铁集团有限责任公司	49.53
40	云南省投资控股集团有限公司	86.59	90	广州汽车工业集团有限公司	49.32
41	唐山港陆钢铁有限公司	85.91	91	复星国际有限公司	48.37
42	杉杉控股有限公司	84.81	92	潍柴控股集团有限公司	48.15
43	淮北矿业（集团）有限责任公司	80.80	93	腾讯控股有限公司	47.37
44	北京住总集团有限公司	79.68	94	南京钢铁集团有限公司	47.23
45	北京首都旅游集团有限责任公司	79.41	95	宜昌兴发集团有限责任公司	45.27
46	重庆化医控股（集团）公司	77.49	96	新兴际华集团有限公司	44.59
47	四川省交通投资集团有限责任公司	77.29	97	武安市明芳钢铁有限公司	44.31
48	四川德胜集团钒钛有限公司	76.62	98	中南控股集团有限公司	44.14
49	华侨城集团有限公司	75.65	99	网易公司	43.47
50	河北津西钢铁集团股份有限公司	74.39	100	红狮控股集团有限公司	43.37
				中国企业 500 强平均数	18.41

第九章
2018 中国制造业企业 500 强

表9-1 2018中国制造业企业500强

名次	企业名称	地区	营业收入/万元	净利润/万元	资产/万元	所有者权益/万元	从业人数/人
1	中国石油化工集团公司	北京	220974455	1039313	225669776	74048167	667793
2	上海汽车集团股份有限公司	上海	87063943	3441034	72353313	22533530	145480
3	东风汽车集团有限公司	湖北	63053613	946202	46485423	8469397	180433
4	华为投资控股有限公司	广东	60362100	4745100	50522500	17558500	180000
5	中国五矿集团有限公司	北京	49336087	-142395	85527190	3720650	203786
6	正威国际集团有限公司	广东	49179850	1044767	14356734	7903622	17886
7	北京汽车集团有限公司	北京	47034067	1050631	43650230	6726116	133165
8	中国第一汽车集团有限公司	吉林	46988810	1930098	43678364	17442364	120501
9	中国兵器工业集团有限公司	北京	43691880	579687	37798457	9780903	226338
10	中国航空工业集团有限公司	北京	40481588	245375	87112366	17210548	488216
11	中国宝武钢铁集团有限公司	上海	40048193	14768	74560676	24488605	157765
12	中国化工集团有限公司	北京	39192750	-499481	79491169	2073753	138185
13	山东魏桥创业集团有限公司	山东	35957819	858327	23078007	6417326	117718
14	广州汽车工业集团有限公司	广东	34011160	668533	25508142	3818452	84290
15	中国铝业集团有限公司	北京	31551516	-289673	53133675	11278983	123293
16	恒力集团有限公司	江苏	30794113	686687	11956156	4190675	63420
17	河钢集团有限公司	河北	30677432	135741	37618377	5626976	123178
18	联想集团有限公司	北京	30325079	-126784	19768487	2440867	54000
19	中国兵器装备集团有限公司	北京	30217075	500025	36724200	6002490	211716
20	中国建材集团有限公司	北京	30211799	10277	59159493	4095944	215550
21	中国船舶重工集团有限公司	北京	30029204	484146	49621601	13234807	173201
22	浙江吉利控股集团有限公司	浙江	27826459	1230237	27640557	5892674	80914
23	美的集团股份有限公司	广东	24191889	1728368	24810685	7373744	101826
24	海尔集团公司	山东	24190125	1655298	31718484	7964803	79243
25	中国航天科技集团有限公司	北京	23111309	1503455	41203358	17309570	173102
26	中国航天科工集团有限公司	北京	23028623	1086174	28831029	10860962	147710
27	潍柴控股集团有限公司	山东	22067298	123509	20796038	527299	78536
28	江苏沙钢集团有限公司	江苏	22006344	717649	17471140	4302373	34634
29	金川集团股份有限公司	甘肃	21704239	83245	11803288	3170596	29754
30	中国中车集团有限公司	北京	21693414	461569	40528703	6728821	183835
31	中国电子信息产业集团有限公司	北京	21621041	112721	26308258	3589892	159039
32	江西铜业集团有限公司	江西	21603291	76720	12300384	2135742	24871
33	新兴际华集团有限公司	北京	21004510	297399	13747114	3674553	60306
34	中国电子科技集团公司	北京	20359818	1198710	30573522	12497311	168923

续表

名次	企业名称	地区	营业收入/万元	净利润/万元	资产/万元	所有者权益/万元	从业人数/人
35	中国船舶工业集团有限公司	北京	20138579	250633	29092045	6876827	70009
36	鞍钢集团有限公司	辽宁	18783491	41292	35583610	7010193	130580
37	首钢集团有限公司	北京	18578512	588	50114269	11901826	118722
38	华晨汽车集团控股有限公司	辽宁	18511220	42040	16129321	671235	46912
39	海亮集团有限公司	浙江	16259643	181500	6694444	1737880	18276
40	青山控股集团有限公司	浙江	16158784	259394	5163106	1213906	41691
41	光明食品（集团）有限公司	上海	16116091	121872	24595893	6217010	143140
42	铜陵有色金属集团控股有限公司	安徽	15734470	-41469	8951688	818319	25415
43	万洲国际有限公司	河南	15121714	765579	9969882	4864712	110000
44	珠海格力电器股份有限公司	广东	15001955	2240158	21496800	6559501	85222
45	山东钢铁集团有限公司	山东	13523275	-260834	29865495	1211517	81454
46	安徽海螺集团有限责任公司	安徽	13252810	573097	12764767	3287032	48381
47	上海医药集团股份有限公司	上海	13084718	352065	9434448	3403084	42236
48	万向集团公司	浙江	12662384	168155	9472780	2523008	28099
49	陕西有色金属控股集团有限责任公司	陕西	12614881	44136	12633356	3420884	44421
50	中国有色矿业集团有限公司	北京	12377899	12590	12015703	2162325	52814
51	中天钢铁集团有限公司	江苏	12204388	186524	4683788	1669302	14805
52	协鑫集团有限公司	江苏	11890515	300199	18534215	3515740	29540
53	四川长虹电子控股集团有限公司	四川	11702131	284	7966978	130428	66032
54	小米集团	北京	11462474	-4382602	8986976	12727236	14513
55	天能电池集团有限公司	浙江	11277583	119401	1417337	453820	19207
56	TCL集团股份有限公司	广东	11157736	266440	16029399	2974706	75059
57	海信集团有限公司	山东	11106466	71660	10017318	980802	59567
58	海澜集团有限公司	江苏	10885541	544891	10095169	7587565	33000
59	东岭集团股份有限公司	陕西	10812595	80924	3889969	884102	10261
60	浙江荣盛控股股份有限公司	浙江	10663705	128116	8257366	1449656	9189
61	比亚迪股份有限公司	广东	10592470	406647	17809943	5500419	3233
62	盛虹控股集团有限公司	江苏	10501949	181525	8001365	1325940	28132
63	浙江恒逸集团有限公司	浙江	10470453	51138	5080693	819731	11452
64	北京电子控股有限责任公司	北京	10440445	63960	29293404	1062584	85548
65	杭州汽轮动力集团有限公司	浙江	10293092	16059	3876919	614864	5487
66	超威电源有限公司	浙江	10268301	62788	1452837	366107	18769
67	湖南华菱钢铁集团有限责任公司	湖南	10253503	302995	11711286	3133957	32572

续表

名次	企业名称	地区	营业收入/万元	净利润/万元	资产/万元	所有者权益/万元	从业人数/人
68	广州医药集团有限公司	广东	10210515	89690	4848463	583568	36386
69	长城汽车股份有限公司	河北	10116949	502730	11054707	4913453	68505
70	河北津西钢铁集团股份有限公司	河北	10090231	546731	3915416	1609614	9473
71	南山集团有限公司	山东	10073149	486495	11787754	4876855	46349
72	中国黄金集团有限公司	北京	10020376	−21856	10786293	1498508	47135
73	紫金矿业集团股份有限公司	福建	9454862	350772	8931526	3499972	26407
74	杭州钢铁集团有限公司	浙江	9361757	102146	6782324	2216841	14376
75	上海电气（集团）总公司	上海	9177583	128723	23024211	3133342	45500
76	山东东明石化集团有限公司	山东	9067237	170481	2623785	950669	6207
77	中国重型汽车集团有限公司	山东	9053607	565134	15780183	3771163	40803
78	复星国际有限公司	上海	8802516	1316128	53378805	10096075	63000
79	北京金隅集团股份有限公司	北京	8753276	283666	23220748	5116286	52321
80	酒泉钢铁（集团）有限责任公司	甘肃	8743652	15967	11109241	2241240	36622
81	山东晨鸣纸业集团股份有限公司	山东	8702236	376933	10562510	2777853	13579
82	杭州锦江集团有限公司	浙江	8553673	150844	6860237	1200237	11600
83	北京建龙重工集团有限公司	北京	8433340	237839	10066480	1863370	40388
84	万达控股集团有限公司	山东	8361646	219528	6260882	1003908	15086
85	新华联集团有限公司	北京	8337797	265880	13193809	2902656	65076
86	江苏悦达集团有限公司	江苏	8319887	19746	8909508	885136	40437
87	太原钢铁（集团）有限公司	山西	8095685	266748	13271894	3518192	34265
88	江铃汽车集团公司	江西	8058150	131503	6321777	964154	42792
89	四川省宜宾五粮液集团有限公司	四川	8021809	233985	10763695	7366866	42915
90	南京钢铁集团有限公司	江苏	8020646	212643	4636172	1345345	11009
91	日照钢铁控股集团有限公司	山东	7989090	551674	9157148	2195722	14318
92	马钢（集团）控股有限公司	安徽	7958732	139471	9175555	1594747	38771
93	亨通集团有限公司	江苏	7802628	34246	5179528	834772	19141
94	山东大海集团有限公司	山东	7787142	477559	3391120	1374078	6940
95	中国国际海运集装箱集团股份有限公司	广东	7629993	250924	13060438	3246093	50000
96	中融新大集团有限公司	山东	7533168	260740	15782987	6783213	11000
97	利华益集团股份有限公司	山东	7501836	173762	3587452	1482581	4038
98	山东黄金集团有限公司	山东	7488345	11155	10358853	1074057	23381
99	宁夏天元锰业集团有限公司	宁夏回族自治区	7400594	520472	18822330	10975499	20062
100	河北新华联合冶金控股集团有限公司	河北	7362531	323335	5715430	2881145	16700

续表

名次	企业名称	地区	营业收入/万元	净利润/万元	资产/万元	所有者权益/万元	从业人数/人
101	华泰集团有限公司	山东	7301169	124421	3211330	820080	8560
102	新希望集团有限公司	四川	7299781	292340	11736881	2206853	69587
103	江阴澄星实业集团有限公司	江苏	7237863	95619	3375167	1177758	5820
104	无锡产业发展集团有限公司	江苏	7204545	35118	7075154	783275	26085
105	宁波金田投资控股有限公司	浙江	7059927	19473	924038	133089	4773
106	扬子江药业集团	江苏	7008812	443918	3103911	2694536	14890
107	奇瑞控股集团有限公司	安徽	6908612	61385	14510100	686531	30907
108	广西柳州钢铁集团有限公司	广西壮族自治区	6839830	403354	4333543	1363558	16984
109	内蒙古伊利实业集团股份有限公司	内蒙古自治区	6805817	600088	4930035	2510339	53531
110	敬业集团有限公司	河北	6746750	340185	3132439	1312769	22500
111	雅戈尔集团股份有限公司	浙江	6654041	372343	8312268	2552052	50492
112	正邦集团有限公司	江西	6635299	101904	1547738	639466	40128
113	天津荣程祥泰投资控股集团有限公司	天津	6604932	156963	1448426	838767	8350
114	奥克斯集团有限公司	浙江	6493012	256477	5567231	1578591	25391
115	云天化集团有限责任公司	云南	6359792	30542	9825492	865205	21699
116	传化集团有限公司	浙江	6317160	71784	4815723	997981	13767
117	上海华谊（集团）公司	上海	6269963	76221	6918486	1530201	20018
118	通威集团	四川	6261031	136360	3605467	1296519	23755
119	大冶有色金属集团控股有限公司	湖北	6245374	-1715	2686843	789056	12540
120	陕西汽车控股集团有限公司	陕西	6170812	13421	3996363	358561	27102
121	贵州茅台酒股份有限公司	贵州	6106276	2707936	13461012	9145152	24029
122	红豆集团有限公司	江苏	6033816	118031	4341059	1360876	22019
123	正泰集团股份有限公司	浙江	6017696	128400	6500558	1310875	31082
124	山东京博控股股份有限公司	山东	5700045	199731	3343925	729953	12257
125	白银有色集团股份有限公司	甘肃	5663428	23933	4698293	1036633	15487
126	山东如意国际时尚产业投资控股有限公司	山东	5613106	179111	6102673	915228	41069
127	江西方大钢铁集团有限公司	江西	5602438	289966	3203525	678406	21369
128	蓝思科技股份有限公司	湖南	5594430	202959	6524583	2545701	94598
129	广东温氏食品集团股份有限公司	广东	5565716	675112	4903959	3261651	50574
130	山东海科化工集团有限公司	山东	5500774	157227	1781815	348837	3692
131	昆明钢铁控股有限公司	云南	5498649	12544	5919256	1290303	17982
132	云南锡业集团（控股）有限责任公司	云南	5495338	-64421	5572523	62899	24312

续表

名次	企业名称	地区	营业收入/万元	净利润/万元	资产/万元	所有者权益/万元	从业人数/人
133	河北普阳钢铁有限公司	河北	5467220	392417	1901818	1149783	6234
134	万华化学集团股份有限公司	山东	5312317	1113479	6582773	2727954	9165
135	新疆特变电工集团有限公司	新疆维吾尔自治区	5273129	274512	10548494	3751259	21285
136	德力西集团有限公司	浙江	5258941	137117	1815324	690491	20954
137	深圳光汇石油集团股份有限公司	广东	5252736	11672	3190900	1440499	1350
138	宝塔石化集团有限公司	宁夏回族自治区	5247847	120487	6370663	2178999	14873
139	本钢集团有限公司	辽宁	5233601	-44121	14496314	2974858	70089
140	江苏三房巷集团有限公司	江苏	5233236	50776	2348684	802301	7500
141	隆鑫控股有限公司	重庆	5229376	41865	7005670	1022551	30015
142	新余钢铁集团有限公司	江西	5223113	172557	3767128	745616	23581
143	稻花香集团	湖北	5156194	30657	2277761	238213	14462
144	新疆中泰（集团）有限责任公司	新疆维吾尔自治区	5121297	35413	7767951	406523	26454
145	山东招金集团有限公司	山东	5106370	10123	4893577	570831	14077
146	福建省三钢（集团）有限责任公司	福建	5102003	376174	3144045	1018592	16447
147	浙江桐昆控股集团有限公司	浙江	5058084	77582	3293906	423207	16334
148	亚邦投资控股集团有限公司	江苏	5037379	172729	1409376	1409367	19272
149	双胞胎（集团）股份有限公司	江西	5014839	133800	1122581	729142	7497
150	新凤祥控股集团有限责任公司	山东	5006899	37893	2629414	817390	16166
151	安徽江淮汽车集团控股有限公司	安徽	4996822	13068	4722901	412787	35735
152	重庆小康控股有限公司	重庆	4834099	3133	3090618	202608	12267
153	江苏华西集团有限公司	江苏	4750174	54389	5779321	1409376	20100
154	云南冶金集团股份有限公司	云南	4717319	-33510	8822830	621751	27842
155	四川德胜集团钒钛有限公司	四川	4651620	37155	3002047	704450	10761
156	杭州娃哈哈集团有限公司	浙江	4643785	401373	3135590	2213445	22441
157	东营鲁方金属材料有限公司	山东	4583917	111534	1239626	620185	2351
158	上海仪电（集团）有限公司	上海	4553965	95750	6886428	1090465	14078
159	山东金诚石化集团有限公司	山东	4513739	154185	892896	698024	2000
160	四川省川威集团有限公司	四川	4511062	63419	4078516	159067	13389
161	天津友发钢管集团股份有限公司	天津	4494604	53550	709188	295109	8500
162	山东太阳控股集团有限公司	山东	4490230	278413	3383071	1055566	12947
163	徐州工程机械集团有限公司	江苏	4483689	-18988	9531730	1346556	25296
164	武安市明芳钢铁有限公司	河北	4472500	293740	2337300	1095631	9380

续表

名次	企业名称	地区	营业收入/万元	净利润/万元	资产/万元	所有者权益/万元	从业人数/人
165	中天科技集团有限公司	江苏	4465308	61569	2920810	556546	14215
166	三一集团有限公司	湖南	4448808	73322	10341368	2779988	20109
167	重庆化医控股（集团）公司	重庆	4375138	-8424	7833321	981672	28054
168	天瑞集团股份有限公司	河南	4361911	105197	7210978	3805677	16700
169	江苏新长江实业集团有限公司	江苏	4357390	120875	3037848	1017938	7238
170	西王集团有限公司	山东	4350599	30675	4672419	1143356	16000
171	唐山港陆钢铁有限公司	河北	4349142	133941	1703595	784750	7683
172	华勤橡胶工业集团有限公司	山东	4325182	58919	1648213	599057	8155
173	旭阳控股有限公司	北京	4320094	111400	2800900	847414	5980
174	广州智能装备产业集团有限公司	广东	4259323	103864	1998894	882522	29283
175	重庆力帆控股有限公司	重庆	4258898	78677	6091253	1389181	15580
176	重庆机电控股（集团）公司	重庆	4240387	83454	4865541	1128696	29507
177	太极集团有限公司	重庆	4236428	3348	1169347	219005	12168
178	河南森源集团有限公司	河南	4236265	94611	3639110	809599	10921
179	杉杉控股有限公司	浙江	4203413	144014	5408515	868128	7112
180	山东渤海实业股份有限公司	山东	4170157	24378	1844286	277305	3449
181	江苏华宏实业集团有限公司	江苏	4117625	27403	1092488	450885	2958
182	盘锦北方沥青燃料有限公司	辽宁	4107120	275605	3544190	829544	3021
183	四川科伦实业集团有限公司	四川	4106113	184936	3165386	1230498	20832
184	湖南博长控股集团有限公司	湖南	4058828	82862	1054652	245140	7328
185	安阳钢铁集团有限责任公司	河南	4034777	108365	4445356	558473	23926
186	人民电器集团有限公司	浙江	4034049	147600	1062269	765290	22500
187	金浦投资控股集团有限公司	江苏	4020150	56563	2276972	444343	9520
188	武安市文安钢铁有限公司	河北	3982618	90237	931045	856672	4723
189	老凤祥股份有限公司	上海	3981035	113620	1342405	560741	2517
190	冀南钢铁集团有限公司	河北	3971613	621713	1793254	1318142	8519
191	山东玉皇化工有限公司	山东	3968785	114219	2616743	1031589	4690
192	创维集团有限公司	广东	3955878	27594	4193122	846136	37600
193	河北新金钢铁有限公司	河北	3950773	242705	1607709	913698	5272
194	山东恒源石油化工股份有限公司	山东	3931048	147834	1329050	493742	2065
195	吉林亚泰（集团）股份有限公司	吉林	3917156	79046	5818954	1489273	23730
196	山东金岭集团有限公司	山东	3888736	117115	945554	739196	3896
197	三河汇福粮油集团有限公司	河北	3864917	57913	1555060	336657	3000
198	武安市裕华钢铁有限公司	河北	3863513	492580	2072541	1597150	10925

续表

名次	企业名称	地区	营业收入/万元	净利润/万元	资产/万元	所有者权益/万元	从业人数/人
199	金澳科技（湖北）化工有限公司	湖北	3861055	77097	671153	365517	3960
200	山东胜通集团股份有限公司	山东	3854216	411244	3239704	1910180	7800
201	环嘉集团有限公司	辽宁	3838626	156884	3161164	1483663	2300
202	东旭集团有限公司	河北	3835433	119458	19848326	3201083	16789
203	永锋集团有限公司	山东	3817616	204249	2577241	518905	8366
204	杭州市实业投资集团有限公司	浙江	3817570	105266	5448970	1285153	28235
205	晶龙实业集团有限公司	河北	3788441	91463	3968474	2097606	21292
206	威高集团有限公司	山东	3781624	383848	3917618	2561910	26000
207	江苏阳光集团有限公司	江苏	3738814	191160	2302815	936230	17524
208	东营方圆有色金属有限公司	山东	3699621	99856	1903003	1001412	500
209	金鼎重工股份有限公司	河北	3687235	74909	813072	452764	4500
210	中科电力装备集团有限公司	安徽	3660237	16714	1245360	201326	3429
211	杭州华东医药集团有限公司	浙江	3653071	307745	2531965	1418125	9697
212	河南豫光金铅集团有限责任公司	河南	3638914	20006	1884122	108687	5977
213	天津纺织集团（控股）有限公司	天津	3631543	9569	2350001	520650	5343
214	河南豫联能源集团有限责任公司	河南	3626436	−87832	2625924	−91896	12985
215	西部矿业集团有限公司	青海	3616136	5857	4978014	413619	9455
216	郑州宇通集团有限公司	河南	3563402	206295	5034870	1179725	19021
217	研祥高科技控股集团有限公司	广东	3560817	241943	3008604	1903173	5300
218	广西玉柴机器集团有限公司	广西壮族自治区	3560665	92147	3908598	1265914	17280
219	江苏扬子江船业集团	江苏	3553722	384061	11786140	3962877	21387
220	宜昌兴发集团有限责任公司	湖北	3553187	64600	3038465	157808	9992
221	滨化集团公司	山东	3544816	151363	1675128	908756	5247
222	中国东方电气集团有限公司	四川	3532946	35912	9441593	1326027	20640
223	双良集团有限公司	江苏	3518421	40161	2526960	754517	5026
224	华仪集团有限公司	浙江	3510126	97716	2382692	570144	14201
225	华芳集团有限公司	江苏	3503459	29489	940726	493603	11567
226	卧龙控股集团有限公司	浙江	3475874	107568	2800984	747904	18578
227	维维集团股份有限公司	江苏	3471726	177730	2261550	1596959	20217
228	富通集团有限公司	浙江	3453862	132629	2267385	847108	6857
229	广州万宝集团有限公司	广东	3451914	66400	2293641	283805	17141
230	万基控股集团有限公司	河南	3421979	46337	2890832	220157	12770
231	法尔胜泓昇集团有限公司	江苏	3403315	53840	2506683	531994	9238

续表

名次	企业名称	地区	营业收入/万元	净利润/万元	资产/万元	所有者权益/万元	从业人数/人
232	浙江富冶集团有限公司	浙江	3396477	26991	928885	266220	2234
233	远东控股集团有限公司	江苏	3389258	17434	2832115	382948	10947
234	天狮集团有限公司	天津	3387737	304896	1844713	1586931	4035
235	宁波富邦控股集团有限公司	浙江	3380633	39874	4371387	536451	8575
236	欧菲科技股份有限公司	广东	3379103	100972	3083825	910582	41826
237	哈尔滨电气集团有限公司	黑龙江	3351853	1084	6951751	1334707	19872
238	富海集团有限公司	山东	3337975	109522	1970195	750616	3976
239	红狮控股集团有限公司	浙江	3330775	271778	3510338	1290457	11364
240	山东博汇集团有限公司	山东	3300949	49295	2887266	745710	12377
241	石横特钢集团有限公司	山东	3300133	416384	2236613	970696	9553
242	山东清源集团有限公司	山东	3253538	98602	2075827	780677	4200
243	精功集团有限公司	浙江	3241386	69239	5383335	1040676	14450
244	波司登股份有限公司	江苏	3240801	250160	2956516	2108406	23850
245	华峰集团有限公司	浙江	3226386	120621	3543284	712542	11779
246	山东泰山钢铁集团有限公司	山东	3205069	66169	1396736	379560	7831
247	澳洋集团有限公司	江苏	3186041	50080	1842896	355693	10619
248	万通海欣控股集团股份有限公司	山东	3162744	146382	3131722	1273694	3500
249	重庆轻纺控股（集团）公司	重庆	3151559	28596	2982120	647348	25785
250	金东纸业（江苏）股份有限公司	江苏	3150433	182836	6343054	1922593	7826
251	岚桥集团有限公司	山东	3132545	166721	3703920	1221163	2359
252	广西盛隆冶金有限公司	广西壮族自治区	3114547	287447	2154428	934881	8000
253	山东汇丰石化集团有限公司	山东	3068944	42188	1153539	328871	1903
254	武汉邮电科学研究院有限公司	湖北	3041274	18170	4589664	726784	22335
255	山东九羊集团有限公司	山东	3021936	105100	1420000	—	—
256	天津食品集团有限公司	天津	2833175	34263	3677233	1051939	9922
257	浙江龙盛控股有限公司	浙江	2829564	248240	4875467	1746109	8713
258	新疆天业（集团）有限公司	新疆维吾尔自治区	2829474	38507	3699774	580928	15804
259	天士力控股集团有限公司	天津	2824886	24236	6135525	2089468	21603
260	东辰控股集团有限公司	山东	2801251	273363	2029323	1632727	2163
261	唐山国丰钢铁有限公司	河北	2800717	228252	1897057	752263	9220
262	万丰奥特控股集团有限公司	浙江	2800605	195902	2588452	1067737	11858
263	山东金茂纺织化工集团有限公司	山东	2786967	150516	1822769	717968	2800

续表

名次	企业名称	地区	营业收入/万元	净利润/万元	资产/万元	所有者权益/万元	从业人数/人
264	江苏大明金属制品有限公司	江苏	2776591	6747	915538	242958	4457
265	香驰控股有限公司	山东	2767244	69930	1334519	583108	3000
266	山东垦利石化集团有限公司	山东	2674187	14336	1803755	189190	3150
267	鲁丽集团有限公司	山东	2673139	124251	1300044	583740	5150
268	宁波均胜电子股份有限公司	浙江	2660560	39587	3535504	1269021	28349
269	巨化集团有限公司	浙江	2655910	12202	3532488	590798	16814
270	利时集团股份有限公司	浙江	2653455	108526	1128018	122892	6800
271	山东鲁花集团有限公司	山东	2653368	226418	1488384	890269	7835
272	康美药业股份有限公司	广东	2647697	410093	6872202	3203296	11219
273	晶科能源控股有限公司	江西	2647294	14171	2863641	668927	12696
274	天合光能股份有限公司	江苏	2642538	64522	3586054	1098087	14666
275	石药控股集团有限公司	河北	2641790	335456	3376951	1574363	20395
276	武安市烘熔钢铁有限公司	河北	2634789	84247	1402751	1073043	3169
277	青岛啤酒股份有限公司	山东	2627705	126302	3097471	1714523	40810
278	森马集团有限公司	浙江	2612789	47413	2612613	1062811	3759
279	北京顺鑫控股集团有限公司	北京	2611561	309	2818354	459097	8415
280	河北诚信有限责任公司	河北	2558389	159966	1064684	780492	8846
281	歌尔股份有限公司	山东	2553673	213923	2657059	1489465	46847
282	中策橡胶集团有限公司	浙江	2539167	65707	2386895	779597	21206
283	升华集团控股有限公司	浙江	2518851	48121	1203677	380521	2995
284	新疆金风科技股份有限公司	新疆维吾尔自治区	2512945	305465	7278783	2268669	8373
285	广西农垦集团有限责任公司	广西壮族自治区	2451335	35742	5236058	1271520	60726
286	云南白药控股有限公司	云南	2449937	102850	5552987	2671376	8569
287	江苏三木集团有限公司	江苏	2403467	72292	1330710	605082	5622
288	宜华企业（集团）有限公司	广东	2399674	93112	4937563	1730462	50150
289	江苏新潮科技集团有限公司	江苏	2397733	8478	3181787	99847	23312
290	福星集团控股有限公司	湖北	2390255	20218	5140777	315757	6936
291	唐山三友集团有限公司	河北	2379890	30955	2509420	387603	17925
292	正和集团股份有限公司	山东	2361197	29887	743299	301184	2010
293	烟台恒邦集团有限公司	山东	2357739	19776	1768449	271268	6524
294	花园集团有限公司	浙江	2345925	65448	2093889	893752	13548
295	中联重科股份有限公司	湖南	2327289	133192	8314906	3757826	13461

续表

名次	企业名称	地区	营业收入/万元	净利润/万元	资产/万元	所有者权益/万元	从业人数/人
296	金发科技股份有限公司	广东	2313737	54793	2075013	992490	6972
297	得力集团有限公司	浙江	2308832	100496	1534448	482980	12027
298	纳爱斯集团有限公司	浙江	2304301	90568	1717521	1569183	14167
299	河北兴华钢铁有限公司	河北	2303824	108593	889508	631929	5209
300	新华发集团有限公司	江苏	2298919	4832	844357	—	950
301	浙江元立金属制品集团有限公司	浙江	2296534	48929	1084869	205472	15000
302	新凤鸣集团股份有限公司	浙江	2296328	149659	1105090	656044	7462
303	四川九洲电器集团有限责任公司	四川	2246759	34956	2017513	588688	13856
304	舜宇集团有限公司	浙江	2243958	304655	1591595	777023	22156
305	华立集团股份有限公司	浙江	2234794	20937	1780170	192207	11140
306	淄博齐翔腾达化工股份有限公司	山东	2222620	84961	964508	664645	2145
307	三环集团有限公司	湖北	2216433	9130	2249238	548458	20233
308	巨星控股集团有限公司	浙江	2205600	34654	1460365	432198	8030
309	三花控股集团有限公司	浙江	2201641	84601	1965373	794943	8123
310	广西汽车集团有限公司	广西壮族自治区	2201057	50970	1744986	525233	11939
311	广州立白企业集团有限公司	广东	2107150	127150	1749076	1093040	10078
312	山东寿光鲁清石化有限公司	山东	2089273	106489	1410868	604968	1687
313	华新水泥股份有限公司	湖北	2088929	207764	3049932	1189980	16424
314	凌源钢铁集团有限责任公司	辽宁	2058772	20454	2785693	247496	10843
315	三鼎控股集团有限公司	浙江	2046637	100385	2835105	1175122	16000
316	天津市医药集团有限公司	天津	2033473	88793	5174691	2319072	20216
317	河北鑫海控股有限公司	河北	2026755	41488	642098	228720	1500
318	红太阳集团有限公司	江苏	2026069	20459	2536015	286266	6687
319	河南神火集团有限公司	河南	2015011	28375	5797351	194273	31758
320	广东格兰仕集团有限公司	广东	2009159	18041	1502619	499888	22456
321	华翔集团股份有限公司	浙江	2007452	1054	1850327	80081	15800
322	苏州创元投资发展（集团）有限公司	江苏	2005511	142480	2426845	692595	13159
323	宗申产业集团有限公司	重庆	2003553	28035	2269522	337591	16013
324	金正大生态工程集团股份有限公司	山东	1983354	71550	1967104	941229	8519
325	奥康集团有限公司	浙江	1953018	126598	843609	486743	16588
326	万马联合控股集团有限公司	浙江	1950751	2563	1124591	168309	4995
327	江西博能实业集团有限公司	江西	1950362	25519	1488194	461686	3260
328	美锦能源集团有限公司	山西	1925687	96018	6335031	2797656	17200

续表

名次	企业名称	地区	营业收入/万元	净利润/万元	资产/万元	所有者权益/万元	从业人数/人
329	兴达投资集团有限公司	江苏	1910714	36354	719327	480651	925
330	唐山瑞丰钢铁（集团）有限公司	河北	1906273	257764	1119454	753368	6600
331	重庆万达薄板有限公司	重庆	1902796	18892	850021	229188	2541
332	深圳市中金岭南有色金属股份有限公司	广东	1901563	106700	1886884	1000324	9685
333	兴惠化纤集团有限公司	浙江	1898885	33253	691300	358707	2532
334	重庆市博赛矿业（集团）有限公司	重庆	1894082	60064	1083177	577669	7513
335	重庆钢铁（集团）有限责任公司	重庆	1888132	-612165	1912965	479844	17883
336	广东德赛集团有限公司	广东	1887043	72983	1631309	476441	13764
337	浙江大华技术股份有限公司	浙江	1884446	237873	2133348	1046643	11792
338	华鲁控股集团有限公司	山东	1878928	46570	3358044	623688	17378
339	浙江东南网架集团有限公司	浙江	1876376	23111	2068838	810888	11478
340	西子联合控股有限公司	浙江	1832933	102637	3475828	1043803	11724
341	泸州老窖集团有限责任公司	四川	1828335	144324	16006942	946320	5937
342	河南金利金铅集团有限公司	河南	1826428	45106	512557	122020	2397
343	大亚科技集团有限公司	江苏	1824526	15859	1120843	115245	8582
344	宁波申洲针织有限公司	浙江	1808525	376272	2409321	1962118	77100
345	江西济民可信集团有限公司	江西	1802478	73243	646222	499536	9710
346	河北安丰钢铁有限公司	河北	1800796	168891	950056	573593	8988
347	天津华北集团有限公司	天津	1784642	612274	893726	329688	758
348	农夫山泉股份有限公司	浙江	1779067	336163	1647953	1113337	7434
349	济源市万洋冶炼（集团）有限公司	河南	1773811	32598	507904	208241	3160
350	厦门金龙汽车集团股份有限公司	福建	1773608	47887	2509989	402723	14373
351	山东齐鲁制药集团有限公司	山东	1773008	361318	2351976	2009436	13686
352	河北冠丰冶金工业有限公司	河北	1766614	79653	624553	583784	6012
353	山东金升有色集团有限公司	山东	1750786	42346	771888	380613	1127
354	山鹰国际控股股份有限公司	安徽	1746968	201451	2693057	1036780	9077
355	中国西电集团有限公司	陕西	1737809	64699	3910574	1356641	21694
356	欣旺达电子股份有限公司	广东	1731624	60981	1305886	313470	4680
357	河南济源钢铁（集团）有限公司	河南	1730559	108897	1250128	409016	6255
358	上海胜华电缆（集团）有限公司	上海	1710253	856	701760	159110	4200
359	重庆银翔实业集团有限公司	重庆	1704845	23275	2195946	4101	12673
360	广州钢铁企业集团有限公司	广东	1678812	61668	1837616	478219	1882
361	宁波博洋控股集团有限公司	浙江	1677996	24472	508528	66917	6071
362	金猴集团有限公司	山东	1640214	36003	507697	258128	3980

续表

名次	企业名称	地区	营业收入/万元	净利润/万元	资产/万元	所有者权益/万元	从业人数/人
363	山西杏花村汾酒集团有限责任公司	山西	1638106	45129	1322532	541621	11864
364	隆基绿能科技股份有限公司	陕西	1636228	356452	3288370	1419535	17702
365	鲁西集团有限公司	山东	1632708	77220	3046722	384777	12614
366	人本集团有限公司	浙江	1604002	311428	1045231	312452	18839
367	浙江协和集团有限公司	浙江	1600725	23486	684207	104750	1231
368	太原重型机械集团有限公司	山西	1600699	-18743	4492372	166908	12351
369	浙江富春江通信集团有限公司	浙江	1595178	27920	1351800	355198	4300
370	江苏江润铜业有限公司	江苏	1586377	9690	302149	148149	210
371	山东联盟化工集团有限公司	山东	1582660	62839	890503	441842	6697
372	胜达集团有限公司	浙江	1580468	75891	1087737	648745	4640
373	广博控股集团有限公司	浙江	1577296	18760	1649105	371652	4000
374	奥盛集团有限公司	上海	1573265	66783	825956	717577	1512
375	道恩集团有限公司	山东	1572606	14285	878490	109672	2708
376	山东科瑞控股集团有限公司	山东	1571887	215693	2793279	1548462	7700
377	河北天柱钢铁集团有限公司	河北	1549319	164866	712287	268092	4828
378	广西柳工集团有限公司	广西壮族自治区	1547460	1857	2992688	373135	14666
379	桂林市力源粮油食品集团有限公司	广西壮族自治区	1532821	31648	364906	152864	4800
380	铭源控股集团有限公司	辽宁	1531879	90412	843232	390026	1000
381	山东潍焦控股集团有限公司	山东	1529272	26422	733778	175820	3682
382	海天塑机集团有限公司	浙江	1527109	232125	2670241	1223750	8769
383	山东淄博傅山企业集团有限公司	山东	1506977	23167	640427	296033	7358
384	四川省达州钢铁集团有限责任公司	四川	1505014	19839	1521724	87115	4187
385	天津恒兴集团有限公司	天津	1486451	52471	721164	528469	800
386	天洁集团有限公司	浙江	1471976	58377	810472	496755	1251
387	玲珑集团有限公司	山东	1468874	47281	2407678	507402	15483
388	山东荣信集团有限公司	山东	1465655	87934	427612	87934	2114
389	万邦德新材股份有限公司	浙江	1463546	9821	210006	142151	1093
390	振石控股集团有限公司	浙江	1458658	95962	1933646	687461	4761
391	诸城外贸有限责任公司	山东	1455331	59987	2007025	812776	6989
392	攀枝花钢城集团有限公司	四川	1428455	47	931610	-288933	10629
393	秦皇岛宏兴钢铁有限公司	河北	1419007	145418	638120	410450	5371
394	厦门钨业股份有限公司	福建	1418832	61838	1885056	689648	12758

续表

名次	企业名称	地区	营业收入/万元	净利润/万元	资产/万元	所有者权益/万元	从业人数/人
395	河北鑫达钢铁有限公司	河北	1416154	179431	1575783	553511	8300
396	天津源泰德润钢管制造集团有限公司	天津	1411518	26563	215435	139358	2000
397	深圳市宝德投资控股有限公司	广东	1397642	12613	1209041	263164	3250
398	闻泰通讯股份有限公司	浙江	1395704	44074	550444	138728	1475
399	新光控股集团有限公司	浙江	1385733	239692	7764040	2076826	4981
400	江苏西城三联控股集团有限公司	江苏	1380733	48836	524824	-148603	2734
401	赛轮金宇集团股份有限公司	山东	1380690	32989	1505497	596709	11231
402	江苏上上电缆集团有限公司	江苏	1378972	47977	555369	442754	3659
403	唐人神集团股份有限公司	湖南	1372251	31031	605532	343437	7062
404	辽宁禾丰牧业股份有限公司	辽宁	1369584	47102	598586	339030	4779
405	梦金园黄金珠宝集团有限公司	天津	1361860	16014	242123	57315	1633
406	安徽中鼎控股（集团）股份有限公司	安徽	1360323	58004	1905688	493213	15002
407	致达控股集团有限公司	上海	1355717	33151	1831904	402023	4481
408	深圳市三诺投资控股有限公司	广东	1347666	49608	849267	389500	7200
409	合肥鑫晟光电科技有限公司	安徽	1340724	159470	3364985	2258824	6745
410	富丽达集团控股有限公司	浙江	1334495	-73847	1777508	209868	6296
411	山东亨圆铜业有限公司	山东	1306191	39613	273873	202075	238
412	安徽淮海实业发展集团有限公司	安徽	1300184	6490	866355	165208	7320
413	山东寿光巨能控股集团有限公司	山东	1293118	105134	886648	445204	6855
414	浙江天圣控股集团有限公司	浙江	1287771	79288	380856	165926	2875
415	景德镇市焦化工业集团有限责任公司	江西	1279150	19338	1782805	260709	10619
416	浙江航民实业集团有限公司	浙江	1260075	27446	962181	176506	9839
417	辛集市澳森钢铁有限公司	河北	1259391	46063	690493	552092	5908
418	石家庄常山纺织集团有限责任公司	河北	1244001	5871	1465247	228046	6253
419	哈药集团有限公司	黑龙江	1235020	22412	1612611	521658	17462
420	山西建邦集团有限公司	山西	1231198	165638	1065672	544552	3122
421	北京时尚控股有限责任公司	北京	1212379	10291	1755960	660135	10257
422	精工控股集团有限公司	浙江	1212189	10665	2307536	425930	9587
423	星星集团有限公司	浙江	1209507	16150	2599038	277156	23656
424	潍坊特钢集团有限公司	山东	1208169	32465	733277	321280	6021
425	大连冰山集团有限公司	辽宁	1203365	57393	1348186	648506	11038
426	兰州兰石集团有限公司	甘肃	1200395	87493	3293201	757705	8484
427	瑞星集团股份有限公司	山东	1200156	6659	1705620	463398	3514
428	山东东方华龙工贸集团有限公司	山东	1195938	30595	1092122	458945	1230

续表

名次	企业名称	地区	营业收入/万元	净利润/万元	资产/万元	所有者权益/万元	从业人数/人
429	上海华虹（集团）有限公司	上海	1189753	22487	4557313	357233	6357
430	山西晋城钢铁控股集团有限公司	山西	1189166	22368	920000	614880	10700
431	龙大食品集团有限公司	山东	1182229	23088	528583	194364	6732
432	中国庆华能源集团有限公司	北京	1177490	-106429	6897262	984222	9500
433	青海盐湖工业股份有限公司	青海	1169940	-415923	8241852	2023639	17440
434	浙江古纤道新材料股份有限公司	浙江	1164546	50941	1086629	391214	1770
435	泰豪集团有限公司	江西	1155960	53208	1828154	577677	6589
436	德龙钢铁有限公司	河北	1149933	165139	911087	424972	3553
437	东方日升新能源股份有限公司	浙江	1145176	64977	1651104	747771	4306
438	普联技术有限公司	广东	1142319	236463	1392491	1225780	11500
439	江南集团有限公司	江苏	1137497	10391	1343386	529100	3548
440	铜陵精达铜材（集团）有限责任公司	安徽	1134544	2047	655595	57935	3045
441	长飞光纤光缆股份有限公司	湖北	1131612	92713	839528	491358	2588
442	郴州市金贵银业股份有限公司	湖南	1130176	25345	957602	353643	1762
443	开氏集团有限公司	浙江	1126176	12788	791603	385768	3000
444	江苏倪家巷集团有限公司	江苏	1121060	16920	566196	280515	4105
445	湖南猎豹汽车股份有限公司	湖南	1114673	79494	1649683	309304	6667
446	卫华集团有限公司	河南	1113961	45751	750727	245780	5710
447	沂州集团有限公司	山东	1113402	62499	683009	270759	3965
448	得利斯集团有限公司	山东	1112080	45344	983479	547660	6590
449	湘电集团有限公司	湖南	1111339	-43176	2710555	29821	11125
450	安徽楚江科技新材料股份有限公司	安徽	1104403	36063	473443	343397	4509
451	兴源轮胎集团有限公司	山东	1094498	78045	1185460	662666	5700
452	江阴江东集团公司	江苏	1093528	63374	445689	307603	6580
453	广州视源电子科技股份有限公司	广东	1086761	69108	495175	250791	2721
454	邯郸市正大制管有限公司	河北	1078011	10018	182287	37966	2753
455	庆铃汽车（集团）有限公司	重庆	1077196	27569	1469938	635711	5457
456	格林美股份有限公司	广东	1075214	61034	2225051	752229	5051
457	广西正润发展集团有限公司	广西壮族自治区	1071945	-13357	1648513	145451	4183
458	即发集团有限公司	山东	1071033	29239	638838	358505	20625
459	宁波方太厨具有限公司	浙江	1067023	130140	1010081	547292	6187
460	湖南黄金集团有限责任公司	湖南	1066360	3081	1054531	118613	7830
461	浙江海正药业股份有限公司	浙江	1057153	1357	2163642	672252	9497

续表

名次	企业名称	地区	营业收入/万元	净利润/万元	资产/万元	所有者权益/万元	从业人数/人
462	浙江永利实业集团有限公司	浙江	1054201	59784	2070299	1198552	3025
463	利欧集团股份有限公司	浙江	1052923	42344	1405634	764286	5063
464	明阳新能源投资控股集团有限公司	广东	1051521	56479	3371825	1036944	3625
465	邢台钢铁有限责任公司	河北	1048527	32371	1091544	305801	5902
466	天津市建筑材料集团（控股）有限公司	天津	1047282	18343	1625094	581247	4403
467	山东齐成石油化工有限公司	山东	1043840	5234	801276	5746	895
468	三角集团有限公司	山东	1042925	28560	1700276	602538	7124
469	山东华鲁恒升化工股份有限公司	山东	1040807	39375	1602177	299300	3584
470	龙蟒佰利联集团股份有限公司	河南	1035311	250241	2084635	1288666	7060
471	泰富重装集团有限公司	湖南	1034261	59080	1255866	545397	4216
472	济南圣泉集团股份有限公司	山东	1032307	371516	726628	371516	2687
473	山东鲁北企业集团总公司	山东	1031557	56658	792004	307640	3371
474	广西贵港钢铁集团有限公司	广西壮族自治区	1026741	43854	587937	263818	2008
475	仁和（集团）发展有限公司	江西	1020536	41737	459958	—	32000
476	山西安泰控股集团有限公司	山西	1015000	10891	1715369	150754	6029
477	广西洋浦南华糖业集团股份有限公司	广西壮族自治区	1014324	36577	1779021	579673	14921
478	东莞市富之源饲料蛋白开发有限公司	广东	998505	14823	698117	90775	280
479	澳柯玛股份有限公司	山东	997940	3269	813704	179501	6575
480	江苏海达科技集团有限公司	江苏	981567	33394	841565	—	4066
481	中国华录集团有限公司	辽宁	971928	41907	2343703	505050	6621
482	天津市宝来工贸有限公司	天津	968900	29870	142788	124026	1425
483	浙江华友钴业股份有限公司	浙江	965322	189551	1661803	602457	4112
484	安徽天康（集团）股份有限公司	安徽	953236	34453	458042	276087	6420
485	浙江富陵控股集团有限公司	浙江	944169	26100	874646	262371	1006
486	杭州金鱼电器集团有限公司	浙江	939595	1835	639576	49390	6863
487	中国四联仪器仪表集团有限公司	重庆	931906	13501	2028897	184564	10540
488	上海鑫冶铜业有限公司	上海	916894	515	116514	38602	179
489	新和成控股集团有限公司	浙江	914658	87714	2850751	1007437	11695
490	劲牌有限公司	湖北	912026	233285	2820683	1396553	5002
491	东方鑫源控股有限公司	重庆	906417	26942	591152	154274	6480
492	湖北新洋丰肥业股份有限公司	湖北	903240	68015	874522	568288	6573
493	波鸿集团有限公司	四川	902071	25403	1078505	365159	4097

续表

名次	企业名称	地区	营业收入/万元	净利润/万元	资产/万元	所有者权益/万元	从业人数/人
494	江苏济川控股集团有限公司	江苏	891455	86340	898803	415014	9867
495	铜陵化学工业集团有限公司	安徽	890712	4592	1282480	153499	7004
496	江苏隆力奇集团有限公司	江苏	885392	23354	549673	254427	4992
497	安徽叉车集团有限责任公司	安徽	876435	21617	961424	247930	7802
498	江阴模塑集团有限公司	江苏	870458	51248	907656	399297	7125
499	北京君诚实业投资集团有限公司	北京	865555	7152	227637	81566	1448
500	浙江南部电源动力股份有限公司	浙江	863681	38089	1089449	607143	7225
	合计		3184491672	81769277	3412229660	886260630	12443075

说 明

1. 2018 中国制造业企业 500 强是中国企业联合会、中国企业家协会参照国际惯例，组织企业自愿申报，并经专家审定确认后产生的。申报企业包括在中国境内注册、2017 年实现营业收入达到 50 亿元的企业（不包括在华外资、港澳台独资、控股企业，也不包括行政性公司、政企合一的单位以及各类资产经营公司、烟草公司，但包括在境外注册、投资主体为中国自然人或法人、主要业务在境内的企业），都有资格申报参加排序。属于集团公司的控股子公司或相对控股子公司，由于其财务报表最后能被合并到集团母公司的财务会计报表中去，因此只允许其母公司申报。

2. 表中所列数据由企业自愿申报或属于上市公司公开数据、并经会计师事务所或审计师事务所等单位认可。

3. 营业收入是 2017 年不含增值税的收入，包括企业的所有收入，即主营业务和非主营业务、境内和境外的收入。净利润是 2017 年上交所得税的净利润扣除少数股东权益后的归属母公司所有者的净利润。资产是 2017 年度末的资产总额。归属母公司所有者权益是 2017 年年末所有者权益总额扣除少数股东权益后的母公司所有者权益。研究开发费用是 2017 年企业投入研究开发的所有费用。从业人数是 2017 年度的平均人数（含所有被合并报表企业的人数）。

4. 行业分类参照了国家统计局的分类方法，依据其主营业务收入所在行业来划分；地区分类按企业总部所在地划分。

表 9-2 2018 中国制造业企业 500 强各行业企业分布

排名	企业名称	营业收入/万元	排名	企业名称	营业收入/万元
农副产品			4	农夫山泉股份有限公司	1779067
1	新希望集团有限公司	7299781		合计	16700395
2	通威集团	6261031			
3	广东温氏食品集团股份有限公司	5565716	酒类		
4	双胞胎（集团）股份有限公司	5014839	1	四川省宜宾五粮液集团有限公司	8021809
5	西王集团有限公司	4350599	2	贵州茅台酒股份有限公司	6106276
6	山东渤海实业股份有限公司	4170157	3	稻花香集团	5156194
7	三河汇福粮油集团有限公司	3864917	4	青岛啤酒股份有限公司	2627705
8	山东鲁花集团有限公司	2653368	5	泸州老窖集团有限责任公司	1828335
9	广西农垦集团有限责任公司	2451335	6	山西杏花村汾酒集团有限责任公司	1638106
10	桂林市力源粮油食品集团有限公司	1532821	7	劲牌有限公司	912026
11	辽宁禾丰牧业股份有限公司	1369584		合计	26290451
12	东莞市富之源饲料蛋白开发有限公司	998505			
	合计	45532653	轻工百货生产		
			1	老凤祥股份有限公司	3981035
食品			2	宜华企业（集团）有限公司	2399674
1	光明食品（集团）有限公司	16116091	3	大亚科技集团有限公司	1824526
2	万洲国际有限公司	15121714	4	广博控股集团有限公司	1577296
3	天狮集团有限公司	3387737	5	新光控股集团有限公司	1385733
4	天津食品集团有限公司	2833175	6	梦金园黄金珠宝集团有限公司	1361860
5	香驰控股有限公司	2767244		合计	12530124
6	北京顺鑫控股集团有限公司	2611561			
7	诸城外贸有限责任公司	1455331	纺织印染		
8	唐人神集团股份有限公司	1372251	1	山东魏桥创业集团有限公司	35957819
9	龙大食品集团有限公司	1182229	2	山东大海集团有限公司	7787142
10	得利斯集团有限公司	1112080	3	山东如意国际时尚产业投资控股有限公司	5613106
11	广西洋浦南华糖业集团股份有限公司	1014324	4	江苏阳光集团有限公司	3738814
12	新和成控股集团有限公司	914658	5	天津纺织集团（控股）有限公司	3631543
	合计	49888395	6	华芳集团有限公司	3503459
			7	澳洋集团有限公司	3186041
饮料			8	山东金茂纺织化工集团有限公司	2786967
1	内蒙古伊利实业集团股份有限公司	6805817	9	兴惠化纤集团有限公司	1898885
2	杭州娃哈哈集团有限公司	4643785	10	富丽达集团控股有限公司	1334495
3	维维集团股份有限公司	3471726	11	浙江天圣控股集团有限公司	1287771

续表

排名	企业名称	营业收入/万元	排名	企业名称	营业收入/万元
12	石家庄常山纺织集团有限责任公司	1244001	13	星星集团有限公司	1209507
13	北京时尚控股有限责任公司	1212379	14	宁波方太厨具有限公司	1067023
14	江苏倪家巷集团有限公司	1121060	15	澳柯玛股份有限公司	997940
	合计	74303482	16	杭州金鱼电器集团有限公司	939595
				合计	122340417
服装及其他纺织品					
1	海澜集团有限公司	10885541	**造纸及包装**		
2	雅戈尔集团股份有限公司	6654041	1	山东晨鸣纸业集团股份有限公司	8702236
3	红豆集团有限公司	6033816	2	华泰集团有限公司	7301169
4	杉杉控股有限公司	4203413	3	山东太阳控股集团有限公司	4490230
5	波司登股份有限公司	3240801	4	山东博汇集团有限公司	3300949
6	森马集团有限公司	2612789	5	金东纸业（江苏）股份有限公司	3150433
7	三鼎控股集团有限公司	2046637	6	山鹰国际控股股份有限公司	1746968
8	奥康集团有限公司	1953018	7	胜达集团有限公司	1580468
9	宁波申洲针织有限公司	1808525		合计	30272453
10	宁波博洋控股集团有限公司	1677996			
11	金猴集团有限公司	1640214	**石化及炼焦**		
12	即发集团有限公司	1071033	1	中国石油化工集团公司	220974455
13	浙江永利实业集团有限公司	1054201	2	山东东明石化集团有限公司	9067237
	合计	44882025	3	中融新大集团有限公司	7533168
			4	利华益集团股份有限公司	7501836
家用电器制造			5	山东京博控股集团有限公司	5700045
1	美的集团股份有限公司	24191889	6	山东海科化工集团有限公司	5500774
2	海尔集团公司	24190125	7	深圳光汇石油集团股份有限公司	5252736
3	珠海格力电器股份有限公司	15001955	8	宝塔石化集团有限公司	5247847
4	四川长虹电子控股集团有限公司	11702131	9	山东金诚石化集团有限公司	4513739
5	TCL集团股份有限公司	11157736	10	旭阳控股有限公司	4320094
6	海信集团有限公司	11106466	11	盘锦北方沥青燃料有限公司	4107120
7	奥克斯集团有限公司	6493012	12	山东恒源石油化工股份有限公司	3931048
8	创维集团有限公司	3955878	13	金澳科技（湖北）化工有限公司	3861055
9	双良集团有限公司	3518421	14	富海集团有限公司	3337975
10	广州万宝集团有限公司	3451914	15	山东清源集团有限公司	3253538
11	广东格兰仕集团有限公司	2009159	16	万通海欣控股集团股份有限公司	3162744
12	深圳市三诺投资控股有限公司	1347666	17	山东汇丰石化集团有限公司	3068944

续表

排名	企业名称	营业收入/万元	排名	企业名称	营业收入/万元
18	山东垦利石化集团有限公司	2674187	4	传化集团有限公司	6317160
19	正和集团股份有限公司	2361197	5	上海华谊（集团）公司	6269963
20	山东寿光鲁清石化有限公司	2089273	6	万华化学集团股份有限公司	5312317
21	河北鑫海控股有限公司	2026755	7	新疆中泰（集团）有限责任公司	5121297
22	美锦能源集团有限公司	1925687	8	亚邦投资控股集团有限公司	5037379
23	山东科瑞控股集团有限公司	1571887	9	金浦投资控股集团有限公司	4020150
24	山东潍焦控股集团有限公司	1529272	10	山东金岭集团有限公司	3888736
25	山东荣信集团有限公司	1465655	11	宜昌兴发集团有限责任公司	3553187
26	景德镇市焦化工业集团有限责任公司	1279150	12	滨化集团公司	3544816
27	山东东方华龙工贸集团有限公司	1195938	13	浙江龙盛控股有限公司	2829564
28	山东齐成石油化工有限公司	1043840	14	新疆天业（集团）有限公司	2829474
29	山西安泰控股集团有限公司	1015000	15	东辰控股集团有限公司	2801251
	合计	320512196	16	巨化集团有限公司	2655910
			17	河北诚信有限责任公司	2558389
轮胎及橡胶制品			18	升华集团控股有限公司	2518851
1	华勤橡胶工业集团有限公司	4325182	19	江苏三木集团有限公司	2403467
2	山东玉皇化工有限公司	3968785	20	唐山三友集团有限公司	2379890
3	山东胜通集团股份有限公司	3854216	21	纳爱斯集团有限公司	2304301
4	杭州市实业投资集团有限公司	3817570	22	淄博齐翔腾达化工股份有限公司	2222620
5	重庆轻纺控股（集团）公司	3151559	23	广州立白企业集团有限公司	2107150
6	中策橡胶集团有限公司	2539167	24	红太阳集团有限公司	2026069
7	金发科技股份有限公司	2313737	25	金正大生态工程集团股份有限公司	1983354
8	玲珑集团有限公司	1468874	26	鲁西集团有限公司	1632708
9	兴源轮胎集团有限公司	1094498	27	山东联盟化工集团有限公司	1582660
10	三角集团有限公司	1042925	28	道恩集团有限公司	1572606
11	济南圣泉集团股份有限公司	1032307	29	铭源控股集团有限公司	1531879
12	浙江富陵控股集团有限公司	944169	30	瑞星集团股份有限公司	1200156
13	江阴模塑集团有限公司	870458	31	青海盐湖工业股份有限公司	1169940
	合计	30423447	32	山东华鲁恒升化工股份有限公司	1040807
			33	山东鲁北企业集团总公司	1031557
化学原料及化学品制造			34	湖北新洋丰肥业股份有限公司	903240
1	中国化工集团有限公司	39192750	35	铜陵化学工业集团有限公司	890712
2	江阴澄星实业集团有限公司	7237863	36	江苏隆力奇集团有限公司	885392
3	云天化集团有限责任公司	6359792		合计	140917357

续表

排名	企业名称	营业收入/万元	排名	企业名称	营业收入/万元
			18	江苏济川控股集团有限公司	891455
				合计	64556018
化学纤维制造					
1	恒力集团有限公司	30794113	医疗设备制造		
2	浙江荣盛控股股份有限公司	10663705			
3	盛虹控股集团有限公司	10501949	1	威高集团有限公司	3781624
4	浙江恒逸集团有限公司	10470453		合计	3781624
5	江苏三房巷集团有限公司	5233236			
6	浙江桐昆控股集团有限公司	5058084	水泥及玻璃制造		
7	江苏华宏实业集团有限公司	4117625	1	中国建材集团有限公司	30211799
8	华峰集团有限公司	3226386	2	安徽海螺集团有限责任公司	13252810
9	新凤鸣集团股份有限公司	2296328	3	北京金隅集团股份有限公司	8753276
10	兴达投资集团有限公司	1910714	4	天瑞集团股份有限公司	4361911
11	浙江古纤道新材料股份有限公司	1164546	5	吉林亚泰（集团）股份有限公司	3917156
12	开氏集团有限公司	1126176	6	东旭集团有限公司	3835433
	合计	86563315	7	红狮控股集团有限公司	3330775
			8	华新水泥股份有限公司	2088929
药品制造			9	奥盛集团有限公司	1573265
1	上海医药集团股份有限公司	13084718	10	沂州集团有限公司	1113402
2	广州医药集团有限公司	10210515	11	天津市建筑材料集团（控股）有限公司	1047282
3	扬子江药业集团	7008812		合计	73486038
4	太极集团有限公司	4236428			
5	四川科伦实业集团有限公司	4106113	黑色冶金		
6	杭州华东医药集团有限公司	3653071	1	中国宝武钢铁集团有限公司	40048193
7	天士力控股集团有限公司	2824886	2	河钢集团有限公司	30677432
8	康美药业股份有限公司	2647697	3	江苏沙钢集团有限公司	22006344
9	石药控股集团有限公司	2641790	4	新兴际华集团有限公司	21004510
10	云南白药控股有限公司	2449937	5	鞍钢集团有限公司	18783491
11	天津市医药集团有限公司	2033473	6	首钢集团有限公司	18578512
12	华鲁控股集团有限公司	1878928	7	青山控股集团有限公司	16158784
13	江西济民可信集团有限公司	1802478	8	山东钢铁集团有限公司	13523275
14	山东齐鲁制药集团有限公司	1773008	9	中天钢铁集团有限公司	12204388
15	哈药集团有限公司	1235020	10	东岭集团股份有限公司	10812595
16	浙江海正药业股份有限公司	1057153	11	湖南华菱钢铁集团有限责任公司	10253503
17	仁和（集团）发展有限公司	1020536	12	河北津西钢铁集团股份有限公司	10090231

排名	企业名称	营业收入/万元	排名	企业名称	营业收入/万元
13	杭州钢铁集团有限公司	9361757	47	山东九羊集团有限公司	3021936
14	酒泉钢铁（集团）有限责任公司	8743652	48	唐山国丰钢铁有限公司	2800717
15	北京建龙重工集团有限公司	8433340	49	武安市烘熔钢铁有限公司	2634789
16	太原钢铁（集团）有限公司	8095685	50	河北兴华钢铁有限公司	2303824
17	南京钢铁集团有限公司	8020646	51	凌源钢铁集团有限责任公司	2058772
18	日照钢铁控股集团有限公司	7989090	52	唐山瑞丰钢铁（集团）有限公司	1906273
19	马钢（集团）控股有限公司	7958732	53	重庆钢铁（集团）有限责任公司	1888132
20	河北新华联合冶金控股集团有限公司	7362531	54	河北安丰钢铁有限公司	1800796
21	广西柳州钢铁集团有限公司	6839830	55	河北冠丰冶金工业有限公司	1766614
22	敬业集团有限公司	6746750	56	河南济源钢铁（集团）有限公司	1730559
23	天津荣程祥泰投资控股集团有限公司	6604932	57	广州钢铁企业集团有限公司	1678812
24	江西方大钢铁集团有限公司	5602438	58	浙江协和集团有限公司	1600725
25	昆明钢铁控股有限公司	5498649	59	河北天柱钢铁集团有限公司	1549319
26	河北普阳钢铁有限公司	5467220	60	山东淄博博山企业集团有限公司	1506977
27	本钢集团有限公司	5233601	61	四川省达州钢铁集团有限责任公司	1505014
28	新余钢铁集团有限公司	5223113	62	天津恒兴集团有限公司	1486451
29	福建省三钢（集团）有限责任公司	5102003	63	振石控股集团有限公司	1458658
30	四川德胜集团钒钛有限公司	4651620	64	秦皇岛宏兴钢铁有限公司	1419007
31	四川省川威集团有限公司	4511062	65	河北鑫达钢铁有限公司	1416154
32	天津友发钢管集团股份有限公司	4494604	66	天津源泰德润钢管制造集团有限公司	1411518
33	武安市明芳钢铁有限公司	4472500	67	江苏西城三联控股集团有限公司	1380733
34	江苏新长江实业集团有限公司	4357390	68	山东寿光巨能控股集团有限公司	1293118
35	唐山港陆钢铁有限公司	4349142	69	辛集市澳森钢铁有限公司	1259391
36	湖南博长控股集团有限公司	4058828	70	山西建邦集团有限公司	1231198
37	安阳钢铁集团有限责任公司	4034777	71	潍坊特钢集团有限公司	1208169
38	武安市文安钢铁有限公司	3982618	72	山西晋城钢铁控股集团有限公司	1189166
39	冀南钢铁集团有限公司	3971613	73	中国庆华能源集团有限公司	1177490
40	河北新金钢铁有限公司	3950773	74	德龙钢铁有限公司	1149933
41	武安市裕华钢铁有限公司	3863513	75	邢台钢铁有限责任公司	1048527
42	永锋集团有限公司	3817616	76	广西贵港钢铁集团有限公司	1026741
43	金鼎重工股份有限公司	3687235		合计	459157780
44	石横特钢集团有限公司	3300133			
45	山东泰山钢铁集团有限公司	3205069		一般有色	
46	广西盛隆冶金有限公司	3114547	1	正威国际集团有限公司	49179850

续表

排名	企业名称	营业收入/万元	排名	企业名称	营业收入/万元
2	中国铝业集团有限公司	31551516	36	龙蟒佰利联集团股份有限公司	1035311
3	金川集团股份有限公司	21704239	37	上海鑫冶铜业有限公司	916894
4	江西铜业集团有限公司	21603291		合计	280398399
5	海亮集团有限公司	16259643			
6	铜陵有色金属集团控股有限公司	15734470	**贵金属**		
7	陕西有色金属控股集团有限责任公司	12614881	1	中国黄金集团有限公司	10020376
8	中国有色矿业集团有限公司	12377899	2	紫金矿业集团股份有限公司	9454862
9	南山集团有限公司	10073149	3	山东黄金集团有限公司	7488345
10	宁夏天元锰业集团有限公司	7400594	4	山东招金集团有限公司	5106370
11	宁波金田投资控股有限公司	7059927	5	郴州市金贵银业股份有限公司	1130176
12	大冶有色金属集团控股有限公司	6245374	6	湖南黄金集团有限责任公司	1066360
13	白银有色集团股份有限公司	5663428		合计	34266489
14	云南锡业集团（控股）有限责任公司	5495338			
15	新凤祥控股集团有限责任公司	5006899	**金属制品加工**		
16	云南冶金集团股份有限公司	4717319	1	中国国际海运集装箱集团股份有限公司	7629993
17	东营鲁方金属材料有限公司	4583917	2	环嘉集团有限公司	3838626
18	东营方圆有色金属有限公司	3699621	3	法尔胜泓昇集团有限公司	3403315
19	河南豫光金铅集团有限责任公司	3638914	4	精功集团有限公司	3241386
20	河南豫联能源集团有限责任公司	3626436	5	江苏大明金属制品有限公司	2776591
21	西部矿业集团有限公司	3616136	6	福星集团控股有限公司	2390255
22	万基控股集团有限公司	3421979	7	新华发集团有限公司	2298919
23	浙江富冶集团有限公司	3396477	8	浙江元立金属制品集团有限公司	2296534
24	烟台恒邦集团有限公司	2357739	9	重庆万达薄板有限公司	1902796
25	河南神火集团有限公司	2015011	10	浙江东南网架集团有限公司	1876376
26	深圳市中金岭南有色金属股份有限公司	1901563	11	江苏江润铜业有限公司	1586377
27	河南金利金铅集团有限公司	1826428	12	精工控股集团有限公司	1212189
28	天津华北集团有限公司	1784642	13	江阴江东集团公司	1093528
29	济源市万洋冶炼（集团）有限公司	1773811	14	邯郸市正大制管有限公司	1078011
30	山东金升有色集团有限公司	1750786	15	江苏海达科技集团有限公司	981567
31	万邦德新材股份有限公司	1463546	16	天津市宝来工贸有限公司	968900
32	厦门钨业股份有限公司	1418832	17	北京君诚实业投资集团有限公司	865555
33	山东亨圆铜业有限公司	1306191		合计	39440918
34	安徽楚江科技新材料股份有限公司	1104403			
35	广西正润发展集团有限公司	1071945	**锅炉及动力装备制造**		

续表

排名	企业名称	营业收入/万元
1	潍柴控股集团有限公司	22067298
2	杭州汽轮动力集团有限公司	10293092
3	上海电气（集团）总公司	9177583
4	广西玉柴机器集团有限公司	3560665
5	中国东方电气集团有限公司	3532946
6	卧龙控股集团有限公司	3475874
7	哈尔滨电气集团有限公司	3351853
	合计	55459311

物料搬运设备制造

排名	企业名称	营业收入/万元
1	西子联合控股有限公司	1832933
2	卫华集团有限公司	1113961
	合计	2946894

工程机械及零部件

排名	企业名称	营业收入/万元
1	徐州工程机械集团有限公司	4483689
2	三一集团有限公司	4448808
3	中联重科股份有限公司	2327289
4	巨星控股集团有限公司	2205600
5	太原重型机械集团有限公司	1600699
6	广西柳工集团有限公司	1547460
7	兰州兰石集团有限公司	1200395
8	泰富重装集团有限公司	1034261
9	安徽叉车集团有限责任公司	876435
	合计	19724636

工程机械及设备制造

排名	企业名称	营业收入/万元
1	江西博能实业集团有限公司	1950362
2	人本集团有限公司	1604002
3	海天塑机集团有限公司	1527109
4	天洁集团有限公司	1471976
5	大连冰山集团有限公司	1203365
6	利欧集团股份有限公司	1052923
	合计	8809737

电力、电气设备制造

排名	企业名称	营业收入/万元
1	中国电子信息产业集团有限公司	21621041
2	中国电子科技集团公司	20359818
3	天能电池集团有限公司	11277583
4	超威电源有限公司	10268301
5	正泰集团股份有限公司	6017696
6	新疆特变电工集团有限公司	5273129
7	德力西集团有限公司	5258941
8	上海仪电（集团）有限公司	4553965
9	广州智能装备产业集团有限公司	4259323
10	河南森源集团有限公司	4236265
11	人民电器集团有限公司	4034049
12	中科电力装备集团有限公司	3660237
13	华仪集团有限公司	3510126
14	富通集团有限公司	3453862
15	远东控股集团有限公司	3389258
16	宁波富邦控股集团有限公司	3380633
17	歌尔股份有限公司	2553673
18	江苏新潮科技集团有限公司	2397733
19	三花控股集团有限公司	2201641
20	广东德赛集团有限公司	1887043
21	中国西电集团有限公司	1737809
22	欣旺达电子股份有限公司	1731624
23	浙江富春江通信集团有限公司	1595178
24	泰豪集团有限公司	1155960
25	铜陵精达铜材（集团）有限责任公司	1134544
26	长飞光纤光缆股份有限公司	1131612
27	湘电集团有限公司	1111339
28	广州视源电子科技股份有限公司	1086761
29	格林美股份有限公司	1075214
30	中国华录集团有限公司	971928
31	中国四联仪器仪表集团有限公司	931906
32	浙江南部电源动力股份有限公司	863681

续表

排名	企业名称	营业收入/万元	排名	企业名称	营业收入/万元
	合计	138121873	通信设备制造		
			1	华为投资控股有限公司	60362100
电线、电缆制造			2	小米集团	11462474
1	中天科技集团有限公司	4465308	3	亨通集团有限公司	7802628
2	万马联合控股集团有限公司	1950751	4	武汉邮电科学研究院有限公司	3041274
3	上海胜华电缆（集团）有限公司	1710253	5	四川九洲电器集团有限责任公司	2246759
4	江苏上上电缆集团有限公司	1378972	6	普联技术有限公司	1142319
5	江南集团有限公司	1137497		合计	86057554
6	浙江华友钴业股份有限公司	965322			
7	安徽天康（集团）股份有限公司	953236	半导体、集成电路及面板制造		
	合计	12561339	1	北京电子控股有限责任公司	10440445
			2	蓝思科技股份有限公司	5594430
风能、太阳能设备制造			3	合肥鑫晟光电科技有限公司	1340724
1	协鑫集团有限公司	11890515	4	上海华虹（集团）有限公司	1189753
2	晶龙实业集团有限公司	3788441		合计	18565352
3	晶科能源控股有限公司	2647294			
4	天合光能股份有限公司	2642538	汽车及零配件制造		
5	新疆金风科技股份有限公司	2512945	1	上海汽车集团股份有限公司	87063943
6	隆基绿能科技股份有限公司	1636228	2	东风汽车集团有限公司	63053613
7	东方日升新能源股份有限公司	1145176	3	北京汽车集团有限公司	47034067
8	明阳新能源投资控股集团有限公司	1051521	4	中国第一汽车集团有限公司	46988810
	合计	27314658	5	广州汽车工业集团有限公司	34011160
			6	浙江吉利控股集团有限公司	27826459
计算机及办公设备			7	华晨汽车集团控股有限公司	18511220
1	联想集团有限公司	30325079	8	万向集团公司	12662384
2	研祥高科技控股集团有限公司	3560817	9	比亚迪股份有限公司	10592470
3	欧菲科技股份有限公司	3379103	10	长城汽车股份有限公司	10116949
4	得力集团有限公司	2308832	11	中国重型汽车集团有限公司	9053607
5	舜宇集团有限公司	2243958	12	江苏悦达集团有限公司	8319887
6	浙江大华技术股份有限公司	1884446	13	江铃汽车集团公司	8058150
7	深圳市宝德投资控股有限公司	1397642	14	奇瑞控股集团有限公司	6908612
8	闻泰通讯股份有限公司	1395704	15	陕西汽车控股集团有限公司	6170812
	合计	46495581	16	安徽江淮汽车集团控股有限公司	4996822
			17	重庆小康控股有限公司	4834099

续表

排名	企业名称	营业收入/万元	排名	企业名称	营业收入/万元
18	郑州宇通集团有限公司	3563402	1	中国兵器工业集团有限公司	43691880
19	万丰奥特控股集团有限公司	2800605	2	中国兵器装备集团有限公司	30217075
20	宁波均胜电子股份有限公司	2660560		合计	73908955
21	三环集团有限公司	2216433			
22	广西汽车集团有限公司	2201057	**船舶制造**		
23	华翔集团股份有限公司	2007452	1	中国船舶重工集团有限公司	30029204
24	厦门金龙汽车集团股份有限公司	1773608	2	中国船舶工业集团有限公司	20138579
25	重庆银翔实业集团有限公司	1704845	3	江苏扬子江船业集团	3553722
26	赛轮金宇集团股份有限公司	1380690		合计	53721505
27	安徽中鼎控股（集团）股份有限公司	1360323			
28	湖南猎豹汽车股份有限公司	1114673	**综合制造业**		
29	庆铃汽车（集团）有限公司	1077196	1	中国五矿集团有限公司	49336087
30	东方鑫源控股有限公司	906417	2	复星国际有限公司	8802516
31	波鸿集团有限公司	902071	3	杭州锦江集团有限公司	8553673
	合计	431872396	4	万达控股集团有限公司	8361646
			5	新华联集团有限公司	8337797
摩托车及零配件制造			6	无锡产业发展集团有限公司	7204545
1	隆鑫控股有限公司	5229376	7	江苏华西集团有限公司	4750174
2	重庆力帆控股有限公司	4258898	8	重庆化医控股（集团）公司	4375138
3	宗申产业集团有限公司	2003553	9	重庆机电控股（集团）公司	4240387
	合计	11491827	10	岚桥集团有限公司	3132545
			11	鲁丽集团有限公司	2673139
轨道交通设备及零配件制造			12	利时集团股份有限公司	2653455
1	中国中车集团有限公司	21693414	13	花园集团有限公司	2345925
	合计	21693414	14	华立集团股份有限公司	2234794
			15	苏州创元投资发展（集团）有限公司	2005511
航空航天			16	重庆市博赛矿业（集团）有限公司	1894082
1	中国航空工业集团有限公司	40481588	17	攀枝花钢城集团有限公司	1428455
2	中国航天科技集团有限公司	23111309	18	致达控股集团有限公司	1355717
3	中国航天科工集团有限公司	23028623	19	安徽淮海实业发展集团有限公司	1300184
	合计	86621520	20	浙江航民实业集团有限公司	1260075
				合计	126245845
兵器制造					

表 9-3 2018 中国制造业企业 500 强各地区企业分布

排名	企业名称	营业收入/万元	排名	企业名称	营业收入/万元
北京			上海		
1	中国石油化工集团公司	220974455	1	上海汽车集团股份有限公司	87063943
2	中国五矿集团有限公司	49336087	2	中国宝武钢铁集团有限公司	40048193
3	北京汽车集团有限公司	47034067	3	光明食品（集团）有限公司	16116091
4	中国兵器工业集团有限公司	43691880	4	上海医药集团股份有限公司	13084718
5	中国航空工业集团有限公司	40481588	5	上海电气（集团）总公司	9177583
6	中国化工集团有限公司	39192750	6	复星国际有限公司	8802516
7	中国铝业集团有限公司	31551516	7	上海华谊（集团）公司	6269963
8	联想集团有限公司	30325079	8	上海仪电（集团）有限公司	4553965
9	中国兵器装备集团有限公司	30217075	9	老凤祥股份有限公司	3981035
10	中国建材集团有限公司	30211799	10	上海胜华电缆（集团）有限公司	1710253
11	中国船舶重工集团有限公司	30029204	11	奥盛集团有限公司	1573265
12	中国航天科技集团有限公司	23111309	12	致达控股集团有限公司	1355717
13	中国航天科工集团有限公司	23028623	13	上海华虹（集团）有限公司	1189753
14	中国中车集团有限公司	21693414	14	上海鑫冶铜业有限公司	916894
15	中国电子信息产业集团有限公司	21621041		合计	195843889
16	新兴际华集团有限公司	21004510			
17	中国电子科技集团公司	20359818	天津		
18	中国船舶工业集团有限公司	20138579	1	天津荣程祥泰投资控股集团有限公司	6604932
19	首钢集团有限公司	18578512	2	天津友发钢管集团股份有限公司	4494604
20	中国有色矿业集团有限公司	12377899	3	天津纺织集团（控股）有限公司	3631543
21	小米集团	11462474	4	天狮集团有限公司	3387737
22	北京电子控股有限责任公司	10440445	5	天津食品集团有限公司	2833175
23	中国黄金集团有限公司	10020376	6	天士力控股集团有限公司	2824886
24	北京金隅集团股份有限公司	8753276	7	天津市医药集团有限公司	2033473
25	北京建龙重工集团有限公司	8433340	8	天津华北集团有限公司	1784642
26	新华联集团有限公司	8337797	9	天津恒兴集团有限公司	1486451
27	旭阳控股有限公司	4320094	10	天津源泰德润钢管制造集团有限公司	1411518
28	北京顺鑫控股集团有限公司	2611561	11	梦金园黄金珠宝集团有限公司	1361860
29	北京时尚控股有限责任公司	1212379	12	天津市建筑材料集团（控股）有限公司	1047282
30	中国庆华能源集团有限公司	1177490	13	天津市宝来工贸有限公司	968900
31	北京君诚实业投资集团有限公司	865555		合计	33871003
	合计	842593992			
			重庆		

续表

排名	企业名称	营业收入/万元	排名	企业名称	营业收入/万元
1	隆鑫控股有限公司	5229376	7	铭源控股集团有限公司	1531879
2	重庆小康控股有限公司	4834099	8	辽宁禾丰牧业股份有限公司	1369584
3	重庆化医控股（集团）公司	4375138	9	大连冰山集团有限公司	1203365
4	重庆力帆控股有限公司	4258898	10	中国华录集团有限公司	971928
5	重庆机电控股（集团）公司	4240387		合计	57609586
6	太极集团有限公司	4236428			
7	重庆轻纺控股（集团）公司	3151559	河北		
8	宗申产业集团有限公司	2003553	1	河钢集团有限公司	30677432
9	重庆万达薄板有限公司	1902796	2	长城汽车股份有限公司	10116949
10	重庆市博赛矿业（集团）有限公司	1894082	3	河北津西钢铁集团股份有限公司	10090231
11	重庆钢铁（集团）有限责任公司	1888132	4	河北新华联合冶金控股集团有限公司	7362531
12	重庆银翔实业集团有限公司	1704845	5	敬业集团有限公司	6746750
13	庆铃汽车（集团）有限公司	1077196	6	河北普阳钢铁有限公司	5467220
14	中国四联仪器仪表集团有限公司	931906	7	武安市明芳钢铁有限公司	4472500
15	东方鑫源控股有限公司	906417	8	唐山港陆钢铁有限公司	4349142
	合计	42634812	9	武安市文安钢铁有限公司	3982618
			10	冀南钢铁集团有限公司	3971613
黑龙江			11	河北新金钢铁有限公司	3950773
1	哈尔滨电气集团有限公司	3351853	12	三河汇福粮油集团有限公司	3864917
2	哈药集团有限公司	1235020	13	武安市裕华钢铁有限公司	3863513
	合计	4586873	14	东旭集团有限公司	3835433
			15	晶龙实业集团有限公司	3788441
吉林			16	金鼎重工股份有限公司	3687235
1	中国第一汽车集团有限公司	46988810	17	唐山国丰钢铁有限公司	2800717
2	吉林亚泰（集团）股份有限公司	3917156	18	石药控股集团有限公司	2641790
	合计	50905966	19	武安市烘熔钢铁有限公司	2634789
			20	河北诚信有限责任公司	2558389
辽宁			21	唐山三友集团有限公司	2379890
1	鞍钢集团有限公司	18783491	22	河北兴华钢铁有限公司	2303824
2	华晨汽车集团控股有限公司	18511220	23	河北鑫海控股有限公司	2026755
3	本钢集团有限公司	5233601	24	唐山瑞丰钢铁（集团）有限公司	1906273
4	盘锦北方沥青燃料有限公司	4107120	25	河北安丰钢铁有限公司	1800796
5	环嘉集团有限公司	3838626	26	河北冠丰冶金工业有限公司	1766614
6	凌源钢铁集团有限责任公司	2058772	27	河北天柱钢铁集团有限公司	1549319

续表

排名	企业名称	营业收入/万元	排名	企业名称	营业收入/万元
28	秦皇岛宏兴钢铁有限公司	1419007	8	中国重型汽车集团有限公司	9053607
29	河北鑫达钢铁有限公司	1416154	9	山东晨鸣纸业集团股份有限公司	8702236
30	辛集市澳森钢铁有限公司	1259391	10	万达控股集团有限公司	8361646
31	石家庄常山纺织集团有限责任公司	1244001	11	日照钢铁控股集团有限公司	7989090
32	德龙钢铁有限公司	1149933	12	山东大海集团有限公司	7787142
33	邯郸市正大制管有限公司	1078011	13	中融新大集团有限公司	7533168
34	邢台钢铁有限责任公司	1048527	14	利华益集团股份有限公司	7501836
	合计	143211478	15	山东黄金集团有限公司	7488345
			16	华泰集团有限公司	7301169
河南			17	山东京博控股股份有限公司	5700045
1	万洲国际有限公司	15121714	18	山东如意国际时尚产业投资控股有限公司	5613106
2	天瑞集团股份有限公司	4361911	19	山东海科化工集团有限公司	5500774
3	河南森源集团有限公司	4236265	20	万华化学集团股份有限公司	5312317
4	安阳钢铁集团有限责任公司	4034777	21	山东招金集团有限公司	5106370
5	河南豫光金铅集团有限责任公司	3638914	22	新凤祥控股集团有限责任公司	5006899
6	河南豫联能源集团有限责任公司	3626436	23	东营鲁方金属材料有限公司	4583917
7	郑州宇通集团有限公司	3563402	24	山东金诚石化集团有限公司	4513739
8	万基控股集团有限公司	3421979	25	山东太阳控股集团有限公司	4490230
9	河南神火集团有限公司	2015011	26	西王集团有限公司	4350599
10	河南金利金铅集团有限公司	1826428	27	华勤橡胶工业集团有限公司	4325182
11	济源市万洋冶炼（集团）有限公司	1773811	28	山东渤海实业股份有限公司	4170157
12	河南济源钢铁（集团）有限公司	1730559	29	山东玉皇化工有限公司	3968785
13	卫华集团有限公司	1113961	30	山东恒源石油化工股份有限公司	3931048
14	龙蟒佰利联集团股份有限公司	1035311	31	山东金岭集团有限公司	3888736
	合计	51500479	32	山东胜通集团股份有限公司	3854216
			33	永锋集团有限公司	3817616
山东			34	威高集团有限公司	3781624
1	山东魏桥创业集团有限公司	35957819	35	东营方圆有色金属有限公司	3699621
2	海尔集团公司	24190125	36	滨化集团公司	3544816
3	潍柴控股集团有限公司	22067298	37	富海集团有限公司	3337975
4	山东钢铁集团有限公司	13523275	38	山东博汇集团有限公司	3300949
5	海信集团有限公司	11106466	39	石横特钢集团有限公司	3300133
6	南山集团有限公司	10073149	40	山东清源集团有限公司	3253538
7	山东东明石化集团有限公司	9067237	41	山东泰山钢铁集团有限公司	3205069

续表

排名	企业名称	营业收入/万元	排名	企业名称	营业收入/万元
42	万通海欣控股集团股份有限公司	3162744	76	瑞星集团股份有限公司	1200156
43	岚桥集团有限公司	3132545	77	山东东方华龙工贸集团有限公司	1195938
44	山东汇丰石化集团有限公司	3068944	78	龙大食品集团有限公司	1182229
45	山东九羊集团有限公司	3021936	79	沂州集团有限公司	1113402
46	东辰控股集团有限公司	2801251	80	得利斯集团有限公司	1112080
47	山东金茂纺织化工集团有限公司	2786967	81	兴源轮胎集团有限公司	1094498
48	香驰控股有限公司	2767244	82	即发集团有限公司	1071033
49	山东垦利石化集团有限公司	2674187	83	山东齐成石油化工有限公司	1043840
50	鲁丽集团有限公司	2673139	84	三角集团有限公司	1042925
51	山东鲁花集团有限公司	2653368	85	山东华鲁恒升化工股份有限公司	1040807
52	青岛啤酒股份有限公司	2627705	86	济南圣泉集团股份有限公司	1032307
53	歌尔股份有限公司	2553673	87	山东鲁北企业集团总公司	1031557
54	正和集团股份有限公司	2361197	88	澳柯玛股份有限公司	997940
55	烟台恒邦集团有限公司	2357739		合计	388374741
56	淄博齐翔腾达化工股份有限公司	2222620			
57	山东寿光鲁清石化有限公司	2089273	山西		
58	金正大生态工程集团股份有限公司	1983354	1	太原钢铁（集团）有限公司	8095685
59	华鲁控股集团有限公司	1878928	2	美锦能源集团有限公司	1925687
60	山东齐鲁制药集团有限公司	1773008	3	山西杏花村汾酒集团有限责任公司	1638106
61	山东金升有色集团有限公司	1750786	4	太原重型机械集团有限公司	1600699
62	金猴集团有限公司	1640214	5	山西建邦集团有限公司	1231198
63	鲁西集团有限公司	1632708	6	山西晋城钢铁控股集团有限公司	1189166
64	山东联盟化工集团有限公司	1582660	7	山西安泰控股集团有限公司	1015000
65	道恩集团有限公司	1572606		合计	16695541
66	山东科瑞控股集团有限公司	1571887			
67	山东潍焦控股集团有限公司	1529272	陕西		
68	山东淄博傅山企业集团有限公司	1506977	1	陕西有色金属控股集团有限责任公司	12614881
69	玲珑集团有限公司	1468874	2	东岭集团股份有限公司	10812595
70	山东荣信集团有限公司	1465655	3	陕西汽车控股集团有限公司	6170812
71	诸城外贸有限责任公司	1455331	4	中国西电集团有限公司	1737809
72	赛轮金宇集团股份有限公司	1380690	5	隆基绿能科技股份有限公司	1636228
73	山东亨圆铜业有限公司	1306191		合计	32972325
74	山东寿光巨能控股集团有限公司	1293118			
75	潍坊特钢集团有限公司	1208169	安徽		

续表

排名	企业名称	营业收入/万元	排名	企业名称	营业收入/万元
1	铜陵有色金属集团控股有限公司	15734470	17	徐州工程机械集团有限公司	4483689
2	安徽海螺集团有限责任公司	13252810	18	中天科技集团有限公司	4465308
3	马钢（集团）控股有限公司	7958732	19	江苏新长江实业集团有限公司	4357390
4	奇瑞控股集团有限公司	6908612	20	江苏华宏实业集团有限公司	4117625
5	安徽江淮汽车集团控股有限公司	4996822	21	金浦投资控股集团有限公司	4020150
6	中科电力装备集团有限公司	3660237	22	江苏阳光集团有限公司	3738814
7	山鹰国际控股股份公司	1746968	23	江苏扬子江船业集团	3553722
8	安徽中鼎控股（集团）股份有限公司	1360323	24	双良集团有限公司	3518421
9	合肥鑫晟光电科技有限公司	1340724	25	华芳集团有限公司	3503459
10	安徽淮海实业发展集团有限公司	1300184	26	维维集团股份有限公司	3471726
11	铜陵精达铜材（集团）有限责任公司	1134544	27	法尔胜泓昇集团有限公司	3403315
12	安徽楚江科技新材料股份有限公司	1104403	28	远东控股集团有限公司	3389258
13	安徽天康（集团）股份有限公司	953236	29	波司登股份有限公司	3240801
14	铜陵化学工业集团有限公司	890712	30	澳洋集团有限公司	3186041
15	安徽叉车集团有限责任公司	876435	31	金东纸业（江苏）股份有限公司	3150433
	合计	63219212	32	江苏大明金属制品有限公司	2776591
			33	天合光能股份有限公司	2642538
江苏			34	江苏三木集团有限公司	2403467
1	恒力集团有限公司	30794113	35	江苏新潮科技集团有限公司	2397733
2	江苏沙钢集团有限公司	22006344	36	新华发集团有限公司	2298919
3	中天钢铁集团有限公司	12204388	37	红太阳集团有限公司	2026069
4	协鑫集团有限公司	11890515	38	苏州创元投资发展（集团）有限公司	2005511
5	海澜集团有限公司	10885541	39	兴达投资集团有限公司	1910714
6	盛虹控股集团有限公司	10501949	40	大亚科技集团有限公司	1824526
7	江苏悦达集团有限公司	8319887	41	江苏江润铜业有限公司	1586377
8	南京钢铁集团有限公司	8020646	42	江苏西城三联控股集团有限公司	1380733
9	亨通集团有限公司	7802628	43	江苏上上电缆集团有限公司	1378972
10	江阴澄星实业集团有限公司	7237863	44	江南集团有限公司	1137497
11	无锡产业发展集团有限公司	7204545	45	江苏倪家巷集团有限公司	1121060
12	扬子江药业集团	7008812	46	江阴江东集团公司	1093528
13	红豆集团有限公司	6033816	47	江苏海达科技集团有限公司	981567
14	江苏三房巷集团有限公司	5233236	48	江苏济川控股集团有限公司	891455
15	亚邦投资控股集团有限公司	5037379	49	江苏隆力奇集团有限公司	885392
16	江苏华西集团有限公司	4750174	50	江阴模塑集团有限公司	870458

续表

排名	企业名称	营业收入/万元	排名	企业名称	营业收入/万元
	合计	252145095	3	正邦集团有限公司	6635299
			4	江西方大钢铁集团有限公司	5602438
湖南			5	新余钢铁集团有限公司	5223113
1	湖南华菱钢铁集团有限责任公司	10253503	6	双胞胎（集团）股份有限公司	5014839
2	蓝思科技股份有限公司	5594430	7	晶科能源控股有限公司	2647294
3	三一集团有限公司	4448808	8	江西博能实业集团有限公司	1950362
4	湖南博长控股集团有限公司	4058828	9	江西济民可信集团有限公司	1802478
5	中联重科股份有限公司	2327289	10	景德镇市焦化工业集团有限责任公司	1279150
6	唐人神集团股份有限公司	1372251	11	泰豪集团有限公司	1155960
7	郴州市金贵银业股份有限公司	1130176	12	仁和（集团）发展有限公司	1020536
8	湖南猎豹汽车股份有限公司	1114673		合计	61992910
9	湘电集团有限公司	1111339			
10	湖南黄金集团有限责任公司	1066360	浙江		
11	泰富重装集团有限公司	1034261	1	浙江吉利控股集团有限公司	27826459
	合计	33511918	2	海亮集团有限公司	16259643
			3	青山控股集团有限公司	16158784
湖北			4	万向集团公司	12662384
1	东风汽车集团有限公司	63053613	5	天能电池集团有限公司	11277583
2	大冶有色金属集团控股有限公司	6245374	6	浙江荣盛控股股份有限公司	10663705
3	稻花香集团	5156194	7	浙江恒逸集团有限公司	10470453
4	金澳科技（湖北）化工有限公司	3861055	8	杭州汽轮动力集团有限公司	10293092
5	宜昌兴发集团有限责任公司	3553187	9	超威电源有限公司	10268301
6	武汉邮电科学研究院有限公司	3041274	10	杭州钢铁集团有限公司	9361757
7	福星集团控股有限公司	2390255	11	杭州锦江集团有限公司	8553673
8	三环集团有限公司	2216433	12	宁波金田投资控股有限公司	7059927
9	华新水泥股份有限公司	2088929	13	雅戈尔集团股份有限公司	6654041
10	长飞光纤光缆股份有限公司	1131612	14	奥克斯集团有限公司	6493012
11	劲牌有限公司	912026	15	传化集团有限公司	6317160
12	湖北新洋丰肥业股份有限公司	903240	16	正泰集团股份有限公司	6017696
	合计	94553192	17	德力西集团有限公司	5258941
			18	浙江桐昆控股集团有限公司	5058084
江西			19	杭州娃哈哈集团有限公司	4643785
1	江西铜业集团有限公司	21603291	20	杉杉控股有限公司	4203413
2	江铃汽车集团公司	8058150	21	人民电器集团有限公司	4034049

续表

排名	企业名称	营业收入/万元	排名	企业名称	营业收入/万元
22	杭州市实业投资集团有限公司	3817570	56	西子联合控股有限公司	1832933
23	杭州华东医药集团有限公司	3653071	57	宁波申洲针织有限公司	1808525
24	华仪集团有限公司	3510126	58	农夫山泉股份有限公司	1779067
25	卧龙控股集团有限公司	3475874	59	宁波博洋控股集团有限公司	1677996
26	富通集团有限公司	3453862	60	人本集团有限公司	1604002
27	浙江富冶集团有限公司	3396477	61	浙江协和集团有限公司	1600725
28	宁波富邦控股集团有限公司	3380633	62	浙江富春江通信集团有限公司	1595178
29	红狮控股集团有限公司	3330775	63	胜达集团有限公司	1580468
30	精功集团有限公司	3241386	64	广博控股集团有限公司	1577296
31	华峰集团有限公司	3226386	65	海天塑机集团有限公司	1527109
32	浙江龙盛控股有限公司	2829564	66	天洁集团有限公司	1471976
33	万丰奥特控股集团有限公司	2800605	67	万邦德新材股份有限公司	1463546
34	宁波均胜电子股份有限公司	2660560	68	振石控股集团有限公司	1458658
35	巨化集团有限公司	2655910	69	闻泰通讯股份有限公司	1395704
36	利时集团股份有限公司	2653455	70	新光控股集团有限公司	1385733
37	森马集团有限公司	2612789	71	富丽达集团控股有限公司	1334495
38	中策橡胶集团有限公司	2539167	72	浙江天圣控股集团有限公司	1287771
39	升华集团控股有限公司	2518651	73	浙江航民实业集团有限公司	1260075
40	花园集团有限公司	2345925	74	精工控股集团有限公司	1212189
41	得力集团有限公司	2308832	75	星星集团有限公司	1209507
42	纳爱斯集团有限公司	2304301	76	浙江古纤道新材料股份有限公司	1164546
43	浙江元立金属制品集团有限公司	2296534	77	东方日升新能源股份有限公司	1145176
44	新凤鸣集团股份有限公司	2296328	78	开氏集团有限公司	1126176
45	舜宇集团有限公司	2243958	79	宁波方太厨具有限公司	1067023
46	华立集团股份有限公司	2234794	80	浙江海正药业股份有限公司	1057153
47	巨星控股集团有限公司	2205600	81	浙江永利实业集团有限公司	1054201
48	三花控股集团有限公司	2201641	82	利欧集团股份有限公司	1052923
49	三鼎控股集团有限公司	2046637	83	浙江华友钴业股份有限公司	965322
50	华翔集团股份有限公司	2007452	84	浙江富陵控股集团有限公司	944169
51	奥康集团有限公司	1953018	85	杭州金鱼电器集团有限公司	939595
52	万马联合控股集团有限公司	1950751	86	新和成控股集团有限公司	914658
53	兴惠化纤集团有限公司	1898885	87	浙江南部电源动力股份有限公司	863681
54	浙江大华技术股份有限公司	1884446		合计	331706057
55	浙江东南网架集团有限公司	1876376			

续表

排名	企业名称	营业收入/万元	排名	企业名称	营业收入/万元
广东					
1	华为投资控股有限公司	60362100	四川		
2	正威国际集团有限公司	49179850	1	四川长虹电子控股集团有限公司	11702131
3	广州汽车工业集团有限公司	34011160	2	四川省宜宾五粮液集团有限公司	8021809
4	美的集团股份有限公司	24191889	3	新希望集团有限公司	7299781
5	珠海格力电器股份有限公司	15001955	4	通威集团	6261031
6	TCL集团股份有限公司	11157736	5	四川德胜集团钒钛有限公司	4651620
7	比亚迪股份有限公司	10592470	6	四川省川威集团有限公司	4511062
8	广州医药集团有限公司	10210515	7	四川科伦实业集团有限公司	4106113
9	中国国际海运集装箱集团股份有限公司	7629993	8	中国东方电气集团有限公司	3532946
10	广东温氏食品集团股份有限公司	5565716	9	四川九洲电器集团有限责任公司	2246759
11	深圳光汇石油集团股份有限公司	5252736	10	泸州老窖集团有限责任公司	1828335
12	广州智能装备产业集团有限公司	4259323	11	四川省达州钢铁集团有限责任公司	1505014
13	创维集团有限公司	3955878	12	攀枝花钢城集团有限公司	1428455
14	研祥高科技控股集团有限公司	3560817	13	波鸿集团有限公司	902071
15	广州万宝集团有限公司	3451914		合计	57997127
16	欧菲科技股份有限公司	3379103			
17	康美药业股份有限公司	2647697	福建		
18	宜华企业(集团)有限公司	2399674	1	紫金矿业集团股份有限公司	9454862
19	金发科技股份有限公司	2313737	2	福建省三钢(集团)有限责任公司	5102003
20	广州立白企业集团有限公司	2107150	3	厦门金龙汽车集团股份有限公司	1773608
21	广东格兰仕集团有限公司	2009159	4	厦门钨业股份有限公司	1418832
22	深圳市中金岭南有色金属股份有限公司	1901563		合计	17749305
23	广东德赛集团有限公司	1887043			
24	欣旺达电子股份有限公司	1731624	广西壮族自治区		
25	广州钢铁企业集团有限公司	1678812	1	广西柳州钢铁集团有限公司	6839830
26	深圳市宝德投资控股有限公司	1397642	2	广西玉柴机器集团有限公司	3560665
27	深圳市三诺投资控股有限公司	1347666	3	广西盛隆冶金有限公司	3114547
28	普联技术有限公司	1142319	4	广西农垦集团有限责任公司	2451335
29	广州视源电子科技股份有限公司	1086761	5	广西汽车集团有限公司	2201057
30	格林美股份有限公司	1075214	6	广西柳工集团有限公司	1547460
31	明阳新能源投资控股集团有限公司	1051521	7	桂林市力源粮油食品集团有限公司	1532821
32	东莞市富之源饲料蛋白开发有限公司	998505	8	广西正润发展集团有限公司	1071945
	合计	278539242	9	广西贵港钢铁集团有限公司	1026741

续表

排名	企业名称	营业收入/万元	排名	企业名称	营业收入/万元
10	广西洋浦南华糖业集团股份有限公司	1014324			
	合计	24360725	青海		
			1	西部矿业集团有限公司	3616136
贵州			2	青海盐湖工业股份有限公司	1169940
1	贵州茅台酒股份有限公司	6106276		合计	4786076
	合计	6106276			
			宁夏回族自治区		
云南			1	宁夏天元锰业集团有限公司	7400594
1	云天化集团有限责任公司	6359792	2	宝塔石化集团有限公司	5247847
2	昆明钢铁控股有限公司	5498649		合计	12648441
3	云南锡业集团（控股）有限责任公司	5495338			
4	云南冶金集团股份有限公司	4717319	新疆维吾尔自治区		
5	云南白药控股有限公司	2449937	1	新疆特变电工集团有限公司	5273129
	合计	24521035	2	新疆中泰（集团）有限责任公司	5121297
			3	新疆天业（集团）有限公司	2829474
甘肃			4	新疆金风科技股份有限公司	2512945
1	金川集团股份有限公司	21704239		合计	15736845
2	酒泉钢铁（集团）有限责任公司	8743652			
3	白银有色集团股份有限公司	5663428	内蒙古自治区		
4	兰州兰石集团有限公司	1200395	1	内蒙古伊利实业集团股份有限公司	6805817
	合计	37311714		合计	6805817

表9-4 2018中国制造业企业500强净利润排序前100名企业

排名	公司名称	净利润/万元	排名	公司名称	净利润/万元
1	华为投资控股有限公司	4745100	51	山东晨鸣纸业集团股份有限公司	376933
2	上海汽车集团股份有限公司	3441034	52	宁波申洲针织有限公司	376272
3	贵州茅台酒股份有限公司	2707936	53	福建省三钢（集团）有限责任公司	376174
4	珠海格力电器股份有限公司	2240158	54	雅戈尔集团股份有限公司	372343
5	中国第一汽车集团有限公司	1930098	55	济南圣泉集团股份有限公司	371516
6	美的集团股份有限公司	1728368	56	山东齐鲁制药集团有限公司	361318
7	海尔集团公司	1655298	57	隆基绿能科技股份有限公司	356452
8	中国航天科技集团有限公司	1503455	58	上海医药集团股份有限公司	352065
9	复星国际有限公司	1316128	59	紫金矿业集团股份有限公司	350772
10	浙江吉利控股集团有限公司	1230237	60	敬业集团有限公司	340185
11	中国电子科技集团公司	1198710	61	农夫山泉股份有限公司	336163
12	万华化学集团股份有限公司	1113479	62	石药控股集团有限公司	335456
13	中国航天科工集团有限公司	1086174	63	河北新华联合冶金控股集团有限公司	323335
14	北京汽车集团有限公司	1050631	64	人本集团有限公司	311428
15	正威国际集团有限公司	1044767	65	杭州华东医药集团有限公司	307745
16	中国石油化工集团公司	1039313	66	新疆金风科技股份有限公司	305465
17	东风汽车集团有限公司	946202	67	天狮集团有限公司	304896
18	山东魏桥创业集团有限公司	858327	68	舜宇集团有限公司	304655
19	万洲国际有限公司	765579	69	湖南华菱钢铁集团有限责任公司	302995
20	江苏沙钢集团有限公司	717649	70	协鑫集团有限公司	300199
21	恒力集团有限公司	686687	71	新兴际华集团有限公司	297399
22	广东温氏食品集团股份有限公司	675112	72	武安市明芳钢铁有限公司	293740
23	广州汽车工业集团有限公司	668533	73	新希望集团有限公司	292340
24	冀南钢铁集团有限公司	621713	74	江西方大钢铁集团有限公司	289966
25	天津华北集团有限公司	612274	75	广西盛隆冶金有限公司	287447
26	内蒙古伊利实业集团股份有限公司	600088	76	北京金隅集团股份有限公司	283666
27	中国兵器工业集团有限公司	579687	77	山东太阳控股集团有限公司	278413
28	安徽海螺集团有限责任公司	573097	78	盘锦北方沥青燃料有限公司	275605
29	中国重型汽车集团有限公司	565134	79	新疆特变电工集团有限公司	274512
30	日照钢铁控股集团有限公司	551674	80	东辰控股集团有限公司	273363
31	河北津西钢铁集团股份有限公司	546731	81	红狮控股集团有限公司	271778
32	海澜集团有限公司	544891	82	太原钢铁（集团）有限公司	266748
33	宁夏天元锰业集团有限公司	520472	83	TCL集团股份有限公司	266440
34	长城汽车股份有限公司	502730	84	新华联集团有限公司	265880
35	中国兵器装备集团公司	500025	85	中融新大集团有限公司	260740
36	武安市裕华钢铁有限公司	492580	86	青山控股集团有限公司	259394
37	南山集团有限公司	486495	87	唐山瑞丰钢铁（集团）有限公司	257764
38	中国船舶重工集团有限公司	484146	88	奥克斯集团有限公司	256477
39	山东大海集团有限公司	477559	89	中国国际海运集装箱集团股份有限公司	250924
40	中国中车集团有限公司	461569	90	中国船舶工业集团有限公司	250633
41	扬子江药业集团	443918	91	龙蟒佰利联集团股份有限公司	250241
42	石横特钢集团有限公司	416384	92	波司登股份有限公司	250160
43	山东胜通集团股份有限公司	411244	93	浙江龙盛控股有限公司	248240
44	康美药业股份有限公司	410093	94	中国航空工业集团有限公司	245375
45	比亚迪股份有限公司	406647	95	河北新金钢铁有限公司	242705
46	广西柳州钢铁集团有限公司	403354	96	研祥高科技控股集团有限公司	241943
47	杭州娃哈哈集团有限公司	401373	97	新光控股集团有限公司	239692
48	河北普阳钢铁有限公司	392417	98	浙江大华技术股份有限公司	237873
49	江苏扬子江船业集团	384061	99	北京建龙重工集团有限公司	237839
50	威高集团有限公司	383848	100	普联技术有限公司	236463
				中国制造业企业500强平均数	163539

表 9-5　2018 中国制造业企业 500 强资产排序前 100 名企业

排名	公司名称	资产/万元	排名	公司名称	资产/万元
1	中国石油化工集团公司	225669776	51	正威国际集团有限公司	14356734
2	中国航空工业集团有限公司	87112366	52	新兴际华集团有限公司	13747114
3	中国五矿集团有限公司	85527190	53	贵州茅台酒股份有限公司	13461012
4	中国化工集团有限公司	79491169	54	太原钢铁（集团）有限公司	13271894
5	中国宝武钢铁集团有限公司	74560676	55	新华联集团有限公司	13193809
6	上海汽车集团股份有限公司	72353313	56	中国国际海运集装箱集团股份有限公司	13060438
7	中国建材集团有限公司	59159493	57	安徽海螺集团有限责任公司	12764767
8	复星国际有限公司	53378805	58	陕西有色金属控股集团有限责任公司	12633356
9	中国铝业集团有限公司	53133675	59	江西铜业集团有限公司	12300384
10	华为投资控股有限公司	50522500	60	中国有色矿业集团有限公司	12015703
11	首钢集团有限公司	50114269	61	恒力集团有限公司	11956156
12	中国船舶重工集团有限公司	49621601	62	金川集团股份有限公司	11803288
13	东风汽车集团有限公司	46485423	63	南山集团有限公司	11787754
14	中国第一汽车集团有限公司	43678364	64	江苏扬子江船业集团	11786140
15	北京汽车集团有限公司	43650230	65	新希望集团有限公司	11736881
16	中国航天科技集团有限公司	41203358	66	湖南华菱钢铁集团有限责任公司	11711286
17	中国中车集团有限公司	40528703	67	酒泉钢铁（集团）有限责任公司	11109241
18	中国兵器工业集团有限公司	37798457	68	长城汽车股份有限公司	11054707
19	河钢集团有限公司	37618377	69	中国黄金集团有限公司	10786293
20	中国兵器装备集团有限公司	36724200	70	四川省宜宾五粮液集团有限公司	10763695
21	鞍钢集团有限公司	35583610	71	山东晨鸣纸业集团股份有限公司	10562510
22	海尔集团公司	31718484	72	新疆特变电工集团有限公司	10548494
23	中国电子科技集团公司	30573522	73	山东黄金集团有限公司	10358853
24	山东钢铁集团有限公司	29865495	74	三一集团有限公司	10341368
25	北京电子控股有限责任公司	29293404	75	海澜集团有限公司	10095169
26	中国船舶工业集团有限公司	29092045	76	北京建龙重工集团有限公司	10066480
27	中国航天科工集团有限公司	28831029	77	海信集团有限公司	10017318
28	浙江吉利控股集团有限公司	27640557	78	万洲国际有限公司	9969882
29	中国电子信息产业集团有限公司	26308258	79	云天化集团有限责任公司	9825492
30	广州汽车工业集团有限公司	25508142	80	徐州工程机械集团有限公司	9531730
31	美的集团股份有限公司	24810685	81	万向集团公司	9472780
32	光明食品（集团）有限公司	24595893	82	中国东方电气集团有限公司	9441593
33	北京金隅集团股份有限公司	23220748	83	上海医药集团股份有限公司	9434448
34	山东魏桥创业集团有限公司	23078007	84	马钢（集团）控股有限公司	9175555
35	上海电气（集团）总公司	23024211	85	日照钢铁控股集团有限公司	9157148
36	珠海格力电器股份有限公司	21496800	86	小米集团	8986976
37	潍柴控股集团有限公司	20796038	87	铜陵有色金属集团控股有限公司	8951688
38	东旭集团有限公司	19848326	88	紫金矿业集团股份有限公司	8931526
39	联想集团有限公司	19768487	89	江苏悦达集团有限公司	8909508
40	宁夏天元锰业集团有限公司	18822330	90	云南冶金集团有限公司	8822830
41	协鑫集团有限公司	18534215	91	中联重科股份有限公司	8314906
42	比亚迪股份有限公司	17809943	92	雅戈尔集团股份有限公司	8312268
43	江苏沙钢集团有限公司	17471140	93	浙江荣盛控股集团有限公司	8257366
44	华晨汽车集团控股有限公司	16129321	94	青海盐湖工业股份有限公司	8241852
45	TCL集团股份有限公司	16029399	95	盛虹控股集团有限公司	8001365
46	泸州老窖集团有限责任公司	16006942	96	四川长虹电子控股集团有限公司	7966978
47	中融新大集团有限公司	15782987	97	重庆化医控股（集团）公司	7833321
48	中国重型汽车集团有限公司	15780183	98	新疆中泰（集团）有限责任公司	7767951
49	奇瑞控股集团有限公司	14510100	99	新光控股集团有限公司	7764040
50	本钢集团有限公司	14496314	100	新疆金风科技股份有限公司	7278783
				中国制造业企业500强平均数	6824459

表 9-6 2018 中国制造业企业 500 强从业人数排序前 100 名企业

排名	公司名称	从业人数/人	排名	公司名称	从业人数/人
1	中国石油化工集团公司	667793	51	中国有色矿业集团有限公司	52814
2	中国航空工业集团有限公司	488216	52	北京金隅集团股份有限公司	52321
3	中国兵器工业集团有限公司	226338	53	广东温氏食品集团股份有限公司	50574
4	中国建材集团有限公司	215550	54	雅戈尔集团股份有限公司	50492
5	中国兵器装备集团有限公司	211716	55	宜华企业（集团）有限公司	50150
6	中国五矿集团有限公司	203786	56	中国国际海运集装箱集团股份有限公司	50000
7	中国中车集团有限公司	183835	57	安徽海螺集团有限责任公司	48381
8	东风汽车集团有限公司	180433	58	中国黄金集团有限公司	47135
9	华为投资控股有限公司	180000	59	华晨汽车集团控股有限公司	46912
10	中国船舶重工集团有限公司	173201	60	歌尔股份有限公司	46847
11	中国航天科技集团有限公司	173102	61	南山集团有限公司	46349
12	中国电子科技集团公司	168923	62	上海电气（集团）总公司	45500
13	中国电子信息产业集团有限公司	159039	63	陕西有色金属控股集团有限责任公司	44421
14	中国宝武钢铁集团有限公司	157765	64	四川省宜宾五粮液集团有限公司	42915
15	中国航天科工集团有限公司	147710	65	江铃汽车集团公司	42792
16	上海汽车集团股份有限公司	145480	66	上海医药集团股份有限公司	42236
17	光明食品（集团）有限公司	143140	67	欧菲科技股份有限公司	41826
18	中国化工集团有限公司	138185	68	青山控股集团有限公司	41691
19	北京汽车集团有限公司	133165	69	山东如意国际时尚产业投资控股有限公司	41069
20	鞍钢集团有限公司	130580	70	青岛啤酒股份有限公司	40810
21	中国铝业集团有限公司	123293	71	中国重型汽车集团有限公司	40803
22	河钢集团有限公司	123178	72	江苏悦达集团有限公司	40437
23	中国第一汽车集团有限公司	120501	73	北京建龙重工集团有限公司	40388
24	首钢集团有限公司	118722	74	正邦集团有限公司	40128
25	山东魏桥创业集团有限公司	117718	75	马钢（集团）控股有限公司	38771
26	万洲国际有限公司	110000	76	创维集团有限公司	37600
27	美的集团股份有限公司	101826	77	酒泉钢铁（集团）有限责任公司	36622
28	蓝思科技股份有限公司	94598	78	广州医药集团有限公司	36386
29	北京电子控股有限责任公司	85548	79	安徽江淮汽车集团控股有限公司	35735
30	珠海格力电器股份有限公司	85222	80	江苏沙钢集团有限公司	34634
31	广州汽车工业集团有限公司	84290	81	太原钢铁（集团）有限公司	34265
32	山东钢铁集团有限公司	81454	82	海澜集团有限公司	33000
33	浙江吉利控股集团有限公司	80914	83	湖南华菱钢铁集团有限责任公司	32572
34	海尔集团公司	79243	84	河南神火集团有限公司	31758
35	潍柴控股集团有限公司	78536	85	正泰集团股份有限公司	31082
36	宁波申洲针织有限公司	77100	86	奇瑞控股集团有限公司	30907
37	TCL 集团股份有限公司	75059	87	隆鑫控股有限公司	30015
38	本钢集团有限公司	70089	88	金川集团股份有限公司	29754
39	中国船舶工业集团有限公司	70009	89	协鑫集团有限公司	29540
40	新希望集团有限公司	69587	90	重庆机电控股（集团）公司	29507
41	长城汽车股份有限公司	68505	91	广州智能装备产业集团有限公司	29283
42	四川长虹电子控股集团有限公司	66032	92	宁波均胜电子股份有限公司	28349
43	新华联集团有限公司	65076	93	杭州市实业投资集团有限公司	28235
44	恒力集团有限公司	63420	94	盛虹控股集团有限公司	28132
45	复星国际有限公司	63000	95	万向集团公司	28099
46	广西农垦集团有限责任公司	60726	96	重庆化医控股（集团）公司	28054
47	新兴际华集团有限公司	60306	97	云南冶金集团股份有限公司	27842
48	海信集团有限公司	59567	98	陕西汽车控股集团有限公司	27102
49	联想集团有限公司	54000	99	新疆中泰（集团）有限责任公司	26454
50	内蒙古伊利实业集团股份有限公司	53531	100	紫金矿业集团股份有限公司	26407
				中国制造业企业 500 强平均数	24936

表 9－7　2018 中国制造业企业 500 强研发费用排序前 100 名企业

排名	公司名称	研发费用/万元	排名	公司名称	研发费用/万元
1	华为投资控股有限公司	8969000	51	四川科伦实业集团有限公司	254665
2	中国航空工业集团有限公司	2046950	52	铜陵有色金属集团控股有限公司	253103
3	中国航天科工集团有限公司	1906331	53	湖南华菱钢铁集团有限责任公司	247894
4	浙江吉利控股集团有限公司	1826973	54	太原钢铁（集团）有限公司	228093
5	东风汽车集团有限公司	1391503	55	华晨汽车集团控股有限公司	225520
6	中国第一汽车集团有限公司	1389166	56	中国建材集团有限公司	225416
7	山东魏桥创业集团有限公司	1326844	57	华泰集团有限公司	224316
8	中国兵器工业集团有限公司	1169887	58	酒泉钢铁（集团）有限责任公司	220032
9	上海汽车集团股份有限公司	1106271	59	新疆特变电工集团有限公司	215500
10	中国中车集团有限公司	1013661	60	扬子江药业集团	213067
11	北京电子控股有限责任公司	954864	61	亨通集团有限公司	205643
12	中国化工集团有限公司	950992	62	安徽江淮汽车集团控股有限公司	200692
13	联想集团有限公司	852992	63	宁波均胜电子股份有限公司	198014
14	美的集团股份有限公司	850000	64	敬业集团有限公司	193398
15	中国石油化工集团公司	829704	65	中国重型汽车集团有限公司	193012
16	海尔集团公司	772160	66	山东胜通集团股份有限公司	191427
17	北京汽车集团有限公司	762650	67	浙江大华技术股份有限公司	178889
18	中国电子科技集团公司	723336	68	郑州宇通集团有限公司	178607
19	中国五矿集团有限公司	716462	69	徐州工程机械集团有限公司	178100
20	中国电子信息产业集团有限公司	713009	70	欧菲科技股份有限公司	175616
21	中国兵器装备集团有限公司	670090	71	重庆力帆控股有限公司	174393
22	比亚迪股份有限公司	626631	72	山东如意国际时尚产业投资控股有限公司	174006
23	中国宝武钢铁集团有限公司	583420	73	浙江荣盛控股集团有限公司	170286
24	珠海格力电器股份有限公司	576693	74	中天科技集团有限公司	169681
25	广州汽车工业集团有限公司	510270	75	歌尔股份有限公司	169651
26	中国航天科技集团有限公司	504755	76	奇瑞控股集团有限公司	164850
27	首钢集团有限公司	491983	77	江苏三房巷集团有限公司	161562
28	恒力集团有限公司	482982	78	德力西集团有限公司	159892
29	中国船舶重工集团有限公司	472536	79	蓝思科技股份有限公司	157572
30	TCL 集团股份有限公司	472120	80	上海仪电（集团）有限公司	156655
31	海信集团有限公司	444814	81	河南森源集团有限公司	156217
32	鞍钢集团有限公司	432319	82	日照钢铁控股集团有限公司	154667
33	潍柴控股集团有限公司	413740	83	正泰集团股份有限公司	154537
34	利华益集团股份有限公司	378756	84	安阳钢铁集团有限责任公司	151673
35	上海电气（集团）总公司	358718	85	晶龙实业集团有限公司	148507
36	河钢集团有限公司	353460	86	新疆金风科技股份有限公司	147327
37	长城汽车股份有限公司	336457	87	协鑫集团有限公司	147040
38	中国船舶工业集团有限公司	336219	88	陕西有色金属控股集团有限责任公司	145447
39	四川长虹电子控股集团有限公司	325816	89	石药控股集团有限公司	145298
40	泰富重装集团有限公司	320467	90	山东钢铁集团有限公司	141614
41	中国铝业集团有限公司	320039	91	中国东方电气集团有限公司	138844
42	江铃汽车集团公司	319178	92	陕西汽车控股集团有限公司	138657
43	南山集团有限公司	318942	93	东辰控股集团有限公司	137628
44	小米集团	315340	94	奥克斯集团有限公司	135304
45	三一集团有限公司	287088	95	哈尔滨电气集团有限公司	135123
46	江西铜业集团有限公司	272714	96	河北津西钢铁集团股份有限公司	133320
47	武汉邮电科学研究院有限公司	265914	97	人民电器集团有限公司	132412
48	江苏沙钢集团有限公司	264482	98	华勤橡胶工业集团有限公司	129855
49	万向集团公司	260561	99	创维集团有限公司	127455
50	新希望集团有限公司	256000	100	山东渤海实业股份有限公司	125950
				中国制造业企业 500 强平均数	135246

表9-8 2018中国制造业企业500强研发费用所占比例前100名企业

排名	公司名称	研发费用所占比例/%	排名	公司名称	研发费用所占比例/%
1	泰富重装集团有限公司	30.99	51	徐州工程机械集团有限公司	3.97
2	华为投资控股有限公司	14.86	52	江铃汽车集团公司	3.96
3	浙江大华技术股份有限公司	9.49	53	湘电集团有限公司	3.96
4	北京电子控股有限责任公司	9.15	54	山东科瑞控股集团有限公司	3.94
5	合肥鑫晟光电科技有限公司	9.09	55	中国东方电气集团有限公司	3.93
6	武汉邮电科学研究院有限公司	8.74	56	晶龙实业集团有限公司	3.92
7	中国航天科工集团有限公司	8.28	57	星星集团有限公司	3.91
8	浙江海正药业股份有限公司	7.99	58	上海电气（集团）总公司	3.91
9	宁波均胜电子股份有限公司	7.44	59	大亚科技集团有限公司	3.87
10	上海华虹（集团）有限公司	6.77	60	泰豪集团有限公司	3.86
11	隆基绿能科技股份有限公司	6.77	61	珠海格力电器股份有限公司	3.84
12	山东齐鲁制药集团有限公司	6.76	62	中天科技集团有限公司	3.80
13	歌尔股份有限公司	6.64	63	安徽叉车集团有限责任公司	3.77
14	浙江吉利控股集团有限公司	6.57	64	卫华集团有限公司	3.77
15	三一集团有限公司	6.45	65	安阳钢铁集团有限责任公司	3.76
16	中国西电集团有限公司	6.31	66	中联重科股份有限公司	3.75
17	四川科伦实业集团有限公司	6.20	67	河南森源集团有限公司	3.69
18	比亚迪股份有限公司	5.92	68	山东魏桥创业集团有限公司	3.69
19	新疆金风科技股份有限公司	5.86	69	邢台钢铁有限责任公司	3.66
20	胜达集团有限公司	5.57	70	即发集团有限公司	3.60
21	中国华录集团有限公司	5.57	71	中国电子科技集团公司	3.55
22	石药控股集团有限公司	5.50	72	山东华鲁恒升化工股份有限公司	3.55
23	普联技术有限公司	5.34	73	青海盐湖工业股份有限公司	3.54
24	欧菲科技股份有限公司	5.20	74	厦门金龙汽车集团股份有限公司	3.52
25	湖南猎豹汽车股份有限公司	5.19	75	美的集团股份有限公司	3.51
26	澳柯玛股份有限公司	5.16	76	新希望集团有限公司	3.51
27	中国航空工业集团有限公司	5.06	77	华鲁控股集团有限公司	3.49
28	利华益集团股份有限公司	5.05	78	玲珑集团有限公司	3.47
29	郑州宇通集团有限公司	5.01	79	中科电力装备集团有限公司	3.44
30	山东胜通集团股份有限公司	4.97	80	海天塑机集团有限公司	3.44
31	东辰控股集团有限公司	4.91	81	上海仪电（集团）有限公司	3.44
32	厦门钨业股份有限公司	4.81	82	天合光能股份有限公司	3.42
33	舜宇集团有限公司	4.70	83	格林美股份有限公司	3.40
34	中国中车集团有限公司	4.67	84	万丰奥特控股集团有限公司	3.40
35	新和成控股集团有限公司	4.66	85	长城汽车股份有限公司	3.33
36	四川九洲电器集团有限责任公司	4.64	86	中策橡胶集团有限公司	3.33
37	三鼎控股集团有限公司	4.60	87	山东寿光鲁清石化有限公司	3.32
38	三角集团有限公司	4.59	88	河北诚信有限责任公司	3.30
39	广州视源电子科技股份有限公司	4.54	89	中国电子信息产业集团有限公司	3.30
40	广东德赛集团有限公司	4.39	90	鲁西集团有限公司	3.29
41	TCL集团股份有限公司	4.23	91	广西柳工集团有限公司	3.28
42	闻泰通讯股份有限公司	4.15	92	人民电器集团有限公司	3.28
43	山东鲁北企业集团总公司	4.10	93	江苏新潮科技集团有限公司	3.27
44	重庆力帆控股有限公司	4.09	94	龙大食品集团有限公司	3.26
45	新疆特变电工集团有限公司	4.09	95	创维集团有限公司	3.22
46	金发科技股份有限公司	4.05	96	卧龙控股集团有限公司	3.21
47	龙蟒佰利联集团股份有限公司	4.05	97	海尔集团公司	3.19
48	哈尔滨电气集团有限公司	4.03	98	南山集团有限公司	3.17
49	安徽江淮汽车集团控股有限公司	4.02	99	宁波方太厨具有限公司	3.16
50	海信集团有限公司	4.01	100	广西盛隆冶金有限公司	3.16
				中国制造业企业500强平均数	2.08

表 9-9 2018 中国制造业企业 500 强净资产利润率排序前 100 名企业

排名	公司名称	净资产利润率/%	排名	公司名称	净资产利润率/%
1	人本集团有限公司	99.67	51	湖南猎豹汽车股份有限公司	25.70
2	山东齐成石油化工有限公司	91.09	52	山东鲁花集团有限公司	25.43
3	利时集团股份有限公司	88.31	53	日照钢铁控股集团有限公司	25.12
4	河北天柱钢铁集团有限公司	61.50	54	隆基绿能科技股份有限公司	25.11
5	浙江天圣控股集团有限公司	47.79	55	天津市宝来工贸有限公司	24.08
6	冀南钢铁集团有限公司	47.17	56	内蒙古伊利实业集团股份有限公司	23.90
7	山东海科化工集团有限公司	45.07	57	浙江元立金属制品集团有限公司	23.81
8	石横特钢集团有限公司	42.90	58	宁波方太厨具有限公司	23.78
9	江西方大钢铁集团有限公司	42.74	59	山东寿光巨能控股集团有限公司	23.61
10	宜昌兴发集团有限责任公司	40.94	60	美的集团股份有限公司	23.44
11	万华化学集团股份有限公司	40.82	61	潍柴控股集团有限公司	23.42
12	四川省川威集团有限公司	39.87	62	广州万宝集团有限公司	23.40
13	永锋集团有限公司	39.36	63	铭源控股集团有限公司	23.18
14	舜宇集团有限公司	39.21	64	新余钢铁集团有限公司	23.14
15	德龙钢铁有限公司	38.86	65	沂州集团有限公司	23.08
16	河南金利金铅集团有限公司	36.97	66	新凤鸣集团股份有限公司	22.81
17	福建省三钢（集团）有限责任公司	36.93	67	四川省达州钢铁集团有限责任公司	22.77
18	宁波博洋控股集团有限公司	36.57	68	浙江大华技术股份有限公司	22.73
19	秦皇岛宏兴钢铁有限公司	35.43	69	浙江协和集团有限公司	22.42
20	山东大海集团有限公司	34.75	70	山东金诚石化集团有限公司	22.09
21	唐山瑞丰钢铁（集团）有限公司	34.21	71	万达控股集团有限公司	21.87
22	珠海格力电器股份有限公司	34.15	72	杭州华东医药集团有限公司	21.70
23	河北普阳钢铁有限公司	34.13	73	山东胜通集团股份有限公司	21.53
24	河北津西钢铁集团股份有限公司	33.97	74	青山控股集团有限公司	21.37
25	湖南博长控股集团有限公司	33.80	75	石药控股集团有限公司	21.31
26	盘锦北方沥青燃料有限公司	33.22	76	鲁丽集团有限公司	21.29
27	河北鑫达钢铁有限公司	32.42	77	金澳科技（湖北）化工有限公司	21.09
28	闻泰通讯股份有限公司	31.77	78	红狮控股集团有限公司	21.06
29	浙江华友钴业股份有限公司	31.46	79	万基控股集团有限公司	21.05
30	武安市裕华钢铁有限公司	30.84	80	山东金茂纺织化工集团有限公司	20.96
31	广西盛隆冶金有限公司	30.75	81	浙江吉利控股集团有限公司	20.88
32	山西建邦集团有限公司	30.42	82	得力集团有限公司	20.81
33	唐山国丰钢铁有限公司	30.34	83	江苏济川控股集团有限公司	20.80
34	农夫山泉股份有限公司	30.19	84	海尔集团公司	20.78
35	山东恒源石油化工股份有限公司	29.94	85	桂林市力源粮油食品集团有限公司	20.70
36	贵州茅台酒股份有限公司	29.61	86	广东温氏食品集团股份有限公司	20.70
37	广西柳州钢铁集团有限公司	29.58	87	江阴江东集团公司	20.60
38	河北安丰钢铁有限公司	29.44	88	苏州创元投资发展（集团）有限公司	20.57
39	梦金园黄金珠宝集团有限公司	27.94	89	河北诚信有限责任公司	20.50
40	广州视源电子科技股份有限公司	27.56	90	江苏阳光集团有限公司	20.42
41	山东京博控股股份有限公司	27.36	91	老凤祥股份有限公司	20.26
42	华为投资控股有限公司	27.02	92	鲁西集团有限公司	20.07
43	武安市明芳钢铁有限公司	26.81	93	德力西集团有限公司	19.86
44	河南济源钢铁（集团）有限公司	26.62	94	山东亨圆铜业有限公司	19.60
45	河北新金钢铁有限公司	26.56	95	山东如意国际时尚产业投资控股有限公司	19.57
46	邯郸市正大制管有限公司	26.39	96	欣旺达电子股份有限公司	19.45
47	山东太阳控股集团有限公司	26.38	97	山鹰国际控股股份公司	19.43
48	天能电池集团有限公司	26.31	98	龙蟒佰利联集团股份有限公司	19.42
49	奥康集团有限公司	26.01	99	安阳钢铁集团有限责任公司	19.40
50	敬业集团有限公司	25.91	100	人民电器集团有限公司	19.29
				中国制造业企业500强平均数	9.20

表 9-10 2018 中国制造业企业 500 强资产利润率排序前 100 名企业

排名	公司名称	资产利润率/%	排名	公司名称	资产利润率/%
1	天津华北集团有限公司	68.51	51	杭州华东医药集团有限公司	12.15
2	济南圣泉集团股份有限公司	51.13	52	唐山国丰钢铁有限公司	12.03
3	冀南钢铁集团有限公司	34.67	53	龙蟒佰利联集团股份有限公司	12.00
4	人本集团有限公司	29.80	54	福建省三钢（集团）有限责任公司	11.96
5	武安市裕华钢铁有限公司	23.77	55	双胞胎（集团）股份有限公司	11.92
6	河北天柱钢铁集团有限公司	23.15	56	山东寿光巨能控股集团有限公司	11.86
7	唐山瑞丰钢铁（集团）有限公司	23.03	57	金澳科技（湖北）化工有限公司	11.49
8	秦皇岛宏兴钢铁有限公司	22.79	58	浙江华友钴业股份有限公司	11.41
9	天津市宝来工贸有限公司	20.92	59	河北鑫达钢铁有限公司	11.39
10	浙江天圣控股集团有限公司	20.82	60	江西济民可信集团有限公司	11.33
11	河北普阳钢铁有限公司	20.63	61	浙江大华技术股份有限公司	11.15
12	山东荣信集团有限公司	20.56	62	山东恒源石油化工股份有限公司	11.12
13	农夫山泉股份有限公司	20.40	63	长飞光纤光缆股份有限公司	11.04
14	贵州茅台酒股份有限公司	20.12	64	敬业集团有限公司	10.86
15	舜宇集团有限公司	19.14	65	隆基绿能科技股份有限公司	10.84
16	石横特钢集团有限公司	18.62	66	天津荣程祥泰投资控股集团有限公司	10.84
17	德龙钢铁有限公司	18.13	67	铭源控股集团有限公司	10.72
18	河北安丰钢铁有限公司	17.78	68	珠海格力电器股份有限公司	10.42
19	山东金诚石化集团有限公司	17.27	69	石药控股集团有限公司	9.93
20	普联技术有限公司	16.98	70	威高集团有限公司	9.80
21	万华化学集团股份有限公司	16.92	71	武安市文安钢铁有限公司	9.69
22	天狮集团有限公司	16.53	72	利时集团股份有限公司	9.62
23	宁波申洲针织有限公司	15.62	73	江苏济川控股集团有限公司	9.61
24	山西建邦集团有限公司	15.54	74	鲁丽集团有限公司	9.56
25	山东齐鲁制药集团有限公司	15.36	75	华为投资控股有限公司	9.39
26	山东鲁花集团有限公司	15.21	76	江苏西城三联控股集团有限公司	9.31
27	河北新金钢铁有限公司	15.10	77	广西柳州钢铁集团有限公司	9.31
28	河北诚信有限责任公司	15.02	78	金鼎重工股份有限公司	9.21
29	奥康集团有限公司	15.01	79	沂州集团有限公司	9.15
30	山东亨圆铜业有限公司	14.46	80	仁和（集团）发展有限公司	9.07
31	扬子江药业集团	14.30	81	江西方大钢铁集团有限公司	9.05
32	江阴江东集团公司	14.22	82	滨化集团公司	9.04
33	山东大海集团有限公司	14.08	83	东营鲁方金属材料有限公司	9.00
34	河北津西钢铁集团股份有限公司	13.96	84	山东海科化工集团有限公司	8.82
35	广州视源电子科技股份有限公司	13.96	85	淄博齐翔腾达化工股份有限公司	8.81
36	人民电器集团有限公司	13.89	86	河南金利金铅集团有限公司	8.80
37	广东温氏食品集团股份有限公司	13.77	87	河南济源钢铁（集团）有限公司	8.71
38	新凤鸣集团股份有限公司	13.54	88	海天塑机集团有限公司	8.69
39	东辰控股集团有限公司	13.47	89	桂林市力源粮油食品集团有限公司	8.67
40	广西盛隆冶金有限公司	13.34	90	江苏上上电缆集团有限公司	8.64
41	宁波方太厨具有限公司	12.88	91	老凤祥股份有限公司	8.46
42	杭州娃哈哈集团有限公司	12.80	92	波司登股份有限公司	8.46
43	河北冠丰冶金工业有限公司	12.75	93	天能电池集团有限公司	8.42
44	山东胜通集团股份有限公司	12.69	94	江苏阳光集团有限公司	8.30
45	武安市明芳钢铁有限公司	12.57	95	劲牌有限公司	8.27
46	山东金岭集团有限公司	12.39	96	山东金茂纺织化工集团有限公司	8.26
47	天津源泰德润钢管制造集团有限公司	12.33	97	山东太阳控股集团有限公司	8.23
48	亚邦投资控股集团有限公司	12.26	98	奥盛集团有限公司	8.09
49	河北兴华钢铁有限公司	12.21	99	歌尔股份有限公司	8.05
50	内蒙古伊利实业集团股份有限公司	12.17	100	研祥高科技控股集团有限公司	8.04
				中国制造业企业 500 强平均数	2.40

表 9-11　2018 中国制造业企业 500 强收入利润率排序前 100 名企业

排名	公司名称	收入利润率/%	排名	公司名称	收入利润率/%
1	贵州茅台酒股份有限公司	44.35	51	杭州华东医药集团有限公司	8.42
2	济南圣泉集团股份有限公司	35.99	52	歌尔股份有限公司	8.38
3	天津华北集团有限公司	34.31	53	长飞光纤光缆股份有限公司	8.19
4	劲牌有限公司	25.58	54	红狮控股集团有限公司	8.16
5	龙蟒佰利联集团股份有限公司	24.17	55	唐山国丰钢铁有限公司	8.15
6	隆基绿能科技股份有限公司	21.78	56	山东寿光巨能控股集团有限公司	8.13
7	万华化学集团股份有限公司	20.96	57	泸州老窖集团有限责任公司	7.89
8	宁波申洲针织有限公司	20.81	58	华为投资控股有限公司	7.86
9	普联技术有限公司	20.70	59	波司登股份有限公司	7.72
10	山东齐鲁制药集团有限公司	20.38	60	湖北新洋丰肥业股份有限公司	7.53
11	浙江华友钴业股份有限公司	19.64	61	福建省三钢（集团）有限责任公司	7.37
12	人本集团有限公司	19.42	62	兰州兰石集团有限公司	7.29
13	农夫山泉股份有限公司	18.90	63	河北普阳钢铁有限公司	7.18
14	新光控股集团有限公司	17.30	64	美的集团股份有限公司	7.14
15	冀南钢铁集团有限公司	15.65	65	兴源轮胎集团有限公司	7.13
16	康美药业股份有限公司	15.49	66	湖南猎豹汽车股份有限公司	7.13
17	海天塑机集团有限公司	15.20	67	苏州创元投资发展（集团）有限公司	7.10
18	复星国际有限公司	14.95	68	宁夏天元锰业集团有限公司	7.03
19	珠海格力电器股份有限公司	14.93	69	万丰奥特控股集团有限公司	6.99
20	德龙钢铁有限公司	14.36	70	日照钢铁控股集团有限公司	6.91
21	山东科瑞控股集团有限公司	13.72	71	海尔集团公司	6.84
22	舜宇集团有限公司	13.58	72	研祥高科技控股集团有限公司	6.79
23	唐山瑞丰钢铁（集团）有限公司	13.52	73	盘锦北方沥青燃料有限公司	6.71
24	山西建邦集团有限公司	13.45	74	振石控股集团有限公司	6.58
25	武安市裕华钢铁有限公司	12.75	75	武安市明芳钢铁有限公司	6.57
26	石药控股集团有限公司	12.70	76	新凤鸣集团股份有限公司	6.52
27	河北鑫达钢铁有限公司	12.67	77	中国航天科技集团有限公司	6.51
28	浙江大华技术股份有限公司	12.62	78	奥康集团有限公司	6.48
29	石横特钢集团有限公司	12.62	79	广州视源电子科技股份有限公司	6.36
30	宁波方太厨具有限公司	12.20	80	扬子江药业集团	6.33
31	新疆金风科技股份有限公司	12.16	81	河南济源钢铁（集团）有限公司	6.29
32	广东温氏食品集团股份有限公司	12.13	82	河北诚信有限责任公司	6.25
33	合肥鑫晟光电科技有限公司	11.89	83	中国重型汽车集团有限公司	6.24
34	山鹰国际控股股份公司	11.53	84	山东太阳控股集团有限公司	6.20
35	江苏扬子江船业集团	10.81	85	浙江天圣控股集团有限公司	6.16
36	山东胜通集团股份有限公司	10.67	86	河北新金钢铁有限公司	6.14
37	河北天柱钢铁集团有限公司	10.64	87	山东大海集团有限公司	6.13
38	秦皇岛宏兴钢铁有限公司	10.25	88	广州立白企业集团有限公司	6.03
39	威高集团有限公司	10.15	89	山东荣信集团有限公司	6.00
40	华新水泥股份有限公司	9.95	90	铭源控股有限公司	5.90
41	东辰控股集团有限公司	9.76	91	广西柳州钢铁集团有限公司	5.90
42	江苏济川控股股份有限公司	9.69	92	江阴模塑集团有限公司	5.89
43	新和成控股集团有限公司	9.59	93	中国电子科技集团公司	5.89
44	河北安丰钢铁有限公司	9.38	94	江阴江东集团公司	5.80
45	广西盛隆冶金有限公司	9.23	95	金东纸业（江苏）股份有限公司	5.80
46	天狮集团有限公司	9.00	96	郑州宇通集团有限公司	5.79
47	内蒙古伊利实业集团股份有限公司	8.82	97	中联重科股份有限公司	5.72
48	浙江龙盛控股有限公司	8.77	98	泰富重装集团有限公司	5.71
49	杭州娃哈哈集团有限公司	8.64	99	格林美股份有限公司	5.68
50	山东鲁花集团有限公司	8.53	100	东方日升新能源股份有限公司	5.67
				中国制造业企业 500 强平均数	2.57

表9-12 2018中国制造业企业500强人均营业收入排序前100名企业

排名	公司名称	人均营业收入/万元	排名	公司名称	人均营业收入/万元
1	江苏江润铜业有限公司	7554	51	山东东方华龙工贸集团有限公司	972
2	东营方圆有色金属有限公司	7399	52	闻泰通讯股份有限公司	946
3	山东亨圆铜业有限公司	5488	53	浙江富陵控股集团有限公司	939
4	上海鑫冶铜业有限公司	5122	54	香驰控股有限公司	922
5	深圳光汇石油集团股份有限公司	3891	55	浙江恒逸集团有限公司	914
6	东莞市富之源饲料蛋白开发有限公司	3566	56	万通海欣控股集团股份有限公司	904
7	比亚迪股份有限公司	3276	57	广州钢铁企业集团有限公司	892
8	正威国际集团有限公司	2750	58	海亮集团有限公司	890
9	新华发集团有限公司	2420	59	河北普阳钢铁有限公司	877
10	天津华北集团有限公司	2354	60	江西铜业集团有限公司	869
11	山东金诚石化集团有限公司	2257	61	华泰集团有限公司	853
12	兴达投资集团有限公司	2066	62	山东垦利石化集团有限公司	849
13	东营鲁方金属材料有限公司	1950	63	山东玉皇化工有限公司	846
14	山东恒源石油化工股份有限公司	1904	64	武安市文安钢铁有限公司	843
15	杭州汽轮动力集团有限公司	1876	65	升华集团控股有限公司	841
16	天津恒兴集团有限公司	1858	66	天狮集团有限公司	840
17	利华益集团股份有限公司	1858	67	富海集团有限公司	840
18	环嘉集团有限公司	1669	68	梦金园黄金珠宝集团有限公司	834
19	山东汇丰石化集团有限公司	1613	69	武安市烘熔钢铁有限公司	831
20	老凤祥股份有限公司	1582	70	中天钢铁集团有限公司	824
21	山东金升有色集团有限公司	1553	71	金鼎重工股份有限公司	819
22	铭源控股集团有限公司	1532	72	天津荣程祥泰投资控股集团有限公司	791
23	浙江富冶集团有限公司	1520	73	小米集团	790
24	山东海科化工集团有限公司	1490	74	山东清源集团有限公司	775
25	宁波金田投资控股有限公司	1479	75	河南金利金铅集团有限公司	762
26	山东东明石化集团有限公司	1461	76	兴惠化纤集团有限公司	750
27	江苏华宏实业集团有限公司	1392	77	河北新金钢铁有限公司	749
28	盘锦北方沥青燃料有限公司	1360	78	重庆万达薄板有限公司	749
29	河北鑫海控股有限公司	1351	79	杭州锦江集团有限公司	737
30	万邦德新材股份有限公司	1339	80	金川集团股份有限公司	729
31	岚桥集团有限公司	1328	81	南京钢铁集团有限公司	729
32	浙江协和集团有限公司	1300	82	旭阳控股有限公司	722
33	东辰控股集团有限公司	1295	83	天津源泰德润钢管制造集团有限公司	706
34	三河汇福粮油集团有限公司	1288	84	双良集团有限公司	700
35	江阴澄星实业集团有限公司	1244	85	江苏三房巷集团有限公司	698
36	山东寿光鲁清石化有限公司	1238	86	森马集团有限公司	695
37	山东渤海实业股份有限公司	1209	87	山东荣信集团有限公司	693
38	天洁集团有限公司	1177	88	中融新大集团有限公司	685
39	正和集团股份有限公司	1175	89	天津市宝来工贸有限公司	680
40	山东齐成石油化工有限公司	1166	90	天津纺织集团（控股）有限公司	680
41	浙江荣盛控股集团有限公司	1160	91	滨化集团公司	676
42	山东大海集团有限公司	1122	92	研祥高科技控股集团有限公司	672
43	中科电力装备集团有限公司	1067	93	双胞胎（集团）股份有限公司	669
44	河北津西钢铁集团股份有限公司	1065	94	浙江古纤道新材料股份有限公司	658
45	东岭集团股份有限公司	1054	95	杭州钢铁集团有限公司	651
46	奥盛集团有限公司	1041	96	郴州市金贵银业股份有限公司	641
47	淄博齐翔腾达化工股份有限公司	1036	97	山东晨鸣纸业集团股份有限公司	641
48	山东金岭集团有限公司	998	98	江苏沙钢集团有限公司	635
49	山东金茂纺织化工集团有限公司	995	99	江苏大明金属制品有限公司	623
50	金澳科技（湖北）化工有限公司	975	100	铜陵有色金属集团控股有限公司	619
				中国制造业企业500强平均数	255

表 9-13　2018 中国制造业企业 500 强人均净利润排序前 100 名企业

排名	公司名称	人均净利润/万元	排名	公司名称	人均净利润/万元
1	天津华北集团有限公司	807.75	51	新疆金风科技股份有限公司	36.48
2	东营方圆有色金属有限公司	199.71	52	广西盛隆冶金有限公司	35.93
3	山东亨圆铜业有限公司	166.44	53	长飞光纤光缆股份有限公司	35.82
4	济南圣泉集团股份有限公司	138.26	54	龙蟒佰利联集团股份有限公司	35.44
5	东辰控股集团有限公司	126.38	55	河北天柱钢铁集团有限公司	34.15
6	比亚迪股份有限公司	125.78	56	广州钢铁企业集团有限公司	32.77
7	万华化学集团股份有限公司	121.49	57	杭州华东医药集团有限公司	31.74
8	贵州茅台酒股份有限公司	112.69	58	武安市明芳钢铁有限公司	31.32
9	盘锦北方沥青燃料有限公司	91.23	59	山东金岭集团有限公司	30.06
10	铭源控股集团有限公司	90.41	60	闻泰通讯股份有限公司	29.88
11	山东金诚石化集团有限公司	77.09	61	扬子江药业集团	29.81
12	天狮集团有限公司	75.56	62	山东鲁花集团有限公司	28.90
13	冀南钢铁集团有限公司	72.98	63	滨化集团公司	28.85
14	山东恒源石油化工股份有限公司	71.59	64	浙江古纤道新材料股份有限公司	28.78
15	岚桥集团有限公司	70.67	65	浙江龙盛控股有限公司	28.49
16	山东大海集团有限公司	68.81	66	山东科瑞控股集团有限公司	28.01
17	环嘉集团有限公司	68.21	67	山东晨鸣纸业集团股份有限公司	27.76
18	天津恒兴集团有限公司	65.59	68	河北鑫海控股有限公司	27.66
19	山东寿光鲁清石化有限公司	63.12	69	浙江天圣控股集团有限公司	27.58
20	河北普阳钢铁有限公司	62.95	70	富海集团有限公司	27.55
21	正威国际集团有限公司	58.41	71	山东东明石化集团有限公司	27.47
22	河北津西钢铁集团有限公司	57.71	72	秦皇岛宏兴钢铁有限公司	27.07
23	山东金茂纺织化工集团有限公司	53.76	73	武安市烘熔钢铁有限公司	26.58
24	山西建邦集团有限公司	53.06	74	海天塑机集团有限公司	26.47
25	东莞市富之源饲料蛋白开发有限公司	52.94	75	山东齐鲁制药集团有限公司	26.40
26	山东胜通集团股份有限公司	52.72	76	华为投资控股有限公司	26.36
27	新光控股集团有限公司	48.12	77	珠海格力电器股份有限公司	26.29
28	东营鲁方金属材料有限公司	47.44	78	宁夏天元锰业集团有限公司	25.94
29	天洁集团有限公司	46.66	79	浙江富陵控股集团有限公司	25.94
30	劲牌有限公司	46.64	80	广州视源电子科技股份有限公司	25.40
31	德龙钢铁有限公司	46.48	81	山东东方华龙工贸集团有限公司	24.87
32	江苏江润铜业有限公司	46.14	82	唐山国丰钢铁有限公司	24.76
33	浙江华友钴业股份有限公司	46.10	83	永锋集团有限公司	24.41
34	河北新金钢铁有限公司	46.04	84	山东玉皇化工有限公司	24.35
35	研祥高科技控股集团有限公司	45.65	85	泸州老窖集团有限责任公司	24.31
36	农夫山泉股份有限公司	45.22	86	鲁丽集团有限公司	24.13
37	老凤祥股份有限公司	45.14	87	红狮控股集团有限公司	23.92
38	武安市裕华钢铁有限公司	45.09	88	广西柳州钢铁集团有限公司	23.75
39	奥盛集团有限公司	44.17	89	中融新大集团有限公司	23.70
40	石横特钢集团有限公司	43.59	90	上海汽车集团有限公司	23.65
41	利华益集团股份有限公司	43.03	91	合肥鑫晟光电科技有限公司	23.64
42	山东海科化工集团有限公司	42.59	92	山东清源集团有限公司	23.48
43	万通海欣控股集团股份有限公司	41.82	93	金东纸业（江苏）股份有限公司	23.36
44	山东荣信集团有限公司	41.60	94	香驰控股有限公司	23.31
45	淄博齐翔腾达化工股份有限公司	39.61	95	福建省三钢（集团）有限责任公司	22.87
46	兴达投资集团有限公司	39.30	96	山鹰国际控股股份公司	22.19
47	唐山瑞丰钢铁（集团）有限公司	39.06	97	山东汇丰石化集团有限公司	22.17
48	日照钢铁控股集团有限公司	38.53	98	广西贵港钢铁集团有限公司	21.84
49	山东金升有色集团有限公司	37.57	99	河北鑫达钢铁有限公司	21.62
50	康美药业股份有限公司	36.55	100	山东太阳控股集团有限公司	21.50
				中国制造业企业 500 强平均数	6.56

表 9-14 2018 中国制造业企业 500 强人均资产排序前 100 名企业

排名	公司名称	人均资产/万元	排名	公司名称	人均资产/万元
1	比亚迪股份有限公司	5508.80	51	小米集团	619.24
2	东营方圆有色金属有限公司	3806.01	52	中联重科股份有限公司	617.70
3	泸州老窖集团有限责任公司	2696.13	53	浙江古纤道新材料股份有限公司	613.91
4	东莞市富之源饲料蛋白开发有限公司	2493.28	54	康美药业股份有限公司	612.55
5	深圳光汇石油集团股份有限公司	2363.63	55	山东汇丰石化集团有限公司	606.17
6	岚桥集团有限公司	1570.12	56	杭州锦江集团有限公司	591.40
7	新光控股集团有限公司	1558.73	57	江阴澄星实业集团有限公司	579.93
8	江苏江润铜业有限公司	1438.80	58	中国化工集团有限公司	575.25
9	中融新大集团有限公司	1434.82	59	山东垦利石化集团有限公司	572.62
10	环嘉集团有限公司	1374.42	60	研祥高科技控股集团有限公司	567.66
11	东旭集团有限公司	1182.22	61	劲牌有限公司	563.91
12	天津华北集团有限公司	1179.06	62	贵州茅台酒股份有限公司	560.20
13	盘锦北方沥青燃料有限公司	1173.18	63	浙江龙盛控股有限公司	559.56
14	山东亨圆铜业有限公司	1150.73	64	山东玉皇化工有限公司	557.94
15	广州钢铁企业集团有限公司	976.42	65	浙江协和集团有限公司	555.81
16	宁夏天元锰业集团有限公司	938.21	66	江苏扬子江船业集团	551.09
17	东辰控股集团有限公司	938.20	67	奥盛集团有限公司	546.27
18	明阳新能源投资控股集团有限公司	930.16	68	郴州市金贵银业股份有限公司	543.47
19	天津恒兴集团有限公司	901.46	69	山东渤海实业股份有限公司	534.73
20	浙江荣盛控股股份有限公司	898.61	70	老凤祥股份有限公司	533.34
21	山东齐成石油化工有限公司	895.28	71	东营鲁方金属材料有限公司	527.28
22	万通海欣控股集团股份有限公司	894.78	72	西部矿业集团有限公司	526.50
23	新华发集团有限公司	888.80	73	三河汇福粮油集团有限公司	518.35
24	利华益集团股份有限公司	888.42	74	三一集团有限公司	514.27
25	山东东方华龙工贸集团有限公司	887.90	75	宁波富邦控股集团有限公司	509.78
26	浙江富陵控股集团有限公司	869.43	76	上海电气（集团）总公司	506.03
27	新疆金风科技股份有限公司	869.32	77	江苏沙钢集团有限公司	504.45
28	复星国际有限公司	847.28	78	双良集团有限公司	502.78
29	铭源控股集团有限公司	843.23	79	合肥鑫晟光电科技有限公司	498.89
30	山东寿光鲁清石化有限公司	836.32	80	上海汽车集团股份有限公司	497.34
31	金东纸业（江苏）股份有限公司	810.51	81	新疆特变电工集团有限公司	495.58
32	正威国际集团有限公司	802.68	82	富海集团有限公司	495.52
33	山东晨鸣纸业集团股份有限公司	777.86	83	江西铜业集团有限公司	494.57
34	兴达投资集团有限公司	777.65	84	山东清源集团有限公司	494.24
35	杉杉控股有限公司	760.48	85	上海仪电（集团）有限公司	489.16
36	福星集团控股有限公司	741.17	86	山东大海集团有限公司	488.63
37	中国庆华能源集团有限公司	726.03	87	瑞星集团股份有限公司	485.38
38	万华化学集团股份有限公司	718.25	88	山东海科化工集团有限公司	482.62
39	上海华虹（集团）有限公司	716.90	89	中国宝武钢铁集团有限公司	472.61
40	杭州汽轮动力集团有限公司	706.56	90	青海盐湖工业股份有限公司	472.58
41	森马集团有限公司	695.03	91	杭州钢铁集团有限公司	471.78
42	山东金升有色集团有限公司	684.91	92	奇瑞控股集团有限公司	469.48
43	浙江永利实业集团有限公司	684.40	93	旭阳控股有限公司	468.38
44	山东金茂纺织化工集团有限公司	650.99	94	中国东方电气集团有限公司	457.44
45	上海鑫冶铜业有限公司	650.92	95	天狮集团有限公司	457.18
46	云南白药控股有限公司	648.03	96	江西博能实业集团有限公司	456.50
47	天洁集团有限公司	647.86	97	云天化集团有限责任公司	452.81
48	山东恒源石油化工股份有限公司	643.61	98	淄博齐翔腾达化工股份有限公司	449.65
49	日照钢铁控股集团有限公司	639.55	99	山东华鲁恒升化工股份有限公司	447.04
50	协鑫集团有限公司	627.43	100	山东金诚石化集团有限公司	446.45
				中国制造业企业 500 强平均数	274.11

表 9-15 2018 中国制造业企业 500 强收入增长率排序前 100 名企业

排名	公司名称	收入增长率/%	排名	公司名称	收入增长率/%
1	淄博齐翔腾达化工股份有限公司	278.30	51	蓝思科技股份有限公司	51.54
2	龙蟒佰利联集团股份有限公司	147.45	52	美的集团股份有限公司	51.35
3	潍柴控股集团有限公司	119.17	53	河南金利金铅集团有限公司	49.99
4	重庆钢铁（集团）有限责任公司	115.41	54	中国国际海运集装箱集团股份有限公司	49.28
5	四川省达州钢铁集团有限责任公司	114.98	55	景德镇市焦化工业集团有限责任公司	49.09
6	石横特钢集团有限公司	111.21	56	正威国际集团有限公司	49.02
7	仁和（集团）发展有限公司	104.29	57	广西柳工集团有限公司	48.28
8	深圳市宝德投资控股有限公司	98.93	58	开氏集团有限公司	47.17
9	欣旺达电子股份有限公司	98.04	59	山西晋城钢铁控股集团有限公司	46.98
10	浙江华友钴业股份有限公司	97.43	60	金鼎重工股份有限公司	46.82
11	陕西汽车控股集团有限公司	93.85	61	马钢（集团）控股有限公司	46.27
12	广西正润发展集团有限公司	92.08	62	东方鑫源控股有限公司	46.25
13	传化集团有限公司	91.17	63	山东潍焦控股集团有限公司	45.70
14	新疆中泰（集团）有限责任公司	86.93	64	江西博能实业集团有限公司	45.64
15	东旭集团有限公司	81.86	65	杭州市实业投资集团有限公司	45.58
16	万华化学集团股份有限公司	76.49	66	邢台钢铁有限责任公司	45.53
17	河北鑫海控股有限公司	71.01	67	滨化集团公司	45.20
18	福建省三钢（集团）有限责任公司	70.94	68	江苏江润铜业有限公司	45.18
19	利时集团股份有限公司	70.90	69	天津友发钢管集团股份有限公司	44.94
20	辛集市澳森钢铁有限公司	70.34	70	利欧集团股份有限公司	44.46
21	江西方大钢铁集团有限公司	70.25	71	河南济源钢铁（集团）有限公司	44.14
22	永锋集团有限公司	70.11	72	杭州锦江集团有限公司	44.03
23	德龙钢铁有限公司	68.15	73	山鹰国际控股股份有限公司	43.96
24	小米集团	67.50	74	郴州市金贵银业股份有限公司	43.93
25	新余钢铁集团有限公司	67.46	75	宁波均胜电子股份有限公司	43.41
26	秦皇岛宏兴钢铁有限公司	67.11	76	杭州汽轮动力集团有限公司	43.16
27	厦门钨业股份有限公司	66.37	77	广西柳州钢铁集团有限公司	43.16
28	山西安泰控股集团有限公司	66.29	78	奥盛集团有限公司	42.10
29	日照钢铁控股集团有限公司	65.93	79	隆基绿能科技股份有限公司	41.90
30	东莞市富之源饲料蛋白开发有限公司	65.15	80	鲁西集团有限公司	41.90
31	东方日升新能源股份有限公司	63.21	81	浙江大华技术股份有限公司	41.38
32	三一集团有限公司	62.92	82	山东恒源石油化工股份有限公司	41.03
33	鲁丽集团有限公司	61.75	83	道恩集团有限公司	40.86
34	南京钢铁集团有限公司	59.78	84	华峰集团有限公司	40.66
35	徐州工程机械集团有限公司	59.46	85	河北天柱钢铁集团有限公司	39.69
36	万邦德新材股份有限公司	59.37	86	安徽楚江科技新材料股份有限公司	39.47
37	凌源钢铁集团有限责任公司	58.36	87	江苏西城三联控股集团有限公司	39.45
38	青山控股集团有限公司	57.09	88	铜陵精达铜材（集团）有限责任公司	39.38
39	宁波金田投资控股有限公司	56.78	89	浙江恒逸集团有限公司	39.23
40	河北鑫达钢铁有限公司	56.65	90	重庆机电控股（集团）公司	38.93
41	浙江元立金属制品集团有限公司	55.58	91	四川德胜集团钒钛有限公司	38.60
42	山东齐成石油化工有限公司	55.57	92	河北津西钢铁集团股份有限公司	38.55
43	山东金茂纺织化工集团有限公司	55.19	93	首钢集团有限公司	37.75
44	河北普阳钢铁有限公司	54.66	94	河南森源集团有限公司	37.60
45	华新水泥股份有限公司	54.44	95	山东清源集团有限公司	37.52
46	唐山国丰钢铁有限公司	53.84	96	山东鲁北企业集团总公司	37.52
47	舜宇集团有限公司	53.69	97	北京建龙重工集团有限公司	37.51
48	山西建邦集团有限公司	53.19	98	格林美股份有限公司	37.22
49	贵州茅台酒股份有限公司	52.07	99	长飞光纤光缆股份有限公司	37.05
50	湖南黄金集团有限责任公司	51.70	100	山东博汇集团有限公司	37.03
				中国制造业企业 500 强平均数	15.33

表 9-16 2018 中国制造业企业 500 强净利润增长率排序前 100 名企业

排名	公司名称	净利润增长率/%	排名	公司名称	净利润增长率/%
1	沂州集团有限公司	994.17	51	万华化学集团股份有限公司	202.62
2	山西安泰控股集团有限公司	967.75	52	太原钢铁（集团）有限公司	201.86
3	福建省三钢（集团）有限责任公司	960.72	53	上海华谊（集团）公司	200.63
4	宜昌兴发集团有限责任公司	906.07	54	河北新金钢铁有限公司	200.49
5	新余钢铁集团有限公司	883.40	55	武安市裕华钢铁有限公司	199.31
6	马钢（集团）控股有限公司	736.41	56	河北安丰钢铁有限公司	199.06
7	冀南钢铁集团有限公司	615.20	57	江苏三房巷集团有限公司	194.10
8	北京建龙重工集团有限公司	613.78	58	潍柴控股集团有限公司	191.40
9	日照钢铁控股集团有限公司	591.56	59	唐山瑞丰钢铁（集团）有限公司	186.76
10	广西柳州钢铁集团有限公司	575.30	60	盘锦北方沥青燃料有限公司	186.59
11	山东潍焦控股集团有限公司	527.15	61	山东荣信集团有限公司	175.12
12	山鹰国际控股股份公司	471.01	62	新光控股集团有限公司	169.06
13	江西铜业集团有限公司	466.91	63	旭阳控股有限公司	161.85
14	龙蟒佰利联集团股份有限公司	466.03	64	河南济源钢铁（集团）有限公司	157.97
15	广州万宝集团有限公司	458.55	65	重庆市博赛矿业（集团）有限公司	155.62
16	东莞市富之源饲料蛋白开发有限公司	439.80	66	山东太阳控股集团有限公司	150.32
17	吉林亚泰（集团）股份有限公司	420.28	67	星星集团有限公司	147.62
18	江苏悦达集团有限公司	416.78	68	盛虹控股集团有限公司	145.90
19	湖南华菱钢铁集团有限责任公司	399.51	69	奥盛集团有限公司	145.63
20	山西建邦集团有限公司	390.18	70	山东联盟化工集团有限公司	143.07
21	鲁西集团有限公司	388.67	71	西部矿业集团有限公司	139.06
22	江西方大钢铁集团有限公司	380.86	72	中天钢铁集团有限公司	135.50
23	中国国际海运集装箱集团股份有限公司	364.97	73	山东寿光巨能控股集团有限公司	133.92
24	华新水泥股份有限公司	359.72	74	杭州锦江集团有限公司	133.56
25	浙江元立金属制品集团有限公司	351.37	75	舜宇集团有限公司	133.09
26	河北津西钢铁集团股份有限公司	327.49	76	格林美股份有限公司	131.43
27	唐山三友集团有限公司	322.59	77	隆基绿能科技股份有限公司	130.38
28	厦门钨业股份有限公司	320.67	78	山西杏花村汾酒集团有限责任公司	125.58
29	东方鑫源控股有限公司	316.80	79	中国华录集团有限公司	123.04
30	广西盛隆冶金有限公司	309.39	80	奥克斯集团有限公司	122.96
31	天津荣程祥泰投资控股集团有限公司	300.96	81	新疆天业（集团）有限公司	121.76
32	永锋集团有限公司	274.35	82	德龙钢铁有限公司	115.27
33	秦皇岛宏兴钢铁有限公司	268.42	83	潍坊特钢集团有限公司	114.35
34	山东黄金集团有限公司	264.42	84	宁夏天元锰业集团有限公司	111.47
35	江苏华西集团有限公司	257.94	85	万马联合控股集团有限公司	111.12
36	湖南博长控股集团有限公司	253.96	86	海亮集团有限公司	108.34
37	河北天柱钢铁集团有限公司	253.35	87	河南森源集团有限公司	106.70
38	唐山国丰钢铁有限公司	252.47	88	陕西有色金属控股集团有限责任公司	105.70
39	合肥鑫晟光电科技有限公司	252.06	89	华峰集团有限公司	105.03
40	天津市建筑材料集团（控股）有限公司	251.74	90	烟台恒邦集团有限公司	104.72
41	南京钢铁集团有限公司	248.19	91	新凤鸣集团股份有限公司	104.58
42	石横特钢集团有限公司	239.57	92	唐山港陆钢铁有限公司	103.84
43	敬业集团有限公司	234.21	93	开氏集团有限公司	102.37
44	深圳市中金岭南有色金属股份有限公司	230.11	94	石药控股集团有限公司	102.10
45	云南白药控股有限公司	213.28	95	杉杉控股有限公司	101.51
46	河北普阳钢铁有限公司	210.29	96	鲁丽集团有限公司	100.98
47	河北鑫达钢铁有限公司	207.55	97	河北鑫海控股有限公司	94.16
48	邢台钢铁有限责任公司	207.13	98	山东海科化工集团有限公司	93.83
49	江苏沙钢集团有限公司	206.81	99	四川科伦实业集团有限公司	93.10
50	中国重型汽车集团有限公司	203.07	100	武安市明芳钢铁有限公司	92.68
				中国制造业企业 500 强平均数	19.22

表9-17 2018中国制造业企业500强资产增长率排序前100名企业

排名	公司名称	资产增长率/%	排名	公司名称	资产增长率/%
1	宁夏天元锰业集团有限公司	247.71	51	法尔胜泓昇集团有限公司	29.46
2	中国化工集团有限公司	110.49	52	安徽中鼎控股（集团）股份有限公司	29.43
3	小米集团	77.03	53	江苏上上电缆集团有限公司	29.27
4	广州视源电子科技股份有限公司	73.15	54	唐山瑞丰钢铁（集团）有限公司	29.07
5	隆基绿能科技股份有限公司	71.52	55	胜达集团有限公司	29.00
6	云南白药控股有限公司	70.48	56	浙江荣盛控股集团有限公司	28.84
7	东方日升新能源股份有限公司	65.70	57	中国重型汽车集团有限公司	28.58
8	青山控股集团有限公司	57.39	58	万丰奥特控股集团有限公司	28.52
9	浙江华友钴业股份有限公司	56.70	59	山东晨鸣纸业集团股份有限公司	28.36
10	欣旺达电子股份有限公司	53.04	60	新凤鸣集团股份有限公司	28.19
11	盘锦北方沥青燃料有限公司	47.87	61	中科电力装备集团有限公司	28.18
12	蓝思科技股份有限公司	46.18	62	唐人神集团股份有限公司	27.93
13	山东金诚石化集团有限公司	45.76	63	上海华虹（集团）有限公司	27.56
14	美的集团股份有限公司	45.43	64	奥盛集团有限公司	26.92
15	石横特钢集团有限公司	44.64	65	湖南猎豹汽车股份有限公司	26.91
16	新疆中泰（集团）有限责任公司	44.57	66	万邦德新材股份有限公司	26.63
17	东旭集团有限公司	44.48	67	江苏扬子江船业集团	25.98
18	宁波方太厨具有限公司	43.79	68	鲁丽集团有限公司	25.72
19	德龙钢铁有限公司	41.95	69	石药控股集团有限公司	25.65
20	新和成控股集团有限公司	40.28	70	内蒙古伊利实业集团股份有限公司	25.57
21	江苏江润铜业有限公司	39.15	71	河南济源钢铁（集团）有限公司	25.49
22	浙江桐昆控股集团有限公司	38.84	72	康美药业股份有限公司	25.35
23	浙江大华技术股份有限公司	38.83	73	山东寿光鲁清石化有限公司	25.24
24	浙江天圣控股集团有限公司	38.15	74	超威电源有限公司	24.98
25	武安市烘熔钢铁有限公司	38.12	75	利欧集团股份有限公司	24.92
26	河北普阳钢铁有限公司	36.67	76	山东鲁花集团有限公司	24.75
27	江西济民可信集团有限公司	36.30	77	天士力控股集团有限公司	24.68
28	舜宇集团有限公司	35.55	78	远东控股集团有限公司	24.38
29	重庆市博赛矿业（集团）有限公司	34.69	79	北京电子控股有限责任公司	24.17
30	浙江恒逸集团有限公司	33.85	80	东辰控股集团有限公司	23.62
31	河北鑫海控股有限公司	33.72	81	山东胜通集团股份有限公司	22.89
32	浙江吉利控股集团有限公司	33.70	82	致达控股集团有限公司	22.77
33	广东德赛集团有限公司	33.57	83	比亚迪股份有限公司	22.77
34	河北新金钢铁有限公司	33.25	84	郴州市金贵银业股份有限公司	22.77
35	双胞胎（集团）股份有限公司	33.03	85	中国电子科技集团公司	22.77
36	中天科技集团有限公司	32.76	86	上海汽车集团股份有限公司	22.49
37	杉杉控股有限公司	32.22	87	得力集团有限公司	22.40
38	武安市明芳钢铁有限公司	32.17	88	山东荣信集团有限公司	22.34
39	宗申产业集团有限公司	32.09	89	环嘉集团有限公司	22.25
40	欧菲科技股份有限公司	31.60	90	永锋集团有限公司	22.23
41	金正大生态工程集团股份有限公司	31.32	91	东岭集团股份有限公司	22.08
42	河南森源集团有限公司	31.09	92	泰富重装集团有限公司	22.06
43	东莞市富之源饲料蛋白开发有限公司	30.89	93	江阴澄星实业集团有限公司	22.01
44	秦皇岛宏兴钢铁有限公司	30.88	94	厦门钨业股份有限公司	21.62
45	正泰集团股份有限公司	30.70	95	巨化集团有限公司	21.38
46	深圳市宝德投资控股有限公司	30.69	96	山东华鲁恒升化工股份有限公司	21.33
47	陕西汽车控股集团有限公司	30.64	97	广州汽车工业集团有限公司	21.27
48	农夫山泉股份有限公司	30.16	98	梦金园黄金珠宝集团有限公司	21.17
49	重庆万达薄板有限公司	29.87	99	山东京博控股股份有限公司	21.02
50	万华化学集团股份有限公司	29.67	100	精功集团有限公司	20.96
				中国制造业企业500强平均数	10.42

表 9-18 2018 中国制造业企业 500 强研发费用增长率排序前 100 名企业

排名	公司名称	研发费用增长率/%	排名	公司名称	研发费用增长率/%
1	唐山国丰钢铁有限公司	909.38	51	湖南猎豹汽车股份有限公司	73.60
2	河北新金钢铁有限公司	902.42	52	江苏新长江实业集团有限公司	73.31
3	山东清源集团有限公司	746.61	53	浙江桐昆控股集团有限公司	72.41
4	吉林亚泰（集团）股份有限公司	609.59	54	江西济民可信集团有限公司	71.49
5	江苏华宏实业集团有限公司	580.46	55	新疆中泰（集团）有限责任公司	70.84
6	陕西有色金属控股集团有限责任公司	571.75	56	宁波均胜电子股份有限公司	70.76
7	广州钢铁企业集团有限公司	512.00	57	万华化学集团股份有限公司	70.67
8	重庆钢铁（集团）有限责任公司	432.67	58	天津市宝来工贸有限公司	69.99
9	奥盛集团有限公司	419.61	59	天津友发钢管集团股份有限公司	69.55
10	宁夏天元锰业集团有限公司	392.43	60	东方日升新能源股份有限公司	68.80
11	河南济源钢铁（集团）有限公司	380.66	61	重庆小康控股有限公司	68.40
12	新余钢铁集团有限公司	276.19	62	杭州华东医药集团有限公司	68.17
13	龙蟒佰利联集团股份有限公司	261.47	63	浙江东南网架集团有限公司	67.21
14	浙江华友钴业股份有限公司	253.25	64	山东九羊集团有限公司	66.67
15	广东格兰仕集团有限公司	219.88	65	中国化工集团有限公司	65.77
16	浙江天圣控股集团有限公司	218.15	66	人本集团有限公司	65.73
17	中国黄金集团有限公司	184.79	67	舜宇集团有限公司	65.40
18	浙江富陵控股集团有限公司	184.21	68	河南森源集团有限公司	63.68
19	合肥鑫晟光电科技有限公司	172.48	69	华峰集团有限公司	63.45
20	西部矿业集团有限公司	161.65	70	中国第一汽车集团有限公司	63.24
21	四川科伦实业集团有限公司	157.71	71	海亮集团有限公司	63.13
22	胜达集团有限公司	137.84	72	晶科能源控股有限公司	62.39
23	新凤鸣集团股份有限公司	127.06	73	浙江协和集团有限公司	62.10
24	新疆天业（集团）有限公司	123.51	74	河南金利金铅集团有限公司	61.62
25	四川省川威集团有限公司	121.06	75	东方鑫源控股有限公司	61.25
26	富海集团有限公司	117.47	76	三一集团有限公司	59.64
27	厦门钨业股份有限公司	113.74	77	奥克斯集团有限公司	59.43
28	浙江南部电源动力股份有限公司	112.87	78	淄博齐翔腾达化工股份有限公司	56.48
29	稻花香集团	110.88	79	广州视源电子科技股份有限公司	56.29
30	中国西电集团有限公司	108.48	80	酒泉钢铁（集团）有限责任公司	55.86
31	山东汇丰石化集团有限公司	106.90	81	华仪集团有限公司	55.84
32	江阴江东集团公司	106.75	82	上海仪电（集团）有限公司	55.65
33	盛虹控股集团有限公司	101.03	83	北京电子控股有限责任公司	54.55
34	河北鑫海控股集团有限公司	100.00	84	山东垦利石化集团有限公司	53.96
35	山西安泰控股集团有限公司	99.95	85	闻泰通讯股份有限公司	53.87
36	北京顺鑫控股集团有限公司	99.63	86	紫金矿业集团股份有限公司	53.35
37	石横特钢集团有限公司	99.30	87	敬业集团有限公司	53.30
38	万基控股集团有限公司	97.54	88	山东齐鲁制药集团有限公司	52.53
39	隆基绿能科技股份有限公司	96.67	89	天洁集团有限公司	51.95
40	欣旺达电子股份有限公司	92.21	90	福建省三钢（集团）有限责任公司	51.78
41	东莞市富之源饲料蛋白开发有限公司	89.50	91	太极集团有限公司	50.48
42	山东金茂纺织化工集团有限公司	87.98	92	小米集团	49.86
43	邯郸市正大制管有限公司	87.16	93	湖南华菱钢铁集团有限责任公司	49.53
44	唐山港陆钢铁有限公司	85.91	94	广州汽车工业集团有限公司	49.32
45	杉杉控股有限公司	84.81	95	华立集团股份有限公司	49.21
46	辛集市澳森钢铁有限公司	84.19	96	复星国际有限公司	48.37
47	格林美股份有限公司	79.55	97	潍柴控股集团有限公司	48.15
48	重庆化医控股（集团）公司	77.49	98	安徽叉车集团有限责任公司	47.61
49	四川德胜集团钒钛有限公司	76.62	99	南京钢铁集团有限公司	47.23
50	河北津西钢铁集团股份有限公司	74.39	100	巨化集团有限公司	46.75
				中国制造业企业 500 强平均数	19.10

表 9-19 2018 中国制造业企业 500 强行业平均净利润

名次	行业名称	平均净利润/万元	名次	行业名称	平均净利润/万元
1	通信设备制造	1013787	20	农副产品	142193
2	航空航天	945001	21	一般有色	137569
3	兵器制造	539856	22	石化及炼焦	137260
4	酒类	503088	23	食品	131716
5	轨道交通设备及零配件制造	461569	24	化学纤维制造	131133
6	家用电器制造	410743	25	工程机械及设备制造	121198
7	汽车及零配件制造	387684	26	电力电气设备制造	118872
8	医疗设备制造	383848	27	半导体、集成电路及面板制造	112219
9	饮料	378839	28	轮胎及橡胶制品	110884
10	船舶制造	372947	29	化学原料及化学品制造	109034
11	造纸及包装	184177	30	轻工百货生产	82843
12	黑色冶金	174790	31	贵金属	80095
13	服装及其他纺织品	171508	32	物料搬运设备制造	74194
14	药品制造	165339	33	锅炉及动力装备制造	72143
15	水泥及玻璃制造	163446	34	工程机械及零部件	58745
16	纺织印染	160880	35	电线电缆制造	49623
17	综合制造业	160050	36	摩托车及零配件制造	49526
18	风能太阳能设备制造	156716	37	金属制品加工	48105
19	计算机及办公设备	148947			

表9-20 2018中国制造业企业500强行业平均营业收入

名次	行业名称	平均营业收入/万元	名次	行业名称	平均营业收入/万元
1	兵器制造	36954478	20	电力电气设备制造	4316309
2	航空航天	28873840	21	饮料	4175099
3	轨道交通设备及零配件制造	21693414	22	食品	4157366
4	船舶制造	17907168	23	化学原料及化学品制造	3914371
5	通信设备制造	14342926	24	摩托车及零配件制造	3830609
6	汽车及零配件制造	13931368	25	农副产品	3794388
7	石化及炼焦	11052145	26	医疗设备制造	3781624
8	锅炉及动力装备制造	7922759	27	酒类	3755779
9	家用电器制造	7646276	28	药品制造	3586445
10	一般有色	7578335	29	服装及其他纺织品	3452463
11	化学纤维制造	7213610	30	风能太阳能设备制造	3414332
12	水泥及玻璃制造	6680549	31	轮胎及橡胶制品	2340265
13	综合制造业	6312292	32	金属制品加工	2320054
14	黑色冶金	6041550	33	工程机械及零部件	2191626
15	计算机及办公设备	5811948	34	轻工百货生产	2088354
16	贵金属	5711082	35	电线电缆制造	1794477
17	纺织印染	5307392	36	物料搬运设备制造	1473447
18	半导体、集成电路及面板制造	4641338	37	工程机械及设备制造	1468290
19	造纸及包装	4324636			

表 9-21 2018 中国制造业企业 500 强行业平均资产

名次	行业名称	平均资产/万元	名次	行业名称	平均资产/万元
1	航空航天	52382251	20	工程机械及零部件	4738213
2	轨道交通设备及零配件制造	40528703	21	食品	4416249
3	兵器制造	37261329	22	造纸及包装	4309718
4	船舶制造	30166595	23	电力电气设备制造	4235058
5	汽车及零配件制造	12936258	23	电力电气设备制造	4235058
6	水泥及玻璃制造	12519781	24	计算机及办公设备	4109974
7	通信设备制造	12114779	25	化学纤维制造	3939716
8	半导体、集成电路及面板制造	10935071	26	医疗设备制造	3917618
9	综合制造业	10444119	27	药品制造	3492063
10	石化及炼焦	10351795	28	纺织印染	3462005
11	锅炉及动力装备制造	10114299	29	服装及其他纺织品	3349195
12	家用电器制造	8377181	30	农副产品	3152225
13	酒类	7107157	32	轻工百货生产	2842680
14	黑色冶金	6244440	33	金属制品加工	2321510
15	贵金属	6163730	34	轮胎及橡胶制品	2169231
16	一般有色	6030122	35	物料搬运设备制造	2113278
17	风能太阳能设备制造	5567808	36	工程机械及设备制造	1461326
18	摩托车及零配件制造	5122148	37	电线电缆制造	1252252
19	化学原料及化学品制造	4944703			

表 9-22 2018 中国制造业企业 500 强行业平均纳税总额

名次	行业名称	平均纳税总额/万元	名次	行业名称	平均纳税总额/万元
1	轨道交通设备及零配件制造	1676622	20	造纸及包装	154669
2	汽车及零配件制造	1338837	21	一般有色	149241
3	石化及炼焦	1265907	22	化学纤维制造	142646
4	兵器制造	1159044	23	风能太阳能设备制造	136595
5	航空航天	949541	24	化学原料及化学品制造	134297
6	酒类	710296	25	纺织印染	128825
7	水泥及玻璃制造	413839	26	服装及其他纺织品	127686
8	家用电器制造	413396	27	电力电气设备制造	117994
9	船舶制造	373609	28	计算机及办公设备	104777
10	饮料	331757	29	工程机械及零部件	101744
11	半导体、集成电路及面板制造	305152	30	农副产品	100196
12	锅炉及动力装备制造	303948	31	轻工百货生产	86673
13	通信设备制造	237708	32	物料搬运设备制造	82465
14	综合制造业	223907	33	轮胎及橡胶制品	78885
15	黑色冶金	202019	34	摩托车及零配件制造	65428
16	医疗设备制造	197606	35	工程机械及设备制造	49164
17	食品	193168	36	金属制品加工	47590
18	贵金属	183644	37	电线电缆制造	42692
19	药品制造	180726			

表 9-23　2018 中国制造业企业 500 强行业平均研发费用

名次	行业名称	平均研发费用/万元	名次	行业名称	平均研发费用/万元
1	通信设备制造	1653519	20	黑色冶金	76033
2	航空航天	1486012	21	综合制造业	73147
3	轨道交通设备及零配件制造	1013661	22	一般有色	71757
4	兵器制造	919989	23	化学原料及化学品制造	71323
5	汽车及零配件制造	338924	24	轮胎及橡胶制品	64071
6	半导体、集成电路及面板制造	328697	25	医疗设备制造	63136
7	船舶制造	279024	26	农副产品	56706
8	家用电器制造	251952	27	水泥及玻璃制造	49146
9	计算机及办公设备	186635	28	电线电缆制造	45219
10	锅炉及动力装备制造	180169	29	服装及其他纺织品	38234
11	电力电气设备制造	121155	30	物料搬运设备制造	35595
12	纺织印染	118597	31	贵金属	33593
13	工程机械及零部件	117702	32	饮料	32039
14	化学纤维制造	105948	33	食品	29757
15	风能太阳能设备制造	91523	34	酒类	28857
16	摩托车及零配件制造	80409	35	工程机械及设备制造	22831
17	造纸及包装	76848	36	金属制品加工	22427
18	石化及炼焦	76382	37	轻工百货生产	15544
19	药品制造	76325			

表9-24 2018中国制造业企业500强行业人均净利润

名次	行业名称	人均净利润/万元	名次	行业名称	人均净利润/万元
1	酒类	24.28	20	电线电缆制造	8.44
2	通信设备制造	20.54	21	服装及其他纺织品	7.86
3	造纸及包装	18.68	22	轻工百货生产	6.92
4	工程机械及设备制造	15.08	23	农副产品	6.76
5	医疗设备制造	14.76	24	金属制品加工	5.70
6	饮料	14.62	25	贵金属	5.45
7	化学原料及化学品制造	11.68	26	工程机械及零部件	5.36
8	风能太阳能设备制造	11.17	27	电力电气设备制造	5.07
9	计算机及办公设备	10.66	28	石化及炼焦	4.92
10	家用电器制造	10.51	29	食品	4.75
11	一般有色	10.18	30	水泥及玻璃制造	4.37
12	轮胎及橡胶制品	10.15	31	船舶制造	4.23
13	药品制造	10.06	32	航空航天	3.50
14	化学纤维制造	9.60	33	轨道交通设备及零配件制造	2.51
15	汽车及零配件制造	9.21	34	兵器制造	2.46
16	黑色冶金	9.09	35	锅炉及动力装备制造	2.45
17	综合制造业	8.94	36	摩托车及零配件制造	2.41
18	纺织印染	8.73	37	半导体、集成电路及面板制造	2.32
19	物料搬运设备制造	8.51			

表 9-25 2018 中国制造业企业 500 强行业人均营业收入

名次	行业名称	人均营业收入/万元	名次	行业名称	人均营业收入/万元
1	化学纤维制造	528.08	20	家用电器制造	195.73
2	一般有色	440.90	21	电力电气设备制造	187.09
3	造纸及包装	438.69	22	摩托车及零配件制造	186.53
4	石化及炼焦	395.87	23	工程机械及设备制造	182.70
5	汽车及零配件制造	331.00	24	酒类	181.29
6	通信设备制造	329.29	25	农副产品	180.48
7	计算机及办公设备	306.24	26	水泥及玻璃制造	178.74
8	电线电缆制造	305.26	27	轻工百货生产	174.36
9	纺织印染	302.17	28	工程机械及零部件	172.40
10	化学原料及化学品制造	297.92	29	物料搬运设备制造	169.03
11	黑色冶金	293.80	30	兵器制造	168.72
2	贵金属	284.15	31	饮料	161.16
13	金属制品加工	275.00	32	服装及其他纺织品	158.25
14	锅炉及动力装备制造	269.36	33	食品	150.04
15	风能太阳能设备制造	243.45	34	医疗设备制造	145.45
16	综合制造业	227.79	35	轨道交通设备及零配件制造	118.00
17	药品制造	218.23	36	航空航天	107.07
18	轮胎及橡胶制品	214.30	37	半导体、集成电路及面板制造	96.07
19	船舶制造	203.03			

表9-26 2018中国制造业企业500强行业人均资产

名次	行业名称	人均资产/万元	名次	行业名称	人均资产/万元
1	造纸及包装	437	20	轻工百货生产	237
2	风能太阳能设备制造	397	21	半导体、集成电路及面板制造	226
3	综合制造业	377	22	轨道交通设备及零配件制造	220
4	化学原料及化学品制造	376	23	计算机及办公设备	217
5	工程机械及零部件	373	24	家用电器制造	214
6	石化及炼焦	371	25	电线电缆制造	213
7	一般有色	351	26	药品制造	212
8	锅炉及动力装备制造	344	27	轮胎及橡胶制品	199
9	酒类	343	28	纺织印染	197
10	船舶制造	342	29	航空航天	194
11	水泥及玻璃制造	335	30	电力电气设备制造	184
12	汽车及零配件制造	307	31	工程机械及设备制造	182
13	贵金属	307	32	兵器制造	170
14	黑色冶金	305	33	食品	159
15	化学纤维制造	288	34	服装及其他纺织品	154
16	通信设备制造	278	35	医疗设备制造	151
17	金属制品加工	275	36	农副产品	150
18	摩托车及零配件制造	249	37	饮料	116
19	物料搬运设备制造	242			

表9-27 2018中国制造业企业500强行业人均纳税额

名次	行业名称	人均纳税额/万元	名次	行业名称	人均纳税额/万元
1	石化及炼焦	45.34	20	医疗设备制造	7.60
2	酒类	34.29	21	计算机及办公设备	7.50
3	汽车及零配件制造	31.81	22	纺织印染	7.33
4	造纸及包装	15.69	23	电线电缆制造	7.26
5	饮料	12.81	24	轻工百货生产	7.24
6	水泥及玻璃制造	11.07	25	轮胎及橡胶制品	7.22
7	药品制造	11.00	26	食品	6.97
8	家用电器制造	10.58	27	电力电气设备制造	6.42
9	化学纤维制造	10.44	28	半导体、集成电路及面板制造	6.32
10	锅炉及动力装备制造	10.33	29	工程机械及设备制造	6.12
11	化学原料及化学品制造	10.22	30	服装及其他纺织品	5.85
12	黑色冶金	9.87	31	金属制品加工	5.64
13	风能太阳能设备制造	9.74	32	通信设备制造	5.46
14	物料搬运设备制造	9.46	33	兵器制造	5.12
15	贵金属	9.14	34	农副产品	4.77
16	轨道交通设备及零配件制造	9.12	35	船舶制造	4.24
17	一般有色	8.89	36	摩托车及零配件制造	3.19
18	综合制造业	8.08	37	航空航天	2.99
19	工程机械及零部件	8.00			

表 9-28　2018中国制造业企业500强行业人均研发费用

名次	行业名称	人均研发费用/万元	名次	行业名称	人均研发费用/万元
1	通信设备制造	37.96	20	物料搬运设备制造	4.08
2	计算机及办公设备	9.83	21	一般有色	3.95
3	工程机械及零部件	9.26	22	摩托车及零配件制造	3.92
4	汽车及零配件制造	8.05	23	黑色冶金	3.71
5	造纸及包装	7.80	24	船舶制造	3.16
6	电线电缆制造	7.69	25	工程机械及设备制造	2.84
7	化学纤维制造	7.24	26	农副产品	2.70
8	半导体、集成电路及面板制造	6.80	27	金属制品加工	2.66
9	纺织印染	6.75	28	综合制造业	2.64
10	风能太阳能设备制造	6.53	29	石化及炼焦	2.48
11	家用电器制造	6.45	30	医疗设备制造	2.43
12	锅炉及动力装备制造	6.13	31	服装及其他纺织品	1.75
13	轮胎及橡胶制品	5.70	32	贵金属	1.67
14	轨道交通设备及零配件制造	5.51	33	酒类	1.39
15	航空航天	5.51	34	水泥及玻璃制造	1.31
16	化学原料及化学品制造	5.26	35	轻工百货生产	1.30
17	电力电气设备制造	5.25	36	饮料	1.24
18	药品制造	4.64	37	食品	1.03
9	兵器制造	4.20			

表 9-29　2018 中国制造业企业 500 强行业平均资产利润率

名次	行业名称	平均资产利润率/%	名次	行业名称	平均资产利润率/%
1	饮料	12.65	20	电力电气设备制造	2.69
2	医疗设备制造	9.80	21	黑色冶金	2.44
3	工程机械及设备制造	8.29	22	金属制品加工	2.07
4	酒类	7.08	23	航空航天	1.80
5	服装及其他纺织品	5.12	24	一般有色	1.61
6	轮胎及橡胶制品	5.11	25	化学原料及化学品制造	1.57
7	家用电器制造	4.90	26	兵器制造	1.45
8	药品制造	4.73	27	石化及炼焦	1.33
9	农副产品	4.51	28	水泥及玻璃制造	1.31
10	造纸及包装	4.27	29	综合制造业	1.31
11	纺织印染	4.16	30	船舶制造	1.24
12	电线电缆制造	3.96	31	轨道交通设备及零配件制造	1.14
13	物料搬运设备制造	3.51	32	半导体、集成电路及面板制造	1.03
14	化学纤维制造	3.33	33	贵金属	1.02
15	汽车及零配件制造	3.00	34	摩托车及零配件制造	0.97
16	食品	2.98	35	通信设备制造	0.94
17	轻工百货生产	2.91	36	工程机械及零部件	0.88
18	风能太阳能设备制造	2.81	37	锅炉及动力装备制造	0.71
19	计算机及办公设备	2.79			

第十章
2018 中国服务业企业 500 强

表 10-1 2018 中国服务业企业 500 强

名次	企业名称	地区	营业收入/万元	净利润/万元	资产/万元	所有者权益/万元	从业人数/人
1	国家电网有限公司	北京	235809970	6443259	381132774	156120441	983255
2	中国工商银行股份有限公司	北京	108505900	28604900	2608704300	212749100	453048
3	中国平安保险（集团）股份有限公司	广东	97457000	8908800	649307500	47335100	342550
4	中国建设银行股份有限公司	北京	90525300	24226400	2212438300	177976000	370415
5	中国农业银行股份有限公司	北京	82702000	19296100	2105338200	142641500	491578
6	中国人寿保险（集团）公司	北京	81254776	180132	359957679	9649059	149592
7	中国银行股份有限公司	北京	77961427	17240664	1946742420	149601540	311133
8	中国移动通信集团有限公司	北京	74451800	7388500	172139902	92493209	467532
9	苏宁控股集团有限公司	江苏	55787511	201213	33068815	6770244	247120
10	华润（集团）有限公司	广东	55532551	2129838	122006582	18118683	423169
11	国家开发银行股份有限公司	北京	54767200	11238700	1595928800	121944700	9147
12	中国中化集团有限公司	北京	51882319	509126	41719521	4665831	62006
13	中国南方电网有限责任公司	广东	49194057	1309777	74162696	28585348	295463
14	中国邮政集团公司	北京	48795358	3352754	926367756	32692966	929996
15	中国人民保险集团股份有限公司	北京	48377500	1609900	98790600	13753300	998294
16	中粮集团有限公司	北京	47096311	265918	54623952	8306275	124266
17	天津物产集团有限公司	天津	44997060	82378	24912938	2384887	17105
18	中国电信集团有限公司	北京	43237525	1230042	82524321	36089030	412868
19	中国中信集团有限公司	北京	41441221	2179425	633456493	30490804	258433
20	交通银行股份有限公司	上海	38967227	7022366	903825394	67114319	91240
21	北京京东世纪贸易有限公司	北京	36233175	496838	18405497	5204081	157831
22	中国医药集团有限公司	北京	35039624	466409	28197729	4721624	118812
23	招商银行股份有限公司	广东	32394000	7063800	629763800	—	72530
24	中国太平洋保险（集团）股份有限公司	上海	31980900	1466200	117122400	13749800	101887
25	恒大集团有限公司	广东	31102200	3704900	176175200	24220800	127000
26	上海浦东发展银行股份有限公司	上海	30752500	5425800	613724000	42540400	54263
27	兴业银行股份有限公司	福建	30745600	5720000	641684200	41689500	58997
28	中国民生银行股份有限公司	北京	29496500	4981300	590208600	37897000	57882
29	绿地控股集团股份有限公司	上海	29017415	903777	84853281	6252925	33473
30	中国机械工业集团有限公司	北京	28817424	318857	38155968	6833177	150967
31	中国联合网络通信集团有限公司	北京	27635310	-18256	61882545	17994860	273169
32	物产中大集团股份有限公司	浙江	27621748	223485	8594381	2194068	19071
33	招商局集团有限公司	广东	27008604	2729494	120172989	28565351	108737
34	阿里巴巴集团控股有限公司	浙江	25026600	6409300	71712400	36582200	66421

续表

名次	企业名称	地区	营业收入/万元	净利润/万元	资产/万元	所有者权益/万元	从业人数/人
35	中国保利集团公司	北京	25002621	779094	90744356	6648549	88407
36	万科企业股份有限公司	广东	24289711	2805181	116534692	13267532	58280
37	中国光大集团股份有限公司	北京	24217624	1280470	448357855	11864147	66100
38	腾讯控股有限公司	广东	23776000	7451000	55467200	25607400	44796
39	中国远洋海运集团有限公司	北京	23425514	948697	71251530	18698267	100500
40	碧桂园控股有限公司	广东	22689979	2606352	104966926	9367057	124837
41	厦门国贸控股有限公司	福建	22236907	71877	9951735	823348	21963
42	雪松控股集团有限公司	广东	22108396	721860	14304467	4293312	31065
43	厦门建发集团有限公司	福建	22025250	206230	21020783	3720492	21133
44	中国航空油料集团有限公司	北京	21588470	271423	5085872	2011748	14476
45	厦门象屿集团有限公司	福建	21408866	99454	9169853	1148211	9100
46	国美零售控股有限公司	北京	19256200	-44989	6322401	1991312	28221
47	新疆广汇实业投资（集团）有限责任公司	新疆维吾尔自治区	17644044	21953	24568073	2929321	79747
48	阳光龙净集团有限公司	福建	17305500	305850	29451700	1775090	20105
49	中国太平保险控股有限公司	北京	17009725	532253	58508870	5553756	77472
50	泰康保险集团股份有限公司	北京	16260053	1137607	71285435	5089264	52424
51	中国通用技术（集团）控股有限责任公司	北京	15700579	277533	15696003	3816272	36114
52	三胞集团有限公司	江苏	14600354	321651	13070351	3832371	120000
53	新华人寿保险股份有限公司	北京	14413185	538270	71027469	6371428	41044
54	东浩兰生（集团）有限公司	上海	14118438	101927	3904748	1107461	5840
55	广西投资集团有限公司	广西壮族自治区	13217082	-15306	32872598	2223540	23703
56	中国华融资产管理股份有限公司	北京	12990999	2199259	187026028	12817460	12520
57	中国南方航空股份有限公司	广东	12748900	591400	21832900	4959400	96234
58	清华控股有限公司	北京	12064481	80950	43187208	1433000	159000
59	华夏银行股份有限公司	北京	11929800	1981900	250892700	16805500	42644
60	中国东方航空集团有限公司	上海	11157305	293346	27129641	3676847	86196
61	云南省建设投资控股集团有限公司	云南	11120486	173123	30404615	5050569	41545
62	浙江省交通投资集团有限公司	浙江	11081387	425717	32726002	7830966	27915
63	富德生命人寿保险股份有限公司	广东	10665854	4045	43808931	3206004	—
64	北大方正集团有限公司	北京	10418199	-54457	24612150	2133586	30086
65	晋能集团有限公司	山西	10291762	-14708	26211133	4072926	95997
66	北京银行股份有限公司	北京	10176176	1873170	232980542	17484366	14680
67	远大物产集团有限公司	浙江	10152254	-23047	881863	234516	649
68	浙江省兴合集团有限责任公司	浙江	10045944	20224	4391249	390844	15652
69	上海均和集团有限公司	上海	9997329	23298	1641959	668005	5000
70	西安迈科金属国际集团有限公司	陕西	9893701	19325	2071915	409883	320
71	东方国际（集团）有限公司	上海	9610744	105023	6540935	1611558	72000
72	阳光保险集团股份有限公司	北京	9605931	286624	28010096	4416685	266411

续表

名次	企业名称	地区	营业收入/万元	净利润/万元	资产/万元	所有者权益/万元	从业人数/人
73	腾邦集团有限公司	广东	8988264	95434	2503348	432016	12084
74	云南省投资控股集团有限公司	云南	8951740	75540	25728791	3708094	18175
75	国家开发投资集团有限公司	北京	8940334	685250	49355205	7173897	52508
76	中升集团控股有限公司	辽宁	8629029	335041	4758079	1591299	25577
77	百度网络技术有限公司	北京	8480900	1830100	25172800	11534600	39343
78	福中集团有限公司	江苏	8273165	47805	1305036	537774	30150
79	北京控股集团有限公司	北京	8179398	90891	28263280	2971566	79700
80	浙江省能源集团有限公司	浙江	8134373	426000	19273814	7209821	22487
81	浪潮集团有限公司	山东	8033895	240213	5110827	1871465	30510
82	华侨城集团有限公司	广东	8010784	586538	32238228	5055168	61372
83	银亿集团有限公司	浙江	7830148	191608	7531942	1658598	16635
84	中国国际技术智力合作有限公司	北京	7605761	57109	1037934	368362	4925
85	云南省能源投资集团有限公司	云南	7497357	64370	11112354	2992705	10590
86	上海银行股份有限公司	上海	7461974	1532850	180776694	14698514	10000
87	九州通医药集团股份有限公司	湖北	7394289	144551	5204835	1830044	25816
88	上海钢联电子商务股份有限公司	上海	7369705	4818	1021382	82426	1644
89	甘肃省公路航空旅游投资集团有限公司	甘肃	7257895	103302	31978586	10942331	18226
90	龙湖集团控股有限公司	重庆	7207504	1259860	36276385	7056666	19827
91	深圳顺丰泰森控股（集团）有限公司	广东	7109429	471842	5361408	2139056	136432
92	重庆市金科投资控股（集团）有限责任公司	重庆	7058643	107079	17465660	487349	20089
93	庞大汽贸集团股份有限公司	河北	7048514	21201	6353085	1328902	26359
94	世茂房地产控股有限公司	上海	7042587	784049	30755867	5763468	8394
95	卓尔控股有限公司	湖北	6986924	252039	6128693	3862349	5652
96	唯品会（中国）有限公司	广东	6892996	281983	2856061	1098113	58000
97	深圳市怡亚通供应链股份有限公司	广东	6851511	59524	4726237	595416	20098
98	内蒙古电力（集团）有限责任公司	内蒙古自治区	6816737	136840	10078453	4190661	35339
99	山东高速集团有限公司	山东	6663351	281222	55417622	6492964	28466
100	北京外企服务集团有限责任公司	北京	6500916	27224	719852	169505	34929
101	北京能源集团有限责任公司	北京	6325119	60344	26305882	7165362	34984
102	上海永达控股（集团）有限公司	上海	6250001	154614	2918601	906426	13570
103	神州数码集团股份有限公司	北京	6221595	72292	2427319	335006	4486
104	杭州滨江房产集团股份有限公司	浙江	6150000	171141	6024433	208179	425
105	玖隆钢铁物流有限公司	江苏	6067876	7769	529673	153272	292
106	天津泰达投资控股有限公司	天津	6062983	20762	31994850	4589776	11792

续表

名次	企业名称	地区	营业收入/万元	净利润/万元	资产/万元	所有者权益/万元	从业人数/人
107	百联集团有限公司	上海	6055733	39062	8116209	1993916	58001
108	华夏幸福基业股份有限公司	北京	5963543	878081	37586471	3709502	27956
109	广州富力地产股份有限公司	广东	5927786	2118645	31411090	6358024	30897
110	福建省能源集团有限责任公司	福建	5866723	149256	9104018	2247866	33435
111	永辉超市股份有限公司	福建	5859134	181679	3287046	1999477	84931
112	深圳市爱施德股份有限公司	广东	5673587	37897	1248100	538638	2882
113	上海找钢网信息科技股份有限公司	上海	5468164	17347	525425	103043	1323
114	山西煤炭进出口集团有限公司	山西	5453982	-33559	8351422	401434	17152
115	网易公司	北京	5410202	1070794	7103142	4573201	18129
116	广东省广物控股集团有限公司	广东	5408619	44677	3644760	846405	11117
117	河北省物流产业集团有限公司	河北	5285940	9538	1656860	259357	2088
118	中国铁路物资股份有限公司	北京	5184400	161911	6158110	1218938	6323
119	雅居乐地产控股有限公司	广东	5160706	602524	—	3633524	17602
120	江苏国泰国际集团有限公司	江苏	5070385	39750	2327209	369795	10096
121	前海人寿保险股份有限公司	广东	4962945	150550	23757907	2489525	3210
122	重庆商社（集团）有限公司	重庆	4952118	18894	2052358	345978	89950
123	渤海银行股份有限公司	天津	4926359	675382	100256705	4846530	11336
124	北京首都旅游集团有限责任公司	北京	4916940	-40302	7980805	1693893	86487
125	新奥能源控股有限公司	河北	4826900	280200	5921500	1357500	28735
126	广西北部湾国际港务集团有限公司	广西壮族自治区	4643424	31631	7671195	1600746	20768
127	深圳海王集团股份有限公司	广东	4623669	32789	4934340	1154090	31500
128	广东省交通集团有限公司	广东	4515921	339779	37255735	8253570	61120
129	广州轻工工贸集团有限公司	广东	4511235	35802	1702163	596459	5949
130	珠海华发集团有限公司	广东	4415523	124980	22847941	2496530	14448
131	北京首都创业集团有限公司	北京	4309673	108072	28164665	1628860	29066
132	武汉金融控股（集团）有限公司	湖北	4306560	34401	9622797	1303846	5584
133	荣盛控股股份有限公司	河北	4291398	265881	20037206	1494905	22977
134	重庆农村商业银行股份有限公司	重庆	4195316	893597	90577808	6368869	15892
135	通鼎集团有限公司	江苏	4182581	134236	2034287	645784	13236
136	四川省能源投资集团有限责任公司	四川	4129332	99295	11786458	2421142	16603
137	物美控股集团股份有限公司	北京	4055741	171497	5664150	2287945	97500
138	中华联合保险控股股份有限公司	北京	4018039	108800	7314435	1480048	41669
139	四川省交通投资集团有限责任公司	四川	4003945	28357	33559172	10966703	25000
140	同程控股股份有限公司	江苏	3975285	-13764	1391314	610146	14376

续表

名次	企业名称	地区	营业收入/万元	净利润/万元	资产/万元	所有者权益/万元	从业人数/人
141	安徽新华发行（集团）控股有限公司	安徽	3960249	70237	3035097	816136	6179
142	四川蓝润实业集团有限公司	四川	3952830	246318	5747845	3309313	5180
143	江苏中利能源控股有限公司	江苏	3920488	111735	3445746	1009524	8142
144	天音通信有限公司	广东	3915873	19723	1275585	165210	4500
145	福佳集团有限公司	辽宁	3902737	119905	6220610	3372736	3432
146	北京首都开发控股（集团）有限公司	北京	3866932	152539	26681370	1545170	3373
147	中运富通控股集团有限公司	上海	3864403	128579	1566670	385092	2964
148	弘阳集团有限公司	江苏	3854291	174132	5066626	1524971	3948
149	申能（集团）有限公司	上海	3844343	350221	17559399	9966859	10115
150	浙江省国际贸易集团有限公司	浙江	3844124	85928	7647026	1310320	15306
151	中基宁波集团股份有限公司	浙江	3798145	18204	750081	79509	1677
152	金地（集团）股份有限公司	广东	3766218	684268	20794207	4076406	24246
153	安徽国贸集团控股有限公司	安徽	3753952	5590	3375430	306763	7346
154	上海国际港务（集团）股份有限公司	上海	3742394	1153619	14123490	6948438	17648
155	武汉商联（集团）股份有限公司	湖北	3733155	43404	2994786	906933	46576
156	广州越秀集团有限公司	广东	3726759	116832	42956412	2340550	16828
157	步步高投资集团股份有限公司	湖南	3709413	15168	1601946	622636	18043
158	大汉控股集团有限公司	湖南	3690237	78780	1797292	519847	3278
159	江苏汇鸿国际集团股份有限公司	江苏	3679996	73679	3071638	735229	3663
160	成都兴城投资集团有限公司	四川	3656108	91367	12452240	3396071	12810
161	北京江南投资集团有限公司	北京	3579996	543286	13431168	1659190	410
162	浙江前程投资股份有限公司	浙江	3407529	2521	608993	96322	355
163	北京粮食集团有限责任公司	北京	3358164	65608	2620691	509112	10560
164	上海农村商业银行股份有限公司	上海	3338050	676908	80205760	5168213	6215
165	重庆市能源投资集团有限公司	重庆	3322053	14521	10325637	2023664	42534
166	世纪金源投资集团有限公司	北京	3291300	269630	9646443	3531246	15769
167	东华能源股份有限公司	江苏	3267828	106297	2239442	762352	1470
168	深圳市中农网有限公司	广东	3260177	8615	1005271	77925	631
169	北京金融街投资（集团）有限公司	北京	3235534	89563	21345119	2969998	11212
170	广州农村商业银行股份有限公司	广东	3125565	570871	73571366	4604451	7778
171	香江集团有限公司	广东	3005700	229519	5191500	2497285	12550
172	天津银行股份有限公司	天津	2975880	391639	70191359	4408345	6564
173	安徽省交通控股集团有限公司	安徽	2972811	242243	22991851	6853128	29128
174	北京农村商业银行股份有限公司	北京	2911050	642329	81630258	4503457	—

续表

名次	企业名称	地区	营业收入/万元	净利润/万元	资产/万元	所有者权益/万元	从业人数/人
175	广州国资发展控股有限公司	广东	2879766	76526	6997107	1836406	11040
176	海通证券股份有限公司	上海	2822167	861842	53470633	11775548	10084
177	重庆对外经贸（集团）有限公司	重庆	2761052	35081	2382233	602576	6728
178	齐鲁交通发展集团有限公司	山东	2716992	21769	14388820	4966754	19107
179	上海均瑶（集团）有限公司	上海	2699681	69475	4786340	883061	14914
180	恒丰银行股份有限公司	山东	2685805	761980	133418040	6990865	11554
181	兴华财富集团有限公司	河北	2654290	6173	1105009	100299	6383
182	天津港（集团）有限公司	天津	2640187	-34435	12592770	2877767	15236
183	厦门航空有限公司	福建	2612113	215188	3986487	1555892	17370
184	深圳市富森供应链管理有限公司	广东	2608025	8663	2153931	59340	290
185	广东省广业集团有限公司	广东	2599330	53900	3543437	908712	22437
186	南通化工轻工股份有限公司	江苏	2587673	16389	258476	108531	134
187	南昌市政公用投资控股有限责任公司	江西	2585912	30842	9326377	2890285	17710
188	太平鸟集团有限公司	浙江	2582437	56868	1403716	309284	12286
189	广西物资集团有限责任公司	广西壮族自治区	2568624	12365	1366835	393234	2328
190	山西能源交通投资有限公司	山西	2560253	5552	9119236	2413693	49886
191	珠海振戎有限公司	北京	2552601	13956	148191	114589	110
192	浙江省海港投资运营集团有限公司	浙江	2551561	198089	11621044	5779877	17146
193	新华锦集团	山东	2513177	20240	848777	227870	9200
194	利群集团股份有限公司	山东	2491708	58648	2049926	936049	9850
195	华南物资集团有限公司	重庆	2474280	10699	432578	61128	608
196	安徽辉隆投资集团有限公司	安徽	2444555	19580	1355863	369833	2207
197	河北省国和投资集团有限公司	河北	2428817	-786	401231	61179	2893
198	天津亿联投资控股集团有限公司	天津	2351824	138797	9500358	3674559	9200
199	厦门港务控股集团有限公司	福建	2351167	42828	4367262	769668	10762
200	深圳市年富供应链有限公司	广东	2335539	22893	1297168	79235	256
201	武汉当代科技产业集团股份有限公司	湖北	2321110	64855	7896771	901098	27203
202	深圳华强集团有限公司	广东	2283002	105886	6435223	1323846	22160
203	重庆千信国际贸易有限公司	重庆	2243265	18386	1127157	313633	87
204	上海城投（集团）有限公司	上海	2240276	302688	54758260	23024402	15461
205	青岛中垠瑞丰国际贸易有限公司	山东	2217064	1575	378503	22722	59
206	湖北省交通投资集团有限公司	湖北	2205394	196305	35045247	10513860	11466
207	南京新华海科技产业集团有限公司	江苏	2181872	73529	1120434	—	2386
208	厦门禹洲集团股份有限公司	福建	2170067	279004	7990481	350879	3565

续表

名次	企业名称	地区	营业收入/万元	净利润/万元	资产/万元	所有者权益/万元	从业人数/人
209	苏州金螳螂企业（集团）有限公司	江苏	2161966	49653	3248846	369595	18530
210	广发证券股份有限公司	广东	2157564	859539	35690463	8485420	10316
211	重庆市中科控股有限公司	重庆	2150955	4993	1811063	352131	1232
212	重庆医药（集团）股份有限公司	重庆	2118950	60557	1485175	539462	6798
213	广西交通投资集团有限公司	广西壮族自治区	2111201	39867	22932797	5856478	11083
214	国购投资有限公司	安徽	2106875	197390	4503004	2573596	1743
215	中国万向控股有限公司	上海	2092178	54960	12851825	1154714	14314
216	安徽安粮控股股份有限公司	安徽	2087727	15108	1989032	171572	2822
217	广东省丝绸纺织集团有限公司	广东	2070868	12124	1059221	190880	3601
218	郑州银行股份有限公司	河南	2062500	428002	43582889	3220589	4223
219	长沙银行股份有限公司	湖南	2060937	393071	47054409	2328405	6022
220	深圳市信利康供应链管理有限公司	广东	2044759	5783	770176	87519	435
221	德邦物流股份有限公司	上海	2035011	54662	652117	307131	94441
222	四川航空股份有限公司	四川	2031638	81638	3054755	496646	13432
223	石家庄北国人百集团有限责任公司	河北	2016293	38919	1204511	350492	9366
224	武汉市金马凯旋家具投资有限公司	湖北	2015948	196204	1269364	1129368	1388
225	月星集团有限公司	上海	2012376	128570	5018252	1486256	10422
226	利泰集团有限公司	广东	2008352	13199	471313	155488	6419
227	浙江省商业集团有限公司	浙江	2004002	-72757	4021413	273563	9443
228	银泰商业（集团）有限公司	浙江	1993769	55732	2368397	1167893	7889
229	新疆生产建设兵团棉麻有限公司	新疆维吾尔自治区	1976228	7719	827708	38826	522
230	浙江宝利德股份有限公司	浙江	1964035	25208	667815	116035	3385
231	日照港集团有限公司	山东	1955071	21003	5503027	1287123	8972
232	上海中梁地产集团有限公司	上海	1952937	46756	11586012	195029	6807
233	厦门路桥工程物资有限公司	福建	1944660	11708	741713	106068	454
234	厦门中骏集团有限公司	福建	1905027	304300	6845411	1435796	5247
235	安徽出版集团有限责任公司	安徽	1903308	31579	2447160	804479	5371
236	浙江英特药业有限责任公司	浙江	1890691	15974	895489	162882	2848
237	深圳市思贝克集团有限公司	广东	1890062	-5239	55075	8825	151
238	吉林银行股份有限公司	吉林	1871342	293697	39237995	2231599	10566
239	山东远通汽车贸易集团有限公司	山东	1845125	38080	610063	321006	7431
240	淄博商厦股份有限公司	山东	1841636	14347	578094	252468	10303
241	深圳中电投资股份有限公司	广东	1839976	19057	988842	381241	1805
242	搜于特集团股份有限公司	广东	1834871	61283	1033059	560611	2490

续表

名次	企业名称	地区	营业收入/万元	净利润/万元	资产/万元	所有者权益/万元	从业人数/人
243	广州珠江实业集团有限公司	广东	1829877	85024	7143435	798531	14198
244	维科控股集团股份有限公司	浙江	1801934	34552	1499609	249620	6061
245	大连金玛商城企业集团有限公司	辽宁	1775527	229301	2300724	1465297	10921
246	江苏省苏豪控股集团有限公司	江苏	1770306	73472	2533713	825121	6863
247	青海省投资集团有限公司	青海	1721227	5183	6391143	1093637	15433
248	山东航空集团有限公司	山东	1698855	28872	1468648	267515	13548
249	中国江苏国际经济技术合作集团有限公司	江苏	1695179	24181	1860532	249815	8282
250	广州元亨能源有限公司	广东	1689020	3717	762169	118516	34
251	上海龙宇燃油股份有限公司	上海	1683196	5903	631518	416278	136
252	杭州东恒石油有限公司	浙江	1682542	14928	323067	119798	411
253	浙江建华集团有限公司	浙江	1655356	5894	287005	62891	3051
254	润华集团股份有限公司	山东	1644026	52849	1350403	637397	9300
255	宁波华东物资城市场建设开发有限公司	浙江	1639800	7242	44500	16800	3098
256	广东粤海控股集团有限公司	广东	1588341	147052	8686094	3184410	10996
257	无锡市国联发展（集团）有限公司	江苏	1562038	126363	7712504	2380613	9097
258	宁波君安控股有限公司	浙江	1561917	9677	295121	49319	81
259	江西省高速公路投资集团有限责任公司	江西	1558181	16259	28062253	10110944	17623
260	深圳能源集团股份有限公司	广东	1554585	74934	7723093	2134105	6807
261	广西铁路投资集团有限公司	广西壮族自治区	1542387	16248	10644516	3724870	2576
262	万友汽车投资有限公司	重庆	1540551	9967	693151	70730	6375
263	张家港市沃丰贸易有限公司	江苏	1538981	2682	251019	4534	20
264	上海三盛宏业投资（集团）有限责任公司	上海	1531230	150228	4246784	605407	3466
265	张家港保税区旭江贸易有限公司	江苏	1525666	108544	236208	52461	20
266	黑龙江倍丰农业生产资料集团有限公司	黑龙江	1515668	8153	1568591	86357	605
267	深圳市旗丰供应链服务有限公司	广东	1511152	686	1244513	7101	338
268	山西省国新能源发展集团有限公司	山西	1490002	-40115	3918279	173718	17186
269	安徽华源医药股份有限公司	安徽	1488515	30324	929860	160410	8600
270	上海机场（集团）有限公司	上海	1479972	292985	8067752	5402886	17568
271	大连港集团有限公司	辽宁	1460786	30725	10856093	3152286	9251
272	深圳市朗华供应链服务有限公司	广东	1454631	2019	2781652	36978	510
273	北方国际集团有限公司	天津	1448381	3295	714214	76292	1675
274	青岛中银国投控股集团有限公司	山东	1446887	82757	532612	356138	398
275	上海春秋国际旅行社（集团）有限公司	上海	1441383	84241	2227479	529807	9876
276	锦程国际物流集团股份有限公司	辽宁	1441103	45465	1349781	541189	4528

续表

名次	企业名称	地区	营业收入/万元	净利润/万元	资产/万元	所有者权益/万元	从业人数/人
277	南京大地建设集团有限责任公司	江苏	1426992	17348	900193	278139	1768
278	天津现代集团有限公司	天津	1425349	62327	2331613	897697	431
279	天津城市基础设施建设投资集团有限公司	天津	1424017	190562	74342572	22485957	13223
280	杭州银行股份有限公司	浙江	1412152	455037	83333873	5183096	6884
281	重庆交通运输控股（集团）有限公司	重庆	1411517	28236	1785522	647563	49892
282	河北港口集团有限公司	河北	1409893	3645	5893326	2393666	14801
283	长春欧亚集团股份有限公司	吉林	1398142	30518	2176406	293795	9444
284	上海闽路润贸易有限公司	上海	1392978	5301	384107	15153	138
285	天津恒运能源集团股份有限公司	天津	1392331	29753	379632	180762	1000
286	星河湾集团有限公司	广东	1386358	109300	7103117	—	10053
287	张家港市泽厚贸易有限公司	江苏	1361717	2277	82303	3918	20
288	杭州联华华商集团有限公司	浙江	1354248	40565	939565	75259	14230
289	西安高科（集团）公司	陕西	1350212	10833	7530404	627706	10942
290	大华（集团）有限公司	上海	1348855	293343	6411356	1773842	2838
291	天津农村商业银行股份有限公司	天津	1340955	240031	29920966	2245616	5593
292	武汉联杰能源有限公司	湖北	1338561	1128	186717	51459	31
293	浙江出版联合集团有限公司	浙江	1333852	131248	2054979	1287206	7972
294	源山投资控股有限公司	上海	1332494	1550	380904	68351	160
295	中文天地出版传媒股份有限公司	江西	1330605	145174	2048066	1219338	6911
296	盛京银行股份有限公司	辽宁	1323269	758006	103061743	5168138	4976
297	广州岭南国际企业集团有限公司	广东	1321855	45852	1569802	654222	13101
298	广西北部湾投资集团有限公司	广西壮族自治区	1302219	66134	5149667	1932035	3109
299	武汉市城市建设投资开发集团有限公司	湖北	1296686	70726	27603802	7717462	13740
300	联发集团有限公司	福建	1287490	101997	4967545	839834	3471
301	厦门恒兴集团有限公司	福建	1285342	49100	1598111	644047	2050
302	青岛银行股份有限公司	山东	1257524	190025	30627609	2562985	3826
303	搜狐网络有限责任公司	北京	1253636	-373559	2214597	490477	—
304	广西西江开发投资集团有限公司	广西壮族自治区	1244186	12401	4305044	1353803	4894
305	武汉农村商业银行股份有限公司	湖北	1220669	246879	27216531	1939104	5013
306	江苏五星电器有限公司	江苏	1217693	15566	842803	161016	7859
307	众信旅游集团股份有限公司	北京	1204798	23262	509577	223453	4821
308	天津住宅建设发展集团有限公司	天津	1177425	99	4025862	559630	25678
309	广东鸿粤汽车销售集团有限公司	广东	1176799	-13599	411696	-13914	3122
310	厦门翔业集团有限公司	福建	1170799	88472	2900481	791531	13844

续表

名次	企业名称	地区	营业收入/万元	净利润/万元	资产/万元	所有者权益/万元	从业人数/人
311	常州市化工轻工材料总公司	江苏	1167273	5385	79048	35474	163
312	湖北能源集团股份有限公司	湖北	1158584	217320	4635693	2551601	4078
313	广州无线电集团有限公司	广东	1157197	78700	3564179	734425	39618
314	洛阳银行股份有限公司	河南	1151078	272286	23178310	1645403	2347
315	浙江海越股份有限公司	浙江	1150248	13659	985917	227863	1266
316	福建省交通运输集团有限责任公司	福建	1144897	30403	3191959	906551	28267
317	天津航空有限责任公司	天津	1137241	57401	4229895	1506793	4683
318	桂林银行股份有限公司	广西壮族自治区	1134143	134347	22720763	1423314	4218
319	广西农村投资集团有限公司	广西壮族自治区	1131756	3194	4147540	583826	27085
320	张家港市国彰贸易有限公司	江苏	1118723	1551	51014	3706	20
321	上海景域文化传播股份有限公司	上海	1107824	-9616	289964	193522	2430
322	浙江中外运有限公司	浙江	1106812	11589	194501	45842	2170
323	深圳市燃气集团股份有限公司	广东	1105878	88688	1878146	841567	6565
324	江阴长三角钢铁集团有限公司	江苏	1100611	2918	45754	—	351
325	北京学而思教育科技有限公司	北京	1090285	125331	1687915	121196	31743
326	蓝池集团有限公司	河北	1088608	15328	466009	218432	4376
327	开元旅业集团有限公司	浙江	1083834	12630	2117093	396980	27019
328	渤海人寿保险股份有限公司	天津	1081042	22105	3296408	1316985	229
329	厦门夏商集团有限公司	福建	1077340	27833	1292349	327742	6084
330	深圳市恒波商业连锁有限公司	广东	1072017	32399	305983	111289	2965
331	新浪公司	北京	1067062	105920	3799637	1860207	8224
332	广州金融控股集团有限公司	广东	1065264	237351	50715481	1824559	9623
333	苏州裕景泰贸易有限公司	江苏	1065005	19962	256615	37335	126
334	深圳市粮食集团有限公司	广东	1059718	43154	492934	290878	667
335	现代投资股份有限公司	湖南	1059286	86493	2269803	853339	2940
336	卓正控股集团有限公司	河北	1057689	31415	841152	430338	8219
337	浙江省农村发展集团有限公司	浙江	1049531	-11207	2048876	162508	2432
338	盈峰投资控股集团有限公司	广东	1049252	32223	3497007	648867	8103
339	河北省新合作控股集团有限公司	河北	1044931	49672	3827383	1039581	6437
340	青岛农村商业银行股份有限公司	山东	1044060	213645	25105424	1711454	5284
341	广州百货企业集团有限公司	广东	1036957	46636	1119073	518309	4910
342	中南出版传媒集团股份有限公司	湖南	1036010	151319	1967380	1331152	13474
343	广西桂东电力股份有限公司	广西壮族自治区	1024484	6344	1275379	203867	2168
344	湖南兰天集团有限公司	湖南	1023592	4421	241177	52936	3125

续表

名次	企业名称	地区	营业收入/万元	净利润/万元	资产/万元	所有者权益/万元	从业人数/人
345	河南省国有资产控股运营集团有限公司	河南	1018542	2668	6161225	294261	9456
346	深圳市东方嘉盛供应链股份有限公司	广东	1014333	11834	678707	129448	370
347	江苏大经集团有限公司	江苏	1012969	4590	78554	16129	410
348	上海展志实业集团有限责任公司	上海	1012822	8111	212951	41425	912
349	路通建设集团股份有限公司	山东	1011609	168900	569704	508190	1865
350	上海广微投资有限公司	上海	1010014	393584	1360287	591853	4500
351	上海交运（集团）公司	上海	1002891	15447	1240082	401838	9093
352	重庆银行股份有限公司	重庆	1001481	372588	42276303	3095160	4066
353	张家口银行股份有限公司	河北	997392	196889	18085875	1203743	4569
354	广东珠江投资股份有限公司	广东	964870	64746	13579353	2441184	1482
355	佛山市顺德区乐从供销集团有限公司	广东	958800	14718	462933	171365	3337
356	江西银行股份有限公司	江西	946297	286522	37000529	2271374	4648
357	广西柳州医药股份有限公司	广西壮族自治区	944698	40138	755405	349176	2575
358	浙江蓝天实业集团有限公司	浙江	941116	4765	1005119	325199	2382
359	深圳市英捷迅实业发展有限公司	广东	934800	497	106116	17682	194
360	浙江凯喜雅国际股份有限公司	浙江	924767	3540	518043	87938	206
361	广西云星集团有限公司	广西壮族自治区	920342	120214	2091148	631120	1890
362	无锡商业大厦大东方股份有限公司	江苏	916758	26126	522558	281583	4866
363	上海龙旗科技股份有限公司	上海	890567	12596	519673	90461	834
364	人人乐连锁商业集团股份有限公司	广东	885533	-53841	524791	176838	15164
365	广东合诚集团有限公司	广东	883181	2841	252770	53066	3071
366	宁波滕头集团有限公司	浙江	880708	28590	390631	106850	10300
367	重庆华宇集团有限公司	重庆	880272	129907	5466728	2027368	4790
368	重庆港务物流集团有限公司	重庆	871629	-18837	2041273	509033	5168
369	江阴市金桥化工有限公司	江苏	865489	654	168327	13116	78
370	四川新华发行集团有限公司	四川	863474	43390	1640939	604395	8801
371	浙江华瑞集团有限公司	浙江	850353	13507	632395	250842	569
372	桂林彰泰实业集团有限公司	广西壮族自治区	847935	137380	1305009	314516	868
373	广州市水务投资集团有限公司	广东	838023	44016	7715979	2926386	9776
374	深圳市优友金融服务有限公司	广东	836520	3192	161926	3976	110
375	中原出版传媒投资控股集团有限公司	河南	835596	44264	1427195	789610	16851
376	鹭燕医药股份有限公司	福建	833823	13057	513242	147371	3383
377	张家港保税区日祥贸易有限公司	江苏	820580	64227	167287	47508	20
378	中铁集装箱运输有限责任公司	北京	819305	50931	1294059	1128467	832

续表

名次	企业名称	地区	营业收入/万元	净利润/万元	资产/万元	所有者权益/万元	从业人数/人
379	深圳市铁汉生态环境股份有限公司	广东	818779	75711	2029596	604184	5121
380	上海新世界（集团）有限公司	上海	816506	41980	1719327	801424	9316
381	华茂集团股份有限公司	浙江	815717	75825	1425734	671267	2668
382	深圳市水务（集团）有限公司	广东	784993	44855	1860202	776608	10117
383	张家港保税区荣德贸易有限公司	江苏	779794	11661	111687	77274	104
384	祥生地产集团有限公司	浙江	779158	25890	7810417	362775	3600
385	广东南海农村商业银行股份有限公司	广东	773337	237682	17043390	1439349	3379
386	湖南佳惠百货有限责任公司	湖南	764733	15271	158239	81036	13100
387	唐山港集团股份有限公司	河北	761218	146334	2206630	1452150	3931
388	宁波海田控股集团有限公司	浙江	759567	1419	234597	9276	210
389	山西大昌汽车集团有限公司	山西	758984	7934	281875	184556	3500
390	青海省物产集团有限公司	青海	758076	2650	457063	93660	1256
391	上海临港经济发展（集团）有限公司	上海	756096	93959	6296606	1414975	2501
392	宁波轿辰集团股份有限公司	浙江	751328	1993	315773	79352	2727
393	老百姓大药房连锁股份有限公司	湖南	750143	37080	669889	293082	17000
394	上海百润企业发展有限公司	上海	749066	72	337234	6332	38
395	大参林医药集团股份有限公司	广东	742120	47496	582276	275277	21664
396	湖南友谊阿波罗控股股份有限公司	湖南	741083	−2069	1758992	167966	3989
397	亿达中国控股有限公司	上海	731762	98430	3709478	1073818	4066
398	湖南粮食集团有限责任公司	湖南	728327	5420	1470515	209429	3885
399	万事利集团有限公司	浙江	724193	18264	606494	170621	1470
400	上海东方电视购物有限公司	上海	715360	687	99070	5541	1486
401	东软集团股份有限公司	辽宁	713113	105849	1290919	892092	16706
402	青岛城市建设投资（集团）有限责任公司	山东	712975	49410	17427321	4463243	1860
403	无锡市交通产业集团有限公司	江苏	712065	69345	3937702	1763056	11448
404	浙江恒威集团有限公司（海曙区）	浙江	708990	25018	621585	183007	1817
405	天津滨海农村商业银行股份有限公司	天津	708661	50384	15820223	1184071	2541
406	西安曲江文化产业投资（集团）有限公司	陕西	708353	893	4581835	1206539	9640
407	武汉地产开发投资集团有限公司	湖北	708148	47981	12035259	3249726	3081
408	四川邦泰投资有限责任公司	四川	707768	28983	1134859	55015	2698
409	宁波联合集团股份有限公司	浙江	706877	48104	678710	242321	641
410	广东粤合投资控股有限公司	广东	704104	2240	392525	9046	227
411	天津大通投资集团有限公司	天津	698766	61955	2283285	369304	12000
412	山西美特好连锁超市股份有限公司	山西	691072	130	203792	48529	6129

续表

名次	企业名称	地区	营业收入/万元	净利润/万元	资产/万元	所有者权益/万元	从业人数/人
413	新疆农资（集团）有限责任公司	新疆维吾尔自治区	684701	290	551193	116281	1262
414	河南蓝天集团有限公司	河南	676448	6177	1091833	142168	2514
415	安徽文峰置业有限公司	安徽	673294	68935	984706	334682	743
416	安徽国祯集团股份有限公司	安徽	669699	4464	1347536	113467	10678
417	重庆长安民生物流股份有限公司	重庆	664391	12730	480532	195120	8334
418	青岛利客来集团股份有限公司	山东	661587	2781	24999	54210	2284
419	广州万力集团有限公司	广东	654825	12661	1515927	468636	6954
420	广西金融投资集团有限公司	广西壮族自治区	649629	7566	6351080	893463	3880
421	日出实业集团有限公司	浙江	645976	3129	107943	19292	206
422	江苏省粮食集团有限责任公司	江苏	635768	4119	483819	145364	1085
423	厦门市明穗粮油贸易有限公司	福建	634553	2367	244731	20027	54
424	厦门住宅建设集团有限公司	福建	623936	54608	2923477	566418	3653
425	浙江万丰企业集团公司	浙江	616743	8829	395169	82929	2512
426	南宁威宁投资集团有限责任公司	广西壮族自治区	616568	1292	2866869	1127518	4233
427	福建裕华集团有限公司	福建	615463	759	280969	27295	218
428	厦门经济特区房地产开发集团有限公司	福建	614527	75176	2796805	611139	11409
429	内蒙古高等级公路建设开发有限责任公司	内蒙古自治区	613881	24684	11280854	2140949	11256
430	四川华油集团有限责任公司	四川	607850	41802	803996	326551	4891
431	广州纺织工贸企业集团有限公司	广东	604265	9078	622492	309701	1574
432	天津市政建设集团有限公司	天津	603400	-9673	7266111	457431	2006
433	广东天禾农资股份有限公司	广东	602278	5913	248538	59211	1512
434	上海汉滨实业发展有限公司	上海	597036	3621	30993	15043	38
435	方正证券股份有限公司	湖南	595299	145296	14833626	3742872	8527
436	深圳市鑫荣懋农产品股份有限公司	广东	587482	18667	517027	258310	3400
437	广州交通投资集团有限公司	广东	582624	106757	7854087	2636767	5202
438	苏州汽车客运集团有限公司	江苏	581809	46306	1339463	490344	23621
439	汉口银行股份有限公司	湖北	580299	169122	28107704	1794029	3495
440	上海申华控股股份有限公司	上海	580247	-57079	993978	181028	3142
441	杭州解百集团股份有限公司	浙江	578012	18026	522299	232003	1597
442	柳州银行股份有限公司	广西壮族自治区	576626	7583	12325872	1023768	2779
443	安徽省众城集团	安徽	573287	9930	695558	87265	834
444	无锡农村商业银行股份有限公司	江苏	571998	99495	13712491	925371	1426
445	奥山集团	湖北	571506	102140	1745843	636381	1334
446	沧州银行股份有限公司	河北	567499	99971	1240665	952455	2392

续表

名次	企业名称	地区	营业收入/万元	净利润/万元	资产/万元	所有者权益/万元	从业人数/人
447	广州佳都集团有限公司	广东	565979	33003	995240	150738	2221
448	新疆西部银力棉业（集团）有限责任公司	新疆维吾尔自治区	564627	1211	607788	-17573	92
449	承志供应链有限公司	广东	564294	6918	136313	77426	122
450	广西北部湾银行股份有限公司	广西壮族自治区	559372	77351	15902895	1170668	2581
451	武汉工贸有限公司	湖北	559001	20265	474734	155021	2657
452	内蒙古蒙草生态环境（集团）股份有限公司	内蒙古自治区	557663	84398	12476140	360233	1604
453	广州南方投资集团有限公司	广东	554016	45448	1204211	135625	7528
454	重庆市新大兴实业（集团）有限公司	重庆	550466	3063	88815	36688	4111
455	雄风集团有限公司	浙江	546808	4497	264718	76118	6300
456	深圳市九立供应链股份有限公司	广东	545691	4626	1648145	14038	213
457	良品铺子股份有限公司	湖北	540666	11119	317168	93433	9102
458	湖南正和通矿产资源供应链有限公司	湖南	539443	1234	58583	30300	110
459	太仓苏南石油有限公司	江苏	537489	-127	194647	-808	33
460	网宿科技股份有限公司	上海	537267	79530	1026271	795125	3748
461	广州红海人力资源集团股份有限公司	广东	536087	2652	46404	18049	478
462	万向三农集团有限公司	浙江	535523	93123	1921818	675849	2157
463	宁波市绿顺集团股份有限公司	浙江	535336	2769	80836	35115	284
464	广州尚品宅配家居股份有限公司	广东	532345	20768	456568	198860	17168
465	厦门海澳集团有限公司	福建	532049	3074	154283	48068	153
466	棕榈生态城镇发展股份有限公司	广东	525326	30427	1567685	549947	1394
467	重庆砂之船奥莱商业管理有限公司	重庆	525267	7378	577057	111198	806
468	武汉市燃气热力集团有限公司	湖北	522393	16845	890448	220527	4446
469	常熟市交电家电有限责任公司	江苏	522006	2205	181661	22012	371
470	滨海投资集团股份有限公司	天津	518550	-9389	661633	15677	478
471	福然德股份有限公司	上海	518355	28193	267148	124085	401
472	重庆百事达汽车有限公司	重庆	518249	5035	117836	34596	2105
473	江苏嘉奕和铜业科技发展有限公司	江苏	516672	—	2089	—	10
474	江苏华地国际控股集团有限公司	江苏	514026	41972	1245384	490270	8665
475	四川安吉物流集团有限公司	四川	513183	6666	218489	132892	1370
476	浙江省医药工业有限公司	浙江	512236	2913	160094	58677	279
477	宁波力勤矿业有限公司	浙江	512119	7665	76144	33422	75
478	湖南新长海发展集团有限公司	湖南	511664	78220	739552	528037	2633
479	天津市交通（集团）有限公司	天津	510092	2167	534438	87650	14043
480	湖南省轻工盐业集团有限公司	湖南	508481	12828	996306	516192	5253

续表

名次	企业名称	地区	营业收入/万元	净利润/万元	资产/万元	所有者权益/万元	从业人数/人
481	广东新协力集团有限公司	广东	506551	5425	250821	77358	4659
482	上海浦原对外经贸有限公司	上海	505201	975	21372	11483	36
483	广东省广播电视网络股份有限公司	广东	504295	40709	1675529	1150381	8849
484	赣州银行股份有限公司	江西	503500	76021	12178979	799044	2665
485	莱商银行股份有限公司	山东	489364	46357	10243140	867421	1868
486	张家港市君乔贸易有限公司	江苏	488364	478	61038	1750	20
487	福建新大陆电脑股份有限公司	福建	485589	65408	857764	483521	4992
488	深圳高速公路股份有限公司	广东	483662	142640	3747383	1361809	4809
489	湖北银丰实业集团有限责任公司	湖北	483164	1510	456720	113433	1216
490	江苏江阴农村商业银行股份有限公司	江苏	478339	80845	10940279	914878	1551
491	岭南生态文旅股份有限公司	广东	477874	50928	1092615	362209	2499
492	广东南油对外服务有限公司	广东	476600	1392	20715	—	179
493	城发投资集团有限公司	山东	472067	15682	2124588	730449	499
494	齐商银行股份有限公司	山东	471308	48805	10712667	1162681	2981
495	上海大众公用事业（集团）股份有限公司	上海	470013	47413	2074402	724074	2174
496	湖北省农业生产资料控股集团有限公司	湖北	462075	3278	249670	31927	743
497	江西新华发行集团有限公司	江西	452600	60336	873892	563029	2674
498	无锡市市政公用产业集团有限公司	江苏	451272	22916	2789800	1308448	4023
499	中国天津国际经济技术合作集团公司	天津	448478	3466	593734	7367	602
500	广州工业发展集团有限公司	广东	442571	5062	169718	64465	529
	合计		3379840483	259356118	24187659550	2472503415	15137579

说 明

1. 2018 中国服务业企业 500 强是中国企业联合会、中国企业家协会参照国际惯例，组织企业自愿申报，并经专家审定确认后产生的。申报企业包括在中国境内注册、2017 年实现营业收入达到 20 亿元的企业（不包括在华外资、港澳台独资、控股企业，也不包括行政性公司、政企合一的单位以及各类资产经营公司，但包括在境外注册、投资主体为中国自然人或法人、主要业务在境内的企业），都有资格申报参加排序。属于集团公司的控股子公司或相对控股子公司，由于其财务报表最后能被合并到集团母公司的财务会计报表中去，因此只允许其母公司申报。

2. 表中所列数据由企业自愿申报或属于上市公司公开数据、并经会计师事务所或审计师事务所等单位认可。

3. 营业收入是 2017 年不含增值税的收入，包括企业的所有收入，即主营业务和非主营业务、境内和境外的收入。商业银行的营业收入为 2017 年利息收入和非利息营业收入之和（不减掉对应的支出)。保险公司的营业收入是2017年保险费和年金收入扣除储蓄的资本收益或损失。净利润是2017年上交所得税的净利润扣除少数股东权益后的归属母公司所有者的净利润。资产是2017年度末的资产总额。归属母公司所有者权益是2017年年末所有者权益总额扣除少数股东权益后的母公司所有者权益。研究开发费用是2017年企业投入研究开发的所有费用。从业人数是2017年度的平均人数(含所有被合并报表企业的人数)。

表 10-2　2018 中国服务业企业 500 强各行业企业分布

排名	企业名称	营业收入/万元	排名	企业名称	营业收入/万元
电网			8	重庆市能源投资集团有限公司	3322053
1	国家电网有限公司	235809970	9	东华能源股份有限公司	3267828
2	中国南方电网有限责任公司	49194057	10	广州国资发展控股有限公司	2879766
3	内蒙古电力（集团）有限责任公司	6816737	11	无锡市国联发展（集团）有限公司	1562038
4	广西桂东电力股份有限公司	1024484	12	深圳能源集团股份有限公司	1554585
	合计	292845248	13	山西省国新能源发展集团有限公司	1490002
			14	浙江海越股份有限公司	1150248
水务			15	深圳市燃气集团股份有限公司	1105878
1	北京控股集团有限公司	8179398	16	安徽国祯集团股份有限公司	669699
2	北京首都创业集团有限公司	4309673	17	四川华油集团有限责任公司	607850
3	齐鲁交通发展集团有限公司	2716992	18	武汉市燃气热力集团有限公司	522393
4	南昌市政公用投资控股有限责任公司	2585912	19	上海大众公用事业（集团）股份有限公司	470013
5	湖北省交通投资集团有限公司	2205394		合计	59226500
6	宁波华东物资城市场建设开发有限公司	1639800			
7	天津城市基础设施建设投资集团有限公司	1424017	铁路运输		
8	广西北部湾投资集团有限公司	1302219	1	中国铁路物资股份有限公司	5184400
9	武汉市城市建设投资开发集团有限公司	1296686	2	中铁集装箱运输有限责任公司	819305
10	路通建设集团股份有限公司	1011609		合计	6003705
11	广州市水务投资集团有限公司	838023			
12	深圳市水务（集团）有限公司	784993	公路运输		
13	上海临港经济发展（集团）有限公司	756096	1	浙江省交通投资集团有限公司	11081387
14	天津市政建设集团有限公司	603400	2	甘肃省公路航空旅游投资集团有限公司	7257895
15	内蒙古蒙草生态环境（集团）股份有限公司	557663	3	山东高速集团有限公司	6663351
16	无锡市市政公用产业集团有限公司	451272	4	广东省交通集团有限公司	4515921
	合计	30663147	5	四川省交通投资集团有限责任公司	4003945
			6	安徽省交通控股集团有限公司	2972811
综合能源供用			7	江西省高速公路投资集团有限责任公司	1558181
1	浙江省能源集团有限公司	8134373	8	重庆交通运输控股（集团）有限公司	1411517
2	云南省能源投资集团有限公司	7497357	9	现代投资股份有限公司	1059286
3	北京能源集团有限责任公司	6325119	10	上海交运（集团）公司	1002891
4	福建省能源集团有限责任公司	5866723	11	内蒙古高等级公路建设开发有限公司	613881
5	新奥能源控股有限公司	4826900	12	广州交通投资集团有限公司	582624
6	四川省能源投资集团有限责任公司	4129332	13	苏州汽车客运集团有限公司	581809
7	申能（集团）有限公司	3844343	14	天津市交通（集团）有限公司	510092

续表

排名	企业名称	营业收入/万元	排名	企业名称	营业收入/万元
15	深圳高速公路股份有限公司	483662		合计	8146069
	合计	44299253			
			邮政		
水上运输			1	中国邮政集团公司	48795358
1	中国远洋海运集团有限公司	23425514		合计	48795358
2	浙江中外运有限公司	1106812			
	合计	24532326	**物流及供应链**		
			1	厦门建发集团有限公司	22025250
港口运输			2	腾邦集团有限公司	8988264
1	广西北部湾国际港务集团有限公司	4643424	3	深圳顺丰泰森控股（集团）有限公司	7109429
2	上海国际港务（集团）股份有限公司	3742394	4	深圳市怡亚通供应链股份有限公司	6851511
3	天津港（集团）有限公司	2640187	5	玖隆钢铁物流有限公司	6067876
4	浙江省海港投资运营集团有限公司	2551561	6	河北省物流产业集团有限公司	5285940
5	厦门港务控股集团有限公司	2351167	7	深圳市富森供应链管理有限公司	2608025
6	日照港集团有限公司	1955071	8	山西能源交通投资有限公司	2560253
7	大连港集团有限公司	1460786	9	深圳市年富供应链有限公司	2335539
8	河北港口集团有限公司	1409893	10	广西交通投资集团有限公司	2111201
9	唐山港集团股份有限公司	761218	11	深圳市信利康供应链管理有限公司	2044759
	合计	21515701	12	德邦物流股份有限公司	2035011
			13	深圳市思贝克集团有限公司	1890062
航空运输			14	深圳市旗丰供应链服务有限公司	1511152
1	中国南方航空股份有限公司	12748900	15	深圳市朗华供应链服务有限公司	1454631
2	中国东方航空集团有限公司	11157305	16	锦程国际物流集团股份有限公司	1441103
3	厦门航空有限公司	2612113	17	福建省交通运输集团有限责任公司	1144897
4	四川航空股份有限公司	2031638	18	深圳市东方嘉盛供应链股份有限公司	1014333
5	山东航空集团有限公司	1698855	19	深圳市英捷迅实业发展有限公司	934800
6	天津航空有限责任公司	1137241	20	浙江华瑞集团有限公司	850353
	合计	31386052	21	青海省物产集团有限公司	758076
			22	重庆长安民生物流股份有限公司	664391
航空港及相关服务业			23	承志供应链有限公司	564294
1	深圳海王集团股份有限公司	4623669	24	深圳市九立供应链有限公司	545691
2	上海机场（集团）有限公司	1479972	25	湖南正和通矿产资源供应链有限公司	539443
3	厦门翔业集团有限公司	1170799	26	四川安吉物流集团有限公司	513183
4	重庆港务物流集团有限公司	871629		合计	83849467

排名	企业名称	营业收入/万元	排名	企业名称	营业收入/万元
			12	深圳市中农网有限公司	3260177
电讯服务			13	搜狐网络有限责任公司	1253636
1	中国移动通信集团有限公司	74451800	14	上海景域文化传播股份有限公司	1107824
2	中国电信集团有限公司	43237525	15	新浪公司	1067062
3	中国联合网络通信集团有限公司	27635310	16	上海东方电视购物有限公司	715360
	合计	145324635	17	网宿科技股份有限公司	537267
				合计	143541763
广播电视服务					
1	广东省广播电视网络股份有限公司	504295	**能源矿产商贸**		
	合计	504295	1	中国航空油料集团有限公司	21588470
			2	晋能集团有限公司	10291762
软件和信息技术			3	山西煤炭进出口集团有限公司	5453982
1	三胞集团有限公司	14600354	4	江苏中利能源控股有限公司	3920488
2	清华控股有限公司	12064481	5	珠海振戎有限公司	2552601
3	北大方正集团有限公司	10418199	6	重庆千信国际贸易有限公司	2243265
4	浪潮集团有限公司	8033895	7	维科控股集团股份有限公司	1801934
5	神州数码集团股份有限公司	6221595	8	广州元亨能源有限公司	1689020
6	广州无线电集团有限公司	1157197	9	上海龙宇燃油股份有限公司	1683196
7	东软集团股份有限公司	713113	10	杭州东恒石油有限公司	1682542
8	福建新大陆电脑股份有限公司	485589	11	张家港保税区旭江贸易有限公司	1525666
	合计	53694423	12	天津恒运能源集团股份有限公司	1392331
			13	福建裕华集团有限公司	615463
互联网服务			14	太仓苏南石油有限公司	537489
1	北京京东世纪贸易有限公司	36233175	15	厦门海澳集团有限公司	532049
2	阿里巴巴集团控股有限公司	25026600	16	宁波力勤矿业有限公司	512119
3	腾讯控股有限公司	23776000		合计	58022377
4	百度网络技术有限公司	8480900			
5	福中集团有限公司	8273165	**化工医药商贸**		
6	上海钢联电子商务股份有限公司	7369705	1	中国中化集团有限公司	51882319
7	唯品会（中国）有限公司	6892996	2	南通化工轻工股份有限公司	2587673
8	上海找钢网信息科技有限公司	5468164	3	江阴市金桥化工有限公司	865489
9	网易公司	5410202	4	河南蓝天集团有限公司	676448
10	通鼎集团有限公司	4182581	5	日出实业集团有限公司	645976
11	同程控股股份有限公司	3975285	6	湖南省轻工盐业集团有限公司	508481

续表

排名	企业名称	营业收入/万元	排名	企业名称	营业收入/万元
	合计	57166386	4	新疆生产建设兵团棉麻有限公司	1976228
			5	厦门夏商集团有限公司	1077340
机电商贸			6	深圳市粮食集团有限公司	1059718
1	中国通用技术（集团）控股有限责任公司	15700579	7	浙江省农村发展集团有限公司	1049531
2	深圳市优友金融服务有限公司	836520	8	湖南粮食集团有限责任公司	728327
3	广州佳都集团有限公司	565979	9	江苏省粮食集团有限责任公司	635768
	合计	17103078	10	厦门市明穗粮油贸易有限公司	634553
			11	深圳市鑫荣懋农产品股份有限公司	587482
生活消费品商贸			12	新疆西部银力棉业（集团）有限责任公司	564627
1	江苏国泰国际集团有限公司	5070385	13	万向三农集团有限公司	535523
2	广州轻工工贸集团有限公司	4511235	14	宁波市绿顺集团股份有限公司	535336
3	物美控股集团股份有限公司	4055741		合计	61926635
4	浙江省国际贸易集团有限公司	3844124			
5	安徽国贸集团控股有限公司	3753952	**生活资料商贸**		
6	江苏汇鸿国际集团股份有限公司	3679996	1	天津物产集团有限公司	44997060
7	太平鸟集团有限公司	2582437	2	物产中大集团股份有限公司	27621748
8	新华锦集团	2513177	3	广东省广物控股集团有限公司	5408619
9	广东省丝绸纺织集团有限公司	2070868	4	重庆对外经贸（集团）有限公司	2761052
10	武汉市金马凯旋家具投资有限公司	2015948	5	安徽辉隆投资集团有限公司	2444555
11	搜于特集团股份有限公司	1834871	6	厦门路桥工程物资有限公司	1944660
12	江苏省苏豪控股集团有限公司	1770306	7	浙江建华集团有限公司	1655356
13	浙江凯喜雅国际股份有限公司	924767	8	黑龙江倍丰农业生产资料集团有限公司	1515668
14	人人乐连锁商业集团股份有限公司	885533	9	厦门恒兴集团有限公司	1285342
15	万事利集团有限公司	724193	10	常州市化工轻工材料总公司	1167273
16	广州纺织工贸企业集团有限公司	604265	11	佛山市顺德区乐从供销集团有限公司	958800
17	广州尚品宅配家居股份有限公司	532345	12	新疆农资（集团）有限责任公司	684701
18	重庆砂之船奥莱商业管理有限公司	525267	13	广东天禾农资股份有限公司	602278
19	湖北银丰实业集团有限责任公司	483164	14	湖北省农业生产资料控股集团有限公司	462075
	合计	42382574		合计	93509187
农产品及食品批发			**金属品商贸**		
1	中粮集团有限公司	47096311	1	上海均和集团有限公司	9997329
2	北京粮食集团有限责任公司	3358164	2	西安迈科金属国际集团有限公司	9893701
3	安徽安粮控股股份有限公司	2087727	3	大汉控股集团有限公司	3690237

续表

排名	企业名称	营业收入/万元	排名	企业名称	营业收入/万元
4	华南物资集团有限公司	2474280	连锁超市及百货		
5	青岛中垠瑞丰国际贸易有限公司	2217064	1	百联集团有限公司	6055733
6	张家港市沃丰贸易有限公司	1538981	2	永辉超市股份有限公司	5859134
7	上海闽路润贸易有限公司	1392978	3	重庆商社（集团）有限公司	4952118
8	张家港市泽厚贸易有限公司	1361717	4	武汉商联（集团）股份有限公司	3733155
9	武汉联杰能源有限公司	1338561	5	步步高投资集团股份有限公司	3709413
10	张家港市国彰贸易有限公司	1118723	6	利群集团股份有限公司	2491708
11	江阴长三角钢铁集团有限公司	1100611	7	石家庄北国人百集团有限责任公司	2016293
12	苏州裕景泰贸易有限公司	1065005	8	月星集团有限公司	2012376
13	江苏大经集团有限公司	1012969	9	浙江省商业集团有限公司	2004002
14	上海展志实业集团有限责任公司	1012822	10	银泰商业（集团）有限公司	1993769
15	张家港保税区日祥贸易有限公司	820580	11	淄博商厦股份有限公司	1841636
16	张家港保税区荣德贸易有限公司	779794	12	大连金玛商城企业集团有限公司	1775527
17	上海百润企业发展有限公司	749066	13	长春欧亚集团股份有限公司	1398142
18	福然德股份有限公司	518355	14	杭州联华华商集团有限公司	1354248
19	江苏嘉奕和铜业科技发展有限公司	516672	15	深圳市恒波商业连锁有限公司	1072017
20	张家港市君乔贸易有限公司	488364	16	河北省新合作控股集团有限公司	1044931
	合计	43087809	17	广州百货企业集团有限公司	1036957
			18	无锡商业大厦大东方股份有限公司	916758
综合商贸			19	上海新世界（集团）有限公司	816506
1	厦门国贸控股有限公司	22236907	20	湖南佳惠百货有限责任公司	764733
2	远大物产集团有限公司	10152254	21	湖南友谊阿波罗控股股份有限公司	741083
3	浙江省兴合集团有限责任公司	10045944	22	山西美特好连锁超市股份有限公司	691072
4	东方国际（集团）有限公司	9610744	23	青岛利客来集团股份有限公司	661587
5	中基宁波集团股份有限公司	3798145	24	杭州解百集团股份有限公司	578012
6	广西物资集团有限责任公司	2568624	25	重庆市新大兴实业（集团）有限公司	550466
7	深圳中电投资股份有限公司	1839976	26	雄风集团有限公司	546808
8	北方国际集团有限公司	1448381	27	良品铺子股份有限公司	540666
9	浙江蓝天实业集团有限公司	941116	28	江苏华地国际控股集团有限公司	514026
10	宁波海田控股集团有限公司	759567		合计	51672876
11	浙江万丰企业集团公司	616743			
12	上海浦原对外经贸有限公司	505201	汽车摩托车零售		
	合计	64523602	1	中升集团控股有限公司	8629029
			2	庞大汽贸集团股份有限公司	7048514

续表

排名	企业名称	营业收入/万元	排名	企业名称	营业收入/万元
3	上海永达控股（集团）有限公司	6250001	3	重庆医药（集团）股份有限公司	2118950
4	河北省国和投资集团有限公司	2428817	4	浙江英特药业有限责任公司	1890691
5	利泰集团有限公司	2008352	5	安徽华源医药股份有限公司	1488515
6	浙江宝利德股份有限公司	1964035	6	广西柳州医药股份有限公司	944698
7	山东远通汽车贸易集团有限公司	1845125	7	鹭燕医药股份有限公司	833823
8	润华集团股份有限公司	1644026	8	老百姓大药房连锁股份有限公司	750143
9	万友汽车投资有限公司	1540551	9	大参林医药集团股份有限公司	742120
10	广东鸿粤汽车销售集团有限公司	1176799	10	浙江省医药工业有限公司	512236
11	蓝池集团有限公司	1088608		合计	51715089
12	湖南兰天集团有限公司	1023592			
13	上海广微投资有限公司	1010014	商业银行		
14	广东合诚集团有限公司	883181	1	中国工商银行股份有限公司	108505900
15	山西大昌汽车集团有限公司	758984	2	中国建设银行股份有限公司	90525300
16	宁波轿辰集团股份有限公司	751328	3	中国农业银行股份有限公司	82702000
17	浙江恒威集团有限公司（海曙区）	708990	4	中国银行股份有限公司	77961427
18	上海申华控股股份有限公司	580247	5	国家开发银行股份有限公司	54767200
19	重庆百事达汽车有限公司	518249	6	交通银行股份有限公司	38967227
20	广东新协力集团有限公司	506551	7	招商银行股份有限公司	32394000
	合计	42364993	8	上海浦东发展银行股份有限公司	30752500
			9	兴业银行股份有限公司	30745600
家电及电子产品零售			10	中国民生银行股份有限公司	29496500
1	苏宁控股集团有限公司	55787511	11	华夏银行股份有限公司	11929800
2	国美零售控股有限公司	19256200	12	北京银行股份有限公司	10176176
3	深圳市爱施德股份有限公司	5673587	13	上海银行股份有限公司	7461974
4	天音通信有限公司	3915873	14	渤海银行股份有限公司	4926359
5	南京新华海科技产业集团有限公司	2181872	15	重庆农村商业银行股份有限公司	4195316
6	江苏五星电器有限公司	1217693	16	上海农村商业银行股份有限公司	3338050
7	武汉工贸有限公司	559001	17	广州农村商业银行股份有限公司	3125565
8	常熟市交电家电有限责任公司	522006	18	天津银行股份有限公司	2975880
	合计	89113743	19	北京农村商业银行股份有限公司	2911050
			20	恒丰银行股份有限公司	2685805
医药及医疗器材零售			21	郑州银行股份有限公司	2062500
1	中国医药集团有限公司	35039624	22	长沙银行股份有限公司	2060937
2	九州通医药集团股份有限公司	7394289	23	吉林银行股份有限公司	1871342

续表

排名	企业名称	营业收入/万元	排名	企业名称	营业收入/万元
24	杭州银行股份有限公司	1412152	10	中华联合保险控股股份有限公司	4018039
25	天津农村商业银行股份有限公司	1340955	11	渤海人寿保险股份有限公司	1081042
26	盛京银行股份有限公司	1323269		合计	239629950
27	青岛银行股份有限公司	1257524			
28	武汉农村商业银行股份有限公司	1220669	证券业		
29	洛阳银行股份有限公司	1151078	1	海通证券股份有限公司	2822167
30	桂林银行股份有限公司	1134143	2	兴华财富集团有限公司	2654290
31	青岛农村商业银行股份有限公司	1044060	3	广发证券股份有限公司	2157564
32	重庆银行股份有限公司	1001481	4	方正证券股份有限公司	595299
33	张家口银行股份有限公司	997392		合计	8229320
34	江西银行股份有限公司	946297			
35	广东南海农村商业银行股份有限公司	773337	多元化金融		
36	天津滨海农村商业银行股份有限公司	708661	1	中国平安保险（集团）股份有限公司	97457000
37	汉口银行股份有限公司	580299	2	中国中信集团有限公司	41441221
38	柳州银行股份有限公司	576626	3	招商局集团有限公司	27008604
39	无锡农村商业银行股份有限公司	571998	4	中国光大集团股份有限公司	24217624
40	沧州银行股份有限公司	567499	5	中国华融资产管理股份有限公司	12990999
41	广西北部湾银行股份有限公司	559372	6	武汉金融控股（集团）有限公司	4306560
42	赣州银行股份有限公司	503500	7	中国万向控股有限公司	2092178
43	莱商银行股份有限公司	489364	8	广州金融控股集团有限公司	1065264
44	江苏江阴农村商业银行股份有限公司	478339		合计	210579450
45	齐商银行股份有限公司	471308			
	合计	655647731	住宅地产		
			1	恒大集团有限公司	31102200
保险业			2	绿地控股集团股份有限公司	29017415
1	中国人寿保险（集团）公司	81254776	3	万科企业股份有限公司	24289711
2	中国人民保险集团股份有限公司	48377500	4	碧桂园控股有限公司	22689979
3	中国太平洋保险（集团）股份有限公司	31980900	5	华侨城集团有限公司	8010784
4	中国太平保险控股有限公司	17009725	6	银亿集团有限公司	7830148
5	泰康保险集团股份有限公司	16260053	7	龙湖集团控股有限公司	7207504
6	新华人寿保险股份有限公司	14413185	8	世茂房地产控股有限公司	7042587
7	富德生命人寿保险股份有限公司	10665854	9	卓尔控股有限公司	6986924
8	阳光保险集团股份有限公司	9605931	10	杭州滨江房产集团股份有限公司	6150000
9	前海人寿保险股份有限公司	4962945	11	天津泰达投资控股有限公司	6062983

续表

排名	企业名称	营业收入/万元	排名	企业名称	营业收入/万元
12	广州富力地产股份有限公司	5927786	46	重庆华宇集团有限公司	880272
13	雅居乐地产控股有限公司	5160706	47	桂林彰泰实业集团有限公司	847935
14	珠海华发集团有限公司	4415523	48	祥生地产集团有限公司	779158
15	荣盛控股股份有限公司	4291398	49	四川邦泰投资有限责任公司	707768
16	四川蓝润实业集团有限公司	3952830	50	宁波联合集团股份有限公司	706877
17	福佳集团有限公司	3902737	51	安徽文峰置业有限公司	673294
18	北京首都开发控股（集团）有限公司	3866932	52	厦门住宅建设集团有限公司	623936
19	弘阳集团有限公司	3854291	53	厦门经济特区房地产开发集团有限公司	614527
20	金地（集团）股份有限公司	3766218	54	安徽省众城集团	573287
21	广州越秀集团有限公司	3726759	55	奥山集团	571506
22	成都兴城投资集团有限公司	3656108	56	滨海投资集团股份有限公司	518550
23	北京江南投资集团有限公司	3579996	57	城发投资集团有限公司	472067
24	世纪金源投资集团有限公司	3291300		合计	254632971
25	北京金融街投资（集团）有限公司	3235534			
26	香江集团有限公司	3005700	商业地产		
27	天津亿联投资控股集团有限公司	2351824	1	华夏幸福基业股份有限公司	5963543
28	上海城投（集团）有限公司	2240276		合计	5963543
29	厦门禹洲集团股份有限公司	2170067			
30	苏州金螳螂企业（集团）有限公司	2161966	园区地产		
31	重庆市中科控股有限公司	2150955	1	亿达中国控股有限公司	731762
32	上海中梁地产集团有限公司	1952937	2	武汉地产开发投资集团有限公司	708148
33	厦门中骏集团有限公司	1905027		合计	1439910
34	广州珠江实业集团有限公司	1829877			
35	上海三盛宏业投资（集团）有限责任公司	1531230	多元化投资		
36	南京大地建设集团有限责任公司	1426992	1	厦门象屿集团有限公司	21408866
37	天津现代集团有限公司	1425349	2	阳光龙净集团有限公司	17305500
38	星河湾集团有限公司	1386358	3	云南省建设投资控股集团有限公司	11120486
39	西安高科（集团）公司	1350212	4	云南省投资控股集团有限公司	8951740
40	大华（集团）有限公司	1348855	5	国家开发投资集团有限公司	8940334
41	联发集团有限公司	1287490	6	重庆市金科投资控股（集团）有限责任公司	7058643
42	天津住宅建设发展集团有限公司	1177425	7	中运富通控股集团有限公司	3864403
43	卓正控股集团有限公司	1057689	8	浙江前程投资股份有限公司	3407529
44	广东珠江投资股份有限公司	964870	9	武汉当代科技产业集团股份有限公司	2321110
45	广西云星集团有限公司	920342	10	国购投资有限公司	2106875

续表

排名	企业名称	营业收入/万元	排名	企业名称	营业收入/万元
11	青海省投资集团有限公司	1721227	1	中国江苏国际经济技术合作集团有限公司	1695179
12	广东粤海控股集团有限公司	1588341	2	中国天津国际经济技术合作集团公司	448478
13	宁波君安控股有限公司	1561917		合计	2143657
14	广西铁路投资集团有限公司	1542387			
15	源山投资控股有限公司	1332494	旅游和餐饮		
16	广西西江开发投资集团有限公司	1244186	1	北京首都旅游集团有限责任公司	4916940
17	湖北能源集团股份有限公司	1158584	2	上海春秋国际旅行社（集团）有限公司	1441383
18	广西农村投资集团有限公司	1131756	3	众信旅游集团股份有限公司	1204798
19	盈峰投资控股集团有限公司	1049252	4	开元旅业集团有限公司	1083834
20	河南省国有资产控股运营集团有限公司	1018542	5	深圳市铁汉生态环境股份有限公司	818779
21	青岛城市建设投资（集团）有限责任公司	712975	6	岭南生态文旅股份有限公司	477874
22	无锡市交通产业集团有限公司	712065		合计	9943608
23	广东粤合投资控股有限公司	704104			
24	天津大通投资集团有限公司	698766	文化娱乐		
25	广州万力集团有限公司	654825	1	安徽新华发行（集团）控股有限公司	3960249
26	广西金融投资集团有限公司	649629	2	安徽出版集团有限责任公司	1903308
27	南宁威宁投资集团有限责任公司	616568	3	浙江出版联合集团有限公司	1333852
28	上海汉滨实业发展有限公司	597036	4	中文天地出版传媒股份有限公司	1330605
	合计	105180140	5	中南出版传媒集团股份有限公司	1036010
			6	四川新华发行集团有限公司	863474
人力资源服务			7	中原出版传媒投资控股集团有限公司	835596
1	中国国际技术智力合作有限公司	7605761	8	西安曲江文化产业投资（集团）有限公司	708353
2	北京外企服务集团有限责任公司	6500916	9	江西新华发行集团有限公司	452600
3	广州红海人力资源集团股份有限公司	536087		合计	12424047
4	广东南油对外服务有限公司	476600			
	合计	15119364	教育服务		
			1	北京学而思教育科技有限公司	1090285
科技研发、规划设计				合计	1090285
1	上海龙旗科技股份有限公司	890567			
2	广州南方投资集团有限公司	554016	综合服务业		
3	棕榈生态城镇发展股份有限公司	525326	1	华润（集团）有限公司	55532551
	合计	1969909	2	中国机械工业集团有限公司	28817424
			3	中国保利集团公司	25002621
国际经济合作（工程承包）			4	雪松控股集团有限公司	22108396

续表

排名	企业名称	营业收入/万元	排名	企业名称	营业收入/万元
5	新疆广汇实业投资（集团）有限责任公司	17644044	11	青岛中银国投控股集团有限公司	1446887
6	东浩兰生（集团）有限公司	14118438	12	广州岭南国际企业集团有限公司	1321855
7	广西投资集团有限公司	13217082	13	宁波滕头集团有限公司	880708
8	上海均瑶（集团）有限公司	2699681	14	华茂集团股份有限公司	815717
9	广东省广业集团有限公司	2599330	15	广州工业发展集团有限公司	442571
10	深圳华强集团有限公司	2283002		合计	345410289

表10-3　2018中国服务业企业500强各地区企业分布

排名	企业名称	营业收入/万元	排名	企业名称	营业收入/万元
北京			34	阳光保险集团股份有限公司	9605931
1	国家电网有限公司	235809970	35	国家开发投资集团有限公司	8940334
2	中国工商银行股份有限公司	108505900	36	百度网络技术有限公司	8480900
3	中国建设银行股份有限公司	90525300	37	北京控股集团有限公司	8179398
4	中国农业银行股份有限公司	82702000	38	中国国际技术智力合作有限公司	7605761
5	中国人寿保险（集团）公司	81254776	39	北京外企服务集团有限责任公司	6500916
6	中国银行股份有限公司	77961427	40	北京能源集团有限责任公司	6325119
7	中国移动通信集团有限公司	74451800	41	神州数码集团股份有限公司	6221595
8	国家开发银行股份有限公司	54767200	42	华夏幸福基业股份有限公司	5963543
9	中国中化集团有限公司	51882319	43	网易公司	5410202
10	中国邮政集团公司	48795358	44	中国铁路物资股份有限公司	5184400
11	中国人民保险集团股份有限公司	48377500	45	北京首都旅游集团有限责任公司	4916940
12	中粮集团有限公司	47096311	46	北京首都创业集团有限公司	4309673
13	中国电信集团有限公司	43237525	47	物美控股集团有限公司	4055741
14	中国中信集团有限公司	41441221	48	中华联合保险控股股份有限公司	4018039
15	北京京东世纪贸易有限公司	36233175	49	北京首都开发控股（集团）有限公司	3866932
16	中国医药集团有限公司	35039624	50	北京江南投资集团有限公司	3579996
17	中国民生银行股份有限公司	29496500	51	北京粮食集团有限责任公司	3358164
18	中国机械工业集团有限公司	28817424	52	世纪金源投资集团有限公司	3291300
19	中国联合网络通信集团有限公司	27635310	53	北京金融街投资（集团）有限公司	3235534
20	中国保利集团公司	25002621	54	北京农村商业银行股份有限公司	2911050
21	中国光大集团股份有限公司	24217624	55	珠海振戎有限公司	2552601
22	中国远洋海运集团有限公司	23425514	56	搜狐网络有限责任公司	1253636
23	中国航空油料集团有限公司	21588470	57	众信旅游集团股份有限公司	1204798
24	国美零售控股有限公司	19256200	58	北京学而思教育科技有限公司	1090285
25	中国太平保险控股有限公司	17009725	59	新浪公司	1067062
26	泰康保险集团股份有限公司	16260053	60	中铁集装箱运输有限责任公司	819305
27	中国通用技术（集团）控股有限责任公司	15700579		合计	1602433421
28	新华人寿保险股份有限公司	14413185			
29	中国华融资产管理股份有限公司	12990999	上海		
30	清华控股有限公司	12064481	1	交通银行股份有限公司	38967227
31	华夏银行股份有限公司	11929800	2	中国太平洋保险（集团）股份有限公司	31980900
32	北大方正集团有限公司	10418199	3	上海浦东发展银行股份有限公司	30752500
33	北京银行股份有限公司	10176176	4	绿地控股集团股份有限公司	29017415

续表

排名	企业名称	营业收入/万元	排名	企业名称	营业收入/万元
5	东浩兰生（集团）有限公司	14118438	39	上海临港经济发展（集团）有限公司	756096
6	中国东方航空集团有限公司	11157305	40	上海百润企业发展有限公司	749066
7	上海均和集团有限公司	9997329	41	亿达中国控股有限公司	731762
8	东方国际（集团）有限公司	9610744	42	上海东方电视购物有限公司	715360
9	上海银行股份有限公司	7461974	43	上海汉滨实业发展有限公司	597036
10	上海钢联电子商务股份有限公司	7369705	44	上海申华控股股份有限公司	580247
11	世茂房地产控股有限公司	7042587	45	网宿科技股份有限公司	537267
12	上海永达控股（集团）有限公司	6250001	46	福然德股份有限公司	518355
13	百联集团有限公司	6055733	47	上海浦原对外经贸有限公司	505201
14	上海找钢网信息科技股份有限公司	5468164	48	上海大众公用事业（集团）股份有限公司	470013
15	中运富通控股集团有限公司	3864403		合计	268104973
16	申能（集团）有限公司	3844343			
17	上海国际港务（集团）股份有限公司	3742394	天津		
18	上海农村商业银行股份有限公司	3338050	1	天津物产集团有限公司	44997060
19	海通证券股份有限公司	2822167	2	天津泰达投资控股有限公司	6062983
20	上海均瑶（集团）有限公司	2699681	3	渤海银行股份有限公司	4926359
21	上海城投（集团）有限公司	2240276	4	天津银行股份有限公司	2975880
22	中国万向控股有限公司	2092178	5	天津港（集团）有限公司	2640187
23	德邦物流股份有限公司	2035011	6	天津亿联投资控股集团有限公司	2351824
24	月星集团有限公司	2012376	7	北方国际集团有限公司	1448381
25	上海中梁地产集团有限公司	1952937	8	天津现代集团有限公司	1425349
26	上海龙宇燃油股份有限公司	1683196	9	天津城市基础设施建设投资集团有限公司	1424017
27	上海三盛宏业投资（集团）有限责任公司	1531230	10	天津恒运能源集团股份有限公司	1392331
28	上海机场（集团）有限公司	1479972	11	天津农村商业银行股份有限公司	1340955
29	上海春秋国际旅行社（集团）有限公司	1441383	12	天津住宅建设发展集团有限公司	1177425
30	上海闽路润贸易有限公司	1392978	13	天津航空有限责任公司	1137241
31	大华（集团）有限公司	1348855	14	渤海人寿保险股份有限公司	1081042
32	源山投资控股有限公司	1332494	15	天津滨海农村商业银行股份有限公司	708661
33	上海景域文化传播股份有限公司	1107824	16	天津大通投资集团有限公司	698766
34	上海展志实业集团有限责任公司	1012822	17	天津市政建设集团有限公司	603400
35	上海广微投资有限公司	1010014	18	滨海投资集团股份有限公司	518550
36	上海交运（集团）公司	1002891	19	天津市交通（集团）有限公司	510092
37	上海龙旗科技股份有限公司	890567	20	中国天津国际经济技术合作集团公司	448478
38	上海新世界（集团）有限公司	816506		合计	77868981

排名	企业名称	营业收入/万元	排名	企业名称	营业收入/万元
			2	福佳集团有限公司	3902737
			3	大连金玛商城企业集团有限公司	1775527
重庆			4	大连港集团有限公司	1460786
1	龙湖集团控股有限公司	7207504	5	锦程国际物流集团股份有限公司	1441103
2	重庆市金科投资控股（集团）有限责任公司	7058643	6	盛京银行股份有限公司	1323269
3	重庆商社（集团）有限公司	4952118	7	东软集团股份有限公司	713113
4	重庆农村商业银行股份有限公司	4195316		合计	19245564
5	重庆市能源投资集团有限公司	3322053			
6	重庆对外经贸（集团）有限公司	2761052	**河北**		
7	华南物资集团有限公司	2474280	1	庞大汽贸集团股份有限公司	7048514
8	重庆千信国际贸易有限公司	2243265	2	河北省物流产业集团有限公司	5285940
9	重庆市中科控股有限公司	2150955	3	新奥能源控股有限公司	4826900
10	重庆医药（集团）股份有限公司	2118950	4	荣盛控股股份有限公司	4291398
11	万友汽车投资有限公司	1540551	5	兴华财富集团有限公司	2654290
12	重庆交通运输控股（集团）有限公司	1411517	6	河北省国和投资集团有限公司	2428817
13	重庆银行股份有限公司	1001481	7	石家庄北国人百集团有限责任公司	2016293
14	重庆华宇集团有限公司	880272	8	河北港口集团有限公司	1409893
15	重庆港务物流集团有限公司	871629	9	蓝池集团有限公司	1088608
16	重庆长安民生物流股份有限公司	664391	10	卓正控股集团有限公司	1057689
17	重庆市新大兴实业（集团）有限公司	550466	11	河北省新合作控股集团有限公司	1044931
18	重庆砂之船奥莱商业管理有限公司	525267	12	张家口银行股份有限公司	997392
19	重庆百事达汽车有限公司	518249	13	唐山港集团股份有限公司	761218
	合计	46447959	14	沧州银行股份有限公司	567499
				合计	35479382
黑龙江					
1	黑龙江倍丰农业生产资料集团有限公司	1515668	**河南**		
	合计	1515668	1	郑州银行股份有限公司	2062500
			2	洛阳银行股份有限公司	1151078
吉林			3	河南省国有资产控股运营集团有限公司	1018542
1	吉林银行股份有限公司	1871342	4	中原出版传媒投资控股集团有限公司	835596
2	长春欧亚集团股份有限公司	1398142	5	河南蓝天集团有限公司	676448
	合计	3269484		合计	5744164
辽宁					
1	中升集团控股有限公司	8629029	**山东**		

续表

排名	企业名称	营业收入/万元	排名	企业名称	营业收入/万元
1	浪潮集团有限公司	8033895	2	西安高科（集团）公司	1350212
2	山东高速集团有限公司	6663351	3	西安曲江文化产业投资（集团）有限公司	708353
3	齐鲁交通发展集团有限公司	2716992		合计	11952266
4	恒丰银行股份有限公司	2685805			
5	新华锦集团	2513177	安徽		
6	利群集团股份有限公司	2491708	1	安徽新华发行（集团）控股有限公司	3960249
7	青岛中垠瑞丰国际贸易有限公司	2217064	2	安徽国贸集团控股有限公司	3753952
8	日照港集团有限公司	1955071	3	安徽省交通控股集团有限公司	2972811
9	山东远通汽车贸易集团有限公司	1845125	4	安徽辉隆投资集团有限公司	2444555
10	淄博商厦股份有限公司	1841636	5	国购投资有限公司	2106875
11	山东航空集团有限公司	1698855	6	安徽安粮控股股份有限公司	2087727
12	润华集团股份有限公司	1644026	7	安徽出版集团有限责任公司	1903308
13	青岛中银国投控股集团有限公司	1446887	8	安徽华源医药股份有限公司	1488515
14	青岛银行股份有限公司	1257524	9	安徽文峰置业有限公司	673294
15	青岛农村商业银行股份有限公司	1044060	10	安徽国祯集团股份有限公司	669699
16	路通建设集团股份有限公司	1011609	11	安徽省众城集团	573287
17	青岛城市建设投资（集团）有限责任公司	712975		合计	22634272
18	青岛利客来集团股份有限公司	661587			
19	莱商银行股份有限公司	489364	江苏		
20	城发投资集团有限公司	472067	1	苏宁控股集团有限公司	55787511
21	齐商银行股份有限公司	471308	2	三胞集团有限公司	14600354
	合计	43874086	3	福中集团有限公司	8273165
			4	玖隆钢铁物流有限公司	6067876
山西			5	江苏国泰国际集团有限公司	5070385
1	晋能集团有限公司	10291762	6	通鼎集团有限公司	4182581
2	山西煤炭进出口集团有限公司	5453982	7	同程控股股份有限公司	3975285
3	山西能源交通投资有限公司	2560253	8	江苏中利能源控股有限公司	3920488
4	山西省国新能源发展集团有限公司	1490002	9	弘阳集团有限公司	3854291
5	山西大昌汽车集团有限公司	758984	10	江苏汇鸿国际集团股份有限公司	3679996
6	山西美特好连锁超市股份有限公司	691072	11	东华能源股份有限公司	3267828
	合计	21246055	12	南通化工轻工股份有限公司	2587673
			13	南京新华海科技产业集团有限公司	2181872
陕西			14	苏州金螳螂企业（集团）有限公司	2161966
1	西安迈科金属国际集团有限公司	9893701	15	江苏省苏豪控股集团有限公司	1770306

排名	企业名称	营业收入/万元	排名	企业名称	营业收入/万元
16	中国江苏国际经济技术合作集团有限公司	1695179	5	中南出版传媒集团股份有限公司	1036010
17	无锡市国联发展（集团）有限公司	1562038	6	湖南兰天集团有限公司	1023592
18	张家港市沃丰贸易有限公司	1538981	7	湖南佳惠百货有限责任公司	764733
19	张家港保税区旭江贸易有限公司	1525666	8	老百姓大药房连锁股份有限公司	750143
20	南京大地建设集团有限责任公司	1426992	9	湖南友谊阿波罗控股股份有限公司	741083
21	张家港市泽厚贸易有限公司	1361717	10	湖南粮食集团有限责任公司	728327
22	江苏五星电器有限公司	1217693	11	方正证券股份有限公司	595299
23	常州市化工轻工材料总公司	1167273	12	湖南正和通矿产资源供应链有限公司	539443
24	张家港市国彰贸易有限公司	1118723	13	湖南新长海发展集团有限公司	511664
25	江阴长三角钢铁集团有限公司	1100611	14	湖南省轻工盐业集团有限公司	508481
26	苏州裕景泰贸易有限公司	1065005		合计	17718648
27	江苏大经集团有限公司	1012969			
28	无锡商业大厦大东方股份有限公司	916758	**湖北**		
29	江阴市金桥化工有限公司	865489	1	九州通医药集团股份有限公司	7394289
30	张家港保税区日祥贸易有限公司	820580	2	卓尔控股有限公司	6986924
31	张家港保税区荣德贸易有限公司	779794	3	武汉金融控股（集团）有限公司	4306560
32	无锡市交通产业集团有限公司	712065	4	武汉商联（集团）股份有限公司	3733155
33	江苏省粮食集团有限责任公司	635768	5	武汉当代科技产业集团股份有限公司	2321110
34	苏州汽车客运集团有限公司	581809	6	湖北省交通投资集团有限公司	2205394
35	无锡农村商业银行股份有限公司	571998	7	武汉市金马凯旋家具投资有限公司	2015948
36	太仓苏南石油有限公司	537489	8	武汉联杰能源有限公司	1338561
37	常熟市交电家电有限责任公司	522006	9	武汉市城市建设投资开发集团有限公司	1296686
38	江苏嘉奕和铜业科技发展有限公司	516672	10	武汉农村商业银行股份有限公司	1220669
39	江苏华地国际控股集团有限公司	514026	11	湖北能源集团股份有限公司	1158584
40	张家港市君乔贸易有限公司	488364	12	武汉地产开发投资集团有限公司	708148
41	江苏江阴农村商业银行股份有限公司	478339	13	汉口银行股份有限公司	580299
42	无锡市市政公用产业集团有限公司	451272	14	奥山集团	571506
	合计	146566853	15	武汉工贸有限公司	559001
			16	良品铺子股份有限公司	540666
湖南			17	武汉市燃气热力集团有限公司	522393
1	步步高投资集团股份有限公司	3709413	18	湖北银丰实业集团有限责任公司	483164
2	大汉控股集团有限公司	3690237	19	湖北省农业生产资料控股集团有限公司	462075
3	长沙银行股份有限公司	2060937		合计	38405132
4	现代投资股份有限公司	1059286			

续表

排名	企业名称	营业收入/万元	排名	企业名称	营业收入/万元
江西			25	浙江出版联合集团有限公司	1333852
1	南昌市政公用投资控股有限责任公司	2585912	26	浙江海越股份有限公司	1150248
2	江西省高速公路投资集团有限责任公司	1558181	27	浙江中外运有限公司	1106812
3	中文天地出版传媒股份有限公司	1330605	28	开元旅业集团有限公司	1083834
4	江西银行股份有限公司	946297	29	浙江省农村发展集团有限公司	1049531
5	赣州银行股份有限公司	503500	30	浙江蓝天实业集团有限公司	941116
6	江西新华发行集团有限公司	452600	31	浙江凯喜雅国际股份有限公司	924767
	合计	7377095	32	宁波滕头集团有限公司	880708
			33	浙江华瑞集团有限公司	850353
浙江			34	华茂集团股份有限公司	815717
1	物产中大集团股份有限公司	27621748	35	祥生地产集团有限公司	779158
2	阿里巴巴集团控股有限公司	25026600	36	宁波海田控股集团有限公司	759567
3	浙江省交通投资集团有限公司	11081387	37	宁波轿辰集团股份有限公司	751328
4	远大物产集团有限公司	10152254	38	万事利集团有限公司	724193
5	浙江省兴合集团有限责任公司	10045944	39	浙江恒威集团有限公司（海曙区）	708990
6	浙江省能源集团有限公司	8134373	40	宁波联合集团股份有限公司	706877
7	银亿集团有限公司	7830148	41	日出实业集团有限公司	645976
8	杭州滨江房产集团股份有限公司	6150000	42	浙江万丰企业集团公司	616743
9	浙江省国际贸易集团有限公司	3844124	43	杭州解百集团股份有限公司	578012
10	中基宁波集团股份有限公司	3798145	44	雄风集团有限公司	546808
11	浙江前程投资股份有限公司	3407529	45	万向三农集团有限公司	535523
12	太平鸟集团有限公司	2582437	46	宁波市绿顺集团股份有限公司	535336
13	浙江省海港投资运营集团有限公司	2551561	47	浙江省医药工业有限公司	512236
14	浙江省商业集团有限公司	2004002	48	宁波力勤矿业有限公司	512119
15	银泰商业（集团）有限公司	1993769		合计	160236500
16	浙江宝利德股份有限公司	1964035			
17	浙江英特药业有限责任公司	1890691	广东		
18	维科控股集团股份有限公司	1801934	1	中国平安保险（集团）股份有限公司	97457000
19	杭州东恒石油有限公司	1682542	2	华润（集团）有限公司	55532551
20	浙江建华集团有限公司	1655356	3	中国南方电网有限责任公司	49194057
21	宁波华东物资城市场建设开发有限公司	1639800	4	招商银行股份有限公司	32394000
22	宁波君安控股有限公司	1561917	5	恒大集团有限公司	31102200
23	杭州银行股份有限公司	1412152	6	招商局集团有限公司	27008604
24	杭州联华华商集团有限公司	1354248	7	万科企业股份有限公司	24289711

续表

排名	企业名称	营业收入/万元	排名	企业名称	营业收入/万元
8	腾讯控股有限公司	23776000	42	深圳市思贝克集团有限公司	1890062
9	碧桂园控股有限公司	22689979	43	深圳中电投资股份有限公司	1839976
10	雪松控股集团有限公司	22108396	44	搜于特集团股份有限公司	1834871
11	中国南方航空股份有限公司	12748900	45	广州珠江实业集团有限公司	1829877
12	富德生命人寿保险股份有限公司	10665854	46	广州元亨能源有限公司	1689020
13	腾邦集团有限公司	8988264	47	广东粤海控股集团有限公司	1588341
14	华侨城集团有限公司	8010784	48	深圳能源集团股份有限公司	1554585
15	深圳顺丰泰森控股（集团）有限公司	7109429	49	深圳市旗丰供应链服务有限公司	1511152
16	唯品会（中国）有限公司	6892996	50	深圳市朗华供应链服务有限公司	1454631
17	深圳市怡亚通供应链股份有限公司	6851511	51	星河湾集团有限公司	1386358
18	广州富力地产股份有限公司	5927786	52	广州岭南国际企业集团有限公司	1321855
19	深圳市爱施德股份有限公司	5673587	53	广东鸿粤汽车销售集团有限公司	1176799
20	广东省广物控股集团有限公司	5408619	54	广州无线电集团有限公司	1157197
21	雅居乐地产控股有限公司	5160706	55	深圳市燃气集团股份有限公司	1105878
22	前海人寿保险股份有限公司	4962945	56	深圳市恒波商业连锁有限公司	1072017
23	深圳海王集团股份有限公司	4623669	57	广州金融控股集团有限公司	1065264
24	广东省交通集团有限公司	4515921	58	深圳市粮食集团有限公司	1059718
25	广州轻工工贸集团有限公司	4511235	59	盈峰投资控股集团有限公司	1049252
26	珠海华发集团有限公司	4415523	60	广州百货企业集团有限公司	1036957
27	天音通信有限公司	3915873	61	深圳市东方嘉盛供应链股份有限公司	1014333
28	金地（集团）股份有限公司	3766218	62	广东珠江投资股份有限公司	964870
29	广州越秀集团有限公司	3726759	63	佛山市顺德区乐从供销集团有限公司	958800
30	深圳市中农网有限公司	3260177	64	深圳市英捷迅实业发展有限公司	934800
31	广州农村商业银行股份有限公司	3125565	65	人人乐连锁商业集团股份有限公司	885533
32	香江集团有限公司	3005700	66	广东合诚集团有限公司	883181
33	广州国资发展控股有限公司	2879766	67	广州市水务投资集团有限公司	838023
34	深圳市富森供应链管理有限公司	2608025	68	深圳市优友金融服务有限公司	836520
35	广东省广业集团有限公司	2599330	69	深圳市铁汉生态环境股份有限公司	818779
36	深圳市年富供应链有限公司	2335539	70	深圳市水务（集团）有限公司	784993
37	深圳华强集团有限公司	2283002	71	广东南海农村商业银行股份有限公司	773337
38	广发证券股份有限公司	2157564	72	大参林医药集团股份有限公司	742120
39	广东省丝绸纺织集团有限公司	2070868	73	广东粤合投资控股有限公司	704104
40	深圳市信利康供应链管理有限公司	2044759	74	广州万力集团有限公司	654825
41	利泰集团有限公司	2008352	75	广州纺织工贸企业集团有限公司	604265

续表

排名	企业名称	营业收入/万元	排名	企业名称	营业收入/万元
76	广东天禾农资股份有限公司	602278	4	厦门象屿集团有限公司	21408866
77	深圳市鑫荣懋农产品股份有限公司	587482	5	阳光龙净集团有限公司	17305500
78	广州交通投资集团有限公司	582624	6	福建省能源集团有限责任公司	5866723
79	广州佳都集团有限公司	565979	7	永辉超市股份有限公司	5859134
80	承志供应链有限公司	564294	8	厦门航空有限公司	2612113
81	广州南方投资集团有限公司	554016	9	厦门港务控股集团有限公司	2351167
82	深圳市九立供应链股份有限公司	545691	10	厦门禹洲集团股份有限公司	2170067
83	广州红海人力资源集团股份有限公司	536087	11	厦门路桥工程物资有限公司	1944660
84	广州尚品宅配家居股份有限公司	532345	12	厦门中骏集团有限公司	1905027
85	棕榈生态城镇发展股份有限公司	525326	13	联发集团有限公司	1287490
86	广东新协力集团有限公司	506551	14	厦门恒兴集团有限公司	1285342
87	广东省广播电视网络股份有限公司	504295	15	厦门翔业集团有限公司	1170799
88	深圳高速公路股份有限公司	483662	16	福建省交通运输集团有限责任公司	1144897
89	岭南生态文旅股份有限公司	477874	17	厦门夏商集团有限公司	1077340
90	广东南油对外服务有限公司	476600	18	鹭燕医药股份有限公司	833823
91	广州工业发展集团有限公司	442571	19	厦门市明穗粮油贸易有限公司	634553
	合计	581317692	20	厦门住宅建设集团有限公司	623936
			21	福建裕华集团有限公司	615463
四川			22	厦门经济特区房地产开发集团有限公司	614527
1	四川省能源投资集团有限责任公司	4129332	23	厦门海澳集团有限公司	532049
2	四川省交通投资集团有限责任公司	4003945	24	福建新大陆电脑股份有限公司	485589
3	四川蓝润实业集团有限公司	3952830		合计	146736822
4	成都兴城投资集团有限公司	3656108			
5	四川航空股份有限公司	2031638	广西壮族自治区		
6	四川新华发行集团有限公司	863474	1	广西投资集团有限公司	13217082
7	四川邦泰投资有限责任公司	707768	2	广西北部湾国际港务集团有限公司	4643424
8	四川华油集团有限责任公司	607850	3	广西物资集团有限责任公司	2568624
9	四川安吉物流集团有限公司	513183	4	广西交通投资集团有限公司	2111201
	合计	20466128	5	广西铁路投资集团有限公司	1542387
			6	广西北部湾投资集团有限公司	1302219
福建			7	广西西江开发投资集团有限公司	1244186
1	兴业银行股份有限公司	30745600	8	桂林银行股份有限公司	1134143
2	厦门国贸控股有限公司	22236907	9	广西农村投资集团有限公司	1131756
3	厦门建发集团有限公司	22025250	10	广西桂东电力股份有限公司	1024484

续表

排名	企业名称	营业收入/万元	排名	企业名称	营业收入/万元
11	广西柳州医药股份有限公司	944698			
12	广西云星集团有限公司	920342	青海		
13	桂林彰泰实业集团有限公司	847935	1	青海省投资集团有限公司	1721227
14	广西金融投资集团有限公司	649629	2	青海省物产集团有限公司	758076
15	南宁威宁投资集团有限责任公司	616568		合计	2479303
16	柳州银行股份有限公司	576626			
17	广西北部湾银行股份有限公司	559372	新疆维吾尔自治区		
	合计	35034676	1	新疆广汇实业投资（集团）有限责任公司	17644044
			2	新疆生产建设兵团棉麻有限公司	1976228
云南			3	新疆农资（集团）有限责任公司	684701
1	云南省建设投资控股集团有限公司	11120486	4	新疆西部银力棉业（集团）有限责任公司	564627
2	云南省投资控股集团有限公司	8951740		合计	20869600
3	云南省能源投资集团有限公司	7497357			
	合计	27569583	内蒙古自治区		
			1	内蒙古电力（集团）有限责任公司	6816737
甘肃			2	内蒙古高等级公路建设开发有限责任公司	613881
1	甘肃省公路航空旅游投资集团有限公司	7257895	3	内蒙古蒙草生态环境（集团）股份有限公司	557663
	合计	7257895		合计	7988281

表 10-4 2018 中国服务业企业 500 强净利润排序前 100 名企业

排名	公司名称	净利润/万元	排名	公司名称	净利润/万元
1	中国工商银行股份有限公司	28604900	51	上海农村商业银行股份有限公司	676908
2	中国建设银行股份有限公司	24226400	52	渤海银行股份有限公司	675382
3	中国农业银行股份有限公司	19296100	53	北京农村商业银行股份有限公司	642329
4	中国银行股份有限公司	17240664	54	雅居乐地产控股有限公司	602524
5	国家开发银行股份有限公司	11238700	55	中国南方航空股份有限公司	591400
6	中国平安保险（集团）股份有限公司	8908800	56	华侨城集团有限公司	586538
7	腾讯控股有限公司	7451000	57	广州农村商业银行股份有限公司	570871
8	中国移动通信集团有限公司	7388500	58	北京江南投资集团有限公司	543286
9	招商银行股份有限公司	7063800	59	新华人寿保险股份有限公司	538270
10	交通银行股份有限公司	7022366	60	中国太平保险控股有限公司	532253
11	国家电网有限公司	6443259	61	中国中化集团有限公司	509126
12	阿里巴巴集团控股有限公司	6409300	62	北京京东世纪贸易有限公司	496838
13	兴业银行股份有限公司	5720000	63	深圳顺丰泰森控股（集团）有限公司	471842
14	上海浦东发展银行股份有限公司	5425800	64	中国医药集团有限公司	466409
15	中国民生银行股份有限公司	4981300	65	杭州银行股份有限公司	455037
16	恒大集团有限公司	3704900	66	郑州银行股份有限公司	428002
17	中国邮政集团公司	3352754	67	浙江省能源集团有限公司	426000
18	万科企业股份有限公司	2805181	68	浙江省交通投资集团有限公司	425717
19	招商局集团有限公司	2729494	69	上海广微投资有限公司	393584
20	碧桂园控股有限公司	2606352	70	长沙银行股份有限公司	393071
21	中国华融资产管理股份有限公司	2199259	71	天津银行股份有限公司	391639
22	中国中信集团有限公司	2179425	72	重庆银行股份有限公司	372588
23	华润（集团）有限公司	2129838	73	申能（集团）有限公司	350221
24	广州富力地产股份有限公司	2118645	74	广东省交通集团有限公司	339779
25	华夏银行股份有限公司	1981900	75	中升集团控股有限公司	335041
26	北京银行股份有限公司	1873170	76	三胞集团有限公司	321651
27	百度网络技术有限公司	1830100	77	中国机械工业集团有限公司	318857
28	中国人民保险集团股份有限公司	1609900	78	阳光龙净集团有限公司	305850
29	上海银行股份有限公司	1532850	79	厦门中骏集团有限公司	304300
30	中国太平洋保险（集团）股份有限公司	1466200	80	上海城投（集团）有限公司	302688
31	中国南方电网有限责任公司	1309777	81	吉林银行股份有限公司	293697
32	中国光大集团股份公司	1280470	82	中国东方航空集团有限公司	293346
33	龙湖集团控股有限公司	1259860	83	大华（集团）有限公司	293343
34	中国电信集团有限公司	1230042	84	上海机场（集团）有限公司	292985
35	上海国际港务（集团）股份有限公司	1153619	85	阳光保险集团股份有限公司	286624
36	泰康保险集团股份有限公司	1137607	86	江西银行股份有限公司	286522
37	网易公司	1070794	87	唯品会（中国）有限公司	281983
38	中国远洋海运集团有限公司	948697	88	山东高速集团有限公司	281222
39	绿地控股集团股份有限公司	903777	89	新奥能源控股有限公司	280200
40	重庆农村商业银行股份有限公司	893597	90	厦门禹洲集团股份有限公司	279004
41	华夏幸福基业股份有限公司	878081	91	中国通用技术（集团）控股有限责任公司	277533
42	海通证券股份有限公司	861842	92	洛阳银行股份有限公司	272286
43	广发证券股份有限公司	859539	93	中国航空油料集团有限公司	271423
44	世茂房地产控股有限公司	784049	94	世纪金源投资集团有限公司	269630
45	中国保利集团公司	779094	95	中粮集团有限公司	265918
46	恒丰银行股份有限公司	761980	96	荣盛控股股份有限公司	265881
47	盛京银行股份有限公司	758006	97	卓尔控股有限公司	252039
48	雪松控股集团有限公司	721860	98	武汉农村商业银行股份有限公司	246879
49	国家开发投资集团有限公司	685250	99	四川蓝润实业集团有限公司	246318
50	金地（集团）股份有限公司	684268	100	安徽省交通控股集团有限公司	242243
				中国服务业企业 500 强平均数	518670

表 10-5　2018 中国服务业企业 500 强资产排序前 100 名企业

排名	公司名称	资产/万元	排名	公司名称	资产/万元
1	中国工商银行股份有限公司	2608704300	51	上海城投（集团）有限公司	54758260
2	中国建设银行股份有限公司	2212438300	52	中粮集团有限公司	54623952
3	中国农业银行股份有限公司	2105338200	53	海通证券股份有限公司	53470633
4	中国银行股份有限公司	1946742420	54	广州金融控股集团有限公司	50715481
5	国家开发银行股份有限公司	1595928800	55	国家开发投资集团有限公司	49355205
6	中国邮政集团公司	926367756	56	长沙银行股份有限公司	47054409
7	交通银行股份有限公司	903825394	57	富德生命人寿保险股份有限公司	43808931
8	中国平安保险（集团）股份有限公司	649307500	58	郑州银行股份有限公司	43582889
9	兴业银行股份有限公司	641684200	59	清华控股有限公司	43187208
10	中国中信集团有限公司	633456493	60	广州越秀集团有限公司	42956412
11	招商银行股份有限公司	629763800	61	重庆银行股份有限公司	42276303
12	上海浦东发展银行股份有限公司	613724000	62	中国中化集团有限公司	41719521
13	中国民生银行股份有限公司	590208600	63	吉林银行股份有限公司	39237995
14	中国光大集团股份有限公司	448357855	64	中国机械工业集团有限公司	38155968
15	国家电网有限公司	381132774	65	华夏幸福基业股份有限公司	37586471
16	中国人寿保险（集团）公司	359957679	66	广东省交通集团有限公司	37255735
17	华夏银行股份有限公司	250892700	67	江西银行股份有限公司	37000529
18	北京银行股份有限公司	232980542	68	龙湖集团控股有限公司	36276385
19	中国华融资产管理股份有限公司	187026028	69	广发证券股份有限公司	35690463
20	上海银行股份有限公司	180776694	70	湖北省交通投资集团有限公司	35045247
21	恒大集团有限公司	176175200	71	四川省交通投资集团有限责任公司	33559172
22	中国移动通信集团有限公司	172139902	72	苏宁控股集团有限公司	33068815
23	恒丰银行股份有限公司	133418040	73	广西投资集团有限公司	32872598
24	华润（集团）有限公司	122006582	74	浙江省交通投资集团有限公司	32726002
25	招商局集团有限公司	120172989	75	华侨城集团有限公司	32238228
26	中国太平洋保险（集团）股份有限公司	117122400	76	天津泰达投资控股有限公司	31994850
27	万科企业股份有限公司	116534692	77	甘肃省公路航空旅游投资集团有限公司	31978586
28	碧桂园控股有限公司	104966926	78	广州富力地产股份有限公司	31411090
29	盛京银行股份有限公司	103061743	79	世茂房地产控股有限公司	30755867
30	渤海银行股份有限公司	100256705	80	青岛银行股份有限公司	30627609
31	中国人民保险集团股份有限公司	98790600	81	云南省建设投资控股集团有限公司	30404615
32	中国保利集团公司	90744356	82	天津农村商业银行股份有限公司	29920966
33	重庆农村商业银行股份有限公司	90577808	83	阳光龙净集团有限公司	29451700
34	绿地控股集团股份有限公司	84853281	84	北京控股集团有限公司	28263280
35	杭州银行股份有限公司	83333873	85	中国医药集团有限公司	28197729
36	中国电信集团有限公司	82524321	86	北京首都创业集团有限公司	28164665
37	北京农村商业银行股份有限公司	81630258	87	汉口银行股份有限公司	28107704
38	上海农村商业银行股份有限公司	80205760	88	江西省高速公路投资集团有限责任公司	28062253
39	天津城市基础设施建设投资集团有限公司	74342572	89	阳光保险集团股份有限公司	28010096
40	中国南方电网有限责任公司	74162696	90	武汉市城市建设投资开发集团有限公司	27603802
41	广州农村商业银行股份有限公司	73571366	91	武汉农村商业银行股份有限公司	27216531
42	阿里巴巴集团控股有限公司	71712400	92	中国东方航空集团有限公司	27129641
43	泰康保险集团股份有限公司	71285435	93	北京首都开发控股（集团）有限公司	26681370
44	中国远洋海运集团有限公司	71251530	94	北京能源集团有限责任公司	26305882
45	新华人寿保险股份有限公司	71027469	95	晋能集团有限公司	26211133
46	天津银行股份有限公司	70191359	96	云南省投资控股集团有限公司	25728791
47	中国联合网络通信集团有限公司	61882545	97	百度网络技术有限公司	25172800
48	中国太平保险控股有限公司	58508870	98	青岛农村商业银行股份有限公司	25105424
49	腾讯控股有限公司	55467200	99	天津物产集团有限公司	24912938
50	山东高速集团有限公司	55417622	100	北大方正集团有限公司	24612150
				中国服务业企业 500 强平均数	48665051

表10-6 2018中国服务业企业500强从业人数排序前100名企业

排名	公司名称	从业人数/人	排名	公司名称	从业人数/人
1	中国人民保险集团股份有限公司	998294	51	万科企业股份有限公司	58280
2	国家电网有限公司	983255	52	百联集团有限公司	58001
3	中国邮政集团公司	929996	53	唯品会（中国）有限公司	58000
4	中国农业银行股份有限公司	491578	54	中国民生银行股份有限公司	57882
5	中国移动通信集团有限公司	467532	55	上海浦东发展银行股份有限公司	54263
6	中国工商银行股份有限公司	453048	56	国家开发投资集团有限公司	52508
7	华润（集团）有限公司	423169	57	泰康保险集团股份有限公司	52424
8	中国电信集团有限公司	412868	58	重庆交通运输控股（集团）有限公司	49892
9	中国建设银行股份有限公司	370415	59	山西能源交通投资有限公司	49886
10	中国平安保险（集团）股份有限公司	342550	60	武汉商联（集团）股份有限公司	46576
11	中国银行股份有限公司	311133	61	腾讯控股有限公司	44796
12	中国南方电网有限责任公司	295463	62	华夏银行股份有限公司	42644
13	中国联合网络通信集团有限公司	273169	63	重庆市能源投资集团有限公司	42534
14	阳光保险集团股份有限公司	266411	64	中华联合保险控股股份有限公司	41669
15	中国中信集团有限公司	258433	65	云南省建设投资控股集团有限公司	41545
16	苏宁控股集团有限公司	247120	66	新华人寿保险股份有限公司	41044
17	清华控股有限公司	159000	67	广州无线电集团有限公司	39618
18	北京京东世纪贸易有限公司	157831	68	百度网络技术有限公司	39343
19	中国机械工业集团有限公司	150967	69	中国通用技术（集团）控股有限责任公司	36114
20	中国人寿保险（集团）公司	149592	70	内蒙古电力（集团）有限责任公司	35339
21	深圳顺丰泰森控股（集团）有限公司	136432	71	北京能源集团有限责任公司	34984
22	恒大集团有限公司	127000	72	北京外企服务集团有限责任公司	34929
23	碧桂园控股有限公司	124837	73	绿地控股集团有限公司	33473
24	中粮集团有限公司	124266	74	福建省能源集团有限责任公司	33435
25	三胞集团有限公司	120000	75	北京学而思教育科技有限公司	31743
26	中国医药集团有限公司	118812	76	深圳海王集团股份有限公司	31500
27	招商局集团有限公司	108737	77	雪松控股集团有限公司	31065
28	中国太平洋保险（集团）股份有限公司	101887	78	广州富力地产股份有限公司	30897
29	中国远洋海运集团有限公司	100500	79	浪潮集团有限公司	30510
30	物美控股集团股份有限公司	97500	80	福中集团有限公司	30150
31	中国南方航空股份有限公司	96234	81	北大方正集团有限公司	30086
32	晋能集团有限公司	95997	82	安徽省交通控股集团有限公司	29128
33	德邦物流股份有限公司	94441	83	北京首都创业集团有限公司	29066
34	交通银行股份有限公司	91240	84	新奥能源控股有限公司	28735
35	重庆商社（集团）有限公司	89950	85	山东高速集团有限公司	28466
36	中国保利集团公司	88407	86	福建省交通运输集团有限责任公司	28267
37	北京首都旅游集团有限责任公司	86487	87	国美零售控股有限公司	28221
38	中国东方航空集团有限公司	86196	88	华夏幸福基业股份有限公司	27956
39	永辉超市股份有限公司	84931	89	浙江省交通投资集团有限公司	27915
40	新疆广汇实业投资（集团）有限责任公司	79747	90	武汉当代科技产业集团股份有限公司	27203
41	北京控股集团有限公司	79700	91	广西农村投资集团有限公司	27085
42	中国太平保险控股有限公司	77472	92	开元旅业集团有限公司	27019
43	招商银行股份有限公司	72530	93	庞大汽贸集团股份有限公司	26359
44	东方国际（集团）有限公司	72000	94	九州通医药集团股份有限公司	25816
45	阿里巴巴集团控股有限公司	66421	95	天津住宅建设发展集团有限公司	25678
46	中国光大集团股份有限公司	66100	96	中升集团控股有限公司	25577
47	中国中化集团有限公司	62006	97	四川省交通投资集团有限责任公司	25000
48	华侨城集团有限公司	61372	98	金地（集团）股份有限公司	24246
49	广东省交通集团有限公司	61120	99	广西投资集团有限公司	23703
50	兴业银行股份有限公司	58997	100	苏州汽车客运集团有限公司	23621
				中国服务业企业500强平均数	30457

表 10-7　2018 中国服务业企业 500 强研发费用排序前 100 名企业

排名	公司名称	研发费用/万元	排名	公司名称	研发费用/万元
1	国家电网有限公司	2740105	51	新疆广汇实业投资（集团）有限责任公司	33266
2	阿里巴巴集团控股有限公司	2275400	52	广东省广业集团有限公司	30775
3	中国移动通信集团有限公司	1858934	53	重庆市能源投资集团有限公司	30704
4	腾讯控股有限公司	1745600	54	同程控股股份有限公司	29890
5	中国电信集团有限公司	1384147	55	国家开发投资集团有限公司	29798
6	百度网络技术有限公司	1292800	56	上海均瑶（集团）有限公司	28220
7	清华控股有限公司	1276500	57	维科控股集团股份有限公司	25756
8	北京京东世纪贸易有限公司	665237	58	卓尔控股有限公司	25263
9	中国工商银行股份有限公司	602575	59	中国万向控股有限公司	24312
10	浪潮集团有限公司	578136	60	广州交通投资集团有限公司	22867
11	苏宁控股集团有限公司	553000	61	杭州银行股份有限公司	22787
12	招商银行股份有限公司	474100	62	长沙银行股份有限公司	22606
13	网易公司	437143	63	浙江海越股份有限公司	22582
14	中国机械工业集团有限公司	394662	64	山东高速集团有限公司	22362
15	中国中信集团有限公司	290830	65	北京控股集团有限公司	22282
16	搜狐网络有限责任公司	277658	66	东方国际（集团）有限公司	22103
17	中国南方电网有限责任公司	240759	67	广州珠江实业集团有限公司	21536
18	新浪公司	180134	68	盈峰投资控股集团有限公司	20904
19	中国医药集团有限公司	165310	69	广州尚品宅配家居股份有限公司	19716
20	深圳顺丰泰森控股（集团）有限公司	116696	70	天津住宅建设发展集团有限公司	19509
21	深圳华强集团有限公司	113093	71	唯品会（中国）有限公司	18602
22	交通银行股份有限公司	108265	72	岭南生态文旅股份有限公司	18591
23	广州无线电集团有限公司	104484	73	安徽出版集团有限责任公司	17587
24	珠海华发集团有限公司	103018	74	广州金融控股集团有限公司	17518
25	江苏中利能源控股有限公司	98012	75	上海景域文化传播股份有限公司	17005
26	中国中化集团有限公司	96064	76	内蒙古蒙草生态环境（集团）股份有限公司	16662
27	东软集团股份有限公司	95940	77	天津大通投资集团有限公司	16590
28	中文天地出版传媒股份有限公司	95532	78	深圳市燃气集团股份有限公司	16589
29	雪松控股集团有限公司	88185	79	福中集团有限公司	16546
30	银亿集团有限公司	82125	80	重庆市金投资控股（集团）有限公司	16545
31	北京学而思教育科技有限公司	78382	81	中国国际技术智力合作有限公司	16317
32	中国东方航空集团有限公司	73722	82	棕榈生态城镇发展股份有限公司	16270
33	天津亿联投资控股集团有限公司	68116	83	北京能源集团有限责任公司	15819
34	苏州金螳螂企业（集团）有限公司	65485	84	浙江省能源集团有限公司	15695
35	通鼎集团有限公司	59724	85	阳光保险集团股份有限公司	15542
36	广发证券股份有限公司	55399	86	山西煤炭进出口集团有限公司	15421
37	网宿科技股份有限公司	55037	87	兴华财富集团有限公司	15129
38	中国联合网络通信集团有限公司	50186	88	三胞集团有限公司	15038
39	北大方正集团有限公司	42772	89	中国邮政集团公司	14645
40	广州国资发展控股有限公司	41738	90	江西银行股份有限公司	14590
41	中国通用技术（集团）控股有限责任公司	40438	91	广州万力集团有限公司	14575
42	武汉当代科技产业集团股份有限公司	39847	92	荣盛控股股份有限公司	14518
43	福建新大陆电脑股份有限公司	39602	93	广州佳都集团有限公司	14365
44	广东省交通集团有限公司	39049	94	内蒙古电力（集团）有限责任公司	14262
45	华侨城集团有限公司	37903	95	物产中大集团股份有限公司	14231
46	浙江省交通投资集团有限公司	37263	96	西安曲江文化产业投资（集团）有限公司	14167
47	上海龙旗科技股份有限公司	37170	97	青海省投资集团有限公司	13875
48	天津港（集团）有限公司	36830	98	广州岭南国际企业集团有限公司	13492
49	泰康保险集团股份有限公司	35834	99	晋能集团有限公司	13367
50	广州轻工工贸集团有限公司	33852	100	广西投资集团有限公司	13340
				中国服务业企业 500 强平均数	76579

表 10-8　2018 中国服务业企业 500 强研发费用所占比例排序前 100 名企业

排名	公司名称	研发费用所占比例/%	排名	公司名称	研发费用所占比例/%
1	搜狐网络有限责任公司	22.15	51	中国机械工业集团有限公司	1.37
2	新浪公司	16.88	52	广州南方投资集团有限公司	1.30
3	百度网络技术有限公司	15.24	53	万事利集团有限公司	1.22
4	东软集团股份有限公司	13.45	54	广东省广业集团有限公司	1.18
5	清华控股有限公司	10.58	55	广州珠江实业集团有限公司	1.18
6	网宿科技股份有限公司	10.24	56	中国万向控股有限公司	1.16
7	阿里巴巴集团控股有限公司	9.09	57	国家电网有限公司	1.16
8	广州无线电集团有限公司	9.03	58	长沙银行股份有限公司	1.10
9	福建新大陆电脑股份有限公司	8.16	59	银亿集团有限公司	1.05
10	网易公司	8.08	60	上海均瑶（集团）有限公司	1.05
11	腾讯控股有限公司	7.34	61	广州岭南国际企业集团有限公司	1.02
12	浪潮集团有限公司	7.20	62	苏宁控股集团有限公司	0.99
13	北京学而思教育科技有限公司	7.19	63	天津滨海农村商业银行股份有限公司	0.97
14	中文天地出版传媒股份有限公司	7.18	64	万向三农集团有限公司	0.97
15	深圳华强集团有限公司	4.95	65	河南蓝天集团有限公司	0.92
16	上海龙旗科技股份有限公司	4.17	66	重庆市能源投资集团有限公司	0.92
17	广州交通投资集团有限公司	3.92	67	安徽出版集团有限责任公司	0.92
18	岭南生态文旅股份有限公司	3.89	68	安徽国祯集团股份有限公司	0.86
19	广州尚品宅配家居股份有限公司	3.70	69	湖南省轻工盐业集团有限公司	0.86
20	中国电信集团有限公司	3.20	70	广东省交通集团有限公司	0.86
21	棕榈生态城镇发展股份有限公司	3.10	71	上海交运（集团）公司	0.82
22	苏州金螳螂企业（集团）有限公司	3.03	72	青海省投资集团有限公司	0.81
23	内蒙古蒙草生态环境（集团）股份有限公司	2.99	73	卓正控股集团有限公司	0.78
24	天津亿联投资控股集团有限公司	2.90	74	江苏江阴农村商业银行股份有限公司	0.78
25	广发证券股份有限公司	2.57	75	上海春秋国际旅行社（集团）有限公司	0.77
26	广州佳都集团有限公司	2.54	76	大连港集团有限公司	0.77
27	江苏中利能源控股有限公司	2.50	77	无锡市国联发展（集团）有限公司	0.76
28	中国移动通信集团有限公司	2.50	78	广州轻工工贸集团有限公司	0.75
29	天津大通投资集团有限公司	2.37	79	同程控股股份有限公司	0.75
30	珠海华发集团有限公司	2.33	80	桂林银行股份有限公司	0.74
31	广州万力集团有限公司	2.23	81	中国中信集团有限公司	0.70
32	齐商银行股份有限公司	2.12	82	中国东方航空集团有限公司	0.66
33	西安曲江文化产业投资（集团）有限公司	2.00	83	深圳市水务（集团）有限公司	0.66
34	盈峰投资控股集团有限公司	1.99	84	中南出版传媒集团股份有限公司	0.62
35	浙江海越股份有限公司	1.96	85	锦程国际物流集团股份有限公司	0.61
36	北京京东世纪贸易有限公司	1.84	86	兴华财富集团有限公司	0.57
37	武汉当代科技产业集团股份有限公司	1.72	87	中国工商银行股份有限公司	0.56
38	天津住宅建设发展集团有限公司	1.66	88	汉口银行股份有限公司	0.52
39	广州金融控股集团有限公司	1.64	89	山西省国新能源发展集团有限公司	0.51
40	深圳顺丰泰森控股（集团）有限公司	1.64	90	江西省高速公路投资集团有限责任公司	0.50
41	杭州银行股份有限公司	1.61	91	中国南方电网有限责任公司	0.49
42	江西银行股份有限公司	1.54	92	中国医药集团有限公司	0.47
43	深圳市铁汉生态环境股份有限公司	1.53	93	华侨城集团有限公司	0.47
44	上海景域文化传播股份有限公司	1.53	94	西安高科（集团）公司	0.45
45	深圳市燃气集团股份有限公司	1.50	95	天津市政建设集团有限公司	0.44
46	招商银行股份有限公司	1.46	96	广东南海农村商业银行股份有限公司	0.43
47	广州国资发展控股有限公司	1.45	97	天津银行股份有限公司	0.42
48	维科控股集团股份有限公司	1.43	98	北大方正集团有限公司	0.41
49	通鼎集团有限公司	1.43	99	深圳中电投资股份有限公司	0.41
50	天津港（集团）有限公司	1.39	100	雪松控股集团有限公司	0.40
				中国服务业企业 500 强平均数	1.11

表10-9 2018中国服务业企业500强净资产利润率排序前100名企业

排名	公司名称	净资产利润率/%	排名	公司名称	净资产利润率/%
1	张家港保税区旭江贸易有限公司	206.90	51	厦门中骏集团有限公司	21.19
2	张家港保税区日祥贸易有限公司	135.19	52	万科企业股份有限公司	21.14
3	北京学而思教育科技有限公司	103.41	53	中升集团控股有限公司	21.05
4	杭州滨江房产集团股份有限公司	82.21	54	通鼎集团有限公司	20.79
5	深圳市优友金融服务有限公司	80.28	55	新奥能源控股有限公司	20.64
6	厦门禹洲集团股份有限公司	79.52	56	安徽文峰置业有限公司	20.60
7	上海广微投资有限公司	66.50	57	新疆生产建设兵团棉麻有限公司	19.88
8	张家港市沃丰贸易有限公司	59.15	58	宁波联合集团股份有限公司	19.85
9	张家港市泽厚贸易有限公司	58.12	59	宁波君安控股有限公司	19.62
10	杭州联华华商集团有限公司	53.90	60	上海展志实业集团有限责任公司	19.58
11	苏州裕景泰贸易有限公司	53.47	61	广西云星集团有限公司	19.05
12	四川邦泰投资有限责任公司	52.68	62	安徽华源医药股份有限公司	18.90
13	中国天津国际经济技术合作集团公司	47.05	63	湖南佳惠百货有限责任公司	18.84
14	桂林彰泰实业集团有限公司	43.68	64	中国平安保险（集团）股份有限公司	18.82
15	宁波华东物资城市场建设开发有限公司	43.11	65	太平鸟集团有限公司	18.39
16	张家港市国彰贸易有限公司	41.85	66	龙湖集团控股有限公司	17.85
17	上海闽路润贸易有限公司	34.98	67	德邦物流股份有限公司	17.80
18	广州南方投资集团有限公司	33.51	68	荣盛控股股份有限公司	17.79
19	中运富通控股集团有限公司	33.39	69	阿里巴巴集团控股有限公司	17.52
20	广州富力地产股份有限公司	33.32	70	华南物资集团有限公司	17.50
21	路通建设集团股份有限公司	33.24	71	武汉市金马凯旋家具投资有限公司	17.37
22	深圳市九立供应链股份有限公司	32.95	72	大参林医药集团股份有限公司	17.25
23	北京江南投资集团有限公司	32.74	73	阳光龙净集团有限公司	17.23
24	深圳市恒波商业连锁有限公司	29.11	74	中国华融资产管理股份有限公司	17.16
25	腾讯控股有限公司	29.10	75	上海永达控股（集团）有限公司	17.06
26	深圳市年富供应链有限公司	28.89	76	长沙银行股份有限公司	16.88
27	江苏大经集团有限公司	28.46	77	上海找钢网信息科技股份有限公司	16.83
28	碧桂园控股有限公司	27.82	78	雪松控股集团有限公司	16.81
29	张家港市君乔贸易有限公司	27.31	79	金地（集团）股份有限公司	16.79
30	宁波滕头集团有限公司	26.76	80	天津大通投资集团有限公司	16.78
31	唯品会（中国）有限公司	25.68	81	上海国际港务（集团）股份有限公司	16.60
32	浙江中外运有限公司	25.28	82	雅居乐地产控股有限公司	16.58
33	上海三盛宏业投资（集团）有限责任公司	24.81	83	洛阳银行股份有限公司	16.55
34	广东粤合投资控股有限公司	24.76	84	大华（集团）有限公司	16.54
35	上海汉滨实业发展有限公司	24.07	85	广东南海农村商业银行股份有限公司	16.51
36	上海中梁地产集团有限公司	23.97	86	天津恒运能源集团有限公司	16.46
37	华夏幸福基业股份有限公司	23.67	87	四川航空股份有限公司	16.44
38	内蒙古蒙草生态环境（集团）股份有限公司	23.43	88	张家口银行股份有限公司	16.36
39	网易公司	23.41	89	日出实业集团有限公司	16.22
40	青岛中银国投控股集团有限公司	23.24	90	北京外企服务集团有限责任公司	16.06
41	宁波力勤矿业有限公司	22.93	91	奥山集团	16.05
42	中基宁波集团股份有限公司	22.90	92	上海春秋国际旅行社（集团）有限公司	15.90
43	福然德股份有限公司	22.72	93	百度网络技术有限公司	15.87
44	泰康保险集团股份有限公司	22.35	94	大连金玛城企业集团有限公司	15.65
45	腾邦集团有限公司	22.09	95	中国国际技术智力合作有限公司	15.50
46	深圳顺丰泰森控股（集团）有限公司	22.06	96	恒大集团有限公司	15.30
47	重庆市金科投资控股（集团）有限责任公司	21.97	97	宁波海田控股集团有限公司	15.30
48	广州佳都集团有限公司	21.89	98	常州市化工轻工材料总公司	15.18
49	浙江宝利德股份有限公司	21.72	99	大汉控股集团有限公司	15.15
50	神州数码集团股份有限公司	21.58	100	南通化工轻工股份有限公司	15.10
				中国服务业企业500强平均数	10.20

表 10-10 2018 中国服务业企业 500 强资产利润率排序前 100 名企业

排名	公司名称	资产利润率/%	排名	公司名称	资产利润率/%
1	张家港保税区旭江贸易有限公司	45.95	51	江阴长三角钢铁集团有限公司	6.38
2	张家港保税区日祥贸易有限公司	38.39	52	南通化工轻工股份有限公司	6.34
3	路通建设集团股份有限公司	29.65	53	山东远通汽车贸易集团有限公司	6.24
4	上海广微投资有限公司	28.93	54	浙江中外运有限公司	5.96
5	宁波华东物资城市场建设开发有限公司	16.27	55	搜于特集团股份有限公司	5.93
6	青岛中银国投控股集团有限公司	15.54	56	奥山集团	5.85
7	武汉市金马凯旋家具投资有限公司	15.46	57	江苏大经集团有限公司	5.84
8	网易公司	15.07	58	广西云星集团有限公司	5.75
9	腾讯控股有限公司	13.43	59	广州红海人力资源集团股份有限公司	5.72
10	上海汉滨实业发展有限公司	11.68	60	老百姓大药房连锁股份有限公司	5.54
11	青岛利客来集团股份有限公司	11.12	61	永辉超市股份有限公司	5.53
12	深圳市恒波商业连锁有限公司	10.59	62	中国国际技术智力合作有限公司	5.50
13	湖南新长海发展集团有限公司	10.58	63	厦门航空有限公司	5.40
14	福然德股份有限公司	10.55	64	中国航空油料集团有限公司	5.34
15	桂林彰泰实业集团有限公司	10.53	65	华茂集团股份有限公司	5.32
16	张家港保税区荣德贸易有限公司	10.44	66	广西柳州医药股份有限公司	5.31
17	宁波力勤矿业有限公司	10.07	67	上海永达控股（集团）有限公司	5.30
18	大连金玛商城企业集团有限公司	9.97	68	四川华油集团有限责任公司	5.20
19	唯品会（中国）有限公司	9.87	69	承志供应链有限公司	5.08
20	湖南佳惠百货有限责任公司	9.65	70	雪松控股集团有限公司	5.05
21	珠海振戎有限公司	9.42	71	无锡商业大厦大东方股份有限公司	5.00
22	阿里巴巴集团控股有限公司	8.94	72	万向三农集团有限公司	4.85
23	深圳顺丰泰森控股（集团）有限公司	8.80	73	东华能源股份有限公司	4.75
24	深圳市粮食集团有限公司	8.75	74	新奥能源控股有限公司	4.73
25	德邦物流股份有限公司	8.38	75	深圳市燃气集团有限公司	4.72
26	中运富通控股集团有限公司	8.21	76	浪潮集团有限公司	4.70
27	东软集团股份有限公司	8.20	77	湖北能源集团股份有限公司	4.69
28	上海国际港务（集团）股份有限公司	8.17	78	岭南生态文旅股份有限公司	4.66
29	大参林医药集团股份有限公司	8.16	79	杭州东恒石油有限公司	4.62
30	沧州银行股份有限公司	8.06	80	大华（集团）有限公司	4.58
31	天津恒运能源集团股份有限公司	7.84	81	众信旅游集团股份有限公司	4.56
32	苏州裕景泰贸易有限公司	7.78	82	上海浦原对外经贸有限公司	4.56
33	网宿科技股份有限公司	7.75	83	广州尚品宅配家居股份有限公司	4.55
34	中南出版传媒集团股份有限公司	7.69	84	厦门中骏集团有限公司	4.45
35	福建新大陆电脑股份有限公司	7.63	85	香江集团有限公司	4.42
36	北京学而思教育科技有限公司	7.43	86	国购投资有限公司	4.38
37	宁波滕头集团有限公司	7.32	87	大汉控股集团有限公司	4.38
38	百度网络技术有限公司	7.27	88	杭州联景华商集团有限公司	4.32
39	宁波联合集团股份有限公司	7.09	89	四川蓝润实业集团有限公司	4.29
40	中文天地出版传媒股份有限公司	7.09	90	中国移动通信集团有限公司	4.29
41	中升集团控股有限公司	7.04	91	武汉工贸有限公司	4.27
42	安徽文峰置业有限公司	7.00	92	重庆百事达汽车有限公司	4.27
43	江西新华发行集团有限公司	6.90	93	广州百货企业集团有限公司	4.17
44	常州市化工轻工材料总公司	6.81	94	卓尔控股有限公司	4.11
45	广州富力地产股份有限公司	6.74	95	重庆医药（集团）股份有限公司	4.08
46	广东南油对外服务有限公司	6.72	96	太平鸟集团有限公司	4.05
47	唐山港集团股份有限公司	6.63	97	北京江南投资集团有限公司	4.04
48	通鼎集团有限公司	6.60	98	浙江恒威集团有限公司（海曙区）	4.02
49	南京新华海科技产业集团有限公司	6.56	99	中铁集装箱运输有限责任公司	3.94
50	浙江出版联合集团有限公司	6.39	100	润华集团股份有限公司	3.91
				中国服务业企业 500 强平均数	1.07

表 10-11 2018 中国服务业企业 500 强收入利润率排序前 100 名企业

排名	公司名称	收入利润率/%	排名	公司名称	收入利润率/%
1	盛京银行股份有限公司	57.28	51	万向三农集团有限公司	17.39
2	广发证券股份有限公司	39.84	52	无锡农村商业银行股份有限公司	17.39
3	上海广微投资有限公司	38.97	53	中国华融资产管理股份有限公司	16.93
4	重庆银行股份有限公司	37.20	54	江苏江阴农村商业银行股份有限公司	16.90
5	广州富力地产股份有限公司	35.74	55	中国民生银行股份有限公司	16.89
6	杭州银行股份有限公司	32.22	56	路通建设集团股份有限公司	16.70
7	腾讯控股有限公司	31.34	57	华夏银行股份有限公司	16.61
8	上海国际港务（集团）股份有限公司	30.83	58	桂林彰泰实业集团有限公司	16.20
9	广东南海农村商业银行股份有限公司	30.73	59	厦门中骏集团有限公司	15.97
10	海通证券股份有限公司	30.54	60	吉林银行股份有限公司	15.69
11	江西银行股份有限公司	30.28	61	湖南新长海发展集团有限公司	15.29
12	深圳高速公路股份有限公司	29.49	62	北京江南投资集团有限公司	15.18
13	汉口银行股份有限公司	29.14	63	内蒙古蒙草生态环境（集团）股份有限公司	15.13
14	恒丰银行股份有限公司	28.37	64	青岛银行股份有限公司	15.11
15	中国建设银行股份有限公司	26.76	65	赣州银行股份有限公司	15.10
16	中国工商银行股份有限公司	26.36	66	东软集团股份有限公司	14.84
17	阿里巴巴集团控股有限公司	25.61	67	网宿科技股份有限公司	14.80
18	方正证券股份有限公司	24.41	68	重庆华宇集团有限公司	14.76
19	洛阳银行股份有限公司	23.65	69	华夏幸福基业股份有限公司	14.72
20	中国农业银行股份有限公司	23.33	70	中南出版传媒集团股份有限公司	14.61
21	广州金融控股集团有限公司	22.28	71	广西北部湾银行股份有限公司	13.83
22	中国银行股份有限公司	22.11	72	渤海银行股份有限公司	13.71
23	北京农村商业银行股份有限公司	22.07	73	上海城投（集团）有限公司	13.51
24	招商银行股份有限公司	21.81	74	福建新大陆电脑股份有限公司	13.47
25	大华（集团）有限公司	21.75	75	亿达中国控股有限公司	13.45
26	百度网络技术有限公司	21.58	76	天津城市基础设施建设投资集团有限公司	13.38
27	重庆农村商业银行股份有限公司	21.30	77	江西新华发行集团有限公司	13.33
28	郑州银行股份有限公司	20.75	78	天津银行股份有限公司	13.16
29	上海银行股份有限公司	20.54	79	广西云星集团有限公司	13.06
30	国家开发银行股份有限公司	20.52	80	大连金玛城企业集团有限公司	12.91
31	青岛农村商业银行股份有限公司	20.46	81	厦门禹洲集团股份有限公司	12.86
32	上海农村商业银行股份有限公司	20.28	82	上海临港经济发展（集团）有限公司	12.43
33	武汉农村商业银行股份有限公司	20.22	83	厦门经济特区房地产开发集团有限公司	12.23
34	上海机场（集团）有限公司	19.80	84	恒大集团有限公司	11.91
35	网易公司	19.79	85	桂林银行股份有限公司	11.85
36	张家口银行股份有限公司	19.74	86	雅居乐地产控股有限公司	11.68
37	唐山港集团股份有限公司	19.22	87	万科企业股份有限公司	11.55
38	长沙银行股份有限公司	19.07	88	北京学而思教育科技有限公司	11.50
39	湖北能源集团股份有限公司	18.76	89	碧桂园控股有限公司	11.49
40	兴业银行股份有限公司	18.60	90	世茂房地产控股有限公司	11.13
41	北京银行股份有限公司	18.41	91	中文天地出版传媒股份有限公司	10.91
42	广州交通投资集团有限公司	18.32	92	岭南生态文旅股份有限公司	10.66
43	广州农村商业银行股份有限公司	18.26	93	齐商银行股份有限公司	10.36
44	金地（集团）股份有限公司	18.17	94	安徽文峰置业有限公司	10.24
45	交通银行股份有限公司	18.02	95	招商局集团有限公司	10.11
46	天津农村商业银行股份有限公司	17.90	96	上海大众公用事业（集团）股份有限公司	10.09
47	奥山集团	17.87	97	新浪公司	9.93
48	上海浦东发展银行股份有限公司	17.64	98	中国移动通信集团有限公司	9.92
49	沧州银行股份有限公司	17.62	99	浙江出版联合集团有限公司	9.84
50	龙湖集团控股有限公司	17.48	100	上海三盛宏业投资（集团）有限责任公司	9.81
				中国服务业企业 500 强平均数	7.67

表 10-12 2018 中国服务业企业 500 强人均净利润排序前 100 名企业

排名	公司名称	人均净利润/万元	排名	公司名称	人均净利润/万元
1	张家港保税区旭江贸易有限公司	5427.20	51	东华能源股份有限公司	72.31
2	张家港保税区日祥贸易有限公司	3211.35	52	广东南海农村商业银行股份有限公司	70.34
3	北京江南投资集团有限公司	1325.09	53	福然德股份有限公司	70.31
4	国家开发银行股份有限公司	1228.68	54	无锡农村商业银行股份有限公司	69.77
5	杭州滨江房产集团股份有限公司	402.68	55	广州富力地产股份有限公司	68.57
6	重庆千信国际贸易有限公司	211.33	56	杭州银行股份有限公司	66.10
7	青岛中银国投控股集团有限公司	207.93	57	恒丰银行股份有限公司	65.95
8	中国华融资产管理股份有限公司	175.66	58	中国建设银行股份有限公司	65.40
9	腾讯控股有限公司	166.33	59	上海国际港务（集团）股份有限公司	65.37
10	苏州裕景泰贸易有限公司	158.43	60	长沙银行股份有限公司	65.27
11	桂林彰泰实业集团有限公司	158.27	61	深圳市粮食集团有限公司	64.70
12	上海银行股份有限公司	153.28	62	广西云星集团有限公司	63.61
13	盛京银行股份有限公司	152.33	63	龙湖集团控股有限公司	63.54
14	天津现代集团有限公司	144.61	64	中国工商银行股份有限公司	63.14
15	武汉市金马凯旋家具投资有限公司	141.36	65	江西银行股份有限公司	61.64
16	张家港市沃丰贸易有限公司	134.10	66	中铁集装箱运输有限责任公司	61.22
17	北京银行股份有限公司	127.60	67	西安迈科金属国际集团有限公司	60.39
18	珠海振戎有限公司	126.87	68	天津银行股份有限公司	59.66
19	南通化工轻工股份有限公司	122.31	69	渤海银行股份有限公司	59.58
20	宁波君安控股有限公司	119.47	70	网易公司	59.07
21	洛阳银行股份有限公司	116.01	71	厦门中骏集团有限公司	58.00
22	张家港市泽厚贸易有限公司	113.85	72	承志供应链有限公司	56.70
23	国购投资有限公司	113.25	73	重庆农村商业银行股份有限公司	56.23
24	张家港保税区荣德贸易有限公司	112.12	74	中国银行股份有限公司	55.41
25	广州元亨能源有限公司	109.32	75	湖北能源集团股份有限公司	53.29
26	上海农村商业银行股份有限公司	108.92	76	内蒙古蒙草生态环境（集团）股份有限公司	52.62
27	大华（集团）有限公司	103.36	77	江苏江阴农村商业银行股份有限公司	52.12
28	宁波力勤矿业有限公司	102.20	78	青岛银行股份有限公司	49.67
29	郑州银行股份有限公司	101.35	79	武汉农村商业银行股份有限公司	49.25
30	上海浦东发展银行股份有限公司	99.99	80	汉口银行股份有限公司	48.39
31	招商银行股份有限公司	97.39	81	万科企业股份有限公司	48.13
32	兴业银行股份有限公司	96.95	82	四川蓝润实业集团有限公司	47.55
33	渤海人寿保险股份有限公司	96.53	83	前海人寿保险股份有限公司	46.90
34	阿里巴巴集团控股有限公司	96.50	84	百度网络技术有限公司	46.52
35	上海汉滨实业发展有限公司	95.29	85	华夏银行股份有限公司	46.48
36	世茂房地产控股有限公司	93.41	86	北京首都开发控股（集团）有限公司	45.22
37	安徽文峰置业有限公司	92.78	87	卓尔控股有限公司	44.59
38	重庆银行股份有限公司	91.64	88	弘阳集团有限公司	44.11
39	路通建设集团股份有限公司	90.56	89	厦门市明穗粮油贸易有限公司	43.83
40	深圳市年富供应链有限公司	89.43	90	广东珠江投资股份有限公司	43.69
41	上海广微投资有限公司	87.46	91	上海龙宇燃油股份有限公司	43.40
42	中国民生银行股份有限公司	86.06	92	中运富通控股集团有限公司	43.38
43	海通证券股份有限公司	85.47	93	上海三盛宏业投资（集团）有限责任公司	43.34
44	广发证券股份有限公司	83.32	94	万向三农集团有限公司	43.17
45	厦门禹洲集团股份有限公司	78.26	95	张家口银行股份有限公司	43.09
46	张家港市国彰贸易有限公司	77.55	96	天津农村商业银行股份有限公司	42.92
47	交通银行股份有限公司	76.97	97	沧州银行股份有限公司	41.79
48	奥山集团	76.57	98	青岛农村商业银行股份有限公司	40.43
49	宁波联合集团股份有限公司	75.05	99	中国农业银行股份有限公司	39.25
50	广州农村商业银行股份有限公司	73.40	100	上海闽路润贸易有限公司	38.41
				中国服务业企业 500 强平均数	17.12

表 10-13 2018 中国服务业企业 500 强人均营业收入排序前 100 名企业

排名	公司名称	人均收入/万元	排名	公司名称	人均收入/万元
1	张家港市沃丰贸易有限公司	76949	51	杭州东恒石油有限公司	4094
2	张家港保税区旭江贸易有限公司	76283	52	华南物资集团有限公司	4070
3	张家港市泽厚贸易有限公司	68086	53	新疆生产建设兵团棉麻有限公司	3786
4	张家港市国彰贸易有限公司	55936	54	青岛中银国投控股集团有限公司	3635
5	江苏嘉奕和铜业科技发展有限公司	51667	55	宁波海田控股集团有限公司	3617
6	广州元亨能源有限公司	49677	56	厦门海澳集团有限公司	3477
7	武汉联杰能源有限公司	43179	57	天津现代集团有限公司	3307
8	张家港保税区日祥贸易有限公司	41029	58	日出实业集团有限公司	3136
9	青岛中垠瑞丰国际贸易有限公司	37577	59	江阴长三角钢铁集团有限公司	3136
10	西安迈科金属国际集团有限公司	30918	60	广东粤合投资控股有限公司	3102
11	重庆千信国际贸易有限公司	25785	61	深圳市朗华供应链服务有限公司	2852
12	张家港市君乔贸易有限公司	24418	62	福建裕华集团有限公司	2823
13	珠海振戎有限公司	23205	63	深圳市东方嘉盛供应链股份有限公司	2741
14	玖隆钢铁物流有限公司	20780	64	广东南油对外服务有限公司	2663
15	上海百润企业发展有限公司	19712	65	天津物产集团有限公司	2631
16	南通化工轻工股份有限公司	19311	66	深圳市九立供应链股份有限公司	2562
17	宁波君安控股有限公司	19283	67	河北省物流产业集团有限公司	2532
18	太仓苏南石油有限公司	16288	68	黑龙江倍丰农业生产资料集团有限公司	2505
19	上海汉滨实业发展有限公司	15711	69	江苏大经集团有限公司	2471
20	远大物产集团有限公司	15643	70	东浩兰生（集团）有限公司	2418
21	杭州滨江房产集团股份有限公司	14471	71	厦门象屿集团有限公司	2353
22	上海浦原对外经贸有限公司	14033	72	中基宁波集团股份有限公司	2265
23	深圳市思贝克集团有限公司	12517	73	东华能源股份有限公司	2223
24	上海龙宇燃油股份有限公司	12376	74	上海均和集团有限公司	1999
25	厦门市明穗粮油贸易有限公司	11751	75	深圳市爱施德股份有限公司	1969
26	江阴市金桥化工有限公司	11096	76	宁波市绿顺集团股份有限公司	1885
27	上海闽路润贸易有限公司	10094	77	浙江省医药工业有限公司	1836
28	浙江前程投资股份有限公司	9599	78	重庆市中科控股有限公司	1746
29	深圳市年富供应链有限公司	9123	79	深圳市粮食集团有限公司	1589
30	深圳市富森供应链管理有限公司	8993	80	前海人寿保险股份有限公司	1546
31	北京江南投资集团有限公司	8732	81	中国国际技术智力合作有限公司	1544
32	苏州裕景泰贸易有限公司	8452	82	浙江华瑞集团有限公司	1494
33	源山投资控股有限公司	8328	83	中国航空油料集团有限公司	1491
34	深圳优友金融服务有限公司	7605	84	武汉市金马凯旋家具投资有限公司	1452
35	张家港保税区荣德贸易有限公司	7498	85	物产中大集团股份有限公司	1448
36	常州市化工轻工材料总公司	7161	86	常熟市交电家电有限责任公司	1407
37	宁波力勤矿业有限公司	6828	87	天津恒运能源集团股份有限公司	1392
38	新疆西部银力棉业（集团）有限责任公司	6137	88	神州数码集团股份有限公司	1387
39	国家开发银行股份有限公司	5987	89	中运富通控股集团有限公司	1304
40	深圳市中农网有限公司	5167	90	福然德股份有限公司	1293
41	湖南正和通矿产资源供应链有限公司	4904	91	卓尔控股有限公司	1236
42	深圳市英捷迅实业发展有限公司	4819	92	国购投资有限公司	1209
43	渤海人寿保险股份有限公司	4721	93	北京首都开发控股（集团）有限公司	1146
44	深圳市信利康供应链管理有限公司	4701	94	福佳集团有限公司	1137
45	承志供应链有限公司	4625	95	大汉控股集团有限公司	1126
46	浙江凯喜雅国际股份有限公司	4489	96	广州红海人力资源集团股份有限公司	1122
47	上海钢联电子商务股份有限公司	4483	97	上海展志实业集团有限责任公司	1111
48	深圳市旗丰供应链服务有限公司	4471	98	安徽辉隆投资集团有限公司	1108
49	厦门路桥工程物资有限公司	4283	99	广西物资集团有限责任公司	1103
50	上海找钢网信息科技股份有限公司	4133	100	宁波联合集团有限公司	1103
				中国服务业企业 500 强平均数	222

表 10-14 2018 中国服务业企业 500 强人均资产排序前 100 名企业

排名	公司名称	人均资产/万元	排名	公司名称	人均资产/万元
1	国家开发银行股份有限公司	174476	51	太仓苏南石油有限公司	5898
2	北京江南投资集团有限公司	32759	52	华夏银行股份有限公司	5883
3	广州元亨能源有限公司	22417	53	中国工商银行股份有限公司	5758
4	盛京银行股份有限公司	20712	54	重庆农村商业银行股份有限公司	5700
5	上海银行股份有限公司	18078	55	天津城市基础设施建设投资集团有限公司	5622
6	北京银行股份有限公司	15871	56	莱商银行股份有限公司	5483
7	中国华融资产管理股份有限公司	14938	57	深圳市朗华供应链服务有限公司	5454
8	渤海人寿保险股份有限公司	14395	58	武汉农村商业银行股份有限公司	5429
9	杭州滨江房产集团股份有限公司	14175	59	天津现代集团有限公司	5410
10	重庆千信国际贸易有限公司	12956	60	桂林银行股份有限公司	5387
11	上海农村商业银行股份有限公司	12905	61	天津农村商业银行股份有限公司	5350
12	张家港市沃丰贸易有限公司	12551	62	海通证券股份有限公司	5303
13	杭州银行股份有限公司	12105	63	广州金融控股集团有限公司	5270
14	张家港保税区旭江贸易有限公司	11810	64	深圳市年富供应链有限公司	5067
15	恒丰银行股份有限公司	11547	65	广东南海农村商业银行股份有限公司	5044
16	上海浦东发展银行股份有限公司	11310	66	青岛农村商业银行股份有限公司	4751
17	兴业银行股份有限公司	10877	67	上海龙宇燃油股份有限公司	4644
18	天津银行股份有限公司	10693	68	赣州银行股份有限公司	4570
19	重庆银行股份有限公司	10398	69	厦门市明穗粮油贸易有限公司	4532
20	郑州银行股份有限公司	10320	70	柳州银行股份有限公司	4435
21	中国民生银行股份有限公司	10197	71	中国农业银行股份有限公司	4283
22	交通银行股份有限公司	9906	72	城发投资集团有限公司	4258
23	洛阳银行股份有限公司	9876	73	广西铁路投资集团有限公司	4132
24	无锡农村商业银行股份有限公司	9616	74	张家港市泽厚贸易有限公司	4115
25	广州农村商业银行股份有限公司	9459	75	张家口银行股份有限公司	3958
26	青岛城市建设投资（集团）有限责任公司	9370	76	武汉地产开发投资集团有限公司	3906
27	广东珠江投资股份有限公司	9163	77	吉林银行股份有限公司	3714
28	上海百润企业发展有限公司	8875	78	深圳市旗丰供应链服务有限公司	3682
29	渤海银行股份有限公司	8844	79	世茂房地产控股有限公司	3664
30	招商银行股份有限公司	8683	80	宁波君安控股有限公司	3643
31	张家港保税区日祥贸易有限公司	8364	81	天津市政建设集团有限公司	3622
32	汉口银行股份有限公司	8042	82	齐商银行股份有限公司	3594
33	青岛银行股份有限公司	8005	83	上海城投（集团）有限公司	3542
34	江西银行股份有限公司	7961	84	广发证券股份有限公司	3460
35	北京首都开发控股（集团）有限公司	7910	85	湖北省交通投资集团有限公司	3056
36	长沙银行股份有限公司	7814	86	张家港市君乔贸易有限公司	3052
37	内蒙古蒙草生态环境（集团）股份有限公司	7778	87	上海闽路润贸易有限公司	2783
38	深圳市九立供应链股份有限公司	7738	88	天津泰达投资控股有限公司	2713
39	深圳市富森供应链管理有限公司	7427	89	黑龙江倍丰农业生产资料集团有限公司	2593
40	前海人寿保险股份有限公司	7401	90	国购投资有限公司	2583
41	江苏江阴农村商业银行股份有限公司	7054	91	广州越秀集团有限公司	2553
42	中国光大集团股份有限公司	6783	92	张家港市国彰贸易有限公司	2551
43	新疆西部银力棉业（集团）有限责任公司	6606	93	绿地控股集团有限公司	2535
44	西安迈科金属国际集团有限公司	6475	94	上海临港经济发展（集团）有限公司	2518
45	青岛中垠瑞丰国际贸易有限公司	6415	95	浙江凯喜雅国际股份有限公司	2515
46	中国银行股份有限公司	6257	96	中国中信集团有限公司	2451
47	天津滨海农村商业银行股份有限公司	6226	97	中国人寿保险（集团）公司	2406
48	广西北部湾银行股份有限公司	6162	98	源山投资控股有限公司	2381
49	武汉联杰能源有限公司	6023	99	大华（集团）有限公司	2259
50	中国建设银行股份有限公司	5973	100	厦门禹洲集团股份有限公司	2241
				中国服务业企业 500 强平均数	1589

表 10-15 2018 中国服务业企业 500 强收入增长率排序前 100 名企业

排名	公司名称	收入增长率/%	排名	公司名称	收入增长率/%
1	承志供应链有限公司	336.97	51	城发投资集团有限公司	54.94
2	张家港保税区日祥贸易有限公司	214.42	52	神州数码集团股份有限公司	53.50
3	搜于特集团股份有限公司	190.14	53	厦门国贸控股有限公司	52.64
4	湖南正和通矿产资源供应链有限公司	150.88	54	安徽辉隆投资集团有限公司	52.40
5	宁波力勤矿业有限公司	135.30	55	重庆市金科投资控股（集团）有限责任公司	51.51
6	苏州裕景泰贸易有限公司	134.09	56	厦门住宅建设集团有限公司	50.07
7	盈峰投资控股集团有限公司	122.04	57	厦门建发集团有限公司	49.71
8	深圳市恒波商业连锁有限公司	113.62	58	上海景域文化传播股份有限公司	49.35
9	同程控股股份有限公司	110.85	59	碧桂园控股有限公司	48.22
10	张家港市泽厚贸易有限公司	110.14	60	华侨城集团有限公司	47.65
11	张家港保税区荣德贸易有限公司	109.08	61	深圳市东方嘉盛供应链股份有限公司	47.28
12	上海中梁地产集团有限公司	107.37	62	恒大集团有限公司	47.09
13	广西桂东电力股份有限公司	96.54	63	常州市化工轻工材料总公司	46.37
14	中铁集装箱运输有限责任公司	94.97	64	湖北银丰实业集团有限责任公司	46.02
15	内蒙古蒙草生态环境（集团）股份有限公司	94.95	65	武汉地产开发投资集团有限公司	45.69
16	河北省国和投资集团有限公司	90.45	66	湖南兰天集团有限公司	45.23
17	青岛中垠瑞丰国际贸易有限公司	87.58	67	晋能集团有限公司	44.93
18	岭南生态文旅股份有限公司	86.11	68	广西西江开发投资集团有限公司	44.71
19	深圳市优友金融服务有限公司	79.04	69	华南物资集团有限公司	44.70
20	深圳市铁汉生态环境股份有限公司	79.04	70	重庆砂之船奥莱商业管理有限公司	44.21
21	齐鲁交通发展集团有限公司	78.97	71	月星集团有限公司	43.01
22	上海钢联电子商务股份有限公司	78.53	72	网易公司	41.71
23	无锡市交通产业集团有限公司	77.93	73	新奥能源控股有限公司	41.54
24	安徽文峰置业有限公司	75.26	74	雪松控股集团有限公司	40.80
25	上海找钢网信息科技股份有限公司	74.40	75	中运富通控股集团有限公司	40.52
26	广东粤合投资控股有限公司	73.94	76	广州南方投资集团有限公司	39.79
27	厦门象屿集团有限公司	72.74	77	浙江中外运有限公司	39.77
28	张家港市沃丰贸易有限公司	72.67	78	北京京东世纪贸易有限公司	39.29
29	北京学而思教育科技有限公司	72.19	79	河北港口集团有限公司	38.55
30	桂林彰泰实业集团有限公司	72.12	80	深圳市鑫荣懋农产品股份有限公司	37.83
31	深圳市英捷迅实业发展有限公司	71.99	81	江阴市金桥化工有限公司	37.40
32	上海广微投资有限公司	70.10	82	珠海华发集团有限公司	37.40
33	宁波联合集团股份有限公司	69.01	83	卓尔控股有限公司	37.36
34	深圳市旗丰供应链服务有限公司	68.60	84	深圳能源集团股份有限公司	37.35
35	厦门市明穗粮油贸易有限公司	67.77	85	福建新大陆电脑股份有限公司	37.02
36	杭州滨江房产集团股份有限公司	67.67	86	武汉联杰能源有限公司	37.01
37	广州工业发展集团有限公司	64.93	87	天津亿联投资控股集团有限公司	37.00
38	东华能源股份有限公司	63.60	88	玖隆钢铁物流有限公司	37.00
39	福中集团有限公司	63.35	89	新华锦集团	36.98
40	上海百润企业发展有限公司	61.72	90	中国华融资产管理股份有限公司	36.68
41	江阴长三角钢铁集团有限公司	61.23	91	通鼎集团有限公司	36.53
42	河南省国有资产控股运营集团有限公司	60.99	92	路通建设集团股份有限公司	35.63
43	深圳市思贝克集团有限公司	60.98	93	云南省建设投资控股集团有限公司	35.46
44	厦门港务控股集团有限公司	58.86	94	武汉当代科技产业集团股份有限公司	35.19
45	厦门禹洲集团股份有限公司	58.73	95	苏宁控股集团有限公司	35.09
46	福建省能源集团有限责任公司	58.64	96	张家口银行股份有限公司	34.96
47	深圳市中农网有限公司	58.27	97	厦门中骏集团有限公司	34.94
48	阿里巴巴集团控股有限公司	58.12	98	太仓苏南石油有限公司	34.76
49	腾讯控股有限公司	56.48	99	中国机械工业集团有限公司	34.56
50	新浪公司	55.46	100	棕榈生态城镇发展股份有限公司	34.49
				中国服务业企业 500 强平均数	15.85

表 10-16　2018 中国服务业企业 500 强净利润增长率排序前 100 名企业

排名	公司名称	净利润增长率/%	排名	公司名称	净利润增长率/%
1	广西铁路投资集团有限公司	860.85	51	深圳市年富供应链有限公司	111.52
2	中国天津国际经济技术合作集团公司	574.32	52	恒大集团有限公司	110.30
3	张家港保税区荣德贸易有限公司	423.15	53	上海临港经济发展（集团）有限公司	109.30
4	深圳市优友金融服务有限公司	421.57	54	宁波君安控股有限公司	107.26
5	上海找钢网信息科技股份有限公司	392.39	55	安徽国祯集团股份有限公司	104.86
6	北京京东世纪贸易有限公司	372.27	56	宁波海田控股集团有限公司	104.76
7	广西金融投资集团有限公司	371.99	57	重庆砂之船奥莱商业管理有限公司	104.60
8	广东新协力集团有限公司	299.19	58	深圳市爱施德股份有限公司	101.85
9	张家港市泽厚贸易有限公司	297.38	59	江阴长三角钢铁集团有限公司	101.24
10	万向三农集团有限公司	269.42	60	天津泰达投资控股有限公司	101.16
11	浙江海越股份有限公司	241.22	61	武汉商联（集团）股份有限公司	100.44
12	桂林彰泰实业集团有限公司	232.56	62	深圳市信利康供应链管理有限公司	100.38
13	北京首都创业集团有限公司	231.78	63	深圳市英捷迅实业发展有限公司	98.80
14	宁波联合集团股份有限公司	223.71	64	岭南生态文旅股份有限公司	95.28
15	渤海人寿保险股份有限公司	223.36	65	中粮集团有限公司	93.70
16	广州富力地产股份有限公司	213.60	66	广州交通投资集团有限公司	92.35
17	厦门国贸控股有限公司	203.59	67	广州百货企业集团有限公司	92.15
18	杭州东恒石油有限公司	201.94	68	月星集团有限公司	91.13
19	苏宁控股集团有限公司	192.35	69	北京学而思教育科技有限公司	89.88
20	新华锦集团	190.55	70	苏州裕景泰贸易有限公司	83.73
21	阳光龙净集团有限公司	189.10	71	广州万力集团有限公司	81.39
22	安徽文峰置业有限公司	179.21	72	腾讯控股有限公司	81.31
23	江苏国泰国际集团有限公司	178.52	73	中升集团控股有限公司	80.11
24	安徽省交通控股集团有限公司	178.13	74	神州数码集团股份有限公司	79.03
25	南京新华海科技产业集团有限公司	171.52	75	上海永达控股（集团）有限公司	75.05
26	青海省投资集团有限公司	165.66	76	江西银行股份有限公司	74.99
27	雅居乐地产控股有限公司	163.84	77	亿达中国控股有限公司	74.52
28	福中集团有限公司	161.43	78	福建裕华集团有限公司	72.11
29	上海浦原对外经贸有限公司	156.58	79	福建省交通运输集团有限责任公司	70.57
30	中国铁路物资股份有限公司	152.63	80	广东粤合投资控股有限公司	70.34
31	棕榈生态城镇发展股份有限公司	151.82	81	深圳市中农网有限公司	69.65
32	北京粮食集团有限责任公司	149.83	82	搜于特集团股份有限公司	69.43
33	内蒙古蒙草生态环境（集团）股份有限公司	148.73	83	山东高速集团有限公司	68.12
34	广州尚品宅配家居股份有限公司	145.89	84	中国人寿保险（集团）公司	66.89
35	浙江省交通投资集团有限公司	145.88	85	上海国际港务（集团）股份有限公司	66.25
36	中基宁波集团股份有限公司	143.56	86	百度网络技术有限公司	65.26
37	重庆市能源投资集团有限公司	142.26	87	九州通医药集团股份有限公司	64.87
38	广州南方投资集团有限公司	141.41	88	上海城投（集团）有限公司	64.49
39	内蒙古电力（集团）有限责任公司	136.80	89	中国中化集团有限公司	63.74
40	广东省广业集团有限公司	129.72	90	兴华财富集团有限公司	60.46
41	华茂集团股份有限公司	126.78	91	广州无线电集团有限公司	59.70
42	碧桂园控股有限公司	126.31	92	福然德股份有限公司	59.37
43	东华能源股份有限公司	126.22	93	北京控股集团有限公司	58.78
44	上海春秋国际旅行社（集团）有限公司	125.18	94	深圳市恒波商业连锁有限公司	57.82
45	上海三盛宏业投资（集团）有限责任公司	121.41	95	深圳市鑫荣懋农产品股份有限公司	57.65
46	路通建设集团股份有限公司	120.78	96	中国保利集团公司	57.60
47	广东天禾农资股份有限公司	120.22	97	重庆华宇集团有限公司	57.28
48	安徽华源医药股份有限公司	119.41	98	北方国际集团有限公司	57.20
49	上海钢联电子商务股份有限公司	118.01	99	厦门禹洲集团股份有限公司	57.19
50	上海龙宇燃油股份有限公司	115.67	100	三胞集团有限公司	56.80
				中国服务业企业 500 强平均数	11.86

表 10-17 2018 中国服务业企业 500 强资产增长率排序前 100 名企业

排名	公司名称	资产增长率/%	排名	公司名称	资产增长率/%
1	深圳市优友金融服务有限公司	191.51	51	厦门建发集团有限公司	39.21
2	盈峰投资控股集团有限公司	188.65	52	广州富力地产股份有限公司	38.73
3	祥生地产集团有限公司	162.18	53	重庆华宇集团有限公司	38.52
4	上海广微投资有限公司	152.36	54	百度网络技术有限公司	38.31
5	广州尚品宅配家居股份有限公司	112.36	55	天津亿联投资控股集团有限公司	37.00
6	上海中梁地产集团有限公司	104.89	56	福建新大陆电脑股份有限公司	36.64
7	岭南生态文旅股份有限公司	104.71	57	中国保利集团公司	36.50
8	深圳市旗丰供应链服务有限公司	95.77	58	老百姓大药房连锁股份有限公司	36.44
9	深圳市九立供应链股份有限公司	94.30	59	宁波君安控股有限公司	36.29
10	苏州裕景泰贸易有限公司	93.12	60	安徽华源医药股份有限公司	35.67
11	深圳市年富供应链有限公司	92.58	61	金地（集团）股份有限公司	35.35
12	华侨城集团有限公司	85.20	62	卓正控股集团有限公司	34.88
13	浪潮集团有限公司	77.69	63	张家港保税区旭江贸易有限公司	34.77
14	深圳市铁汉生态环境股份有限公司	77.42	64	广东粤合投资控股有限公司	34.46
15	上海钢联电子商务股份有限公司	77.19	65	厦门市明穗粮油贸易有限公司	34.43
16	碧桂园控股有限公司	77.14	66	九州通医药集团股份有限公司	34.39
17	新奥能源控股有限公司	76.62	67	常州市化工轻工材料总公司	34.13
18	阳光龙净集团有限公司	74.90	68	上海永达控股（集团）有限公司	33.66
19	深圳市恒波商业连锁有限公司	73.28	69	广西西江开发投资集团有限公司	33.60
20	宁波力勤矿业有限公司	71.89	70	招商局集团有限公司	33.60
21	张家港市沃丰贸易有限公司	66.22	71	汉口银行股份有限公司	32.79
22	腾邦集团有限公司	66.06	72	中国华融资产管理股份有限公司	32.46
23	承志供应链有限公司	64.56	73	福建省能源集团有限责任公司	32.32
24	上海闽路润贸易有限公司	62.93	74	荣盛控股股份有限公司	32.08
25	大参林医药集团股份有限公司	62.64	75	云南省能源投资集团有限公司	31.66
26	张家港市泽厚贸易有限公司	61.60	76	奥山集团	31.18
27	龙湖集团控股有限公司	61.35	77	恒大集团有限公司	30.42
28	源山投资控股有限公司	60.79	78	云南省投资控股集团有限公司	30.12
29	厦门路桥工程物资有限公司	56.37	79	云南省建设投资控股集团有限公司	29.77
30	中运富通控股集团有限公司	54.39	80	广州国资发展控股有限公司	29.40
31	联发集团有限公司	52.77	81	北京首都开发控股（集团）有限公司	29.10
32	华夏幸福基业股份有限公司	50.40	82	大华（集团）有限公司	28.83
33	路通建设集团股份有限公司	50.30	83	浙江英特药业有限责任公司	28.70
34	通鼎集团有限公司	50.18	84	太仓苏南石油有限公司	28.51
35	武汉当代科技产业集团股份有限公司	49.61	85	江苏国泰国际集团有限公司	28.21
36	深圳海王集团股份有限公司	47.34	86	深圳市朗华供应链服务有限公司	28.18
37	浙江省国际贸易集团有限公司	46.33	87	新浪公司	27.83
38	上海景域文化传播股份有限公司	46.21	88	上海三盛宏业投资（集团）有限公司	27.67
39	重庆市金科投资控股（集团）有限责任公司	45.92	89	众信旅游集团股份有限公司	27.33
40	安徽文峰置业有限公司	45.65	90	厦门中骏集团有限公司	27.08
41	同程控股股份有限公司	45.31	91	北京学而思教育科技有限公司	26.89
42	张家港保税区日祥贸易有限公司	45.13	92	深圳能源集团股份有限公司	26.89
43	搜于特集团股份有限公司	43.59	93	四川华油集团有限责任公司	26.74
44	神州数码集团股份有限公司	42.47	94	河北省新合作控股集团有限公司	26.74
45	深圳市英捷迅实业发展有限公司	41.90	95	维科控股集团股份有限公司	26.27
46	阿里巴巴集团控股有限公司	41.50	96	深圳市爱施德股份有限公司	26.14
47	雪松控股集团有限公司	40.40	97	厦门象屿集团有限公司	25.68
48	万科企业股份有限公司	40.29	98	河南省国有资产控股运营集团有限公司	25.23
49	中国机械工业集团有限公司	40.27	99	新疆西部银力棉业（集团）有限公司	25.22
50	腾讯控股有限公司	40.10	100	厦门翔业集团有限公司	24.92
				中国服务业企业 500 强平均数	9.19

表 10-18　2018 中国服务业企业 500 强研发费用增长率排序前 100 名企业

排名	公司名称	研发费用增长率/%	排名	公司名称	研发费用增长率/%
1	厦门象屿集团有限公司	487.32	51	广州国资发展控股有限公司	69.43
2	广东粤海控股集团有限公司	444.76	52	神州数码集团股份有限公司	69.11
3	苏宁控股集团有限公司	432.48	53	武汉金融控股（集团）有限公司	66.95
4	上海申华控股股份有限公司	399.35	54	上海广微投资有限公司	66.79
5	深圳市爱施德股份有限公司	379.19	55	杭州银行股份有限公司	65.56
6	深圳市优友金融服务有限公司	363.73	56	日出实业集团有限公司	63.90
7	广州百货企业集团有限公司	322.86	57	物产中大集团股份有限公司	61.79
8	天津城市基础设施建设投资集团有限公司	294.42	58	荣盛控股股份有限公司	60.95
9	山东高速集团有限公司	283.44	59	广东省广物控股集团有限公司	55.73
10	广州交通投资集团有限公司	244.23	60	中文天地出版传媒股份有限公司	55.69
11	大连港集团有限公司	240.12	61	安徽国贸集团控股有限公司	54.68
12	盈峰投资控股集团有限公司	226.62	62	上海春秋国际旅行社（集团）有限公司	54.13
13	广东省广播电视网络股份有限公司	220.00	63	山西能源交通投资有限公司	53.11
14	福建省能源集团有限责任公司	196.83	64	安徽省交通控股集团有限公司	52.91
15	武汉地产开发投资集团有限公司	196.72	65	江苏汇鸿国际集团股份有限公司	52.25
16	内蒙古蒙草生态环境（集团）股份有限公司	194.38	66	中国南方电网有限责任公司	51.23
17	锦程国际物流集团股份有限公司	194.16	67	桂林银行股份有限公司	49.76
18	深圳市恒波商业连锁有限公司	188.77	68	深圳市年富供应链有限公司	49.66
19	中国铁路物资股份有限公司	183.18	69	河南省国有资产控股运营集团有限公司	48.42
20	安徽辉隆投资集团有限公司	182.11	70	重庆华宇集团有限公司	47.46
21	四川安吉物流集团有限公司	162.16	71	腾讯控股有限公司	47.37
22	厦门港务控股集团有限公司	161.64	72	兴华财富集团有限公司	46.50
23	安徽华源医药股份有限公司	146.79	73	网易公司	43.47
24	同程控股股份有限公司	144.14	74	九州通医药集团股份有限公司	41.63
25	唯品会（中国）有限公司	135.05	75	上海景域文化传播股份有限公司	40.85
26	湖南粮食集团有限责任公司	130.79	76	路通建设集团有限公司	40.35
27	武汉市燃气热力集团有限公司	120.96	77	阳光保险集团股份有限公司	40.04
28	唐山港集团股份有限公司	113.44	78	广州尚品宅配家居股份有限公司	39.93
29	上海中梁地产集团有限公司	110.53	79	中国江苏国际经济技术合作集团有限公司	39.58
30	深圳市粮食集团有限公司	109.56	80	中国机械工业集团有限公司	38.46
31	深圳顺丰泰森控股（集团）有限公司	108.17	81	晋能集团有限公司	37.06
32	云南省能源投资集团有限公司	105.34	82	天津亿联投资控股集团有限公司	37.00
33	重庆市能源投资集团有限公司	103.00	83	江苏五星电器有限公司	36.36
34	广西铁路投资集团有限公司	101.99	84	深圳市铁汉生态环境股份有限公司	33.63
35	广东天禾农资股份有限公司	101.54	85	阿里巴巴集团控股有限公司	33.38
36	内蒙古电力（集团）有限责任公司	99.89	86	福中集团有限公司	33.06
37	中国国际技术智力合作有限公司	97.57	87	福建省交通运输集团有限责任公司	32.51
38	北京学而思教育科技有限公司	94.62	88	通鼎集团有限公司	31.98
39	岭南生态文旅股份有限公司	94.41	89	成都兴城投资集团有限公司	31.75
40	天津市政建设集团有限公司	92.23	90	广西投资集团有限公司	31.68
41	清华控股有限公司	92.01	91	浙江省交通投资集团有限公司	30.99
42	云南省投资控股集团有限公司	86.59	92	江苏中利能源控股有限公司	30.22
43	长沙银行股份有限公司	84.54	93	重庆市金科投资控股（集团）有限责任公司	30.00
44	浙江省海港投资运营集团有限公司	84.21	94	物美控股集团有限公司	29.80
45	北京首都旅游集团有限责任公司	79.41	95	云南省建设投资控股集团有限公司	28.91
46	四川省交通投资集团有限责任公司	77.29	96	中国中信集团有限公司	28.82
47	浙江海越股份有限公司	76.81	97	国家电网有限公司	28.64
48	华侨城集团有限公司	75.65	98	泰康保险集团股份有限公司	28.13
49	福建新大陆电脑股份有限公司	74.64	99	北京首都创业集团有限公司	28.02
50	深圳市水务（集团）有限公司	73.00	100	中国邮政集团公司	27.60
				中国服务业企业 500 强平均数	24.40

表 10-19 2018 中国服务业企业 500 强行业平均净利润

名次	行业名称	平均净利润/万元	名次	行业名称	平均净利润/万元
1	电讯服务	4309271	22	化工医药商贸	91384
2	邮政	3352754	23	多元化投资	89116
3	商业银行	3251007	24	医药及医疗器材零售	85850
4	多元化金融	2203020	25	水务	82772
5	电网	1974055	26	文化娱乐	75382
6	互联网服务	1201146	27	园区地产	73206
7	商业地产	878081	28	汽车、摩托车零售	65396
8	保险业	548771	29	家电及电子产品零售	52914
9	水上运输	480143	30	生活消费品商贸	49610
10	证券业	468213	31	旅游和餐饮	49354
11	住宅地产	392596	32	能源矿产商贸	48030
12	综合服务业	324348	33	连锁超市及百货	45711
13	航空运输	211308	34	物流及供应链	45080
14	港口运输	203484	35	农产品及食品批发	42540
15	航空港及相关服务业	138082	36	广播电视服务	40709
16	软件和信息技术	137866	37	生活资料商贸	36403
17	公路运输	125974	38	科技研发、规划设计	29490
18	教育服务	125331	39	综合商贸	24185
19	综合能源供用	113400	40	人力资源服务	22094
20	铁路运输	106421	41	金属品商贸	15096
21	机电商贸	104576	42	国际经济合作（工程承包）	13824

表10-20 2018中国服务业企业500强行业平均营业收入

名次	行业名称	平均营业收入/万元	名次	行业名称	平均营业收入/万元
1	电网	73211312	22	多元化投资	3756434
2	邮政	48795358	23	能源矿产商贸	3626399
3	电讯服务	48441545	24	物流及供应链	3224980
4	多元化金融	26322431	25	综合能源供用	3117184
5	保险业	21784541	26	铁路运输	3001853
6	商业银行	14569950	27	公路运输	2953284
7	综合服务业	12595354	28	港口运输	2390633
8	水上运输	12266163	29	生活消费品商贸	2230662
9	家电及电子产品零售	11139218	30	金属品商贸	2154390
10	化工医药商贸	9527731	31	汽车、摩托车零售	2118250
11	互联网服务	7974542	32	证券业	2057330
12	软件和信息技术	6711803	33	航空港及相关服务业	2036517
13	生活资料商贸	6679228	34	水务	1916447
14	商业地产	5963543	35	连锁超市及百货	1845460
15	机电商贸	5701026	36	旅游和餐饮	1657268
16	综合商贸	5376967	37	文化娱乐	1380450
17	航空运输	5231009	38	教育服务	1090285
18	医药及医疗器材零售	5171509	39	国际经济合作（工程承包）	1071829
19	住宅地产	4467245	40	园区地产	719955
20	农产品及食品批发	4423331	41	科技研发、规划设计	656636
21	人力资源服务	3779841	42	广播电视服务	504295

表 10-21　2018 中国服务业企业 500 强行业平均资产

名次	行业名称	平均资产/万元	名次	行业名称	平均资产/万元
1	邮政	926367756	22	机电商贸	5617723
2	商业银行	352522017	23	家电及电子产品零售	5566817
3	多元化金融	263938871	24	农产品及食品批发	4944434
4	电网	116662326	25	航空港及相关服务业	4485962
5	电讯服务	105515589	26	医药及医疗器材零售	3939399
6	保险业	80261839	27	铁路运输	3726085
7	商业地产	37586471	28	生活资料商贸	3334070
8	水上运输	35723016	29	物流及供应链	3298579
9	证券业	26274933	30	能源矿产商贸	3056735
10	综合服务业	23027353	31	旅游和餐饮	2659528
11	住宅地产	18974125	32	综合商贸	2270168
12	公路运输	18136190	33	文化娱乐	2230727
13	水务	16331467	34	生活消费品商贸	1878823
14	软件和信息技术	11765090	35	连锁超市及百货	1813870
15	互联网服务	10898273	36	教育服务	1687915
16	航空运输	10283721	37	广播电视服务	1675529
17	多元化投资	9289330	38	国际经济合作（工程承包）	1227133
18	港口运输	8314982	39	汽车、摩托车零售	1176877
19	园区地产	7872369	40	科技研发、规划设计	1097190
20	综合能源供用	7787365	41	人力资源服务	456226
21	化工医药商贸	7390401	42	金属品商贸	440888

表10-22 2018中国服务业企业500强行业平均纳税总额

名次	行业名称	平均纳税总额/万元	名次	行业名称	平均纳税总额/万元
1	园区地产	5160336	22	公路运输	153505
2	电网	4326870	23	水务	144509
3	电讯服务	2523064	24	港口运输	140697
4	多元化金融	2070614	25	航空港及相关服务业	113531
5	邮政	1860944	26	能源矿产商贸	105015
6	商业银行	1322377	27	人力资源服务	92120
7	商业地产	1101211	28	综合商贸	82596
8	保险业	789920	29	旅游和餐饮	79034
9	住宅地产	494021	30	物流及供应链	78967
10	航空运输	457063	31	生活消费品商贸	68193
11	化工医药商贸	345036	32	连锁超市及百货	64163
12	互联网服务	295091	33	汽车、摩托车零售	55199
13	证券业	240238	34	铁路运输	55126
14	软件和信息技术	221858	35	生活资料商贸	53644
15	机电商贸	204650	36	文化娱乐	44374
16	综合服务业	178970	37	国际经济合作（工程承包）	36524
17	综合能源供用	166092	38	农产品及食品批发	25269
18	家电及电子产品零售	161351	39	科技研发、规划设计	23922
19	医药及医疗器材零售	157361	40	金属品商贸	12712
20	教育服务	157277	41	水上运输	8912
21	多元化投资	156118	42	广播电视服务	1192

表 10-23 2018 中国服务业企业 500 强行业平均研发费用

名次	行业名称	平均研发费用/万元	名次	行业名称	平均研发费用/万元
1	电讯服务	1097756	21	公路运输	14707
2	电网	998375	22	邮政	14645
3	互联网服务	442804	23	综合能源供用	12384
4	软件和信息技术	270298	24	多元化投资	11522
5	家电及电子产品零售	112797	25	旅游和餐饮	10585
6	教育服务	78382	26	物流及供应链	9303
7	多元化金融	67093	27	综合商贸	8933
8	综合服务业	60438	28	港口运输	6733
9	商业银行	57870	29	水务	6167
10	医药及医疗器材零售	34726	30	生活消费品商贸	5958
11	航空运输	28179	31	航空港及相关服务业	4421
12	化工医药商贸	26788	32	生活资料商贸	3132
13	证券业	26409	33	金属品商贸	2765
14	能源矿产商贸	25513	34	连锁超市及百货	1915
15	文化娱乐	22692	35	农产品及食品批发	1896
16	住宅地产	20594	36	汽车、摩托车零售	1231
17	科技研发、规划设计	20206	37	园区地产	905
18	保险业	19905	38	国际经济合作（工程承包）	723
19	机电商贸	18425	39	铁路运输	197
20	人力资源服务	16317	40	广播电视服务	16

表 10-24 2018 中国服务业企业 500 强行业平均人均净利润

名次	行业名称	平均人均净利润/万元	名次	行业名称	平均人均净利润/万元
1	商业银行	66.30	22	航空港及相关服务业	6.58
2	证券业	53.04	23	电网	6.00
3	互联网服务	40.25	24	公路运输	5.76
4	商业地产	31.41	25	水务	5.64
5	铁路运输	29.75	26	航空运输	5.48
6	住宅地产	26.21	27	综合服务业	5.25
7	金属品商贸	24.15	28	旅游和餐饮	5.00
8	多元化金融	21.55	29	广播电视服务	4.60
9	园区地产	20.49	30	生活消费品商贸	4.51
10	能源矿产商贸	20.19	31	医药及医疗器材零售	4.13
11	港口运输	15.76	32	教育服务	3.95
12	电讯服务	9.79	33	邮政	3.61
13	水上运输	9.35	34	农产品及食品批发	3.55
14	科技研发、规划设计	9.07	35	保险业	3.48
15	文化娱乐	8.71	36	国际经济合作（工程承包）	3.11
16	汽车、摩托车零售	8.67	37	物流及供应链	2.86
17	机电商贸	8.16	38	连锁超市及百货	2.59
18	综合能源供用	7.91	39	软件和信息技术	2.57
19	多元化投资	7.86	40	综合商贸	2.18
20	化工医药商贸	7.81	41	人力资源服务	2.18
21	生活资料商贸	7.34	42	家电及电子产品零售	1.38

表 10-25 2018 中国服务业企业 500 强行业平均人均营业收入

名次	行业名称	平均人均营业收入/万元	名次	行业名称	平均人均营业收入/万元
1	金属品商贸	3625.09	22	综合能源供用	215.29
2	生活资料商贸	1347.30	23	商业地产	213.32
3	铁路运输	839.09	24	综合服务业	212.42
4	化工医药商贸	814.44	25	物流及供应链	212.36
5	综合商贸	525.06	26	科技研发、规划设计	201.92
6	机电商贸	444.87	27	园区地产	201.47
7	能源矿产商贸	402.64	28	生活消费品商贸	198.71
8	农产品及食品批发	391.17	29	港口运输	181.54
9	人力资源服务	373.22	30	文化娱乐	159.54
10	多元化投资	331.50	31	水务	138.05
11	汽车摩托车零售	308.21	32	航空运输	135.60
12	互联网服务	306.39	33	公路运输	134.92
13	住宅地产	303.35	34	软件和信息技术	132.45
14	家电及电子产品零售	301.06	35	保险业	132.18
15	商业银行	297.13	36	电讯服务	125.98
16	多元化金融	257.48	37	航空港及相关服务业	119.65
17	医药及医药器材零售	248.90	38	连锁超市及百货	109.21
18	国际经济合作（工程承包）	241.29	39	旅游和餐饮	73.21
19	水上运输	238.94	40	广播电视服务	56.99
20	证券业	233.06	41	邮政	52.47
21	电网	222.49	42	教育服务	34.35

表 10-26 2018 中国服务业企业 500 强行业平均人均资产

名次	行业名称	平均人均资产/万元	名次	行业名称	平均人均资产/万元
1	商业银行	7184.06	22	综合服务业	388.36
2	证券业	2976.49	23	电网	354.54
3	多元化金融	2581.75	24	能源矿产商贸	339.39
4	园区地产	2202.99	25	科技研发、规划设计	337.39
5	商业地产	1344.49	26	国际经济合作（工程承包）	276.26
6	住宅地产	1292.97	27	电讯服务	274.41
7	水务	1176.45	28	航空运输	266.58
8	铁路运输	1041.53	29	航空港及相关服务业	263.57
9	邮政	996.10	30	文化娱乐	257.81
10	公路运输	828.56	31	软件和信息技术	232.17
11	多元化投资	819.76	32	综合商贸	221.68
12	金属品商贸	741.86	33	物流及供应链	217.20
13	水上运输	695.88	34	医药及医疗器材零售	189.60
14	生活资料商贸	672.53	35	广播电视服务	189.35
15	化工医药商贸	631.74	36	汽车、摩托车零售	171.24
16	港口运输	631.44	37	生活消费品商贸	167.37
17	综合能源供用	537.83	38	家电及电子产品零售	150.46
18	保险业	484.39	39	旅游和餐饮	117.48
19	机电商贸	438.37	40	连锁超市及百货	107.34
20	农产品及食品批发	437.26	41	教育服务	53.17
21	互联网服务	417.64	42	人力资源服务	45.05

表 10-27　2018 中国服务业企业 500 强行业平均人均纳税总额

名次	行业名称	平均人均纳税总额/万元	名次	行业名称	平均人均纳税总额/万元
1	园区地产	1444.06	22	国际经济合作（工程承包）	8.22
2	商业地产	39.39	23	综合商贸	8.07
3	住宅地产	33.55	24	汽车、摩托车零售	8.03
4	化工医药商贸	29.49	25	医药及医疗器材零售	7.57
5	证券业	27.21	26	科技研发、规划设计	7.36
6	商业银行	26.42	27	公路运输	7.01
7	金属品商贸	21.39	28	航空港及相关服务业	6.67
8	多元化金融	19.32	29	电讯服务	6.56
9	机电商贸	15.97	30	综合服务业	6.16
10	铁路运输	15.41	31	生活消费品商贸	6.07
11	多元化投资	13.74	32	物流及供应链	5.20
12	电网	13.15	33	文化娱乐	5.13
13	能源矿产商贸	11.66	34	保险业	4.98
14	综合能源供用	11.47	35	教育服务	4.95
15	互联网服务	11.39	36	软件和信息技术	4.38
16	生活资料商贸	10.82	37	家电及电子产品零售	4.22
17	港口运输	10.68	38	水上运输	4.11
18	水务	10.41	39	连锁超市及百货	3.80
19	航空运输	10.08	40	旅游和餐饮	3.49
20	农产品及食品批发	9.65	41	邮政	2.00
21	人力资源服务	9.10	42	广播电视服务	0.13

表 10-28 2018 中国服务业企业 500 强行业平均人均研发费用

名次	行业名称	平均人均研发费用/万元	名次	行业名称	平均人均研发费用/万元
1	互联网服务	14.79	21	航空运输	0.72
2	科技研发、规划设计	6.21	22	公路运输	0.70
3	软件和信息技术	5.33	23	多元化投资	0.65
4	人力资源服务	3.31	24	农产品及食品批发	0.54
5	证券业	2.96	25	港口运输	0.51
6	电讯服务	2.85	26	生活消费品商贸	0.48
7	文化娱乐	2.61	27	生活资料商贸	0.47
8	教育服务	2.47	28	物流及供应链	0.44
9	电网	2.28	29	旅游和餐饮	0.41
10	家电及电子产品零售	1.94	30	水务	0.38
11	综合服务业	1.92	31	综合商贸	0.37
12	商业银行	1.85	32	汽车、摩托车零售	0.36
13	化工医药商贸	1.53	33	园区地产	0.29
14	机电商贸	1.44	34	连锁超市及百货	0.24
15	住宅地产	1.41	35	航空港及相关服务业	0.21
16	多元化金融	1.12	36	保险业	0.19
17	能源矿产商贸	1.08	37	国际经济合作（工程承包）	0.09
18	医药及医疗器材零售	1.06	38	铁路运输	0.06
19	金属品商贸	0.84	39	邮政	0.02
20	综合能源供用	0.82			

表10-29 2018中国服务业企业500强行业平均资产利润率

名次	行业名称	平均资产利润率/%	名次	行业名称	平均资产利润率/%
1	互联网服务	8.98	22	综合能源供用	1.35
2	教育服务	7.43	23	水上运输	1.34
3	人力资源服务	4.84	24	物流及供应链	1.31
4	汽车、摩托车零售	4.42	25	综合服务业	1.31
5	文化娱乐	3.38	26	旅游和餐饮	1.29
6	金属品商贸	3.25	27	化工医药商贸	1.24
7	铁路运输	2.86	28	能源矿产商贸	1.18
8	电讯服务	2.72	29	国际经济合作（工程承包）	1.13
9	科技研发、规划设计	2.69	30	生活资料商贸	1.09
10	广播电视服务	2.43	31	软件和信息技术	0.97
11	生活消费品商贸	2.35	32	多元化投资	0.96
12	商业地产	2.34	33	园区地产	0.93
13	航空港及相关服务业	2.20	34	商业银行	0.92
14	连锁超市及百货	2.19	35	综合商贸	0.89
15	医药及医疗器材零售	2.18	36	多元化金融	0.83
16	港口运输	2.13	37	农产品及食品批发	0.78
17	航空运输	2.05	38	家电及电子产品零售	0.73
18	住宅地产	2.01	39	公路运输	0.69
19	机电商贸	1.86	40	保险业	0.68
20	证券业	1.78	41	水务	0.47
21	电网	1.69	42	邮政	0.36

第十一章
2018 中国企业 1000 家

为了扩大中国大企业的分析范围，更加全面地反映中国大企业的发展状况，中国企业联合会、中国企业家协会从2018年起，在继续开展中国企业500强工作的同时，开展了中国企业1000家的申报排序分析研究发布工作。2018中国企业1000家前500名如表8-1所示，后500名如表11-1所示。

表11-1 2018中国企业1000家第501名至1000名名单

名次	企业名称	地区	营业收入/万元	净利润/万元	资产/万元	所有者权益/万元	从业人数/人
501	武汉邮电科学研究院有限公司	湖北	3041274	18170	4589664	726784	22335
502	黑龙江省建设集团有限公司	黑龙江	3023569	3916	4564239	399581	40960
503	山东九羊集团有限公司	山东	3021936	105100	1420000	—	—
504	香江集团有限公司	广东	3005700	229519	5191500	2497285	12550
505	天津银行股份有限公司	天津	2975880	391639	70191359	4408345	6564
506	安徽省交通控股集团有限公司	安徽	2972811	242243	22991851	6853128	29128
507	北京农村商业银行股份有限公司	北京	2911050	642329	81630258	4503457	—
508	广州国资发展控股有限公司	广东	2879766	76526	6997107	1836406	11040
509	天津食品集团有限公司	天津	2833175	34263	3677233	1051939	9922
510	浙江龙盛控股有限公司	浙江	2829564	248240	4875467	1746109	8713
511	新疆天业（集团）有限公司	新疆维吾尔自治区	2829474	38507	3699774	580928	15804
512	天士力控股集团有限公司	天津	2824886	24236	6135525	2089468	21603
513	海通证券股份有限公司	上海	2822167	861842	53470633	11775548	10084
514	东辰控股集团有限公司	山东	2801251	273363	2029323	1632727	2163
515	唐山国丰钢铁有限公司	河北	2800717	228252	1897057	752263	9220
516	万丰奥特控股集团有限公司	浙江	2800605	195902	2588452	1067737	11858
517	山东金茂纺织化工集团有限公司	山东	2786967	150516	1822769	717968	2800
518	江苏大明金属制品有限公司	江苏	2776591	6747	915538	242958	4457
519	香驰控股有限公司	山东	2767244	69930	1334519	583108	3000
520	重庆对外经贸（集团）有限公司	重庆	2761052	35081	2382233	602576	6728
521	齐鲁交通发展集团有限公司	山东	2716992	21769	14388820	4966754	19107
522	登封电厂集团有限公司	河南	2711411	15207	2618395	576589	14214
523	上海均瑶（集团）有限公司	上海	2699681	69475	4786340	883061	14914
524	恒丰银行股份有限公司	山东	2685805	761980	133418040	6990865	11554
525	山东垦利石化集团有限公司	山东	2674187	14336	1803755	189190	3150
526	鲁丽集团有限公司	山东	2673139	124251	1300044	583740	5150
527	宁波均胜电子股份有限公司	浙江	2660560	39587	3535504	1269021	28349
528	巨化集团有限公司	浙江	2655910	12202	3532488	590798	16814
529	兴华财富集团有限公司	河北	2654290	6173	1105009	100299	6383
530	利时集团股份有限公司	浙江	2653455	108526	1128018	122892	6800
531	山东鲁花集团有限公司	山东	2653368	226418	1488384	890269	7835

续表

名次	企业名称	地区	营业收入/万元	净利润/万元	资产/万元	所有者权益/万元	从业人数/人
532	康美药业股份有限公司	广东	2647697	410093	6872202	3203296	11219
533	晶科能源控股有限公司	江西	2647294	14171	2863641	668927	12696
534	天合光能股份有限公司	江苏	2642538	64522	3586054	1098087	14666
535	石药控股集团有限公司	河北	2641790	335456	3376951	1574363	20395
536	天津港（集团）有限公司	天津	2640187	−34435	12592770	2877767	15236
537	武安市烘熔钢铁有限公司	河北	2634789	84247	1402751	1073043	3169
538	青岛啤酒股份有限公司	山东	2627705	126302	3097471	1714523	40810
539	黑龙江龙煤矿业控股集团有限责任公司	黑龙江	2620860	178710	7031423	963125	142964
540	森马集团有限公司	浙江	2612789	47413	2612613	1062811	3759
541	厦门航空有限公司	福建	2612113	215188	3986487	1555892	17370
542	北京顺鑫控股集团有限公司	北京	2611561	309	2818354	459097	8415
543	深圳市富森供应链管理有限公司	广东	2608025	8663	2153931	59340	290
544	广东省广业集团有限公司	广东	2599330	53900	3543437	908712	22437
545	南通化工轻工股份有限公司	江苏	2587673	16389	258476	108531	134
546	南昌市政公用投资控股有限责任公司	江西	2585912	30842	9326377	2890285	17710
547	太平鸟集团有限公司	浙江	2582437	56868	1403716	309284	12286
548	广西物资集团有限责任公司	广西壮族自治区	2568624	12365	1366835	393234	2328
549	新八建设集团有限公司	湖北	2561868	72891	431700	308595	4850
550	山西能源交通投资有限公司	山西	2560253	5552	9119236	2413693	49886
551	河北诚信有限责任公司	河北	2558389	159966	1064684	780492	8846
552	歌尔股份有限公司	山东	2553673	213923	2657059	1489465	46847
553	珠海振戎有限公司	北京	2552601	13956	148191	114589	110
554	浙江省海港投资运营集团有限公司	浙江	2551561	198089	11621044	5779877	17146
555	中策橡胶集团有限公司	浙江	2539167	65707	2386895	779597	21206
556	浙江中南控股集团有限公司	浙江	2520922	37915	2039659	504287	18459
557	升华集团控股有限公司	浙江	2518851	48121	1203677	380521	2995
558	新华锦集团	山东	2513177	20240	848777	227870	9200
559	新疆金风科技股份有限公司	新疆维吾尔自治区	2512945	305465	7278783	2268669	8373
560	利群集团股份有限公司	山东	2491708	58648	2049926	936049	9850
561	华南物资集团有限公司	重庆	2474280	10699	432578	61128	608
562	广西农垦集团有限责任公司	广西壮族自治区	2451335	35742	5236058	1271520	60726
563	云南白药控股有限公司	云南	2449937	102850	5552987	2671376	8569
564	安徽辉隆投资集团有限公司	安徽	2444555	19580	1355863	369833	2207
565	河北省国和投资集团有限公司	河北	2428817	−786	401231	61179	2893
566	江苏三木集团有限公司	江苏	2403467	72292	1330710	605082	5622

续表

名次	企业名称	地区	营业收入/万元	净利润/万元	资产/万元	所有者权益/万元	从业人数/人
567	宜华企业（集团）有限公司	广东	2399674	93112	4937563	1730462	50150
568	江苏新潮科技集团有限公司	江苏	2397733	8478	3181787	99847	23312
569	福星集团控股有限公司	湖北	2390255	20218	5140777	315757	6936
570	唐山三友集团有限公司	河北	2379890	30955	2509420	387603	17925
571	正和集团股份有限公司	山东	2361197	29887	743299	301184	2010
572	烟台恒邦集团有限公司	山东	2357739	19776	1768449	271268	6524
573	天津亿联投资控股集团有限公司	天津	2351824	138797	9500358	3674559	9200
574	厦门港务控股集团有限公司	福建	2351167	42828	4367262	769668	10762
575	花园集团有限公司	浙江	2345925	65448	2093889	893752	13548
576	深圳市年富供应链有限公司	广东	2335539	22893	1297168	79235	256
577	广西新发展交通集团有限公司	广西壮族自治区	2333967	74164	3743515	1511250	9934
578	中联重科股份有限公司	湖南	2327289	133192	8314906	3757826	13461
579	新七建设集团有限公司	湖北	2323439	46096	675778	361647	23223
580	武汉当代科技产业集团股份有限公司	湖北	2321110	64855	7896771	901098	27203
581	金发科技股份有限公司	广东	2313737	54793	2075013	992490	6972
582	得力集团有限公司	浙江	2308832	100496	1534448	482980	12027
583	纳爱斯集团有限公司	浙江	2304301	90568	1717521	1569183	14167
584	河北兴华钢铁有限公司	河北	2303824	108593	889508	631929	5209
585	新华发集团有限公司	江苏	2298919	4832	844357	—	950
586	浙江元立金属制品集团有限公司	浙江	2296534	48929	1084869	205472	15000
587	新凤鸣集团股份有限公司	浙江	2296328	149659	1105090	656044	7462
588	深圳华强集团有限公司	广东	2283002	105886	6435223	1323846	22160
589	四川九洲电器集团有限责任公司	四川	2246759	34956	2017513	588688	13856
590	舜宇集团有限公司	浙江	2243958	304655	1591595	777023	22156
591	重庆千信国际贸易有限公司	重庆	2243265	18386	1127157	313633	87
592	上海城投（集团）有限公司	上海	2240276	302688	54758260	23024402	15461
593	华立集团股份有限公司	浙江	2234794	20937	1780170	192207	11140
594	淄博齐翔腾达化工股份有限公司	山东	2222620	84961	964508	664645	2145
595	青岛中垠瑞丰国际贸易有限公司	山东	2217064	1575	378503	22722	59
596	三环集团有限公司	湖北	2216433	9130	2249238	548458	20233
597	巨星控股集团有限公司	浙江	2205600	34654	1460365	432198	8030
598	湖北省交通投资集团有限公司	湖北	2205394	196305	35045247	10513860	11466
599	三花控股集团有限公司	浙江	2201641	84601	1965373	794943	8123
600	广西汽车集团有限公司	广西壮族自治区	2201057	50970	1744986	525233	11939
601	南京新华海科技产业集团有限公司	江苏	2181872	73529	1120434	—	2386

续表

名次	企业名称	地区	营业收入/万元	净利润/万元	资产/万元	所有者权益/万元	从业人数/人
602	厦门禹洲集团股份有限公司	福建	2170067	279004	7990481	350879	3565
603	苏州金螳螂企业（集团）有限公司	江苏	2161966	49653	3248846	369595	18530
604	广发证券股份有限公司	广东	2157564	859539	35690463	8485420	10316
605	重庆市中科控股有限公司	重庆	2150955	4993	1811063	352131	1232
606	重庆医药（集团）股份有限公司	重庆	2118950	60557	1485175	539462	6798
607	广西交通投资集团有限公司	广西壮族自治区	2111201	39867	22932797	5856478	11083
608	广州立白企业集团有限公司	广东	2107150	127150	1749076	1093040	10078
609	国购投资有限公司	安徽	2106875	197390	4503004	2573596	1743
610	中国万向控股有限公司	上海	2092178	54960	12851825	1154714	14314
611	山东寿光鲁清石化有限公司	山东	2089273	106489	1410868	604968	1687
612	华新水泥股份有限公司	湖北	2088929	207764	3049932	1189980	16424
613	安徽安粮控股股份有限公司	安徽	2087727	15108	1989032	171572	2822
614	广东省丝绸纺织集团有限公司	广东	2070868	12124	1059221	190880	3601
615	盛屯矿业集团股份有限公司	福建	2066765	61033	1125401	458879	—
616	郑州银行股份有限公司	河南	2062500	428002	43582889	3220589	4223
617	长沙银行股份有限公司	湖南	2060937	393071	47054409	2328405	6022
618	凌源钢铁集团有限责任公司	辽宁	2058772	20454	2785693	247496	10843
619	三鼎控股集团有限公司	浙江	2046637	100385	2835105	1175122	16000
620	深圳市信利康供应链管理有限公司	广东	2044759	5783	770176	87519	435
621	德邦物流股份有限公司	上海	2035011	54662	652117	307131	94441
622	天津市医药集团有限公司	天津	2033473	88793	5174691	2319072	20216
623	四川航空股份有限公司	四川	2031638	81638	3054755	496646	13432
624	河北鑫海控股有限公司	河北	2026755	41488	642098	228720	1500
625	红太阳集团有限公司	江苏	2026069	20459	2536015	286266	6687
626	湖北省工业建筑集团有限公司	湖北	2020214	15092	2005063	173650	3534
627	石家庄北国人百集团有限责任公司	河北	2016293	38919	1204511	350492	9366
628	武汉市金马凯旋家具投资有限公司	湖北	2015948	196204	1269364	1129368	1388
629	河南神火集团有限公司	河南	2015011	28375	5797351	194273	31758
630	月星集团有限公司	上海	2012376	128570	5018252	1486256	10422
631	广东格兰仕集团有限公司	广东	2009159	18041	1502619	499888	22456
632	利泰集团有限公司	广东	2008352	13199	471313	155488	6419
633	华翔集团股份有限公司	浙江	2007452	1054	1850327	80081	15800
634	苏州创元投资发展（集团）有限公司	江苏	2005511	142480	2426845	692595	13159
635	浙江省商业集团有限公司	浙江	2004002	-72757	4021413	273563	9443
636	宗申产业集团有限公司	重庆	2003553	28035	2269522	337591	16013

续表

名次	企业名称	地区	营业收入/万元	净利润/万元	资产/万元	所有者权益/万元	从业人数/人
637	中如建工集团有限公司	江苏	2002141	56601	427310	168987	37056
638	湖南省交通水利建设集团有限公司	湖南	2001360	23858	1916232	277214	12797
639	银泰商业（集团）有限公司	浙江	1993769	55732	2368397	1167893	7889
640	中太建设集团股份有限公司	河南	1984447	60937	1142287	786043	91760
641	金正大生态工程集团股份有限公司	山东	1983354	71550	1967104	941229	8519
642	新疆生产建设兵团棉麻有限公司	新疆维吾尔自治区	1976228	7719	827708	38826	522
643	浙江宝利德股份有限公司	浙江	1964035	25208	667815	116035	3385
644	日照港集团有限公司	山东	1955071	21003	5503027	1287123	8972
645	奥康集团有限公司	浙江	1953018	126598	843609	486743	16588
646	上海中梁地产集团有限公司	上海	1952937	46756	11586012	195029	6807
647	万马联合控股集团有限公司	浙江	1950751	2563	1124591	168309	4995
648	江西博能实业集团有限公司	江西	1950362	25519	1488194	461686	3260
649	厦门路桥工程物资有限公司	福建	1944660	11708	741713	106068	454
650	美锦能源集团有限公司	山西	1925687	96018	6335031	2797656	17200
651	兴达投资集团有限公司	江苏	1910714	36354	719327	480651	925
652	唐山瑞丰钢铁（集团）有限公司	河北	1906273	257764	1119454	753368	6600
653	厦门中骏集团有限公司	福建	1905027	304300	6845411	1435796	5247
654	安徽出版集团有限责任公司	安徽	1903308	31579	2447160	804479	5371
655	重庆万达薄板有限公司	重庆	1902796	18892	850021	229188	2541
656	深圳市中金岭南有色金属股份有限公司	广东	1901563	106700	1886884	1000324	9685
657	兴惠化纤集团有限公司	浙江	1898885	33253	691300	358707	2532
658	重庆市博赛矿业（集团）有限公司	重庆	1894082	60064	1083177	577669	7513
659	浙江英特药业有限责任公司	浙江	1890691	15974	895489	162882	2848
660	深圳市思贝克集团有限公司	广东	1890062	-5239	55075	8825	151
661	重庆钢铁（集团）有限责任公司	重庆	1888132	-612165	1912965	479844	17883
662	广东德赛集团有限公司	广东	1887043	72983	1631309	476441	13764
663	浙江大华技术股份有限公司	浙江	1884446	237873	2133348	1046643	11792
664	华鲁控股集团有限公司	山东	1878928	46570	3358044	623688	17378
665	浙江东南网架集团有限公司	浙江	1876376	23111	2068838	810888	11478
666	吉林银行股份有限公司	吉林	1871342	293697	39237995	2231599	10566
667	山东远通汽车贸易集团有限公司	山东	1845125	38080	610063	321006	7431
668	淄博商厦股份有限公司	山东	1841636	14347	578094	252468	10303
669	深圳中电投资股份有限公司	广东	1839976	19057	988842	381241	1805
670	搜于特集团股份有限公司	广东	1834871	61283	1033059	560611	2490
671	西子联合控股有限公司	浙江	1832933	102637	3475828	1043803	11724

续表

名次	企业名称	地区	营业收入/万元	净利润/万元	资产/万元	所有者权益/万元	从业人数/人
672	广州珠江实业集团有限公司	广东	1829877	85024	7143435	798531	14198
673	泸州老窖集团有限责任公司	四川	1828335	144324	16006942	946320	5937
674	河南金利金铅集团有限公司	河南	1826428	45106	512557	122020	2397
675	大亚科技集团有限公司	江苏	1824526	15859	1120843	115245	8582
676	宁波申洲针织有限公司	浙江	1808525	376272	2409321	1962118	77100
677	江西济民可信集团有限公司	江西	1802478	73243	646222	499536	9710
678	维科控股集团股份有限公司	浙江	1801934	34552	1499609	249620	6061
679	河北安丰钢铁有限公司	河北	1800796	168891	950056	573593	8988
680	天津华北集团有限公司	天津	1784642	612274	893726	329688	758
681	农夫山泉股份有限公司	浙江	1779067	336163	1647953	1113337	7434
682	大连金玛商城企业集团有限公司	辽宁	1775527	229301	2300724	1465297	10921
683	济源市万洋冶炼（集团）有限公司	河南	1773811	32598	507904	208241	3160
684	厦门金龙汽车集团股份有限公司	福建	1773608	47887	2509989	402723	14373
685	山东齐鲁制药集团有限公司	山东	1773008	361318	2351976	2009436	13686
686	江苏省苏豪控股集团有限公司	江苏	1770306	73472	2533713	825121	6863
687	河北冠丰冶金工业有限公司	河北	1766614	79653	624553	583784	6012
688	山东金升有色集团有限公司	山东	1750786	42346	771888	380613	1127
689	山鹰国际控股股份公司	安徽	1746968	201451	2693057	1036780	9077
690	中国西电集团有限公司	陕西	1737809	64699	3910574	1356641	21694
691	欣旺达电子股份有限公司	广东	1731624	60981	1305886	313470	4680
692	河南济源钢铁（集团）有限公司	河南	1730559	108897	1250128	409016	6255
693	青海省投资集团有限公司	青海	1721227	5183	6391143	1093637	15433
694	上海胜华电缆（集团）有限公司	上海	1710253	856	701760	159110	4200
695	重庆银翔实业集团有限公司	重庆	1704845	23275	2195946	4101	12673
696	山东航空集团有限公司	山东	1698855	28872	1468648	267515	13548
697	中国江苏国际经济技术合作集团有限公司	江苏	1695179	24181	1860532	249815	8282
698	广州元亨能源有限公司	广东	1689020	3717	762169	118516	34
699	上海龙宇燃油股份有限公司	上海	1683196	5903	631518	416278	136
700	杭州东恒石油有限公司	浙江	1682542	14928	323067	119798	411
701	广州钢铁企业集团有限公司	广东	1678812	61668	1837616	478219	1882
702	宁波博洋控股集团有限公司	浙江	1677996	24472	508528	66917	6071
703	浙江建华集团有限公司	浙江	1655356	5894	287005	62891	3051
704	润华集团股份有限公司	山东	1644026	52849	1350403	637397	9300
705	金猴集团有限公司	山东	1640214	36003	507697	258128	3980
706	宁波华东物资城市场建设开发有限公司	浙江	1639800	7242	44500	16800	3098

续表

名次	企业名称	地区	营业收入/万元	净利润/万元	资产/万元	所有者权益/万元	从业人数/人
707	山西杏花村汾酒集团有限责任公司	山西	1638106	45129	1322532	541621	11864
708	隆基绿能科技股份有限公司	陕西	1636228	356452	3288370	1419535	17702
709	鲁西集团有限公司	山东	1632708	77220	3046722	384777	12614
710	人本集团有限公司	浙江	1604002	311428	1045231	312452	18839
711	浙江协和集团有限公司	浙江	1600725	23486	684207	104750	1231
712	太原重型机械集团有限公司	山西	1600699	-18743	4492372	166908	12351
713	浙江富春江通信集团有限公司	浙江	1595178	27920	1351800	355198	4300
714	广东粤海控股集团有限公司	广东	1588341	147052	8686094	3184410	10996
715	江苏江润铜业有限公司	江苏	1586377	9690	302149	148149	210
716	山东联盟化工集团有限公司	山东	1582660	62839	890503	441842	6697
717	胜达集团有限公司	浙江	1580468	75891	1087737	648745	4640
718	广博控股集团有限公司	浙江	1577296	18760	1649105	371652	4000
719	奥盛集团有限公司	上海	1573265	66783	825956	717577	1512
720	道恩集团有限公司	山东	1572606	14285	878490	109672	2708
721	山东科瑞控股集团有限公司	山东	1571887	215693	2793279	1548462	7700
722	无锡市国联发展（集团）有限公司	江苏	1562038	126363	7712504	2380613	9097
723	宁波君安控股有限公司	浙江	1561917	9677	295121	49319	81
724	江西省高速公路投资集团有限责任公司	江西	1558181	16259	28062253	10110944	17623
725	深圳能源集团股份有限公司	广东	1554585	74934	7723093	2134105	6807
726	河北天柱钢铁集团有限公司	河北	1549319	164866	712287	268092	4828
727	广西柳工集团有限公司	广西壮族自治区	1547460	1857	2992688	373135	14666
728	广西铁路投资集团有限公司	广西壮族自治区	1542387	16248	10644516	3724870	2576
729	万友汽车投资有限公司	重庆	1540551	9967	693151	70730	6375
730	张家港市沃丰贸易有限公司	江苏	1538981	2682	251019	4534	20
731	桂林市力源粮油食品集团有限公司	广西壮族自治区	1532821	31648	364906	152864	4800
732	铭源控股集团有限公司	辽宁	1531879	90412	843232	390026	1000
733	上海三盛宏业投资（集团）有限责任公司	上海	1531230	150228	4246784	605407	3466
734	山东潍焦控股集团有限公司	山东	1529272	26422	733778	175820	3682
735	海天塑机集团有限公司	浙江	1527109	232125	2670241	1223750	8769
736	张家港保税区旭江贸易有限公司	江苏	1525666	108544	236208	52461	20
737	郑州煤炭工业（集团）有限责任公司	河南	1521792	-33618	3784737	292117	38272
738	黑龙江倍丰农业生产资料集团有限公司	黑龙江	1515668	8153	1568591	86357	605
739	深圳市旗丰供应链服务有限公司	广东	1511152	686	1244513	7101	338
740	山东淄博傅山企业集团有限公司	山东	1506977	23167	640427	296033	7358
741	四川省达州钢铁集团有限责任公司	四川	1505014	19839	1521724	87115	4187

续表

名次	企业名称	地区	营业收入/万元	净利润/万元	资产/万元	所有者权益/万元	从业人数/人
742	山西省国新能源发展集团有限公司	山西	1490002	-40115	3918279	173718	17186
743	安徽华源医药股份有限公司	安徽	1488515	30324	929860	160410	8600
744	天津恒兴集团有限公司	天津	1486451	52471	721164	528469	800
745	上海机场（集团）有限公司	上海	1479972	292985	8067752	5402886	17568
746	天洁集团有限公司	浙江	1471976	58377	810472	496755	1251
747	玲珑集团有限公司	山东	1468874	47281	2407678	507402	15483
748	山东荣信集团有限公司	山东	1465655	87934	427612	87934	2114
749	万邦德新材股份有限公司	浙江	1463546	9821	210006	142151	1093
750	大连港集团有限公司	辽宁	1460786	30725	10856093	3152286	9251
751	振石控股集团有限公司	浙江	1458658	95962	1933646	687461	4761
752	诸城外贸有限责任公司	山东	1455331	59987	2007025	812776	6989
753	深圳市朗华供应链服务有限公司	广东	1454631	2019	2781652	36978	510
754	北方国际集团有限公司	天津	1448381	3295	714214	76292	1675
755	青岛中银国投控股集团有限公司	山东	1446887	82757	532612	356138	398
756	上海春秋国际旅行社（集团）有限公司	上海	1441383	84241	2227479	529807	9876
757	锦程国际物流集团股份有限公司	辽宁	1441103	45465	1349781	541189	4528
758	攀枝花钢城集团有限公司	四川	1428455	47	931610	-288933	10629
759	南京大地建设集团有限责任公司	江苏	1426992	17348	900193	278139	1768
760	天津现代集团有限公司	天津	1425349	62327	2331613	897697	431
761	天津城市基础设施建设投资集团有限公司	天津	1424017	190562	74342572	22485957	13223
762	秦皇岛宏兴钢铁有限公司	河北	1419007	145418	638120	410450	5371
763	厦门钨业股份有限公司	福建	1418832	61838	1885056	689648	12758
764	河北鑫达钢铁有限公司	河北	1416154	179431	1575783	553511	8300
765	杭州银行股份有限公司	浙江	1412152	455037	83333873	5183096	6884
766	天津源泰德润钢管制造集团有限公司	天津	1411518	26563	215435	139358	2000
767	重庆交通运输控股（集团）有限公司	重庆	1411517	28236	1785522	647563	49892
768	河北港口集团有限公司	河北	1409893	3645	5893326	2393666	14801
769	长春欧亚集团股份有限公司	吉林	1398142	30518	2176406	293795	9444
770	深圳市宝德投资控股有限公司	广东	1397642	12613	1209041	263164	3250
771	闻泰通讯股份有限公司	浙江	1395704	44074	550444	138728	1475
772	上海闽路润贸易有限公司	上海	1392978	5301	384107	15153	138
773	天津恒运能源集团股份有限公司	天津	1392331	29753	379632	180762	1000
774	星河湾集团有限公司	广东	1386358	109300	7103117	—	10053
775	新光控股集团有限公司	浙江	1385733	239692	7764040	2076826	4981
776	江苏西城三联控股集团有限公司	江苏	1380733	48836	524824	-148603	2734

续表

名次	企业名称	地区	营业收入/万元	净利润/万元	资产/万元	所有者权益/万元	从业人数/人
777	赛轮金宇集团股份有限公司	山东	1380690	32989	1505497	596709	11231
778	江苏上上电缆集团有限公司	江苏	1378972	47977	555369	442754	3659
779	唐人神集团股份有限公司	湖南	1372251	31031	605532	343437	7062
780	辽宁禾丰牧业股份有限公司	辽宁	1369584	47102	598586	339030	4779
781	梦金园黄金珠宝集团有限公司	天津	1361860	16014	242123	57315	1633
782	张家港市泽厚贸易有限公司	江苏	1361717	2277	82303	3918	20
783	安徽中鼎控股（集团）股份有限公司	安徽	1360323	58004	1905688	493213	15002
784	致达控股集团有限公司	上海	1355717	33151	1831904	402023	4481
785	杭州联华华商集团有限公司	浙江	1354248	40565	939565	75259	14230
786	西安高科（集团）公司	陕西	1350212	10833	7530404	627706	10942
787	大华（集团）有限公司	上海	1348855	293343	6411356	1773842	2838
788	深圳市三诺投资控股有限公司	广东	1347666	49608	849267	389500	7200
789	天津农村商业银行股份有限公司	天津	1340955	240031	29920966	2245616	5593
790	合肥鑫晟光电科技有限公司	安徽	1340724	159470	3364985	2258824	6745
791	武汉联杰能源有限公司	湖北	1338561	1128	186717	51459	31
792	富丽达集团控股有限公司	浙江	1334495	-73847	1777508	209868	6296
793	浙江出版联合集团有限公司	浙江	1333852	131248	2054979	1287206	7972
794	源山投资控股有限公司	上海	1332494	1550	380904	68351	160
795	中文天地出版传媒股份有限公司	江西	1330605	145174	2048066	1219338	6911
796	盛京银行股份有限公司	辽宁	1323269	758006	103061743	5168138	4976
797	广州岭南国际企业集团有限公司	广东	1321855	45852	1569802	654222	13101
798	山东亨圆铜业有限公司	山东	1306191	39613	273873	202075	238
799	广西北部湾投资集团有限公司	广西壮族自治区	1302219	66134	5149667	1932035	3109
800	安徽淮海实业发展集团有限公司	安徽	1300184	6490	866355	165208	7320
801	武汉市城市建设投资开发集团有限公司	湖北	1296686	70726	27603802	7717462	13740
802	山东寿光巨能控股集团有限公司	山东	1293118	105134	886648	445204	6855
803	浙江天圣控股集团有限公司	浙江	1287771	79288	380856	165926	2875
804	联发集团有限公司	福建	1287490	101997	4967545	839834	3471
805	厦门恒兴集团有限公司	福建	1285342	49100	1598111	644047	2050
806	景德镇市焦化工业集团有限责任公司	江西	1279150	19338	1782805	260709	10619
807	浙江航民实业集团有限公司	浙江	1260075	27446	962181	176506	9839
808	辛集市澳森钢铁有限公司	河北	1259391	46063	690493	552092	5908
809	青岛银行股份有限公司	山东	1257524	190025	30627609	2562985	3826
810	搜狐网络有限责任公司	北京	1253636	-373559	2214597	490477	—
811	广西西江开发投资集团有限公司	广西壮族自治区	1244186	12401	4305044	1353803	4894

续表

名次	企业名称	地区	营业收入/万元	净利润/万元	资产/万元	所有者权益/万元	从业人数/人
812	石家庄常山纺织集团有限责任公司	河北	1244001	5871	1465247	228046	6253
813	哈药集团有限公司	黑龙江	1235020	22412	1612611	521658	17462
814	山西建邦集团有限公司	山西	1231198	165638	1065672	544552	3122
815	武汉农村商业银行股份有限公司	湖北	1220669	246879	27216531	1939104	5013
816	江苏五星电器有限公司	江苏	1217693	15566	842803	161016	7859
817	北京时尚控股有限责任公司	北京	1212379	10291	1755960	660135	10257
818	精工控股集团有限公司	浙江	1212189	10665	2307536	425930	9587
819	星星集团有限公司	浙江	1209507	16150	2599038	277156	23656
820	潍坊特钢集团有限公司	山东	1208169	32465	733277	321280	6021
821	安徽华力建设集团有限公司	安徽	1205740	55065	364931	364931	30487
822	众信旅游集团股份有限公司	北京	1204798	23262	509577	223453	4821
823	大连冰山集团有限公司	辽宁	1203365	57393	1348186	648506	11038
824	兰州兰石集团有限公司	甘肃	1200395	87493	3293201	757705	8484
825	瑞星集团股份有限公司	山东	1200156	6659	1705620	463398	3514
826	山东东方华龙工贸集团有限公司	山东	1195938	30595	1092122	458945	1230
827	上海华虹（集团）有限公司	上海	1189753	22487	4557313	357233	6357
828	山西晋城钢铁控股集团有限公司	山西	1189166	22368	920000	614880	10700
829	龙大食品集团有限公司	山东	1182229	23088	528583	194364	6732
830	中国庆华能源集团有限公司	北京	1177490	−106429	6897262	984222	9500
831	天津住宅建设发展集团有限公司	天津	1177425	99	4025862	559630	25678
832	广东鸿粤汽车销售集团有限公司	广东	1176799	−13599	411696	−13914	3122
833	厦门翔业集团有限公司	福建	1170799	88472	2900481	791531	13844
834	青海盐湖工业股份有限公司	青海	1169940	−415923	8241852	2023639	17440
835	常州市化工轻工材料总公司	江苏	1167273	5385	79048	35474	163
836	浙江古纤道新材料股份有限公司	浙江	1164546	50941	1086629	391214	1770
837	湖北能源集团股份有限公司	湖北	1158584	217320	4635693	2551601	4078
838	广州无线电集团有限公司	广东	1157197	78700	3564179	734425	39618
839	泰豪集团有限公司	江西	1155960	53208	1828154	577677	6589
840	洛阳银行股份有限公司	河南	1151078	272286	23178310	1645403	2347
841	浙江海越股份有限公司	浙江	1150248	13659	985917	227863	1266
842	德龙钢铁有限公司	河北	1149933	165139	911087	424972	3553
843	东方日升新能源股份有限公司	浙江	1145176	64977	1651104	747771	4306
844	福建省交通运输集团有限责任公司	福建	1144897	30403	3191959	906551	28267
845	普联技术有限公司	广东	1142319	236463	1392491	1225780	11500
846	江南集团有限公司	江苏	1137497	10391	1343386	529100	3548

续表

名次	企业名称	地区	营业收入/万元	净利润/万元	资产/万元	所有者权益/万元	从业人数/人
847	天津航空有限责任公司	天津	1137241	57401	4229895	1506793	4683
848	铜陵精达铜材（集团）有限责任公司	安徽	1134544	2047	655595	57935	3045
849	桂林银行股份有限公司	广西壮族自治区	1134143	134347	22720763	1423314	4218
850	广西农村投资集团有限公司	广西壮族自治区	1131756	3194	4147540	583826	27085
851	长飞光纤光缆股份有限公司	湖北	1131612	92713	839528	491358	2588
852	郴州市金贵银业股份有限公司	湖南	1130176	25345	957602	353643	1762
853	开氏集团有限公司	浙江	1126176	12788	791603	385768	3000
854	江苏倪家巷集团有限公司	江苏	1121060	16920	566196	280515	4105
855	张家港市国彰贸易有限公司	江苏	1118723	1551	51014	3706	20
856	湖南猎豹汽车股份有限公司	湖南	1114673	79494	1649683	309304	6667
857	卫华集团有限公司	河南	1113961	45751	750727	245780	5710
858	沂州集团有限公司	山东	1113402	62499	683009	270759	3965
859	得利斯集团有限公司	山东	1112080	45344	983479	547660	6590
860	湘电集团有限公司	湖南	1111339	-43176	2710555	29821	11125
861	上海景域文化传播股份有限公司	上海	1107824	-9616	289964	193522	2430
862	浙江中外运有限公司	浙江	1106812	11589	194501	45842	2170
863	深圳市燃气集团股份有限公司	广东	1105878	88688	1878146	841567	6565
864	安徽楚江科技新材料股份有限公司	安徽	1104403	36063	473443	343397	4509
865	江阴长三角钢铁集团有限公司	江苏	1100611	2918	45754	—	351
866	兴源轮胎集团有限公司	山东	1094498	78045	1185460	662666	5700
867	江阴江东集团有限公司	江苏	1093528	63374	445689	307603	6580
868	北京学而思教育科技有限公司	北京	1090285	125331	1687915	121196	31743
869	蓝池集团有限公司	河北	1088608	15328	466009	218432	4376
870	广州视源电子科技股份有限公司	广东	1086761	69108	495175	250791	2721
871	开元旅业集团有限公司	浙江	1083834	12630	2117093	396980	27019
872	渤海人寿保险股份有限公司	天津	1081042	22105	3296408	1316985	229
873	邯郸市正大制管有限公司	河北	1078011	10018	182287	37966	2753
874	厦门夏商集团有限公司	福建	1077340	27833	1292349	327742	6084
875	庆铃汽车（集团）有限公司	重庆	1077196	27569	1469938	635711	5457
876	格林美股份有限公司	广东	1075214	61034	2225051	752229	5051
877	深圳市恒波商业连锁有限公司	广东	1072017	32399	305983	111289	2965
878	广西正润发展集团有限公司	广西壮族自治区	1071945	-13357	1648513	145451	4183
879	即发集团有限公司	山东	1071033	29239	638838	358505	20625
880	新浪公司	北京	1067062	105920	3799637	1860207	8224
881	宁波方太厨具有限公司	浙江	1067023	130140	1010081	547292	6187

续表

名次	企业名称	地区	营业收入/万元	净利润/万元	资产/万元	所有者权益/万元	从业人数/人
882	湖南黄金集团有限责任公司	湖南	1066360	3081	1054531	118613	7830
883	广州金融控股集团有限公司	广东	1065264	237351	50715481	1824559	9623
884	苏州裕景泰贸易有限公司	江苏	1065005	19962	256615	37335	126
885	深圳市粮食集团有限公司	广东	1059718	43154	492934	290878	667
886	现代投资股份有限公司	湖南	1059286	86493	2269803	853339	2940
887	卓正控股集团有限公司	河北	1057689	31415	841152	430338	8219
888	浙江海正药业股份有限公司	浙江	1057153	1357	2163642	672252	9497
889	浙江永利实业集团有限公司	浙江	1054201	59784	2070299	1198552	3025
890	利欧集团股份有限公司	浙江	1052923	42344	1405634	764286	5063
891	明阳新能源投资控股集团有限公司	广东	1051521	56479	3371825	1036944	3625
892	浙江省农村发展集团有限公司	浙江	1049531	−11207	2048876	162508	2432
893	盈峰投资控股集团有限公司	广东	1049252	32223	3497007	648867	8103
894	邢台钢铁有限责任公司	河北	1048527	32371	1091544	305801	5902
895	天津市建筑材料集团（控股）有限公司	天津	1047282	18343	1625094	581247	4403
896	河北省新合作控股集团有限公司	河北	1044931	49672	3827383	1039581	6437
897	青岛农村商业银行股份有限公司	山东	1044060	213645	25105424	1711454	5284
898	山东齐成石油化工有限公司	山东	1043840	5234	801276	5746	895
899	三角集团有限公司	山东	1042925	28560	1700276	602538	7124
900	山东华鲁恒升化工股份有限公司	山东	1040807	39375	1602177	299300	3584
901	广州百货企业集团有限公司	广东	1036957	46636	1119073	518309	4910
902	中南出版传媒集团股份有限公司	湖南	1036010	151319	1967380	1331152	13474
903	龙蟒佰利联集团股份有限公司	河南	1035311	250241	2084635	1288666	7060
904	泰富重装集团有限公司	湖南	1034261	59080	1255866	545397	4216
905	济南圣泉集团股份有限公司	山东	1032307	371516	726628	371516	2687
906	山东鲁北企业集团总公司	山东	1031557	56658	792004	307640	3371
907	广西贵港钢铁集团有限公司	广西壮族自治区	1026741	43854	587937	263818	2008
908	广西桂东电力股份有限公司	广西壮族自治区	1024484	6344	1275379	203867	2168
909	湖南兰天集团有限公司	湖南	1023592	4421	241177	52936	3125
910	仁和（集团）发展有限公司	江西	1020536	41737	459958	—	23000
911	河南省国有资产控股运营集团有限公司	河南	1018542	2668	6161225	294261	9456
912	山西安泰控股集团有限公司	山西	1015000	10891	1715369	150754	6029
913	深圳市东方嘉盛供应链股份有限公司	广东	1014333	11834	678707	129448	370
914	广西洋浦南华糖业集团股份有限公司	广西壮族自治区	1014324	36577	1779021	579673	14921
915	江苏大经集团有限公司	江苏	1012969	4590	78554	16129	410
916	上海展志实业集团有限责任公司	上海	1012822	8111	212951	41425	912

续表

名次	企业名称	地区	营业收入/万元	净利润/万元	资产/万元	所有者权益/万元	从业人数/人
917	路通建设集团股份有限公司	山东	1011609	168900	569704	508190	1865
918	上海广微投资有限公司	上海	1010014	393584	1360287	591853	4500
919	上海交运（集团）公司	上海	1002891	15447	1240082	401838	9093
920	重庆银行股份有限公司	重庆	1001481	372588	42276303	3095160	4066
921	东莞市富之源饲料蛋白开发有限公司	广东	998505	14823	698117	90775	280
922	澳柯玛股份有限公司	山东	997940	3269	813704	179501	6575
923	张家口银行股份有限公司	河北	997392	196889	18085875	1203743	4569
924	江苏海达科技集团有限公司	江苏	981567	33394	841565	—	4066
925	百色百矿集团有限公司	广西壮族自治区	976416	7897	2170563	798498	9001
926	中国华录集团有限公司	辽宁	971928	41907	2343703	505050	6621
927	天津市宝来工贸有限公司	天津	968900	29870	142788	124026	1425
928	浙江华友钴业股份有限公司	浙江	965322	189551	1661803	602457	4112
929	广东珠江投资股份有限公司	广东	964870	64746	13579353	2441184	1482
930	佛山市顺德区乐从供销集团有限公司	广东	958800	14718	462933	171365	3337
931	安徽天康（集团）股份有限公司	安徽	953236	34453	458042	276087	6420
932	江西银行股份有限公司	江西	946297	286522	37000529	2271374	4648
933	广西柳州医药股份有限公司	广西壮族自治区	944698	40138	755405	349176	2575
934	浙江富陵控股集团有限公司	浙江	944169	26100	874646	262371	1006
935	浙江蓝天实业集团有限公司	浙江	941116	4765	1005119	325199	2382
936	杭州金鱼电器集团有限公司	浙江	939595	1835	639576	49390	6863
937	深圳市英捷迅实业发展有限公司	广东	934800	497	106116	17682	194
938	中国四联仪器仪表集团有限公司	重庆	931906	13501	2028897	184564	10540
939	浙江凯喜雅国际股份有限公司	浙江	924767	3540	518043	87938	206
940	广西云星集团有限公司	广西壮族自治区	920342	120214	2091148	631120	1890
941	上海鑫冶铜业有限公司	上海	916894	515	116514	38602	179
942	无锡商业大厦大东方股份有限公司	江苏	916758	26126	522558	281583	4866
943	新和成控股集团有限公司	浙江	914658	87714	2850751	1007437	11695
944	劲牌有限公司	湖北	912026	233285	2820683	1396553	5002
945	东方鑫源控股有限公司	重庆	906417	26942	591152	154274	6480
946	湖北新洋丰肥业股份有限公司	湖北	903240	68015	874522	568288	6573
947	波鸿集团有限公司	四川	902071	25403	1078505	365159	4097
948	江苏济川控股集团有限公司	江苏	891455	86340	898803	415014	9867
949	铜陵化学工业集团有限公司	安徽	890712	4592	1282480	153499	7004
950	上海龙旗科技股份有限公司	上海	890567	12596	519673	90461	834
951	人人乐连锁商业集团股份有限公司	广东	885533	-53841	524791	176838	15164

续表

名次	企业名称	地区	营业收入/万元	净利润/万元	资产/万元	所有者权益/万元	从业人数/人
952	江苏隆力奇集团有限公司	江苏	885392	23354	549673	254427	4992
953	广东合诚集团有限公司	广东	883181	2841	252770	53066	3071
954	宁波滕头集团有限公司	浙江	880708	28590	390631	106850	10300
955	重庆华宇集团有限公司	重庆	880272	129907	5466728	2027368	4790
956	安徽叉车集团有限责任公司	安徽	876435	21617	961424	247930	7802
957	重庆港务物流集团有限公司	重庆	871629	-18837	2041273	509033	5168
958	广西裕华建设集团有限公司	广西壮族自治区	871532	4337	68367	53112	698
959	江阴模塑集团有限公司	江苏	870458	51248	907656	399297	7125
960	北京君诚实业投资集团有限公司	北京	865555	7152	227637	81566	1448
961	江阴市金桥化工有限公司	江苏	865489	654	168327	13116	78
962	浙江南部电源动力股份有限公司	浙江	863681	38089	1089449	607143	7225
963	四川新华发行集团有限公司	四川	863474	43390	1640939	604395	8801
964	上海紫江企业集团股份有限公司	上海	850761	55480	1003800	426414	6948
965	浙江华瑞集团有限公司	浙江	850353	13507	632395	250842	569
966	桂林彰泰实业集团有限公司	广西壮族自治区	847935	137380	1305009	314516	868
967	西宁特殊钢集团有限责任公司	青海	847440	-29588	2983342	172223	9784
968	新疆天富集团有限责任公司	新疆维吾尔自治区	844831	4525	3077831	246092	7695
969	广东新明珠陶瓷集团有限公司	广东	841400	188368	1081328	681638	14452
970	唐山东华钢铁企业集团有限公司	河北	838758	53133	498996	349330	3527
971	广州市水务投资集团有限公司	广东	838023	44016	7715979	2926386	9776
972	深圳市优友金融服务有限公司	广东	836520	3192	161926	3976	110
973	中原出版传媒投资控股集团有限公司	河南	835596	44264	1427195	789610	16851
974	博威集团有限公司	浙江	835296	17177	815949	148084	6086
975	鹭燕医药股份有限公司	福建	833823	13057	513242	147371	3383
976	浙江中财管道科技股份有限公司	浙江	831383	55945	508254	508254	4676
977	罗蒙集团股份有限公司	浙江	830965	62382	585798	415066	2200
978	杭州制氧机集团有限公司	浙江	830783	22162	1305032	394330	4707
979	西湖电子集团有限公司	浙江	824463	28831	1413126	556154	2170
980	张家港保税区日祥贸易有限公司	江苏	820580	64227	167287	47508	20
981	中铁集装箱运输有限责任公司	北京	819305	50931	1294059	1128467	832
982	深圳市铁汉生态环境股份有限公司	广东	818779	75711	2029596	604184	5121
983	天津宝迪农业科技股份有限公司	天津	816893	-35213	1483551	762481	2215
984	上海新世界（集团）有限公司	上海	816506	41980	1719327	801424	9316
985	华茂集团股份有限公司	浙江	815717	75825	1425734	671267	2668
986	杭州东华链条集团有限公司	浙江	815347	13674	610418	233234	6870

续表

名次	企业名称	地区	营业收入/万元	净利润/万元	资产/万元	所有者权益/万元	从业人数/人
987	煌上煌集团有限公司	江西	814848	30958	531196	304311	3005
988	安徽环新集团有限公司	安徽	809270	52791	993501	491051	6191
989	山东胜星化工有限公司	山东	805602	54379	733212	293423	1200
990	安徽古井集团有限责任公司	安徽	803086	43198	1884173	438164	10558
991	南京高精传动设备制造集团有限公司	江苏	800759	64513	2776898	1105060	6100
992	广西方盛实业股份有限公司	广西壮族自治区	797745	13818	655359	120458	4322
993	阿尔法（江阴）沥青有限公司	江苏	790949	5450	188437	61999	268
994	泰州三福重工集团有限公司	江苏	788609	29926	927649	571172	1373
995	公牛集团股份有限公司	浙江	788424	132685	390231	168542	10892
996	宁波宝新不锈钢有限公司	浙江	788386	3364	385492	332524	845
997	雅迪科技集团有限公司	江苏	787342	40596	637859	181207	3539
998	青岛九联集团股份有限公司	山东	785302	10602	335735	130635	11998
999	深圳市水务（集团）有限公司	广东	784993	44855	1860202	776608	10117
1000	青特集团有限公司	山东	784635	26377	1433617	387230	3980

第十二章
中国部分地区企业100强数据

表 12-1　2018 天津市企业 100 强

排名	企业名称	营业收入/万元	排名	企业名称	营业收入/万元
1	天津物产集团有限公司	44997060	51	中国平安人寿保险股份有限公司天津分公司	909739
2	中国石化销售有限公司华北分公司	21595025	52	中国能源建设集团天津电力建设有限公司	858815
3	中海石油（中国）有限公司天津分公司	6716431	53	天津宝迪农业科技股份有限公司	816893
4	天津荣程祥泰投资控股集团有限公司	6604932	54	中集现代物流发展有限公司	812708
5	天津一商集团有限公司	6327048	55	中国铁路设计集团有限公司	804296
6	天津泰达投资控股有限公司	6062983	56	中国汽车工业工程有限公司	801859
7	天津一汽丰田汽车有限公司	5115744	57	爱玛科技集团股份有限公司	780000
8	渤海银行股份有限公司	4926359	58	丰益油脂科技有限公司	742974
9	中国石油化工股份有限公司天津分公司	4898963	59	天津滨海农村商业银行股份有限公司	708661
10	中铁十八局集团有限公司	4528288	60	天津大通投资集团有限公司	698766
11	天津友发钢管集团股份有限公司	4494604	61	天津市金桥焊材集团有限公司	673045
12	国网天津市电力公司	4262302	62	嘉里粮油（天津）有限公司	667489
13	中交第一航务工程局有限公司	3642306	63	中国联合网络通信有限公司天津市分公司	660323
14	天津纺织集团（控股）有限公司	3631543	64	中国移动通信集团天津有限公司	655523
15	天狮集团有限公司	3387737	65	中国石油天然气股份有限公司天津销售分公司	637664
16	中国建筑第六工程局有限公司	3131255	66	曙光信息产业股份有限公司	629422
17	天津银行股份有限公司	2975880	67	天津市新宇彩板有限公司	612684
18	天津食品集团有限公司	2833175	68	天津电装电子有限公司	606624
19	天士力控股集团有限公司	2824886	69	天津市政建设集团有限公司	603400
20	长城汽车股份有限公司天津哈弗分公司	2730726	70	中粮佳悦（天津）有限公司	549652
21	天津港（集团）有限公司	2640187	71	上海烟草集团有限责任公司天津卷烟厂	543273
22	天津亿联投资控股集团有限公司	2351824	72	华润天津医药有限公司	530181
23	中沙（天津）石化有限公司	2228572	73	奥的斯电梯（中国）有限公司	523744
24	天津市医药集团有限公司	2033473	74	滨海投资集团股份有限公司	518550
25	中国石油天然气股份有限公司大港石化分公司	1917692	75	天津市交通（集团）有限公司	510092
26	天津华北集团有限公司	1784642	76	金融街（天津）置业有限公司	497080
27	中国石化销售有限公司天津石油分公司	1636043	77	天津顶益食品有限公司	484945
28	中国石油集团渤海钻探工程有限公司	1604064	78	京瓷（中国）商贸有限公司	468697
29	中冶天工集团有限公司	1587207	79	中国天津国际经济技术合作集团公司	448478
30	中国石油天然气股份有限公司大港油田分公司	1564478	80	中国水电基础局有限公司	446458
31	工银金融租赁有限公司	1541628	81	九三集团天津大豆科技有限公司	407485
32	天津恒兴集团有限公司	1486451	82	中铁十六局集团第二工程有限公司	405755
33	北方国际集团有限公司	1448381	83	天津天丰钢铁股份有限公司	401494
34	天津现代集团有限公司	1425349	84	天津新华投资集团有限公司	391932
35	天津城市基础设施建设投资集团有限公司	1424017	85	京粮（天津）粮油工业有限公司	368846
36	天津源泰德润钢管制造集团有限公司	1411518	86	天津大桥焊材集团有限公司	363757
37	天津恒运能源集团股份有限公司	1392331	87	天津贻成集团有限公司	351253
38	梦金园黄金珠宝集团有限公司	1361860	88	中材（天津）国际贸易有限公司	350222
39	天津农村商业银行股份有限公司	1340955	89	弗兰德传动系统有限公司	343092
40	中交天津航道局有限公司	1238384	90	中石化第四建设有限公司	340112
41	唯品会（天津）电子商务有限公司	1233344	91	三星爱商（天津）国际物流有限公司	316575
42	中国电建市政建设集团有限公司	1211341	92	天津富奥电装空调有限公司	305004
43	天津住宅建设发展集团有限公司	1177425	93	中国电信股份有限公司天津分公司	296753
44	天津航空有限责任公司	1137241	94	天津肯德基有限公司	289100
45	渤海人寿保险股份有限公司	1081042	95	天津俊安煤焦化工有限公司	284813
46	天津市建筑材料集团（控股）有限公司	1047282	96	天津市公共交通集团（控股）有限公司	282160
47	国药控股天津有限公司	1023852	97	邦基正大（天津）粮油有限公司	278382
48	中国天辰工程有限公司	1021589	98	天津金发新材料有限公司	271465
49	天津市宝来工贸有限公司	968900	99	天津新伟祥工业有限公司	270123
50	天弘基金管理有限公司	933634	100	华星北方汽车贸易有限公司	269075

发布单位：天津市企业联合会。

表 12-2　2018 上海市企业 100 强

排名	企业名称	营业收入/万元	排名	企业名称	营业收入/万元
1	上海汽车集团股份有限公司	87063943	51	上海胜华电缆（集团）有限公司	1710253
2	中国宝武钢铁集团有限公司	40048193	52	上海龙宇燃油股份有限公司	1683196
3	交通银行股份有限公司	38967227	53	奥盛集团有限公司	1573265
4	中国太平洋保险（集团）股份有限公司	31980900	54	上海三盛宏业投资（集团）有限责任公司	1531230
5	上海浦东发展银行股份有限公司	30752500	55	上海机场（集团）有限公司	1479972
6	绿地控股集团股份有限公司	29017415	56	协鑫集成科技股份有限公司	1444708
7	中国建筑第八工程局有限公司	16702561	57	上海春秋国际旅行社（集团）有限公司	1441383
8	光明食品（集团）有限公司	16116091	58	江南造船（集团）有限责任公司	1401034
9	上海万科房地产有限公司	15110605	59	上海闽路润贸易有限公司	1392978
10	益海嘉里投资有限公司	15061966	60	致达控股集团有限公司	1355717
11	上海建工集团股份有限公司	14208263	61	大华（集团）有限公司	1348855
12	东浩兰生（集团）有限公司	14118438	62	上海华虹（集团）有限公司	1189753
13	太平人寿保险有限公司	13342919	63	上海景域文化传播股份有限公司	1107824
14	上海医药集团股份有限公司	13084718	64	红星美凯龙家居集团股份有限公司	1096000
15	上海烟草集团有限责任公司	12234593	65	上海苏宁云商销售有限公司	1086393
16	中国东方航空集团有限公司	11157305	66	上海大名城企业股份有限公司	1024447
17	上海均和集团有限公司	9997329	67	上海展志实业集团有限责任公司	1012822
18	东方国际（集团）有限公司	9610744	68	上海广微投资有限公司	1010014
19	中国石化上海石油化工股份有限公司	9201357	69	上海交运（集团）公司	1002891
20	上海电气（集团）总公司	9177583	70	中国建材国际工程集团有限公司	980572
21	国网上海市电力公司	8828598	71	上海外高桥造船有限公司	941507
22	复星国际有限公司	8802517	72	上海鑫冶铜业有限公司	916894
23	上海银行股份有限公司	7461974	73	上海龙旗科技股份有限公司	890567
24	上海钢联电子商务股份有限公司	7369705	74	上海紫江企业集团股份有限公司	850761
25	上海华谊（集团）公司	6269963	75	五冶集团上海有限公司	819006
26	上海永达控股（集团）有限公司	6250001	76	上海新世界（集团）有限公司	816506
27	百联集团有限公司	6055733	77	中兵（上海）有限责任公司	796815
28	上海找钢网信息科技股份有限公司	5468164	78	上海临港经济发展（集团）有限公司	756097
29	中智上海经济技术合作有限公司	5131086	79	上海百润企业发展有限公司	749067
30	上海仪电（集团）有限公司	4553965	80	亿达中国控股有限公司	731762
31	上海城建（集团）公司	4019942	81	上海东方电视购物有限公司	715360
32	老凤祥股份有限公司	3981035	82	欧普照明股份有限公司	695705
33	中运富通控股集团有限公司	3864403	83	正泰电气股份有限公司	690407
34	申能（集团）有限公司	3844343	84	上海家化联合股份有限公司	648825
35	上海国际港务（集团）股份有限公司	3742395	85	上海美特斯邦威服饰股份有限公司	647200
36	上海农村商业银行股份有限公司	3338050	86	上海晨光文具股份有限公司	635710
37	环旭电子股份有限公司	2970568	87	鹏欣环球资源股份有限公司	605641
38	海通证券股份有限公司	2822167	88	上海汉滨实业发展有限公司	597036
39	上海均瑶（集团）有限公司	2699681	89	科世达（上海）管理有限公司	591815
40	上海宝冶集团有限公司	2604819	90	上海申华控股股份有限公司	580247
41	中铁上海工程局集团有限公司	2486060	91	上海置信电气股份有限公司	572979
42	中铁二十四局集团有限公司	2252015	92	远纺工业（上海）有限公司	553021
43	上海城投（集团）有限公司	2240276	93	网宿科技股份有限公司	537267
44	上海振华重工（集团）股份有限公司	2185881	94	龙盛集团控股（上海）有限公司	535793
45	中芯国际集成电路制造有限公司	2095495	95	华东建筑集团股份有限公司	528975
46	中国万向控股有限公司	2092178	96	上海三爱富新材料股份有限公司	524337
47	德邦物流股份有限公司	2035011	97	福然德股份有限公司	518355
48	月星集团有限公司	2012376	98	上海浦原对外经贸有限公司	505201
49	沪东中华造船（集团）有限公司	2010512	99	上海亚泰建设集团有限公司	503627
50	上海中梁地产集团有限公司	1952937	100	阿克苏诺贝尔太古漆油（上海）有限公司	499039

发布单位：上海市企业联合会、上海市企业家协会。

表 12-3 2018 重庆市企业 100 强

排名	企业名称	营业收入/万元	排名	企业名称	营业收入/万元
1	重庆长安汽车股份有限公司	25123910	51	重庆巨能建设（集团）有限公司	733176
2	龙湖集团控股有限公司	7207504	52	重庆润通控股（集团）有限公司	729409
3	重庆市金科投资控股（集团）有限责任公司	7058643	53	中石化重庆涪陵页岩气勘探开发有限公司	697407
4	达丰（重庆）电脑有限公司	6991144	54	重庆市农业投资集团有限公司	680437
5	隆鑫控股有限公司	5229376	55	重庆长安民生物流股份有限公司	664391
6	重庆商社（集团）有限公司	4952118	56	重庆长安工业（集团）有限责任公司	636063
7	重庆小康控股有限公司	4834099	57	中国船舶重工集团海装风电股份有限公司	577107
8	重庆建工投资控股有限责任公司	4533229	58	中铁隧道集团一处有限公司	556523
9	重庆化医控股（集团）公司	4375138	59	重庆桐君阁股份有限公司	550677
10	重庆力帆控股有限公司	4258898	60	重庆市新大兴实业（集团）有限公司	550466
11	重庆机电控股（集团）公司	4240387	61	重庆砂之船奥莱商业管理有限公司	525267
12	太极集团有限公司	4236428	62	重庆百事达汽车有限公司	518249
13	英业达（重庆）有限公司	4230439	63	重庆沃灵玛电子有限公司	508797
14	重庆农村商业银行股份有限公司	4195316	64	重庆公路运输（集团）有限公司	508598
15	国网重庆市电力公司	4144200	65	重庆美心（集团）有限公司	502827
16	中国烟草总公司重庆市公司	3494689	66	重庆跨越（集团）股份有限公司	492850
17	重庆市能源投资集团有限公司	3322053	67	重庆河东控股（集团）有限公司	438919
18	重庆轻纺控股（集团）公司	3151559	68	重庆兴渝投资有限责任公司	438376
19	重庆对外经贸（集团）有限公司	2761053	69	重庆鸽牌电线电缆有限公司	434384
20	华南物资集团有限公司	2474280	70	国家电投集团重庆电力有限公司	432235
21	旭硕科技（重庆）有限公司	2450989	71	重庆青山工业有限责任公司	423564
22	重庆千信国际贸易有限公司	2243265	72	重庆紫光化工股份有限公司	419022
23	重庆市中科控股有限公司	2150955	73	万科（重庆）房地产有限公司	403729
24	纬创资通（重庆）有限公司	2120557	74	重庆药友制药有限责任公司	391927
25	重庆医药（集团）股份有限公司	2118950	75	重庆三峡银行股份有限公司	391900
26	宗申产业集团有限公司	2003553	76	重庆华轻商业有限公司	381268
27	西南铝业（集团）有限责任公司	1954465	77	重庆市公共交通控股（集团）有限公司	379533
28	重庆万达薄板有限公司	1902796	78	九禾股份有限公司	367056
29	重庆市博赛矿业（集团）有限公司	1894082	79	重庆三峡油漆股份有限公司	360903
30	重庆钢铁（集团）有限责任公司	1888132	80	重庆市盐业（集团）有限公司	358746
31	重庆银翔实业集团有限公司	1704846	81	重庆信威通信技术有限责任公司	349137
32	万友汽车投资有限公司	1540551	82	重庆建峰工业集团有限公司	348422
33	中冶建工集团有限公司	1442333	83	重庆华峰化工有限公司	343571
34	维沃移动通信（重庆）有限公司	1415396	84	上汽菲亚特红岩动力总成有限公司	339151
35	重庆交通运输控股（集团）有限公司	1411517	85	重庆国际复合材料有限公司	326863
36	鸿富锦精密电子（重庆）有限公司	1381324	86	重庆红宇精密工业有限责任公司	320788
37	中国建筑第二工程局有限公司西南分公司	1280400	87	重庆啤酒股份有限公司	317552
38	重庆永辉超市有限公司	1226238	88	西南证券股份有限公司	306076
39	仁宝电脑（重庆）有限公司	1097050	89	重庆齿轮箱有限责任公司	301408
40	庆铃汽车（集团）有限公司	1077196	90	重庆鲁能开发（集团）有限公司	301026
41	重庆银行股份有限公司	1001481	91	重庆九州通医药有限公司	298236
42	中铁十一局集团第五工程有限公司	961174	92	中铁五局集团第六工程有限责任公司	290030
43	中国四联仪器仪表集团有限公司	931906	93	中铁八局集团第一工程有限公司	286617
44	中交二航局第二工程有限公司	922684	94	重庆康明斯发动机有限公司	257666
45	东方鑫源控股有限公司	906417	95	重庆市汽车运输（集团）有限公司	251911
46	重庆华宇集团有限公司	880272	96	重庆泰山电缆有限公司	250908
47	重庆港务物流集团有限公司	871629	97	重庆机场集团有限公司	242263
48	重庆东方丝路技术有限公司	784325	98	民生轮船股份有限公司	236891
49	中国石化集团重庆川维化工有限公司	746437	99	西南药业股份有限公司	235459
50	中冶赛迪集团有限公司	737091	100	华能重庆珞璜发电有限责任公司	230307

发布单位：重庆市企业联合会、重庆市企业家协会。

表12-4 2018山东省企业100强

排名	企业名称	营业收入/亿元	排名	企业名称	营业收入/亿元
1	山东魏桥创业集团有限公司	3595.78	51	山东金岭集团有限公司	388.87
2	山东能源集团有限公司	3085.27	52	山东胜通集团股份有限公司	385.42
3	海尔集团公司	2419.01	53	中铁十四局集团有限公司	381.95
4	潍柴控股集团有限公司	2206.73	54	永锋集团有限公司	381.76
5	信发集团有限公司	2008.31	55	威高集团有限公司	378.16
6	兖矿集团有限公司	1991.99	56	天元建设集团有限公司	370.66
7	国网山东省电力公司	1986.84	57	东营方圆有色金属有限公司	369.96
8	山东钢铁集团有限公司	1352.33	58	中国移动通信集团山东有限公司	361.77
9	海信集团有限公司	1110.65	59	滨化集团公司	354.48
10	南山集团有限公司	1007.32	60	中车青岛四方机车车辆股份有限公司	351.88
11	山东东明石化集团有限公司	906.72	61	鲁西集团有限公司	350.41
12	中国重型汽车集团有限公司	905.36	62	富海集团有限公司	333.80
13	山东晨鸣纸业集团股份有限公司	870.22	63	山东博汇集团有限公司	330.09
14	万达控股集团有限公司	836.16	64	石横特钢集团有限公司	330.01
15	浪潮集团有限公司	803.39	65	山东清源集团有限公司	325.35
16	华电国际电力股份有限公司	790.07	66	山东泰山钢铁集团有限公司	320.51
17	山东大海集团有限公司	778.71	67	山东华星石油化工集团有限公司	317.08
18	中融新大集团有限公司	753.32	68	万通海欣控股集团股份有限公司	316.27
19	利华益集团股份有限公司	750.18	69	岚桥集团有限公司	313.25
20	山东黄金集团有限公司	748.83	70	山东汇丰石化集团有限公司	306.89
21	华泰集团有限公司	730.12	71	乐金显示（烟台）有限公司	302.90
22	山东高速集团有限公司	666.34	72	东岳集团	302.38
23	中石化股份有限公司胜利油田分公司	653.80	73	山东九羊集团有限公司	302.19
24	日照钢铁控股集团有限公司	651.34	74	东辰控股集团有限公司	280.13
25	中石化股份有限公司山东石油分公司	648.12	75	山东金茂纺织化工集团有限公司	278.70
26	中国石油化工股份有限公司齐鲁分公司	605.01	76	香驰控股有限公司	276.72
27	青建集团股份公司	600.80	77	齐鲁交通发展集团有限公司	271.70
28	山东京博控股股份有限公司	570.00	78	一汽解放青岛汽车有限公司	268.75
29	山东如意国际时尚产业投资控股有限公司	561.31	79	恒丰银行	268.58
30	山东创新金属科技有限公司	551.02	80	山东垦利石化集团有限公司	267.42
31	山东海科化工集团	550.08	81	鲁丽集团有限公司	267.31
32	万华化学集团股份有限公司	531.23	82	山东鲁花集团有限公司	265.34
33	鸿富泰精密电子（烟台）有限公司	530.76	83	北汽福田汽车股份有限公司诸城汽车厂	265.10
34	中化弘润石油化工有限公司	517.05	84	青岛啤酒股份有限公司	262.77
35	山东招金集团有限公司	510.64	85	歌尔股份有限公司	255.37
36	新凤祥控股集团有限公司	500.69	86	新华锦集团	251.32
37	山东科达集团有限公司	478.56	87	利群集团股份有限公司	249.17
38	东营鲁方金属材料有限公司	458.39	88	山东中海化工集团有限公司	246.80
39	山东金诚石化集团有限公司	451.37	89	烟台振华商业集团	244.76
40	山东太阳控股集团有限公司	449.02	90	中国联合网络通信有限公司山东省分公司	236.53
41	西王集团有限公司	435.06	91	正和集团股份有限公司	236.12
42	华勤橡胶工业集团有限公司	432.52	92	烟台恒邦集团有限公司	235.77
43	中国石化青岛炼油化工有限责任公司	427.92	93	淄博齐翔腾达化工股份有限公司	222.26
44	上汽通用东岳汽车有限公司	424.63	94	青岛中垦瑞丰国际贸易有限公司	221.71
45	山东渤海实业股份有限公司	417.02	95	山东寿光鲁清石化有限公司	208.93
46	中铁十局集团有限公司	400.99	96	金正大生态工程集团股份有限公司	198.24
47	山东玉皇化工有限公司	396.88	97	日照港集团有限公司	195.51
48	山东恒源石油化工股份有限公司	393.10	98	山东中矿集团有限公司	194.92
49	山东新希望六合集团有限公司	393.04	99	上海通用五菱汽车股份有限公司青岛分公司	194.67
50	临沂新程金锣肉制品集团有限公司	390.16	100	中国人民财产保险股份有限公司山东省分公司	189.55

发布单位：山东省企业联合会、山东省企业家协会。

表 12-5 2018 湖北省企业 100 强

排名	企业名称	营业收入/万元	排名	企业名称	营业收入/万元
1	东风汽车公司	63053613	51	荆门市格林美新材料有限公司	939967
2	中国建筑第三工程局有限公司	18334538	52	武汉航空港发展集团有限公司	923298
3	中国宝武武汉总部	10720442	53	劲牌有限公司	912026
4	中国葛洲坝集团有限公司	10700472	54	湖北金盛兰冶金科技有限公司	886609
5	九州通医药集团股份有限公司	7394289	55	武汉建工集团股份有限公司	816472
6	卓尔控股有限公司	6986924	56	中国联合网络通信有限公司湖北省分公司	804272
7	中国铁路武汉局集团有限公司	6909293	57	湖北长安建设集团股份有限公司	781236
8	大冶有色金属集团控股有限公司	6245374	58	湖北齐星集团	778008
9	中铁十一局集团有限公司	6018413	59	绿地控股集团武汉房地产事业部	771620
10	稻花香集团	5156194	60	黄石山力兴冶薄板有限公司	769880
11	中交第二航务工程局有限公司	5008169	61	中国邮政集团公司湖北省分公司	768859
12	中国石油化工股份有限公司武汉分公司	4485762	62	中冶南方工程技术有限公司	764298
13	武汉金融控股（集团）有限公司	4306560	63	武汉东湖高新集团股份有限公司	763291
14	山河控股集团有限公司	4101786	64	骆驼集团股份有限公司	761798
15	武汉国有资产经营有限公司	3830703	65	高品建设集团有限公司	751487
16	武汉武商集团股份有限公司	3751337	66	民族建设集团有限公司	722247
17	宜昌兴发集团有限责任公司	3553187	67	武汉地产开发投资集团有限公司	708148
18	中百控股集团股份有限公司	3319482	68	黄石东贝机电集团有限责任公司	707362
19	武汉邮电科学研究院有限公司	3041275	69	武汉商贸国有控股集团有限公司	700466
20	湖北新冶钢有限公司	3021228	70	黄石晟祥铜业有限公司	695100
21	中铁大桥局集团有限公司	2925407	71	楚安建设集团有限公司	694683
22	武汉京东金德贸易有限公司	2660181	72	武汉天马微电子有限公司	683888
23	新八建设集团有限公司	2561868	73	盛隆电气集团有限公司	642575
24	福星集团控股有限公司	2390255	74	富德生命人寿保险股份有限公司湖北分公司	616550
25	新七建设集团有限公司	2323439	75	武汉市汉商集团股份有限公司	581470
26	武汉当代科技产业集团股份有限公司	2321110	76	汉口银行股份有限公司	580299
27	中国航天三江集团公司	2297940	77	湖北祥云集团	579554
28	中国移动通信集团湖北有限公司	2271016	78	奥山集团	571506
29	三环集团有限公司	2216433	79	TCL空调器（武汉）有限公司	563163
30	湖北省交通投资集团有限公司	2205394	80	太平人寿保险有限公司湖北分公司	559641
31	华新水泥股份有限公司	2088929	81	武汉工贸有限公司	559001
32	湖北省工业建筑集团有限公司	2020214	82	良品铺子股份有限公司	540666
33	武汉市金马凯旋家具投资有限公司	2015949	83	武汉市汉阳市政建设集团公司	538541
34	湖北省烟草公司武汉市公司	1603707	84	中车长江车辆有限公司	532632
35	武昌船舶重工集团有限公司	1591824	85	冠捷显示科技（武汉）有限公司	528330
36	中国一冶集团有限公司	1579733	86	武汉市燃气热力集团有限公司	522393
37	宝业湖北建工集团有限公司	1574717	87	中国核工业第二二建设有限公司	515910
38	人福医药集团股份有限公司	1544568	88	湖北省烟草公司恩施州公司	513841
39	新十建设集团有限公司	1513690	89	中铁武汉电气化局集团有限公司	503555
40	武汉中商集团股份有限公司	1421260	90	中国人民财产保险股份有限公司武汉市分公司	500226
41	中国石化江汉油田	1375629	91	湖北立晋钢铁集团有限公司	499465
42	武汉联杰能源有限公司	1338561	92	武汉船用机械有限责任公司	487044
43	武汉市城市建设投资开发集团有限公司	1296686	93	湖北银丰实业集团有限责任公司	483164
44	武汉农村商业银行股份有限公司	1220670	94	中国十五冶金建设集团有限公司	482393
45	湖北能源集团股份有限公司	1158585	95	赤东建设集团有限公司	479616
46	格力电器（武汉）有限公司	1151361	96	武汉顺乐不锈钢有限公司	479472
47	长飞光纤光缆股份有限公司	1131612	97	武汉市盘龙明达建筑有限公司	467659
48	国药控股湖北有限公司	1106535	98	新力建设集团有限公司	466740
49	湖北三宁化工股份有限公司	1097752	99	湖北白云边酒业股份有限公司	463446
50	中铁第四勘察设计院集团有限公司	1006204	100	湖北省农业生产资料控股集团有限公司	462075

发布单位：湖北省企业联合会。

表 12-6 2018 浙江省企业 100 强

排名	企业名称	营业收入/万元	排名	企业名称	营业收入/万元
1	浙江吉利控股集团有限公司	27826459	51	红狮控股集团有限公司	3330775
2	物产中大集团股份有限公司	27621748	52	浙江昆仑控股集团有限公司	3301926
3	阿里巴巴集团控股有限公司	25026600	53	精功集团有限公司	3241386
4	海亮集团有限公司	16259643	54	华峰集团有限公司	3226386
5	青山控股集团有限公司	16158784	55	浙江龙盛控股有限公司	2829564
6	绿城中国控股有限公司	14633345	56	万丰奥特控股集团有限公司	2800605
7	万向集团公司	12662384	57	宁波均胜电子股份有限公司	2660560
8	天能电池集团有限公司	11277583	58	巨化集团有限公司	2655910
9	浙江省交通投资集团有限公司	11081387	59	利时集团股份有限公司	2653455
10	浙江荣盛控股集团有限公司	10663705	60	森马集团有限公司	2612789
11	浙江恒逸集团有限公司	10470453	61	太平鸟集团有限公司	2582437
12	中国石油化工股份有限公司镇海炼化分公司	10317659	62	浙江省海港投资运营集团有限公司	2551561
13	杭州汽轮动力集团有限公司	10293092	63	中策橡胶集团有限公司	2539167
14	超威电源有限公司	10268301	64	浙江中南控股集团有限公司	2520922
15	远大物产集团有限公司	10152254	65	升华集团控股有限公司	2518851
16	浙江省兴合集团有限责任公司	10045944	66	花园集团有限公司	2345925
17	中国石化销售有限公司浙江石油分公司	9845891	67	得力集团有限公司	2308832
18	杭州钢铁集团有限公司	9361757	68	纳爱斯集团有限公司	2304301
19	杭州锦江集团有限公司	8553673	69	浙江元立金属制品集团有限公司	2296534
20	浙江中烟工业有限责任公司	8300925	70	新凤鸣集团股份有限公司	2296328
21	浙江省能源集团有限公司	8134373	71	舜宇集团有限公司	2243958
22	广厦控股集团有限公司	8048522	72	华立集团股份有限公司	2234794
23	银亿集团有限公司	7830148	73	巨星控股集团有限公司	2205600
24	中天控股集团有限公司	7612358	74	三花控股集团有限公司	2201641
25	宁波金田投资控股有限公司	7059927	75	万华化学（宁波）有限公司	2085426
26	雅戈尔集团股份有限公司	6654041	76	三鼎控股集团有限公司	2046637
27	奥克斯集团有限公司	6493012	77	华翔集团股份有限公司	2007452
28	传化集团有限公司	6317160	78	浙江省商业集团有限公司	2004002
29	浙江省建设投资集团股份有限公司	6236450	79	银泰商业（集团）有限公司	1993769
30	杭州滨江房产集团股份有限公司	6150000	80	浙江宝利德股份有限公司	1964035
31	正泰集团股份有限公司	6017696	81	奥康集团有限公司	1953018
32	德力西集团有限公司	5258941	82	万马联合控股集团有限公司	1950751
33	浙江桐昆控股集团有限公司	5058084	83	兴惠化纤集团有限公司	1898885
34	杭州娃哈哈集团有限公司	4643785	84	浙江英特药业有限责任公司	1890691
35	杉杉控股有限公司	4203413	85	浙江大华技术股份有限公司	1884446
36	杭州海康威视数字技术股份有限公司	4190548	86	浙江东南网架集团有限公司	1876376
37	中航国际钢铁贸易有限公司	4187447	87	西子联合控股有限公司	1832933
38	浙江中成控股集团有限公司	4070972	88	宁波申洲针织有限公司	1808525
39	人民电器集团有限公司	4034049	89	维科控股集团有限公司	1801934
40	浙江省国际贸易集团有限公司	3844124	90	龙元建设集团股份有限公司	1787338
41	杭州市实业投资集团有限公司	3817570	91	农夫山泉股份有限公司	1779067
42	中基宁波集团股份有限公司	3798145	92	海天建设集团有限公司	1733230
43	杭州华东医药集团有限公司	3653071	93	杭州东恒石油有限公司	1682542
44	华仪集团有限公司	3510126	94	宁波博洋控股集团有限公司	1677996
45	卧龙控股集团有限公司	3475874	95	浙江建华集团有限公司	1655357
46	富通集团有限公司	3453862	96	宁波华东物资城市场建设开发有限公司	1639800
47	浙江宝业建设集团有限公司	3423621	97	人本集团有限公司	1604002
48	浙江前程投资股份有限公司	3407529	98	浙江协和集团有限公司	1600725
49	浙江富冶集团有限公司	3396477	99	浙江富春江通信集团有限公司	1595178
50	宁波富邦控股集团有限公司	3380633	100	胜达集团有限公司	1580468

发布单位：浙江省企业联合会、浙江省企业家协会。

表 12-7 2018 广东省企业 100 强

排名	公司名称	营业收入/万元	排名	公司名称	营业收入/万元
1	中国平安保险（集团）股份有限公司	97457000	51	天音通信有限公司	3915873
2	华为投资控股有限公司	60362100	52	金地（集团）股份有限公司	3766218
3	华润（集团）有限公司	55532551	53	广州越秀集团有限公司	3726759
4	中国南方电网有限责任公司	49194057	54	广东省建筑工程集团有限公司	3631657
5	正威国际集团有限公司	49179850	55	研祥高科技控股集团有限公司	3560817
6	广州汽车工业集团有限公司	34011160	56	广州万宝集团有限公司	3451914
7	招商银行股份有限公司	32394000	57	欧菲科技股份有限公司	3379103
8	恒大集团有限公司	31102200	58	海信科龙电器股份有限公司	3348759
9	万科企业股份有限公司	24289711	59	深圳市中农网有限公司	3260177
10	美的集团股份有限公司	24191889	60	广东海大集团股份有限公司	3255663
11	腾讯控股有限公司	23776000	61	伯恩光学（惠州）有限公司	3235454
12	碧桂园控股有限公司	22689979	62	广州农村商业银行股份有限公司	3125566
13	雪松控股集团有限公司	22108396	63	康佳集团股份有限公司	3122776
14	珠海格力电器股份有限公司	15001955	64	香江集团有限公司	3005700
15	保利房地产（集团）股份有限公司	14630624	65	广州国资发展控股有限公司	2879767
16	中国南方航空股份有限公司	12748900	66	康美药业股份有限公司	2647697
17	TCL 集团股份有限公司	11172744	67	深圳市富森供应链管理有限公司	2608025
18	中兴通讯股份有限公司	10881527	68	广东韶钢松山股份有限公司	2603827
19	富德生命人寿保险股份有限公司	10665854	69	广东省广业集团有限公司	2599330
20	比亚迪股份有限公司	10591470	70	广州发展集团股份有限公司	2479811
21	广州医药集团有限公司	10210515	71	宜华企业（集团）有限公司	2399674
22	腾邦集团有限公司	8988264	72	深圳市年富供应链有限公司	2335539
23	中国广核集团有限公司	8535526	73	金发科技股份有限公司	2313738
24	华侨城集团有限公司	8010784	74	深圳华强集团有限公司	2283002
25	中国国际海运集装箱集团股份有限公司	7629993	75	立讯精密工业股份有限公司	2282610
26	招商局蛇口工业区控股股份有限公司	7545468	76	周大福珠宝金行（深圳）有限公司	2240209
27	广东省广新控股集团有限公司	7473371	77	中船海洋与防务装备股份有限公司	2231338
28	深圳顺丰泰森控股（集团）有限公司	7109430	78	华润广东医药有限公司	2219117
29	唯品会（中国）有限公司	6892996	79	广发证券股份有限公司	2157565
30	深圳市怡亚通供应链股份有限公司	6805931	80	纳思达股份有限公司	2132394
31	深圳市飞马国际供应链股份有限公司	6138432	81	广州立白企业集团有限公司	2107150
32	广州富力地产股份有限公司	5927786	82	广东省丝绸纺织集团有限公司	2070868
33	广东温氏食品集团股份有限公司	5565716	83	广州银行股份有限公司	2063265
34	玖龙纸业（控股）有限公司	5557713	84	深圳市信利康供应链管理有限公司	2044759
35	广州晶东贸易有限公司	5532100	85	广东粤合资产经营有限公司	2010833
36	广东省广物控股集团有限公司	5408619	86	广东格兰仕集团有限公司	2009159
37	深圳江铜营销有限公司	5273795	87	利泰集团有限公司	2008352
38	深圳光汇石油集团股份有限公司	5252736	88	广州市方圆房地产发展有限公司	1907461
39	雅居乐地产控股有限公司	5160706	89	深圳市中金岭南有色金属股份有限公司	1901563
40	广州市建筑集团有限公司	5001726	90	深圳市思贝克集团有限公司	1890062
41	前海人寿保险股份有限公司	4962945	91	广东德赛集团有限公司	1887043
42	深圳海王集团股份有限公司	4623669	92	天虹商场股份有限公司	1853628
43	广东省交通集团有限公司	4515921	93	深圳中电投资股份有限公司	1839976
44	广州轻工工贸集团有限公司	4511236	94	日立电梯（中国）有限公司	1836874
45	珠海华发集团有限公司	4415523	95	搜于特集团股份有限公司	1834871
46	广东省粤电集团有限公司	4375260	96	广深铁路股份有限公司	1833142
47	中信证券股份有限公司	4329163	97	广州珠江实业集团有限公司	1829877
48	广州智能装备产业集团有限公司	4259323	98	欣旺达电子股份有限公司	1731624
49	国药集团一致药业股份有限公司	4126363	99	广州元亨能源有限公司	1689020
50	创维集团有限公司	3955879	100	广州钢铁企业集团有限公司	1678812

发布单位：广东省企业联合会。

表 12-8 2018 广西壮族自治区企业 100 强

排名	企业名称	营业收入/万元	排名	企业名称	营业收入/万元
1	广西投资集团有限公司	13217082	51	广西北部湾银行股份有限公司	559373
2	上汽通用五菱汽车股份有限公司	10551020	52	中粮油脂（钦州）有限公司	529293
3	广西建工集团有限责任公司	9051117	53	广西林业集团有限公司	493254
4	广西柳州钢铁集团有限公司	6839831	54	广西平铝集团有限公司	487940
5	广西电网有限责任公司	5519968	55	中国邮政储蓄银行股份有限公司广西壮族自治区分行	452393
6	广西北部湾国际港务集团有限公司	4643424	56	中国联合网络通信有限公司广西壮族自治区分公司	435889
7	中国石油天然气股份有限公司广西石化分公司	4110065	57	广西华业建筑工程有限公司	419355
8	中国烟草总公司广西壮族自治区公司	3663530	58	南宁城市建设投资集团有限责任公司	411456
9	广西壮族自治区农村信用社联合社	3632308	59	中国邮政集团公司广西壮族自治区分公司	401505
10	广西玉柴机器集团有限公司	3560665	60	广西大锰锰业集团有限公司	398944
11	南宁富桂精密工业有限公司	3525819	61	广西三创科技有限公司	393426
12	广西盛隆冶金有限公司	3114547	62	桂林国际电线电缆集团有限责任公司	365252
13	东风柳州汽车有限公司	2976598	63	广西银亿新材料有限公司	363862
14	广西物资集团有限责任公司	2568624	64	广西城建建设集团有限公司	353627
15	广西农垦集团有限责任公司	2451335	65	嘉里粮油（防城港）有限公司	350329
16	广西新发展交通集团有限公司	2333967	66	广西中金金属科技有限公司	327725
17	广西汽车集团有限公司	2201058	67	燕京啤酒（桂林漓泉）股份有限公司	319771
18	广西交通投资集团有限公司	2111201	68	广西贵港建设集团有限公司	319556
19	广西中烟工业有限责任公司	2076553	69	广西南南铝加工有限公司	307577
20	广西金川有色金属有限公司	2029796	70	南宁糖业股份有限公司	290642
21	中国移动通信集团广西有限公司	1868659	71	广西东糖投资有限公司	280702
22	广西柳工集团有限公司	1547460	72	南方黑芝麻集团股份有限公司	277178
23	广西铁路投资集团有限公司	1542387	73	南宁建宁水务投资集团有限公司	267751
24	桂林力源粮油食品集团有限公司	1532821	74	广西南城百货有限责任公司	266582
25	广西北部湾投资集团有限公司	1302219	75	皇氏集团股份有限公司	265010
26	十一冶建设集团有限责任公司	1247547	76	防城港澳加粮油工业有限公司	257631
27	广西西江开发投资集团有限公司	1244186	77	广西凤糖生化股份有限公司	252786
28	桂林银行股份有限公司	1134143	78	桂林建筑安装工程有限公司	252681
29	广西农村投资集团有限公司	1131756	79	北部湾旅游股份有限公司	251183
30	广西南丹南方金属有限公司	1130000	80	广西华南建设集团有限公司	249838
31	广西正润发展集团有限公司	1071945	81	广西新华书店集团股份有限公司	244843
32	广西贵港钢铁集团有限公司	1026741	82	南宁百货大楼股份有限公司	232101
33	广西桂东电力股份有限公司	1024484	83	国投钦州发电有限公司	222114
34	广西洋浦南华糖业集团股份有限公司	1014324	84	广西中鼎世纪投资集团有限责任公司	216913
35	中国电信股份有限公司广西分公司	1012661	85	柳州双英股份有限公司	215963
36	中国大唐集团公司广西分公司	977444	86	中铝广西有色稀土开发有限公司	212234
37	百色百矿集团有限公司	976416	87	广西梧州中恒集团有限公司	204771
38	广西壮族自治区机电设备有限责任公司	965111	88	广西鼎华商业股份有限公司	202405
39	广西柳州医药股份有限公司	944698	89	广西湘桂糖业集团有限公司	192938
40	广西云星集团有限公司	920342	90	广西参皇养殖集团有限公司	191987
41	广西裕华建设集团有限公司	871532	91	广西贵糖（集团）股份有限公司	190737
42	桂林彰泰实业集团有限公司	847935	92	广西壮族自治区百色电力有限责任公司	187771
43	广西方盛实业股份有限公司	797745	93	华润电力（贺州）有限公司	185297
44	大海粮油工业（防城港）有限公司	780697	94	银河天成集团有限公司	181950
45	广西信发铝电有限公司	773613	95	桂林三金集团股份有限公司	179009
46	广西金融投资集团有限公司	649629	96	广西金源生物化工实业有限公司	175379
47	中国铝业股份有限公司广西分公司	646453	97	华厦建设集团有限公司	169862
48	广西扬翔股份有限公司	636384	98	广西机场管理集团有限公司	169376
49	南宁威宁投资集团有限责任公司	616568	99	南南铝业股份有限公司	159085
50	柳州银行股份有限公司	576626	100	扶绥新宁海螺水泥有限公司	152189

发布单位：广西壮族自治区企业与企业家联合会。

表 12-9　2018 武汉市企业 100 强

排名	企业名称	营业收入/万元	排名	企业名称	营业收入/万元
1	东风汽车集团有限公司	63053613	51	楚安建设集团有限公司	694683
2	中国建筑第三工程局有限公司	18334538	52	武汉天马微电子有限公司	683889
3	中国宝武武汉总部	10720442	53	中国移动通信集团湖北有限公司武汉分公司	643413
4	中国葛洲坝集团有限公司	10700472	54	盛隆电气集团有限公司	642575
5	九州通医药集团股份有限公司	7394289	55	富德生命人寿保险股份有限公司湖北分公司	616550
6	卓尔控股有限公司	6986924	56	湖北盛世欣兴格力电器销售有限公司	614266
7	中国铁路武汉局集团有限公司	6909293	57	武汉市汉商集团股份有限公司	581470
8	中铁十一局集团有限公司	6018413	58	汉口银行股份有限公司	580299
9	中交第二航务工程局有限公司	5008169	59	奥山集团	571506
10	中国石油化工股份有限公司武汉分公司	4485762	60	TCL 空调器（武汉）有限公司	563163
11	武汉金融控股（集团）有限公司	4306560	61	中国电信股份有限公司武汉分公司	561240
12	山河控股集团有限公司	4101786	62	太平人寿保险有限公司湖北分公司	559641
13	武汉国有资产经营有限公司	3830703	63	武汉工贸有限公司	559001
14	武汉武商集团股份有限公司	3751337	64	良品铺子股份有限公司	540666
15	中百控股集团股份有限公司	3319482	65	武汉市汉阳市政建设集团公司	538541
16	武汉邮电科学研究院有限公司	3041275	66	中车长江车辆有限公司	532632
17	中铁大桥局集团有限公司	2925407	67	冠捷显示科技（武汉）有限公司	528330
18	武汉京东金德贸易有限公司	2660181	68	武汉市燃气热力集团有限公司	522393
19	新八建设集团有限公司	2561868	69	中铁武汉电气化局集团有限公司	503555
20	新七建设集团有限公司	2323439	70	中国人民财产保险股份有限公司武汉市分公司	500226
21	武汉当代科技产业集团股份有限公司	2321110	71	武汉船用机械有限责任公司	487044
22	中国航天三江集团有限公司	2297940	72	湖北银丰实业集团有限责任公司	483164
23	三环集团有限公司	2216433	73	武汉顺乐不锈钢有限公司	479472
24	湖北省交通投资集团有限公司	2205394	74	武汉市盘龙明达建筑有限公司	467659
25	湖北省工业建筑集团有限公司	2020214	75	新力建设集团有限公司	466740
26	武汉市金马凯旋家具投资有限公司	2015949	76	湖北省农业生产资料控股集团有限公司	462075
27	湖北省烟草公司武汉市公司	1603707	77	武汉东方建设集团有限公司	460375
28	武昌船舶重工集团有限公司	1591824	78	湖北恒泰天纵控股集团有限公司	460224
29	中国一冶集团有限公司	1579733	79	湖北中阳建设集团有限公司	447504
30	宝业湖北建工集团有限公司	1574717	80	航天电工集团有限公司	440065
31	人福医药集团股份公司	1544568	81	长江勘测规划设计研究院	413357
32	新十建设集团有限公司	1513690	82	益海嘉里（武汉）粮油工业有限公司	412960
33	武汉中商集团股份有限公司	1421260	83	湖北省新华书店（集团）有限公司	402191
34	武汉联杰能源有限公司	1338561	84	远大医药（中国）有限公司	399586
35	武汉市城市建设投资开发集团有限公司	1296686	85	湖北高艺装饰工程有限公司	397596
36	武汉农村商业银行股份有限公司	1220670	86	武汉海尔电器股份有限公司	397217
37	湖北能源集团股份有限公司	1158585	87	武汉中东磷业科技有限公司	377602
38	格力电器（武汉）有限公司	1151361	88	武汉艾德蒙科技股份有限公司	375287
39	长飞光纤光缆股份有限公司	1131612	89	武汉市水务集团有限公司	374706
40	国药控股湖北有限公司	1106535	90	武汉恒发科技有限公司	354522
41	中铁第四勘察设计院集团有限公司	1006204	91	中国电力工程顾问集团中南电力设计院有限公司	354028
42	武汉航空港发展集团有限公司	923298	92	中国邮政集团公司武汉市分公司	353082
43	武汉建工（集团）有限公司	816472	93	凌云科技集团有限责任公司	352719
44	绿地控股集团（武汉房地产事业部）	771620	94	武汉新港建设投资开发集团有限公司	347446
45	中冶南方工程技术有限公司	764298	95	湖北凌志科技集团	345915
46	武汉东湖高新集团股份有限公司	763291	96	武汉苏泊尔炊具有限公司	339101
47	高品建设集团有限公司	751487	97	武汉中原电子集团有限公司	334262
48	民族建设集团有限公司	722247	98	钰龙集团有限公司	330204
49	武汉地产开发投资集团有限公司	708148	99	华能武汉发电有限责任公司	329988
50	武汉商贸国有控股集团有限公司	700466	100	湖北周黑鸭企业发展有限公司	328643

发布单位：武汉企业联合会、武汉企业家协会。

第十三章
2018 世界企业 500 强

表 13-1 2018 世界企业 500 强

上年排名	排名	企业名称	国家/地区	营业收入/百万美元	净利润/百万美元	总资产/百万美元	股东权益/百万美元	员工人数/人
1	1	沃尔玛	美国	500343	9862	204522	77869	2300000
2	2	国家电网公司	中国	348903	9533	585278	239743	913546
3	3	中国石油化工集团公司	中国	326953	1538	346545	113710	667793
4	4	中国石油天然气集团公司	中国	326008	-691	629411	313664	1470193
7	5	荷兰皇家壳牌石油公司	荷兰	311870	12977	407097	194356	84000
5	6	丰田汽车公司	日本	265172	22510	473133	176206	369124
6	7	大众公司	德国	260028	13107	506956	130702	642292
12	8	英国石油公司	英国	244582	3389	276515	98491	74000
10	9	埃克森美孚	美国	244363	19710	348691	187688	71200
8	10	伯克希尔-哈撒韦公司	美国	242137	44940	702095	348296	377000
9	11	苹果公司	美国	229234	48351	375319	134047	123000
15	12	三星电子	韩国	211940	36575	281906	193585	320671
11	13	麦克森公司	美国	208357	67	60381	9804	68000
16	14	嘉能可	瑞士	205476	5777	135593	49755	82681
13	15	联合健康集团	美国	201159	10558	139058	47776	260000
17	16	戴姆勒股份公司	德国	185235	11864	306922	76877	289321
14	17	CVS Health 公司	美国	184765	6622	95131	37691	203000
26	18	亚马逊	美国	177866	3033	131310	27709	566000
20	19	EXOR 集团	荷兰	161677	1569	196656	12974	307637
19	20	美国电话电报公司	美国	160546	29450	444097	140861	254000
18	21	通用汽车公司	美国	157311	-3864	212482	35001	180000
21	22	福特汽车公司	美国	156776	7602	257808	34890	202000
24	23	中国建筑工程总公司	中国	156071	2675	239681	18242	270467
27	24	鸿海精密工业股份有限公司	中国台湾	154699	4560	114528	36444	803126
23	25	美源伯根公司	美国	153144	365	35317	2065	19500
22	26	中国工商银行	中国	153021	42324	4005996	326703	453048
25	27	安盛	法国	149461	6999	1044822	83587	95728
30	28	道达尔公司	法国	149099	8631	242631	111556	98277
39	29	中国平安保险（集团）股份有限公司	中国	144197	13181	997094	72689	342550
29	30	本田汽车	日本	138646	9561	181973	74612	215638
28	31	中国建设银行	中国	138594	35845	3397479	273305	370415

续表

上年排名	排名	企业名称	国家/地区	营业收入/百万美元	净利润/百万美元	总资产/百万美元	股东权益/百万美元	员工人数/人
54	32	托克集团	新加坡	136421	848	48608	6045	3935
45	33	雪佛龙	美国	134533	9195	253806	148124	51900
35	34	康德乐	美国	129976	1288	40112	6808	40400
36	35	好市多	美国	129025	2679	36347	10778	182000
41	36	上海汽车集团股份有限公司	中国	128819	5091	111108	34603	148767
32	37	威瑞森电信	美国	126034	30101	257143	43096	155400
34	38	安联保险集团	德国	123532	7668	1082253	78714	140553
40	39	克罗格	美国	122662	1907	37197	6931	449000
38	40	中国农业银行	中国	122366	28550	3233013	219044	491578
31	41	通用电气公司	美国	122274	-5786	377945	64263	313000
51	42	中国人寿保险（集团）公司	中国	120224	267	552761	14817	170517
37	43	沃博联	美国	118214	4078	66009	27466	290000
43	44	法国巴黎银行	法国	117375	8746	2353809	122458	189509
33	45	日本邮政控股公司	日本	116616	4158	2733379	97382	245863
42	46	中国银行	中国	115423	25509	2989469	229732	311133
48	47	摩根大通公司	美国	113899	24441	2533600	255693	252539
46	48	房利美	美国	112394	2463	3345529	-3686	7200
63	49	俄罗斯天然气工业股份公司	俄罗斯	111983	12250	316871	202038	469600
56	50	英国保诚集团	英国	111458	3076	668030	21757	24711
52	51	宝马集团	德国	111231	9717	232328	64976	129932
65	52	Alphabet 公司	美国	110855	12662	197295	152502	80110
47	53	中国移动通信集团公司	中国	110159	10932	264343	142035	467532
44	54	日产汽车	日本	107868	6741	176309	58220	148872
50	55	日本电报电话公司	日本	106500	8211	203854	89213	282533
55	56	中国铁路工程总公司	中国	102767	1170	130212	12768	290535
59	57	家得宝	美国	100904	8630	44529	1454	413000
58	58	中国铁道建筑总公司	中国	100855	1309	126892	11992	364964
57	59	意大利忠利保险公司	意大利	100552	2378	644909	30114	71327
62	60	美国银行	美国	100264	18232	2281234	267146	209376
53	61	美国快捷药方控股公司	美国	100065	4517	54256	18120	26600
61	62	美国富国银行	美国	97741	22183	1951757	206936	262700

续表

上年排名	排名	企业名称	国家/地区	营业收入/百万美元	净利润/百万美元	总资产/百万美元	股东权益/百万美元	员工人数/人
102	63	卢克石油公司	俄罗斯	93897	7182	90798	60511	103600
60	64	波音	美国	93392	8197	92333	355	140800
68	65	东风汽车公司	中国	93294	1400	71384	13006	180433
66	66	西门子	德国	91585	6667	158161	50933	372000
96	67	Phillips 66 公司	美国	91568	5106	54371	25085	14600
67	68	家乐福	法国	91276	-599	57412	12079	378923
64	69	雀巢公司	瑞士	91222	7297	133819	63126	323000
70	70	Anthem 公司	美国	90039	3843	70540	26503	56000
69	71	微软	美国	89950	21204	241086	72394	124000
83	72	华为投资控股有限公司	中国	89311	7021	77584	26963	180000
75	73	巴西国家石油公司	巴西	88827	-91	251366	79802	62703
106	74	瓦莱罗能源公司	美国	88407	4065	50158	21991	10015
76	75	博世集团	德国	87997	3103	98307	42958	402166
74	76	花旗集团	美国	87966	-6798	1842465	200740	209000
73	77	西班牙国家银行	西班牙	87401	7461	1734276	113459	198960
78	78	现代汽车	韩国	85259	3568	166479	64559	122217
71	79	日立	日本	84559	3276	95049	30829	307275
79	80	美国康卡斯特电信公司	美国	84526	22714	186949	68606	164000
77	81	德国电信	德国	84481	3901	169709	36904	216000
80	82	法国农业信贷银行	法国	84222	4113	1861531	69712	73707
84	83	意大利国家电力公司	意大利	84134	4260	186889	41781	62900
95	84	SK 集团	韩国	83544	1484	102557	12762	93000
72	85	软银集团	日本	82665	9378	293242	48756	74952
86	86	中国华润有限公司	中国	82184	3152	186720	27729	423169
115	87	中国海洋石油总公司	中国	81482	3019	173408	75197	97986
91	88	Uniper 公司	德国	81428	-740	51826	14586	12575
132	89	埃尼石油公司	意大利	80006	3803	138002	57673	32934
88	90	汇丰银行控股公司	英国	79637	10798	2521771	190250	228687
103	91	中国交通建设集团有限公司	中国	79417	1545	183198	18131	161434
81	92	国际商业机器公司	美国	79139	5753	125356	17594	397800
124	93	戴尔科技公司	美国	78660	-3728	122281	9326	145000

续表

上年排名	排名	企业名称	国家/地区	营业收入/百万美元	净利润/百万美元	总资产/百万美元	股东权益/百万美元	员工人数/人
82	94	法国电力公司	法国	78490	3577	337118	49660	151073
85	95	州立农业保险公司	美国	78331	2207	272345	97036	65664
89	96	太平洋建设集团	中国	77205	3144	56577	24477	365425
105	97	索尼	日本	77116	4430	179305	27907	117300
143	98	中国中化集团公司	中国	76765	753	64066	7165	63799
127	99	JXTG控股有限公司	日本	76629	3267	79541	23884	39784
97	100	强生	美国	76450	1300	157303	60160	134000
276	101	国家能源投资集团	中国	75522	2495	274441	61289	313264
92	102	乐购	英国	75405	1582	61802	14437	327916
87	103	日本永旺集团	日本	75339	220	88600	9953	279625
93	104	Engie集团	法国	75279	1604	180514	43995	155128
94	105	空中客车集团	荷兰	75261	3239	136812	16028	129442
118	106	房地美	美国	74676	5625	2049776	-312	6165
152	107	墨西哥石油公司	墨西哥	73850	-14846	108979	-76843	131590
140	108	标致	法国	73506	2174	69050	17470	177757
120	109	中国五矿集团公司	中国	72997	-211	131338	5714	203786
100	110	中国南方电网有限责任公司	中国	72787	1938	113886	43896	299842
183	111	正威国际集团	中国	72766	1546	22047	12137	17886
126	112	巴斯夫公司	德国	72677	6851	94582	40630	111112
119	113	中国邮政集团公司	中国	72197	4961	1422555	50204	948239
110	114	松下	日本	72045	2130	59166	16059	274143
158	115	俄罗斯石油公司	俄罗斯	72028	3807	212426	62875	318000
107	116	塔吉特公司	美国	71879	2934	38999	11709	345000
114	117	中国人民保险集团股份有限公司	中国	71579	2382	151706	21120	215362
165	118	皇家阿霍德德尔海兹集团	荷兰	70891	2048	40671	18216	224000
117	119	德国邮政敦豪集团	德国	70545	3058	46436	15174	472208
109	120	慕尼黑再保险集团	德国	70143	423	319071	33636	42410
108	121	法国兴业银行	法国	69948	3163	1531134	71293	153168
136	122	中粮集团有限公司	中国	69669	394	83597	12712	124266
99	123	美国邮政	美国	69636	-2742	27394	-58724	573614
137	124	北京汽车集团	中国	69591	1555	67031	10329	128735

续表

上年排名	排名	企业名称	国家/地区	营业收入/百万美元	净利润/百万美元	总资产/百万美元	股东权益/百万美元	员工人数/人
125	125	中国第一汽车集团公司	中国	69524	2856	67074	26785	123658
111	126	日本生命保险公司	日本	68684	2202	699638	18582	86394
156	127	安赛乐米塔尔	卢森堡	68679	4568	85297	38789	197108
122	128	美国劳氏公司	美国	68619	3447	35291	5873	255000
145	129	三菱商事株式会社	日本	68301	5056	150823	50150	77476
116	130	丸红株式会社	日本	68057	1907	64677	16660	45239
160	131	马拉松原油公司	美国	67610	3432	49047	14033	43800
129	132	天津物产集团有限公司	中国	66577	122	38257	3662	17105
113	133	伊塔乌联合银行控股公司	巴西	66287	7488	432702	40660	99332
157	134	雷诺	法国	66247	5765	132016	39803	181344
98	135	宝洁公司	美国	66217	15326	120406	55184	95000
128	136	大都会人寿	美国	66153	4010	719892	719892	49000
168	137	印度石油公司	印度	65916	3442	45338	17461	35149
138	138	联合包裹速递服务公司	美国	65872	4910	45403	1000	346415
147	139	荷兰全球保险集团	荷兰	65437	2783	475412	28917	28318
135	140	中国兵器工业集团公司	中国	64646	858	58044	15020	226338
133	141	中国电信集团公司	中国	63974	1820	126727	55419	412868
112	142	苏黎世保险集团	瑞士	63961	3004	422065	33062	51633
90	143	英杰华集团	英国	63934	1928	598708	23220	30021
131	144	百事公司	美国	63525	4857	79804	10889	263000
142	145	第一生命控股有限公司	日本	63522	3285	504120	14950	62943
144	146	英特尔公司	美国	62761	9601	123249	69019	102700
196	147	陶氏杜邦公司	美国	62683	1460	192164	100330	98000
203	148	信实工业公司	印度	62304	5596	125176	45005	187729
172	149	中国中信集团有限公司	中国	61316	3225	972753	46823	258433
207	150	Equinor 公司	挪威	61187	4590	111100	39861	20245
104	151	法国 BPCE 银行集团	法国	61128	3409	1512788	76884	104770
134	152	ADM 公司	美国	60828	1595	39963	18313	31300
150	153	联合利华	英国/荷兰	60548	6823	72388	16365	160566
130	154	安泰保险	美国	60535	1904	55151	15580	47950
180	155	联邦快递	美国	60319	2997	48552	16073	404336

续表

上年排名	排名	企业名称	国家/地区	营业收入/百万美元	净利润/百万美元	总资产/百万美元	股东权益/百万美元	员工人数/人
146	156	欧尚集团	法国	60028	310	42801	11902	341349
141	157	艾伯森公司	美国	59925	46	21812	1398	275000
149	158	沃达丰集团	英国	59838	2849	179059	83178	106135
155	159	联合技术公司	美国	59837	4552	96920	29610	204700
148	160	保德信金融集团	美国	59689	7863	831921	54069	49705
162	161	中国航空工业集团公司	中国	59263	363	133772	26429	452178
204	162	中国宝武钢铁集团	中国	59255	22	114497	37605	176518
192	163	泰国国家石油有限公司	泰国	58819	3984	68518	25128	25275
153	164	西班牙电话公司	西班牙	58624	3530	138168	20317	122718
N.A.	165	丰田通商公司	日本	58586	1175	40535	11048	56827
154	166	巴西布拉德斯科银行	巴西	58062	5354	369193	35402	86317
211	167	中国化工集团公司	中国	57989	-739	122069	3185	142083
171	168	交通银行	中国	57711	10390	1387938	103063	94085
169	169	瑞士罗氏公司	瑞士	56634	8771	78699	27139	93734
206	170	百威英博	比利时	56444	7996	246126	72585	182915
163	171	荷兰国际集团	荷兰	56347	6159	1013302	58152	54302
49	172	英国法通保险公司	英国	55999	2435	684172	10607	7570
182	173	路易达孚集团	荷兰	55440	317	20394	5127	17210
179	174	西斯科公司	美国	55371	1143	17757	2382	66500
151	175	巴西银行	巴西	55269	3330	408007	29357	99161
161	176	华特迪士尼公司	美国	55137	8980	95789	41315	199000
164	177	三菱日联金融集团	日本	54769	8933	2886649	121140	117321
201	178	LG电子	韩国	54314	1527	38510	12355	74000
167	179	Seven & I 控股公司	日本	54217	1627	51504	22016	56606
176	180	美洲电信	墨西哥	54006	1550	75969	9925	191851
261	181	京东集团	中国	53965	-23	28264	7992	157831
190	182	中国电力建设集团有限公司	中国	53870	947	105031	12005	186234
166	183	哈门那公司	美国	53767	2448	27178	9842	45900
208	184	韩国浦项制铁公司	韩国	53244	2438	74538	40789	32287
159	185	山东魏桥创业集团有限公司	中国	53203	1270	35439	9855	117718
185	186	东京电力公司	日本	52809	2871	118422	24868	41525

续表

上年排名	排名	企业名称	国家/地区	营业收入/百万美元	净利润/百万美元	总资产/百万美元	股东权益/百万美元	员工人数/人
173	187	辉瑞制药有限公司	美国	52546	21308	171797	71308	90200
177	188	韩国电力公司	韩国	52492	1149	169833	66967	45232
121	189	英国劳埃德银行集团	英国	52422	4902	1098335	66143	67905
194	190	惠普公司	美国	52056	2526	32913	-3408	49000
184	191	马来西亚国家石油公司	马来西亚	52028	8762	148331	96388	49911
202	192	日本三井住友金融集团	日本	52026	6628	1871994	81229	72978
174	193	拜耳集团	德国	51933	8269	90162	44190	99820
199	194	中国医药集团	中国	51844	690	43301	7251	110641
198	195	西农	澳大利亚	51600	2166	30763	18360	223000
197	196	Finatis 公司	法国	51578	-67	48193	593	231544
N. A.	197	印度石油天然气公司	印度	51219	3429	70571	31284	42617
228	198	新日铁住金	日本	51164	1761	71404	25872	101738
191	199	巴西JBS公司	巴西	51118	167	32776	7324	235000
178	200	洛克希德-马丁	美国	51048	2002	46521	-683	100000
200	201	法国国家人寿保险公司	法国	50737	1448	508283	21923	5171
238	202	广州汽车工业集团	中国	50323	989	39171	5864	84290
186	203	诺华公司	瑞士	50135	7703	133079	74168	121597
215	204	日本伊藤忠商事株式会社	日本	49732	3613	81482	25106	117074
232	205	俄罗斯联邦储蓄银行	俄罗斯	49698	12869	471033	59626	310277
213	206	德国大陆集团	德国	49608	3364	44957	19006	235473
175	207	美国国际集团	美国	49520	-6084	498301	65171	49800
234	208	迪奥	法国	49221	2525	87370	15348	131310
193	209	东京海上日动火灾保险公司	日本	48731	2565	215649	17619	39191
244	210	Centene 公司	美国	48572	828	21855	6850	33700
212	211	德国联邦铁路公司	德国	48124	840	67767	16898	310935
187	212	思科公司	美国	48005	9609	129818	66137	72900
216	213	招商银行	中国	47951	10379	967082	73742	72530
195	214	莱茵集团	德国	47832	2189	82924	9245	59547
214	215	HCA 医疗保健公司	美国	47653	2216	36593	36593	221491
217	216	印度国家银行	印度	47551	-707	554532	35317	264041
275	217	Energy Transfer Equity 公司	美国	47487	954	86246	-1196	29486

续表

上年排名	排名	企业名称	国家/地区	营业收入/百万美元	净利润/百万美元	总资产/百万美元	股东权益/百万美元	员工人数/人
224	218	蒂森克虏伯	德国	47389	-716	41428	3416	158739
209	219	起亚汽车	韩国	47360	856	48855	25095	51789
252	220	中国太平洋保险（集团）股份有限公司	中国	47319	2169	179856	21115	101887
188	221	MS&AD 保险集团控股有限公司	日本	47095	1391	211351	14114	41295
248	222	中国铝业公司	中国	46684	-429	81594	17320	123293
189	223	德意志银行	德国	46511	-847	1770812	75857	97535
223	224	西班牙对外银行	西班牙	46508	3967	828601	55648	131856
210	225	Orange 公司	法国	46324	2149	113730	36609	151556
227	226	万喜集团	法国	46302	3097	83817	21388	194428
245	227	上海浦东发展银行股份有限公司	中国	46295	8138	942451	65326	54263
218	228	伍尔沃斯集团	澳大利亚	46179	1156	17574	7305	202000
236	229	电装公司	日本	46106	2893	54213	33841	168813
338	230	中国恒大集团	中国	46019	3606	270539	17625	125526
225	231	圣戈班集团	法国	46002	1765	51533	22176	179149
247	232	印度塔塔汽车公司	印度	45842	1394	50808	14633	81090
229	233	邦吉公司	美国	45794	160	18871	18871	31000
372	234	山东能源集团有限公司	中国	45650	489	43535	9310	158840
268	235	恒力集团	中国	45563	1016	18360	6435	63420
219	236	日本 KDDI 电信公司	日本	45508	5168	61832	35491	38826
230	237	兴业银行	中国	45491	8463	985387	64020	58997
264	238	卡特彼勒	美国	45462	754	76962	13697	98400
221	239	河钢集团	中国	45390	-119	57768	8641	123178
226	240	联想集团	中国	45350	-189	28494	3519	54000
250	241	宏利金融	加拿大	44941	1621	582322	32737	34300
101	242	中国兵器装备集团公司	中国	44785	740	56395	9218	211716
259	243	中国建材集团	中国	44701	15	90847	6290	214480
246	244	韩华集团	韩国	44590	359	149659	4243	52909
233	245	中国船舶重工集团公司	中国	44431	716	76200	20324	173201
249	246	三井物产株式会社	日本	44155	3777	106336	37381	42304
254	247	美国全国保险公司	美国	43940	247	221257	14741	33135
239	248	丰益国际	新加坡	43846	1219	40933	15964	90000

续表

上年排名	排名	企业名称	国家/地区	营业收入/百万美元	净利润/百万美元	总资产/百万美元	股东权益/百万美元	员工人数/人
267	249	摩根士丹利	美国	43642	6111	851733	77391	57633
282	250	住友商事	日本	43570	2785	73080	24059	73016
251	251	中国民生银行	中国	43298	7370	906340	58196	57882
277	252	绿地控股集团有限公司	中国	42970	1337	130303	9602	33473
289	253	印尼国家石油公司	印度尼西亚	42959	2540	51214	23320	27817
231	254	意昂集团	德国	42795	4424	67183	4812	42699
265	255	美国利宝互助保险集团	美国	42687	17	142502	20661	50000
334	256	中国机械工业集团有限公司	中国	42638	472	58593	10493	150967
220	257	瑞士再保险股份有限公司	瑞士	42487	398	222526	34124	14485
243	258	美国纽约人寿保险公司	美国	42296	1867	303183	20357	11114
271	259	高盛	美国	42254	4286	916776	82243	36600
253	260	美国航空集团	美国	42207	1919	51396	3926	126600
258	261	百思买	美国	42151	1000	13049	3612	125000
306	262	雷普索尔公司	西班牙	41863	2391	71874	35775	22375
256	263	信诺	美国	41616	2237	61753	13735	46000
376	264	特许通讯公司	美国	41581	9895	146623	39084	94800
269	265	南苏格兰电力	英国	41383	1089	32560	7336	20785
257	266	达美航空	美国	41244	3577	53292	13910	86564
343	267	浙江吉利控股集团	中国	41172	1820	42446	9049	77073
263	268	采埃孚	德国	41080	1222	33421	33421	146148
N.A.	269	麦德龙	德国	40957	358	18651	3736	135890
348	270	物产中大集团	中国	40929	331	13198	3369	19071
240	271	赛诺菲	法国	40810	9507	119868	69751	106570
441	272	布鲁克菲尔德资产管理公司	加拿大	40786	1462	192720	28244	80750
241	273	中国联合网络通信股份有限公司	中国	40664	63	88086	20791	252522
393	274	Facebook 公司	美国	40653	15934	84524	74347	25105
260	275	霍尼韦尔国际公司	美国	40534	1655	59387	17276	131000
255	276	默沙东	美国	40122	2394	87872	34336	69000
303	277	汉莎集团	德国	40105	2665	43548	11401	110917
316	278	力拓集团	英国	40030	8762	95726	44711	46807
262	279	三菱电机股份有限公司	日本	39995	2454	40107	21249	142340

续表

上年排名	排名	企业名称	国家/地区	营业收入/百万美元	净利润/百万美元	总资产/百万美元	股东权益/百万美元	员工人数/人
N.A.	280	招商局集团	中国香港	39971	4039	183914	43717	108737
299	281	沙特基础工业公司	沙特阿拉伯	39939	4915	85993	43715	34000
266	282	加拿大鲍尔集团	加拿大	39493	1031	355620	11666	30484
279	283	怡和集团	中国香港	39456	3785	82814	25669	444000
281	284	西班牙ACS集团	西班牙	39338	904	38281	4494	122120
296	285	和硕	中国台湾	39238	483	16411	4907	130052
301	286	沃尔沃集团	瑞典	39172	2455	50394	13081	93296
290	287	麦格纳国际	加拿大	38946	2206	25393	11228	168000
326	288	陕西延长石油（集团）有限责任公司	中国	38898	167	50590	15887	130614
274	289	中国华能集团公司	中国	38872	216	159645	11447	138473
273	290	英国葛兰素史克公司	英国	38868	1973	76252	-92	98462
302	291	Talanx公司	德国	38603	758	190185	10609	20419
304	292	加拿大皇家银行	加拿大	38551	8736	940999	940999	78210
288	293	好事达	美国	38524	3189	112422	22551	42680
337	294	陕西煤业化工集团	中国	38483	74	71262	5655	119416
383	295	友邦保险集团	中国香港	38330	6120	215691	41994	20000
350	296	必和必拓	澳大利亚	38285	5890	117006	57258	26146
283	297	泰森食品	美国	38260	1774	28066	10541	122000
335	298	费森尤斯集团	德国	38197	2045	63800	16404	273249
311	299	Alimentation Couche–Tard公司	加拿大	37905	1209	14171	6010	120000
462	300	阿里巴巴集团	中国	37771	9673	113979	58144	66421
287	301	美国联合大陆控股有限公司	美国	37736	2131	42326	8806	89800
280	302	甲骨文公司	美国	37728	9335	134991	53860	138000
310	303	森宝利	英国	37711	410	30857	9699	121200
285	304	意大利邮政集团	意大利	37695	777	243360	9066	136555
298	305	马士基集团	丹麦	37500	-1205	63227	30609	85667
291	306	瑞银集团	瑞士	37317	1070	939795	52565	61253
300	307	法国布伊格集团	法国	37259	1223	42961	10628	115530
293	308	乔治威斯顿公司	加拿大	37212	585	30730	6301	198000
297	309	日本明治安田生命保险公司	日本	37160	2392	390703	13029	42261
309	310	德国艾德卡公司	德国	37125	345	8864	2106	369000

续表

上年排名	排名	企业名称	国家/地区	营业收入/百万美元	净利润/百万美元	总资产/百万美元	股东权益/百万美元	员工人数/人
294	311	日本三菱重工业股份有限公司	日本	37103	636	51610	16175	80652
341	312	中国保利集团	中国	37002	1153	138876	10175	88407
237	313	富士通	日本	36991	1528	29357	10230	140365
360	314	巴拉特石油公司	印度	36851	1398	18465	5615	12924
412	315	Tech Data 公司	美国	36775	117	12653	2922	14000
305	316	埃森哲	爱尔兰	36766	3445	22690	8950	425000
347	317	佳能	日本	36388	2158	46154	25487	197776
286	318	英国森特理克集团	英国	36083	429	27952	3650	34901
278	319	美国教师退休基金会	美国	36025	1050	583632	36336	16829
317	320	法国国家铁路公司	法国	35880	1281	47828	6358	201816
321	321	TJX 公司	美国	35865	2608	14058	5148	249000
329	322	中国光大集团	中国	35840	1895	686171	18157	66100
450	323	美的集团股份有限公司	中国	35794	2557	38100	11323	101826
292	324	意大利联合圣保罗银行	意大利	35752	8247	956846	67489	96892
370	325	巴西淡水河谷公司	巴西	35713	5507	99184	43458	74098
N.A.	326	东芝	日本	35630	7257	41928	7365	141256
315	327	美国运通公司	美国	35583	2736	181159	18227	55000
235	328	可口可乐公司	美国	35410	1248	87896	17072	61800
324	329	爱信精机	日本	35281	1214	33179	12322	114478
332	330	Iberdrola 公司	西班牙	35240	3161	132911	42638	28750
478	331	腾讯控股有限公司	中国	35179	10581	85177	39323	44796
307	332	万科企业股份有限公司	中国	35117	4151	178968	20374	77708
312	333	中国能源建设集团有限公司	中国	35048	372	54635	5528	168260
308	334	大众超级市场公司	美国	34837	2292	18184	14070	193000
366	335	中国远洋海运集团有限公司	中国	34668	1404	109044	28617	100550
284	336	巴克莱	英国	34507	-1652	1532659	86428	79900
351	337	多伦多道明银行	加拿大	34501	7947	992315	57574	83160
374	338	利安德巴塞尔工业公司	荷兰	34484	4879	26206	8949	13400
205	339	来宝集团	中国香港	34421	-4938	4810	-805	500
331	340	耐克公司	美国	34350	4240	23259	12407	74400
314	341	瑞士 ABB 集团	瑞士	34312	2213	43262	14819	134800

续表

上年排名	排名	企业名称	国家/地区	营业收入/百万美元	净利润/百万美元	总资产/百万美元	股东权益/百万美元	员工人数/人
330	342	大和房建	日本	34262	2133	37951	12908	60539
336	343	中国航天科技集团公司	中国	34254	2225	63058	26013	173102
453	344	Andeavor 公司	美国	34204	1528	28573	9815	14300
416	345	Enbridge 公司	加拿大	34196	2203	129385	46404	12700
355	346	中国航天科工集团公司	中国	34073	1607	44274	16678	145987
340	347	损保控股有限公司	日本	34028	1262	112370	9253	48544
373	348	铃木汽车	日本	33912	1947	31419	12603	65179
333	349	澳洲联邦银行	澳大利亚	33887	7485	748753	48443	45614
242	350	住友生命保险公司	日本	33821	630	338911	8343	42835
402	351	全球燃料服务公司	美国	33696	−170	5588	1722	5000
349	352	三菱化学控股	日本	33616	1912	44208	12092	69230
467	353	碧桂园控股有限公司	中国	33572	3856	161190	14384	124837
390	354	广达电脑公司	中国台湾	33564	472	20618	4451	109624
327	355	德国中央合作银行	德国	33563	1079	607101	24844	28201
344	356	Exelon 公司	美国	33531	3770	116700	29857	34621
270	357	万通互惠理财	美国	33495	513	288855	15705	11811
356	358	日本钢铁工程控股公司	日本	33202	1306	41953	17146	61234
320	359	冀中能源集团	中国	33188	−142	35381	2540	118660
494	360	厦门国贸控股集团有限公司	中国	32902	106	15282	1264	19639
N.A.	361	雪松控股集团	中国	32712	1068	20738	6593	31065
488	362	厦门建发集团有限公司	中国	32588	305	32280	5713	21133
444	363	康菲石油公司	美国	32584	−855	73362	30607	11400
365	364	江苏沙钢集团	中国	32561	1062	26829	6607	34634
353	365	普利司通	日本	32495	2571	35151	21185	142669
342	366	安达保险公司	瑞士	32243	3861	167022	51172	31000
357	367	日本瑞穗金融集团	日本	32142	5204	1928226	69485	60051
369	368	台积电	中国台湾	32126	11339	66949	50210	48602
362	369	中国电子信息产业集团有限公司	中国	31990	167	40400	5513	137135
339	370	江西铜业集团公司	中国	31964	114	18889	3280	24416
439	371	中国航空油料集团公司	中国	31942	402	7810	3089	12643
359	372	CHS 公司	美国	31935	128	15974	7893	11626

续表

上年排名	排名	企业名称	国家/地区	营业收入/百万美元	净利润/百万美元	总资产/百万美元	股东权益/百万美元	员工人数/人
354	373	瑞士信贷	瑞士	31900	-999	817293	43007	46840
319	374	长江和记实业有限公司	中国香港	31892	4505	140752	58787	300000
N.A.	375	象屿集团	中国	31676	147	14082	1763	7926
361	376	3M公司	美国	31657	4858	37987	11563	91536
346	377	英国电信集团	英国	31439	2693	59971	14452	105800
367	378	马自达汽车株式会社	日本	31356	1011	25657	10284	49755
371	379	时代华纳	美国	31271	5247	69209	28375	26000
323	380	现代摩比斯公司	韩国	31091	1387	38992	27369	29492
322	381	新兴际华集团	中国	31078	440	21110	5643	56701
363	382	CRH公司	爱尔兰	31069	2136	37984	17400	89213
345	383	通用动力	美国	30973	2912	35046	11435	98600
352	384	斯巴鲁公司	日本	30735	1989	27126	14958	37771
318	385	中国中车股份有限公司	中国	30634	1598	57612	18667	176754
388	386	斯伦贝谢公司	美国	30440	-1505	71987	36842	100000
325	387	来德爱	美国	30215	944	8989	1601	48410
400	388	中国电子科技集团公司	中国	30176	1774	46790	19126	168923
272	389	江森自控国际公司	爱尔兰	30172	1611	51884	20447	121000
401	390	联合服务汽车协会	美国	30016	2422	155391	30610	32705
395	391	第一资本金融公司	美国	29999	1982	365693	48730	49300
379	392	欧莱雅	法国	29926	4037	42434	29798	82606
364	393	中国船舶工业集团公司	中国	29797	371	44675	10560	70009
407	394	迪尔公司	美国	29738	2159	65786	9557	60476
368	395	国家电力投资集团公司	中国	29727	199	154358	9537	127182
377	396	美敦力公司	爱尔兰	29710	4028	99816	50294	102688
382	397	中国华电集团公司	中国	29612	333	122355	8883	105006
423	398	日本出光兴产株式会社	日本	29606	1465	27464	6610	8955
N.A.	399	兖矿集团	中国	29474	-280	44191	2587	104746
N.A.	400	国际资产控股公司	美国	29424	6	6243	450	1607
378	401	西北互助人寿保险公司	美国	29331	1017	265049	20851	5437
328	402	联合信贷集团	意大利	29257	6169	1004791	71242	91952
469	403	Enterprise Products公司	美国	29242	2799	54418	22547	7000

续表

上年排名	排名	企业名称	国家/地区	营业收入/百万美元	净利润/百万美元	总资产/百万美元	股东权益/百万美元	员工人数/人
458	404	仁宝电脑	中国台湾	29175	189	12214	3425	63491
295	405	Rajesh Exports 公司	印度	29125	196	3609	1053	350
386	406	法国航空－荷兰皇家航空集团	法国	29064	-309	29308	3605	80595
394	407	Travelers Cos. 公司	美国	28902	2056	103483	23731	30800
428	408	Inditex 公司	西班牙	28887	3840	25201	16812	171839
181	409	慧与公司	美国	28871	344	61406	23466	66000
411	410	国泰人寿保险股份有限公司	中国台湾	28805	1193	204963	14642	39822
406	411	菲利普－莫里斯国际公司	美国	28748	6035	42968	-12086	80600
392	412	Coop 集团	瑞士	28601	493	19996	9147	74532
387	413	康帕斯集团	英国	28578	1470	14727	2814	588112
391	414	西太平洋银行	澳大利亚	28565	6083	668295	48080	35096
385	415	Migros 集团	瑞士	28518	524	66285	18371	79303
396	416	二十一世纪福克斯	美国	28500	2952	50724	15722	21700
403	417	菲尼克斯医药公司	德国	28401	184	10410	2994	27638
381	418	Medipal 控股公司	日本	28398	314	15250	4007	15993
404	419	法国威立雅环境集团	法国	28321	453	46000	9009	164385
389	420	关西电力	日本	28283	1371	65693	12831	32520
413	421	三星人寿保险	韩国	28273	1032	264120	27428	5244
429	422	艾伯维	美国	28216	5309	70786	5097	29000
375	423	荷兰皇家飞利浦公司	荷兰	28071	1868	30398	14408	73951
399	424	施耐德电气	法国	27891	2424	47849	23772	142013
420	425	住友电工	日本	27820	1086	28377	13265	255133
446	426	达能	法国	27816	2765	53156	17412	104843
485	427	苏宁易购集团	中国	27806	623	24152	12125	121102
N.A.	428	鞍钢集团公司	中国	27792	61	54643	10765	145771
417	429	西班牙天然气公司	西班牙	27653	1533	56823	17692	15374
424	430	加拿大丰业银行	加拿大	27555	6119	710120	46577	88645
N.A.	431	首钢集团	中国	27489	1	76957	18277	115482
N.A.	432	纬创集团	中国台湾	27480	128	10980	2189	82955
N.A.	433	雅培公司	美国	27390	477	76250	30897	99000
427	434	法国邮政	法国	27177	959	296184	13646	236223

续表

上年排名	排名	企业名称	国家/地区	营业收入/百万美元	净利润/百万美元	总资产/百万美元	股东权益/百万美元	员工人数/人
463	435	KOC 集团	土耳其	27108	1346	27453	7907	94111
N. A.	436	台湾中油股份有限公司	中国台湾	27106	1325	25044	8754	14814
464	437	前进保险公司	美国	26839	1592	38701	9285	33656
486	438	GS 加德士	韩国	26821	1272	18763	9988	2920
426	439	曼福集团	西班牙	26817	790	81135	10340	36271
456	440	艾睿电子	美国	26813	402	16463	4952	18800
434	441	德科集团	瑞士	26670	888	11876	4292	34000
N. A.	442	SK 海力士公司	韩国	26636	9414	42431	31591	28000
408	443	东日本旅客铁道株式会社	日本	26627	2608	76626	26214	86389
398	444	拉法基豪瑞集团	瑞士	26545	-1702	65359	28520	81960
473	445	Altice 公司	荷兰	26489	-616	86980	-2192	47143
443	446	SAP 公司	德国	26446	4529	51029	51029	88543
474	447	Onex 公司	加拿大	26290	2394	44679	2889	207000
418	448	澳新银行集团	澳大利亚	26283	4877	703951	46253	44896
N. A.	449	英美资源集团	英国	26243	3166	54561	22972	69000
477	450	任仕达控股公司	荷兰	26234	712	11723	5105	37930
410	451	卡夫亨氏公司	美国	26232	10999	120232	66034	39000
N. A.	452	Plains GP Holdings 公司	美国	26223	-731	26753	1695	4850
N. A.	453	英美烟草集团	英国	26128	48328	190747	82234	62270
N. A.	454	CFE 公司	墨西哥	26108	5704	80467	31596	90000
358	455	Gilead Sciences 公司	美国	26107	4628	70283	20442	10000
495	456	新疆广汇实业投资（集团）有限责任公司	中国	26106	33	37727	4498	79747
415	457	诺基亚	芬兰	26092	-1684	49260	19378	101731
447	458	三星 C&T 公司	韩国	25902	566	45823	21073	12953
421	459	亿滋国际	美国	25896	2922	63109	26111	83000
435	460	国际航空集团	英国	25894	2256	32734	8512	63422
440	461	美国诺斯洛普格拉曼公司	美国	25803	2015	34917	7048	70000
451	462	日本中部电力	日本	25753	671	52010	15877	30635
437	463	日本电气公司	日本	25673	414	26534	8284	111200
459	464	阳光龙净集团有限公司	中国	25605	453	45227	2726	20105

续表

上年排名	排名	企业名称	国家/地区	营业收入/百万美元	净利润/百万美元	总资产/百万美元	股东权益/百万美元	员工人数/人
N.A.	465	中国太平保险集团有限责任公司	中国香港	25598	449	85774	4398	77472
455	466	伟创力公司	新加坡	25441	429	13716	3019	200000
449	467	雷神公司	美国	25348	2024	30860	9963	64000
454	468	中国大唐集团公司	中国	25299	342	110689	9472	96735
N.A.	469	波兰国营石油公司	波兰	25256	1763	17462	9268	20262
487	470	Ultrapar 控股公司	巴西	25065	493	8546	2829	16448
N.A.	471	KB 金融集团	韩国	25052	2930	408058	31800	26846
409	472	Achmea 公司	荷兰	24872	242	109205	11937	14582
425	473	梅西百货	美国	24837	1547	19381	5673	130000
480	474	阿联酋航空集团	阿拉伯联合酋长国	24837	761	34737	9925	62356
468	475	喜力控股公司	荷兰	24831	1101	49272	7965	80425
N.A.	476	森科能源公司	加拿大	24793	3435	71435	36225	12381
N.A.	477	巴登-符腾堡州能源公司	德国	24769	2315	46572	4260	19939
466	478	米其林公司	法国	24754	1916	30340	13480	107807
N.A.	479	富邦金融控股股份有限公司	中国台湾	24688	1779	232587	16418	44173
N.A.	480	阿迪达斯集团	德国	24669	1237	17438	7745	56888
476	481	山西晋城无烟煤矿业集团有限责任公司	中国	24659	57	38267	3971	132846
457	482	贺利氏控股集团	德国	24622	—	5799	3590	13073
479	483	LG DISPLAY 公司	韩国	24585	1595	27242	13428	53891
N.A.	484	DXC Technology 公司	美国	24556	1751	33921	13487	150000
405	485	澳大利亚国民银行	澳大利亚	24550	4024	618440	40250	33422
123	486	Ceconomy 公司	德国	24432	1215	9787	790	57582
N.A.	487	Fomento Económico Mexicano 公司	墨西哥	24341	2242	30084	12794	295097
475	488	US Foods Holding 公司	美国	24147	444	9037	2751	25204
N.A.	489	泰康保险集团	中国	24058	1683	109468	7815	52424
481	490	美国合众银行	美国	23996	6218	462040	49040	72402
N.A.	491	德国勃林格殷格翰公司	德国	23888	-258	34085	12798	49610
472	492	荷兰合作银行	荷兰	23812	1701	724053	30471	43810
N.A.	493	CJ 集团	韩国	23796	410	27397	3671	55424

续表

上年排名	排名	企业名称	国家/地区	营业收入/百万美元	净利润/百万美元	总资产/百万美元	股东权益/百万美元	员工人数/人
445	494	山西阳泉煤业（集团）有限责任公司	中国	23793	-117	33076	2508	135723
448	495	潞安集团	中国	23785	1	37128	4136	95796
N. A.	496	河南能源化工集团	中国	23699	-69	39857	2018	182480
430	497	大同煤矿集团有限责任公司	中国	23698	67	51066	7001	160836
452	498	BAE系统公司	英国	23592	1100	30367	6412	76000
N. A.	499	青岛海尔	中国	23563	1025	23259	4947	76896
419	500	爱立信公司	瑞典	23556	-4120	31830	12161	100735
	合计			29996749	1880667	132630882	18842675	67682117

第十四章
中国 500 强企业按照行业分类名单

第十四章 中国500强企业按照行业分类名单

表 14-1 中国500强企业按照行业分类

行业名次	公司名称	通讯地址	邮政编码	名次(1)	名次(2)	名次(3)
农林牧渔业						
1	黑龙江北大荒农垦集团总公司	黑龙江省哈尔滨市香坊区红旗大街175号	150090	151	—	—
2	中国林业集团有限公司	北京市朝阳区麦子店街37号15层	100125	178	—	—
煤炭采掘及采选业						
1	国家能源投资集团有限责任公司	北京市东城区安定门西滨河路22号	100011	24	—	—
2	山东能源集团有限公司	山东省济南市经十路10777号山东能源大厦	250014	50	—	—
3	陕西煤业化工集团有限责任公司	陕西省西安市高新区锦业路1号都市之门B座	710065	68	—	—
4	冀中能源集团有限责任公司	河北省邢台市中兴西大街191号	054000	81	—	—
5	兖矿集团有限公司	山东省邹城市凫山南路298号	273500	98	—	—
6	山西晋城无烟煤矿业集团有限责任公司	山西省晋城市城区北石店镇	048006	107	—	—
7	阳泉煤业（集团）有限责任公司	山西省阳泉市北大西街5号	045000	112	—	—
8	山西潞安矿业（集团）有限责任公司	山西省长治市襄垣县侯堡镇	046204	113	—	—
9	河南能源化工集团有限公司	河南省郑州市郑东新区CBD商务外环路6号国龙大厦	450046	114	—	—
10	大同煤矿集团有限责任公司	山西省大同市矿区新平旺	037003	115	—	—
11	山西焦煤集团有限责任公司	山西省太原市新晋祠路一段1号	030024	119	—	—
12	中国平煤神马能源化工集团有限公司	河南省平顶山市矿工中路21号	467000	132	—	—
13	中国中煤能源集团有限公司	北京市朝阳区黄寺大街1号	100120	141	—	—
14	开滦（集团）有限责任公司	唐山市新华东道70号	063018	148	—	—
15	内蒙古伊泰集团有限公司	内蒙古鄂尔多斯市东胜区天骄北路伊泰集团	017000	214	—	—
16	淮南矿业（集团）有限责任公司	安徽省淮南市田家庵区洞山中路1号	232001	219	—	—
17	淮北矿业（集团）有限责任公司	安徽省淮北市人民中路276号	235006	276	—	—
18	徐州矿务集团有限公司	江苏省徐州市煤建路8号	221006	444	—	—
19	安徽省皖北煤电集团有限责任公司	安徽省宿州市西昌路157号	234000	465	—	—
石油、天然气开采及生产业						
1	中国石油天然气集团有限公司	北京市东城区东直门北大街9号	100007	3	—	—
2	中国海洋石油集团有限公司	北京市东城区朝阳门北大街25号	100010	19	—	—
3	陕西延长石油（集团）有限责任公司	西安市科技二路75号	710075	66	—	—
房屋建筑						
1	中国建筑股份有限公司	北京市朝阳区安定路5号院3号楼中建财富国际中心	100029	5	—	—
2	中国铁道建筑有限公司	北京市海淀区复兴路40号	100855	14	—	—
3	太平洋建设集团有限公司	江苏省南京市鼓楼区五台山1号	210019	22	—	—
4	中南控股集团有限公司	江苏省海门市上海路899号	226100	118	—	—

注：名次（1）为2018中国企业500强中的名次，名次（2）为2018中国制造业企业500强中的名次，名次（3）为2018中国服务业企业500强中的名次。

续表

行业名次	公司名称	通讯地址	邮政编码	名次(1)	名次(2)	名次(3)
5	上海建工集团股份有限公司	上海市虹口区东大名路666号	200080	124	—	—
6	南通三建控股有限公司	江苏省海门市狮山路131号	226100	157	—	—
7	广西建工集团有限责任公司	广西南宁市良庆区平乐大道19号	530201	183	—	—
8	湖南建工集团有限公司	湖南省长沙市芙蓉南路一段788号	410004	191	—	—
9	陕西建工集团有限公司	陕西省西安市莲湖区北大街199号	710003	197	—	—
10	广厦控股集团有限公司	浙江省杭州市莫干山路231号广厦锐明大厦17楼	310005	206	—	—
11	福晟集团有限公司	福建省福州市台江区江滨西大道振武路70号福晟钱隆广场49层	350009	210	—	—
12	中天控股集团有限公司	浙江省杭州市钱江新城城星路69号中天国开大厦	310020	220	—	—
13	北京城建集团有限责任公司	北京市海淀区北太平庄路18号	100088	243	—	—
14	浙江省建设投资集团股份有限公司	浙江省杭州市文三西路52号浙江建投大厦	310013	265	—	—
15	北京住总集团有限责任公司	北京市朝阳区慧忠里320号住总集团大厦	100101	272	—	—
16	青建集团股份公司	青岛市市南区南海支路5号	266071	277	—	—
17	江苏南通二建集团有限公司	江苏省启东市人民中路683号	226200	283	—	—
18	南通四建集团有限公司	江苏省南通市通州区世纪大道999号祥云楼	226300	285	—	—
19	甘肃省建设投资（控股）集团总公司	甘肃省兰州市七里河区西津东路575号	730050	292	—	—
20	江苏省苏中建设集团股份有限公司	江苏省南通市海安中坝南路18号	226600	319	—	—
21	四川华西集团有限公司	四川省成都市解放路二段95号	610081	321	—	—
22	广州市建筑集团有限公司	广东省广州市广卫路4号（建工大厦）	510030	324	—	—
23	山东科达集团有限公司	山东省东营市府前大街65号	257091	332	—	—
24	重庆建工投资控股有限责任公司	重庆市北部新区金开大道1596号	401122	341	—	—
25	广东省建筑工程集团有限公司	广东省广州市荔湾区流花路85号	510013	353	—	—
26	江苏南通六建建设集团有限公司	江苏省如皋市城南街道解放路9号	226500	370	—	—
27	北京建工集团有限责任公司	北京市西城区广莲路1号建工大厦22层	100055	374	—	—
28	河北建设集团股份有限公司	河北省保定市五四西路329号	071000	376	—	—
29	山河控股集团有限公司	湖北省武汉市武昌区徐东大街岳家嘴山河企业大厦30F	430062	381	—	—
30	浙江中成控股集团有限公司	浙江省绍兴市中兴中路375号	312000	382	—	—
31	江西省建工集团有限责任公司	江西省南昌市北京东路956号	330029	385	—	—
32	山西建设投资集团有限公司	山西省太原市新建路9号	030002	388	—	—
33	上海城建（集团）公司	上海市徐汇区宛平南路1099号	200032	390	—	—
34	安徽建工集团有限公司	安徽省合肥市黄山路459号安建国际大厦26-29层	230031	392	—	—
35	新疆生产建设兵团建设工程（集团）有限责任公司	新疆乌鲁木齐市新民路113号	830000	456	—	—
36	通州建总集团有限公司	江苏省南通市高新区新世纪大道998号通州建总大厦	226300	459	—	—
37	浙江宝业建设集团有限公司	浙江省绍兴市杨汛桥镇杨汛路228号	312028	462	—	—
38	河北建工集团有限责任公司	石家庄市友谊北大街146号	050051	464	—	—
39	浙江昆仑控股集团有限公司	浙江省杭州市体育场路580号昆仑大厦1号楼3楼办公室	310007	480	—	—

续表

续表

行业名次	公司名称	通讯地址	邮政编码	名次(1)	名次(2)	名次(3)
40	龙信建设集团有限公司	江苏省南通市海门镇北京东路1号	226100	484	—	—
土木工程建筑						
1	中国铁路工程集团有限公司	北京市海淀区复兴路69号9号楼中国中铁大厦	100039	13	—	—
2	中国交通建设集团有限公司	北京德胜门外大街85号	100088	21	—	—
3	中国电力建设集团有限公司	北京市海淀区车公庄西路22号海赋国际A座	100048	41	—	—
4	中国能源建设集团有限公司	北京市朝阳区西大望路26号院1号楼	100022	76	—	—
5	中国化学工程股份有限公司	北京市东城区东直门内大街2号	100007	282	—	—
6	天元建设集团有限公司	山东省临沂市兰山区银雀山路63号	276003	432	—	—
7	北京市政路桥集团有限公司	北京市西城区南礼士路17号	100045	479	—	—
电力生产						
1	中国华能集团有限公司	北京市西城区复兴门内大街6号	100031	67	—	—
2	国家电力投资集团公司	北京市西城区金融大街28号3号楼	100033	96	—	—
3	中国华电集团有限公司	北京市西城区宣武门内大街2号中国华电大厦	100031	97	—	—
4	中国大唐集团有限公司	北京市西城区广宁伯街1号	100033	105	—	—
5	中国广核集团有限公司	深圳市福田区深南大道2002号中广核大厦	518028	194	—	—
6	广东省粤电集团有限公司	广州市天河东路8号粤电广场A座	510000	354	—	—
农副食品						
1	新希望集团有限公司	北京市朝阳区望京街望京SOHO塔3B座11层	100102	232	102	—
2	正邦集团有限公司	江西省南昌市高新区艾溪湖一路569号	330096	254	112	—
3	通威集团	四川省成都市高新区天府大道中段588号通威国际中心	610000	262	118	—
4	广东温氏食品集团股份有限公司	广东省云浮市新兴县新城镇东堤北路9号温氏集团总部	527400	291	129	—
5	双胞胎（集团）股份有限公司	江西省南昌市火炬大街799号	330096	322	149	—
6	西王集团有限公司	山东省邹平县西王工业园	256209	358	170	—
7	山东渤海实业股份有限公司	山东省青岛市北区港华路17号	266071	375	180	—
8	三河汇福粮油集团有限公司	河北省三河市燕郊开发区汇福路8号	065201	410	197	—
9	山东鲁花集团有限公司	山东省莱阳市龙门东路39号	265200	—	271	—
10	广西农垦集团有限责任公司	广西南宁市七星路135号	530022	—	285	—
11	桂林市力源粮油食品集团有限公司	广西桂林市中山北路122号	541006	—	379	—
12	辽宁禾丰牧业股份有限公司	沈阳市沈北新区辉山大街169号	110164	—	404	—
13	东莞市富之源饲料蛋白开发有限公司	广东东莞市洪梅镇樱花台盈工业区	523166	—	478	—
食品						
1	光明食品（集团）有限公司	上海市华山路263弄7号	200040	111	41	—
2	万洲国际有限公司	香港九龙柯士甸道西1号环球贸易广场76楼7602B120	—	120	43	—
3	天狮集团有限公司	天津市武清开发区新源道北18号	301700	470	234	—
4	天津食品集团有限公司	天津市河西区气象台路96号	300074	—	256	—
5	香驰控股有限公司	山东省滨州市博兴县工业园（经济开发区）	256500	—	265	—

续表

行业名次	公司名称	通讯地址	邮政编码	名次(1)	名次(2)	名次(3)
6	北京顺鑫控股集团有限公司	北京市顺义区站前街1号院1号楼顺心国家商务中心	101300	—	279	
7	诸城外贸有限责任公司	山东省诸城市密州路东首	262200	—	391	
8	唐人神集团股份有限公司	湖南省株洲市天元区栗雨工业园唐人神集团	412007	—	403	—
9	龙大食品集团有限公司	山东省莱阳市龙旺庄街道办事处庙后	265231	—	431	
10	得利斯集团有限公司	山东省诸城市昌城得利斯工业园	262216	—	448	
11	广西洋浦南华糖业集团股份有限公司	广西南宁市民族大道81号气象大厦16楼	530022	—	477	
12	新和成控股集团有限公司	浙江省新昌县七星街大道西路418号	312500	—	489	
饮料						
1	内蒙古伊利实业集团股份有限公司	内蒙古呼和浩特市金山开发区金山大街1号	010110	250	109	—
2	杭州娃哈哈集团有限公司	杭州市清泰街160号	310009	336	156	
3	维维集团股份有限公司	江苏省徐州市云龙区维维大道300号	221111	458	227	
4	农夫山泉股份有限公司	杭州市西湖区葛衙庄181号二期	310024	—	348	
酒类						
1	四川省宜宾五粮液集团有限公司	四川省宜宾市翠屏区岷江西路150号	644007	208	89	
2	贵州茅台酒股份有限公司	贵州省仁怀市茅台镇	564501	269	121	—
3	稻花香集团	宜昌市夷陵区龙泉镇龙沙街1号	443112	313	143	
4	青岛啤酒股份有限公司	山东省青岛市香港中路五四广场青啤大厦	266071	—	277	
5	泸州老窖集团有限责任公司	四川省泸州市酒业园区爱仁堂广场	646100	—	341	
6	山西杏花村汾酒集团有限责任公司	山西省汾阳市杏花村	032205	—	363	—
7	劲牌有限公司	湖北省大冶市大冶大道169号	435100	—	490	
轻工百货生产						
1	老凤祥股份有限公司	上海市漕溪路270号	200235	395	189	
2	宜华企业（集团）有限公司	广东省汕头市金砂路52号汕头国际大酒店六楼	515041	—	288	
3	大亚科技集团有限公司	江苏省丹阳市开发区齐梁路99号	212300	—	343	
4	广博控股集团有限公司	浙江省宁波市海曙区石碶街道车何广博工业园	315153	—	373	
5	新光控股集团有限公司	浙江省义乌市青口工业区通宝路115号	322022	—	399	
6	梦金园黄金珠宝集团有限公司	天津市滨海高新区花苑产业区梓苑路15号	300384	—	405	
纺织印染						
1	山东魏桥创业集团有限公司	山东省邹平经济开发区魏纺路1号	256200	43	13	—
2	山东大海集团有限公司	山东省东营市东城黄河路38号生态谷37号楼409室	257091	217	94	—
3	山东如意国际时尚产业投资控股有限公司	山东省济宁市高新区如意工业园	272000	288	126	
4	江苏阳光集团有限公司	江苏省江阴市新桥镇陶新路18号	214426	428	207	
5	天津纺织集团（控股）有限公司	天津市空港经济区中心大道东九道6号天纺大厦	300308	441	213	
6	华芳集团有限公司	江苏省苏州市张家港市城北路178号华芳国际大厦	215600	455	225	
7	澳洋集团有限公司	江苏省张家港市杨舍镇塘市镇中路澳洋国际大厦	215600	493	247	
8	山东金茂纺织化工集团有限公司	山东省东营市东营区莒州路56号	257091	—	263	

续表

续表

行业名次	公司名称	通讯地址	邮政编码	名次(1)	名次(2)	名次(3)
9	兴惠化纤集团有限公司	浙江省杭州市萧山区衙前镇吟龙村	311209	—	333	—
10	富丽达集团控股有限公司	浙江省杭州市大江东产业聚集区临江高新技术产业园区长风路3999号	311228	—	410	—
11	浙江天圣控股集团有限公司	浙江省绍兴市越城区解放大道649号北辰商务大厦20层	312000	—	414	—
12	石家庄常山纺织集团有限责任公司	河北省石家庄市和平东路260号	050011	—	418	—
13	北京时尚控股有限责任公司	北京市东城区东单三条33号	100005	—	421	—
14	江苏倪家巷集团有限公司	江苏省江阴市周庄镇玉门西路36号	214423	—	444	—
服装及其他纺织品						
1	海澜集团有限公司	江苏省江阴市新桥镇海澜工业园	214426	150	58	—
2	雅戈尔集团股份有限公司	浙江省宁波市海曙区鄞州区大道西段2号	315153	253	111	—
3	红豆集团有限公司	无锡市锡山区东港镇港下兴港路红豆集团总部	214199	274	122	—
4	杉杉控股有限公司	浙江省宁波市鄞州区日丽中路777号	315100	371	179	—
5	波司登股份有限公司	江苏省常熟市古里镇波司登工业园区	215532	489	244	—
6	森马集团有限公司	温州市瓯海区娄桥工业园南汇路98号	325000	—	278	—
7	三鼎控股集团有限公司	浙江省义乌市经济开发区戚继光路658号	322000	—	315	—
8	奥康集团有限公司	浙江省温州市永嘉县千石奥康工业园	321501	—	325	—
9	宁波申洲针织有限公司	浙江省宁波市北仑区大港工业城甬江路18号	315800	—	344	—
10	宁波博洋控股集团有限公司	浙江省宁波市海曙区启文路157弄6号	315012	—	361	—
11	金猴集团有限公司	威海市和平路106号	264200	—	362	—
12	即发集团有限公司	山东省青岛市即墨区黄河二路386号	266200	—	458	—
13	浙江永利实业集团有限公司	浙江绍兴柯桥金柯桥大道1418号永利大厦	312000	—	462	—
家用电器制造						
1	美的集团股份有限公司	广东省佛山市顺德区北滘镇美的大道6号	528311	73	23	—
2	海尔集团公司	山东省青岛市崂山区海尔路1号	266101	74	24	—
3	珠海格力电器股份有限公司	广东省珠海市香洲区前山金鸡西路789号	519070	121	44	—
4	四川长虹电子控股集团有限公司	四川省绵阳市高新区绵兴东路35号	621000	140	53	—
5	TCL集团股份有限公司	广东省惠州市仲恺高新区惠风三路17号TCL科技大厦	516006	144	56	—
6	海信集团有限公司	山东省青岛市市南区东海西路17号	266071	147	57	—
7	奥克斯集团有限公司	浙江省宁波市鄞州区日丽中路757号25F	315100	257	114	—
8	创维集团有限公司	深圳市南山区高新南四道创维半导体设计大厦东座24层	518132	400	192	—
9	双良集团有限公司	江苏省江阴市利港街道西利路88号	214444	453	223	—
10	广州万宝集团有限公司	广东省广州市海珠区江南大道中111号	510220	461	229	—
11	广东格兰仕集团有限公司	广东省佛山市顺德区容桂大道南25号	528305	—	320	—
12	深圳市三诺投资控股有限公司	深圳市南山区滨海大道3012号三诺智慧大厦	518000	—	408	—
13	星星集团有限公司	浙江省台州市椒江区洪家星星电子产业园13#楼	318015	—	423	—
14	宁波方太厨具有限公司	浙江省宁波市杭州湾新区滨海二路218号	315336	—	459	—
15	澳柯玛股份有限公司	山东省青岛经济技术开发区前湾港路315号	266510	—	479	—

续表

行业名次	公司名称	通讯地址	邮政编码	名次(1)	名次(2)	名次(3)
16	杭州金鱼电器集团有限公司	浙江省杭州市西湖区天目山路159号现代国际大厦A座16层	310013	—	486	—
造纸及包装						
1	山东晨鸣纸业集团股份有限公司	山东省寿光市农圣东街2199号	262700	190	81	—
2	华泰集团有限公司	山东省东营市广饶县大王镇潍高路251号	257335	231	101	—
3	山东太阳控股集团有限公司	山东省济宁市兖州区友谊路一号	272100	347	162	—
4	山东博汇集团有限公司	山东省淄博市桓台县马桥镇大成工业区	256405	481	240	—
5	金东纸业（江苏）股份有限公司	江苏省镇江市大港兴港东路8号	212132	496	250	—
6	山鹰国际控股股份公司	安徽省马鞍山市勤俭路3号	243021	—	354	—
7	胜达集团有限公司	杭州市萧山经济技术开发区北塘路52号	311215	—	372	—
石化及炼焦						
1	中国石油化工集团公司	北京市朝阳区朝阳门北大街22号	100728	2	1	—
2	山东东明石化集团有限公司	山东省东明县石化大道27号	274500	181	76	—
3	中融新大集团有限公司	山东省青岛市崂山区东海东路58号基地金岸6号楼	266061	222	96	—
4	利华益集团股份有限公司	山东省东营市利津县大桥路86号	257400	223	97	—
5	山东京博控股股份有限公司	山东省滨州市博兴县经济开发区 山东京博控股股份有限公司总裁办公室	256500	284	124	—
6	山东海科化工集团有限公司	山东省东营市北一路726号海科大厦	257088	293	130	—
7	深圳光汇石油集团股份有限公司	深圳市福田保税区市花路5号CFC长富金茂大厦61-65楼	518048	305	137	—
8	宝塔石化集团有限公司	宁夏银川市金凤区宁安大街88号18楼党委宣传部	750011	306	138	—
9	山东金诚石化集团有限公司	山东省淄博市桓台县马桥镇	256405	343	159	—
10	旭阳控股有限公司	北京市丰台区南四环西路188号五区4号楼	100070	361	173	—
11	盘锦北方沥青燃料有限公司	辽宁省盘锦市辽东湾新区一号路	124221	379	182	—
12	山东恒源石油化工股份有限公司	山东省德州市临邑县恒源路111号	251500	403	194	—
13	金澳科技（湖北）化工有限公司	湖北省潜江市章华北路66号	433132	413	199	—
14	富海集团有限公司	山东省东营市河口区黄河路37号	257200	476	238	—
15	山东清源集团有限公司	山东省淄博市临淄区金岭镇清源商务中心	255400	487	242	—
16	万通海欣控股集团股份有限公司	山东省东营市东营区庐山路1036号万通大厦	257000	494	248	—
17	山东汇丰石化集团有限公司	山东省淄博市桓台县果里镇石化南路77号	256400	500	253	—
18	山东垦利石化集团有限公司	山东省东营市垦利县垦利街道胜兴路西1号	257500	—	266	—
19	正和集团股份有限公司	山东省东营市广饶县石村辛桥	257342	—	292	—
20	山东寿光鲁清石化有限公司	山东寿光市羊口镇渤海化工园	262715	—	312	—
21	河北鑫海控股有限公司	河北省沧州市渤海新区黄骅港南疏港路中段	061113	—	317	—
22	美锦能源集团有限公司	山西省太原市清徐县文源路东段9号	030400	—	328	—
23	山东科瑞控股集团有限公司	山东省东营市东营区南二路233号	257067	—	376	—
24	山东潍焦控股集团有限公司	山东省潍坊市昌乐县朱刘街道团结路109路	262404	—	381	—
25	山东荣信集团有限公司	山东省邹城市邹城工业园区荣信路666号	273517	—	388	—
26	景德镇市焦化工业集团有限责任公司	江西省景德镇市历尧	333000	—	415	—

续表

行业名次	公司名称	通讯地址	邮政编码	名次(1)	名次(2)	名次(3)
27	山东东方华龙工贸集团有限公司	山东省东营市广饶县经济开发区团结路673号	257300	—	428	—
28	山东齐成石油化工有限公司	山东省东营市广饶县辛河路以东，石大路以南	257300	—	467	—
29	山西安泰控股集团有限公司	山西省介休市安泰工业园区	032002	—	476	—
轮胎及橡胶制品						
1	华勤橡胶工业集团有限公司	山东省济宁市兖州区华勤工业园	272100	360	172	—
2	山东玉皇化工有限公司	山东省东明县武胜桥镇经济开发区	274512	398	191	—
3	山东胜通集团股份有限公司	山东省东营市垦利区新兴路377号	257500	415	200	—
4	杭州市实业投资集团有限公司	杭州市西湖区保俶路宝石山下四弄19号	310007	421	204	—
5	重庆轻纺控股（集团）公司	重庆市北部新区高新园黄山大道中段7号	401121	495	249	—
6	中策橡胶集团有限公司	浙江省还在下沙经济技术开发区1号大街1号	310018	—	282	—
7	金发科技股份有限公司	广州市高新技术产业开发区科学城科丰路33号	510663	—	296	—
8	玲珑集团有限公司	山东省金龙路777号	265400	—	387	—
9	兴源轮胎集团有限公司	山东省东营市广饶县稻庄镇西水工业园	257336	—	451	—
10	三角集团有限公司	山东省威海市青岛中路56号	264200	—	468	—
11	济南圣泉集团股份有限公司	山东省济南市章丘区刁镇新材料产业园	250204	—	472	—
12	浙江富陵控股集团有限公司	浙江省绍兴市袍江新区富陵	312075	—	485	—
13	江阴模塑集团有限公司	江苏省江阴市周庄镇长青路8号	214423	—	498	—
化学原料及化学品制造						
1	中国化工集团有限公司	北京市海淀区北四环西路62号	100080	39	12	—
2	江阴澄星实业集团有限公司	江苏省江阴市梅园大街618号	214432	234	103	—
3	云天化集团有限责任公司	云南省昆明市滇池路1417号	650228	258	115	—
4	传化集团有限公司	杭州萧山钱江世纪城民和路945号传化大厦	311200	260	116	—
5	上海华谊（集团）公司	上海市常德路809号	200040	261	117	—
6	万华化学集团股份有限公司	山东省烟台市经济技术开发区天山路17号	264006	301	134	—
7	新疆中泰（集团）有限责任公司	新疆维吾尔自治区乌鲁木齐经济技术开发区维泰南路1号1503室	830026	314	144	—
8	亚邦投资控股集团有限公司	江苏省常州市人民西路105号	213000	320	148	—
9	金浦投资控股集团有限公司	江苏省南京市鼓楼区马台街99号3楼	210009	389	187	—
10	山东金岭集团有限公司	山东省广饶县博家路588号金岭国际	257300	408	196	—
11	宜昌兴发集团有限责任公司	湖北省兴山县古夫镇高阳大道58号	443700	450	220	—
12	滨化集团公司	山东省滨州市滨城区黄河五路869号	256600	451	221	—
13	浙江龙盛控股有限公司	浙江省上虞区道墟镇龙盛大道1号	312368	—	257	—
14	新疆天业（集团）有限公司	新疆石河子经济技术开发区北三东路36号	832000	—	258	—
15	东辰控股集团有限公司	山东省东营市垦利区永莘路98号	257506	—	260	—
16	巨化集团有限公司	浙江省衢州市柯城区巨化中央大道	324004	—	269	—
17	河北诚信有限责任公司	河北省石家庄市元氏县元赵路南	051130	—	280	—
18	升华集团控股有限公司	浙江省德清县武康镇武源街700号	313200	—	283	—
19	江苏三木集团有限公司	江苏省宜兴市官林镇三木路85号	214258	—	287	—
20	唐山三友集团有限公司	河北省唐山市南堡开发区	063305	—	291	—

续表

行业名次	公司名称	通讯地址	邮政编码	名次(1)	名次(2)	名次(3)
21	纳爱斯集团有限公司	浙江省丽水市括苍南路19号	323000	—	298	—
22	淄博齐翔腾达化工股份有限公司	山东省淄博市临淄区杨坡路206号	255400	—	306	—
23	广州立白企业集团有限公司	广州市荔湾区陆居路2号立白中心	510170	—	311	—
24	红太阳集团有限公司	江苏省南京市高淳经济开发区古檀大道18号	211300	—	318	—
25	金正大生态工程集团股份有限公司	山东省临沭县兴大西街19号	276700	—	324	—
26	鲁西集团有限公司	山东省聊城市鲁化路68号	252000	—	365	—
27	山东联盟化工集团有限公司	山东潍坊市寿光市农圣街企业总部27号楼	262700	—	371	—
28	道恩集团有限公司	山东省龙口市龙口经济开发区东首	265703	—	375	—
29	铭源控股集团有限公司	辽宁省大连市中山区港浦路38号	116001	—	380	—
30	瑞星集团股份有限公司	山东省泰安市东平县彭集镇瑞星工业园区	271509	—	427	—
31	青海盐湖工业股份有限公司	青海省格尔木市黄河路28号	816000	—	433	—
32	山东华鲁恒升化工股份有限公司	山东省德州市天衢西路24号	253024	—	469	—
33	山东鲁北企业集团总公司	山东省滨州市无棣县埕口镇	251909	—	473	—
34	湖北新洋丰肥业股份有限公司	湖北省荆门市东宝区石桥驿镇工业小区洋丰大道1号	448000	—	492	—
35	铜陵化学工业集团有限公司	安徽省铜陵市翠湖一路2758号	244000	—	495	—
36	江苏隆力奇集团有限公司	江苏省常熟市辛庄镇隆力奇生物工业园	215555	—	496	—
化学纤维制造						
1	恒力集团有限公司	江苏省苏州市吴江区盛泽镇恒力路1号	215226	51	16	
2	浙江荣盛控股股份有限公司	浙江省杭州市萧山区益农镇荣盛控股大楼	311247	154	60	
3	盛虹控股集团有限公司	江苏省苏州市吴江区盛泽镇纺织科技示范园	215228	156	62	
4	浙江恒逸集团有限公司	浙江省杭州市萧山区心北路260号南岸明珠3幢21楼	311215	158	63	
5	江苏三房巷集团有限公司	江苏省江阴市周庄镇三房巷路1号	214423	308	140	
6	浙江桐昆控股集团有限公司	浙江省嘉兴市桐乡市梧桐街道振兴东路（东）55号桐乡市商会大厦1单元2301室-1	314500	318	147	—
7	江苏华宏实业集团有限公司	江苏省江阴市周庄镇澄杨路1128号	214423	378	181	
8	华峰集团有限公司	浙江省瑞安市经济开发区开发大道1688号	325200	491	245	
9	新凤鸣集团股份有限公司	浙江省桐乡市洲泉镇工业区德胜路888号	314513	—	302	
10	兴达投资集团有限公司	江苏省无锡市锡山区东港镇锡港南路888号	214196	—	329	
11	浙江古纤道新材料股份有限公司	浙江省绍兴市袍江工业区越东路	312071	—	434	
12	开氏集团有限公司	浙江省杭州市萧山区衙前镇衙前路432号	311209	—	443	
药品制造						
1	上海医药集团股份有限公司	上海市太仓路200号上海医药大厦	200020	129	47	
2	广州医药集团有限公司	广州市荔湾区沙面北街45号	510130	165	68	—
3	扬子江药业集团	泰州市扬子江南路1号	225321	242	106	
4	太极集团有限公司	重庆市渝北区龙塔街道黄龙路38号	401147	368	177	—
5	四川科伦实业集团有限公司	四川省成都市青羊区百花西路36号	610071	380	183	
6	杭州华东医药集团有限公司	浙江省杭州拱墅区莫干山路866号	310011	439	211	
7	天士力控股集团有限公司	天津市北辰科技园区普济河东道2号天士力现代中药城	300410	—	259	—

续表

行业名次	公司名称	通讯地址	邮政编码	名次(1)	名次(2)	名次(3)
8	康美药业股份有限公司	广东省普宁流沙长春路中段	515300	—	272	—
9	石药控股集团有限公司	河北省石家庄高新技术产业开发区黄河大道226号	050035	—	275	—
10	云南白药控股有限公司	云南省昆明市呈贡区云南白药街3686号	650500	—	286	—
11	天津市医药集团有限公司	天津市河西区友谊北路29号	300204	—	316	—
12	华鲁控股集团有限公司	山东省济南市历下区舜海路219号华创观礼中心A座22楼	250102	—	338	—
13	江西济民可信集团有限公司	江西省南昌市高新区高新七路888号	330096	—	345	—
14	山东齐鲁制药集团有限公司	山东省济南市高新区新泺大街317号办公楼301、302室	250100	—	351	—
15	哈药集团有限公司	黑龙江省哈尔滨市道里区群力大道7号	150078	—	419	—
16	浙江海正药业股份有限公司	浙江省台州市椒江区外沙路46号	318000	—	461	—
17	仁和（集团）发展有限公司	江西省樟树市药都南大道158号	331200	—	475	—
18	江苏济川控股集团有限公司	泰兴市大庆西路宝塔湾	225400	—	494	—
医疗设备制造						
1	威高集团有限公司	山东省威海市兴山路18号	264210	424	206	—
水泥及玻璃制造						
1	中国建材集团有限公司	北京市海淀区复兴路17号国海广场2号楼	100036	57	20	—
2	安徽海螺集团有限责任公司	安徽省芜湖市文化路39号	240001	127	46	—
3	北京金隅集团股份有限公司	北京市东城区北三环东路36号环球贸易中心D座2219	100013	188	79	—
4	天瑞集团股份有限公司	河南省汝州市广成东路63号	467599	356	168	—
5	吉林亚泰（集团）股份有限公司	吉林省长春市二道区吉林大路1801号	130031	405	195	—
6	东旭集团有限公司	石家庄市高新区珠江大道369号	050000	419	202	—
7	红狮控股集团有限公司	浙江省兰溪市东郊上郭	—	477	239	—
8	华新水泥股份有限公司	湖北省武汉市东湖高新区高新大道426号华新大厦	430074	—	313	—
9	奥盛集团有限公司	上海市浦东新区商城路518号17楼	200120	—	374	—
10	沂州集团有限公司	山东省临沂市罗庄区傅庄办事处	276018	—	447	—
11	天津市建筑材料集团（控股）有限公司	天津市南开区红旗南路508号	300381	—	466	—
黑色冶金						
1	中国宝武钢铁集团有限公司	上海市浦东新区世博大道1859号宝武大厦1号楼	200126	38	11	—
2	河钢集团有限公司	河北省石家庄市裕华区体育南大街385号	050023	54	17	—
3	江苏沙钢集团有限公司	江苏省苏州市张家港市锦丰镇	215625	86	28	—
4	新兴际华集团有限公司	北京市朝阳区东三环中路5号财富金融中心	100020	93	33	—
5	鞍钢集团有限公司	辽宁省鞍山市铁东区五一路63号	114001	100	36	—
6	首钢集团有限公司	北京市石景山区石景山路68号首钢厂东门	100041	101	37	—
7	青山控股集团有限公司	浙江省温州市龙湾区龙祥路2666号A幢1306室	325058	110	40	—
8	山东钢铁集团有限公司	山东省济南市高新区舜华路2000号舜泰广场4号楼	250101	126	45	—

续表

行业名次	公司名称	通讯地址	邮政编码	名次(1)	名次(2)	名次(3)
9	中天钢铁集团有限公司	江苏省常州市中吴大道1号	213011	136	51	—
10	东岭集团股份有限公司	陕西省宝鸡市金台区金台大道69号	721004	152	59	—
11	湖南华菱钢铁集团有限责任公司	湖南省长沙市天心区湘府西路222号	410004	164	67	—
12	河北津西钢铁集团股份有限公司	北京市朝阳区东三环中路9号富尔大厦2901-3室	064302	169	70	—
13	杭州钢铁集团有限公司	浙江省杭州市拱墅区半山路178号	310022	179	74	—
14	酒泉钢铁(集团)有限责任公司	甘肃省嘉峪关市雄关东路12号	735100	189	80	—
15	北京建龙重工集团有限公司	北京市丰台区南四环西路188号总部基地十二区50号楼	100070	196	83	—
16	太原钢铁(集团)有限公司	山西省太原市尖草坪2号	030003	204	87	—
17	南京钢铁集团有限公司	江苏省南京市六合区卸甲甸	210035	209	90	—
18	日照钢铁控股集团有限公司	山东省日照市沿海路600号	276806	212	91	—
19	马钢(集团)控股有限公司	安徽省马鞍山市九华西路8号	243000	213	92	—
20	河北新华联合冶金控股集团有限公司	河北省沧州市渤海新区	061113	230	100	—
21	广西柳州钢铁集团有限公司	广西柳州市北雀路117号	545002	248	108	
22	敬业集团有限公司	河北省石家庄市平山区(县)	050400	251	110	
23	天津荣程祥泰投资控股集团有限公司	天津市经济技术开发区第三大街盛达街9号泰达金融广场8楼	300457	255	113	—
24	江西方大钢铁集团有限公司	江西省南昌市红谷滩新区凤凰中大道890号	330038	289	127	—
25	昆明钢铁控股有限公司	云南省昆明市安宁市昆明钢铁控股有限公司	650302	294	131	—
26	河北普阳钢铁有限公司	河北省武安市阳邑镇村东	056305	297	133	—
27	本钢集团有限公司	辽宁省本溪市明山区环山路36号	117000	307	139	—
28	新余钢铁集团有限公司	江西省新余市冶金路	338001	310	142	—
29	福建省三钢(集团)有限责任公司	福建省三明市梅列区工业中路群工三路	365000	316	146	—
30	四川德胜集团钒钛有限公司	四川省乐山市沙湾区铜河路南段8号	614900	335	155	—
31	四川省川威集团有限公司	四川省成都市龙泉驿区车城东6路5号	610100	345	160	—
32	天津友发钢管集团股份有限公司	天津市静海区大邱庄镇尧舜度假村	301606	346	161	—
33	武安市明芳钢铁有限公司	河北省武安市北关街北侧	056300	349	164	—
34	江苏新长江实业集团有限公司	江苏省江阴市夏港街道滨江西路328号长江村	214442	357	169	—
35	唐山港陆钢铁有限公司	河北省遵化市镇海东街198号	064200	359	171	—
36	湖南博长控股集团有限公司	湖南省冷水江市轧钢路5号	417500	383	184	—
37	安阳钢铁集团有限责任公司	河南省安阳市殷都区梅元庄安钢大道502号	455004	386	185	—
38	武安市文安钢铁有限公司	河北省武安市南环路	056300	394	188	—
39	冀南钢铁集团有限公司	河北省邯郸市武安市南环路南侧	056300	397	190	—
40	河北新金钢铁有限公司	河北省武安市武邑路骈山村东	056300	402	193	—
41	武安市裕华钢铁有限公司	河北省邯郸市武安市上团城乡崇义四街村北	056300	412	198	—
42	永锋集团有限公司	山东省德州市齐河县齐安大街116号	251100	420	203	—
43	金鼎重工股份有限公司	河北省武安市上团城乡崇义村东	056300	435	209	—
44	石横特钢集团有限公司	山东省肥城市石横镇	271612	482	241	—
45	山东泰山钢铁集团有限公司	山东省莱芜市新甫路1号	271199	492	246	—

续表

行业名次	公司名称	通讯地址	邮政编码	名次(1)	名次(2)	名次(3)
46	广西盛隆冶金有限公司	广西防城港市经济开发区	538001	499	252	—
47	山东九羊集团有限公司	山东省莱芜市莱城区羊里镇九羊集团	271100	—	255	—
48	唐山国丰钢铁有限公司	唐山市丰南区青年路193号	063300	—	261	—
49	武安市烘熔钢铁有限公司	河北省武安市固镇元宝山东	056304	—	276	—
50	河北兴华钢铁有限公司	河北省武安市上团城西	056307	—	299	—
51	凌源钢铁集团有限责任公司	辽宁省凌源市钢铁路3号	122500	—	314	—
52	唐山瑞丰钢铁（集团）有限公司	河北省唐山市丰南区小集镇经济开发区	063303	—	330	—
53	重庆钢铁（集团）有限责任公司	重庆市大渡口区大堰三村1栋1号	400080	—	335	—
54	河北安丰钢铁有限公司	河北省秦皇岛市昌黎县靖安镇	066600	—	346	—
55	河北冠丰冶金工业有限公司	河北省邯郸市武安市崇义村北铸造工业园区内	056300	—	352	—
56	河南济源钢铁（集团）有限公司	河南省济源市虎领产业集聚区	459000	—	357	—
57	广州钢铁企业集团有限公司	广州市荔湾区芳村大道1号	510381	—	360	—
58	浙江协和集团有限公司	浙江省杭州市萧山区红山农场	311234	—	367	—
59	河北天柱钢铁集团有限公司	河北省唐山市丰润区银城铺镇殷官屯村东	064000	—	377	—
60	山东淄博傅山企业集团有限公司	山东省淄博市高新区四宝山街道办事处傅山村	255084	—	383	—
61	四川省达州钢铁集团有限责任公司	四川省达州市通川区西河路25号	635000	—	384	—
62	天津恒兴集团有限公司	天津市静海区静海镇北环工业园	301600	—	385	—
63	振石控股集团有限公司	浙江省桐乡市崇福大道708号振石科技大楼	314500	—	390	—
64	秦皇岛宏兴钢铁有限公司	河北秦皇岛西部经济开发区昌黎循环经济产业园滦河大街1号	066602	—	393	—
65	河北鑫达钢铁有限公司	河北省迁安市沙河驿镇政上炉村东	064400	—	395	—
66	天津源泰德润钢管制造集团有限公司	天津大邱庄工业区	301606	—	396	—
67	江苏西城三联控股集团有限公司	江苏省江阴市临港街道三联村静堂里路21号	214400	—	400	—
68	山东寿光巨能控股集团有限公司	山东省潍坊市寿光市渤海南路1757号	262700	—	413	—
69	辛集市澳森钢铁有限公司	河北省辛集市南智邱镇赵马村村东	052360	—	417	—
70	山西建邦集团有限公司	山西省侯马市北郊工业园区	043000	—	420	—
71	潍坊特钢集团有限公司	山东省潍坊市钢铁工业园区东路	261201	—	424	—
72	山西晋城钢铁控股集团有限公司	山西晋城市巴公工业园区	048002	—	430	—
73	中国庆华能源集团有限公司	北京市朝阳区建国门外光华东里8号中海广场中楼38层	100020	—	432	—
74	德龙钢铁有限公司	河北省邢台市邢台县南石门镇中尹郭村	054001	—	436	—
75	邢台钢铁有限责任公司	河北省邢台市桥西区钢铁南路262号	054027	—	465	—
76	广西贵港钢铁集团有限公司	广西贵港市南平中路	537101	—	474	—
一般有色						
1	正威国际集团有限公司	广东省深圳市福田区深南大道7888号东海国际中心A座29层	518040	27	6	—
2	中国铝业集团有限公司	北京市海淀区西直门北大街62号	100082	48	15	—
3	金川集团股份有限公司	甘肃省金昌市金川路98号	737103	87	29	—
4	江西铜业集团有限公司	江西省南昌市高新区昌东大道7666号	330096	90	32	—
5	海亮集团有限公司	浙江省诸暨市店口镇解放路386号	311814	109	39	—

续表

行业名次	公司名称	通讯地址	邮政编码	名次(1)	名次(2)	名次(3)
6	铜陵有色金属集团控股有限公司	安徽省铜陵市长江西路有色大院	244001	116	42	—
7	陕西有色金属控股集团有限责任公司	陕西省西安高新路51号高新大厦	710075	134	49	—
8	中国有色矿业集团有限公司	北京朝阳区安定路10号中国有色大厦	100029	135	50	—
9	南山集团有限公司	山东省龙口市南山工业园	265706	170	71	—
10	宁夏天元锰业集团有限公司	中宁新材料循环经济示范区	755103	227	99	—
11	宁波金田投资控股有限公司	浙江省宁波市江北区胡坑基路88号050幢4-4	315034	238	105	—
12	大冶有色金属集团控股有限公司	湖北省黄石市新下陆下陆大道18号	435005	264	119	—
13	白银有色集团股份有限公司	甘肃省白银市白银区友好路96号	730900	287	125	—
14	云南锡业集团（控股）有限责任公司	云南省红河州个旧市金湖东路121号	661000	295	132	—
15	新凤祥控股集团有限责任公司	山东聊城阳谷县祥光工业园内	252300	323	150	—
16	云南冶金集团股份有限公司	云南省昆明市北市区小康大道399号	065022	334	154	—
17	东营鲁方金属材料有限公司	山东省东营经济技术开发区养殖区骨干路22号	257091	339	157	—
18	东营方圆有色金属有限公司	山东省东营市经济开发区浏阳河路99号	257091	433	208	—
19	河南豫光金铅集团有限责任公司	河南省济源市荆梁南街1号	459001	440	212	—
20	河南豫联能源集团有限责任公司	河南省巩义市新华路31号	451200	442	214	—
21	西部矿业集团有限公司	青海省西宁市五四大街56号	810001	443	215	—
22	万基控股集团有限公司	河南省新安县万基工业园	471800	463	230	—
23	浙江富冶集团有限公司	浙江省杭州市富阳区鹿山街道谢家溪	311407	468	232	—
24	烟台恒邦集团有限公司	烟台市牟平区北关大街628号	264100	—	293	—
25	河南神火集团有限公司	河南省永城市东城区光明路17号	476600	—	319	—
26	深圳市中金岭南有色金属股份有限公司	广东省深圳市福田区车公庙深南大道6013号中国有色大厦23-26楼	518040	—	332	—
27	河南金利金铅集团有限公司	河南省济源市承留镇南勋村	459000	—	342	—
28	天津华北集团有限公司	天津市北城区津围公路15号	300040	—	347	—
29	济源市万洋冶炼（集团）有限公司	河南省济源市思礼镇思礼村	454690	—	349	—
30	山东金升有色集团有限公司	临沂经济技术开发区梅埠办事处华夏路110号	276023	—	353	—
31	万邦德新材股份有限公司	浙江省湖州市吴兴区织里镇栋梁路1688号	313008	—	389	—
32	厦门钨业股份有限公司	厦门市展鸿路81号特房波特曼财富中心A座22层	361009	—	394	—
33	山东亨圆铜业有限公司	山东省东营经济开发区淮河路85号	257091	—	411	—
34	安徽楚江科技新材料股份有限公司	安徽省芜湖市鸠江区龙腾路88号	024100	—	450	—
35	广西正润发展集团有限公司	广西贺州市建设中路89号	542899	—	457	—
36	龙蟒佰利联集团股份有限公司	河南省焦作市中站区冯封办事处	454191	—	470	—
37	上海鑫冶铜业有限公司	上海市金山区张堰镇金张支路18号	201514	—	488	—
贵金属						
1	中国黄金集团有限公司	北京市东城区安定门外大街9号	100011	172	72	—
2	紫金矿业集团股份有限公司	福建省上杭县紫金大道1号	364200	177	73	—
3	山东黄金集团有限公司	山东省济南市高新区舜华路2000号舜泰广场3号楼	250100	225	98	—
4	山东招金集团有限公司	山东省招远市开发区盛泰路108号	265400	315	145	—

续表

行业名次	公司名称	通讯地址	邮政编码	名次(1)	名次(2)	名次(3)
5	郴州市金贵银业股份有限公司	湖南省郴州市苏仙区白露塘镇福城大道1号	423000	—	442	—
6	湖南黄金集团有限责任公司	长沙市雨花区芙蓉中路二段金源大酒店15楼	410007	—	460	—
金属制品加工						
1	中国国际海运集装箱集团股份有限公司	深圳市南山蛇口工业区港湾大道2号中集研发中心8楼	518067	218	95	—
2	环嘉集团有限公司	辽宁省大连市甘井子区革镇堡镇后革环嘉集团有限公司	116033	418	201	
3	法尔胜泓昇集团有限公司	江苏省江阴市澄江中路165号	214434	467	231	
4	精功集团有限公司	浙江省绍兴柯桥金柯桥大道112号精功大厦18F	312030	488	243	
5	江苏大明金属制品有限公司	无锡市通江大道1518号	214191	—	264	
6	福星集团控股有限公司	湖北省汉川市沉湖镇福星街1号	431608	—	290	
7	新华发集团有限公司	江苏省江阴临港新城申港镇澄路1299号	214443		300	
8	浙江元立金属制品集团有限公司	浙江省丽水市遂昌县元立大道479号	323300		301	
9	重庆万达薄板有限公司	重庆市涪陵区李渡工业园区盘龙路6号	400080		331	
10	浙江东南网架集团有限公司	杭州市萧山区衙前镇	311209		339	
11	江苏江润铜业有限公司	江苏省宜兴市官林镇金辉工业园A区	214251		370	
12	精工控股集团有限公司	浙江省绍兴市袍江开发区世纪西街1号	312000		422	
13	江阴江东集团公司	江苏省江阴市周庄镇至公东路71号	214423		452	
14	邯郸市正大制管有限公司	河北省邯郸市成安县工业区聚良大道9号	056700		454	
15	江苏海达科技集团有限公司	江苏省无锡市江阴市华士镇环南路800号	214421		480	
16	天津市宝来工贸有限公司	天津市静海区大邱庄镇海河道6号	301606		482	
17	北京君诚实业投资集团有限公司	北京市朝阳区八里庄西里61号楼1404室	100025		499	
锅炉及动力装备制造						
1	潍柴控股集团有限公司	山东省潍坊市高新技术产业开发区福寿东街197号甲	261061	84	27	—
2	杭州汽轮动力集团有限公司	浙江省杭州市庆春东路68号杭州汽轮国际大厦18楼	310016	161	65	—
3	上海电气（集团）总公司	上海市徐汇区钦江路212号	200233	180	75	—
4	广西玉柴机器集团有限公司	广西玉林市玉柴大道1号	537005	448	218	—
5	中国东方电气集团有限公司	四川省成都市高新西区西芯大道18号	611731	452	222	—
6	卧龙控股集团有限公司	浙江省绍兴市上虞区人民大道西段1801号	312300	457	226	—
7	哈尔滨电气集团有限公司	黑龙江省哈尔滨市松北区创新1路1399号	150028	474	237	—
物料搬运设备制造						
1	西子联合控股有限公司	杭州市江干区庆春东路1-1号	310016	—	340	—
2	卫华集团有限公司	河南省长垣县卫华大道西段	453400		446	
工程机械及零部件						
1	徐州工程机械集团有限公司	江苏省徐州市金山桥经济开发区驮蓝山路26号	221004	348	163	—
2	三一集团有限公司	湖南省长沙市经济开发区三一工业城	410100	351	166	—
3	中联重科股份有限公司	湖南省长沙市银盆南路361号	410013	—	295	—
4	巨星控股集团有限公司	浙江省杭州市江干区九堡镇九环路63号4幢A	310016	—	308	—

续表

行业名次	公司名称	通讯地址	邮政编码	名次(1)	名次(2)	名次(3)
5	太原重型机械集团有限公司	山西省太原市万柏林区玉街53号	030024	—	368	—
6	广西柳工集团有限公司	广西柳州市柳太路1号	545007	—	378	—
7	兰州兰石集团有限公司	甘肃省兰州新区黄河大道（纬一路）西段518号	730314	—	426	—
8	泰富重装集团有限公司	湖南省湘潭市九华经开区奔驰中路6号	411100	—	471	—
9	安徽叉车集团有限责任公司	安徽合肥经开区方兴大道668号	230601	—	497	—
工业机械及设备制造						
1	江西博能实业集团有限公司	江西上饶经济技术开发区	334100	—	327	—
2	人本集团有限公司	浙江省温州经济技术开发区滨海五道515号	325025	—	366	—
3	海天塑机集团有限公司	浙江省宁波市北仑区小港海天路1688号	315800	—	382	—
4	天洁集团有限公司	浙江省诸暨市牌头镇杨傅村天洁工业园	311825	—	386	—
5	大连冰山集团有限公司	辽宁省大连市经济技术开发区辽河东路106号	116630	—	425	—
6	利欧集团股份有限公司	浙江省温岭市东部产业集聚区第三街1号	317500	—	463	—
电力电气设备制造						
1	中国电子信息产业集团有限公司	北京市海淀区中关村东路66号院甲1号	100080	89	31	—
2	中国电子科技集团公司	北京市朝阳区曙光西里19号	100022	94	34	—
3	天能电池集团有限公司	浙江省长兴县画溪工业功能区包桥路18	313100	143	55	—
4	超威电源有限公司	浙江省长兴县画溪街道画溪工业功能区	313100	163	66	—
5	正泰集团股份有限公司	浙江省乐清市柳市镇工业区正泰大楼	325603	275	123	—
6	新疆特变电工集团有限公司	新疆维吾尔自治区昌吉市北京南路189号	831100	303	135	—
7	德力西集团有限公司	浙江省乐清市柳市镇柳青路1号	325604	304	136	—
8	上海仪电（集团）有限公司	上海市徐汇区田林路168号	200233	340	158	—
9	广州智能装备产业集团有限公司	广东省广州市大德路187号广州机电大厦15楼	510120	365	174	—
10	河南森源集团有限公司	河南省国家郑州经济技术开发区经北五路56号森源集团	450016	369	178	—
11	人民电器集团有限公司	浙江省乐清市柳市镇车站路555号	325604	387	186	—
12	中科电力装备集团有限公司	安徽省蚌埠市长征南路829号	233010	437	210	—
13	华仪集团有限公司	浙江乐清经济开发区中心大道228号	325600	454	224	—
14	富通集团有限公司	浙江省杭州市富阳区富春街道馆驿路18号	311400	460	228	—
15	远东控股集团有限公司	江苏省宜兴市高塍镇远东大道6号	214257	469	233	—
16	宁波富邦控股集团有限公司	浙江省宁波市海曙区长春路2号	315010	471	235	—
17	歌尔股份有限公司	山东省潍坊高新区东方路268号	261031	—	281	—
18	江苏新潮科技集团有限公司	江苏省江阴市澄江东路99号	214429	—	289	—
19	三花控股集团有限公司	浙江省新昌县七星街道下礼泉村	312500	—	309	—
20	广东德赛集团有限公司	广东省惠州市云山西路12号德赛大厦23层	516003	—	336	—
21	中国西电集团有限公司	陕西省西安市高新区唐兴路7号	710075	—	355	—
22	欣旺达电子股份有限公司	广东省深圳市宝安区石岩街石龙社区颐河	518108	—	356	—
23	浙江富春江通信集团有限公司	浙江省杭州市富阳区江滨东大道138号	311401	—	369	—
24	泰豪集团有限公司	江西省南昌高新区高新大道590号	330096	—	435	—

续表

行业名次	公司名称	通讯地址	邮政编码	名次(1)	名次(2)	名次(3)
25	铜陵精达铜材（集团）有限责任公司	安徽省铜陵市经济技术开发区黄山大道988号	244061	—	440	—
26	长飞光纤光缆股份有限公司	湖北省武汉市光谷大道9号	430073	—	441	—
27	湘电集团有限公司	湖南省湘潭市岳塘区电工北路66号	411101	—	449	—
28	广州视源电子科技股份有限公司	广州市黄埔区云浦四路6号	051530	—	453	—
29	格林美股份有限公司	广东省深圳市宝安区宝安新中心区兴华路南侧荣超滨海大厦A栋20层	518101	—	456	—
30	中国华录集团有限公司	辽宁省大连市高新园区黄埔路717号中国华录大厦	116023	—	481	—
31	中国四联仪器仪表集团有限公司	重庆市北碚区蔡家镇同熙路99号	400707	—	487	—
32	浙江南部电源动力股份有限公司	浙江省杭州市西湖区文二西路822号	310030	—	500	—
电线电缆制造						
1	中天科技集团有限公司	江苏省如东县河口镇中天工业园区	226463	350	165	—
2	万马联合控股集团有限公司	浙江省杭州市天目山路181号天际大厦11楼	310003	—	326	—
3	上海胜华电缆（集团）有限公司	上海市浦东新区沪南公路7577号胜华科技大厦	201314	—	358	—
4	江苏上上电缆集团有限公司	江苏省溧阳市上上路68号	213300	—	402	—
5	江南集团有限公司	江苏省宜兴市官林镇管东路53号	214251	—	439	—
6	浙江华友钴业股份有限公司	浙江省桐乡经济开发区二期梧振东路18号	314500	—	483	—
7	安徽天康（集团）股份有限公司	安徽省天长市仁和南路20号	239300	—	484	—
风能、太阳能设备制造						
1	协鑫集团有限公司	苏州市工业园区新庆路28号协鑫能源中心	215000	139	52	—
2	晶龙实业集团有限公司	河北省宁晋县晶龙大街289号	055550	423	205	—
3	晶科能源控股有限公司	江西省上饶经济技术开发区晶科大道1号	334100	—	273	—
4	天合光能股份有限公司	江苏省常州市新北区天合光伏产业园天合路2号	213000	—	274	—
5	新疆金风科技股份有限公司	新疆乌鲁木齐市经济技术开发区上海路107号	830026	—	284	—
6	隆基绿能科技股份有限公司	西安市经济技术开发区尚稷路8989号西安服务外包产业园创新孵化中心B座	710018	—	364	—
7	东方日升新能源股份有限公司	浙江省宁波市宁海县梅林街道塔山工业园区	315609	—	437	—
8	明阳新能源投资控股集团有限公司	广东省中山市火炬高技术产业开发区大岭管理区	528437	—	464	—
计算机及办公设备						
1	联想集团有限公司	北京市海淀区科学院南路2号融科资讯中心B座17层	100190	55	18	—
2	研祥高科技控股集团有限公司	深圳市南山区高新中四道31号研祥科技大厦	518057	447	217	—
3	欧菲科技股份有限公司	深圳市光明新区公明街道松白公路华发路段欧菲光科技园	518106	472	236	—
4	得力集团有限公司	浙江省宁波市宁海县得力工业园	315600	—	297	—
5	舜宇集团有限公司	浙江省余姚市阳明街道舜宇路66-68号	315400	—	304	—
6	浙江大华技术股份有限公司	浙江省杭州市滨江区滨安路1199号	310053	—	337	—
7	深圳市宝德投资控股有限公司	广东省深圳市福田区深南大道1000号福田科技广场C栋10楼	518000	—	397	—
8	闻泰通讯股份有限公司	浙江省嘉兴市南湖区亚中路777路	314001	—	398	—

续表

行业名次	公司名称	通讯地址	邮政编码	名次(1)	名次(2)	名次(3)
通信设备制造						
1	华为投资控股有限公司	广东省深圳市龙岗区坂田华为基地	518129	16	4	—
2	小米集团	北京市海淀区清河中路68号华润五彩城写字楼	100085	142	54	—
3	亨通集团有限公司	江苏省苏州市吴江区中山北路2288号	215200	216	93	—
4	武汉邮电科学研究院有限公司	武汉市洪山区邮科院路88号	430074	—	254	—
5	四川九洲电器集团有限责任公司	四川省绵阳市科创园区九华路6号	621000	—	303	—
6	普联技术有限公司	深圳市南山区科技园中区科苑路5号南楼	518057	—	438	—
半导体、集成电路及面板制造						
1	北京电子控股有限责任公司	北京市朝阳区三里屯西六街六号乾坤大厦A座	100027	159	64	—
2	蓝思科技股份有限公司	湖南省长沙国家级浏阳经济开发区蓝思科技园	410300	290	128	—
3	合肥鑫晟光电科技有限公司	合肥市新站区龙子湖路668号	230012	—	409	—
4	上海华虹（集团）有限公司	上海市浦东新区张江高科技园区碧波路177号A区四楼	201203	—	429	—
汽车及零配件制造						
1	上海汽车集团股份有限公司	上海市威海路489号	200041	8	2	—
2	东风汽车集团有限公司	湖北省武汉市经济技术开发区东风大道特1号	430056	15	3	—
3	北京汽车集团有限公司	北京市顺义区双河大街99号北京汽车产业基地	101300	31	7	—
4	中国第一汽车集团有限公司	吉林省长春市东风大街8899号	130013	32	8	—
5	广州汽车工业集团有限公司	广东省广州市天河区珠江新城兴国路23号广汽中心	510623	45	14	—
6	浙江吉利控股集团有限公司	杭州市滨江区江陵路1760号	310051	62	22	—
7	华晨汽车集团控股有限公司	沈阳市大东区东望街39号	110044	102	38	—
8	万向集团公司	浙江省杭州市萧山经济技术开发区	311215	133	48	—
9	比亚迪股份有限公司	广东省深圳市比亚迪路3009号六角大楼	518118	155	61	—
10	长城汽车股份有限公司	河北省保定市朝阳南大街2266号	071000	168	69	—
11	中国重型汽车集团有限公司	山东省济南市高新区华奥路777号	250101	182	77	—
12	江苏悦达集团有限公司	江苏省盐城市世纪大道东路2号	224007	200	86	—
13	江铃汽车集团公司	江西省南昌市迎宾北大道666号	330001	205	88	—
14	奇瑞控股集团有限公司	安徽省芜湖市经济技术开发区长春路8号	241006	245	107	—
15	陕西汽车控股集团有限公司	陕西省西安市经济技术开发区泾渭新城陕汽大道	710200	267	120	—
16	安徽江淮汽车集团控股有限公司	合肥市包河区东流路176号	230022	325	151	—
17	重庆小康控股有限公司	重庆市沙坪坝区井口工业园A区	400033	330	152	—
18	郑州宇通集团有限公司	河南省郑州市管城回族区宇通路宇通工业园	450061	446	216	—
19	万丰奥特控股集团有限公司	浙江新昌江滨西路518号	312500	—	262	—
20	宁波均胜电子股份有限公司	浙江省宁波市高新区聚贤路1266号	315040	—	268	—
21	三环集团有限公司	湖北省武汉市东湖新技术开发区佳园路33号	430074	—	307	—
22	广西汽车集团有限公司	广西柳州河西路18号	545007	—	310	—
23	华翔集团股份有限公司	浙江省宁波市象山县西周镇镇安路104号	315722	—	321	—
24	厦门金龙汽车集团股份有限公司	厦门市湖里区东港北路31号港务大厦7、11层	361013	—	350	—
25	重庆银翔实业集团有限公司	重庆市渝北区空港经济开发区空港大道822号	401120	—	359	—

行业名次	公司名称	通讯地址	邮政编码	名次(1)	名次(2)	名次(3)
26	赛轮金宇集团股份有限公司	山东省青岛市黄岛区茂山路588号	266500	—	401	—
27	安徽中鼎控股（集团）股份有限公司	安徽省宁国市经济技术开发区	242300	—	406	—
28	湖南猎豹汽车股份有限公司	湖南长沙国家级经济技术开发区泉塘街道漓湘东路9号	410100	—	445	—
29	庆铃汽车（集团）有限公司	重庆市九龙坡区中梁山协兴村1号	400052	—	455	—
30	东方鑫源控股有限公司	重庆市九龙坡区含谷镇鑫源路8号	401329	—	491	—
31	波鸿集团有限公司	四川省成都市高新区高新国际广场D座二楼（天韵路150号）	610041	—	493	—
摩托车及零配件制造						
1	隆鑫控股有限公司	重庆市九龙坡区石坪桥横街2号附5号	400051	309	141	—
2	重庆力帆控股有限公司	重庆市北碚区蔡家岗镇凤栖路16号	400707	366	175	—
3	宗申产业集团有限公司	重庆市巴南区炒油场宗申工业园	400054	—	323	—
轨道交通设备及零部件制造						
1	中国中车集团有限公司	北京市海淀区西四环中路16号院5号楼	100036	88	30	—
航空航天						
1	中国航空工业集团有限公司	北京市朝阳区曙光西里甲5号院19号楼	100028	37	10	—
2	中国航天科技集团有限公司	北京市海淀区阜成路16号航天科技大厦	100048	78	25	—
3	中国航天科工集团有限公司	北京市海淀区阜成路8号中国航天科工大厦	100048	79	26	—
兵器制造						
1	中国兵器工业集团有限公司	北京市西城区三里河路44号	100821	34	9	—
2	中国兵器装备集团有限公司	北京市海淀区车道沟十号院	100089	56	19	—
船舶制造						
1	中国船舶重工集团有限公司	北京市海淀区昆明湖南路72号	100097	58	21	—
2	中国船舶工业集团有限公司	北京市海淀区首体南路9号主语国际1号楼中国船舶工业集团公司	100048	95	35	—
3	江苏扬子江船业集团	江苏省无锡市江阴市江阴-靖江工业园区二圩港	214532	449	219	—
综合制造业						
1	中国五矿集团有限公司	北京市海淀区三里河路5号五矿大厦	100044	25	5	—
2	复星国际有限公司	上海市黄浦区复兴东路2号复星商务大厦	200010	187	78	—
3	杭州锦江集团有限公司	杭州市拱墅区湖墅南路111号锦江大厦20-22楼	310005	193	82	—
4	万达控股集团有限公司	山东省东营市垦利行政办公新区万达大厦	257500	198	84	—
5	新华联集团有限公司	北京市通州区台湖政府大街新华联集团总部大厦10层	101116	199	85	—
6	无锡产业发展集团有限公司	无锡市县前西街168号	214131	236	104	—
7	江苏华西集团有限公司	江苏省江阴市华士镇华西新市村民族路2号	214420	333	153	—
8	重庆化医控股（集团）公司	重庆市北部新区星光大道70号天王星A1座	401121	355	167	—
9	重庆机电控股（集团）公司	重庆市两江新区黄山大道中段60号	401123	367	176	—
10	岚桥集团有限公司	山东省日照市北京路266号	266000	497	251	—
11	鲁丽集团有限公司	山东省潍坊市寿光市侯镇政府驻地	262724	—	267	—
12	利时集团股份有限公司	浙江省宁波市鄞州区投资创业中心诚信路518号	315105	—	270	—

续表

行业名次	公司名称	通讯地址	邮政编码	名次(1)	名次(2)	名次(3)
13	花园集团有限公司	浙江省东阳市花园工业区	322121	—	294	—
14	华立集团股份有限公司	浙江省杭州市余杭区五常大道181号	310000	—	305	—
15	苏州创元投资发展（集团）有限公司	江苏省苏州市工业园区苏桐路37号	215021	—	322	—
16	重庆市博赛矿业（集团）有限公司	重庆市渝中区邹容路131号世界贸易中心47楼	400010	—	334	—
17	攀枝花钢城集团有限公司	四川省攀枝花市东区长寿路	617023	—	392	—
18	致达控股集团有限公司	上海市静安区延平路121号29楼	200042	—	407	—
19	安徽淮海实业发展集团有限公司	安徽省淮北市相山区人民中路278号	235000	—	412	—
20	浙江航民实业集团有限公司	浙江省杭州市萧山区瓜沥镇航民村	311241	—	416	—
电网						
1	国家电网有限公司	北京市西城区西长安街86号	100031	1	—	1
2	中国南方电网有限责任公司	广东省广州市科学城科翔路11号	510530	26	—	13
3	内蒙古电力（集团）有限责任公司	内蒙古呼和浩特市锡林南路218号	010020	249	—	98
4	广西桂东电力股份有限公司	广西贺州市平安西路12号	542899	—	—	343
水务						
1	北京控股集团有限公司	北京市朝阳区化工路59号院2号楼（北控大厦）	100023	202	—	79
2	北京首都创业集团有限公司	北京市东城区朝阳门北大街6号首创大厦15层	100027	362	—	131
3	齐鲁交通发展集团有限公司	山东省济南市龙奥西路1号银丰财富广场D座	250101	—	—	178
4	南昌市政公用投资控股有限责任公司	江西省南昌市青山湖区湖滨东路1399号	330039	—	—	187
5	湖北省交通投资集团有限公司	湖北省武汉市洪山区珞瑜路1077号东湖广场 湖北交投	430000	—	—	206
6	宁波华东物资城市场建设开发有限公司	浙江省宁波市江东县（区）世纪大道北段323号20层	315040	—	—	255
7	天津城市基础设施建设投资集团有限公司	天津市和平区大沽北路161号城投大厦	300040	—	—	279
8	广西北部湾投资集团有限公司	广西南宁市中泰路11号北部湾大厦北楼1402	530029	—	—	298
9	武汉市城市建设投资开发集团有限公司	湖北省武汉市洪山区团结大道1020号	430061	—	—	299
10	路通建设集团股份有限公司	山东省东营市东营区府前大街55号金融港G座	257000	—	—	349
11	广州市水务投资集团有限公司	广州市天河区临江大道501号	510655	—	—	373
12	深圳市水务（集团）有限公司	广东省深圳市深南中路1019号万德大厦	518031	—	—	382
13	上海临港经济发展（集团）有限公司	上海市浦东新区新元南路555号	201306	—	—	391
14	天津市政建设集团有限公司	天津市河西区环岛西路4号别墅	300221	—	—	432
15	内蒙古蒙草生态环境（集团）股份有限公司	内蒙古呼和浩特市盛乐经济园区盛乐五街南侧	010010	—	—	452
16	无锡市市政公用产业集团有限公司	无锡市解放东路800号	214002	—	—	498
综合能源供应						
1	浙江省能源集团有限公司	浙江省杭州市天目山路152号	310007	203	—	80
2	云南省能源投资集团有限公司	北京市海淀区西直门外大街168号腾达大厦1006室	100044	224	—	85
3	北京能源集团有限责任公司	北京市朝阳永安东里16号CBD国际大厦A区	100022	259	—	101
4	福建省能源集团有限责任公司	福建省福州市鼓楼区五四路75号海西商务大厦35层	350001	280	—	110

行业名次	公司名称	通讯地址	邮政编码	名次(1)	名次(2)	名次(3)
5	新奥能源控股有限公司	河北省廊坊市经济技术开发区新源东道	065001	331	—	125
6	四川省能源投资集团有限责任公司	四川省成都市锦江区毕昇路468号创世纪大厦	610000	377	—	136
7	申能（集团）有限公司	上海市虹井路159号申能能源中心6楼	201103	416	—	149
8	重庆市能源投资集团有限公司	重庆市渝北区洪湖西路12号	401121	478	—	165
9	东华能源股份有限公司	张家港保税区出口加工区东华路668号	215634	485	—	167
10	广州国资发展控股有限公司	广州市天河区临江大道3号发展中心9楼	510623	—	—	175
11	无锡市国联发展（集团）有限公司	无锡市滨湖区金融一街8号	214131	—	—	257
12	深圳能源集团股份有限公司	广东省深圳市深南中路2068号华能大厦东区33楼	518031	—	—	260
13	山西省国新能源发展集团有限公司	山西省太原市长治路345号	030032	—	—	268
14	浙江海越股份有限公司	浙江省诸暨市西施大街59号海越大厦	311800	—	—	315
15	深圳市燃气集团股份有限公司	广东省深圳市福田区中康北路深燃大厦11楼	518049	—	—	323
16	安徽国祯集团股份有限公司	安徽省合肥市高新技术开发区科学大道91号	230088	—	—	416
17	四川华油集团有限责任公司	四川省成都市高新区天府一街695号中环岛广场A座	610041	—	—	430
18	武汉市燃气热力集团有限公司	武汉市江汉区台北路225号	430015	—	—	468
19	上海大众公用事业（集团）股份有限公司	上海市徐汇区中山西路1515号8楼	200235	—	—	495

铁路运输

行业名次	公司名称	通讯地址	邮政编码	名次(1)	名次(2)	名次(3)
1	中国铁路物资股份有限公司	北京市海淀区复兴路17号国海广场C座	100036	311	—	118
2	中铁集装箱运输有限责任公司	北京市西城区鸭子桥路24号中铁商务大厦622	100055	—	—	378

公路运输

行业名次	公司名称	通讯地址	邮政编码	名次(1)	名次(2)	名次(3)
1	浙江省交通投资集团有限公司	杭州市钱江新城五星路199号明珠国际商务中心	310020	149	—	62
2	甘肃省公路航空旅游投资集团有限公司	甘肃省兰州市城关区南昌路1716号	730030	233	—	89
3	山东高速集团有限公司	山东省济南市历下区龙奥北路8号	250098	25	—	299
4	广东省交通集团有限公司	广东省广州市珠江新城珠江东路32号利通广场59楼	510623	342	—	128
5	四川省交通投资集团有限责任公司	四川省成都市二环路西一段90号	610041	393	—	139
6	安徽省交通控股集团有限公司	合肥市望江西路520号	230088	—	—	173
7	江西省高速公路投资集团有限责任公司	江西省南昌市西湖区朝阳洲中路367号	330025	—	—	259
8	重庆交通运输控股（集团）有限公司	重庆市北部新区高新园青松路33号	401121	—	—	281
9	现代投资股份有限公司	湖南省长沙市芙蓉中路二段128号现代广场	410004	—	—	335
10	上海交运（集团）公司	上海市闸北区恒丰路288号10楼	200070	—	—	351
11	内蒙古高等级公路建设开发有限责任公司	内蒙古自治区呼和浩特市新城区哲里木路9号	010051	—	—	429
12	广州交通投资集团有限公司	广东省广州市海珠区广州大道南1800号交投集团716室	510288	—	—	437
13	苏州汽车客运集团有限公司	江苏省苏州市留园路288号	215008	—	—	438
14	天津市交通（集团）有限公司	天津市和平区营口道10号	300041	—	—	479
15	深圳高速公路股份有限公司	深圳市福田区江苏大厦裙楼2-4层	518026	—	—	488

水上运输

行业名次	公司名称	通讯地址	邮政编码	名次(1)	名次(2)	名次(3)
1	中国远洋海运集团有限公司	上海市浦东新区滨江大道5299号	200127	77	—	39

续表

行业名次	公司名称	通讯地址	邮政编码	名次(1)	名次(2)	名次(3)
2	浙江中外运有限公司	浙江省宁波市海曙区解放南路69号	315010	—	—	322
港口服务						
1	广西北部湾国际港务集团有限公司	广西南宁市青秀区金浦路33号30–32楼	530000	337	—	126
2	上海国际港务（集团）股份有限公司	上海市虹口区东大名路358号国际港务大厦	200080	427	—	154
3	天津港（集团）有限公司	天津市滨海新区（塘沽）津港路99号	300461	—	—	182
4	浙江省海港投资运营集团有限公司	浙江省宁波市鄞州区宁东路269号宁波环球航运广场	315040	—	—	192
5	厦门港务控股集团有限公司	福建省厦门市湖里区东渡路125之21/2楼	361013	—	—	199
6	日照港集团有限公司	山东省日照市东港区黄海一路91号	276826	—	—	231
7	大连港集团有限公司	辽宁省大连市中山区港湾街1号	116001	—	—	271
8	河北港口集团有限公司	河北省秦皇岛市海港区海滨路35号	066002	—	—	282
9	唐山港集团股份有限公司	河北省唐山市海港经济开发区唐山港大厦	063611	—	—	387
航空运输						
1	中国南方航空股份有限公司	广东省广州市白云区齐心路68号中国南方航空大厦	510403	131	—	57
2	中国东方航空集团有限公司	上海市闵行区虹翔三路36号东航城北区A1	201100	145	—	60
3	厦门航空有限公司	厦门市湖里区埭辽路22号	361006	—	—	183
4	四川航空股份有限公司	四川省成都市双流国际机场四川航空大厦	610000	—	—	222
5	山东航空集团有限公司	山东省济南市历下区二环东路5746号	250014	—	—	248
6	天津航空有限责任公司	天津市东丽区机场路1196号	300300	—	—	317
航空港及相关服务业						
1	深圳海王集团股份有限公司	广东省深圳市南山区科技园科技中三路1号海王银河科技大厦	518057	338	—	127
2	上海机场（集团）有限公司	上海市虹桥机场迎宾二路200号	200335	—	—	270
3	厦门翔业集团有限公司	福建省厦门市思明区仙岳路396号翔业大厦17楼	361000	—	—	310
4	重庆港务物流集团有限公司	重庆市江北区海尔路298号	400025	—	—	368
邮政						
1	中国邮政集团公司	北京西城区金融大街甲3号	100808	28	—	14
物流及供应链						
1	厦门建发集团有限公司	厦门市思明区环岛东路1699号建发国际大厦43楼	361008	85	—	43
2	腾邦集团有限公司	深圳市福田保税区桃花路9号腾邦集团大厦	518038	184	—	73
3	深圳顺丰泰森控股（集团）有限公司	深圳市前海深港合作区前湾一路1号A栋201室（入驻深圳市前海商务秘书有限公司）	518000	237	—	91
4	深圳市怡亚通供应链股份有限公司	广东省深圳市龙岗区南湾街道李朗路3号	518114	247	—	97
5	玖隆钢铁物流有限公司	张家港市锦丰镇兴业路2号玖隆大厦	215625	270	—	105
6	河北省物流产业集团有限公司	河北省石家庄市中华北大街三号	050000	302	—	117
7	深圳市富森供应链管理有限公司	深圳市福田区福华三路星河发展中心大厦6、7层	518000	—	—	184
8	山西能源交通投资有限公司	山西省太原市长风西街一号丽华大厦A座15–16层	030021	—	—	190

行业名次	公司名称	通讯地址	邮政编码	名次(1)	名次(2)	名次(3)
9	深圳市年富供应链有限公司	深圳市福田区泰然八路31号泰然大厦B座7楼、C座25楼	518040	—	—	200
10	广西交通投资集团有限公司	广西南宁市青秀区民族大道146号三祺广场	530022	—	—	213
11	深圳市信利康供应链管理有限公司	深圳市福田区深南中路6011号NEO（A座）36楼	518048	—	—	220
12	德邦物流股份有限公司	上海市青浦区徐泾镇徐祥路316号1幢	201702	—	—	221
13	深圳市思贝克集团有限公司	深圳市南山区粤海街道深圳市南山区深南大道大冲商务中心D座18楼1806	518056	—	—	237
14	深圳市旗丰供应链服务有限公司	深圳市福田区福保街道桃花路32号鑫瑞科大厦3楼305	518048	—	—	267
15	深圳市朗华供应链服务有限公司	深圳市福田区深南大道6021号喜年中心B座11楼	518040	—	—	272
16	锦程国际物流集团股份有限公司	辽宁省大连市中山区祝贺街35号锦联大厦	116001	—	—	276
17	福建省交通运输集团有限责任公司	福建福州市台江区江滨中大道356号	350014	—	—	316
18	深圳市东方嘉盛供应链股份有限公司	深圳市福田区保税市花路10号东方嘉盛大厦6楼	—	—	—	346
19	深圳市英捷迅实业发展有限公司	深圳市福田区深南大道与泰然九路交界东南本元大厦4A	518042	—	—	359
20	浙江华瑞集团有限公司	浙江省杭州市萧山区建设一路66号华瑞中心1号楼28楼	311215	—	—	371
21	青海省物产集团有限公司	青海省西宁市朝阳东路34-2号	810003	—	—	390
22	重庆长安民生物流股份有限公司	重庆市渝北区金开大道1881号	401122	—	—	417
23	承志供应链有限公司	广东广州市天河区花城大道20号703-705房	510623	—	—	449
24	深圳市九立供应链股份有限公司	深圳市罗湖区黄贝街道新秀路新秀村瑞思大厦A座17楼	518002	—	—	456
25	湖南正和通矿产资源供应链有限公司	湖南省郴州市高新区创新创业园2栋	423000	—	—	458
26	四川安吉物流集团有限公司	四川省宜宾市翠屏区红坝路安吉物流园	644007	—	—	475
电信服务						
1	中国移动通信集团有限公司	北京西城区金融大街29号	100033	12	—	8
2	中国电信集团有限公司	北京市西城区金融街31号	100033	35	—	18
3	中国联合网络通信集团有限公司	北京市西城区金融大街21号 中国联通大厦	100033	63	—	31
广播电视服务						
1	广东省广播电视网络股份有限公司	广东省广州市珠江西路17号广晟国际大厦37层	510623	—	—	483
软件和信息技术						
1	三胞集团有限公司	江苏省南京市雨花台区软件大道68号	210012	122	—	52
2	清华控股有限公司	北京市海淀区中关村东路1号院8号楼（科技大厦）A座25层	100084	137	—	58
3	北大方正集团有限公司	北京市海淀区成府路298号方正大厦	100871	160	—	64
4	浪潮集团有限公司	山东省济南市浪潮路1036号	250101	207	—	81
5	神州数码集团股份有限公司	北京市海淀区上地9街9号数码科技广场	100085	266	—	103
6	广州无线电集团有限公司	广州市天河区黄埔大道西平云路163号	510656	—	—	313
7	东软集团股份有限公司	沈阳浑南新区新秀街2号 东软软件园	110179	—	—	401

续表

行业名次	公司名称	通讯地址	邮政编码	名次(1)	名次(2)	名次(3)
8	福建新大陆电脑股份有限公司	福建省福州市马尾区儒江西路1号	350015	—	—	487
互联网服务						
1	北京京东世纪贸易有限公司	北京市亦庄经济开发区科创十一街18号院京东大厦	101111	42	—	21
2	阿里巴巴集团控股有限公司	浙江省杭州市余杭区文一西路969号	311121	69	—	34
3	腾讯控股有限公司	广东省深圳市南山区高新科技园科技中一路腾讯大厦	518057	75	—	38
4	百度网络技术有限公司	北京海淀区上地十街10号百度大厦195	—	195		77
5	福中集团有限公司	江苏省南京市玄武区玄武大道699-10号	210042	201		78
6	上海钢联电子商务股份有限公司	上海市宝山区园丰路68号	200444	229		88
7	唯品会（中国）有限公司	广州荔湾区花海街20号	510370	246		96
8	上海找钢网信息科技股份有限公司	上海市杨浦区逸仙路同济晶度17层	200437	296		113
9	网易公司	广东省广州市天河区科韵路16号广州信息港E栋网易大厦	100085	299		115
10	通鼎集团有限公司	江苏省苏州市吴江区震泽镇八都经济开发区小平大道8号	215233	373		135
11	同程控股股份有限公司	苏州工业园区裕新路188号同程大厦	215123	396		140
12	深圳市中农网有限公司	深圳市福田区福强路文化创意园二期A301	518017	486		168
13	搜狐网络有限责任公司	北京市海淀区科学院南路2号院3号楼搜狐媒体大厦	100190	—		303
14	上海景域文化传播股份有限公司	上海市普陀区金沙江路1759号圣诺亚大厦B座12楼	200333	—		321
15	新浪公司	—	100193	—		331
16	上海东方电视购物有限公司	上海市杨浦区国定路400号	200433	—		400
17	网宿科技股份有限公司	上海市徐汇区斜土路2899号光启文化广场A栋5楼	200030	—		460
18	湖南新长海发展集团有限公司	湖南省长沙市经济技术开发区新长海数码中心	410100	—		478
能源矿产商贸						
1	中国航空油料集团有限公司	北京市海淀区马甸路2号桥冠城园中国航油大厦	100088	91	—	44
2	晋能集团有限公司	山西省太原市开化寺街82号五层	030002	162	—	65
3	山西煤炭进出口集团有限公司	山西省太原市长风街115号	030006	298		114
4	江苏中利能源控股有限公司	江苏省常熟市常昆工业园区常昆路8号	215500	404		143
5	珠海振戎有限公司	北京市朝阳区大屯里121号华悦国际公寓J座	100108	—		191
6	重庆千信国际贸易有限公司	重庆市两江新区星光大道98号土星商务中心B3座17楼	401121	—		203
7	维科控股集团股份有限公司	浙江省宁波市海曙区柳汀街225号	315010	—		244
8	广州元亨能源有限公司	广州市越秀区东风东路850号锦城大厦1801室	510600	—		250
9	上海龙宇燃油股份有限公司	上海市浦东新区东方路710号25楼	200122	—		251
10	杭州东恒石油有限公司	浙江省杭州市下城区东新路580号	310014	—		252
11	张家港保税区旭江贸易有限公司	江苏省苏州市张家港市锦丰镇永新路1号	215600	—		265

续表

行业名次	公司名称	通讯地址	邮政编码	名次(1)	名次(2)	名次(3)
12	天津恒运能源集团股份有限公司	天津市塘沽区海洋高新技术开发区金江路45号	300451	—	—	285
13	福建裕华集团有限公司	福建省厦门市思明区鹭江道99号2502室	361000	—	—	427
14	太仓苏南石油有限公司	太仓市经济开发区娄江南路116号	215400	—	—	459
15	厦门海澳集团有限公司	厦门市海沧区钟林路12号商务大厦19楼	361026	—	—	465
16	宁波力勤矿业有限公司	浙江省宁波市国家高新区光华路299弄C10幢11楼	031500	—	—	477
化工医药商贸						
1	中国中化集团有限公司	北京市复兴门内大街28号凯晨世贸中心中座F11	100031	23	—	12
2	南通化工轻工股份有限公司	江苏省南通市南大街28号金树银花大厦18层	226000	—	—	186
3	江阴市金桥化工有限公司	江苏省江阴市澄江中路118号国贸大厦10楼	214431	—	—	369
4	河南蓝天集团有限公司	河南省驻马店市解放路68号中原大厦17楼	463000	—	—	414
5	日出实业集团有限公司	浙江省宁波市鄞州县（区）天童南路588号宁波商会中心A座42楼	315000	—	—	421
6	湖南省轻工盐业集团有限公司	长沙市雨花区时代阳光大道西388号轻盐阳光CEO	410116	—	—	480
机电商贸						
1	中国通用技术（集团）控股有限责任公司	北京丰台区西三环中路90号	100055	117	—	51
2	深圳市优友金融服务有限公司	广东深圳市福田区福中一路生命保险大厦1701	518000	—	—	374
3	广州佳都集团有限公司	广州建工路4号	510665	—	—	447
生活消费品商贸						
1	江苏国泰国际集团有限公司	江苏省张家港市人民中路国泰大厦30楼3007室	215600	317	—	120
2	广州轻工工贸集团有限公司	广州市越秀区沿江东路407号	510199	344	—	129
3	物美控股集团股份有限公司	北京市海淀区西四环北路158号物美慧科大厦	100142	384	—	137
4	浙江省国际贸易集团有限公司	浙江省杭州市中山北路308号	310003	417	—	150
5	安徽国贸集团控股有限公司	安徽省合肥市政务文化新区祁门路1779号	230071	426	—	153
6	江苏汇鸿国际集团股份有限公司	江苏省南京市秦淮区白下路91号汇鸿大厦	210001	436	—	159
7	太平鸟集团有限公司	浙江省宁波市环城西路南段826号	315000	—	—	188
8	新华锦集团	山东省青岛市崂山区松岭路127号11号楼	266101	—	—	193
9	广东省丝绸纺织集团有限公司	广东省广州市东风西路198号丝丽大厦	510180	—	—	217
10	武汉市金马凯旋家具投资有限公司	湖北省武汉市黄陂区汉口北大道21号金马凯旋集团大厦	430000	—	—	224
11	搜于特集团股份有限公司	广东省东莞市道滘镇新鸿昌路1号	523170	—	—	242
12	江苏省苏豪控股集团有限公司	江苏省南京市雨花台区软件大道48号A座519室	210012	—	—	246
13	浙江凯喜雅国际股份有限公司	浙江省杭州市体育场路105号	310004	—	—	360
14	人人乐连锁商业集团股份有限公司	深圳市宝安区洲石路人人乐总部大厦	518108	—	—	364
15	万事利集团有限公司	浙江省杭州市江干区天城路68号B幢17楼	310021	—	—	399
16	广州纺织工贸企业集团有限公司	广东省广州市越秀区东风中路438号广德大厦	510040	—	—	431
17	广州尚品宅配家居股份有限公司	广东省广州市天河区花城大道85号A座35、36楼	510000	—	—	464
18	重庆砂之船奥莱商业管理有限公司	重庆渝北区奥特莱斯路1号A馆5楼	401122	—	—	467

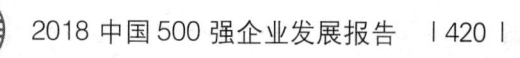

续表

行业名次	公司名称	通讯地址	邮政编码	名次(1)	名次(2)	名次(3)
19	湖北银丰实业集团有限责任公司	湖北省武汉市江岸区青岛路 7 号银丰大厦 12 楼	430014	—	—	489
农产品及食品批发						
1	中粮集团有限公司	北京市朝阳区朝阳门南大街 8 号中粮福临门大厦	100020	30	—	16
2	北京粮食集团有限责任公司	北京市朝阳区东三环中路 16 号京粮大厦	100022	473	—	163
3	安徽安粮控股股份有限公司	安徽省合肥市金寨路 389－399 号盛安广场 20 楼	230061	—	—	216
4	新疆生产建设兵团棉麻有限公司	新疆乌鲁木齐市西北路 955 号香江丽华酒店	830000	—	—	229
5	厦门夏商集团有限公司	福建省厦门市思明区厦禾路 939 号华商大厦 17 楼	361004	—	—	329
6	深圳市粮食集团有限公司	深圳市福田区福虹路 9 号世贸广场 A 座 13 楼	518033	—	—	334
7	浙江省农村发展集团有限公司	浙江省杭州市武林路 437 号农发大厦	310006	—	—	337
8	湖南粮食集团有限责任公司	湖南省长沙市开福区芙蓉北路 1119 号	410008	—	—	398
9	江苏省粮食集团有限责任公司	江苏省南京市中山路 338 号苏粮国际大厦	210008	—	—	422
10	厦门市明穗粮油贸易有限公司	厦门现代物流园区象屿路 88 号保税市场大厦三楼 303 室	361006	—	—	423
11	深圳市鑫荣懋农产品股份有限公司	广东省深圳市龙岗区平湖华南城发展中心 10 楼	518100	—	—	436
12	新疆西部银力棉业（集团）有限责任公司	新疆石河子市北三路 23 小区 79 号	832000	—	—	448
13	万向三农集团有限公司	浙江省杭州市萧山经济技术开发区	311215	—	—	462
14	宁波市绿顺集团股份有限公司	浙江省宁波市江东县（区）大戴街 2 号	315040	—	—	463
生产资料商贸						
1	天津物产集团有限公司	天津市和平区营口道四号	300041	33	—	17
2	物产中大集团股份有限公司	浙江省杭州市环城西路 56 号	310006	64	—	32
3	广东省广物控股集团有限公司	广东省广州市天河区珠江新城兴国路 21 号保利中达广场 2 号楼广物中心	510623	300	—	116
4	重庆对外经贸（集团）有限公司	重庆市渝北区星光大道 80 号	401121	—	—	177
5	安徽辉隆投资集团有限公司	安徽省合肥市包河区延安路 1779 号汇元国际	230000	—	—	196
6	厦门路桥工程物资有限公司	福建省厦门市海沧区海虹路 5 号	361026	—	—	233
7	浙江建华集团有限公司	杭州市拱墅区沈半路 2 号	310015	—	—	253
8	黑龙江倍丰农业生产资料集团有限公司	黑龙江省哈尔滨市松北区新湾路 88 号	150028	—	—	266
9	厦门恒兴集团有限公司	福建省厦门市思明区鹭江道 100 号财富中心大厦 42F	361001	—	—	301
10	常州市化工轻工材料总公司	江苏省常州市天宁区桃园路 19 号	213003	—	—	311
11	佛山市顺德区乐从供销集团有限公司	广东省佛山市顺德区乐从镇跃进路供销大厦四楼	528315	—	—	355
12	新疆农资（集团）有限责任公司	新疆乌鲁木齐市中山路 2 号	830002	—	—	413
13	广东天禾农资股份有限公司	广州市越秀区东风东路 709 号	510080	—	—	433
14	湖北省农业生产资料控股集团有限公司	湖北省武汉市江汉区建设大道 737 号广发银行大厦 25－26 楼	430014	—	—	496
金属品商贸						
1	上海均和集团有限公司	上海市浦东新区陆家嘴环路 166 号未来资产大厦 35 层	200120	173	—	69
2	西安迈科金属国际集团有限公司	西安市高新区锦业路 12 号迈科中心 45 层	710077	174	—	70

续表

行业名次	公司名称	通讯地址	邮政编码	名次(1)	名次(2)	名次(3)
3	大汉控股集团有限公司	湖南省长沙市望城区普瑞大道金桥国际未来城四栋	410200	434	—	158
4	华南物资集团有限公司	重庆市江北区红黄路1号1幢15-1	400020	—	—	195
5	青岛中垠瑞丰国际贸易有限公司	山东省青岛市南区中山路43-60号	266001	—	—	205
6	张家港市沃丰贸易有限公司	江苏扬子江国际冶金工业园	215600	—	—	263
7	上海闽路润贸易有限公司	上海市杨浦区国宾路36号万达广场B座11楼	200433	—	—	284
8	张家港市泽厚贸易有限公司	江苏扬子江国际冶金工业园	215600	—	—	287
9	武汉联杰能源有限公司	湖北省武汉市江岸区中山大道1628号平安金融中心1102-1104室	430000	—	—	292
10	张家港市国彰贸易有限公司	江苏扬子江国际冶金工业园	215600	—	—	320
11	江阴长三角钢铁集团有限公司	江苏省江阴市澄山路2号	214400	—	—	324
12	苏州裕景泰贸易有限公司	张家港市锦丰镇（江苏扬子江国际冶金工业园锦绣路3号）	215000	—	—	333
13	江苏大经集团有限公司	江苏省江阴市云亭街道澄杨路268号	214400	—	—	347
14	上海展志实业集团有限责任公司	上海市杨浦区国宾路36号万达广场B座17层	200433	—	—	348
15	张家港保税区日祥贸易有限公司	江苏省苏州市张家港市锦丰镇永新路1号	215600	—	—	377
16	张家港保税区荣德贸易有限公司	江苏省苏州市张家港市锦丰镇永新路1号	251600	—	—	383
17	上海百润企业发展有限公司	上海市浦东新区银霄路393号百安居商务大楼5楼	201202	—	—	394
18	福然德股份有限公司	上海市宝山区潘泾路3759号	201906	—	—	471
19	江苏嘉奕和铜业科技发展有限公司	江苏省江阴市徐霞客镇瑛塘工业园环北路211号	214400	—	—	473
20	张家港市君乔贸易有限公司	江苏扬子江国际冶金工业园	215600	—	—	486
综合商贸						
1	厦门国贸控股有限公司	福建省厦门市湖滨南路388号国贸大厦38楼	361004	82	—	41
2	远大物产集团有限公司	浙江省宁波市江东区惊驾路555号泰富广场A座12-15层	315040	167	—	67
3	浙江省兴合集团有限责任公司	浙江省杭州市延安路312号	310006	171	—	68
4	东方国际（集团）有限公司	上海市虹桥路1488号	200336	175	—	71
5	中基宁波集团股份有限公司	浙江省宁波市鄞州区天童南路666号	315199	422	—	151
6	广西物资集团有限责任公司	广西壮族自治区南宁市东葛路78号	530022	—	—	189
7	深圳中电投资股份有限公司	深圳市深南中路2070号电子科技大厦A座32-38层	518031	—	—	241
8	北方国际集团有限公司	天津市和平区大理道68号	300050	—	—	273
9	浙江蓝天实业集团有限公司	浙江省绍兴柯桥笛扬路富丽华大酒店28层	312030	—	—	358
10	宁波海田控股集团有限公司	浙江省宁波市江北区文教路72弄16号	315016	—	—	388
11	浙江万丰企业集团公司	浙江省杭州市萧山区城厢街道人民路51号	311203	—	—	425
12	上海浦原对外经贸有限公司	上海市黄浦区北京东路444号	200001	—	—	482
连锁超市及百货						
1	百联集团有限公司	上海市黄浦区中山南路315号百联大厦13楼	200010	273	—	107
2	永辉超市股份有限公司	福建省福州市鼓楼区湖头街120号光荣路5号院	350002	281	—	111
3	重庆商社（集团）有限公司	重庆市渝中区青年路18号	400010	327	—	122

续表

行业名次	公司名称	通讯地址	邮政编码	名次(1)	名次(2)	名次(3)
4	武汉商联（集团）股份有限公司	湖北省武汉市江汉区唐家墩路32号国资大厦B座	430015	429	—	155
5	步步高投资集团股份有限公司	湖南省长沙市岳麓区高新区东方红路657号步步高大厦	410000	431	—	157
6	利群集团股份有限公司	山东省青岛市崂山区海尔路83号金鼎大厦	266061	—	—	194
7	石家庄北国人百集团有限责任公司	石家庄中山东路188号	050000	—	—	223
8	月星集团有限公司	上海市普陀区中山北路3300号环球港A座41楼	200060	—	—	225
9	浙江省商业集团有限公司	浙江省杭州市惠民路56号	310002	—	—	227
10	银泰商业（集团）有限公司	杭州市下城区延安路528号标力大厦B座21层	310006	—	—	228
11	淄博商厦股份有限公司	山东省淄博市张店区中心路125号	255000	—	—	240
12	大连金玛商城企业集团有限公司	辽宁省大连市金普新区金马路228号	116600	—	—	245
13	长春欧亚集团股份有限公司	吉林省长春市飞跃路2686号	130012	—	—	283
14	杭州联华华商集团有限公司	浙江省杭州市庆春路86号	310003	—	—	288
15	深圳市恒波商业连锁有限公司	深圳市罗湖区文锦北路洪湖二街50号新南滨大楼三、四层	518020	—	—	330
16	河北省新合作控股集团有限公司	河北省石家庄市建设南大街21号付1号	050012	—	—	339
17	广州百货企业集团有限公司	广东省广州市越秀区西湖路12号23楼	510030	—	—	341
18	无锡商业大厦大东方股份有限公司	江苏省无锡市中山路343号	214001	—	—	362
19	上海新世界（集团）有限公司	上海市黄浦区九江路619号22楼	200001	—	—	380
20	湖南佳惠百货有限责任公司	湖南省怀化市佳惠弄农产品批发大市场（佳惠总部）	418000	—	—	386
21	湖南友谊阿波罗控股股份有限公司	湖南省长沙市芙蓉区车站中路345号	410001	—	—	396
22	山西美特好连锁超市股份有限公司	山西省太原市小店高新区龙兴街万立科技大厦八层	030012	—	—	412
23	青岛利客来集团股份有限公司	青岛市李沧区京口路58号	266000	—	—	418
24	杭州解百集团股份有限公司	浙江省杭州市城北路208号坤和中心36-37楼	310006	—	—	441
25	重庆市新大兴实业（集团）有限公司	重庆市涪陵区涪南路1号新大兴大厦3楼	408000	—	—	454
26	雄风集团有限公司	浙江省诸暨市浣东街道东二路99号	311800	—	—	455
27	良品铺子股份有限公司	湖北省武汉市东西湖区走马岭革新大道8号	430000	—	—	457
28	江苏华地国际控股集团有限公司	江苏省无锡市县前东街1号金陵饭店26F	214005	—	—	474
汽车摩托车零售						
1	中升集团控股有限公司	辽宁省大连市沙河口区河曲街20号	116020	192	—	76
2	庞大汽贸集团股份有限公司	河北省唐山市滦县立交桥南侧庞大汽贸集团	063700	240	—	93
3	上海永达控股（集团）有限公司	上海市黄浦区瑞金南路299号	200023	263	—	102
4	河北省国和投资集团有限公司	河北省石家庄市北二环东路68号国际汽车园区东门	050033	—	—	197
5	利泰集团有限公司	广东省佛山市季华五路10号金融广场23楼	528000	—	—	226
6	浙江宝利德股份有限公司	浙江省杭州市西湖区求是路8号公元大厦南楼1001室	310013	—	—	230
7	山东远通汽车贸易集团有限公司	山东省临沂市兰山区通达路319号	276002	—	—	239

续表

行业名次	公司名称	通讯地址	邮政编码	名次(1)	名次(2)	名次(3)
8	润华集团股份有限公司	山东省济南市经十西路3999号润华汽车文化产业园	250117	—	—	254
9	万友汽车投资有限公司	重庆市渝中区华盛路7号企业天地7号楼20层	400043	—	—	262
10	广东鸿粤汽车销售集团有限公司	广州市白云区白云大道北958号（鸿粤集团办公楼）	510440	—	—	309
11	蓝池集团有限公司	河北省邢台市桥西区邢州大道2332号	054000	—	—	326
12	湖南兰天集团有限公司	长沙高新区岳麓西大道3599号兰天汽车文化园	410205	—	—	344
13	上海广微投资有限公司	上海市长宁区紫云路421号T1座30楼	200031	—	—	350
14	广东合诚集团有限公司	广东省佛山市顺德大良广珠公路新松路段	528300	—	—	365
15	山西大昌汽车集团有限公司	山西省太原市平阳南路88号	030032	—	—	389
16	宁波轿辰集团股份有限公司	浙江省宁波市高新区星海南路16号轿辰大厦	315040	—	—	392
17	浙江恒威集团有限公司（海曙区）	浙江省宁波市江北区洪塘工业B区江北大道1236弄9号	315033	—	—	404
18	上海申华控股股份有限公司	上海市宁波路1号申华金融大厦24F	200002	—	—	440
19	重庆百事达汽车有限公司	重庆市渝北区松牌路521号	401147	—	—	472
20	广东新协力集团有限公司	广东省佛山市顺德区大良街道广珠公路新松路段	528300	—	—	481
家电及电子产品零售						
1	苏宁控股集团有限公司	江苏省南京市玄武区徐庄软件园苏宁大道1号	210042	17	—	9
2	国美零售控股集团有限公司	北京市霄云路26号鹏润大厦B座18层	100016	99	—	46
3	深圳市爱施德股份有限公司	深圳市南山区沙河西路3151号健兴科技大厦C座8楼	518055	286	—	112
4	天音通信有限公司	广东省深圳市福田区深南中路1002号新闻大厦26层	518027	406	—	144
5	南京新华海科技产业集团有限公司	江苏省南京市玄武区珠江路435号华海大厦A层	210018	—	—	207
6	江苏五星电器有限公司	江苏省南京市中山北路241号江苏华侨大厦2F	210009	—	—	306
7	武汉工贸有限公司	湖北省武汉市硚口区解放大道855号	430023	—	—	451
8	常熟市交电家电有限责任公司	江苏省常熟市周行金家浜路2号	215500	—	—	469
医药及医疗器材零售						
1	中国医药集团有限公司	北京市海淀区知春路20号中国医药大厦8-12层	100191	44	—	22
2	九州通医药集团股份有限公司	武汉市汉阳区龙阳大道特8号	430050	228	—	87
3	重庆医药（集团）股份有限公司	重庆市渝中区大同路1号	400010	—	—	212
4	浙江英特药业有限责任公司	浙江省杭州市滨江区江南大道96号中化大厦1107	310051	—	—	236
5	安徽华源医药股份有限公司	安徽省太和县沙河东路168号	236600	—	—	269
6	广西柳州医药股份有限公司	广西柳州市官塘大道68号	545000	—	—	357
7	鹭燕医药股份有限公司	福建省厦门市湖里区安岭路1004号	361006	—	—	376
8	老百姓大药房连锁股份有限公司	长沙经济技术开发区（星沙）开元西路1号	410000	—	—	393
9	大参林医药集团股份有限公司	广州市荔湾区龙溪大道410号、410-1号	510000	—	—	395
10	浙江省医药工业有限公司	浙江省杭州市莫干山路文北巷27号	310012	—	—	476
商业银行						
1	中国工商银行股份有限公司	北京市西城区复兴门内大街55号	100140	4	—	2

续表

行业名次	公司名称	通讯地址	邮政编码	名次(1)	名次(2)	名次(3)
2	中国建设银行股份有限公司	北京市西城区金融大街25号	100033	7	—	4
3	中国农业银行股份有限公司	北京市东城区建国门内大街69号	100005	9	—	5
4	中国银行股份有限公司	北京市复兴门内大街1号	100818	11	—	7
5	国家开发银行股份有限公司	北京市西城区复兴门内大街18号	100031	20	—	11
6	交通银行股份有限公司	上海市银城中路188号	200120	40	—	20
7	招商银行股份有限公司	广东省深圳市深南大道7088号招商银行大厦45楼	518040	46	—	23
8	上海浦东发展银行股份有限公司	上海市中山东一路12号	200002	52	—	26
9	兴业银行股份有限公司	福建省福州市湖东路154号中山大厦A座	350003	53	—	27
10	中国民生银行股份有限公司	北京市中关村南大街1号友谊宾馆嘉宾楼	100873	59	—	28
11	华夏银行股份有限公司	北京市东城区建国门内大街22号华夏银行大厦	100005	138	—	59
12	北京银行股份有限公司	北京市西城区金融大街丙17号北京银行大厦	100033	166	—	66
13	上海银行股份有限公司	上海自由贸易试验区银城中路168号	200120	226	—	86
14	渤海银行股份有限公司	天津市河东区海河东路218号	300012	328	—	123
15	重庆农村商业银行股份有限公司	重庆市江北区金沙门路36号	400023	372	—	134
16	上海农村商业银行股份有限公司	上海黄浦区中山东二路70号	200002	475	—	164
17	广州农村商业银行股份有限公司	广东省广州市天河区珠江新城华夏路1号	510623	498	—	170
18	天津银行股份有限公司	天津市河西区友谊路15号	300201	—	—	172
19	北京农村商业银行股份有限公司	北京市西城区月坛南街1号院2号楼	100045	—	—	174
20	恒丰银行股份有限公司	山东省烟台市莱山区港城东大街289号 南山世纪大厦A座	264008	—	—	180
21	郑州银行股份有限公司	河南省郑州市郑东新区商务外环路22号	450046	—	—	218
22	长沙银行股份有限公司	长沙市岳麓区滨江路长沙银行大厦	410005	—	—	219
23	吉林银行股份有限公司	长春市东南湖大路1817号	130033	—	—	238
24	杭州银行股份有限公司	浙江省杭州市下城区庆春路46号	310003	—	—	280
25	天津农村商业银行股份有限公司	天津市河西区马场道59号国际经济贸易中心A座	300203	—	—	291
26	盛京银行股份有限公司	辽宁省沈阳市沈河区北站路109号	110013	—	—	296
27	青岛银行股份有限公司	山东省青岛市香港中路68号青岛银行12楼办公室	266000	—	—	302
28	武汉农村商业银行股份有限公司	湖北省武汉市江岸区建设大道618号	430015	—	—	305
29	洛阳银行股份有限公司	河南省洛阳市洛阳新区开元大道与通济街交叉口	471023	—	—	314
30	桂林银行股份有限公司	广西桂林市中山南路76号	541002	—	—	318
31	青岛农村商业银行股份有限公司	山东省青岛市崂山区秦岭路6号农商财富大厦	266061	—	—	340
32	重庆银行股份有限公司	重庆市江北区永平门街6号	040010	—	—	352
33	张家口银行股份有限公司	河北省张家口市桥东区胜利贝北路51号	075000	—	—	353
34	江西银行股份有限公司	江西省南昌市红谷滩新区金融大街699号	330038	—	—	356
35	广东南海农村商业银行股份有限公司	广东省佛山市南海大道北26号南海农商银行大厦	528200	—	—	385
36	天津滨海农村商业银行股份有限公司	天津市自贸试验区（空港经济区）西三道158号金融中心一号楼	300308	—	—	405
37	汉口银行股份有限公司	湖北省武汉市建设大道933号	430015	—	—	439
38	柳州银行股份有限公司	广西壮族自治区柳州市中山西路12路	545001	—	—	442

续表

行业名次	公司名称	通讯地址	邮政编码	名次(1)	名次(2)	名次(3)
39	无锡农村商业银行股份有限公司	江苏省无锡市金融二街9号	214125	—	—	444
40	沧州银行股份有限公司	河北省沧州市运河区迎宾大道天成首府南侧	061000	—	—	446
41	广西北部湾银行股份有限公司	广西壮族自治区南宁市青秀路10号	530023	—	—	450
42	赣州银行股份有限公司	江西省赣州市章贡区赣江源大道26号	341000	—	—	484
43	莱商银行股份有限公司	山东省莱芜市高新技术开发区龙潭东大街137号	271100	—	—	485
44	江苏江阴农村商业银行股份有限公司	江苏省江阴市澄江中路1号（注册地址）中国江苏省江阴市砂山路4号（临时办公地址）	214431	—	—	490
45	齐商银行股份有限公司	淄博市张店区中心路105号	025500	—	—	494
保险业						
1	中国人寿保险（集团）公司	北京市西城区金融大街17号中国人寿中心	100033	10	—	6
2	中国人民保险集团股份有限公司	北京市西城区西长安街88号中国人保大厦	100031	29	—	15
3	中国太平洋保险（集团）股份有限公司	上海市浦东新区银城中路190号	200120	47	—	24
4	中国太平保险控股有限公司	香港铜锣湾新宁道8号中国太平大厦第一期22层10649	—	106	—	49
5	泰康保险集团股份有限公司	北京市西城区复兴门内大街156号泰康人寿大厦	100031	108	—	50
6	新华人寿保险股份有限公司	北京市朝阳区建国门外大街甲12号新华保险大厦	100022	123	—	53
7	富德生命人寿保险股份有限公司	广东省深圳市福田区益田路荣超商务中心A栋32层	518048	153	—	63
8	阳光保险集团股份有限公司	北京市朝阳区朝外大街乙12号昆泰国际大厦	100020	176	—	72
9	前海人寿保险股份有限公司	广东省深圳市罗湖区宝安北路2088号深业物流大厦13楼	518023	326	—	121
10	中华联合保险控股股份有限公司	北京市西城区风声丰盛胡同20号丰铭国际大厦B座10层	100032	391	—	138
11	渤海人寿保险股份有限公司	天津市和平区南京路219号 天津中心A座30层	300051	—	—	328
证券业						
1	海通证券股份有限公司	上海市黄浦区广东路689号	200001	—	—	176
2	兴华财富集团有限公司	武安市上团城西	056307	—	—	181
3	广发证券股份有限公司	广州市天河北路183号大都会广场43楼	510075	—	—	210
4	方正证券股份有限公司	湖南省长沙市芙蓉中路二段200号华侨国际大厦22－24层	410015	—	—	435
多元化金融						
1	中国平安保险（集团）股份有限公司	广东省深圳市福田区益田路5033号平安金融中心	518033	6	—	3
2	中国中信集团有限公司	北京市朝阳区新源南路6号京城大厦	100004	36	—	19
3	招商局集团有限公司	香港干诺道中168－200号信德中心招商局大厦40楼	—	65	—	33
4	中国光大集团股份有限公司	北京市西城区太平桥大街25号中国光大中心	100033	72	—	37
5	中国华融资产管理股份有限公司	北京市西城区金融大街8号中国华融大厦	100033	130	—	56
6	武汉金融控股（集团）有限公司	武汉市长江日报路77号投资大厦	430015	363	—	132
7	中国万向控股有限公司	上海浦东新区陆家嘴西路99号万向大厦	200120	—	—	215
8	广州金融控股集团有限公司	广东省广州市天河区体育西路191号中石化大厦B塔26楼	510620	—	—	332

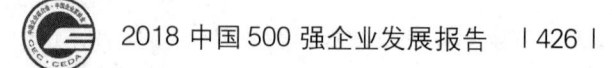

续表

行业名次	公司名称	通讯地址	邮政编码	名次(1)	名次(2)	名次(3)
住宅地产						
1	恒大集团有限公司	广东深圳市南山区海德三道1126号卓越后海中心36楼	518054	49	—	25
2	绿地控股集团股份有限公司	上海市打浦路700号绿地总部大厦	200023	60	—	29
3	万科企业股份有限公司	深圳市盐田区大梅沙环梅路33号万科中心	518083	71	—	36
4	碧桂园控股有限公司	广东省佛山市顺德区北滘镇碧江大桥侧碧桂园集团	528312	80	—	40
5	华侨城集团有限公司	深圳市南山区深南大道9012号	518053	211	—	82
6	银亿集团有限公司	浙江省宁波市江北区人民路132号27楼	315020	215	—	83
7	龙湖集团控股有限公司	重庆市渝江区天山大道西段32号1幢	401123	235	—	90
8	世茂房地产控股有限公司	上海市浦东新区银城中路68号时代金融中心大厦43层	200120	241	—	94
9	卓尔控股有限公司	湖北省武汉市黄陂区盘龙城经济开发区巨龙大道特1号卓尔创业中心	432200	244	—	95
10	杭州滨江房产集团股份有限公司	浙江省杭州市江干区庆春东路38号	310016	268	—	104
11	天津泰达投资控股有限公司	天津经济技术开发区盛达街9号	300457	271	—	106
12	广州富力地产股份有限公司	广东省广州市天河区珠江新城华夏路10号富力中心45-54楼	510623	279	—	109
13	雅居乐地产控股有限公司	广东省广州市天河区珠江新城江西路5号广州国际金融中心33楼	510623	312	—	119
14	珠海华发集团有限公司	广东省珠海市拱北联安路9号	519000	352	—	130
15	荣盛控股股份有限公司	河北省廊坊市开发区四海路春明道北侧	065001	364	—	133
16	四川蓝润实业集团有限公司	四川省成都市红星路三段一号IFS 1号楼39F	610000	401	—	142
17	福佳集团有限公司	辽宁省大连市沙河口区兴工街4号新天地广场A栋24楼	116021	407	—	145
18	北京首都开发控股（集团）有限公司	北京市东城区沙滩后街22号	100009	409	—	146
19	弘阳集团有限公司	江苏省南京市大桥北路9号弘阳大厦	210031	414	—	148
20	金地（集团）股份有限公司	广东省深圳市福田区福强路金地商业大楼	518048	425	—	152
21	广州越秀集团有限公司	广东省广州市天河区珠江新城珠江西路5号广州国金中心64楼	510623	430	—	156
22	成都兴城投资集团有限公司	四川省成都市高新区濯锦路99号	610000	438	—	160
23	北京江南投资集团有限公司	北京市朝阳区红坊路8号	100176	445	—	161
24	世纪金源投资集团有限公司	北京市海淀区蓝晴路1号	100097	483	—	166
25	北京金融街投资（集团）有限公司	北京西城区金融大街33号通泰大厦B座11层	100033	490	—	169
26	香江集团有限公司	广东省广州市番禺区番禺大道锦绣香江花园会所办公楼	511442	—	—	171
27	天津亿联投资控股集团有限公司	天津市东丽区金钟河大街3699号	300240	—	—	198
28	上海城投（集团）有限公司	上海市永嘉路18号	200020	—	—	204
29	厦门禹洲集团股份有限公司	上海市思明区湖滨南路55号禹洲广场	361003	—	—	208
30	苏州金螳螂企业（集团）有限公司	江苏省苏州市姑苏区西环路888号	215004	—	—	209

续表

行业名次	公司名称	通讯地址	邮政编码	名次(1)	名次(2)	名次(3)
31	重庆市中科控股有限公司	重庆市南岸区茶园新区新天泽国际总部城 A5 栋 2 单元	401336	—	—	211
32	上海中梁地产集团有限公司	上海市普陀区云岭东路 235 号上海跨国采购中心 3 号楼 5 楼/10 楼	200061	—	—	232
33	厦门中骏集团有限公司	厦门高崎南五路 208 号中骏集团大厦	361006	—	—	234
34	广州珠江实业集团有限公司	广东省广州市环市东路 371-375 号世界贸易中心大厦南塔 28 楼	510095	—	—	243
35	上海三盛宏业投资（集团）有限责任公司	上海市黄浦区外马路 978 号三盛宏业大厦	200011	—	—	264
36	南京大地建设集团有限责任公司	江苏省南京市华侨路 56 号大地建设大厦 27 楼 2705	210029	—	—	277
37	天津现代集团有限公司	天津市和平区滨江道 219 号利华佳商厦	300022	—	—	278
38	星河湾集团有限公司	广州番禺区番禺大道北 1 号星河湾酒店 23 楼	511430	—	—	286
39	西安高科（集团）公司	陕西省西安市高新区科技路 33 号高新国际商务中心 34 层	710075	—	—	289
40	大华（集团）有限公司	上海市宝山区华灵路 698 号	200442	—	—	290
41	联发集团有限公司	福建省厦门市湖里大道 31 号	361006	—	—	300
42	天津住宅建设发展集团有限公司	天津市和平区马场道 66 号	300050	—	—	308
43	卓正控股集团有限公司	河北省保定市七一东路 2358 号卓正大厦	071000	—	—	336
44	广东珠江投资股份有限公司	广东省广州市天河区珠江东路 421 号珠江投资大厦 6 楼	510623	—	—	354
45	广西云星集团有限公司	广西南宁市金湖路 59 号地王国际商务中心 34 层	530028	—	—	361
46	重庆华宇集团有限公司	重庆市渝北区泰山大道东段 118 号	401121	—	—	367
47	桂林彰泰实业集团有限公司	广西桂林市九岗岭康桥半岛 1 号公馆	541001	—	—	372
48	祥生地产集团有限公司	浙江省杭州市江干区五星路 198 号瑞晶国际大厦 27F	310000	—	—	384
49	四川邦泰投资有限责任公司	四川省成都市高新区益州大道北段 333 号东方希望中心 22 楼	610000	—	—	408
50	宁波联合集团股份有限公司	浙江省宁波市开发区东海路 1 号联合大厦	315803	—	—	409
51	安徽文峰置业有限公司	安徽省合肥市经开区繁华大道与金寨路交口文峰中心 27 层	230000	—	—	415
52	厦门住宅建设集团有限公司	厦门市思明区莲富大厦写字楼 8 楼/20 楼	361009	—	—	424
53	厦门经济特区房地产开发集团有限公司	厦门市思明区展鸿路 81 号特房波特曼财富中心 A 座 51-53 层	361000	—	—	428
54	安徽省众城集团	安徽省合肥市庐阳区濉溪路 99 号	230001	—	—	443
55	奥山集团	武昌临江大道 96 号万达中心 42 楼	430060	—	—	445
56	滨海投资集团股份有限公司	天津市滨海新区塘沽烟台道 15 号	300450	—	—	470
57	城发投资集团有限公司	青岛西海岸新区江山南路 458 号城发大厦 1419 室	266555	—	—	493
商业地产						
1	华夏幸福基业股份有限公司	北京市朝阳区东三环北路霞光里 18 号佳程	100027	278	—	108
园区地产						
1	亿达中国控股有限公司	上海市黄浦区福佑路 8 号中国人保大厦 5 楼	200001	—	—	397

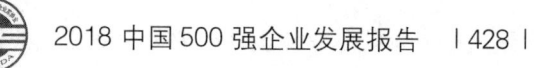

续表

行业名次	公司名称	通讯地址	邮政编码	名次(1)	名次(2)	名次(3)
2	武汉地产开发投资集团有限公司	湖北省武汉市江汉区常青路9号地产大厦	—	—	—	407
多元化投资						
1	厦门象屿集团有限公司	福建省厦门市象屿路99号国际航运中心E栋11楼	361006	92	—	45
2	阳光龙净集团有限公司	福建省福州市台江区望龙2路1号福州国际金融中心	350005	104	—	48
3	云南省建设投资控股集团有限公司	云南省昆明市经济技术开发区信息产业基地林溪路188号	650501	146	—	61
4	云南省投资控股集团有限公司	云南省昆明市官渡区拓东路41号澜沧江大厦	650011	185	—	74
5	国家开发投资集团有限公司	北京市西城区阜成门北大街6号-6	100034	186	—	75
6	重庆市金科投资控股(集团)有限责任公司	重庆市两江新区春兰三路地勘大厦12楼	400000	239	—	92
7	中运富通控股集团有限公司	上海市虹桥路1452号古北财富中心15F	200366	411	—	147
8	浙江前程投资股份有限公司	浙江省宁波市鄞州区扬帆路999号研发园B1座6楼	315000	466	—	162
9	武汉当代科技产业集团股份有限公司	武汉市东湖新技术开发区光谷大道116号当代中心	430070	—	—	201
10	国购投资有限公司	安徽省合肥市蜀山区肥西路66号汇金大厦26层	230031	—	—	214
11	青海省投资集团有限公司	青海省西宁市城西区新宁路36号投资大厦	810008	—	—	247
12	广东粤海控股集团有限公司	广东省广州市天河区天河路208号粤海天河城大厦45楼	510620	—	—	256
13	宁波君安控股有限公司	浙江省宁波市高新县菁华路58号君安大厦A座	315000	—	—	258
14	广西铁路投资集团有限公司	广西南宁市金浦路33号港务大厦	530021	—	—	261
15	源山投资控股有限公司	上海市虹口区曲阳路910号15楼	200437	—	—	294
16	广西西江开发投资集团有限公司	广西南宁市民族大道100号西江大厦	530022	—	—	304
17	湖北能源集团股份有限公司	湖北省武汉市洪山区徐东大街137号	430077	—	—	312
18	广西农村投资集团有限公司	广西南宁市厢竹大道30号	530023	—	—	319
19	盈峰投资控股集团有限公司	广东省佛山市顺德区北滘镇怡兴路8号盈峰商务中心25楼	528300	—	—	338
20	河南省国有资产控股运营集团有限公司	河南省郑州市郑东新区商务外环路20号17层	450018	—	—	345
21	青岛城市建设投资(集团)有限责任公司	山东省青岛市海尔路166号永业大厦	—	—	—	402
22	无锡市交通产业集团有限公司	江苏省无锡市运河东路100号	214031	—	—	403
23	广东粤合投资控股有限公司	广东省广州市海珠区滨江西路128号	510235	—	—	410
24	天津大通投资集团有限公司	天津市和平区滨江道1号金谷大厦35层	300041	—	—	411
25	广州万力集团有限公司	广东省广州市广州大道中988号圣丰广场41楼	510620	—	—	419
26	广西金融投资集团有限公司	广西南宁市金浦路22号名都大厦	530022	—	—	420
27	南宁威宁投资集团有限责任公司	广西南宁市锦春路15号威宁大厦2005室	530021	—	—	426
28	上海汉滨实业发展有限公司	上海市中山南路891号7楼	200011	—	—	434
人力资源服务						
1	中国国际技术智力合作有限公司	北京市朝阳区光华路7号汉威大厦西区25层	100004	221	—	84
2	北京外企服务集团有限责任公司	北京市朝阳区广渠路18号院世东国际B座	100022	256	—	100

续表

行业名次	公司名称	通讯地址	邮政编码	名次(1)	名次(2)	名次(3)
3	广州红海人力资源集团股份有限公司	广东省广州市越秀区万福路137号三楼	510110	—	—	461
4	广东南油对外服务有限公司	广州市越秀区德政北路538号达信大厦20－21楼	510045	—	—	492
科技研发、规划设计						
1	上海龙旗科技股份有限公司	上海市徐汇区漕宝路401号1号楼	200233	—	—	363
2	广州南方投资集团有限公司	广州市猎德大道20号珠江道商业广场	510623	—	—	453
3	棕榈生态城镇发展股份有限公司	广东省广州市天河区马场路16号富力盈盈广场23－25楼	510627	—	—	466
国际经济合作（工程承包）						
1	中国江苏国际经济技术合作集团有限公司	江苏省南京市北京西路5号	210008	—	—	249
2	中国天津国际经济技术合作集团公司	天津市和平区睦南道103号	300050	—	—	499
旅游和餐饮						
1	北京首都旅游集团有限责任公司	北京市朝阳区雅宝路10号凯威大厦	100020	329	—	124
2	上海春秋国际旅行社（集团）有限公司	上海市空港一路528号2号楼	200335	—	—	275
3	众信旅游集团股份有限公司	北京市朝阳区朝阳公园路8号朝阳公园西2门	100125	—	—	307
4	开元旅业集团有限公司	浙江省杭州市萧山区市心中路818号	311202	—	—	327
5	深圳市铁汉生态环境股份有限公司	广东省深圳市福田区红荔西路8133号农科商务楼5－8楼	518040	—	—	379
6	岭南生态文旅股份有限公司	广东省东莞市东城区东源路33号	523125	—	—	491
文化娱乐						
1	安徽新华发行（集团）控股有限公司	安徽省合肥市北京路8号	230051	399	—	141
2	安徽出版集团有限责任公司	安徽省合肥市政务文化新区翡翠路1118号	230071	—	—	235
3	浙江出版联合集团有限公司	浙江省杭州市西湖区天目山路40号	310013	—	—	293
4	中文天地出版传媒股份有限公司	江西省南昌市红角洲新区学府大道299号	330038	—	—	295
5	中南出版传媒集团股份有限公司	湖南省长沙市营盘东路38号	410005	—	—	342
6	四川新华发行集团有限公司	四川省成都市人民南路一段86号10楼	610016	—	—	370
7	中原出版传媒投资控股集团有限公司	郑州市金水东路39号	450016	—	—	375
8	西安曲江文化产业投资（集团）有限公司	西安曲江新区雁翔路3168号雁翔广场1号楼18、19、20层	710061	—	—	406
9	江西新华发行集团有限公司	江西省南昌市红谷滩新区红谷南大道2799号	330038	—	—	497
教育服务						
1	北京学而思教育科技有限公司	北京市海淀区丹棱街丹棱soho15层	100080	—	—	325
综合服务业						
1	华润（集团）有限公司	广东省深圳市罗湖区深南东路5001号华润大厦28楼2801单元	518001	18	—	10
2	中国机械工业集团有限公司	北京市海淀区丹棱街3号	100080	61	—	30
3	中国保利集团公司	北京市东城区朝阳门北大街1号保利大厦28层	100010	70	—	35
4	雪松控股集团有限公司	广东省广州市珠江西路5号广州国际金融中心62层	510000	83	—	42
5	新疆广汇实业投资（集团）有限责任公司	新疆乌鲁木齐市新华北路165号广汇中天广场32层	830002	103	—	47

续表

行业名次	公司名称	通讯地址	邮政编码	名次(1)	名次(2)	名次(3)
6	东浩兰生（集团）有限公司	上海市延安中路837号三楼	200040	125	—	54
7	广西投资集团有限公司	广西南宁市青秀区民族大道109号广西投资大厦	530022	128	—	55
8	上海均瑶（集团）有限公司	上海市徐汇区肇嘉浜路789号均瑶国际广场37楼	200032	—	—	179
9	广东省广业集团有限公司	广东省广州市天河区金穗路1号31楼	510623	—	—	185
10	深圳华强集团有限公司	深圳市深南中路华强路口华强集团1号楼	518031	—	—	202
11	青岛中银国投控股集团有限公司	山东省青岛市市北区和兴路59号3号楼3-339-B6	266000	—	—	274
12	广州岭南国际企业集团有限公司	广东省广州市越秀区流花路122号 中国大酒店商业大厦4层	510010	—	—	297
13	宁波滕头集团有限公司	浙江省奉化区萧王庙街道滕头村	315503	—	—	366
14	华茂集团股份有限公司	浙江省宁波市海曙区高桥镇望春工业区龙嘘路125号	315175	—	—	381
15	广州工业发展集团有限公司	广州市越秀区府前路2号府前大厦1705室	510030	—	—	500

续表

后　记

一、《中国500强企业发展报告》是由中国企业联合会、中国企业家协会组织编写的全面记载和反映中国500强企业改革和发展的综合性大型年度报告。

二、为深入贯彻党的十九大精神，引导我国大企业做强、做优、做大，不断提高国际竞争力，发展我国大型跨国公司，我会连续第17年参照国际惯例推出了中国企业500强及其与世界企业500强的对比分析报告，连续第14年推出了中国制造业企业500强、中国服务业企业500强及其分析报告，并连续第8年推出了中国跨国公司100大及其分析报告。2018中国企业500强、中国制造业企业500强、中国服务业企业500强、中国跨国公司100大的产生得到了各有关企联（企协）、企业家协会和相关企业的大力支持，在此深表感谢！

三、本报告为中国企业联合会、中国企业家协会的研究成果。各章的作者分别如下。第一章：刘兴国；第二章：赵芸芸、张舰；第三章：高蕊；第四章：李建明；第五章：郝玉峰；第六章：张晓峰、刘显睿；第七章：殷恒晨；第八章至第十四章：张德华、吴晓、肖喻。全书由郝玉峰统稿，参加编辑工作的有：郝玉峰、缪荣、刘兴国、高蕊、张德华、吴晓、杨润、李雅囡、王晓君、王艳华。

四、凡引用本报告研究数据、研究成果的，应注明引自"中国企业联合会《2018中国500强企业发展报告》"，未经授权不得转载2018中国企业500强、2018中国制造业企业500强、2018中国服务业企业500强、2018中国跨国公司100大名单。

五、2019年我会将继续对中国企业500强、中国制造业企业500强、中国服务业企业500强进行分析研究，出版《中国500强企业发展报告》，有意申报2019中国企业500强、2019中国制造业企业500强、2019中国服务业企业500强的企业，请与我会研究部联系，电话：010－88512628、68701280、68431613、88413605；传真：010－68411739。

六、本报告得到了中国企业管理科学基金会、国家电网有限公司、正威国际集团有限公司、通鼎集团有限公司、汇桔网、中国可持续发展工商理事会、全国工业和信息化科技成果转化联盟、复旦管理学奖励基金会、中国信息通信研究院、中国经济信息社、中国汽车文化促进会、中国广核集团有限公司、国电大渡河流域水电开发有限公司、广州医药集团有限公司、南京钢铁股份有限公司的大力支持，在此特别致谢！

由于时间仓促，本报告难免出现疏漏和不尽人意之处，恳请经济界、企业界及其他各界人士提出宝贵意见和建议。

在本书即将出版之际，我们还要向一直负责本书出版的企业管理出版社表示感谢！

编者

二〇一八年八月

2018

2018中国企业500强
2018中国制造业企业500强
2018中国服务业企业500强

部分企业介绍

国家电网有限公司
STATE GRID CORPORATION OF CHINA

董事长、党组书记　舒印彪

总经理、党组副书记　寇伟

　　党的十九大描绘了实现"两个一百年"奋斗目标的宏伟蓝图，开启了全面建设社会主义现代化强国的新征程。习近平总书记鲜明提出推动能源消费革命、能源供给革命、能源技术革命、能源体制革命和全方位加强国际合作等重大战略思想，为我国能源发展改革指明了方向，提供了根本遵循。国家电网有限公司在以习近平同志为核心的党中央坚强领导下，深入学习贯彻习近平新时代中国特色社会主义思想和党的十九大精神，各项工作取得新进展、新成效，圆满完成党中央、国务院部署的各项任务，彰显了国有企业"六个力量"重要作用，为全面建成小康社会作出重要贡献。

　　国家电网有限公司作为关系国民经济命脉和国家能源安全的特大型国有重点骨干企业，以投资建设运营电网为核心业务，承担着保障安全、经济、清洁、可持续电力供应的基本使命。公司经营区域覆盖26个省（自治区、直辖市），覆盖国土面积的88%以上，供电服务人口超过11亿人。公司注册资本8295亿元，资产总额38088.3亿元，稳健运营在菲律宾、巴西、葡萄牙、澳大利亚、意大利、希腊、中国香港等国家和地区的资产。公司连续14年获评中央企业业绩考核A级企业，蝉联《财富》世界500强第2位、中国500强企业第1位，是全球最大的公用事业企业。

　　新时代，新气象，新作为。国家电网有限公司将在习近平新时代中国特色社会主义思想指引下，深入贯彻党的十九大精神，落实党中央、国务院各项决策部署，求真务实、苦干实干，在建设美丽中国、服务人民群众美好生活中当先锋、作表率，加快建设具有全球竞争力的世界一流企业，为决胜全面建成小康社会、夺取新时代中国特色社会主义伟大胜利作出新的更大贡献，书写无愧于时代的壮丽篇章。

1000千伏晋东南—南阳—荆门特高压交流示范工程南阳变电站

1000千伏晋榆横至潍坊特高压输电线路

国家风光储输示范工程

公司战略目标：建设具有卓越竞争力的世界一流能源互联网企业

◉ 指导原则：六个始终坚持

始终坚持党的全面领导，不折不扣贯彻党中央、国务院决策部署，紧紧依靠职工办企业。

始终坚持人民电业为人民的企业宗旨，弘扬以客户为中心、专业专注、持续改善的企业核心价值观。

始终坚持把推动再电气化、构建能源互联网、以清洁和绿色方式满足电力需求作为基本使命，适应和引领能源生产和消费革命。

始终坚持把建设以特高压为骨干网架、各级电网协调发展的坚强智能电网，打造广泛互联、智能互动、灵活柔性、安全可控的新一代电力系统作为核心任务。

始终坚持集团化、集约化、标准化、精益化、数字化、国际化的方针，不断完善更具竞争优势的中国特色现代国有企业制度。

始终坚持高质量发展这个根本要求，聚焦"一个核心、三大支柱"（电网业务和产业、金融、国际业务）发展布局，强化改革驱动、创新驱动、服务驱动、文化驱动。

◉ 战略思路：八个着力

1. 着力推进电网高质量发展
2. 着力推进公司高质量发展
3. 着力促进清洁能源发展
4. 着力坚持以客户为中心
5. 着力服务"一带一路"建设
6. 着力深化供给侧结构性改革
7. 着力推动科技创新
8. 着力加强党的全面领导

• 公司定位 •

全球能源革命的引领者
服务国计民生的先行者

• 公司使命 •

推动再电气化　构建能源互联网
以清洁和绿色方式满足电力需求

• 电网发展理念 •

安全　优质　经济　绿色　高效

• 公司宗旨 •

人民电业为人民

• 核心价值观 •

以客户为中心　专业专注　持续改善

• 企业精神 •

努力超越　追求卓越

集团简介

正威国际集团是由产业经济发展起来的一家以金属新材料和非金属新材料完整产业链为主导的高科技产业集团，近年来大力发展产业投资与科技智慧园区开发、战略投资与财务投资、交易平台等业务。在金属新材料领域位列世界前列。

集团目前拥有员工17500余名，总部位于中国广东省深圳市，应全球业务发展，在国内成立了华东、北方、西南、西北总部，在亚洲、欧洲、美洲等地设有国际总部。2016年，集团实现营业额逾3300亿元，位列2017年世界500强第183名、中国企业500强第41名、中国制造业企业500强第12名、中国民营企业500强第5名、中国民营企业制造业500强第3名。2017年，集团实现营业额逾4900亿元，跃升至2018年世界500强第111位。

集团采用区隔互动式人才战略主导的关联多元化新商业模式，在做大、做强金属新材料主业的同时，积极向非金属新材料等领域进军。目前，集团旗下拥有深圳金属新材料产业园、江西赣州金属新材料产业园、安徽铜陵金属新材料产业园、兰州新区正威电子信息产业园、辽宁营口高威金属新材料产业园、天津电子信息产业基地、江西宜春电子信息产业园、珠海海威科技创新中心、四川广安宏威金属和非金属新材料产业园、辽宁营口聚酰亚胺非金属新材料产业园、郑州航空港正威智能终端（手机）产业园、新加坡集成电路产业基地、正威（美国）通用钼业产业园、湖南郴州国际矿产资源交易中心、贵州国际商品交易中心、河南洛阳金属交易中心、安徽安庆汉玉产业园、梧州国际宝玉石文化创意产业园、魏紫姚黄红木艺术品产业园、正威园艺产业园、大健康产业园。

集团在全球拥有三大研发中心，即瑞士研发中心、美国研发中心和新加坡研发中心，同时与国内外知名高等院校，如哈佛大学、牛津大学、剑桥大学、华盛顿大学、纽约大学、香港城市大学、北京大学、南方科技大学、安徽大学等合作发展教育事业。

历经20多年的发展，集团实现了从区域的、单一行业到世界的、全产业链的发展格局。

随着经济全球化进程的不断加快和中国经济体制改革的纵深推进，集团将顺势而上，努力实施国际化市场、国际化人才、国际化管理，以及"大增长极、大产业链、大产业园"的新商业模式，走超常规发展之路，打造全球产业链最完整、产品质量最好、最值得信赖和尊重的服务商，进入世界百强企业行列，实现正威"振兴民族精神，实现产业报国"的企业使命！

正威国际集团董事局主席 王文银

正威国际集团创始人、董事局主席王文银，安徽安庆人，现任第十三届全国政协委员、中国企业家协会副会长、中国生产力促进中心协会主席、安徽省政协委员、深圳市政协常委、广东省工商联副主席、安徽省工商联副主席、广东省安徽商会创会会长、深圳市文化创意行业协会会长、深圳市工商联副主席、深商联理事会主席，2010年、2011年、2012年中国企业500强大会联合会主席等社会职务；荣获"全球最具创造力的华商领袖""中国优秀企业家""《财富》2013年中国最具影响力商界领袖""2013-2014年度全国优秀企业家""2014广东年度经济风云人物""2015亚太经济领袖（卓越贡献）""2016广东省优秀中国特色社会主义事业建设者""2016广东功勋企业家""2017亚太最具社会责任经济领袖（卓越贡献）"等荣誉称号。

在带领正威国际集团持续健康发展的同时，王文银始终高度重视企业社会责任的践行，积极投身教育、慈善等社会公益事业，真情回馈社会，致力于环境友好，谋求可持续发展。

正威十年历程

- 2009年 第461位
- 2010年 第196位
- 2011年 第118位
- 2012年 第81位
- 2013年 第59位
- 2014年 第50位
- 2015年 第45位
- 2016年 第40位
- 2017年 第41位
- 2018年 第27位

集团七大总部

深圳总部
（东海国际中心大厦）

华东总部
（东亚银行大厦）

北方总部
（正威天津总部大厦）

西南总部
（东方国际广场）

亚洲区域总部
（新加坡哥烈码头20号）

美洲总部
（洛杉矶）

欧洲总部
（日内瓦航海大厦）

通鼎集团有限公司
TONGDING GROUP CO., LTD.

通鼎集团董事局主席兼CEO沈小平

通鼎集团有限公司
TONGDING GROUP CO., LTD

　　通鼎集团有限公司，聚焦国家信息通信产业的深度发展，坚持"一元为主、精准多元"的发展路线，以"光电线缆及配套、宽带接入、网络安全、大数据、物联网、酒店服务、资本投资、地产金融"8大版块业务为发展基点，紧紧抓住国家信息通信大发展的战略机遇，既强化创新驱动、保持传统光电线缆产业的业态常新，又深入布局互联网+、信息安全、大数据、云计算等新兴产业，乘势而上、顺势而为，全力打好提质增效攻坚战，企业规模、效益连年保持双快增长。

　　通鼎集团获评中国企业500强、中国竞争力500强、中国制造业500强、中国服务业企业500强、中国机械500强、中国500最具价值品牌、中国通信设备供应商50强、中国光纤光缆最具竞争力企业10强，并与2017年连续获得工业和信息化部颁发的制造业与互联网融合发展行业系统解决方案试点示范企业、智能制造试点示范企业、绿色工厂三项荣誉。

Tongding Group Co., Ltd., focus on the in-depth development of the national information and communication industry, adhere to the development route of "one-direction-oriented, accurate and diverse". With 8 major business of "electric & optical fiber cable and supporting, broadband access, network security, big data, IOT, hotel services, capital investment, real estate finance" as its basis for development. Grasp the strategic opportunity of the national information and communication development, not only strengthen the innovation drive, and maintain the traditional electric & optical fiber cable industry, but also go deep into Internet, information security, big data, cloud computing and other emerging industries, and strive to increase the quality and effectiveness. The enterprise scale and efficiency maintain fast growth continuously.
 Tongding group was evaluated as the top 500 Chinese enterprises, Top 500 Competitiveness Enterprises of China, Top 500 Manufacturing Industry of China, Top 500 Service Enterprises of China, Top 500 Machinery of China, China 500 Most Valuable Brands, Top 50 Communication Equipment Suppliers of China, Top 10 Most Competitive Enterprises in China Optical Fiber and Cable Industry, as well as system solutions Pilot Demonstration Enterprise of integration of manufacturing and Internet industry awarded by the Ministry of Industry and Information in 2017, Pilot Demonstration Enterprise of intelligent manufacturing, and Green Factory.

沿着数据做好 连接 与 安全

Accomplish Connection and Security By Data

通鼎集团有限公司
地址：江苏省苏州市吴江区震泽镇八都经济开发区小平大道8号 邮编：215233
联系电话：0512-63878208　传真：0512-63875658

TONGDING GROUP CO.,LTD.
Add : No.8 Xiaoping Rd.,Badu Economic Development Zone,Zhenze Town.
Wujiang District,Suzhou City,Jiangsu Province. Postcode : 215233
Tel : +86-512-63878208　Fax : +86-512-63875658

汇桔网 WTOIP.COM

找知识产权与企业服务，上汇桔网

汇桔网是知识产权与企业服务资源共享平台，现拥有国内外合作伙伴数十万家，包括高校、科研院所、科技型企业、产业园区、交易机构、金融机构、投资机构等，并构建了一个以"知商"为核心，所有创新资源参与的可持续循环发展的商业社会体系"知商生态"，实现线上线下全产业链的贯通，为广大科技型、创新型企业提供知识产权全产业链服务。

400-1116-808

汇桔网
知识产权与企业服务资源共享平台

汇桔网是知识产权与企业服务资源共享平台,率先创新"知识资源(IP)+互联网平台+智能物联网"的"知联网"方式,整合线上和线下、国内和国外资源与服务,创造新的价值。

作为全球知识资源的连接分享与变现平台,汇桔网汇聚拥有创新创业资源的企业、组织和个人,为更多企业提供资源对接服务,建立资源采集、汇聚、组织、交易和管理为一体的资源共享企业服务平台。

汇桔网一直致力于推动知识产权商品化、产业化、金融化、生活化,让知识产权在流通中创造财富,在产业化运用中创造商业价值。找知识产权与企业服务,上汇桔网。

汇桔网荣耀:

- Alexa国内排名78
- 国家高新技术企业
- 国家知识产权服务品牌机构培育企业
- 第四届世界互联网大会·乌镇峰会战略合作伙伴
- 2017 中国企业服务创新成长50强
- 2017 FastCompany 美国快公司50强
- 中国独角兽TOP 100
- 广东省知识产权运营机构培育试点企业
- 汇桔杯南粤知识产权创新创业大赛主办单位
- IPIEC中国广东国际创新创业大赛主办单位
- 2018粤港澳大湾区独角兽企业

汇桔网创知识产权服务行业融资新纪录

2.1亿元
2015年A轮融资

10亿元
2017年B轮融资

潍柴控股集团有限公司

谭旭光 董事长

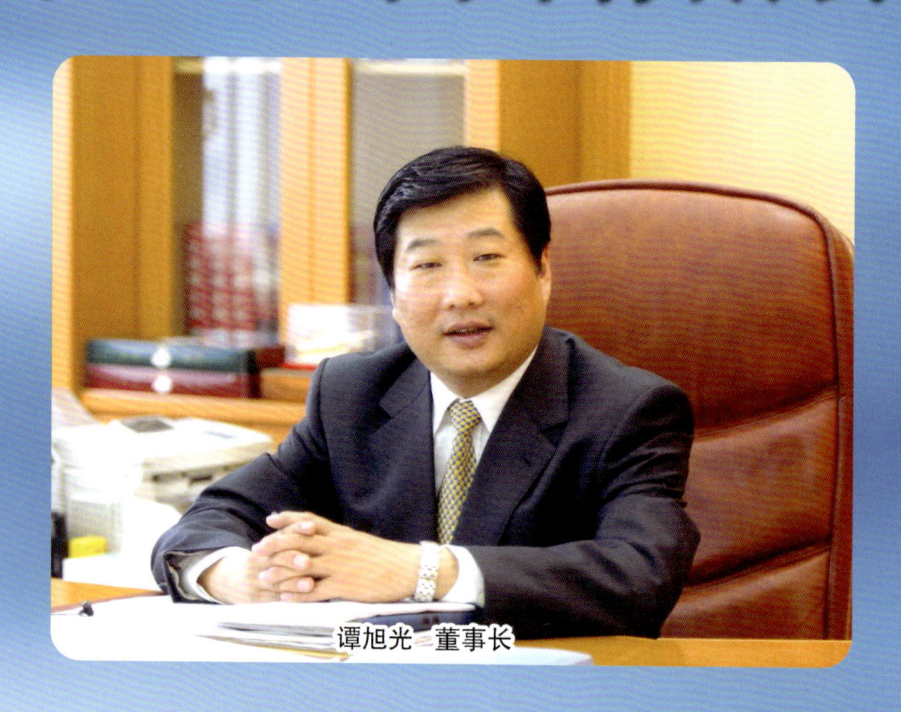

潍柴控股集团有限公司（以下简称潍柴）创建于1946年，全球拥有员工8万人，2017年营业收入2206.7亿元。名列中国企业500强第155位，中国制造业500强第60位，中国机械工业百强企业第2位。

潍柴是一家跨领域、跨行业经营的国际化集团，拥有汽车业务、工程机械、动力系统、智能物流、豪华游艇和金融服务六大业务平台，分子公司遍及欧洲、北美、东南亚、南亚等地区，并在国内多个省市设立了全资或控股子公司。集团控股子公司—潍柴动力股份有限公司（HK2338,SZ000338）拥有动力系统（发动机、变速箱、车桥）、重型汽车、汽车电子及零部件黄金产业链；另一控股子公司—潍柴重机股份有限公司（SZ000880），业务覆盖全系列船舶动力和发电设备产品平台。2012年1月，潍柴集团重组豪华游艇制造企业—意大利法拉帝公司，产业结构调整和国际化发展迈出了坚实一步。2012年8月，集团旗下潍柴动力与德国凯傲集团实施战略合作，并购林德液压，彻底改变了我国高端液压产品长期依赖进口的局面。2016年6月，公司境外子公司凯傲集团全资收购全球物流运输供应商德马泰克公司全部股权，进一步拓宽了全球尤其是北美市场的业务布局，抗风险能力进一步增强。

潍柴拥有国家级企业技术中心、国家商用车汽车动力系统总成工程技术研究中心、国内唯一的内燃机可靠性国家重点实验室、国家智能制造示范基地，设有"博士后工作站"，整合全球优势资源建立了全球协同研发平台、创新中心，确保企业技术水平始终紧跟世界前沿。

潍柴的快速发展得到了上级部门的充分肯定，先后荣获"全国文明单位""全国先进基层党组织""中国工业大奖""全国质量奖""国家创新型企业""全国企业文化示范基地""中国商标金奖 商标创新奖"等荣誉。

2017年12月，潍柴发布2020—2030战略，努力在2030年达到千亿美元收入，打造受人尊敬的国际化强企，成为竞争力持续提升的世界500强公司。

潍柴动力发动机生产线

先进的生产线

潍柴 WP9H

博杜安 M55

潍柴动力总成系统

潍柴工业园俯瞰图

HNEC

河南能源党委书记、董事长 马富国

河南能源总经理、党委副书记、副董事长 刘银志

  河南能源化工集团有限公司（以下简称河南能源）是经河南省委、省政府批准，于2013年9月12日由原河南煤化集团、义煤集团两家省管大型煤炭企业战略重组成立的一家集煤炭、化工、有色金属、装备制造、合金新材料、金融、物流贸易、建筑矿建、现代服务业等产业相关多元发展的国有特大型能源化工企业集团。拥有职工18万人，产业分布在河南、贵州、新疆、内蒙古、青海、陕西等省市自治区，以及澳大利亚等国家，其中大有能源（股票代码：600403）、九天化工（股票代码：JIUTIANC）在新加坡主板上市。2017年，生产煤炭6166万吨，实现营业收入1602亿元，利润总额13亿元。

  河南能源资源储量丰富，产业结构合理，装置技术先进，发展后劲充足。煤炭板块拥有煤炭产能近1亿吨每年，形成了煤炭勘探开发、洗选加工、销售和高效利用一体化产业体系。化工板块掌握煤化工世界高端技术，拥有年产千吨级高性能碳纤维、年产150万吨煤制乙二醇生产装置，目前为产能行业领先的煤制乙二醇生产基地。在河南建成国内著名的高性能碳纤维生产基地、拥有完全自主知识产权，行业领先的煤制蛋白生产线。全力打造煤炭综合利用最完善、产品链耦合度最科学、产业链最系统完整的现代新型煤化工产业体系。有色金属板块拥有钼金属资源储量150多万吨、铝土矿资源储量近16亿吨，钼、铝产业均形成了从采矿、冶炼、深加工、贸易直至消费终端一体化的完整产业链。装备制造板块拥有著名空分研究院，正依托开封空分公司和重型装备公司，倾力打造国际一流的空分和煤矿机械研发生产基地。

  2016年9月以来，河南能源新一届领导班子团结带领广大干部职工，坚持以习近平新时代中国特色社会主义思想为指导，认真贯彻落实党的十八大、十九大及河南省委十届六次全会精神，牢固树立"忠党报国，奉献河南"的坚定信念，

河南能源职工代表大会

精神饱满的矿工队伍

河南能源化工集团有限公司
HENAN ENERGY AND CHEMICAL INDUSTRY GROUP CO.,LTD.

矿区生态环境保护　　　　　　　　　　光伏电站

矗立于青藏高原的义海能源生态矿区建设被国家七部委称为以"义海模式"为核心的木里经验

秉持"团结拼搏，务实创新，担当作为，追求卓越"的企业精神，以全面打好、坚决打赢深化改革、管理提升、风险管控三大攻坚战为抓手，按照"三主两辅"产业定位，聚焦高效、创新、绿色、开放、和谐"五个能源"建设战略部署，奋力开启了二次创业的新征程，不断加快河南、贵州、新疆、内蒙古、青海五大基地建设，推进在境外建立煤炭生产和贸易基地，走好高质量发展道路，倾力打造股权结构优化、产业结构合理、管理模式科学、企业文化先进、具有全球竞争力的世界一流企业，为国民经济和社会发展做出新的贡献。

现代化选煤厂洗选车间　　　　　　　　新疆中润矿区

永城煤化工园区　　　　　　　　中原大化煤化工装置区

云南建投 YCIH

建百年品牌
投千秋基业

云南建投集团办公大楼

云南省建设投资控股集团有限公司（以下简称云南建投集团）于2016年4月21日，由原云南建工集团、十四冶建设集团和西南交建集团整合重组成立，是云南省建设领域及相关产业的国有资本投资运营和建设主体。

截至2018年4月，云南建投集团注册资本金为271.79亿元，总资产3211.53亿元，净资产844.88亿元。现有在职职工30000余人，各类专业技术人员20000余人。有全资子公司、控股公司和直管企事业单位61个，各类施工资质387项，是云南省拥有6个国家房屋建筑施工总承包特级资质、1个市政公用工程施工总承包特级资质和多个专业壹级资质的企业。

云南建投集团业务涵盖基础设施投资建设、城乡建设投资开发、房地产开发、国际工程投资与建设、新兴产业投资开发、工业与民用建筑、市政路桥、钢结构、水利水电、机电设备安装、铁路、机场、港口与航道、地基等工程建设。2017年完成投资额650亿元，实现营业收入1112亿元。在2017年公布的中国企业500强榜单中位列第183位，在中国承包商80强榜单中位列第5位。

云南建投集团累计获得中国建筑工程鲁班奖34项，中国水利工程优质（大禹）奖1项，中国土木工程詹天佑奖1项，国家优质工程奖66项，部省级优质工程奖496项，国家级工法26项，专利619项。现有国家级企业技术中心1个，院士工作站2个，博士后工作站1个，国家级、部省级科技成果650余项。

云南建投集团用10个月时间建成的云南昭通绥江新县城

    云南建投集团致力于全面构建"投资引领、产业支撑、产融双驱"的发展格局。全面构建投资金融、工程建设、资产运营、设计科研、协同发展五大业务板块；全面提升投融资、工程建设、"走出去"、综合管控、资源整合五大竞争能力；全面提升基础设施投资、城乡建设投资、房地产开发投资、海外投资、新兴产业投资五大投融资平台，把云南建投集团打造成为国内一流、国际知名、产业优化、管理科学、员工幸福的现代大型建设投资控股集团。

中共云南省委机关办公大楼（鲁班奖）

呈贡至澄江高速公路十里亭特大桥

柬埔寨政府办公大楼（境外鲁班奖、柬埔寨贡献勋章）

中国援越南越中友谊宫

文山暮底河水库大坝（大禹奖）

云南省博物馆新馆（鲁班奖、钢结构金奖）

盛虹控股集团有限公司

盛虹控股集团有限公司（以下简称盛虹）成立于1992年，总部位于苏州盛泽，经历26年发展，构建出了一条从印染、化纤到石化、炼化的新型高端纺织产业链，打造起以石化、纺织、能源为主业的创新型高科技产业集团，在职员工3万余人，先后获得了"国家技术创新示范企业""全国循环经济先进单位""国家火炬计划重点高新技术企业""国家科学技术进步奖"等荣誉。

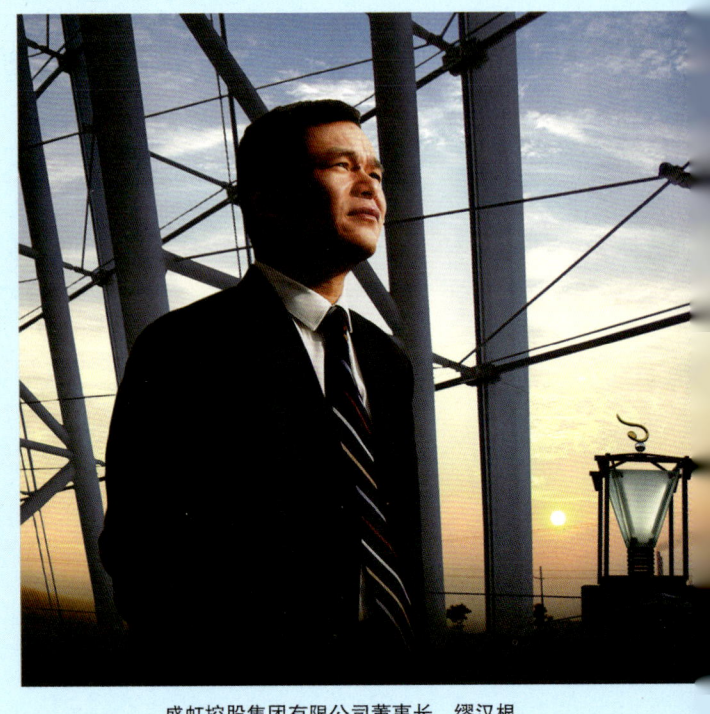

盛虹坚持以核心竞争力为基础的多元化发展战略，印染板块突出"一厂一品"，形成了专业化、规模化、标准化生产模式，拥有分厂21家，印染年加工能力约20亿米，是全球著名的印染生产加工基地；化纤板块秉承"不搞重复建设、不做常规产品、不采用常规生产技术"的思路，主攻超细纤维、差别化功能性纤维的开发和生产，成功攻克0.15dpf的"世界极限"，化纤总产能达到190万吨/年，被誉为"全球差别化纤维专家"。

抢抓国家多重战略叠加机遇，响应江苏南北产业协调发展号召，盛虹主动上溯产业链条，在连云港投资建设国际一流的石化产业园区。目前，盛虹石化已成为国家七大石化产业基地中的支柱品牌之一，积极推进炼化一体化项目，规划建设1600万吨/年炼油、280万吨/年芳烃、110万吨/年乙烯及下游衍生物等，总投资约774亿

盛虹控股集团有限公司董事长　缪汉根

盛虹智能车间正在工作的机器手臂	斯尔邦石化中控室	盛虹化纤自动化立体仓库
盛虹石化夜景	工人检查布匹印染效果	盛虹印染产品

元。项目建成后,将形成独有的油制烯烃、醇制烯烃"双链"并延、协同发展模式,为中国石化产业转型升级提共一条崭新的途径。

近年来,盛虹提出了以高质量发展助推可持续发展的目标,搭建起国家级企业技术中心、国家级纺织品检测中心等科研创新平台,形成了支撑创新发展的"最强大脑"。放眼未来,盛虹将以"树立行业第一品牌、打造世界一流名企"为愿景,立志架起民族企业崛起的盛世长虹!

广州医药集团有限公司
Guangzhou Pharmaceutical Holdings Limited

广州医药集团有限公司（以下简称广药集团）是广州市政府授权经营管理国有资产的国有独资公司，以中西成药制造和销售为主营，包括中西药品、大健康产品、医疗器械、生物医药等与医药整体相关的产品研制开发、生产销售及医疗健康养生服务的提供，是广州市重点扶持发展的集科、工、贸于一体的大型企业集团。广药集团拥有"广州白云山医药集团股份有限公司"（香港H股、上海A股上市）1家上市公司及成员企业近30家，包括品牌价值1080亿元的"王老吉"，品牌价值283亿元的"白云山"，400多年历史的"陈李济"等众多知名品牌。

2017年，广药集团销售收入突破千亿元大关，成为广州市属第二家千亿级企业航母，并荣获"全国文明单位"称号和"广东省五一劳动奖状"。目前，广药集团位居2017中国企业500强第171位，并连续七年荣登全国制药工业百强榜第1名。

广药集团拥有较强的科研开发和自主创新能力，"产、学、研"合作稳步推进，2012年集团聘请了1998年诺贝尔

2017年《财富》全球论坛落户广州,广药集团承办了财富国际科技头脑风暴大会以及主题为"医疗的未来"的医药健康圆桌会议

广药白云山家庭过期药品15周年公益活动

生理医学奖获得者、"伟哥"之父穆拉德博士担任广药研究总院院长。在穆拉德博士的指导下中国"伟哥"—白云山"金戈"顺利上市。目前,广药集团已形成诺贝尔奖得主2人、国内院士专家和国医大师16人、博士及博士后超百人的强大高层次人才队伍,拥有国家级科研机构8家,省级企业技术中心14家,省级工程技术中心16家、广东省高新技术企业16家。获得国家技术发明二等奖1项,国家科技进步二等奖2项,省部级科技奖励近30项。目前在研1类新药达13个。

2018年是改革开放40周年,广药集团将围绕"创新增效年,推动高质量发展"的主题,以资本化、走出去为战略发展导向,沿着科学管理、风险控制、创新驱动三条主线,进一步推进产业升级、资本升级、人才升级三大升级,打造大南药、大健康、大商业、大医疗等四大板块,培育电子商务、资本财务、医疗器械等三大新业态,争当新一轮改革开放的排头兵,并力争到2020年冲刺世界500强,打造世界一流企业。

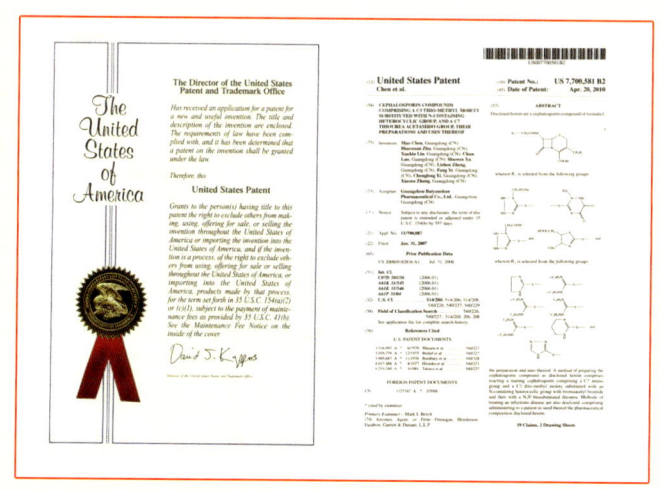

广药白云山获得化学药1.1类新药头孢噻肟钠和注射用头孢噻肟钠的临床试验批件。该药已获得美国专利授权1项,中国发明专利授权2项

王老吉

集团总部办公楼

湖南建工集团
向"世界500强"进军

湖南建工集团党委书记、董事长 叶新平

湖南建工集团成立于1952年7月,是一家具有勘察设计、科学研究、高等职业教育、建筑安装、路桥施工、水利水电施工、新能源建设、设备制造、房地产开发、对外工程承包、劳务合作、进出口贸易、城市综合运营等综合实力的大型千亿级国有企业集团。集团注册资本金200亿元,年生产(施工)能力2000亿元以上,经营区域覆盖全国,海外市场涉及澳大利亚、马来西亚、利比里亚、蒙古等30个国家和地区。60多年来,湖南建工集团大力弘扬"一流、超越、精作、奉献"的湖南建工精神,连续14年入选"中国企业500强",连续18年荣获97项中国建设工程最高奖——鲁班奖。

湖南建工集团正以党的十九大精神为指引,主动抢抓"一带一路"机遇,全面加强党的建设,打造"一体两翼"发展格局,努力将集团打造成为具有较强核心竞争力和国际竞争力的湖南省内建筑业龙头企业及国内建筑业先锋企业,最终成为具有全球竞争力的世界一流企业,实现进军"世界500强"目标。

集团鲁班奖合影  | 宁乡市民之家 PPP 项目
(获 2016–2017 年度 4 项鲁班奖) | 2014–2015 郴州市国际会展中心
(获 2014–2015 年度 4 项鲁班奖) | 西宁曹家堡机场二期工程航
(获 2016–2017 年度 3 项鲁班

陕西建工集团有限公司
Shanxi Construction Engineering Group Corporation limited

法门寺合十舍利塔工程，中国建筑钢结构金奖、2010年度国家优质工程奖

西安咸阳国际机场T3航站楼，西北最大航站楼

中国电子咸阳8.6代液晶面板生产线项目，用钢量13.5万吨

延安大剧院

正在建设的中国西部科技创新港，建筑面积159万平方米

延长石油科研中心（高217米）

陕西建工集团有限公司（以下简称陕建，涉外名称为华山国际工程公司）成立于1950年，是拥有建筑工程施工总承包特级资质9个、市政公用工程施工总承包特级资质4个、石油化工工程施工总承包特级资质1个、公路工程施工总承包特级资质1个、甲级设计资质17个，及海外经营权的省属大型国有综合企业集团。具有工程投资、勘察、设计、施工、管理为一体的总承包能力，并拥有国际工程承包、建筑产业投资、城市轨道交通、钢构制作安装、商混生产配送、工程装饰装修、古建园林绿化、锅炉研发生产、物流配送供应、地产开发建设、医疗卫生教育、旅游饭店经营等产业。

凭借雄厚的实力，陕建荣列ENR全球工程承包商250强第26位、中国企业500强第197位和中国建筑业竞争力200强企业第5位。陕建现有各类中高级技术职称万余人，其中，教授级高级工程师135人，高级工程师1785人；一、二级建造师5812人；工程建设人才资源优势称雄西部地区，在全国省级建工集团处于领先地位。

近年来，陕建取得科研成果数百项，获全国和省级科学技术奖88项、建设部华夏建设科技奖21项，获国家和省级工法466项、专利367项，主编、参编国家行业规范标准90余项。先后有57项工程荣获中国建设工程鲁班奖，54项工程荣获国家优质工程奖，2项工程荣获中国土木工程"詹天佑奖"，19项工程荣获中国建筑钢结构金奖。

陕建坚持省内和省外并重、国内和国外并举的经营方针，完成了国内、外一大批重点工程建设项目。国内市场覆盖31个省、直辖市、自治区，国际业务拓展到27个国家。正向称霸陕西市场、称雄全国市场、驰骋国际市场的战略目标阔步迈进。

南京钢铁集团有限公司

南钢董事长黄一新在2018德国汉威工业展上

南京钢铁集团有限公司（以下简称南钢），位于南京市江北新区，是江苏钢铁工业摇篮。始建于1958年，2010年完成重大资产重组并实现整体上市。目前，南钢已发展成为集采选矿、钢铁冶炼、钢材轧制为一体具备年产1000万吨优特钢的大型钢铁联合企业、国家级高新技术企业、中国最大的精品特钢生产基地之一，先后荣获"亚洲质量奖""全国文明单位""全国质量奖""A+级竞争力极强企业""十大卓越品牌钢铁企业"等重要荣誉。

南钢投资的德国汽车轻量化方案提供商凯勒集团新产线落户南京江北新区

新时代 新征程 新南钢

南钢宽厚板生产线　　工业机器人运用于南钢JIT C2M模式　　新时代新南钢

　　南钢以"创建国际一流受尊重的企业智慧生命体"为企业愿景，践行"一体三元五驱动"战略，钢铁产业已发展成为国际知名的中厚板精品基地、国内一流特钢精品基地、国内领先的钢铁复合材料基地；新产业着力拓展新材料、绿色环保、智能智造、"互联网+"等版图，打造钢铁和新产业"双主业"相互赋能的复合产业链生态系统，立志成为钢铁行业转型发展的引领者，做世界级智能化工业制造的脊梁。南钢聚焦高铁、船舶海工、新能源（风电、水电和核电）、国防装备、石油石化、工程机械等重点领域，产品成功应用于可燃冰开采的"蓝鲸I/II号"、中国拥有自主知识产权的世界先进的第三代核电示范工程"华龙一号"、我国免涂装耐候铁路桥——藏木特大桥、我国设计建造的重型自航绞吸船"天鲲号"等多项"大国重器"项目工程。

　　2017年，南钢实现营业收入802亿元，利润总额44.14亿元，创造了建厂59年以来最高水平；2018年上半年，南钢实现营业收入579.54亿元，利润总额31.75亿元（产量第19名，利润总额第13名，全员劳动生产率、人均产钢、经济效益综合指数和资本产出率均位居第3名，人均利税和利润均位居第4名）。南钢打造的"JIT+C2M"新模式的创新实践，先后获得全国"工业企业质量标杆"称号；被工信部《钢铁工业调整升级规划（2016年—2020年）》列为个性化、柔性化产品定制新模式；被国家发改委列入2017年新一代信息基础设施建设工程和"互联网"重大工程支持项目；在国务院第四次大督查中被认定为钢铁行业转型升级的典范；入选"2017年度中国钢铁行业十件大事"。

　　规划到2025年，通过迭代进化，化茧成蝶，南钢将发展成为新型材料、绿色环保、智慧制造、清洁能源、航空航天、现代物流六大板块并举，管理市值达到千亿美金的全球化高科技产业集团。

绿色南钢

上海银行
Bank of Shanghai
智慧金融 专业服务

上海银行股份有限公司（以下简称上海银行）成立于 1995 年 12 月 29 日，总行位于上海，是上海证券交易所主板上市公司，股票代码 601229。

上海银行以建设"精品银行"为战略愿景，以"精诚至上，信义立行"为核心价值观，以"专业化经营和精细化管理"为路径，依托跨境和综合经营平台、线上和线下的服务渠道等，为政府、企业、个人、同业客户等提供全面综合金融服务解决方案，努力打造"智慧金融、专业服务"的企业形象。

上海银行目前在上海、北京、深圳、天津、成都、宁波、南京、杭州、苏州、无锡、绍兴、南通、常州、盐城等城市设立分支机构，形成长三角、环渤海、珠三角和中西部重点城市的布局框架；发起设立四家村镇银行、上银基金管理有限公司、上海尚诚消费金融股份有限公司，设立上海银行（香港）有限公司，并与全球 120 多个国家和地区近 1500 多家境内、外银行及其分支机构建立了代理行关系。

上海银行自成立以来市场影响力不断提升。截至 2017 年年末，总资产 18077.67 亿元；实现净利润 153.28 亿元，同比增长 7.13%。在英国《银行家》2018 年公布的"全球前 1000 家银行"排名中，按一级资本总额计算，上海银行位列全球银行业第 76 位，并多次被《亚洲银行家》杂志评为"中国最佳城市零售银行"。

【企业文化】

使命：提供专业服务，创造恒久价值

愿景：成为卓越的精品银行
　　　　服务上，努力实现产品精致，服务专业
　　　　管理上，努力实现管理精细，运行高效
　　　　财务上，努力实现增长稳健，盈利出众
　　　　品牌上，努力实现诚信卓越，受人尊敬
　　　　人员上，努力实现队伍精干，素质一流

核心价值观：精诚至上，信义立行

经营理念：以市场为导向，以客户为中心

管理理念：创新、协同、精细、高效

人才理念：以人为本，人尽其才

服务理念：点滴用心，相伴成长

风险理念：稳健合规，提升价值

双胞胎集团
TWINS GROUP

双胞胎集团是一家全国性大型农牧集团，致力于饲料研发与制造、生猪养殖、粮食贸易、金融服务等业务。自1998年成立以来，双胞胎饲料年复合增长率50%，连续6年以100万吨的速度增长，年销量突破900万吨，稳居全国前列。双胞胎坚持以养户为中心、以奋斗者为本，薄利多销、微利经营，全流程降低运营成本，为养户提供高性价比产品。

双胞胎集团掌握核心技术，专业只做好猪料，拥有发明专利140多项。通过与国际科研机构、中国著名农业高校、科研院所合作，成立博士、院士工作站和国家级养猪技术中心，研发技术多次荣获国家科技进步二等奖。

双胞胎集团是中国企业500强，中国民营企业100强，中国制造业500强企业、国家级农业产业化重点龙头企业、国家级农产品加工示范企业、中国十大饲料领军企业。

双胞胎集团董事长 鲍洪星

集团总部大楼

集团与国际顶级动物营养专家深入交流

现代化生产车间

现代化工厂

柳钢集团办公大楼

广西柳州钢铁集团有限公司
GUANGXI LIUZHOU IRON AND STEEL GROUP COMPANY LIMITED

广西柳州钢铁集团有限公司（以下简称柳钢）经过60年的积淀，已发展成为我国华南、西南地区著名的钢铁联合企业，是中国500强企业与全球50大钢企之一。柳钢以钢铁制造为主业，业务涵盖物流与贸易、环保与资源综合利用、能源与化工、房地产、医疗养老等板块。2017年，实现营业收入685亿元，利润46.8亿元，利润进入全国同行前十名。

现今，柳钢资产总额超580亿元，在钢铁制造领域形成了铁1400万吨、钢1480万吨、钢材2250万吨的年综合生产能力，集成了以用户需求为导向的低成本、高效率、洁净钢生产服务平台。主导产品为冷轧卷板、热轧卷板、中厚板、带肋钢筋、高速线材、圆棒材、中型材、不锈钢等，已形成60多个系列、500多个品种。产品在满足华南，辐射华东、华中、西南市场的同时，还远销至东亚、南亚、欧洲、美洲、非洲等10多个国家和地区，广泛应用于汽车、家电、石油化工、机械制造、能源交通、船舶、桥梁建筑、金属制品、核电、电子仪表等行业。

中金公司　　　　　　防城港钢铁基地冷轧生产线厂房全景　　　　　　十一冶公司

柳钢冷轧产品

柳钢坚持"铸造精品，超越期望"的质量管理理念，以精益求精的工匠精神，为客户提供优质产品。其中，冷轧低碳钢带等7个产品荣获国家冶金产品实物质量"金杯奖"，钢筋混凝土用热轧带肋钢筋等5个产品荣获"冶金行业品质卓越产品"称号，集装箱钢板等8个产品获评"广西名牌产品"称号，船用结构钢获8国船级社工厂认可，结构用钢板和钢带通过欧标CE认证、新加坡FPC认证，冷轧钢带产品通过欧盟ROHS认证，英标460级螺纹钢通过香港土木工程拓展署注册审核。2015年，柳钢顺利通过汽车用钢质量管理体系认证。

柳钢高度重视营销服务，积极"走出去"，实现从"坐商"到"行商"的转变，建立了分销、直销和直供等多种灵活的销售模式。同时，致力于提升用户满意度，成立技术服务小组，对终端用户开展现场跟踪、技术交流服务，为客户提供了更具针对性、更专业的售后服务。

近年来，柳钢围绕钢铁产业链，按照"做优、做精钢铁主业，做大、做强多元产业"的发展思路，在深耕钢铁主业的同时，加快整合多元产业资源，积极发展物流与贸易、环保与资源综合利用、能源与化工、房地产、医疗养老、钢材制造与加工、工程技术服务、信息服务、商贸餐饮、现代农业等多元产业，逐步呈现出钢铁主业与多元产业"两翼齐飞"的新格局，企业综合竞争力全面提升。

在社会责任方面，柳钢努力成为有担当、负责任的企业公民。一方面，始终坚持走绿色发展道路。近10年来累计投资70多亿元，建成500多项技术先进的节能环保项目，确保了工业废水"零"排放、废渣与废气全部综合回收利用，实现了现代化钢企与宜居城市的和谐相融，也成就了柳州市"工业城市中山水最美，山水城市中工业最强"的美誉。另一方面，积极回报社会、造福社会，广泛投身于社会公益事业，近十年来累计投入1500多万元开展扶贫工作，有力推动了定点扶贫村经济社会的发展。

在党的十九大精神指引下，柳钢将继续深化改革创新，朝着"一个千亿、两大基地、一个产业群、三个推进"的奋斗目标，稳步实施"提质增效、沿海转移、多元并举、绿色发展、资本运作、智能升级"六大举措，全面推进企业转型升级，力争在未来5~10年把柳钢打造成为国内行业综合竞争力特强的钢铁企业。

先进的柳钢热轧生产线　　柳钢花园式工厂　　柳钢150吨转炉炉台

敬业集团办公楼

敬业集团
JINGYE GROUP

一、集团概况

敬业集团是以钢铁为主业，兼营钢材深加工、酒店、房地产、贸易、医药、旅游的跨行业集团公司，现有员工22500名，总资产313亿元。2017年集团销售收入675亿元，实现税金23亿元。2017年全国500强名258位，连续9年石家庄百强排名第一。主产品为螺纹钢、中厚板、热轧卷板、圆钢，是全球大型螺纹钢生产基地，入选国家工信部2017年第一批绿色工厂。"敬业"商标是中国驰名商标，品牌价值206.68亿元。

二、引进增材制造高科技项目

该项目投资23.4亿元，建立了从原材料生产、激光熔覆修复、3D打印、工模具钢生产的智能生产线，是全球唯一一家全流程增材制造公司。2019年项目建成后，可实现年销售收入91亿元，税金4.4亿元。

三、大力发展四个转型升级版块

依托千万吨钢铁规模组建北方最大的钢材深加工园区，建设钢结构、精密制管、钢筋加工配送、专用汽车等项目；开展小矿种、木材、金融等业务，做大国内外贸易；建设敬业医药科技产业，致力做全球最大的水杨酸及阿司匹林制造商；收储10万亩（1亩≈666.67平方米）荒山，投资百亿元建设"一个休闲度假区、两个旅游娱乐区、八座特色小镇"，打造全国一流的休闲、娱乐、居住环境。

四、致富员工、回报社会

致富员工、回报社会是敬业的宗旨。敬业集团员工工资逐年递增10%以上；员工大病除医保外可获全额补助；子女上大学本科每年补助5000元；员工每年享受免费高标准体检，员工每十年可出国旅游一次。2017年集团出资5000万元成立敬业教育基金会，为平山优秀学子每人发放2万元助学金，在扶贫救灾、修路建校等公益方面投入已超5亿元。

2018年敬业集团将严格贯彻党的十九大精神，打造中国建筑精品钢铁基地、钢材深加工基地与高新技术产业基地，朝着全球钢材和金属制品供应服务商、全球小矿种及各种能源贸易商的目标大步迈进！

业集团
YE·GROUP

热卷板产品

污水零排放车间

3D 打印车间

物料棚化

螺纹钢产品

花园式职工公寓

敬业集团美丽的一角

甘肃建投

匠心营造　精益求精

甘肃建投党委书记、董事长苏跃华（左5）进行海外业务洽谈并签署合作协议

甘肃省建设投资（控股）集团总公司（以下简称甘肃建投集团）成立于1953年，是中国500强企业，ENR全球最大250家国际承包商之一，中国承包商80强企业和中国建筑业竞争力双百强企业。2017年，甘肃建投实现经济总量608亿元。

近年来，甘肃建投按照"投资引领、集中管控、转型升级、创新发展"的发展战略，统筹国内、国外两大市场，以多

甘肃建投承建的海外经援项目——
津巴布韦国家体育场

甘肃建投"鲁班奖"项目——兰州
航天煤化工设计研发中心

甘肃建投四大工业产业园区之一——兰州
新区工业产业基地

甘肃建投投资建设的全国首批国家装配式建筑产业基地

元化发展和走出去发展为支撑，全面有序谋求高质量发展，打造了建筑安装、房地产、工业装备制造、投融资、海外业务和科技研发六大经济板块，形成了建筑安装、装配式建筑、设计勘察、房地产开发、装备制造、科技研发、建材、矿业、商贸物流、文化旅游、酒店管理、物业管理、保险等多元经营格局。

  甘肃建投借助其拥有的建筑业全产业链服务优势，承建了大批国家、省市重点工程项目，获得鲁班奖15项；适应建筑业转型升级，建成第一批国家级装配式建筑产业基地，国家重点研发计划绿色建筑及建筑工业化重点专项科技示范工程，打造3个绿色科技装配式建筑产业园区；以专业化、品牌化、规模化的大地产模式，在国内一二线城市和省内主要城市开发居住地产、保障性住房、商务地产、城市综合体；聚焦"中国制造2025"，坚持以高新技术为引领，以高端装备制造为支撑，建成兰州、武威、兰州新区、加纳特马4个工业产业园区和全国荒漠化防治（机械治沙工程）试验示范基地，生产起重机械、工程机械、隧道掘进机械、风电设备、沙漠治理设备和专用汽车六大系列产品；抢抓"一带一路"机遇，以"中甘国际"为国际化平台，大力拓展海外市场，已在40多个国家实现500多个经营项目落地，涉及国际工程承包、海外房地产开发、进出口贸易、医药生产、酒店管理、机械租赁、建材加工等领域；把科技进步和科技创新作为企业发展的主要推力，建成国家级企业技术中心、国家知识产权优势企业、国家高新技术企业等科研平台，努力实现"打造千亿级一流企业"的奋斗目标。

甘肃建投工程与生物治沙基地——被列为全国荒漠化防治（机械治沙工程）试验示范基地

国家重点研发计划绿色建筑及建筑工业化重点专项科技示范工程

甘肃建投自主研发生产的西北首台"黄河1号"盾构机

甘肃建投专用汽车生产加工基地

河北物流
HEBEI LOGISTICS

河北省物流产业集团有限公司董事长、党委书记 李建忠

河北省物流产业集团有限公司总经理、党委副书记 陈孟英

河北省物流产业集团有限公司是省政府2004年批准设立的国有企业，主要从事生产资料商贸、综合物流服务业务。现已发展成为集大宗商品贸易、现代物流、矿山开采、再生资源利用、报业、酒店于一体的大型综合性企业集团。

二手车市场规划图

截至2018年6月底，集团公司总资产218.96亿元，净资产30.3亿元，下设16家二级全资子公司。2017年集团公司年经营总量2000万吨，年加工能力100多万吨，建立起包括矿山开采、大宗物资采购、仓储、销售、报废汽车拆解、旧件再制造和逆向物流在内的钢铁供应链和综合贸易网络，在国内、外拥有超过200家经营网点，拥有矿山、物流园区、剪切配送中心、矿石加工中心和绿色回收基地等有形资源。

集团连续7年入选中国企业500强、中国服务业企业500强、河北省百强企业，连续两年入选中国物流企业50强，是中国5A级大型综合物流企业、河北省"三个一白"领军企业、河北省物流业"双十示范工程"示范企业、国家发改委现代物流工作重点联系企业。集团公司拥有ISO9001：2015资质。

集团公司以创新发展为主题，坚持五大发展理念，统筹国内、国际两个市场、两种资源，围绕"金融、物流、电商"三大平台，构建"大宗商品、金融服务、现代物流、再生资源"四大战略集群，立足京津冀，布局全国，建成现代化综合服务型企业集团，实现由大变强的新跨越。

河北物流大楼

NEPTUNUS 海王

海王集团1989年创办于深圳。20多年来，海王集团专注医药健康产业，以创新驱动成长，成为中国医药健康行业产业链条完整、自主创新能力较强、商业模式创新能力突出的大型骨干企业。2017年，集团销售规模达500亿元，旗下拥有两家上市公司，员工人数3.15万人，综合实力在中国医药健康产业位居前列。

海王集团打造的"海王"品牌是中国医药健康行业著名品牌，连续15年高居中国医药行业品牌价值前列。2018年，"海王"品牌价值达685.79亿元。

海王集团拥有国内领先的医药产品自主创新能力和完备的研发体系。拥有国家级技术中心、国家高科技研究发展计划成果产业化基地、博士后科研工作站等国家级研发平台。在抗肿瘤、心脑血管、海洋药物等领域新药研发成果丰硕，并在一类新药研发方面实现重大突破。

目前，海王集团正在以供给侧改革理念，全力推动公立医院药品采购供应模式创新，推进医药流通产业级创新。降药价，促医改，惠民生，快速打造千亿级医药健康创新产业。

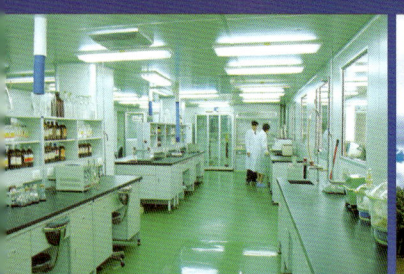

董事长 张思民

海王医药研究院 　　深圳海王工业城 　　现代化医药物流中心 　　海王星辰连锁药店

海王大楼

CME 重庆机电控股(集团)公司
CHONGQING MACHINERY & ELECTRONICS HOLDING (GROUP) CO.,LTD.

重庆机电控股（集团）公司（以下简称重庆机电集团）系重庆市属国有重点工业企业集团，经过多年发展，集团资产总额已超过 500 亿元，是中国西部最大的综合装备制造企业，所属控股企业重庆机电股份有限公司为香港联交所上市公司（股票代码：HK02722）。主营业务包括：高端装备、电子信息设备、交通运输装备、智能制造及系统集成服务和工程技术服务及推广等五大业务板块，产品广泛服务于通用环保、机床工具、智能制造、电子信息、汽车及汽车零部件、轨道交通、通用航空、电工电气、有色冶炼及制造服务等多个领域。

重庆机电集团拥有国家级企业技术中心 4 个，市级企业技术中心 24 个，市级工程（技术）研究中心 6 个，院士专家工作站 1 个，博士后科研工作站 9 个，重庆机电欧洲创新中心和欧洲机床研发中心各 1 个，国家认可（CNAS）实验室 3 个；拥有中国名牌产品 1 个，重庆市名牌产品 44 个，中国驰名商标 6 个；多个项目获国家或省部级奖项，并主持或参与制订数十项装备行业国家及行业标准。连续多年跻身中国企业 500 强、中国制造业企业 500 强，并曾获"装备中国功勋企业""中国优秀诚信企业"等殊荣。

重庆机电集团正按照新"321"发展战略，以创新、智能、绿色、环保为着力点，向着实现"幸福机电，装备世界"的梦想而努力奋斗！

热忱欢迎社会各界有识之士莅临重庆机电集团共谋发展大计，共创美好未来！

地址：重庆市两江新区黄山大道中段 60 号
电话：+86-23-63075959
传真：+86-23-63075679

风力发电叶片

齿轮加工自动线

核电上充泵

金诚石化
JINCHENG PETROCHEMICAL

党委书记、董事长　周敬才

山东金诚石化集团是以石油炼化为主的现代化企业集团,始建于1992年,位于山东省淄博市桓台县马桥镇,现有职工2300人,总资产150亿元。荣获"中国石油和化工优秀民营企业""全国安康杯竞赛优胜单位""全国节能减排先进单位""山东省安全生产基层基础工作先进企业""山东省文明单位""山东省诚信企业"等荣誉称号。

目前,金诚石化原油一次加工能力590万吨,综合加工能力1200万吨。生产装置配套完善,生产工艺、技术能力、产品质量均达到国内先进水平,产品畅销全国各地。

金诚石化始终坚持"有效投入、科学发展、做强做大"的发展理念，以原油炼制为基础，逐步向下游化工方向延伸，建设了全国地方炼油行业的第一套延迟焦化、油品加氢、重整、针状焦、烷基化等装置，引进国际先进的炼油技术开发了连续重整、加氢裂化等装置，从而引领了行业发展方向。

　　同时，金诚石化注重节能环保项目的建设，近两年来，总投资超过10亿元建设了WSA湿法制硫酸、碱渣污水处理、高效环保煤粉锅炉、危险废物资源化利用等节能环保项目，资源综合利用和环保水平居全国前列。

　　2018年以来，金诚石化在立足稳增长的基础上，一方面继续进行现有生产装置的技术改造升级，保持优势地位，另一方面加快推进总投资97亿元的MZRCC项目建设工作。该项目建成后，金诚石化将形成以丙烯为主的产业集群，真正构建起油头化尾、炼化一体化发展的格局。

　　下一步，金诚石化将重点以碳二烯烃、碳三烯烃、碳六芳烃为主向石化下游化工方向转型发展，努力建成以炼油为基础，炼化一体化发展的综合性大型石化企业，实现转型升级。

武汉金融控股集团
Wuhan Financial Holdings(Group)

武汉金融控股（集团）有限公司是经武汉市委、市政府批准于2005年8月成立的大型国有金融投资集团，注册资本40亿元，是湖北省率先挂牌的金融控股集团，集团旗下全资、控股企业72家，系统在册职工5400余人，主体长期信用评级为AAA。

集团是中部地区金融牌照最为齐全的国有金融机构，目前旗下金融、类金融牌照20多个，上市公司2家，拥有银行、金融租赁、信托、财险、公募基金、期货、担保、产业基金、票据经纪、金融资产交易所、互联网金融、金融外包服务、小贷和典当等金融、类金融业态，以及能源化工、集成电路、综合物流和新能源汽车等实业板块。当前，集团还在抓紧推进人寿保险、综合券商、消费金融、供应链金融等筹建或并购，将进一步充实和完善集团金融服务链条，加快构建全牌照一流综合金融服务商，成为武汉参与全国乃至国际金融竞争的"排头兵"。

集团成员企业

集团品牌新形象揭牌

集团领导视察安全生产工作

集团坚持以党建引领发展，把打造"红色金控"作为各项工作的基本理念和价值追求，形成了"红色领航先锋、红色在线网络、红色发展要求、红色思想阵地、红色金融生态、红色金融队伍、红色金融担当、红色金融文化"等"八个红色因子"，构建起极具特色的现代地方金融国企治理体系。强有力的党建工作，凝聚了党员干部的思想、智慧和力量，为集团高质量发展提供了政治保证和组织保障。2017年，集团全年实现营业收入430.7亿元、利润总额18.3亿元、资产总额962.3亿元、净资产311.9亿元，分别同比增长8.1%、16.1%、14.7%、17.5%，成为武汉建设国家中心城市的金融助推器。

集团董事长、党委书记谌赞雄荣获全市"2017年度最佳领导干部"

集团连续多年荣获金融支持武汉经济社会特别贡献奖

集团新办公大楼效果图

2017年集团对口帮扶的凤凰寨村实现贫困户全部脱贫、贫困村摘帽出列

集团公司持股67.51%的国通信托公司正式揭牌

集团召开纪念建党97周年暨表彰大会并进行了现场直播

世界第三大水电站——溪洛渡水电站

全国十佳风电场——鲁南风电场 　　　德格电网改造项目 　　　国家级示范项目——四川能投新都分布式能源项目

四川省能源投资集团有限责任公司（以下简称四川能投）成立于2011年2月21日，注册资本93.16亿元。公司为四川省人民政府批准，在四川省工商局依法注册登记的国有资本投资公司，是四川推进能源基础设施建设、加快重大能源项目建设的重要主体。

截至2017年年底，公司总资产近1200亿元，全年实现销售收入过400亿元，控股1家上市公司——川化股份（股票代码：000155），参股4家上市公司，员工共计16908人。

业务涵盖能源、化工、现代服务业、战略性新兴产业四大领域。能源方面，目前已拥有31个市县级供电区域，供电人口1800万人，占四川全省总人口的22%；拥有大中小型各类水电站174座，总装机（含权益装机）920万千瓦；在金沙江干流上，控股开发总装机56万千瓦的金沙水电站，参股向家坝、溪洛渡、白鹤滩、乌东德四座巨型水电站；获取了省内外风电资源200万千瓦、光伏资源40万千瓦，已建成8座风电场和3座光伏电站，总装机达40万千瓦；大力拓展垃圾焚烧发电、生物质发电、污水处理、工业节能等业务，遂宁、自贡、广安垃圾发电项目已建成投产；聚焦"天然气输配送、城市燃气经营、LNG全产业链、智慧能源"四大主营业务，服务四川省14个市州共计50余个区县，年天然气输配售达20亿方；与中石油合作共同开发四川页岩气资源，长宁区块已成功建成投产；在四川省内外获取分布式能源项目7个，装机规模226万千瓦，新都分布式能源发电项目成为国家发改委批准的国家级示范项目。

化工方面，担负四川省化工转型升级重任，加快传统化工业产能国际化、精细化工业产品高端化、未来新兴化工业布局前沿化。

现代服务业方面，金融业务范围涵盖商业银行、基金管理、股权及债权投资、融资租赁、资产管理、互联网金融、小额贷款、融资担保、保险销售、供应链金融、商业保理和健康管理12大领域，管理金融资产规模超过200亿元；拥有景区特许经营权面积超过4000平方千米，完成了四川省"东、西、南、北、中"的业务布局，并向云南、西藏延伸；贸易板块坚持供应链集成服务商的市场定位，涉足供应链服务、国际贸易、高新技术材料、现代物流综合服务、信息和工程咨询服务等业务领域，业务延展至中国香港，以及科威特、瑞典、韩国与东南亚等10余个国家和地区。

战略新兴产业方面，进军新材料、新技术领域，在碳纤维产业、现代照明产业等领域已形成规模。深度布局锂电全产业链。投资控股上游优质锂矿、锂盐资产，积极谋划锂电正、负极材料、隔膜、动力电池等全产业链整合，控股由国务院"中国制造2025"领导小组和国家工信部批准建立的国家动力电池创新中心，动力电池产业化量产示范基地落户成都。

到2020年，四川能投着力培育电网、重装租赁、分布式能源、普惠金融、气体能源等多个领域的上市公司，实现总资产超2000亿元，销售收入超500亿元，利润总额超30亿元，成为国际、国内具有影响力的大型综合能源企业。

西南地区建设运营标准最高的垃圾环保发电项目——四川能投遂宁垃圾发电项目　　　四川省"农风光"互补项目——大面山风电场　　　北京T3航站楼LED照明工程

SHOKAI 首开

董事长 潘利群

总经理 李岩

北京首都开发控股（集团）有限公司（以下简称首开集团）是2005年10月由原"北京城市开发集团有限公司"和北京天鸿集团公司"合并重组成立的国有独资房地产企业集团。集团以"城市复兴"为己任，"一流品牌，责任典范"为企业愿景，立足"打造全国房地产综合实力一流企业"，业务涉及"房地产开发经营、物业管理、土地一级开发、投资与资产管理"4个领域，范围分布于北京、上海、广州、天津、厦门、香港、澳门等地区，以及美国、英国、加拿大、澳大利亚4个境外市场。2017年，集团首次参加并入选"中国企业500强"；获得中国房地产品牌价值（国有）第2名，品牌价值达到176.26亿元；荣获第八届"北京影响力"评选活动"最具影响力十大品牌"称号；获评"2017中国绿色地产TOP10"。

潘利群董事长赴美演讲阐述城市更新的首开集团实践

首开集团与光大集团、北京银行城市副中心分行签署战略协议

《房地产供给侧结构性改革探索与实践》首发式

国家速滑馆

同程旅游

公司简介

　　同程旅游是一家多元化旅游企业集团，创立于2004年，总部设在中国苏州，在全国各主要城市及海外设有服务网点。多年来，同程旅游集团积极推进全产业链布局，旗下拥有位列国内三大OTA（在线旅行社）平台之一的同程艺龙、大型旅行社集团同程国旅、文化旅游集团同程文旅、众创平台同程众创、产业链金融服务平台同程金服等，还通过投资并购布局航空、酒店、商旅等领域。基于线上+线下的全产业链布局和创新的商业模式，同程旅游集团连续多年保持高速增长，2017年服务人次超过5亿人。同程旅游是国家高新技术企业、商务部首批电子商务示范企业之一。

　　2014年2月，同程旅游获得由腾讯、博裕资本和元禾控股等投资方总额为5亿元的投资。

　　2014年4月，同程旅游与携程达成"战略竞合"伙伴关系，携程向同程旅游投资超过2亿美元。

　　2014年10月，同程旅游"All in无线"战略目标初步实现——跻身在线旅游无线三强之列。

2015年7月，同程旅游获得万达、腾讯、中信资本等超过60亿元的战略投资，是国内在线旅游企业当时最大单笔投资。

　　2016年9月，同程旅游作为仅有的三家旅游企业之一，首次上榜"胡润研究院2016最具价值中国品牌"，并入选特色品牌榜。

　　2016年10月，合并重组万达旅业，并入同程旅游旗下的同程国旅。

　　2016年12月，中国旅游协会与中国旅游研究院联合公布2016年度中国旅游集团20强榜单，同程旅游跃居第五名。

　　2017年8月，中国互联网协会、工业和信息化部信息中心联合发布2017年"中国互联网企业100强"榜单，同程旅游位列第26位。

　　2018年3月，同程网络与艺龙旅行网合并为"同程艺龙"，据艾瑞咨询数据显示，同程艺龙位列国内三大OTA之一。

　　同程旅游以"成为客户信赖的百年企业"为愿景，以"让更多人享受旅游的乐趣"为使命，未来将综合运用资本、技术等方面的积累打造多元化的"旅游航母"，跻身世界著名旅游集团之列。

蓝润实业
LANRUN INDUSTRIAL

40 billion
年主营收入近400亿元

TOP367
2017中国企业500强第367位

TOP128
中国民企500强第128位

怡君控股旗下核心企业蓝润实业，是根植中国、以地产为核心的综合类产业集团，创办于1997年，主营业务涵盖住宅开发、商业不动产开发与运营、酒店服务、社区服务等多个行业和领域。作为西南区域龙头房企，蓝润实业长期深耕四川，投资各类项目近百个，年主营业务收入近400亿元。

创业20年来，蓝润实业始终受益于改革开放不同阶段的中国动力，长期专注于产业与行业周期轮动，精准把握城镇化、重化工、大健康、智能制造、消费升级等行业和领域的产业投资机会，积极服务供给侧结构性改革等国家战略，实现可持续的高速增长。

■ 住宅开发 - 仁和春天

重要动态：从单一地产开发到全产业链覆盖

- **1997** 创办公司，并承接第一个建筑项目
- **2002** 蓝润地产正式成立
- **2007** 四川蓝润实业成立；蓝润远鸿物业成立
- **2009** 收购鸿源星集团；公司总部迁至成都
- **2013** 斥资逾80亿元，连拍13宗地
- **2014** 首次入榜中国地产100强
- **2015** 发力商业地产；100亿元投资逾200万平米商业用地
- **2016** 首次入选中国企业500强；蓝润酒店成立
- **2017** 地产品牌价值持续增长，超30亿元；持续入选中国企业500强、中国民营企业500强、中国地产100强
- **2018** 怡君控股总部迁入上海中心大厦；战略投资上市公司龙大肉食（股票代码:002726）

主要经验：抓住两个黄金十年，从规模化到高质量

作为改革开放进程中涌现出的最具成长性的民营企业之一，自1997年创立以来，蓝润实业通过践行中国机遇，抓住"两个黄金十年"，实现了企业快速扩张，截至2017年蓝润实业实现营业收入近400亿元，再次入榜中国企业500强。

第一个十年，从1997年至2007年，是中国房地产行业的黄金十年，也是蓝润实业通过大量开发住宅，大举增加土地储备，实现规模化扩张。

第二个十年，从2007年到2017年，是中国城镇化开始迅速跃升的黄金十年，蓝润实业加码商业，做精产业链，优化资产，实现高质量发展。

山东恒源石油化工股份有限公司
Shandong Hengyuan Petrochemical Company Limited

▶ 企业简介 Company profile

山东恒源石油化工股份有限公司是一家以石油化工为主业，集石油炼制与后续化工为一体的国有控股大型企业，历经40余年开拓发展，已成长为蕴藏着巨大发展潜质的现代化、国际化石油化工企业，连续跻身"山东企业100强""中国化工企业500强""中国制造业企业500强""中国民营外贸500强"，2018年荣列中国企业500强。

企业境内公司占地1800亩（1亩≈666.67平方米），在岗员工1500人，一次加工能力350万吨/年，是省级安全标准化达标企业，已获批国家发改委350万吨/年进口原油使用权和国家商务部原油非国营贸易进口资格，拥有主体生产装置10余套，汽柴油、液化气等产品十几种。

作为中国地炼海外并购案及国家"一带一路"项目的成功典范，2016年2月企业完成51%股权并购。现境外公司位于波德申，是马来西亚上市炼油公司，主营成品油炼化和制造，产品包括汽柴油、燃料油、航空煤油、混合芳烃等，生产能力12万桶/日。

2017年企业境内外公司主营收入合计399亿元。

未来5年，企业将通过迁企入园契机，着力调整产品布局，重点延长化工链条，高起点、高标准打造技术先进、配套完善、生态安全、环境友好的特色、高端、新型精品产业园区；通过内外联动，做好全球化战略布局，全力打造一流专业化、国际化炼油公司。

鲲翼搏伟业，志达竞风流！公司董事长、总经理王有德诚携有志之士，同策同力，共拓宏图！

原油公司：0534-4435818　　销售公司：0534-4434666
E-mail:hysh@hyshjt.com　　传真：0534-4225918　　地址：山东省德州市临邑县恒源路111号

把握变化未来

恒源（马来西亚）炼油有限公司
Hengyuan Refining Company Berhad

59TH ANNUAL GENERAL MEETING
Date : 24 May 2018 • Time : 10:00 am

HRC于吉隆坡森纳美会议中心举行2018年度股东大会暨第59次年度股东大会

Stock Code:4324   Add:Batu1,Jalan Pantai,71000 Port Dickson,Negeri Sembilan,Malaysia

成就现代企业

金澳科技（湖北）化工有限公司

舒心董事长（左二）在生产装置区

金澳科技鸟瞰图

金澳科技（湖北）化工有限公司（以下简称金澳科技）始建于1976年，于1997年12月由全国政协委员、中国企业联合会和中国企业家协会副会长、金澳控股集团董事局主席舒心先生整体收购潜江市石油化工厂后改制成立，是集生产、贸易、物流储运等于一体的集团化企业。公司规划总占地面积5000多亩（1亩≈666.67平方米），目前装置占地面积约2130亩，总资产260多亿元，年炼油一次加工能力730万吨，解决就业5000多人。2017年实现销售收入386.1亿元。主要生产和销售汽油、柴油、聚丙烯、精丙烯、丙烷、MTBE、液化气、石油焦、硫磺等。

金澳科技以质量ISO9001、环保ISO14001、职业健康OHSAS18001管理体系认证为基本运行平台，产品质量、环保、职业健康等内控指标均达到或优于国家标准。公司获得AA+级银行信用认证。2017年获得国家发展和改革委员会批准的每年230万吨的进口原油使用权、国家商务部批准的每年230万吨原油非国营贸易进口允许量及进口资格。

2016年，金澳科技党委被中共中央授予"全国先进基层党组织"荣誉称号；2012年，金澳科技被国务院授予"全国就业先进企业"荣誉称号。企业还先后获得"高新技术企业""最具环保社会责任企业""湖北省模范劳动关系和谐企业""湖北省纳税信用A级纳税人"等百余项国家、省部级荣誉称号。

金澳科技拥有重油催化、延迟焦化、柴油蜡油加氢、汽油加氢、柴油加氢改质、芳构化、制氢、硫磺回收等近20套主体生产装置，并有配套的水、电、汽、风及80万立方米油品库容设施。所有装置均采用美国霍尼韦尔公司及浙江中控先进的DCS、SIS系统自动化控制。拥有年吞吐量500万吨、5000吨级的长江石化专用码头和年吞吐量300万吨、1000吨级汉江石化专用码头各1座。公司依托江汉平原货运铁路，正在修建直达厂区、年吞吐量540万吨的货运铁路专用线，并正在规划建设荆州监利至潜江厂区的输油管道项目。

金澳科技产品销售区域主要是湖北、湖南、江西、重庆、贵州、河南、广东、广西等省市自治区，并建有自己的终端销售网络。

金澳科技始终坚持绿色发展、循环发展和低碳发展的指导思想，以市场为导向，以能源化工为支柱，完善和延伸石油化工产业链，逐步形成"油头、化身、高化尾"的主干产业，投资建设高附加值、高回报率的综合型石化项目；进一步加强终端销售网络建设，计划建设和合作经营加油加气站1000多座；制造业与服务业并举，本土发展与国际并购同步，扩展文化教育旅游、国际贸易、仓储物流等产业；构建强势产业，打造核心品牌，增强主干产业对配套产业的带动能力；提升经济效益和社会效益，实现"以产业报国，为荣誉而战"的企业发展愿景。

柴油加氢改质及配套制氢装置区

柴油蜡油混合加氢、汽油加氢、制氢装置区

常减压装置

催化裂化装置区

金澳科技公司大门

杭州市实业投资集团有限公司

杭州市实业投资集团有限公司（以下简称杭实集团），坐落于风景如画的西子湖畔，成立于2001年6月，是杭州市政府直属的国有全资大型投资集团。经过这些年的不断发展壮大，集团公司目前拥有控参股企业63家，职工近3万余名，注册资本30亿元，总资产达515亿元，净资产达194.5亿元，获得AAA信用等级。

杭实集团聚焦先进装备制造、新能源材料、医疗健康、循环经济、产业园区建设等行业，以产业投资和资本运作为抓手，形成对行业领军企业的影响力和控制力。其中，杭叉集团股份有限公司、杭州锅炉集团股份有限公司、杭华油墨股份有限公司、浙江华丰纸业集团有限公司、新中法高分子材料股份有限公司、浙江大桥油漆有限公司、浙江轻机实业有限公司等均处于国内和行业领先地位。

站在国企改革浪潮新的历史起点，杭实集团将一如既往秉持敢为人先的创新发展精神，积极构建资源运作平台、资产管理平台、资本营运平台、资产营运平台、国际贸易平台，以及若干产业集团的"4+1+X"战略发展格局，全力打造产融结合的国际化投资平台，致力与更多企业和社会各界携手合作，共创美好未来！

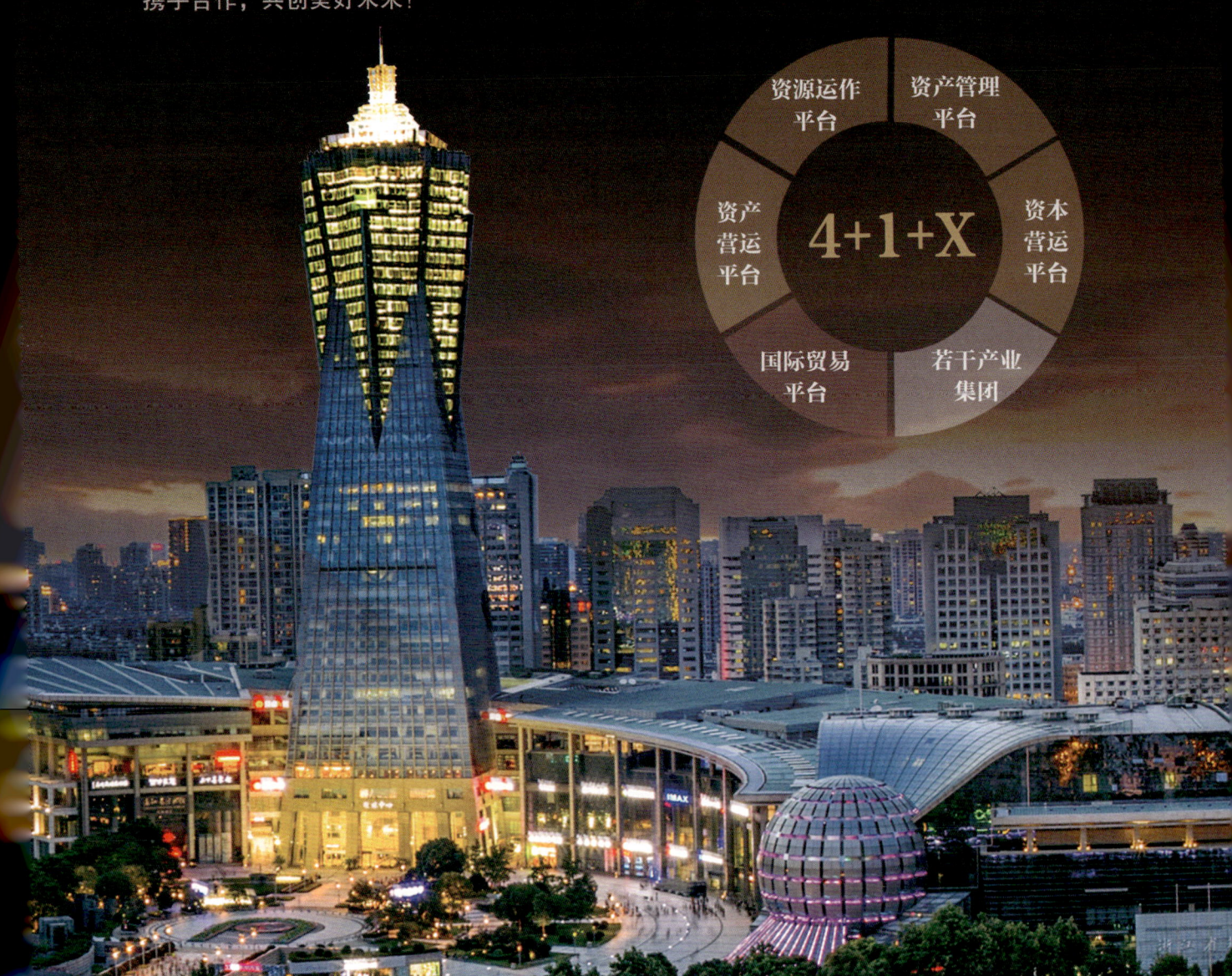

江南集团
JIANGNAN GROUP

董事长 于全

北京江南投资集团有限公司，成立于2004年，总注册资金18亿元，是一家集投资管理及房地产开发为主，产业园、旅游度假、养老产业、房屋销售、物业管理、建筑设计、商业贸易、文化传媒于一体的跨行业、跨地区的投资管理集团。北京江南投资集团有限公司始终坚持"诚信为本，追求卓越"的企业宗旨，可持续地发展集团各项事业，先后成立及并购控股近20多家经济实体企业，并聚集了一批优秀的管理和技术人才，于2015年和2016年连续两年跻身中国房地产开发企业100强。2017年，集团入选"中国企业500强"。北京江南投资集团有限公司通过对市场的准确把握和精耕细作，凭借雄厚的资本实力，储备了通州、望京、北七家、小汤山多个优质开发项目资源，项目遍布北京、环首都经济圈及粤港澳大湾区等地。北京江南投资集团有限公司紧跟城市发展脉络，积极参与城市化建设，投资开发多个旧城改造和旧村改造。

北京江南投资集团有限公司始终以投资管理为主业，以"专业化城市建设者"的开发理念自勉，未来将继续践行企业使命，为社会奉献越来越多的精品之作。

江南大厦

江南山水

江南府园林

江南府

中科电力装备集团

10kV成套柜流水线

集团研发中心

  中科电力装备集团致力于打造成为国际化的科技型、智能型、节能环保型的高低压成套电气设备生产研发和解决方案提供商。2013年年底成立集团公司，总部坐落在安徽蚌埠。中国企业500强，中国制造业500强，高新技术企业，荣获中国电力行业管理创新奖和中国电力设备管理特别贡献奖。

  江苏、安徽、内蒙古、新疆、青海、河南六大生产制造基地和研发中心总投资200多亿元，总占地面积5000多亩（1亩≈666.67平方米）。引进了美国、德国、瑞士、加拿大、日本、比利时等国家的先进的生产流水线和检测设备，具备智能电网综合节能自动化设备、成套电气设备、500kV及以下节能型变压器、330kV及以下特种变压器的设计、制造及试验能力。公司已通过ISO9001、ISO14001、OHSAS18001三大体系认证、CCC认证和CE认证，具有电力工程设计乙级资质和电力工程施工总承包贰级资质。产品广泛运用于国家电网、交通运输、城市建设、石油化工、冶金矿山等重大工程项目，畅销全国30多个省、市、自治区，并出口东南亚和南美等国家和地区。

  中科电力本着技术创新、科技兴业的创业理念，与浙江大学、南京理工大学、哈尔滨理工大学、上海交通大学、清华大学等院校进行了广泛的技术交流与合作。获批成立安徽省中科电力汪槱生院士工作站、安徽省博士后科研工作站、

干式变压器生产

成套钣金车间

ABB机器人

安徽省高压输配电装备工程技术研究中心、安徽省企业技术中心。多项产品荣获"安徽省工业精品""安徽省名牌产品""安徽省新产品""安徽省科学技术研究成果""高新技术产品"等荣誉。董事长王小飞入选安徽省特支计划创业领军人才。目前，中科电力已取得国家专利300多项，产品检测认证300项和软件著作版权160项。

在当今经济全球化的时代背景下，中科电力将沿着"国际化、规模化、产业化"的发展道路，将"中科电力"品牌推向全球，朝着"做国际一流企业、创世界民族品牌"的宏伟目标迈进。

六大生产基地

成都兴城投资集团有限公司

国际化城市综合开发运营商

成都兴城集团党委书记、董事长任志能

成都兴城投资集团有限公司（以下简称成都兴城集团）是成都市属重要国企，始创于2003年，勇立改革开放的时代潮头，砥砺奋进15年，是中国中西部发展最迅速的城市开发运营商之一，目前拥有建筑施工、地产开发、医疗健康、文化旅游、资本运营与资产管理五大产业板块。集团设二级全资及控股子公司12家，参股公司7家，三级子公司及参股公司57家，业务覆盖20余个国家，正在打造全产业链的国际化城市综合开发运营商。

精工善成，兴城弘业。集团始终坚持新发展理念，踊跃投身城市项目建设，打造了成都市东部、南部新区共计56平方千米两个城市副中心及锦城湖、青龙湖、成都规划馆、成都金沙遗址博物馆、天府广场、四川电视塔等一批城市地标，先后建成了二环路高架、成都东站和南站市政配套基础设施、双流机场航站楼等1000余个重点项目，建设超过600万平米高品质住宅及334万平方米农村新型社区，正全力建设天府绿道，打造"天府文化公园"和"三国蜀汉城"两个重要成都文化名片，获得了国内AAA、国际BBB+信用评级，是中国西南地区率先同时成功发行美元债券和欧元债券的国有企业，具备雄厚的开发实力、丰富的建设经验和较强的投融资能力。

善思者，擎天无界；善行者，驭地无疆。在深耕成都市场的基础上，积极"走出去"，开拓美国、澳大利亚、马来西亚等海外市场业务，承建了肯尼亚、安哥拉、蒙古等国项目，通过多元化、全球化产业布局，放大了国有资本的集成效应，发挥了国有企业的引领示范辐射作用。截至2017年12月底，集团资产总额1245亿元，净资产385亿元，年营业收入366亿元。

成都市天府绿道

精工善成　兴城弘业

当前，成都兴城集团坚决贯彻落实党的十九大精神，全力投身城市全域生态体系、城市公共服务体系建设，正在打造建筑施工、地产开发、文化旅游三个"千亿级"及医疗健康、资产运营两个"百亿级"产业集群，加快推动产业发展与城市品质提升相融合，力争到2022年，实现资产总额3000亿元、年营业收入1600亿元，进入世界500强行列。

- 成都市二环高架桥西半环
- 锦城湖宾馆
- 成都建工建筑工业化基地
- 电子科技大学清水河校区（鲁班奖）
- 成都双流国际机场T2航站楼（鲁班奖）
- 成都市郫都区战旗村
- 成都市锦江区人才公寓
- 青城（豪生）国际酒店

让城市生活更美好

CHENGDU XINGCHENG INVESTMENT GROUP CO., LTD. ("CXIG"), a state-owned capital investment and operation firm based in Chengdu, primarily engages in five sectors, i.e., engineering construction, real estate development, healthcare, cultural tourism, and capital operation and management. CXIG has 12 second-tier wholly-owned and controlled subsidiaries, 7 second-tier participated companies, and 57 third-tier subsidiaries and participated companies. As at the end of December 2017, CXIG recorded total assets at RMB124.5 billion and operating income at RMB36.6 billion.

兵团建工 BING TUAN CONSTRUCTION ENGINEERING

新疆引额济乌工程

建筑铭刻历史　创新打造未来

兵团建工集团 2000 年改制组建为国有独资企业，目前注册资本金 10.18 亿元，资产总额 400 多亿元，净资产 100 余亿元，下设 14 个子公司，一个上市公司（北新路桥）。拥有房屋建筑工程总承包和公路工程总承包双特级资质，拥有建筑工程、市政、水利水电、公路、铁路等施工总承包一级资质 11 项，拥有桥梁、路面工程、隧道工程、钢结构、园林绿化、装修装饰、高耸建筑等专业一级资质 20 余项，以及对外援助成套项目总承包企业资格和对外承包工程经营资格证书。集团现有职工 12000 余人，其中疆内 8299 人、疆外 3015 人、海外 741 人；拥有取得建造师资质人员 1310 人，具备高、中级职称的各类经济、技术、科研等管理人员 8000 余人；从业人员 5.6 万余人。现有先进的大型施工设备 1000 余台（套），年施工能力超 600 亿元。

近年来，集团实施"巩固疆内、扩展疆外、深耕海外"的市场战略，在巴基斯坦、安哥拉、阿尔及利亚等 18 个国家，陕西、河南、福建、重庆等 21 个省区参与建设施工、设立办事机构。已三年入围中国企业综合 500 强，连续十四年入围"250 家国际承包商"。

十年的奋力拼搏，兵团建工集团结合自身实际，坚持稳中求进、稳步增长；用精品工程树立民族形象，以科学管理赢得经济效应；安全管理常抓不懈，人身安全重于泰山，凭借兵团建工人"挑战自我，努力超越"的精神意志，倾力打造外向型、国际化、现代化的大型企业集团。

新疆兵团机关综合楼，获中国建筑工程最高奖——鲁班奖

青藏铁路

承建的新疆第一条电气化铁路——精伊霍铁路 s9 标段

陕西小河安康高速公路

西安绕城

引额供水工程"635"水利枢纽

新疆乌鲁木齐外环路蜘蛛山互通式立交桥，荣获"中国市政金杯师范工程"

安哥拉社会住房项目凯兰巴·凯亚西一期工程

通州建总集团有限公司

通州建总集团有限公司成立于1958年，系国家房屋建筑工程施工总承包特级资质企业，拥有含市政公用工程、机电工程总承包一级资质在内的10余项增项资质，设有省级研发中心、博士后科研工作站，下辖建筑科技智能新三板挂牌公司（股票代码：872235）、省级中等专业学校。是集施工总承包、轨道交通、智能通信、机电安装、装饰装修、钢结构、园林古建等业务为一体的多元化大型企业集团。

公司拥有对外签约权，取得AAA级资信，涉足美国、俄罗斯等国际市场。年均施工面积3600万平方米，产值近350亿元，跻身中国企业500强，位居"全国建筑业竞争力百强""中国承包商80强"等榜单前列。获评全国"守合同、重信用企业""江苏省著名商标"等荣誉称号。

公司先后获鲁班奖、国优奖等大奖31项，获评"全国创鲁班奖突出贡献企业"；主持建设了1项"改革开放35年百项经典暨精品工程"；参与建设了"百年百项杰出土木工程"中的6项，"新中国成立60周年百项经典暨精品工程"中的6项，主持或参与建设了南京大屠杀遇难同胞纪念馆、浦东机场、奥运会体育馆、世博园主题馆、南通轨道交通一号线、苏州轨道交通配套工程、南通火车站等代表建筑。

董事长 张晓华

—— 筑精品工程·创百年企业 ——

通州建总总部大厦

通州建总南通轨道交通工程观摩工地

南京大屠杀遇难同胞纪念馆工程——鲁班奖

南通通州区行政服务中心——鲁班奖

苏州教投大厦——鲁班奖

京粮集团

北京粮食集团有限责任公司（以下简称京粮集团），是北京大型国有粮食企业，业务涉及粮油储备、粮油食品加工、粮食食品贸易、商贸服务、不动产五大板块。多年来，集团始终秉承"为民承重，兴粮富国"的企业使命，培育了"古船""绿宝""火鸟""古币""小王子""点到网"等一批知名品牌，"古船"品牌价值近百亿，赢得了"首都的米袋子、百姓的放心粮"的美誉，承担着维护首都粮食安全、服务政府宏观调控的职责。

集团以粮源采购、储备物流、加工生产、市场网络四大体系为核心，着力打造从田间到餐桌的粮油食品安全产业链。在粮源采购体系上，建设起遍布东北、华北、华中、长江三角洲等粮食核心主产区的粮源基地200多个，一手粮源年采购量超过500万吨。在储备物流体系上，建设粮油仓储物流库点90多个，总仓容600万吨，形成以锦州、黄骅等产区港口为集采节点，以蛇口、妈湾等销区港口为集散节点，铁路、公路、水运有序衔接的仓储物流体系，打通"北粮南运"大通道。在生产加工体系上，生产加工基地覆盖东北、华北、华东及华南地区等，涵盖了米、面、油、杂粮、食品、玉米深加工、主食厨房及饲料八大领域，拥有产能近600万吨。在市场网络体系上，京粮产品行销全国，利用电商平台线上和线下双线运行、原粮和成品粮油同步推进的全渠道营销格局，营销网络覆盖全国，成为全聚德、肯德基、稻香村、必胜客、庆丰包子、正大、温氏等一批知名企业的供应商。

集团以合作、开放、共赢的理念，深化与央企、民企、地方粮食企业的合作，与中储粮出资成立天津粮油工业公司，构筑环渤海一体化粮油食品安全保障网络的重要载体；与华联集团共同打造龙德广场，已成为奥北地区新地标；控股汇源集团的山东福宽生物工程公司，与山东诸城兴贸组建京粮龙江生物工程公司，并购曲阜药用辅料公司，向"大健康＋生物科技"产业延伸；与吉林市粮食局合并重组成立京粮（吉林）实业公司，控股冀粮集团的油脂板块，实现与地方粮企合作的新突破。完成对珠江控股的重组，更名为京粮控股（000505），迈向资本运作的新征程！

未来，京粮集团将深入贯彻新发展理念，深化供给侧结构性改革，更好地满足人民对美好生活的向往！

京粮大厦

京粮集团党委及经营班子合照

京粮（天津）粮油产业园俯瞰图

京粮集团吉林榆树稻谷仓储物流加工园区

京粮集团面粉加工厂生产车间外景

京粮（天津）粮油工业公司小包装油生产线

现代化面包生产线

自然而生 京粮品质

京粮集团产品全家福

京粮集团 BGG

为健康的每一天

小包装面粉生产线

京粮集团产品全家福

中南集团·中南建设
ZHONGNAN GROUP · ZHONGNAN CONSTRUCTION
建家·筑城·启未来

中南集团董事局主席 陈锦石

中南北京地铁 5 号线

南通 CBD

中南集团·中南建设（股票代码：SZ000961），成立于 1988 年 2 月，现有员工 70000 余人，其中博士近 100 人，硕士 500 余人，EMBA100 余人，本科学历 8000 余人，2017 年总营收 1536 亿元，利税超 120 亿元，总资产超 2000 亿元。

中南集团下设中南置地、中南建筑、中南土木、中南资本、中南金融、中南建投、中南工业（磐石新能股票代码：871460）七大产业板块及中南高科、中南教育、中南园林三大事业部，拥有 424 家公司，其中独立法人企业 360 家，子分公司 64 家，业务涵盖房地产开发、工程总承包、海绵城市建设、地下管廊建造、市政工程、轨道交通、安装、装饰、钢结构、能源、工程装备业、矿产、金融投资、商业运营等领域，业务遍及全国 20 多个省、100 多个地县级城市及海外市场。

中南集团的前身是一个建筑包工队，最初只有 28 名员工、5000 元资金。中南集团 30 年的发展历程，是中国民营企业奋斗成长的典范。30 年来中南集团敢想敢闯敢干，敏锐地抓住了四大机遇，获得了长足发展：一是并购南通总承包，创立了中南建筑；二是开发南通 CBD，开启了房地产黄金十年；三是收购北京城建市政，创立中南土木，开辟基础设施业务领域；四是主板借壳上市，成功进入资本经营快车道。

中南集团总部大楼

中南盐城广播电视塔　　　　广饶孙子文化公园兵圣宫　　　　中南拉唯那

中南置地是中南集团旗下房地产旗舰品牌,是一个大型的房地产企业,依托母公司多产业链融合联动的优势,中南置地已打造出精品住宅、商业地产、特色小镇、旅游养生、产业园区等五大业态,以及贴心物业、文教产业、绿色园林三大配套产业,目前土地储备约4200万方。中南置地延承母公司的大国工匠精神,建构起"美好就现在"的企业理念,也是首个推出健康住宅标准体系的企业,为全国100城、300个项目、80万业主提供健康、智慧、人文的新城市美好生活方式,获得2018中国房地产开发企业20强第19位、2018中国房地产开发企业商业地产运营10强第5位等多项荣誉。

今天的中南集团位列中国企业500强第236位、中国民营企业500强第53位,中国房地产企业19强,中国建筑企业500强第8名,荣获鲁班奖25项、特别鲁班奖1项、詹天佑奖15项,以及钢结构金奖、中国建筑装饰奖等国家级大奖计50余项,获得扬子杯、长城杯、白玉兰杯、泰山杯等省级优质工程奖100余项。

中南集团在发展壮大的同时,始终不忘造福桑梓、反哺社会,累计为上百万人提供就业岗位,连续多年蝉联海门纳税冠军、南通纳税大户。30年来,中南集团累计利税总额超300亿元,先后捐资7亿多元,用于新农村建设、援建学校和养老机构、兴修道路与水利、抗震救灾、扶贫济困等。中南集团分别在海门市区、海门常乐镇投资了从小学、初中到高中,从幼儿园、小学、初中到高中两个"一体化学校",为家乡教育事业做出了贡献。同时,中南在云贵川、新疆等地援建了30多所希望小学,多次荣获"中国十大慈善企业"称号。

中南各产业板块协力共生,四商联动,建立全集团发展生态圈,强调"实业经营、资本经营、资产经营"三轮驱动,通过"战略、投资、创新、文化、人才"五大引领推动企业健康、稳定、持续发展。中南集团将以"同心共信"的企业文化体系,以及全产业链优势,向中国企业500强前100名、世界企业500强的战略目标迈进。

华鲁控股集团有限公司
HUALU HOLDINGS CO.,LTD.

华鲁控股集团有限公司党委书记、董事长 程广辉

华鲁控股集团有限公司是省属大型国有重要骨干企业，2015年列入山东省首批实体企业改建国有资本投资公司试点。集团前身香港华鲁公司于1985年10月在香港成立，是山东省在香港地区经济贸易活动的窗口公司。公司以医药、化工、投融资和资本运营为主业，现拥有香港华鲁集团、山东华鲁集团、华鲁恒升集团、新华医药集团、鲁抗医药集团、华鲁投资发展公司、山东省环科院7家二级公司，控股华鲁恒升、新华制药、鲁抗医药3家上市公司，各级控股子公司62家，员工共计1.7万人，连续多年入围山东企业百强、中国制造业企业500强。2018年上半年实现销售收入118.66亿元，同比增长29.4%；利润23.3亿元，同比增长164.35%；资产总额达到362.18亿元，同比增长20.71%。

展望未来，华鲁集团将聚焦新时代高质量发展要求，坚持"创新、协调、绿色、开放、共享"五大发展理念，继续坚定做精、做强、做大主业发展定力，大力实施创新驱动战略，加快实现产业技术转型升级，持续推进新旧动能转换，全力打造结构科学、文化优秀，在行业内具有明显竞争力和影响力，具有可持续发展和价值创造能力的优秀企业。

华鲁恒升大氮肥装置区夜景：
进入"十三五"后相继淘汰老厂区落后装置，投资73.5亿元实施了新旧动能转换组合项目，装置运行效率、安全性能和环保水平大幅提高。

华鲁恒升煤气化装置：
采用目前国内先进的水煤浆加压气化技术效率高，能耗低，可为后工序提供优质的羰基合成气。

新华医药电商创新园区：
占地约40余亩（1亩≈666.67平方米），由新华制药利用原总厂区改建而成。该园区是集电商平台、供应链、远程诊疗及创新体验孵化等功能于一体的国内综合大健康创新园，规划建设了大健康电商孵化中心、健康大数据中心、体验服务中心、一体化仓储物流配送中心、综合服务支持中心五大中心。入驻天猫、京东等综合电商平台，与淄博市政府、京东签署"健康城市项目"，与百度药直达合作，加入"中国医药O2O先锋联盟"与阿里健康合作，与京东、亚马逊等重点客户建立B2B2C合作。

鲁抗青霉素类口服固体制剂自动化生产设备：
鲁抗青霉素类口服固体制剂的工艺装备水平和生产效率在退城进园中实现了大幅提升。实现了空调系统的温湿度自动控制，替代了传统的手工包装，消除了原厂区制约企业发展的土地、能源、环保等问题，实现真正意义上的产能升级和结构调整，为鲁抗制剂发展增添了引擎。

华北集团

董事局主席 周文起

天津华北集团有限公司（以下简称华北集团）成立于1999年，现已成为铜产业为基础，线缆业、金融业、地产业、现代物流为一体的大型综合性集团公司。集团坚持实业为先，多元发展。目前，集团连续多年位列中国企业500强、中国民营企业500强、中国制造业500强、天津市百强企业。集团现有近30家子公司，资产总额突破100亿元，年营业额达200亿元，拥有核心国家级专利技术近300余项。

由华北集团旗下的江铜华北（天津）有限公司、天津市华北电缆厂有限公司、天津华南线材有限公司、天津华北集团铜业有限公司、天津金山电线电缆股份有限公司组成的铜产业堡垒持续发展壮大。

华北集团有色金属工业园区　　　　　　金山线缆车间

华北集团总部外景

　　2006 年，集团成功并购与控股天津金山电线电缆股份有限公司，进一步稳固了华北集团的铜产业链。

　　2015 年，作为中国首批五家民营银行试点单位之一的天津金城银行盛大开业。做为主发起企业之一、天津金城银行第一大股东华北集团，为中国金融深化改革做出重大贡献。天津金城银行的成立，标志着华北集团在金融领域又跨出重大一步，是集团多元化跨越发展的重要里程碑。

　　近年，华北集团地产业务发展迅猛，占地面积5.5万平方米、建筑面积13.2万平方米"荔隆时代广场"是华北集团商业地产板块又一力作。华北集团旗下的华北物流园地1000多亩（1亩≈666.67平方米），拥有大型仓储库房、先进的配套设施，业务范围辐射京津冀，已成为华北地区规模最大的集货物仓储与运输于一体的物流高端集散园区，并努力打造智慧型互联网物流园区。

　　在风云变化的市场环境下，华北集团在周文起的带领下，全体华北人秉承可持续发展企业的奋进之路，多元经营，科学发展。

　　在未来，集团将以放眼世界的宽广视野，坚持产融混合业态优势互补，以集团企业领跑者和不断进取勇于开拓的精神风貌，开启崭新的发展篇章。

华北集团物流园

天津金城银行外景

玲珑轮胎

山东玲珑轮胎股份有限公司董事长 王锋

硫化车间

噪声实验室

  玲珑集团有限公司是一家以轮胎为主业，主辅并举、多元发展的集团化公司，涵盖轮胎制造、机电装备、热电联产、房产置业、仓储物流、商贸旅游、卫生医疗、技术服务八大行业领域，集团控股公司山东玲珑轮胎股份有限公司在山东德州、广西柳州、湖北荆门，以及泰国均建有轮胎生产基地，连续多年入围世界轮胎20强，中国轮胎前3强。2018年，玲珑品牌价值为378.08亿元，位居行业前列。

  公司以国家级技术中心为依托，在北京研发中心、北美研发中心的基础上，在上海、烟台，以及德国逐步建设研发机构——形成立足企业、覆盖全国、放眼全球的"三位一体式"开放式研发创新体系。公司产品远销世界180多个国家和地区，成为民族轮胎品牌中率先同时进入欧、美、日、韩汽车厂全球配套体系的企业。

  未来，公司将借助资本市场平台，全面落实"5+3"国际化发展战略，不断完善"品牌＋资本"的全新发展模式，快速推进品牌国际化进程，力争在"十三五"末年产能达到9000万套，强势进入世界轮胎前十强！

招远基地

董事长 王占宏先生

宏兴钢铁办公楼

宏兴钢铁
HONGXING IRON &STEEL

秦皇岛宏兴钢铁有限公司（以下简称宏兴钢铁）成立于2002年，是一家综合性民营钢铁企业。公司位于秦皇岛西部经济开发区昌黎循环经济产业园内，注册资本金22亿元，在册职工5000余人。经过十余年的发展，现公司已发展成为集制氧、烧结、球团、炼铁、炼钢、轧钢为一体的大型民营钢铁联合企业、河北省百强企业、全国制造业500强企业。

公司现主营产品为碳素钢坯、热轧带钢、低碳热轧圆盘条、热轧光圆钢筋、热轧带肋钢筋。2017年公司实现营业收入141.9亿元，利润总额19.41亿元，上缴国家税金7.01亿元，为地方经济发展、财政税收做出了巨大贡献，对地方经济起到了良好的示范带动作用。

宏兴钢铁秉承"务实、奋进、诚信、高效"的企业宗旨和"以人为本、科学发展、回报社会、共建和谐"的经营理念，坚决贯彻落实国家钢铁产业发展政策，走出了一条独具特色的"绿色钢铁"可持续发展道路。展望未来，我们将继续加大工业转型升级、工业技改与节能减排投资力度，不断改善环境质量、确保环境安全，创建天蓝、地绿、水清、气净与周围生态环境深度融合的绿色生态企业，努力让宏兴的形象更加靓丽，综合竞争能力更加突显，为地方经济的发展做出更大贡献。

宏兴钢铁生产厂区

宏兴俱乐部、宏兴体育馆

宏兴钢铁生活区

宏兴钢铁捐资1.2亿元兴建的昌黎宏兴实验中学

晋钢集团
JIN GANG GROUP

集团总裁 李强

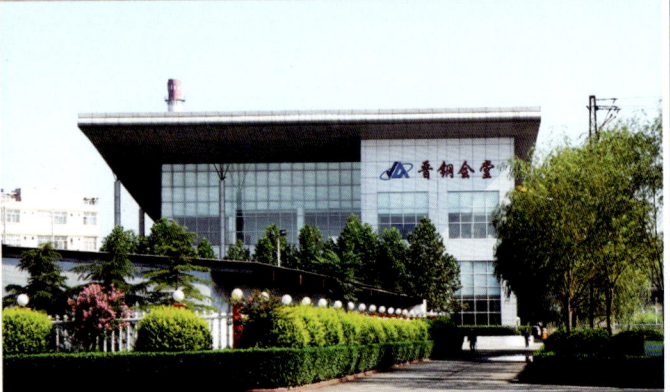

集团办公大楼和会堂

2018 年国家级荣誉

集团主要建筑用钢材产品

集团环保设施——全封闭料场

集团节能减排项目——超细微粉生产线

山西晋城钢铁控股集团有限公司成立于 2002 年，是山西省招商引资的以炼铁、炼钢、轧钢生产经营为主体，兼营矿渣超细粉、发电、物流为一体的山西省重点钢铁联合企业，是晋城市最大的民营企业，也是中西部高强钢筋生产示范基地。公司现为中国钢铁工业协会会员单位，全国工商联中小冶金企业商会副会长单位，中国绿色发展联盟理事单位，山西省钢铁协会副会长单位。公司先后荣获"全国钢铁工业先进集体""中国对外贸易民营 500 强""中国制造企业 500 强""山西省功勋企业""山西省企业 100 强""山西省制造企业 100 强""山西省百强民营企业""山西省工业企业 30 强""超亿元纳税先进企业""晋城市最具影响力民营企业"等荣誉称号。公司总资产 92 亿元，现有员工 10700 余人，其中，中高级技术人员 520 人、专业技术研发人员 196 人，带动周边上下游相关产业就业 3 万余人。

公司通过了冶金产品认证及 ISO9001 质量管理体系、ISO14000 环境管理体系、ISO 测量管理体系、OHSAS18000 职业健康安全管理体系"四位一体"认证，现已形成年产铁、钢、材 530 万吨综合生产能力。2011 年，公司注册商标"兴晋钢"被国家工商总局认定为"中国驰名商标"，2012 年年底，"兴晋钢"牌热轧带肋钢筋在上期所成功注册，成为上期所螺纹钢标准合约的履约交割产品。产品热轧带肋钢筋连续三届荣获国家冶金产品实物质量的最高奖项——"金杯奖"。

公司坚持以科学发展观为指导，积极发展循环经济，全力争创绿色工厂，依托先进的装备技术和现代化的管理模式，为蓝天碧水工程做出突出贡献。

猎豹汽车 湖南猎豹汽车股份有限公司

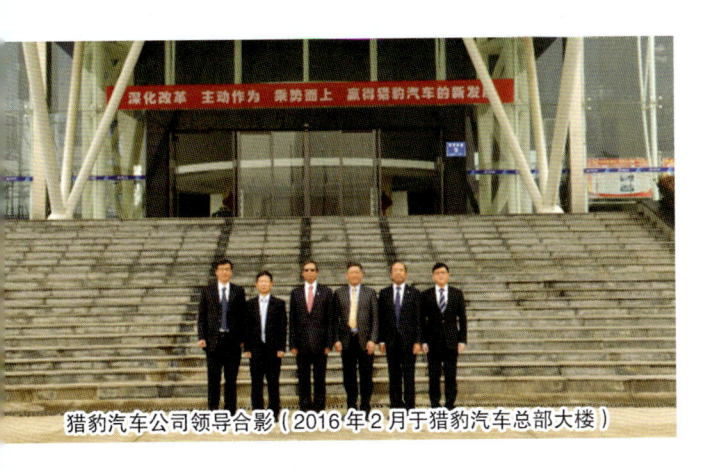

猎豹汽车公司领导合影（2016年2月于猎豹汽车总部大楼）

企业介绍

湖南猎豹汽车股份有限公司成立于2013年8月，注册资本20亿元，是湖南省属国有企业，主要从事汽车整车及汽车零部件的研发、制造和销售。

公司奉行"创新发展"的经营理念，坚定不移推动在技术、营销、管理、文化和体制机制等方面的创新变革，现拥有两个独立完整的乘用车生产资质，建成了两个整车研发机构（北京、长沙）、三大核心零部件企业（发动机、变速器、车桥）、四个整车工厂（永州、滁州、长沙、荆门）和一个经营总部的"2341"经营格局。公司自成立以来，整车产销台量、营业收入和利税等各项指标年均复合增长超过40%，2017年实现营业收入111.5亿元，实现利税18.7亿元。目前公司总资产165亿元，净资产31亿元。

面临汽车行业技术和市场深层次的变革，猎豹汽车加快整合新能源汽车产业链，积极向新能源汽车制造商和智能出行服务商转型升级，顺应"节能、新能源、智能、网联"行业趋势，发展成为我国新能源汽车市场和智能出行服务市场的重要竞争者。

总装车间

迈途（2018年5月上市）

猎豹CS10（2015年上海国际车展）

猎豹新能源CS9（2016年北京国际车展）

猎豹CT7（2016年北京国际车展）

CVTE
Dream·Future

梦想引领未来

CVTE第一产业园　　CVTE第二产业园　　CVTE第三产业园

广州视源电子科技股份有限公司 [以下简称视源股份（CVTE），股票代码: 002841] 成立于 2005 年 12 月，注册资本为 65086 万元，旗下拥有多家业务子公司。公司总部设在广州市黄埔区，并在上海、深圳、香港和海外设有技术服务中心。视源股份（CVTE）于 2017 年 1 月 19 日，在深圳证券交易所中小板上市。

起家业务——液晶显示主控板卡

视源股份（CVTE）以液晶显示主控板卡起家，为全球各大电视机品牌提供覆盖产品设计、技术研发、供应链服务的电视主控板卡解决方案。作为一家著名的液晶显示主控板卡供应商，视源股份的液晶显示主控板卡销量在全球占比实现了连续多年增长，2017 年销量超 6200 万片，占全球液晶电视主控板卡出货量比重超 29%。从创业至今，全球销量累计出货超 3.2 亿片。

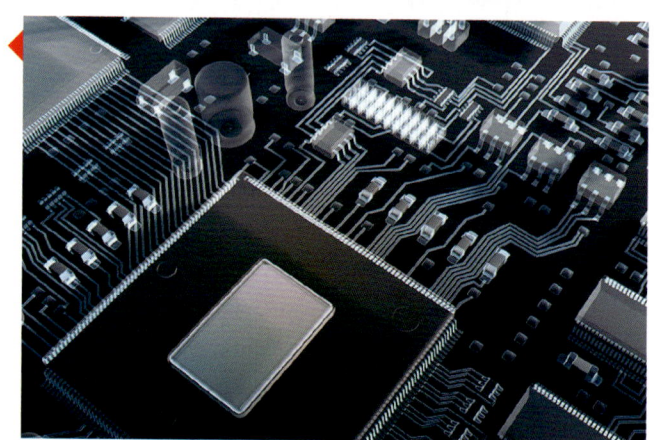

未来教育品牌——希沃seewo

视源股份（CVTE）将主力业务上积累多年的众多尖端技术，结合对教育行业的深入调研，在 2009 年创立了未来教育品牌希沃 seewo，专注于提供教育信息化应用工具。伴随着教育改革风潮，希沃发展迅速，现产品覆盖已超过全国 80 万间教室，拥有超过 160 万活跃用户，并在全国拥有超过 1000 个合作服务网点，遍布 719 个城市。2012 年—2017 年，希沃 seewo 交互智能平板连续六年[1] 中国市场占有率排行业第一。2017 年 8 月，希沃 seewo 参与起草的《交互式电子白板》系列两项国家教育标准发布，为推动国家教育信息化规范化建设添砖加瓦。

企业服务品牌——MAXHUB高效会议平台

依托于雄厚的液晶显示主控技术实力，加之在交互智能平板市场的多年积累打拼，视源股份（CVTE）秉承着"激发高效力量"的理念，推出了自主研发的会议解决方案——MAXHUB高效会议平台。2017年MAXHUB中国会议平板市场占有率超过第二与第三名总和[2]，并致力为全球1亿+会议室提效增速。2018年7月，全新一代MAXHUB X3会议平板、云会议、一体化LED显示终端、传屏盒子等系列新品在广州震撼首发，带来更加高效协同的"轻办公"方式。

不断延伸和丰富产品结构

视源股份（CVTE）始终致力于提升电子产品更加丰富与高效的信息沟通体验，依托在显示驱动、信号处理、电源管理、人机交互、应用开发、系统集成等技术领域的开发经验，面向应用层面进行资源整合与产品开发，通过技术创新不断延伸和丰富产品结构，产品已广泛应用于消费电子领域和商用电子领域。

注重研发和创新

视源股份（CVTE）作为高科技企业，对研发和创新的投入亦是重点，其设立CVTE中央研究院，拥有国际先进的EMC实验室（投资千万）、全球电视信号实验室、电性能实验室及高低温环境实验室等多个综合实验室。同时，公司十分重视对核心技术的保护，截至2017年12月31日，公司已拥有授权专利超过1800件，拥有计算机软件著作权、作品著作权、软件产品登记证书超过500项。在2016年和2017年，连续2年专利申请数量居广州企业首位。

通过多年的努力，视源股份（CVTE）目前已获得高新技术企业、国家知识产权优势企业、广东省第一批战略性新兴产业骨干培育企业、广东省创新型企业、广东省工程技术研究开发中心及中国制造业企业500强等资质认证，同时也是海关认定的AA类报关企业。

[1] 数据引自《AVC DDS-中国B2B IWB市场研究报告》。
[2] 数据来源奥维云网2017年H1会议平板市场报告。

CVTE
Dream·Future

广州视源电子科技股份有限公司
股票代码：002841

达咖皮卡

庆铃·ISUZU

庆铃汽车（集团）有限公司（以下简称庆铃）是我国汽车行业重点骨干企业，是由中日合资、海外上市的核心企业——庆铃汽车股份有限公司及 17 个子公司、分厂，共计 18 个企业组成的企业集团，其中 14 个为中外合资企业。截至 2017 年年末，集团总资产 143 亿元，净资产 109 亿元。目前主要生产国际先进技术质量水平的五十铃轻、中、重型全系列商用车和功率从 100 马力到 520 马力 5 个系列柴油发动机及 1 个系列汽油发动机。

1985 年与日本五十铃合资率先设立中国汽车行业的中日合资企业，1994 年成为中国汽车行业率先赴境外上市的企业；2005 年日本五十铃公司对庆铃汽车股份有限公司增资扩股，中日双方实施共同经营，全面深化技术、管理、市场、资本等方面的合作；近年来，与五十铃共同研发、同步推出 GIGA 巨咖重型商用车、4JZ 全新一代国六发动机等全球产品，进一步凸显作为五十铃在国内的卡车合作伙伴地位。

庆铃已建成从毛坯、零部件、总成制造到车辆装配的完整工艺制造链，拥有铸造、锻造、铸铝 3 类基础毛坯和发动机、变速箱、驾驶室、前 / 后桥、车架 6 类关键总成的制造能力，具备薄板、中板、铸造、锻造、铸铝和塑料 6 类

700P 中型车 　　巨咖重型车

达咖旅居车 　　700P 旅居车

重要模具开发、车身及底盘开发、发动机局部开发、材料开发、工艺工装开发，以及整车、发动机、关键总成及零部件的试验检测和理化检测能力。

庆铃坚持三十年如一日专注于商用卡车主业，秉承"让更多用户使用世界水准的商用车"发展理念，已成为中国商用卡车行业技术质量领先企业。在全国汽车企业中，庆铃全员劳动生产率、人均利润均名列前茅；荣获"中国卡车10强"；2010年荣获"重庆市首届市长质量管理奖"、2013年荣获"重庆市技术创新示范企业"；荣获"2012—2014年重庆市优秀工业企业"第4名；2010—2018年荣获"全国质量诚信标杆典型企业"；连续22年被评为"重庆工业企业50强"。

庆铃将全面贯彻党的十九大精神，在"十三五"期间，围绕"商、乘、专、发、零"五大产业，充分利用庆铃、五十铃和社会三方面资源，坚持技术、质量、管理三个领先，面向国内、国际两个市场，实施质量型、差异化竞争，以永不懈怠的精神状态和一往无前的奋斗姿态，迈进新时代、贯彻新思想、担当新作为，奋力建成国内一流、国际知名的综合性汽车产业集团。

全家福

BCS 长沙银行
BANK OF CHANGSHA

  长沙银行成立于1997年5月，是湖南省首家区域性股份制商业银行和湖南最大的法人金融企业。目前已拥有包括广州分行在内的30家分行（直属支行），共有超过700个网点，营业网点实现了湖南全域覆盖，控股发起湘西、祁阳、宜章三家村镇银行和湖南长银五八消费金融股份有限公司。同时，为广大客户提供"365天24小时"手机银行、网上银行、微信银行和电话银行服务。

  长沙银行始终秉承"正道而行、信泽大众"的发展使命，坚持"聚焦客户、实干为本、快乐同行"的核心价值观，坚持深耕湖南，基于"湖南人的主办银行"的定位，构建了以大批发为业务主体，大零售、大资管为两翼，网络金融为一尾的"一体两翼一尾"业务格局，着力打造智慧金融、县域金融、绿色金融、科技金融四大特色战略品牌。截至2017年12月末，长沙银行资产总额4705.44亿元，资产质量良好，各项监管指标均达到监管要求。近年来，长沙银行的品牌影响力不断提升，综合实力跃居全球银行业500强和中国服务业500强，位列"2018年全球银行1000强"第311位和"2016年中国服务业企业500强"第221位。

  长沙银行将坚持社区化、平台化、综合化、集约化、智能化发展思路，持续推进转型发展、合规稳健经营，不断提升综合金融服务能力，全力打造一家"智造快乐"的银行。

长沙银行大楼

SPEK 思贝克

中小企业是中国国民经济的基础，帮助中小企业，尤其是制造业的生存与发展，是整个国民经济的重中之重。阿里巴巴改变了人们的消费方式，解决了人与人之间的信任问题；京东用电商和服务，让消费者在家里就可以买到高品质的服务；腾讯用微信改变了人与人之间的沟通方式与支付方式。这三家公司为中国互联网的发展创造了巨大价值，而思贝克则将为中小企业创造更大的服务价值。

透过现象看本质。中小企业融资，可以说一直都是难题。当前国内金融机构更看重的是企业资产和信用资产，如有多少抵押物，还款能力如何，企业信誉如何，而中小企业规模比较小，担保能力弱，往往可能办公场地是租的，厂房也是租的，因而没有抵押物，在金融机构信用低甚至没有信用，最终贷不了款。终归到底，银行及金融机构对中小企业贷款面临着一个难题——如何鉴别和把控。

思贝克，在其中就起了一个很好的桥梁作用。思贝克从中小企业最迫切的两个融资需求，即采购和销售环节入手。通过自有的集采直销平台，获取大量的、不限于中小企业的交易数据，还有中小企业的基本情况、采购频率、销售数据，以及监控其所处行业相关数据等，依此形成思贝克独有的大数据库，再结合央行的企业信用数据，最终形成自有的征信体系，并直接反应出企业全面的经营状况。这些数据，直接与金融机构共享，使得出借方能够判断中小企业除去固定资产外，还能够获得多少授信评级。可以说，思贝克集采销平台快速的打通了供应链金融进入实体的安全通道，解决了中小企业金融机构信息不透明的难题。当然，这只是思贝克对中小企业的服务内之一。

思贝克作为一家"服务型"的金融科技企业，一直坚持以创新驱动核心，专注于为各类中小制造业企业提供供应链服务。近年来，公司以数据、云计算、物联网技术为驱动，通过搭建的"集采直销平台""生资料产业服务平台""产成品产业服务平台"和"智慧物流平台"四大块，充分整合各项社会资源，协同构建了一个银行资金服务产业上下的、多方共赢的线上化核心平台，最大程度地降低了企业供应链成本，低了银行等金融机构资金进入实体的风险，提高了供应链运作效率并优了产业。思贝克在为中小企业提供供应链产业服务的同时，真正帮助国中小企业获得快速、低成本的金融服务。同时，此低风险的大数据企征信及智能风控模型体系，也获得了广大金融机构的认可和青睐。

思贝克自成立以来，积极应对信息化带来的调整，就"服务"中小业方面不断创新商业模式，发展迅猛。从早期的"工业+互联网+金融"务到"产业+互联网+金融科技"服务，再到如今四流合一的"供应链+金融科技"的闭环产业生态服务，一步步打通了供应链金融进入实体的全通道，为中小企业提供灵活、高效、低成本的融资体验，为我国经济质增效升级、实现持续健康发展做出应有的贡献。现思贝克已成为增值信业务居于广东省第二位（仅次于腾讯）的互联网平台，并接连荣"国家级电子商务示范企业""中国互联网企业百强""中国产业互联百强""深圳市知名品牌"等称号。

通过共享平台、产业、金融与互联网的方式，思贝克扶持中国中小企发展，进而改变整个国内中小企业发展方式，推动国民经济发展，而这事情于国于民都意义重大。

目前，思贝克集采直销平台，在线产品已超过300万种，线下渠道商也多达2500余家，为中小企业降低大宗原料采购成本0.5%～2%、降业消耗品采购成本8%～30%；2017年更是思贝克高效发展的一年，这思贝克含税交易额达220余亿元。未来，思贝克将继续以"成为领先的金科技与供应链产业服务平台"为核心使命，高度重视品牌建设，提高核心竞争能力，继续以集采直销平台为基础，通过资源整合、技术创新流程优化，优化供应链各个环节，帮助实体企业降本增效，进一步推动国中小企业做强、做大、做优。

桂林银行 GUILIN BANK

好山水 好银行

桂林银行董事长王能前往桂林国际电线电缆有限公司调研

机构布局

截至 2018 年 7 月末，在广西设立了 82 家分支机构和 6 家社区支行（含 25 家小微支行），在广西和广东深圳设了 7 家村镇银行。

经营数据

截至 2018 年 7 月末，资产规模 2152.20 亿元，存款余 1581.62 亿元，贷款余额 1007.24 亿元，利润总额 11.20 元。

发展理念

以客户需求为导向，为客户创造价值；您的烦恼，我帮决；开放、分享。

商业模式

围绕核心企业发展供应链金融，围绕创新发展小微金，围绕大数据发展消费金融。

主要荣誉

"2018 全球银行 1000 强"中排名第 434 位、"2018 中服务业企业 500 强"中排名第 318 位、"2018 广西企业 0 强"中排名第 28 位、在"广西服务企业 50 强"中排名 12 位。

1234 工程

一个愿景——好山水 好银行；两个目标——实现广西机网点全覆盖，实现在主板上市；三个"打造"——打造服领先的银行、最具创新力的银行、最具竞争力的银行；四特色——社区金融、旅游金融、小微金融、"三农"金融。

桂林银行成立于 1997 年，原为桂林市商业银行，2010 年 11 改为桂林银行，是一家具有独立法人资格的股份制城市商业银行，17 年通过推进增资扩股工作，股本总额增至 40.76 亿元。

桂林银行以支持实体经济和广西发展为己任，以"中小企业伙银行、市民银行"为市场定位，着力提升精细化管理水平和风险控能力，实现了规模、速度、效益、质量的综合协调发展。截至 18 年 7 月末，本行及控股村镇银行资产总额 2292.81 亿元，同比增长 20.23%；各项存款 1728.10 亿元，同比增长 21.40%，各项贷款 1134.56 亿元，同比增长 31.42%；利润总额 11.75 亿元，同比增幅 0.22%；上缴各项税金 11.33 亿元，同比增长 21.70%。各类监管指标全部达标，资产质量不断向好，不良贷款率低于广西和全国平均水平。

桂林银行努力打造四大经营特色：构建"小能人"社区金融服务体系，围绕"医、食、住、行、玩"整合资源、搭建平台，为客户提供金融服务和非金融服务；推进旅游金融建设，以八桂旅游卡、中国旅游卡为载体，整合旅游产业链资源，构建立足广西、走向全国、放眼东盟，集旅游宣传、支付结算、平台建设、融资支持于一体的旅游金融生态圈；深耕小微金融，通过小微企业金融服务专营机构和一系列特色产品，满足小微企业"短频快"的资金需求；推动"三农"金融发展，下沉服务重心，创新服务产品，促进农村金融服务全覆盖。

桂林银行以创新驱动发展，通过资产证券化、债券投资、贸易融资等多种创新方式满足实体企业信贷需求；加强产融结合，持续深化供应链金融，组建了糖业、冶金、物流、沿边、旅游五大产业和农业板块的"5+1"模式；结合链式思维构筑"互助组+边民+企业+金融"边贸生态圈，创新推出"互市贷""惠边贷"边贸专项融资产品；主动融入互联网金融浪潮，推动直销银行转型发展，与前海微众银行、蚂蚁金服等联合推出了"微粒贷""微车贷""蚂蚁借呗""网商贷"等互联网联合贷款业务，与蚂蚁金服合作推出国内首款互联网助农贷款产品"桂农贷"；与自治区国税局合作开发银税互动产品"乐意贷"。

桂林银行重视外部合作，与广西北部湾银行、柳州银行合作成立八桂金融合作平台；与徽商银行、兰州银行牵头设立的城商行旅游金融联盟会员已达 16 家；加入紫金山·鑫和金融家俱乐部，加强粤贵黔高铁经济带合作平台建设；深化与政策性银行、商业银行、证券、保险等金融业及行业龙头企业的战略合作，发挥协同效应，实现互利共赢。

桂林银行坚持党建引领，推进企业文化建设，深化以"诚信、守纪、责任、勤俭、谦让、感恩"为核心的"六德"文化，着力塑造"漓水春风"服务品牌。目前，全行共有全国级"巾帼文明岗"1 个、"全国文明规范服务星级营业网点"13 家、"中国银行业文明规范服务示范千佳单位"4 家、市级以上"青年文明号"42 个。

未来，桂林银行将继续围绕"1234 工程"战略，落实"供应链金融、小微金融、基于大数据的消费金融"三大商业模式，向轻资本业务转型、向交易型银行转型、向零售型银行转型，不断提升盈利能力和核心竞争力，向着国内一流精品银行的目标迈进。

桂林银行员工真诚为客户服务

FIN 优友金服

深圳市优友金融服务有限公司
ShenZhen Uyoufin Co.,Ltd

立足金融 服务实业
产融连接器+小微加速器+普惠助推器

2017深圳企业 100强　　广东企业 500强
2017中国经济新领军企业　　广东省民营百强企业　　广东自主创新标杆企业

【关于我们】

深圳市优友金融服务有限公司（以下简称优友金服）成立于2015年10月，注册地深圳前海，系上市公司深圳市爱施德股份有限公司（股票代码：002416）旗下金融服务子公司。优友金服创办初衷是响应国家金融支撑实业的号召。优金人一直致力于为中小微企业提供优质、全方位金融服务。从国内手机供应链服务起步，逐步扩充了跨境供应链、大宗商品供应链、商业保理、网络小贷等不同业务板块。建立起以"线下资金+物流分储服务+保理"为核心的商业模式，为不同行业的上下游提供资金支持。凭借强大的线上、线下一体化服务以及辐射全国的仓储物流合作伙伴、雄厚的资金实力，成功解决企业经营过程中资金紧缺的难题，助力企业提升效率、扩大规模、快速发展。

- 通信供应链 Mobile Supple Chain
- 网络小贷 Internet Credit
- 大宗供应链 External Supple Chain
- 商业保理 Commercial Factoring

2018年，公司基于在传统供应链行业的沉淀和优势，更进一步优化网络供应链服务，构建集物流、商流、资金流和信息流一体的科技型供应链系统集成。从多渠道协调、实时应变能力、商品质量监控、物流与信息流网络优化多个维度出发，为上下游供应链合作伙伴提供融资申请、订单审核、货物管理、渠道管理、物流管理等强大功能，可对接企业内部ERP、第三方信息接口等系统，助力客户打造功能强大、运营高效、安全稳定的专业供应链金融平台。

2018年，优友金服进一步扩大商业布局，一方面扩充供应链体系的积累，另一方面在各种模式各个业态都进行尝试，通过不断试错迭代来跑通业务流程，孵化自己的新业务团队。包括投资数码产品智能新零售行业的优宝在线；依托优友金服供应链、资金、牌照、渠道优势的妙机手机租赁。

2018年6月16日，优友金服与中山大学就落地智能终端供应链场景达成了战略合作协议，由此诞生了优友金服体系下的云雀超算项目（Skylark Project）。借此再进一步巩固自身行业领先地位，提升供应链服务价值的同时，创新发展智慧新零售、区块链等市场热点领域，打造持续发展和未来增长的新动力。

2017年8月，优友金服在创办不到两年的时间内入围"广东省500强企业"198位、"广东省民营百强企业"47位；同年12月，优友金服被评为"2017深圳企业100强"69位，并荣获"广东自主创新标杆企业""2017中国经济新领军企业"。全体优金人的理想与目标，是立足大国金融，全力服务实业，为中小微企业及普罗大众提供更优质便捷的金融服务。优友金服一直都是提供"产融连接器+小微加速器+普惠助推器"的金融服务企业。

成立不到三年间，公司业务实现了跨越式发展，业务量实现了从零到三百亿的突破。展望未来，优友金服会更致力于客户价值的挖掘及其产品价值的提升，把自身所拥有的专长和经验带到所服务的每个企业当中，实现双方的共赢。

青海省物产集团有限公司
QINGHAI MATERIAL INDUSTRY GROUP CO., LTD

1995年，经青海省政府批准青海省物资管理局成建制转体成立青海省物产集团总公司。2017年，根据青海省国资委批复，集团公司改制为青海省物产集团有限公司。

青海物产是青海省国资委监管的工业物流大型企业，占地面积近3000亩（1亩≈666.67平方米），拥有4.3公里（1公里=1千米）铁路专用线。所属二级公司10户，三级子公司16户。其中，国家A级物流企业4户、AAAA级1户、AAA级3户。

经过20多年的发展，集团资产规模与经营效益大幅提升。特别是2007年以来，集团不断提高科学化管理水平，围绕现代物流、工业生产、内外贸易"三大板块"，统筹推进青海朝阳物流园、青海北川工业物流园、青海曹家堡保税物流园"三大园区"产业布局，积极融入"一带一路"建设机遇期，大力推进供给侧结构性改革，促进产业转型升级，稳步推进项目建设，不断实现新的经济增长，企业规模、营业利润和员工收入逐年扩大、攀升。集团先后荣获10余项省级荣誉，5项国家级荣誉，2013年跻身"中国服务企业500强"后连年入选，并连续入选"青海企业50强"，2017年名列第10位。

集团党委书记、董事长王玉辉向莅临施工现场的领导汇报园区建设情况

曹家堡保税物流国际商务区

朝阳物流园区

北川工业物流园区

党委书记、董事长 赵峰

天津滨海农商银行

天津滨海农商银行成立于2017年12月24日，是一家以国有股权为主导的现代股份制商业银行，是率先跨省区设立分支机构的农商银行。截至2017年年末，该行资产总额1583.37亿元，负债总额1465.10亿元，设立营业网点112家，覆盖天津辖区并辐射新疆和浙江，拥有员工2541人，本科及以上学历员工占比86.5%，并设有博士后科研工作站。在英国《银行家》杂志最新发布的2018年全球1000家银行中，按一级资本排名，该行位列第507位，国内银行第86位，农商银行系统排名第16位。

总行财富管理中心成立

同城数据中心机房竣工

新疆分行开业

天津滨海农商银行大楼外景

该行加快科技创新和产品创新，建成了较为完备的信息体系和灾备体系，形成了柜面、网上银行、手机银行、微信银行等多渠道服务新局面。其中，跨平台、跨应用建立的互联网业务系统——"滨海·微银行"荣获"十佳金融服务案例"；应用"互联网+供应链融资"模式，量身打造平行进口汽车自动授信管理平台，受到国家商务部关注。

进入新时代，站在新起点。该行积极推进经营理念、业务结构、发展方式、发展动能变革，坚持回归本源、服务实体经济，坚定不移走"有质量、有效益、可持续"转型发展之路。

广西金融投资集团有限公司
Guangxi Financial Investment Group Co., Ltd

持续创新综合金融服务　助力广西实体经济发展

广西金融投资集团有限公司（以下简称金投集团）是全国省级率先以"金融"命名的金融控股集团，自成立以来始终正确把握地方金融企业正确的发展方向和发展定位，创新综合金融服务经营模式，专注发展与传统银行业金融机构相配套的金融业务。立足于中小微企业融资担保增信平台，中小微企业应急资金周转平台，中小微企业融资创新平台，广西工业投融资金融平台，广西金融引资平台，金融总部资金归集平台，银行不良贷款缓解消化平台，市、县城投公司市场化融资创新平台八大综合金融服务创新平台，金投集团累计通过担保贷款、应急贷款、小贷、金融租赁融资、保险、委贷、股权基金、创投、互联网融资等"拾遗补缺"的综合金融服务，帮助广西4.5万家中小微企业投资和撬动资金超4200亿元，避免了数以千计的企业因资金链断裂而发生关停破产的风险。在支持广西社会经济保稳定、促增长的同时，自身也得到长足发展。目前，金投集团主体信用评级AAA，整体实力居广西国企"第一梯队"行列，创造了地方金融发展的"金投速度"。

金投集团党委书记、董事长蒙坤伟多次率队深入自治区重大项目和民营中小微企业调研，详细了解企业生产经营状况。图为2017年11月，金投集团蒙坤伟董事长（前排左二），徐幼华总经理（前排左三）深入桂平市调研。

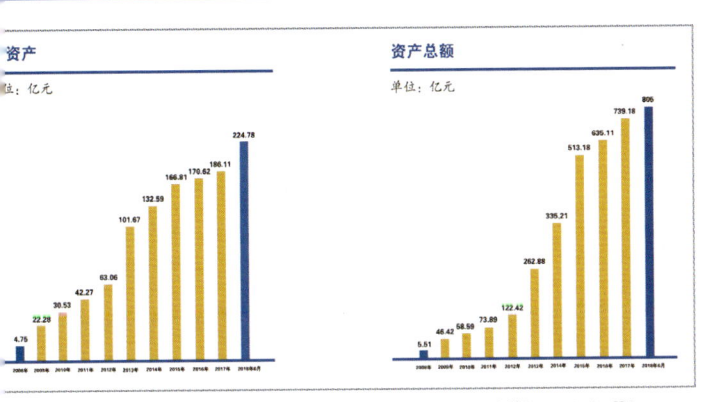

2018年，金投集团获AAA主体信用评级，企业绩效评级和各项经营指标位居全国同业前列，创造了地方金融集团发展的"广西模式"。

金投集团成立以来，始终积极打造金融服务创新平台，支持广西经济大发展。

广西金融投资集团有限公司

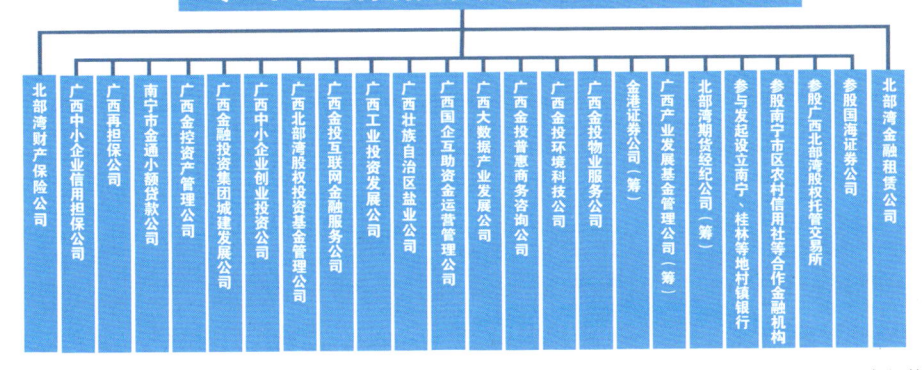

下属公司：
- 北部湾财产保险公司
- 广西中小企业信用担保公司
- 广西再担保公司
- 南宁市金通小额贷款公司
- 广西金控资产管理公司
- 广西金融投资集团城建发展公司
- 广西中小企业创业投资公司
- 广西北部湾股权投资基金管理公司
- 广西金投互联网金融服务公司
- 广西工业投资发展公司
- 广西壮族自治区盐业公司
- 广西国企互助资金运营管理公司
- 广西大数据产业发展公司
- 广西金投普惠商务咨询公司
- 广西金投环境科技公司
- 广西金投物业服务公司
- 金港证券公司（筹）
- 广西产业发展基金管理公司（筹）
- 北部湾期货经纪公司（筹）
- 参与发起设立南宁、桂林等地村镇银行
- 参股南宁市区农村信用社等合作金融机构
- 参股广西北部湾股权托管交易所
- 参股国海证券公司
- 北部湾金融租赁公司

金投集团以较少的资本起家，目前已发展成为拥有员工超4800人、资产总额超800亿元、近20家直属公司、137家机构网点、服务范围覆盖两广的地方特色现代金融服务控股集团，整体实力位居自治区国企"第一梯队"行列，打造了国内省属金融控股集团的品牌标杆。

内蒙古高等级公路建设开发有限责任公司
INNER MONGOLIA HIGN-GRADE HIGH WAY CONSTRUCTION AND DEVELOPMENT CO., LTD.

突出主业 多元经营 集团发展
——内蒙古高等级公路建设开发有限责任公司积极构筑高质量发展新动能

在内蒙古自治区交通运输厅的正确领导下，内蒙古高等级公路建设开发有限责任公司在突出公路建设、融资、运营主业的基础上，稳步发展以路衍产业为主的多元经营，协同推进集团化发展。截至2017年年底，公司总资产1039亿元，累计开展公路项目39个，完成公路建设投资823亿元；累计开展各项筹融资规模2139亿元，其中直接融资1044亿元。目前，所辖通车运营公路总里程4413公里（1公里=1千米）。2015年至2018年，连续四年跻身"中国服务业企业500强"，4对服务区获评"全国百佳示范服务区"。

在集团化发展进程中，公司先后成功组建14个子公司。以路桥集团公司、高速广告传媒公司等为代表的4家全资子公司已成为公司实施多元经营改革，落实新发展理念，构筑发展新动能，推动高质量发展的生力军。

呼包高速改扩建工程获全国公路交通优质工程"李春"奖

路桥集团公司打造呼凉丰一级公路品质工程

【内蒙古路桥集团有限责任公司】 作为自治区公路施工专业骨干力量和龙头企业，具有公路施工总承包一级资质，年施工生产能力50亿元以上，累计申报国家专利32项，承担自治区科技项目8项，申请省部级工法16项，是自治区交通行业率先获得国家"高新技术企业"资格认证的企业。截至目前，已累计修建国省干线公路6627.58公里、大中桥梁81304延米，完成施工产值348.85亿元。多次荣获"自治区工程建设质量管理优秀施工企业"等荣誉称号，承建的G7高速临白项目八标被评为自治区优质样板工程，呼包高速改扩建工程摘得全国公路交通优质工程"李春奖"。品质工程建设叫响了内蒙古路桥品牌。（业务垂询电话：0471-6509399）

高速汽车租赁公司品质化用车服务

大型会务用车整装待发

【内蒙古高速汽车租赁有限责任公司】 以优化全新的公务、会务用车服务体验为中心，积极推进政通公务用车平台建设，与80余家企事业单位签订长期公务用车协议，连续三年保障自治区"两会"用车并出色完成自治区成立70周年庆祝活动用车服务。目前，公司经营触角已延伸至"旅游+交通"融合发展项目。（业务垂询：4000441616、0471-2305900）

商业广告、公益广告与公路景观相融合

G6高速金山立交桥体、擎天柱广告

【内蒙古高速广告传媒有限责任公司】 其经营范围主要包括广告策划、设计、制作及户外广告发布，作为自治区境内唯一开发、经营、管理全区高等级公路特许经营区域内户外广告资源的企业，经营管理着遍布全区12个盟市的高等级公路广告资源。（业务垂询电话：4001600471、0471-5316565）

善美生态公司打造的服务区绿化景观

绿色生态水产品上榜央视商城优选品牌

【内蒙古高速善美生态开发有限公司】 作为一家新型绿色生态开发公司，不仅承接着11条公路、27个互通立交区、31对服务区的绿化工程和养护业务，还拓展了生态养殖、花卉苗木业务；创新开发的"松美"森林矿泉水、"沙语"沙漠矿泉水获得"央视网商城优选品牌"及"匠心品质·中国矿泉水行业质量领先品牌"，并成功打入联合国防治沙漠化大会，走上了一条集精品绿化工程建设、高品质生态产品开发为一体的发展之路。（业务垂询电话：0471-5315810）

承志供应链有限公司

承志供应链有限公司（以下简称承志公司）成立于2011年10月，公司注册资本2亿元，注册及经营地址位于广州市天河区花城大道20号703-705房。公司主营业务是为各大中型企业提供机车抗磨剂、PVC材料及工程材料的采购、仓储、物流配送等一系列的专业供应链服务。

承志公司是北京青年联创科技集团有限公司的全资子公司，隶属共青团北京市委，是北京市共青团与北京市国资委双管企业。

近年来，承志公司发展势头良好，业务规模稳定增长，截至2017年12月，总资产达13.63亿元，净资产7.74亿元，2017年全年实现营业收入56.43亿元。

承志公司在供应链行业深耕多年，具有道路运输资质，且自有仓储中心及物流配送车队，公司服务专业、信誉良好，得到了业界一致认可，被评为"企业信用评价AAA级信用企业"。在致力于自身发展的同时，积极履行应尽的社会义务，连续多年被广州市国家税务局和地方税务局联合评定为最高级别的年度纳税信用A级纳税人。

依托集团公司的资源优势及资金支持，承志公司与多家世界 500 强企业及区域性大型企业开展业务合作，曾参与过 60 多个国家或省市重点项目。为实现综合发展，在集团公司的指导下，审慎选择符合政策导向的实业项目进行投资，目前正在进行的项目包括广州黄埔电信 IDC 数据中心、花都紫霞山庄禅修特色小镇、广州柴油机厂旧城改造等。

承志公司秉承"以质量和信誉求生存，以务实和创新求发展"的经营理念，将创行业一流企业作为奋斗目标，致力于成为华南地区团属国企标杆。